Olaf Apel, Bernd Belke, Sabine Frings, Isabell Keil, Stefan Lorscheid, Karin Nießen, Markus Peters, Elvira Pürling, Christina Semmelroth-Böhm, Marco Weich, Lukas Wieland, Michael Wigger, Peter Wurmbach

Herausgeber: Elvira Pürling, Olaf Apel, Karin Nießen, Markus Peters

BüroWelt Teil 1

Fachbuch
Kaufmann/Kauffrau für Büromanagement

2. Auflage

Bestellnummer 94300

Bildungsverlag EINS

Die in diesem Produkt gemachten Angaben zu Unternehmen (Namen, Internet- und E-Mail-Adressen, Handelsregistereintragungen, Bankverbindungen, Steuer-, Telefon- und Faxnummern und alle weiteren Angaben) sind i. d. R. fiktiv, d. h., sie stehen in keinem Zusammenhang mit einem real existierenden Unternehmen in der dargestellten oder einer ähnlichen Form. Dies gilt auch für alle Kunden, Lieferanten und sonstigen Geschäftspartner der Unternehmen wie z. B. Kreditinstitute, Versicherungsunternehmen und andere Dienstleistungsunternehmen. Ausschließlich zum Zwecke der Authentizität werden die Namen real existierender Unternehmen und z. B. im Fall von Kreditinstituten auch deren IBANs und BICs verwendet.

Die in diesem Werk aufgeführten Internetadressen sind auf dem Stand zum Zeitpunkt der Drucklegung. Die ständige Aktualität der Adressen kann vonseiten des Verlages nicht gewährleistet werden. Darüber hinaus übernimmt der Verlag keine Verantwortung für die Inhalte dieser Seiten.

Legende der verwendeten Symbole:

LF 8 Verweis auf BüroWelt 2 mit Lernfeldangabe

LS 1 Verweis auf BüroMaterial 1 mit Angabe der Lernsituation

LF 1, 1 Verweis auf ein anderes Kapitel in diesem Buch

Word, 1 Verweis auf BüroTechnik mit Angabe des jeweiligen Programms und Kapitels

Web Verweis auf BuchPlusWeb

service@bv-1.de
www.bildungsverlag1.de

Bildungsverlag EINS GmbH
Ettore-Bugatti-Straße 6-14, 51149 Köln

ISBN 978-3-427-**94300**-6

Vorwort

Das Buch BüroWelt 1 deckt die Inhalte des Lehrplans für den Ausbildungsberuf Kaufmann/Kauffrau für Büromanagement vom Ausbildungsbeginn bis etwa zur Hälfte der Ausbildung (Lernfeld 1 bis Lernfeld 7) ab. Das Buch ist Bestandteil der Büroreihe BüroWelt – BüroMaterial – BüroTechnik. Die Reihe folgt einem innovativen und praxiserprobten Konzept, welches betriebliche Handlungen und den neuen kompetenz- bzw. lernfeldorientierten Lehrplan in besonderer Weise berücksichtigt.

Das Fachbuch BüroWelt 1 enthält die schüleradäquat formulierten Sachinformationen. Das dazugehörige Arbeitsbuch BüroMaterial 1 beinhaltet handlungsorientierte Lernsituationen. Die Bücher BüroWelt 1 und BüroMaterial 1 bilden eine Einheit. Im Buch BüroWelt 1 befinden sich an gegebenen Stellen Symbole, die einen Bezug zur jeweiligen Lernsituation im Buch BüroMaterial 1 herstellen. Das Buch BüroWelt 1 kann aber auch losgelöst von den übrigen Werken der Reihe genutzt werden. Es kann ebenso als Nachschlagewerk für die Vor- und Nachbereitung des Unterrichts von Schülerinnen und Schülern dienen.

In der Reihe wird im Lehrerhandbuch zu BüroMaterial 1 für jede Lernsituation ein ausgefülltes Dokumentationsraster mitgeliefert. In diesem sind u. a. die zu vermittelnden Kompetenzen sowie Lern- und Arbeitstechniken dokumentiert. Darauf aufbauend wird ein Vorschlag für eine didaktische Jahresplanung zur Verfügung gestellt.

Die Reihe stützt sich auf das Modellunternehmen Duisdorfer BüroKonzept KG. Die Lernenden werden in die Rolle eines Auszubildenden versetzt und bearbeiten in dieser Rolle die Arbeitsaufträge. Auf diese Weise können sie sich mit dem entsprechenden Arbeitsauftrag identifizieren. Die Einführung in die jeweiligen Themen wird anhand von realistischen Situationen verdeutlicht, sodass stets der Sinn und der Nutzen des Inhalts und der zu vermittelnden Kompetenzen deutlich werden. Es wird ein Bezug zur Lebenswirklichkeit der Schülerinnen und Schüler hergestellt.

Zu dem Buch besteht die Möglichkeit unter www.bildungsverlag1.de/buchplusweb Dateien herunterzuladen. Es findet sich an den gegebenen Stellen des Buches ein Symbol Web als Hinweis auf die jeweilige Datei.

Aus Gründen der besseren Lesbarkeit der Texte in diesem Buch wird im Folgenden nur die kürzere, männliche Schreibweise verwendet und gilt vereinfacht als Synonym für die männliche und weibliche Form. Alle männlichen und weiblichen Personen werden gleichberechtigt angesprochen.

Die Verfasser

Inhaltsverzeichnis

Das Unternehmen Duisdorfer BüroKonzept KG

Die Duisdorfer BüroKonzept KG besteht seit 10 Jahren. Gegründet wurde sie von vier Freunden, die ihre beruflichen Erfahrungen und ihr verfügbares Kapital in ein gemeinsames Unternehmen einbringen wollten. Sebastian Falo hatte kurz vorher seine Meisterprüfung als Möbeltischler absolviert und wollte sich selbstständig machen. Katharina Niester hatte im Betrieb ihrer Eltern eine kaufmännische Ausbildung gemacht und nach vier Jahren die Leitung der Einzelunternehmung übernommen. Nach weiteren vier Jahren übertrugen die Eltern das betriebliche Eigentum auf Katharina und zogen sich aus dem Unternehmen zurück.

In Gesprächen mit Sebastian Falo, den Katharina Niester aus ihrer gemeinsamen Schulzeit kannte, entstand die Idee, das Bürohandelsunternehmen ihrer Eltern um die Produktion von Büromöbeln zu erweitern. Für die erforderlichen Investitionen benötigten sie finanzielle Mittel. Beate Keller-Rössler und Matthias Suttner beteiligten sich mit insgesamt 160.000 € an dem Unternehmen. An einer Mitarbeit im Unternehmen hatten beide kein Interesse.

So gründeten die vier Freunde eine Kommanditgesellschaft. Sebastian Falo und Katharina Niester wurden Komplementäre (Vollhafter). Beate Keller-Rössler und Matthias Suttner waren als Kommanditisten (Teilhafter) an dem Unternehmen beteiligt. Die Höhe der Einlagen sowie die Rechte und Pflichten der vier Gesellschafter wurden im Gesellschaftsvertrag vereinbart.

Der Eintrag ins Handelsregister beim Amtsgericht Bonn erfolgte mit der Firma Duisdorfer BüroKonzept KG unter HRA 1221. Zweck des Unternehmens sind seit damals die Herstellung und der Vertrieb von Ausstattungsgegenständen im Bürobereich sowie die Beratung in allen Fragen der Büroorganisation. Die Duisdorfer BüroKonzept KG ist Mitglied der **Industrie- und Handelskammer Bonn/Rhein-Sieg** und gehört dem Tarifverband der **IG Metall – Holz und Kunststoff** an.

Der Sitz der Duisdorfer BüroKonzept KG mit Produktions- und Lagerhalle, einem Ausstellungsraum und dem Verwaltungsgebäude befindet sich in Bonn. Der Standort ist von der Autobahn gut zu erreichen und bietet Erweiterungsmöglichkeiten bei zukünftigen Expansionen. Die Mitarbeiter können ihren Arbeitsplatz gut mit öffentlichen Verkehrsmitteln erreichen, haben aber auch Parkmöglichkeiten auf dem Betriebsgelände.

Das Organigramm zeigt die derzeitige Organisationsstruktur der Duisdorfer BüroKonzept KG.

Organigramm der Duisdorfer BüroKonzept KG

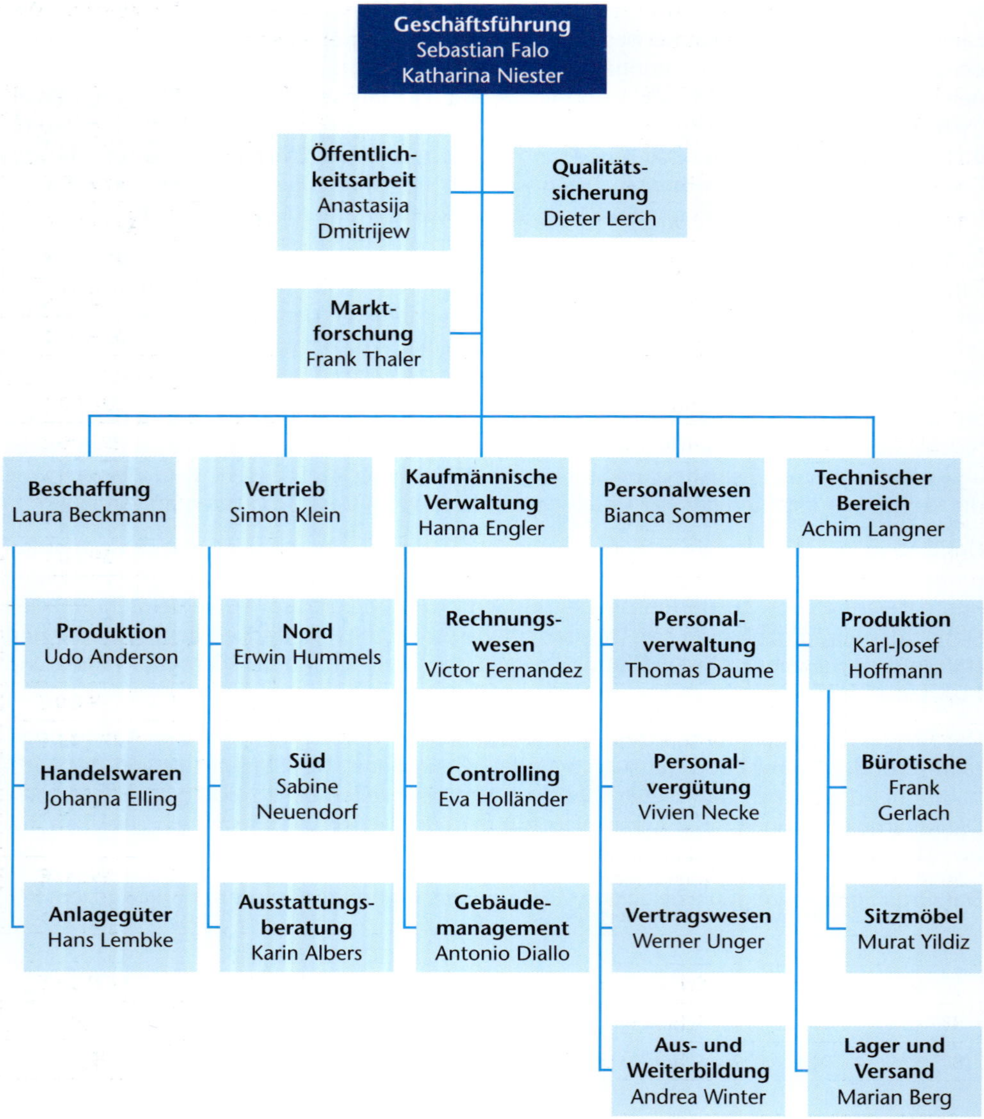

Die Tabelle führt eine Auswahl der Artikel auf, die die Duisdorfer BüroKonzept KG vertreibt. Die Artikel in den Warengruppen 10, 20, 40 und 88 sind selbst hergestellt. Die als Handelsware beschafften Artikel werden in den Warengruppen 30 und 50 geführt. Die jeweilige Warengruppe ist aus den beiden ersten Ziffern der Artikelnummer zu ersehen.

Artikelliste (Auszug)			
Artikel-Nr.	**Artikelbezeichnung**	**Warengruppe**	**Einzelpreis**
101111	Schreibtisch Ökostar	10	489,00 €
101112	Schreibtisch Ahorn	10	519,00 €
101113	Schreibtisch weiß C-Füße	10	219,00 €
101114	Konferenztischelement lichtgrau	10	98,00 €
101115	Mehrzwecktisch oval lichtgrau	10	579,00 €
202111	Bürostuhl Comfort	20	228,00 €
202112	Bandscheiben-Drehstuhl extra	20	299,00 €
202113	Chefsessel Bonn Maxx	20	399,00 €
202114	Bürosessel Tenno (zuvor Bürosessel Bodu L)	20	349,00 €
202115	Hocker Milano	20	59,00 €
300212	Aktenvernichter Safeway	30	79,00 €
300213	Scann-Chef 100	30	150,00 €
301111	Multifax 0912	30	59,00 €
302222	Tischkopierer Sumsang	30	275,00 €
401589	Ventilator Orkano	40	36,00 €
500013	Magnettafel Memoboard weiß 60 x 90	50	59,90 €
500023	Tafellöscher für Magnettafel	50	10,99 €
885961	Naturkontor Schreibtisch 140 x 80	88	399,00 €
885963	Naturkontor Schreibtisch 160 x 80	88	449,00 €
885965	Naturkontor Schreibtisch 180 x 90	88	599,00 €

Warengruppenliste	
Warengruppe	**Bezeichnung**
10	eigene Erzeugnisse Tische
20	eigene Erzeugnisse Stühle
30	Handelswaren Bürotechnik
40	eigene Erzeugnisse Bürotechnik
50	sonstige Büroausstattung
88	Büromöbelprogramm Naturkontor

Die Kunden der Duisdorfer BüroKonzept KG sind Wiederverkäufer sowie Endkunden aus Deutschland und dem europäischen Ausland. So finden sich in der Kundenliste Unternehmen des Bürohandels sowie Betriebe und Einrichtungen, die die Produkte und Artikel zur Ausstattung ihrer eigenen Büros nutzen.

Kundenliste (Auszug)

Kunden-Nr.	Firma	Firmenzusatz	Straße Nummer	PLZ	Ort	Telefon	Bank	IBAN	BIC	Ansprech-partner	Rabatt-satz %	Kunde seit
2401	Neuhoff KG	RaumDesign	Brunnenstraße 3	38700	Hannover	0511 886055-0	Sparda Hannover	DE95 2509 0500 5588 4674 58	GENODEF1S09	Otto Langner	5,0	27.03.2005
2402	Intermöbel GmbH	Großhandel für Büromöbel	Kaiserstraße 10	57074	Siegen	0271 522455-0	Commerzbank Siegen	DE09 4604 0033 7987 8544 31	COBADEFF460	Zeta Franke	7,5	05.01.2006
2403	Stadt Bonn	Gebäude-management	Berliner Platz 2	53103	Bonn	0228 953378-0	Westdeutsche Landesbank Köln	DE10 3005 0000 7584 6214 70	WELADEDDXXX	Laura Bender	0,0	05.05.2006
2404	Frohn KG	Büroausstattung	Lerchenweg 44	69117	Heidelberg	06221 474456-0	Sparkasse Heidelberg	DE51 6725 0020 5934 8754 24	SOLADES1HDB	Udo Frohn	5,0	21.09.2007
2405	Brinkmann OHG	Alles fürs Büro	Im Ruhrfeld 35 a	22866	Norderstedt	040 214455-0	Hamburger Sparkasse	DE71 2005 0550 5957 5413 59	HASPDEHHXXX	Hans Bräuner	10,0	28.03.2008
2406	Gilles & Partner	Möbelgroßhand-lung	Königstraße 28	06618	Naumburg	03445 977567-0	Volks- und Raiffeisenbank Saale-Unstrut eG	DE10 8006 3648 6947 3278 51	GENODEF1NMB	Sabine Gilles	5,0	29.05.2008
2407	Stammhaus KG	Bürokonzepte	Berliner Damm 9	56077	Koblenz	0261 2554778-0	Postbank Frankfurt Main	DE33 5001 0060 8574 9636 14	PBNKDEFFXXX	Matthias Höpfner	7,5	07.08.2008
2408	Rhenag GmbH	Bürogroßhandel	Annostraße 56	68239	Mannheim	0621 745567-0	Kreissparkasse Köln	DE33 3705 0299 2574 9652 14	COKSDE33XXX	Lisa Henseler	10,0	03.06.2009
2409	Blattschneider & Partner	Rechtsanwalts-kanzlei	Mozartplatz 89a	60322	Frankfurt M.	069 558944-0	Deutsche Bank Frankfurt	DE35 5007 0024 1526 8495 76	DEUTDEDBFRA	Bianca Tänzer	0,0	08.09.2009
2410	Ärztezentrum Bonn	Ganzheitliche Medizin	Hohenzollernplatz 83	53188	Bonn	0228 588755-0	Deutsche Apotheker- und Ärztebank eG Düsseldorf	DE70 3006 0601 1649 7643 25	DAAEDEDDXXX	Gerd Trapagini	0,0	13.01.2010
2411	Peter Wagner e. K.	Gartenbaube-trieb	Große Straße 12	53332	Bornheim	02223 47885	Volksbank Bonn/ Rhein-Sieg eG	DE50 3806 0186 3696 2585 14	GENODED1BRS	Peter Wagner	5,0	06.07.2011
2412	Schulzentrum Nord		Effertzgasse 13	53721	Siegburg	02241 144856-0	Westdeutsche Landesbank Köln	DE39 3005 0000 1937 4682 55	WELADEDDXXX	Hanna Danzer	0,0	19.09.2012
2499	Sonstige Kunden											

Lieferantenliste (Auszug)

Liefe-rer-Nr.	Firma	Firmen-zusatz	Anschrift	PLZ	Ort	Telefon	Telefax	E-Mail	Bank	Zah-lungs-ziel (Tage)	Skonto-frist (Tage)	Skon-tosatz (%)	IBAN	BIC
4401	Frank Zettler OHG	Metallbau	Steinacker 38	53177	Bonn	0228 58766-0	0228 58766-123	info@zettler-metallbau.de	Volksbank Bonn/ Rhein-Sieg	30	10	2	DE90 3806 0186 2487 3215 74	GENODED1BRS
4402	Saam KG	Büro-technik	Am Sonnen-hang 9	36039	Fulda	0661 88672-0	0661 88672-444	info@saam-kg.de	Commerzbank Fulda	40	14	3	DE51 5304 0012 3988 4658 94	COBADEFF530
4403	Opitz AG	Holz- und Span-platten	Scheeren-gasse 177	53721	Sieg-burg	02241 6955-0	02241 6955-555	info@holz-opitz.de	Postbank Köln	30	8	2	DE67 3701 0050 5886 2478 76	PBNKDEFF370
4404	Balthasar GmbH	Spedition	Kierbach 27	52324	Düren	02421 888999-0	02421 888999-11	info@balthasar-spedition.de	Sparkasse Düren	20	0	0	DE38 3955 0110 2114 7598 64	SDUEDE33XXX
4405	Metall-teile	Rösgen e. K.	Beet-hoven-straße 30	38700	Han-nover	0511 23796-0	0511 23796-55	info@schrauben-roesgen.de	Hannoversche Volksbank	30	10	3	DE29 2519 0001 1185 7566 57	VOHADE2HXXX
4406	Keupen	Farben AG	Industrie-park 100	81249	Mün-chen	089 16854-0	089 16854-99	info@farben-keupen-ag.de	Postbank München	30	10	2	DE67 7001 0080 9675 5157 74	PBNKDEFF700
4407	Papier Spoth GmbH	Großhan-del für Papier- und Bürobedarf	Auf der Höhe 90	22076	Ham-burg	040 963486-0	040 963486-44	info@papier-spoth.de	Hamburger Sparkasse	30	8	2	DE68 2005 0550 5445 4668 70	HASPDEHHXXX
4408	pctech AG	Fachhandel für Elektronik	Hambur-ger Str. 111	45317	Essen	0201 487665-0	0201 487665-12	info@pctechag.de	Bank für Sozialwirtschaft	30	8	3	DE77 3702 0500 4448 7657 15	BFSWDE33XXX
4409	Willi Lauf OHG	Bürobedarf	Mander-scheider Platz 1	34414	War-burg	05641 48006-0	05641 48006-88	kontakt@willi-lauf.de	Vereinigte Volksbank Brakel	30	10	2	DE33 4726 4367 1500 2221 08	GENODEM1STM
4410	Wittmann AG	Bürotech-nik	Untere Dorfstr. 130	57074	Siegen	0271 80053-0	0271 80053-10	kontakt@wittmann-ag.de	Postbank Köln	30	10	2	DE82 3701 0050 5135 1547 81	PBNKDEFF370

Lieferantenliste (Auszug)

Liefe-rer-Nr.	Firma	Firmen-zusatz	Anschrift	PLZ	Ort	Telefon	Telefax	E-Mail	Bank	Zah-lungs-ziel (Tage)	Skonto-frist (Tage)	Skon-tosatz (%)	IBAN	BIC
4411	Rüdiger Kiel GmbH	Schaum-stoffe und Polstereibe-darf	Brunnen-str. 23	53340	Me-cken-heim	02225 646440-0	02225 646440-11	info@polster-kiel.de	Volksbank Bonn/ Rhein-Sieg	30	10	3	DE96 3806 0186 2677 7898 90	GENODED1BRS
4499	Sonstige Lieferan-ten													

Die Duisdorfer BüroKonzept KG kauft bei ihren Lieferanten Handelswaren zur weiteren Veräußerung und Werkstoffe (Roh-, Hilfs-, Betriebsstoffe, Fremdbauteile/Vorprodukte) zur Produktion der eigenen Erzeugnisse. Die Lieferanten stammen aus Deutschland und dem europäischen Ausland.

Im Gesellschaftsvertrag der Duisdorfer BüroKonzept KG sind die rechtlichen Grundlagen für die Führung des Unternehmens als Kommanditgesellschaft geregelt. Diese sind neben den entsprechenden Paragrafen im Handelsgesetzbuch zu berücksichtigen.

Duisdorfer BüroKonzept KG
Gesellschaftsvertrag

Die Gesellschafter

A. Sebastian Falo
wohnhaft in 53113 Bonn, Euskirchener Straße 17

B. Katharina Niester
wohnhaft in 53123 Bonn, Rochusstraße 33

C. Beate Keller-Rössler
wohnhaft in 53347 Alfter, Domgasse 25

D. Matthias Suttner
wohnhaft in 51023 Köln, Petersweg 9

verbinden sich zu einer Kommanditgesellschaft und schließen zu diesem Zweck den folgenden **Gesellschaftsvertrag.**

§ 1 Zweck der Gesellschaft

(1) Die Gesellschafter gründen eine Kommanditgesellschaft.

(2) Zweck der Gesellschaft ist die Herstellung und der Vertrieb von Ausstattungsgegenständen im Bürobereich. Die Gesellschaft berät auch in Fragen der Büroorganisation.

§ 2 Firma und Sitz der Gesellschaft

(1) Die Gesellschaft führt die Firma Duisdorfer BüroKonzept KG.

(2) Der Sitz der Gesellschaft ist 53123 Bonn, Rochusstraße 30.

§ 3 Beginn, Dauer

(1) Die Gesellschaft beginnt am 1. Januar 2005.

(2) Ihre Dauer ist unbestimmt.

§ 4 Gesellschafter/Einlagen

(1) Persönlich haftende Gesellschafter (Komplementäre) sind die Gesellschafter A und B. Kommanditisten sind die Gesellschafter C und D.

(2) Der Komplementär A erbringt folgende Einlage:
100.000 €
Der Komplementär B erbringt folgende Einlage:
80.000 €
Der Kommanditist C erbringt folgende Einlage:
70.000 €
Der Kommanditist D erbringt folgende Einlage:
90.000 €

(3) Die Kapitalanteile (Euro) entsprechen den Einlagen. Sie sind Festkapitalanteile, die auf einem Kapitalkonto zu buchen sind.

(4) Die in das Handelsregister einzutragende Haftsumme der Kommanditisten C und D entspricht ihrem Festkapitalanteil.

§ 5 Geschäftsführung und Vertretung

(1) Zur Geschäftsführung und Vertretung sind die Komplementäre berechtigt und verpflichtet.

(2) Den Komplementären obliegt die alleinige wirtschaftliche und fachlich-technische Leitung.

(3) Bei Geschäften, die über den gewöhnlichen Betrieb des Handelsgewerbes der Gesellschaft hinausgehen, steht den Kommanditisten ein Widerspruchsrecht zu. Als derartige außergewöhnliche Geschäfte gelten insbesondere Erwerb, Veräußerung und Belastung von Grundstücken, grundstücksgleichen Rechten sowie Rechten an Grundstücken und an grundstücksgleichen Rechten; Aufnahme und Gewährung von Darlehen und Eingehen von Verbindlichkeiten, die im Einzelfall einen Betrag von 50.000 € übersteigen.

Macht ein Kommanditist von seinem Widerspruchsrecht Gebrauch, ist ein Beschluss sämtlicher Gesellschafter erforderlich.

§ 6 Gesellschafterversammlungen, Gesellschafterbeschlüsse, Stimmrecht

(1) Die Gesellschafter entscheiden über die ihnen nach Gesetz oder Gesellschaftervertrag zugewiesenen Angelegenheiten durch Beschlüsse, die in Gesellschafterversammlungen gefasst werden.

(2) Eine Gesellschafterversammlung wird durch die Komplementäre einberufen und geleitet. Sie ist mindestens einmal im Jahr einzuberufen.

(3) Zu einer Gesellschafterversammlung ist unter Einhaltung einer Frist von 14 Tagen schriftlich einzuladen. Die Frist beginnt mit der Absendung der Einladung. Tagungsort, Tagungszeit und Tagesordnung sind in der Ladung mitzuteilen. Stimmen alle Gesellschafter zu, können Beschlüsse auch außerhalb einer Gesellschafterversammlung mündlich oder schriftlich gefasst werden. Werden die Beschlüsse mündlich gefasst, haben die Komplementäre unverzüglich ein Protokoll zu erstellen und den Beteiligten vorzulegen.

(4) Schreiben Gesetz oder Gesellschaftsvertrag nicht zwingend eine andere Mehrheit vor, werden die Gesellschafterbeschlüsse mit einfacher Mehrheit der abgegebenen Stimmen gefasst. Je 10.000 € des Kapitalkontos gewähren eine Stimme. Stimmenthaltungen zählen nicht als abgegebene Stimme. Bei Stimmengleichheit gilt der Antrag als abgelehnt.

(5) Der Zustimmung von 75 % der abgegebenen Stimmen bedürfen Beschlüsse über:
- Änderung des Gesellschaftsvertrags, soweit nicht für einzelne Bestimmungen ausdrücklich etwas anderes geregelt ist,
- Auflösung der Gesellschaft,
- Aufnahme eines Gesellschafters.

(6) Jeder Kommanditist ist berechtigt, eine Ausfertigung des Jahresabschlusses zu verlangen und dessen Richtigkeit unter Einsicht in die entsprechenden Unterlagen zu prüfen. Er kann auf seine Kosten einen zur Verschwiegenheit verpflichteten Dritten bei der Wahrnehmung dieser Rechte hinzuziehen oder allein damit beauftragen.

§ 7 Wettbewerb und tätige Mitarbeit

(1) Der Komplementär verpflichtet sich, dem Unternehmen seine volle Arbeitskraft zur Verfügung zu stellen.

(2) Nebentätigkeiten – gewerblicher/freiberuflicher Art oder auf arbeitsvertraglicher Basis – während der Vertragsdauer sind nicht zulässig; ebenso nicht die direkte oder indirekte Beteiligung an Konkurrenzunternehmen. Ausnahmen hiervon bedürfen eines Gesellschafterbeschlusses, der mit 75 % der Stimmen der übrigen Gesellschafter zu fassen ist.

(3) Scheidet der Komplementär durch Kündigung aus der Gesellschaft aus, so darf er ab dem Tag der Wirksamkeit seines Ausscheidens fünf Jahre lang im Umkreis von 200 km Luftlinie, gemessen vom Sitz der Gesellschaft aus, ein Unternehmen ähnlichen oder

gleichen Gegenstandes weder selbstständig führen noch als Gesellschafter oder Geschäftsführer in einer solchen Gesellschaft tätig werden.

§ 8 Buchführung, Bilanzierung

Geschäftsjahr ist das Kalenderjahr. Die Gesellschaft hat unter Beachtung der steuerlichen Vorschriften Bücher zu führen und jährliche Abschlüsse zu erstellen.

§ 9 Verteilung von Gewinn und Verlust

(1) Die Komplementäre erhalten für ihre Tätigkeit – unabhängig davon, ob ein Gewinn erzielt worden ist – eine Vergütung, deren Höhe von der Gesellschafterversammlung festgesetzt und dem Umfang der Tätigkeit entsprechend angepasst wird.

(2) An dem danach verbleibenden Gewinn sind die Gesellschafter zunächst mit einem Anteil in Höhe von vier vom Hundert ihrer Kapitalanteile zu beteiligen. Reicht der verbleibende Gewinn hierzu nicht aus, so bestimmen sich die Anteile nach einem entsprechend niedrigeren Satz.

(3) An dem Teil des Gewinns, welcher die nach den Absätzen 1 und 2 zu berechnenden Gewinnanteile übersteigt, sowie am Verlust eines Geschäftsjahres sind die Gesellschafter entsprechend ihrer Beteiligung am Gesellschaftsvermögen gem. § 4 Abs. 3 beteiligt.

(4) Über die Entnahme der Gewinnanteile beschließt die Gesellschafterversammlung einstimmig.

§ 10 Kündigung der Gesellschaft

(1) Der Komplementär kann die Gesellschaft mit einer Frist von 6 Monaten zum Jahresende mit eingeschriebenem Brief kündigen. Für die Rechtzeitigkeit der Kündigung kommt es nicht auf die Absendung, sondern den Zugang der Kündigung an. Das Recht zur fristlosen Kündigung aus wichtigem Grunde bleibt hiervon unberührt. Der kündigende Gesellschafter scheidet aus der Gesellschaft aus. Die Gesellschaft wird von den übrigen Gesellschaftern fortgesetzt. Verbleibt nach dem Ausscheiden nur ein Gesellschafter, ist dieser berechtigt, das Unternehmen mit allen Aktiva und Passiva fortzuführen. Dieses Recht ist bis zum Ablauf der Kündigungsfrist durch eingeschriebenen Brief auszuüben. Satz 2 gilt entsprechend.

(2) Kündigt der Komplementär, sind die Kommanditisten berechtigt, zum Kündigungsstichtag einen neuen Komplementär aufzunehmen oder zu bestimmen, dass einer von ihnen die Stellung des Komplementärs übernimmt. Ist am Kündigungsstichtag kein Komplementär vorhanden, ist die Gesellschaft aufgelöst.

§ 11 Ausschluss eines Gesellschafters

(1) Ein Gesellschafter, in dessen Person ein wichtiger Grund vorliegt, der die übrigen Gesellschafter zur fristlosen Kündigung aus wichtigem Grunde berechtigen würde, kann aus der Gesellschaft ausgeschlossen werden. Gleiches gilt, wenn über das Vermögen eines Gesellschafters das Insolvenzverfahren eröffnet wird oder ein Gläubiger eines Gesellschafters die Pfändung des Anteils am Gesellschaftsvermögen erwirkt hat.

(2) Der Ausschluss erfolgt durch einstimmigen Beschluss der übrigen Gesellschafter. Mit dem Zugang dieses Beschlusses scheidet der betroffene Gesellschafter aus der Gesellschaft aus; die Gesellschaft wird von den übrigen Gesellschaftern fortgesetzt. § 10 Satz 6 gilt entsprechend.

(3) Wird der Komplementär ausgeschlossen, sind die Kommanditisten berechtigt, einen neuen Komplementär aufzunehmen oder zu bestimmen, dass einer von ihnen die Stellung des Komplementärs übernimmt. Ist zu dem Zeitpunkt, in dem der Ausschluss wirksam wird, kein Komplementär vorhanden, ist die Gesellschaft aufgelöst.

§ 12 Tod eines Gesellschafters

(1) Beim Tod eines Gesellschafters wird die Gesellschaft nicht aufgelöst, sondern ohne dessen Erben von den verbleibenden Gesellschaftern fortgesetzt. Verbleibt nach dem Tode des Gesellschafters nur eine Person, wird das Unternehmen unter Ausschluss der Liquidation mit allen Aktiva und Passiva von dieser fortgeführt. Den Erben des verstorbenen Gesellschafters steht ein Abfindungsguthaben zu.

(2) Stirbt der Komplementär, sind die Kommanditisten berechtigt, einen neuen Komplementär aufzunehmen und mit diesem die Gesellschaft fortzuführen oder zu bestimmen, dass einer von ihnen die Stellung des Komplementärs übernimmt.

§ 13 Schlussbestimmungen

(1) Änderungen und Ergänzungen dieses Vertrages bedürfen der Schriftform. Dies gilt auch für einen Verzicht auf das Schriftformerfordernis.

(2) Sollten einzelne Bestimmungen dieses Vertrages unwirksam oder undurchführbar sein oder werden, wird hierdurch die Wirksamkeit des Vertrages im Übrigen nicht berührt. Insoweit verpflichten sich die Gesellschafter, die jeweilige Bestimmung durch eine wirtschaftlich sinnvolle, dem Sinn und Zweck des Vertrages Rechnung tragende Regelung zu ersetzen.

(3) Als Gerichtsstand wird Bonn vereinbart.

Bonn, 20.12.20..

Sebastian Falo

Unterschrift A

Katharina Niester

Unterschrift B

Beate Keller-Rössler

Unterschrift C

Matthias Suttner

Unterschrift D

LernFeld 1

Die eigene Rolle im Betrieb mitgestalten und den Betrieb präsentieren

Überblick Lernfeld

1 Den Betrieb präsentieren

1.1 Die Unternehmensziele der Duisdorfer BüroKonzept KG

Die Duisdorfer BüroKonzept KG mit ihren Geschäftsleitern Sebastian Falo und Katharina Niester verfolgt wie alle Wirtschaftsunternehmen bestimmte Ziele. Die wichtigsten Ziele sind die Gewinnmaximierung und ausreichende Liquidität. Auch die Steigerung von Produktivität (Verhältnis zwischen Out- und Input) und Rentabilität (Verzinsung des eingesetzten Kapitals) sind **wirtschaftliche** bzw. **ökonomische Ziele**.

LS 1.1

Neben diesen wirtschaftlichen Zielen hat die Duisdorfer BüroKonzept KG konkrete Ziele, die zur Erreichung der wirtschaftlichen Ziele beitragen sollen. Man nennt diese Unterziele Sachziele. Beispiele für **Sachziele** sind u. a. die Produktion von Büromöbeln oder der Kundendienst und Service.

Neben den ökonomischen Zielen verfolgt die Duisdorfer BüroKonzept KG auch ökologische Ziele. **Ökologische Ziele** sind Ziele, die der Umwelt zugutekommen. Die Duisdorfer BüroKonzept KG achtet auf die Umwelt, indem sie beispielsweise Recycling betreibt, Strom und Wasser spart oder eine Fotovoltaik-Anlage auf dem Dach des Bürogebäudes installiert hat, um aus Sonnenlicht Strom zu erzeugen.

Die Duisdorfer BüroKonzept KG verfolgt auch **soziale Ziele**, indem sie sichere Arbeitsplätze schafft, auf den Gesundheitsschutz der Mitarbeiterinnen und Mitarbeiter achtet und ein gutes Arbeitsklima anstrebt, sodass sich die Mitarbeiterinnen und Mitarbeiter wohlfühlen.

Diese Vielzahl von Zielen bzw. die Gruppen von Zielen können sich ergänzen oder widersprechen. Von **Zielharmonie** spricht man, wenn sich Ziele ergänzen. Stellt die Duisdorfer BüroKonzept KG ihre Verpackungen auf kostengünstigere recyclingfähige Verpackungen um, so werden das wirtschaftliche Ziel Kostensenkung und das ökologische Ziel Abfallvermeidung gleichermaßen erfüllt.

Widersprechen sich Ziele, nennt man dies einen Zielkonflikt. Hat die Duisdorfer BüroKonzept KG das wirtschaftliche Ziel, Personalkosten durch Entlassung von Mitarbeitern zu senken und verfolgt sie gleichzeitig das soziale Ziel Mitarbeiterinnen und Mitarbeitern einen sicheren Arbeitsplatz zu bieten, liegt ein **Zielkonflikt** vor.

1.2 Die Stellung und Bedeutung der Duisdorfer BüroKonzept KG für die Gesamtwirtschaft

1.2.1 Bedürfnisse, Bedarf, Nachfrage

LS 1.1

Jeder Mensch hat Wünsche, die er in unterschiedlicher Intensität zu befriedigen versucht. Gefühle, die als Mangel empfundenen Wünsche erfüllen zu wollen, bezeichnet man als **Bedürfnisse**.

Jeder Mensch hat das Bedürfnis nach Nahrung, Kleidung und einer Wohnung. Diese Bedürfnisse werden als **Existenzbedürfnisse** bezeichnet, da sie dringlich und lebensnotwendig sind. Sind diese Existenzbedürfnisse erfüllt, strebt der Mensch nach weiteren Bedürfnissen, die er befriedigen möchte. Diese weiteren **nach Dringlichkeit** unterschiedenen Bedürfnisse werden in **Kultur-**

und Luxusbedürfnisse unterteilt. Die Bedürfnisse nach beispielsweise Bildung, modischer Kleidung oder einem Hobby werden als **Kulturbedürfnisse** bezeichnet. Sie werden von der Umwelt oder der Kultur beeinflusst und werden im jeweiligen Kulturkreis als üblich erachtet. Die Bedürfnisse nach einer Yacht, einem Sportwagen oder einer Villa sind nicht notwendige Ansprüche, die sich auch nicht jeder Mensch befriedigen bzw. leisten kann. Sie werden **Luxusbedürfnisse** genannt. Die Grenzen zwischen den unterschiedlichen Bedürfnissen sind fließend. Eine konkrete Abgrenzung ist nicht immer möglich. Bedürfnisse lassen sich nicht nur nach der **Dringlichkeit der Bedürfnisbefriedigung**, sondern noch nach weiteren Kriterien unterteilen.

Das Bedürfnis einer Freundin eine SMS zu schreiben oder das Bedürfnis nach Anerkennung wird als **immaterielles Bedürfnis** bezeichnet. **Materielle Bedürfnisse** sind beispielsweise die Bedürfnisse nach einem neuen Handy oder nach einem neuen Paar Schuhe. Es wird nach dem **Gegenstand der Bedürfnisse** unterschieden.

Neben der Dringlichkeit und dem Gegenstand können Bedürfnisse auch nach dem **Grad der Bewusstheit** unterschieden werden. Der konkrete offene Wunsch, sich ein neues Handy kaufen zu wollen, wird als **akutes Bedürfnis** bezeichnet. Bedürfnisse, die einem Menschen nicht bewusst sind und beispielsweise durch Werbung geweckt werden können, werden **latente Bedürfnisse** genannt. So ein „schlummerndes" Bedürfnis kann zu einem akuten, offenen Bedürfnis werden, wenn Sie beispielsweise in einem Online-Shop ein neues Paar Schuhe entdecken, welches Sie anschließend unbedingt besitzen möchten.

Differenziert man Bedürfnisse nach der **Möglichkeit der Bedürfnisbefriedigung**, so können **Individualbedürfnisse** und **Kollektivbedürfnisse** unterschieden werden. Der Wunsch nach einem neuen Handy wird als Individualbedürfnis bezeichnet, da es von einem Menschen bzw. Individuum ausgeht. Ein Kollektivbedürfnis kann beispielsweise der Wunsch nach der Erhaltung der Umwelt sein, denn dieser Wunsch entsteht aus dem Zusammenleben der Menschen bzw. des Kollektivs.

Kategorisierung von Bedürfnissen:

Hat ein Mensch für die Befriedigung bestimmter **Bedürfnisse** (z. B. Kauf der neuen Schuhe aus einem Online-Shop) die entsprechenden finanziellen Mittel (Einkommen bzw. Kaufkraft), so werden diese Bedürfnisse als **Bedarf** bezeichnet. Kauft die Person sich nun die Schuhe, wird das **Nachfrage** genannt.

Bedürfnisse	– Wunsch nach einem neuen Handy
Bedarf	– Einkommen (z. B. Ausbildungsvergütung)
Nachfrage	– Kauf eines neuen Handys

1.2.2 Güterarten

Alle Mittel, mit denen der Mensch Bedürfnisse befriedigt, nennt man **Güter**. **Freie Güter** sind in großen Mengen vorhanden und haben keinen Preis, wie beispielsweise Luft, Sonne oder Meerwasser. **Knappe Güter** (Wirtschaftsgüter) stehen nur in begrenzter Menge zur Verfügung und müssen durch wirtschaftliche Tätigkeit von Menschen erzeugt oder bereitgestellt werden. Sie verursachen Kosten und haben demnach einen Preis. Außerdem besteht eine Nachfrage nach knappen Gütern. Beispiele für knappe Güter sind Schuhe, Handys und für die Duisdorfer BüroKonzept KG alle Güter, die einen Preis haben, wie Holz, Lacke, Schrauben usw. Der Preis von Gütern wird immer höher, je knapper diese Güter sind bzw. je größer die Nachfrage nach ihnen ist.

Knappe Güter lassen sich in **materielle** und **immaterielle Güter** unterscheiden. Materielle Güter (Sachgüter) sind beispielsweise Schreibtische oder Lebensmittel. Immaterielle Güter sind das Gegenteil, sie sind nicht fassbar. **Immaterielle Güter** unterscheidet man in **Dienstleistungen und Rechte**. Bei Rechten handelt es sich um immaterielle Güter, wie beispielsweise Warenzeichen oder Patente. Dienstleistungen sind Handlungen, durch die ein Nutzen entsteht, wie zum Beispiel Reparaturen oder Beratungen.

Materielle Güter lassen sich in Konsum- und Produktionsgüter unterteilen. **Konsumgüter** sind Güter, wie beispielsweise private Handys oder private Fahrzeuge, die von Endverbrauchern bzw. Konsumenten genutzt werden. **Produktionsgüter** (z. B. das Betriebshandy, Betriebsfahrzeug, Arbeitskleidung, Maschinen) werden von Unternehmen im Herstellungsprozess eingesetzt, um andere Güter zu produzieren.

Sowohl Konsum- als auch Produktionsgüter lassen sich in **Gebrauchsgüter und Verbrauchsgüter** unterteilen. Die Gebrauchsgüter können mehrmals verwendet werden, wie z. B. Maschinen in der Produktion in der Duisdorfer BüroKonzept KG. Verbrauchsgüter können hingegen nur einmal verwendet werden, wie z. B. Holz als Rohstoff in der Produktion von Schreibtischen.

Zusammenfassung der Güterarten:

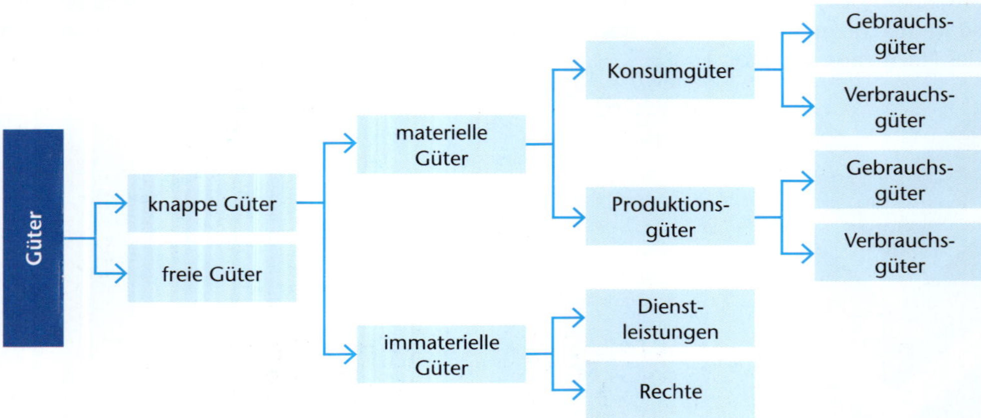

Nach der Beziehung der Güter zueinander lassen sich **Komplementärgüter** und **Substitutionsgüter** unterscheiden. Komplementärgüter ergänzen sich gegenseitig und werden gemeinsam nachgefragt (z. B. Maschine und Strom, Butter und Toast). Steigt die Nachfrage nach dem einen Gut, so steigt in der Regel auch die Nachfrage nach dem anderen Gut. Substitutionsgüter ersetzen sich und sind gegenseitig austausch- bzw. substituierbar (z. B. Transport der Waren per Lkw oder per Bahn, Butter oder Margarine). Die Nachfrageentwicklung von Substitutionsgütern verläuft in der Regel entgegengesetzt.

1.2.3 Das Spannungsverhältnis zwischen Bedürfnissen und Gütern

Die Bedürfnisse der Menschen sind unbegrenzt. Die zuvor beschriebenen Güter sind hingegen knapp (knappe Güter) und sie zur Verfügung zu stellen verursacht Kosten.

Private Haushalte und Unternehmen, wie die Duisdorfer BüroKonzept KG, gehen mit den knappen Gütern (Wirtschaftsgütern) planvoll um, sie wirtschaften nach dem sog. **ökonomischen Prinzip**.

Ökonomisches Handeln kann auf zwei verschiedene Arten erfolgen. Eines der Prinzipien, das **Maximalprinzip**, geht davon aus, dass mit gegebenen Mitteln ein maximaler Erfolg erzielt werden soll.

Beispiel
Mit einer bestimmten Menge an Holz für die Produktion von Schreibtischen (gegebene Mittel) soll eine möglichst große Menge an Schreibtischen (maximaler Erfolg) produziert werden.

Das **Minimalprinzip** besagt, dass ein gegebenes Ziel mit minimalem Aufwand erreicht werden soll.

Beispiel
Durch einen Kundenauftrag soll eine bestimmte Menge an Schreibtischen (gegebenes Ziel) mit einer möglichst geringen Menge an Holz (minimaler Aufwand) produziert werden.

1.2.4 Produktionsfaktoren

Volkswirtschaftliche Produktionsfaktoren

In der Regel werden Güter nicht in der Form zur Verfügung gestellt, in der sie sofort konsumiert werden können. Die Güter müssen zuvor produziert werden. Die hier genannte „Produktion" bezieht in diesem Zusammenhang neben der reinen Herstellung von Gütern auch die Bereitstellung von Dienstleistungen mit ein.

Sämtliche an der Produktion beteiligten Menschen und Güter werden als **volkswirtschaftliche Produktionsfaktoren** bezeichnet. Diese volkswirtschaftlichen Produktionsfaktoren sind Boden, Arbeit und Kapital.

Der Produktionsfaktor **Boden** bezeichnet die zu wirtschaftlichen Zwecken genutzte Natur. Man unterscheidet den Produktionsfaktor Boden in Anbauboden (Land- und Forstwirtschaft), Abbauboden (Gewinnung von Rohstoffen, Bodenschätzen) und Standortboden (Betriebsstätte eines Unternehmens). Die Duisdorfer BüroKonzept KG nutzt das Grundstück der Betriebsstätte und der Bürogebäude als Produktionsfaktor Boden.

Der Produktionsfaktor **Arbeit** bezeichnet sämtliche geistige und körperliche Arbeit, mit der Einkommen erzielt wird. Die Arbeit, die von Arbeitern und Angestellten der Duisdorfer BüroKonzept KG erbracht wird, zählt zum Produktionsfaktor Arbeit. Mäht der Hausmeister der Duisdorfer BüroKonzept KG bei sich zu Hause im Garten den Rasen, wird das nicht dem Produktionsfaktor Arbeit zugerechnet.

Der Produktionsfaktor **Kapital** entsteht durch Sparen, das heißt, durch den Verzicht von Konsum. Spart die Duisdorfer BüroKonzept KG Mittel, die für die Produktion von Büromöbeln bereitgestellt werden, so spricht man von Geldkapital. Wird das Geldkapital beispielsweise in Maschinen investiert, entsteht Sachkapital. Der Produktionsfaktor Kapital (Sachkapital) gilt als derivativer (abgeleiteter) Faktor. Er steht nicht von Anfang an zur Verfügung, sondern entsteht erst durch Kombination der Produktionsfaktoren Boden und Arbeit.

Betriebswirtschaftliche Produktionsfaktoren

Die betriebswirtschaftlichen Produktionsfaktoren werden in Elementarfaktoren und dispositive Faktoren unterteilt. Die **Elementarfaktoren** sind **ausführende Arbeitskräfte, Betriebsmittel** (z. B. Maschinen, Fahrzeuge, Werkzeuge) und **Werkstoffe** (Roh-, Hilfs-, Betriebsstoffe und Fremdbauteile). Rohstoffe sind Werkstoffe, die als Hauptbestandteil (z. B. Holz) in ein Produkt (z. B Schreibtisch) eingehen. Hilfsstoffe sind Nebenbestandteile eines Produktes, wie beispielsweise Leim oder Schrauben. Betriebsstoffe gehen nicht in das Produkt ein. Betriebsstoffe sind beispielsweise Strom, Benzin oder Öl zum Schmieren der Maschinen. Als **dispositive Faktoren** gelten **Leitung**, **Planung**, **Organisation** und **Überwachung** (Kontrolle).

Elementarfaktoren	dispositive Faktoren
▪ ausführende Arbeitskräfte ▪ Betriebsmittel (z. B. Maschinen, Fahrzeuge, Werkzeuge) und ▪ Werkstoffe und Waren	▪ Leitung ▪ Planung ▪ Organisation ▪ Überwachung (Kontrolle)

Um Güter und Dienstleistungen zu produzieren bzw. zu erbringen, müssen die dargestellten Produktionsfaktoren im Unternehmen sinnvoll kombiniert werden. Ziel des Unternehmers ist es, den sog. Produktions- bzw. Dienstleistungsertrag so kostengünstig wie möglich zu erbringen, das heißt, dass das Ergebnis der Produktion bzw. Dienstleistung mit minimalen Kosten erreicht wird. Diese Kombination der betriebswirtschaftlichen Produktionsfaktoren wird **Minimalkostenkombination** genannt.

Besteht beispielsweise die Möglichkeit, im Rahmen der Produktion bzw. Erbringung der Dienstleistung den Produktionsfaktor Arbeit durch den Produktionsfaktor Betriebsmittel zu ersetzen, spricht man von **substitutionalen (ersetzenden) Produktionsfaktoren**. Dies kann beispielsweise durch das Ersetzen eines Mitarbeiters durch eine Maschine stattfinden. Besteht keine Möglichkeit, Produktionsfaktoren zu ersetzen, so spricht man von **limitationalen (begrenzten) Produktionsfaktoren**. Häufig ist die Kombination der Produktionsfaktoren technisch bedingt und lässt sich somit nicht ersetzen. Bestimmte Tätigkeiten können beispielsweise nur von Arbeitnehmern ausgeführt werden, da für diese Produktionsschritte keine Maschinen existieren.

1.2.5 Arbeitsteilige Wirtschaft

Berufliche Arbeitsteilung

Die ursprüngliche natürliche Arbeitsteilung vor Hunderten von Jahren war vorwiegend durch das Geschlecht vorgegeben. Die Männer gingen zur Jagd und sammelten unter anderem Beeren und Früchte, waren also Jäger und Sammler. Die Frauen übernahmen die häuslichen Aufgaben.

Im Laufe der Zeit entwickelten und entdeckten Menschen ein Geschick für bestimmte Tätigkeiten, wie beispielsweise das Schmieden und das Töpfern. Es entstanden die ersten **Berufe**. Die ständige Weiterentwicklung der Gesellschaft und das Erlangen neuer Erkenntnisse führten zur Spezialisierung in den Berufen. Diese Spezialisierung bezeichnet man als **Berufsspaltung**. Dies erkennt man beispielsweise an den unterschiedlichen kaufmännischen Ausbildungen, z. B.

Kaufmann/Kauffrau für Büromanagement, Industriekaufmann/-kauffrau, Kaufmann/Kauffrau im Einzelhandel usw., die jeweils eine Spezialisierung der kaufmännischen Berufe vorsehen.

Betriebliche Arbeitsteilung

Innerhalb des Organigramms der Duisdorfer BüroKonzept KG (siehe Kapitel zum Modellunternehmen) lässt sich die betriebliche Arbeitsteilung erkennen. Die Abteilungen **Beschaffung, Vertrieb**, **Personalwesen** und **Technischer Bereich** sind beispielhaft für diese Arbeitsteilung. Aufgrund von unterschiedlichen Anforderungen an die zu erledigenden Tätigkeiten werden im Betrieb unterschiedliche Abteilungen gebildet. Innerhalb der Abteilungen findet eine weitere Zerlegung der Tätigkeiten in Teilverrichtungen statt. Im Bereich Personalwesen ist eine **Arbeitszerlegung** in die Abteilungen **Personalverwaltung**, **Personalvergütung** und **Vertragswesen** zu erkennen.

Volkswirtschaftliche Arbeitsteilung

Die Duisdorfer BüroKonzept KG fällt die Bäume für das zur Herstellung der Schreibtische benötigte Holz nicht selbst, sondern kauft das Holz beispielsweise direkt von einem Sägewerk. Das Sägewerk kauft wiederum von einem forstwirtschaftlichen Unternehmen. Im Rahmen dieser volkswirtschaftlichen Arbeitsteilung werden der primäre, sekundäre und tertiäre Sektor unterschieden.

Forstwirtschaftliche Unternehmen, die sich schwerpunktmäßig mit dem Anbau und Abbau von Bodenschätzen (hier Holz) beschäftigen, werden dem **primären Sektor** zugeordnet. Das Sägewerk verarbeitet das Holz zu Latten, Kanthölzern, Dielen oder Bohlen. Die Duisdorfer BüroKonzept KG verarbeitet diese Rohstoffe weiter und produziert daraus Schreibtische. Das verarbeitende Sägewerk und die produzierende Duisdorfer BüroKonzept KG gehören zum **sekundären Sektor**. Die Duisdorfer BüroKonzept KG verkauft ihre Schreibtische an ein Einzelhandelsunternehmen, das diese dann an den Endverbraucher weiterverkauft. Das Einzelhandelsunternehmen wird dem **tertiären Sektor** zugeordnet.

Sektor	Primärer Sektor	Sekundärer Sektor	Tertiärer Sektor
Erklärung	Unternehmen der Urerzeugung, wie land-, forstwirtschaftliche Unternehmen, Fischerei, Gas- und Ölgewinnung, Bergbau.	Unternehmen der Weiterverarbeitung, wie Handwerksunternehmen und Industrieunternehmen.	Dienstleistungsunternehmen, Groß- und Einzelhandelsunternehmen, Kreditinstitute, Versicherungen, Transportunternehmen
Beispiel	Forstwirtschaftliches Unternehmen	Duisdorfer BüroKonzept KG	Einzelhandelsunternehmen

Im Rahmen des Kaufs und Verkaufs von Handelswaren tritt die Duisdorfer BüroKonzept KG als Groß- bzw. Einzelhandelsunternehmen auf und wird in diesem Zusammenhang dem tertiären Sektor zugeordnet. Häufig ist demnach eine eindeutige Zuordnung eines Unternehmens zu einem bestimmten Sektor nicht unmittelbar möglich.

Internationale Arbeitsteilung

Aufgrund von ungleich verteilten Rohstoffvorkommen, klimatischen Unterschieden, unterschiedlichen Lohnkosten bzw. Lohnniveaus, speziellen beruflichen Kenntnissen und Traditionen kommt die internationale Arbeitsteilung zustande.

So kann beispielsweise nur dort Erdöl gefördert werden, wo der Rohstoff sich unter der Erde befindet. Zitronen wachsen aufgrund der durchschnittlich eher niedrigen Temperaturen nicht in Deutschland, sondern nur in wärmeren Regionen. Textilien werden, auch wenn es moralisch bedenklich ist, fast ausschließlich in Niedriglohnländern wie beispielsweise Bangladesch produziert. Viele Maschinen werden aufgrund der traditionell guten Fachkenntnis in der Bundesrepublik Deutschland hergestellt. Aus der internationalen Arbeitsteilung ergibt sich der Im- und Export von Waren und Dienstleistungen.

1.2.6 Der Wirtschaftskreislauf

Der einfache Wirtschaftskreislauf

Der Wirtschaftskreislauf ist eine theoretische Darstellungsform volkswirtschaftlicher Zusammenhänge in Form eines Kreislaufmodells. Der Begriff Wirtschaftskreislauf drückt aus, dass ein ständiger Austausch zwischen den Sektoren erfolgt.

Im **einfachen Wirtschaftskreislauf** betrachtet man zunächst die **privaten Haushalte** und die **Unternehmen**, wie die Duisdorfer BüroKonzept KG, als zusammengefasste Sektoren. Es wird von folgenden Annahmen (Prämissen) ausgegangen:

- Nur die privaten Haushalte verfügen über die Produktionsfaktoren Boden, Arbeit und Kapital.
- Die Unternehmen entgelten die Nutzung dieser Produktionsfaktoren in Form von Miete und Pacht für den Boden, Lohn und Gehalt für die Arbeit und Zinsen für das zur Verfügung gestellte Kapital.
- Die Unternehmen stellen alle in der Volkswirtschaft benötigten Konsumgüter her.
- Alle Güter, die die Unternehmen produzieren, werden von den Haushalten auch konsumiert.
- Das gesamte Einkommen der Haushalte wird für Konsumgüter ausgegeben.

Nachfolgend ist der **einfache Wirtschaftskreis** in einem Schaubild verdeutlicht:

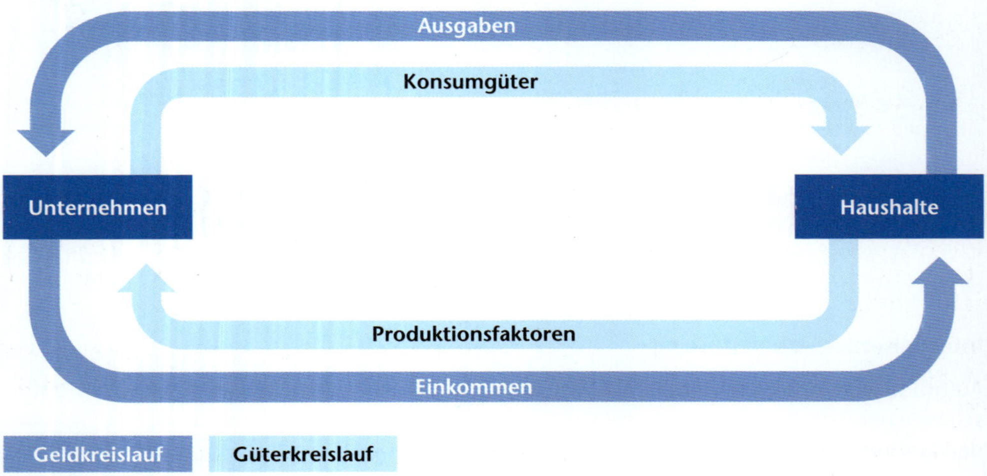

In diesem geschlossenen Wirtschaftskreislauf gleichen sich der Geld- und der Güterkreislauf aus. Es werden sämtliche in der Volkswirtschaft produzierten Güter von den Haushalten konsumiert. Da im einfachen Wirtschaftskreislauf keine Investitionen für beispielsweise neue Technologien einbezogen sind, spricht man beim einfachen Wirtschaftskreislauf auch von einem **stationären Wirtschaftskreislauf**.

Der erweiterte Wirtschaftskreislauf

Im erweiterten Wirtschaftskreislauf geht man davon aus, dass die Haushalte nicht das gesamte Einkommen für Konsumgüter ausgeben. Die Haushalte sparen. Das Modell des einfachen Wirtschaftskreislaufs wird zunächst um den Sektor **Banken** erweitert.

Durch die Erweiterung des Modells entstehen finanzielle Mittel (Möglichkeit der Kreditaufnahme) für neue Investitionen der Unternehmen in beispielsweise neue Technologien. Nur unter der Annahme der möglichen Kreditaufnahme ist die Duisdorfer BüroKonzept KG in der Lage in neue Maschinen zu investieren. Im Modell wird davon ausgegangen, dass der Konsumverzicht der Haushalte (sparen) genauso groß ist wie die Investitionen (Kredite) der Unternehmen. Der erweiterte Wirtschaftskreislauf wird aufgrund der möglichen Weiterentwicklung der Wirtschaft auch als **evolutionärer Wirtschaftskreislauf** bezeichnet.

Nachfolgend ist der **erweiterte Wirtschaftskreislauf** mit den Sektoren Unternehmen, Haushalte und Banken in einem Schaubild verdeutlicht:

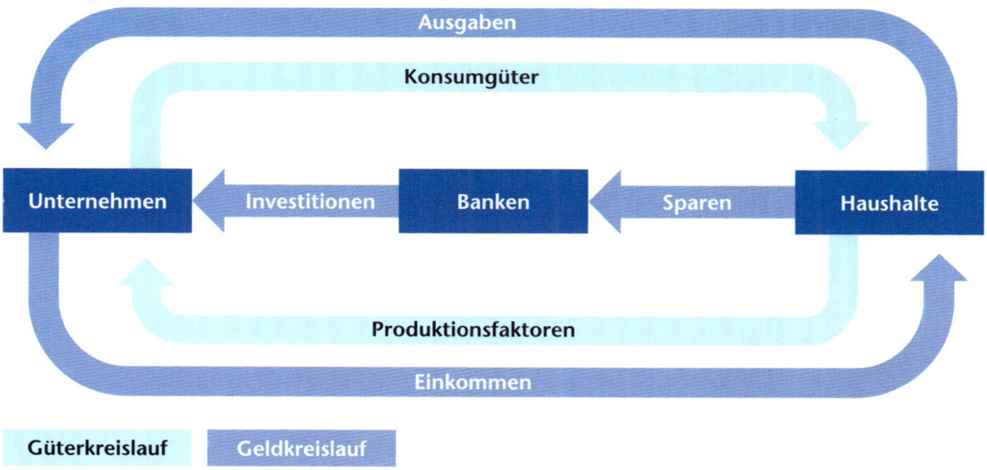

In der obigen Abbildung fehlen zur vollständigen Darstellung unseres Wirtschaftssystems noch der Staat und das Ausland als Sektoren. Der **Staat** ist in unsere Volkswirtschaft durch die Zahlung von Sozialleistungen sowie Löhnen bzw. Gehältern und durch das Beziehen von Steuern aus Haushalten und Unternehmen involviert. Weiterhin konsumiert der Staat Güter und Dienstleistungen und subventioniert Unternehmen.

Der offene Wirtschaftskreislauf bezieht das **Ausland** mit ein. Durch die Erweiterung werden im Modell Güter und Dienstleistungen (Produktionsfaktoren) vom Ausland importiert und exportiert.

Nachfolgend sind die Geldströme im erweiterten Wirtschaftskreislauf abgebildet.

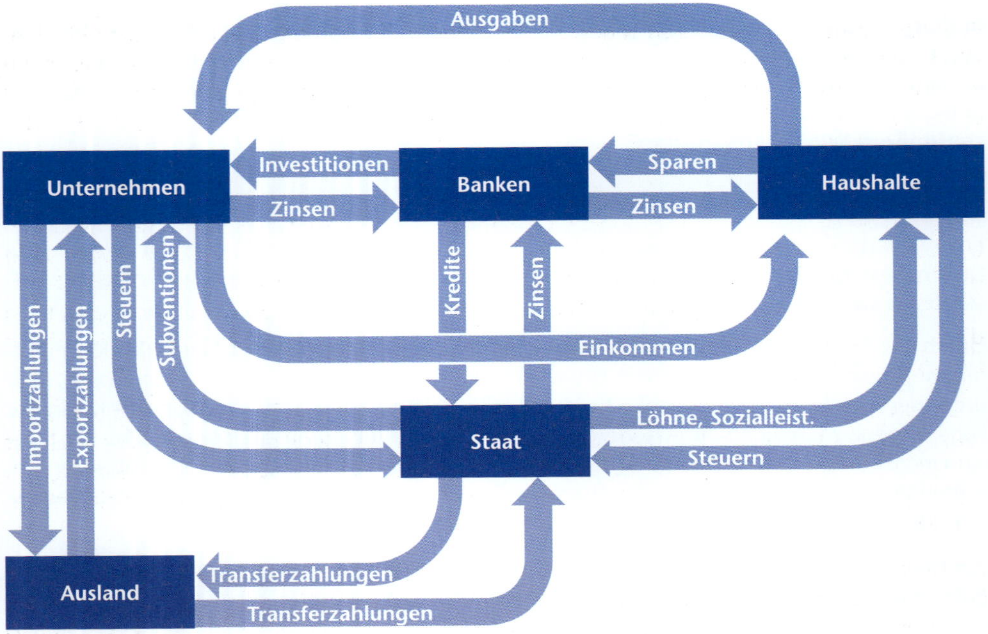

Geldkreislauf

1.3 Rechtliche Grundlagen der Duisdorfer BüroKonzept KG[1]

LS 1.1

1.3.1 Der Begriff des Kaufmanns

Der Begriff Kaufmann meint keinen Ausbildungsberuf wie beispielsweise den *Kaufmann für Büromanagement*, sondern den Kaufmann im Sinne des HGB. Kaufmann im Sinne des HGB ist u. a. der sog. **Istkaufmann**. Laut § 1 HGB Abs. 1 ist „Kaufmann im Sinne dieses Gesetzbuchs […], wer ein Handelsgewerbe betreibt." In § 1 Abs. 2 HGB heißt es weiter: „Handelsgewerbe ist jeder Gewerbebetrieb, es sei denn, dass das Unternehmen nach Art oder Umfang einen in kaufmännischer Weise eingerichteten Geschäftsbetrieb nicht erfordert." Als Gewerbebetrieb bezeichnet man ein Gewerbe, das dauerhaft und selbstständig auf Gewinnerzielung ausgerichtet ist. Ob ein Gewerbebetrieb „einen in kaufmännischer Weise eingerichteten Geschäftsbetrieb nicht erfordert", ist im Gesetz nicht eindeutig definiert und hängt von verschiedenen Kriterien wie Umsatz, Gewinn, Anzahl der Mitarbeiter usw. ab. Im

[1] *Mit leistungsstarken Klassen können bereits an dieser Stelle (abweichend zum Bildungsplan – siehe Lernfeld 9) die rechtlichen Grundlagen der Duisdorfer BüroKonzept KG thematisiert werden und exemplarisch in Bezug auf das Modellunternehmen in die Präsentation (siehe BüroMaterial 1) einfließen. Darüber hinaus kann auch in anderen Klassen das spiralcurriculare Vorgehen insbesondere in Bezug auf die Rechtsformen der Unternehmen sinnvoll sein.*

Bedarfsfall muss das Unternehmen beweisen, dass es diese Kriterien nicht erfüllt, um sich nicht ins Handelsregister eintragen lassen zu müssen. Ein Istkaufmann ist automatisch als Kaufmann im Sinne des HGB anzusehen. Es ist verpflichtet, sich ins Handelsregister (siehe Kapitel 3.3) eintragen zu lassen (eingetragener Kaufmann). Die Duisdorfer BüroKonzept KG ist als Personengesellschaft Istkaufmann im Sinne des HGB.

„Ein gewerbliches Unternehmen, dessen Gewerbebetrieb nicht schon nach § 1 Abs. 2 Handelsgewerbe ist, gilt als Handelsgewerbe im Sinne dieses Gesetzbuchs, wenn die Firma des Unternehmens in das Handelsregister eingetragen ist. Der Unternehmer ist berechtigt, aber nicht verpflichtet, die Eintragung […] herbeizuführen. […]" (§ 2 HGB) Dieser Paragraf umschreibt den Kleingewerbetreibenden, der die Kriterien des Handelsgewerbes nicht erfüllt. Da dieser sich ins Handelsregister eintragen lassen kann, aber nicht muss, spricht man in diesem Fall vom sog. **Kannkaufmann**.

„Auf den Betrieb der Land- und Forstwirtschaft finden die Vorschriften des § 1 keine Anwendung." (§ 3 Abs. 1 HGB) „Für ein land- oder forstwirtschaftliches Unternehmen, das nach Art und Umfang einen in kaufmännischer Weise eingerichteten Geschäftsbetrieb erfordert, gilt § 2 […]." (§ 3 Abs. 2 HGB) Das heißt, land- und forstwirtschaftliche Unternehmen sind ebenfalls **Kannkaufleute**.

Als Kaufmann im Sinne des § 6 HGB gilt auch der sog. **Formkaufmann**. Als Formkaufmann bezeichnet man Kapitalgesellschaften, wie beispielsweise die Aktiengesellschaft (AG), die Gesellschaft mit beschränkter Haftung (GmbH), die Kommanditgesellschaft auf Aktien (KGaA) sowie die Eingetragene Genossenschaft (eG).

Nachfolgend sind die Kaufleute im Sinne des HGB zusammenfassend dargestellt.

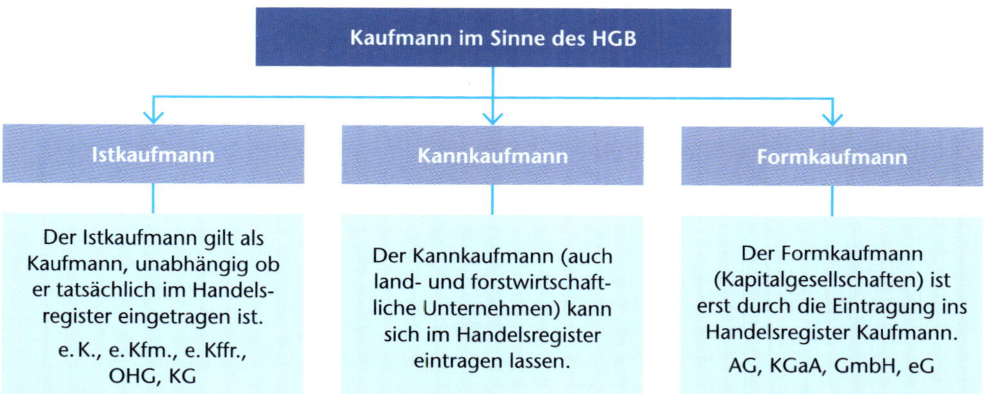

1.3.2 Die Firma

Firmenkern und Firmenzusatz

§ 17 HGB
(1) Die Firma eines Kaufmanns ist der Name, unter dem er seine Geschäfte betreibt und die Unterschrift abgibt.

Die Firma besteht aus einem Firmenkern und einem Firmenzusatz.

Der **Firmenkern** kann den Namen bzw. den Gegenstand des Unternehmens oder eine Fantasiebezeichnung beinhalten. Der **Firmenzusatz** beinhaltet eine Erläuterung zum Gesellschaftsverhältnis oder zu Art und Umfang des Geschäfts.

§ 19 HGB

(1) Die Firma muss [...] enthalten:

1. bei Einzelkaufleuten die Bezeichnung „eingetragener Kaufmann“, „eingetragene Kauffrau“ oder eine allgemein verständliche Abkürzung dieser Bezeichnung, insbesondere „e. K.“, „e. Kfm.“ oder „e. Kffr.“;
2. bei einer offenen Handelsgesellschaft die Bezeichnung „offene Handelsgesellschaft“ oder eine allgemein verständliche Abkürzung dieser Bezeichnung [OHG];
3. bei einer Kommanditgesellschaft die Bezeichnung „Kommanditgesellschaft“ oder eine allgemein verständliche Abkürzung dieser Bezeichnung [KG].

In § 19 Abs. 2 HGB heißt es weiter: „Wenn in einer offenen Handelsgesellschaft oder Kommanditgesellschaft keine natürliche Person persönlich haftet, muss die Firma [...] eine Bezeichnung enthalten, welche die Haftungsbeschränkung kennzeichnet“ (z. B.: GmbH & Co. KG).

Arten der Firma

Bei der Benennung eines Unternehmens, der Firma, werden die Personenfirma, die Sachfirma, die Mischfirma und die Fantasiefirma unterschieden. In der nachfolgenden Tabelle sind die Arten der Firma mit Beispielen dargestellt.

Art der Firma	Personenfirma	Sachfirma	Mischfirma	Fantasiefirma
Erklärung	Im Firmenkern der Personenfirma sind die am Unternehmen beteiligten Personen mit Namen genannt.	Der Firmenkern der Sachfirma leitet sich aus dem Gegenstand des Unternehmens ab.	Die Mischfirma zeichnet sich dadurch aus, dass im Firmenkern sowohl Namen als auch Gegenstand des Unternehmens genannt werden.	Im Firmenkern der Fantasiefirma ist ein Fantasiename genannt.
Beispiel	Gilles e. K.	Duisdorfer BüroKonzept KG	Balthasar Transporte GmbH	Kalyptus OHG

Firmengrundsätze

Bei der Wahl der Firma muss ein Unternehmen neben den Vorschriften zur Benennung des Firmenzusatzes in Form der Rechtsform auch die sog. Firmengrundsätze beachten. Die Firmengrundsätze sind Firmenklarheit, Firmenwahrheit, Firmenausschließlichkeit, Firmenbeständigkeit und Firmenöffentlichkeit.

Die **Firmenwahrheit** ist in § 18 Abs. 1 HGB geregelt: „Die Firma muss zur Kennzeichnung des Kaufmanns geeignet sein und Unterscheidungskraft besitzen.“ Der § 18 Abs. 2 regelt die **Firmenklarheit**: „Die Firma darf keine Angaben enthalten, die geeignet sind, über geschäftliche Verhältnisse, die für die angesprochenen Verkehrskreise wesentlich sind, irrezuführen. [...]“

Die **Firmenausschließlichkeit** nach § 30 HGB besagt: „(1) Jede neue Firma muss sich von allen an demselben Ort [...] bereits bestehenden und in das Handelsregister [...] eingetragenen

Firmen deutlich unterscheiden. (2) Hat ein Kaufmann mit einem bereits eingetragenen Kaufmann die gleichen Vornamen und den gleichen Familiennamen und will auch er sich dieser Namen als seiner Firma bedienen, so muss er der Firma einen Zusatz beifügen, durch den sie sich von der bereits eingetragenen Firma deutlich unterscheidet. […]"

In § 22 Abs. 1 HGB heißt es zur **Firmenbeständigkeit**: „Wer ein bestehendes Handelsgeschäft […] erwirbt, darf für das Geschäft die bisherige Firma […] mit oder ohne Beifügung eines das Nachfolgeverhältnis andeutenden Zusatzes fortführen […]." § 23 HGB regelt weiter: „Die Firma kann nicht ohne das Handelsgeschäft, für welches sie geführt wird, veräußert werden."

Die **Firmenöffentlichkeit** ist in § 29 HGB geregelt und besagt: „Jeder Kaufmann ist verpflichtet, seine Firma, den Ort und die inländische Geschäftsanschrift seiner Handelsniederlassung bei dem Gericht, in dessen Bezirk sich die Niederlassung befindet, zur Eintragung in das Handelsregister anzumelden."

Nachfolgend sind die Firmengrundsätze mit Beispielen dargestellt.

Firmengrundsatz	Firmenwahrheit/ Firmenklarheit	Firmenausschließlichkeit	Firmenbeständigkeit	Firmenöffentlichkeit
Erläuterung	Bei einer Sachfirma muss der Firmenzusatz dem tatsächlichen Gegenstand des Unternehmens entsprechen. Er darf nicht über den Gegenstand des Unternehmens irreführen.	Jede neue Firma muss sich von anderen Firmen, die in das Handelsregister am selben Ort eingetragen sind, deutlich unterscheiden. Bei Namensgleichheit muss ein Zusatz die Unterscheidung deutlich machen.	Bei Übernahme oder Verkauf eines Unternehmens darf das Geschäft die bisherige Firma fortführen. Die Firma darf allerdings nicht ohne das Handelsgeschäft verkauft werden.	Jeder Kaufmann ist verpflichtet, sich zur Eintragung in das Handelsregister anzumelden.
Beispiel	Die Duisdorfer BüroKonzept KG dürfte sich nicht „Duisdorfer Immobilien KG" nennen, da dies nicht dem Gegenstand des Unternehmens entspricht.	Der Kunde der BüroKonzept KG „Frohn KG Büroausstattung" ist in Heidelberg im Handelsregister eingetragen. Ein neuer Firmengründer und Namensvetter Manfred Frohn darf nun nicht dieselbe Firma verwenden. Die muss sich unterscheiden und könnte somit beispielsweise „Manfred Frohn KG Büroausstattung" als Firma wählen.	Übergibt der Inhaber der Firma „Frohn KG" Hans Frohn das Unternehmen an seinen Sohn Alexander, so kann er die Firma unter demselben Namen oder mit einem Zusatz (z. B. Alexander Frohn KG) weiterführen. Auch die Firma „Frohn KG, Inhaber: Alexander Frohn" o. Ä. wäre möglich.	Die Duisdorfer BüroKonzept KG ist im Handelsregister in Abteilung A eingetragen. Jeder kann die Informationen des Handelsregisters einsehen und auf sie vertrauen (siehe Kapitel 3.3).

1.3.3 Das Handelsregister

Das Handelsregister ist ein elektronisch geführtes amtliches Verzeichnis, das vom Amtsgericht des betreffenden Bezirks geführt wird. Nach § 8 HGB heißt es: „(1) Das Handelsregister wird von den Gerichten elektronisch geführt. (2) Andere Datensammlungen dürfen nicht unter Verwendung oder Beifügung der Bezeichnung ‚Handelsregister' in den Verkehr gebracht werden." Eintragungen ins Handelsregister werden im Bundesanzeiger bekanntgemacht und müssen in mindestens einer Tageszeitung des Amtsgerichtsbezirks veröffentlicht werden.

Jeder Interessierte kann sich über die Rechtsverhältnisse und sonstigen Umstände auch online informieren. Nach § 9 Abs. 1 HGB gilt: „Die Einsichtnahme in das Handelsregister sowie in die zum Handelsregister eingereichten Dokumente ist jedem zu Informationszwecken gestattet. […]" Das heißt, dass es den Auszubildenden der Duisdorfer BüroKonzept KG möglich ist, aus dem Handelsregister Informationen über den Ausbildungsbetrieb zu erhalten.

Nachfolgend ist der fiktive Handelsregisterauszug der Duisdorfer BüroKonzept KG abgebildet:

Amtsgericht Bonn					HR A1221
Nr. der Eintragung	a) Firma b) Ort der Niederlassung (Sitz der Gesellschaft) c) Gegenstand des Unternehmens (bei juristischen Personen)	Geschäftsinhaber Persönlich haftender Gesellschafter Vorstand Abwickler	Prokura	Rechtsverhältnisse	a) Tag der Eintragung und Unterschrift b) Bemerkungen
1	2	3	4	5	6
1	a) Duisdorfer BüroKonzept KG b) 53123 Bonn c) Herstellung und Vertrieb von Ausstattungsgegenständen im Bürobereich sowie Beratung in Fragen der Büroorganisation	Sebastian Falo wohnhaft in Bonn, Katharina Niester wohnhaft in Bonn,		Kommanditgesellschaft	a) 01.01.2005

Die Duisdorfer BüroKonzept KG ist in Abteilung A des Handelsregisters eingetragen. Alle Personengesellschaften, wie die Kommanditgesellschaft (KG) und die Offene Handelsgesellschaft (OHG), werden neben den Einzelkaufleuten in Abteilung A des Handelsregisters geführt. Kapitalgesellschaften, wie die Gesellschaft mit beschränkter Haftung (GmbH) und die Aktiengesellschaft (AG), sind hingegen in Abteilung B des Handelsregisters zu finden. Eingetragene Genossenschaften (eG), wie die Volksbank Bonn/Rhein-Sieg eG, werden im gesonderten Genossenschaftsregister, eingetragene Vereine (e. V.) im gesonderten Vereinsregister eingetragen.

Das Handelsregister genießt sogenannten „öffentlichen Glauben". Das heißt nach § 15 HGB: „(1) Solange eine in das Handelsregister einzutragende Tatsache nicht eingetragen und bekanntgemacht ist, kann sie von demjenigen, in dessen Angelegenheiten sie einzutragen war, einem Dritten nicht entgegengesetzt werden, es sei denn, dass sie diesem bekannt war. (2) Ist die Tatsache eingetragen und bekanntgemacht worden, so muss ein Dritter sie gegen sich gelten lassen. [...]"

Beispiel:
Die Duisdorfer BüroKonzept KG verkauft an die Frohn KG, die durch Frau Sommer vertreten wird, 100 Scanner. Die Prokura von Frau Sommer wurde allerdings wegen Untreue bereits widerrufen. Der Widerruf der Prokura von Frau Sommer ist ordnungsgemäß im Handelsregister eingetragen und veröffentlicht worden. Frau Sommer hatte der Duisdorfer BüroKonzept KG eine alte Vollmachtsurkunde vorgelegt. Werden die 100 Scanner nun nach Ablauf der Zahlungsfrist nicht bezahlt, kann sich die Duisdorfer BüroKonzept KG nicht an die Frohn KG wenden, sondern muss die Forderung direkt gegen Frau Sommer geltend machen.

Die Eintragung und Löschung der Prokura hat somit, wie die Eintragung von Kleingewerbetreibenden (Kannkaufmann) und Formkaufmann ins Handelsregister, **rechtserzeugende (konstitutive) Wirkung**. Das bedeutet, dass erst nach der Eintragung die Tatsache rechtswirksam wird.

Die Eintragung eines Istkaufmanns (Kaufmann, der nach § 1 HGB ein Handelsgewerbe betreibt) ins Handelsregister hat hingegen **rechtsbezeugende (deklaratorische) Wirkung**. Die Rechtswirksamkeit wird mit der Eintragung nur bezeugt bzw. bestätigt. Die Tatsache war bereits vor der Eintragung rechtswirksam.

1.3.4 Die Rechtsform der Unternehmen[1]

Typische Rechtsformen von Unternehmen sind in Einzelunternehmung, Personengesellschaft sowie Kapitalgesellschaft gegliedert. Die Duisdorfer BüroKonzept KG ist eine Kommanditgesellschaft, die zu den Personengesellschaften zählt.

Einzelunternehmung und Personengesellschaften

Die **Einzelunternehmung** wird von einer Person gegründet. Bei Eintragung der Einzelunternehmung ins Handelsregister wird der Firmenzusatz **e**ingetragener **K**aufmann (e. Kfm. bzw. e. K.) bzw. **e**ingetragene **K**auffrau (e. Kffr.) geführt. Die Aufbringung des Eigenkapitals erfolgt vom Einzelunternehmer aus seinem Privatvermögen. Der Einzelunternehmer ist alleiniger Eigentümer seines Unternehmens. Er führt die Geschäfte und vertritt die Unternehmung nach außen. Ein Gewinn steht allein dem Einzelunternehmer zu. Allerdings trägt der Einzelunternehmer Verluste auch selbst. Ein Einzelunternehmer haftet mit seinem gesamten Privatvermögen.

Zu den **Personengesellschaften** zählen u. a. die **Offene Handelsgesellschaft** (OHG) und die Kommanditgesellschaft (KG). Die OHG wird von zwei oder mehr Personen gegründet. Das Eigenkapital der OHG wird von den Gesellschaftern aus ihrem Privatvermögen aufgebracht. Die Gesellschafter sind auch die Eigentümer des Unternehmens. Jeder Gesellschafter ist zur Geschäftsführung allein berechtigt (Einzelgeschäftsführungsvollmacht) und kann die Gesell-

[1] *Die Unternehmensformen.*

schaft allein nach außen vertreten (Einzelvertretungsvollmacht). Die Gesellschafter der OHG haften unbeschränkt, unmittelbar und solidarisch (gesamtschuldnerisch). Das heißt, dass sich im Fall einer Insolvenz der OHG die Gläubiger an einen „solventen" Gesellschafter richten können (unmittelbar), um ihre gesamte Forderung (solidarisch) einzutreiben. Die Haftung ist nicht auf die Kapitaleinlage begrenzt (unbeschränkt). Jeder Gesellschafter haftet in voller Höhe mit seinem Privatvermögen. Ein Gewinn wird auf die Gesellschafter verteilt. Wenn der Gesellschaftsvertrag nichts anderes vorsieht, erhält jeder Gesellschafter zunächst 4 % auf seine Kapitaleinlage, der Rest wird nach Köpfen verteilt. Einen Verlust tragen, wenn der Gesellschaftsvertrag nichts anderes regelt, alle Gesellschafter zu gleichen Teilen (nach Köpfen).

Die **Kommanditgesellschaft** (KG), wie die Duisdorfer BüroKonzept KG, wird von zwei oder mehr Personen gegründet, wobei es mindestens einen Vollhafter (Komplementär) und mindestens einen Teilhafter (Kommanditisten) gibt. Das Eigenkapital der KG wird von den Komplementären und Kommanditisten aus ihrem Privatvermögen aufgebracht. Die Komplementäre und Kommanditisten sind die Eigentümer des Unternehmens. Die Geschäftsführung und Vertretung gegenüber Dritten darf allerdings nur durch die Komplementäre ausgeführt werden. In einer KG haften Komplementäre, wie die Gesellschafter einer OHG, unbeschränkt, unmittelbar und solidarisch. Die Haftung der Kommanditisten ist auf ihre Kapitaleinlage beschränkt. Der Gewinn wird auf die Komplementäre und Kommanditisten verteilt. Sie erhalten, wenn der Gesellschaftsvertrag nichts anderes vorsieht, zunächst 4 % auf ihre Kapitaleinlage, der Rest des Gewinns teilt sich im angemessenen Verhältnis. Ein Verlust wird wie der Restgewinn im angemessenen Verhältnis verteilt. Um Streitigkeiten zu vermeiden, sollte das „angemessene Verhältnis" im Gesellschaftsvertrag geregelt werden.

Nachfolgend sind die Einzelunternehmung und die Personengesellschaften OHG und KG zusammengefasst dargestellt.

Merkmal/Rechtsform	Einzelunternehmung	OHG	KG
Erläuterung	Die Einzelunternehmung (e. K., e. Kfm., e. Kffr.) wird von einer Person gegründet.	Die **o**ffene **H**andels**g**esellschaft wird von zwei oder mehr Personen gegründet.	Die **K**ommandit**g**esellschaft wird von mindestens einem Vollhafter (Komplementär) und einem Teilhafter (Kommanditisten) gegründet.
Kapitalaufbringung	Das (Eigen-) Kapital wird vom Einzelunternehmer aus seinem Privatvermögen aufgebracht.	Das (Eigen-) Kapital wird von den Gesellschaftern aus ihrem Privatvermögen aufgebracht.	Das (Eigen-) Kapital wird von den Komplementären und Kommanditisten aus ihrem Privatvermögen aufgebracht.
Eigentumsverhältnis	Einzelunternehmer	Gesellschafter	Komplementäre und Kommanditisten

Merkmal/Rechtsform	Einzelunternehmung	OHG	KG
Geschäftsführung	Einzelunternehmer	jeder Gesellschafter allein	nur Komplementäre
Vertretung	Einzelunternehmer, Prokurist	jeder Gesellschafter allein, Prokurist	nur Komplementäre, Prokurist
Haftung	Einzelunternehmer	unbeschränkt, unmittelbar, solidarisch	Komplementäre haften unbeschränkt, unmittelbar und solidarisch; Kommanditisten haften mit ihrer Kapitaleinlage
Gewinnverteilung	Gewinn erhält der Einzelunternehmer	4 % auf Kapitaleinlage, Rest nach Köpfen oder lt. Gesellschaftsvertrag	4 % auf Kapitaleinlage, Rest im angemessenen Verhältnis oder lt. Gesellschaftsvertrag
Verlustverteilung	Verluste trägt der Einzelunternehmer	nach Köpfen oder lt. Gesellschaftsvertrag	im angemessenen Verhältnis oder lt. Gesellschaftsvertrag

Kapitalgesellschaften

Zu den **Kapitalgesellschaften** gehören u. a. die **A**ktien**g**esellschaft (AG), die **e**ingetragene **G**enossenschaft (eG) und die **G**esellschaft **m**it **b**eschränkter **H**aftung (GmbH). Die **GmbH** ist eine juristische Person mit eigener Rechtspersönlichkeit. In der GmbH haften die Gesellschafter nur mit ihrer Einlage und nicht persönlich. Das Eigenkapital muss in Form von Gesellschaftsanteilen in Höhe von mindestens 25.000,00 € von den Gesellschaftern aufgebracht werden. Eigentümer der GmbH sind die Gesellschafter. Die Gesellschafterversammlung, bestehend aus den Gesellschaftern der GmbH, bestellt einen oder mehrere Geschäftsführer, die entweder jeder einzeln (Einzelgeschäftsführungsbefugnis) oder nur gemeinsam (Gesamtgeschäftsführungsbefugnis) zur Geschäftsführung befugt sind. Geschäftsführer kann ein Eigentümer oder ein Angestellter werden. Die GmbH wird durch die Geschäftsführer oder durch einen Prokuristen nach außen vertreten. Die Haftung der GmbH ist auf das gesamte Vermögen der GmbH beschränkt. Gewinne werden im Verhältnis der Einlage oder nach Gesellschaftervertrag verteilt. Verluste der GmbH sind auf die Einlage beschränkt. Sind die Kapitaleinlagen noch nicht vollständig eingezahlt, hat der Gesellschafter eine sog. Nachschusspflicht bis zur Höhe des Geschäftsanteils.

Neben der GmbH mit einem Mindeststammkapital von 25.000,00 € besteht seit 2008 die Möglichkeit der Gründung einer sog. **Unternehmergesellschaft (haftungsbeschränkt)**, die umgangssprachlich Mini-GmbH oder Ein-Euro-GmbH genannt wird. Wesentlicher Unterschied zur „regulären" GmbH sind die erheblich vereinfachten Gründungsvoraussetzungen und die Möglichkeit der Gründung des Unternehmens mit einem Mindeststammkapital von einem Euro. Allerdings dürfen Gewinne nicht voll ausgeschüttet werden, um ein Stammkapital von mindestens 25.000,00 € anzusammeln.

Die **Aktiengesellschaft** (AG) ist eine juristische Person mit eigener Rechtspersönlichkeit. Das in Aktien zerlegte Eigen- bzw. Grundkapital muss mindestens 50.000,00 € betragen. Eigentümer der AG sind die Aktionäre, die die Hauptversammlung bilden. Die Geschäftsführung wird von einem bestellten Vorstand ausgeführt. Die Vertretung der AG kann vom Vorstand oder von Prokuristen wahrgenommen werden. Die AG haftet mit dem gesamten Vermögen. Der Gewinn der AG wird nach Beschluss der Hauptversammlung (Versammlung aller Aktio-

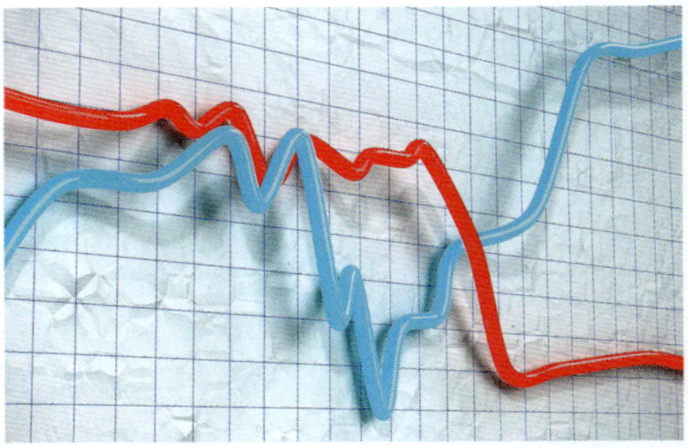

näre) nach Aktienanteil verteilt. Die Auszahlung des Gewinns an die Aktionäre wird Dividende genannt. Verluste der AG zehren die Rücklagen (Eigenkapital) auf.

Die **eingetragene Genossenschaft** (eG) ist eine juristische Person mit eigener Rechtspersönlichkeit. Sie ist der Förderung ihrer Mitglieder (Eigentümer) verpflichtet. Das Eigenkapital der eG ist ein in Genossenschaftsanteile zerlegtes Grundkapital, welches von Mitgliedern (Genossen) aufgebracht wird. Die Eigentümer der eG sind die Mitglieder. Die Mitglieder- bzw. Vertreterversammlung der eG wählt einen Vorstand, der die Geschäfte der eG führt und sie nach außen vertritt. Neben dem Vorstand kann die eG auch durch Prokuristen vertreten werden. Die eG haftet mit ihrem gesamten Vermögen. Gewinne werden im Verhältnis des Geschäftsguthabens oder lt. Satzung an die Mitglieder verteilt. Verluste werden, wenn in der Satzung nichts anderes geregelt ist, vom Geschäftsguthaben abgezogen.

Nachfolgend sind die ausgewählten Kapitalgesellschaften in einer Tabelle zusammengefasst.

Merkmal/Rechtsform	GmbH	AG	eG
Erläuterung	Die **G**esellschaft **m**it **b**eschränkter **H**aftung ist eine juristische Person mit eigener Rechtspersönlichkeit. In der GmbH haften die Gesellschafter nur mit ihrer Einlage und nicht persönlich.	Die **A**ktien**g**esellschaft ist eine juristische Person mit eigener Rechtspersönlichkeit. Das Grundkapital ist in Aktien zerlegt.	Die **e**ingetragene **G**enossenschaft ist eine juristische Person mit eigener Rechtspersönlichkeit. Sie ist der Förderung ihrer Mitglieder (Eigentümer) verpflichtet.
Kapitalaufbringung	in Gesellschaftsanteile zerlegtes Stammkapital von mind. 25.000,00 €	in Aktien zerlegtes Grundkapital von mind. 50.000,00 €	in Genossenschaftsanteile zerlegtes Grundkapital
Eigentumsverhältnis	Gesellschafter	Aktionäre	Mitglieder (Genossen)
Geschäftsführung	bestellter Geschäftsführer	bestellter Vorstand	gewählter Vorstand
Vertretung	Geschäftsführer, Prokurist	Vorstand, Prokurist	Vorstand, Prokurist
Haftung	mit gesamten Geschäftsvermögen	mit gesamten Geschäftsvermögen	mit gesamten Geschäftsvermögen
Gewinnverteilung	im Verhältnis der Einlage oder nach Gesellschaftervertrag	anteiliger Gewinn, nach Aktienanteil (Dividende)	im Verhältnis des Geschäftsguthabens oder lt. Satzung
Verlustverteilung	beschränkte Haftung mit Einlage, evtl. Nachschusspflicht (bis zur Höhe des Geschäftsanteils)	Aufzehrung der Rücklagen	Abzug vom Geschäftsguthaben oder lt. Satzung

1.3.5 Vollmachten

Kaufleute nach HGB können nach außen von Prokuristen vertreten werden. Nach § 48 Abs. 1 HGB kann die **Prokura** „nur von dem Inhaber des Handelsgeschäfts oder seinem gesetzlichen Vertreter und nur mittels ausdrücklicher Erklärung erteilt werden. (2) Die Erteilung kann an mehrere Personen gemeinschaftlich erfolgen (Gesamtprokura)." § 49 HGB besagt: „(1) Die Prokura ermächtigt zu allen Arten von gerichtlichen und außergerichtlichen Geschäften und Rechtshandlungen, die der Betrieb eines Handelsgewerbes mit sich bringt. (2) Zur Veräußerung und Belastung von Grundstücken ist der Prokurist nur ermächtigt, wenn ihm diese Befugnis besonders erteilt ist." Nach § 53 Abs. 1 HGB ist die „[...] Erteilung der Prokura [...] von dem Inhaber des Handelsgeschäfts zur Eintragung in das Handelsregister anzumelden. Ist die Prokura als Gesamtprokura erteilt, so muss auch dies zur Eintragung angemeldet werden."

In **§ 54 HGB** heißt es:

(1) Ist jemand ohne Erteilung der Prokura zum Betrieb eines Handelsgewerbes oder zur Vornahme einer bestimmten zu einem Handelsgewerbe gehörigen Art von Geschäften [**Artvollmacht**] oder zur Vornahme einzelner zu einem Handelsgewerbe gehöriger Geschäfte [**Einzel- bzw. Spezialvollmacht**] ermächtigt, so erstreckt sich die Vollmacht (**Handlungsvollmacht**) auf alle Geschäfte und Rechtshandlungen, die der Betrieb eines derartigen Handelsgewerbes oder die Vornahme derartiger Geschäfte gewöhnlich mit sich bringt [**Generalvollmacht**].

(2) Zur Veräußerung oder Belastung von Grundstücken, zur Eingehung von Wechselverbindlichkeiten, zur Aufnahme von Darlehen und zur Prozessführung ist der Handlungsbevollmächtigte nur ermächtigt, wenn ihm eine solche Befugnis besonders erteilt ist.

(3) Sonstige Beschränkungen der Handlungsvollmacht braucht ein Dritter nur dann gegen sich gelten zu lassen, wenn er sie kannte oder kennen musste.

Im Gegensatz zur Prokura werden Handlungsvollmachten nicht im Handelsregister eingetragen. Sämtliche Mitarbeiter eines Unternehmens können durch eine unterschiedlich geartete Handlungsvollmacht ausgestalltet werden.

Auszubildende der Duisdorfer BüroKonzept KG können eine Art- und/oder eine Einzelvollmacht besitzten. Sie sind dann entweder zu einer bestimmten Art von Handelsgeschäften (Artvollmacht: z. B. regelmäßiges Kassieren) und/oder für einzelne Handelsgeschäfte (Einzelvollmacht: z. B. einmaliger Auftrag zum Kauf von Briefmarken) bevollmächtigt. Der Handlungsrahmen eines Auszubildenden vergrößert sich und die Vollmachten wachsen in aller Regel innerhalb der Dauer der Ausbildung.

1.4 Aufbau und wesentliche Geschäftsprozesse der Duisdorfer BüroKonzept KG

Die Duisdorfer BüroKonzept KG ist funktionsorientiert organisiert. Unterhalb der Geschäftsführung sind die Stabsstellen Öffentlichkeitsarbeit, Qualitätssicherung und Marktforschung angeordnet. Die Stelleninhaber dieser Stabsstellen beraten die Geschäftsführung und haben keine Weisungsbefugnis gegenüber Mitarbeitern. *LS 1.1*

Auf der 2. Ebene des Organigramms sind die funktionsorientierten Bereiche abgebildet. Dies sind die Bereiche Beschaffung, Vertrieb, Kaufmännische Verwaltung, Personalwesen sowie der

Technische Bereich. Die Leitungen dieser Bereiche sind den untergeordneten Mitarbeitern weisungsbefugt. Diese Instanzen (Stellen mit Weisungsbefugnis) erhalten wiederum von der Geschäftsführung Weisungen. Die Stelle Aus- und Weiterbildung ist beispielsweise mit Andrea Winter besetzt. Sie ist dem Personalwesen untergeordnet.

Der wichtigste Geschäftsprozess der Duisdorfer BüroKonzept KG ist der Produktionsprozess der Büromöbel. Dieser Prozess wird als Kernprozess bezeichnet, der von sog. Unterstützungsprozessen (z. B. Buchhaltung und Personalwesen) und sog. Managementprozessen (z. B. Planung, Organisation, Kontrolle) flankiert wird. Kernprozesse, Unterstützungsprozesse und Managementprozesse werden in Lernfeld 11 (BüroWelt 2) noch ausführlich thematisiert.

2 Die eigene Rolle im Betrieb mitgestalten

2.1 Der Ausbildungsvertrag

2.1.1 Inhalte des Ausbildungsvertrages

LS 1.2, 1.3

Die Duisdorfer BüroKonzept KG ist ein Unternehmen, das auch Auszubildende beschäftigt. Grundlage der Berufsausbildungsverhältnisse ist das **Berufsbildungsgesetz** (BBiG), das 1969 in Kraft trat. Es regelt in Deutschland die Berufsausbildung, die auch als **duale Ausbildung** bezeichnet wird, da eine parallele Ausbildung an zwei Lernorten – Betrieb und Berufsschule – stattfindet.

Ausbildungsberufe werden nach § 4 des Berufsbildungsgesetzes durch Rechtsverordnung vom Bundesministerium für Wirtschaft und Technologie oder dem sonst zuständigen Fachministerium im Einvernehmen mit dem Bundesministerium für Bildung und Forschung staatlich anerkannt. Ab 1. August 2014 sind die drei Büroberufe – Bürokaufmann/-frau, Kaufmann/-frau für Bürokommunikation und Fachangestellte/r für Bürokommunikation – zum neuen Berufsbild **„Kaufmann/-frau für Büromanagement"** zusammengelegt. Die Ausbildung findet in den drei Bereichen Industrie und Handel, Handwerk oder Öffentlicher Dienst statt. Die Ausbildungsdauer beträgt drei Jahre.

Nach § 5 des BBiG werden für die Ausbildungsberufe **Ausbildungsordnungen** erlassen. Diese enthalten neben der Bezeichnung des Ausbildungsberufes, der Ausbildungsdauer, dem Ausbildungsberufsbild (die beruflichen Fertigkeiten, Kenntnisse und Fähigkeiten, die Gegenstand der Ausbildung sind), dem Ausbildungsrahmenplan (die sachliche und zeitliche Gliederung der beruflichen Fertigkeiten, Kenntnisse und Fähigkeiten) auch die Prüfungsanforderungen.

Diese allgemeinen Informationen werden nach § 10 BBiG im Berufsausbildungsvertrag konkretisiert. Danach hat, „wer andere zur Berufsausbildung einstellt (Ausbildender), mit den Auszubildenden einen Berufsausbildungsvertrag abzuschließen" (§ 10 Vertrag (Abs. 1) BBiG).

Der Berufsausbildungsvertrag ist nach § 11 BBiG Abs. 2 **vom Betrieb und dem Auszubildenden zu unterschreiben (siehe 1.2.1 Abbildung Vertrag Buchstabe J)**. Wenn der Auszubildende noch keine 18 Jahre alt ist, müssen die gesetzlichen Vertreter (das sind i. d. R. beide Elternteile) mit unterzeichnen. Nach § 11 BBiG Abs. 3 muss der Ausbilder dem Auszubildenden und dessen gesetzlichen Vertretern unverzüglich eine Ausfertigung des Ausbildungsvertrages aushändigen.

Berufsausbildungsvertrag

(§§ 10, 11 Berufsbildungsgesetz – BBiG)

Zwischen dem/der Ausbildenden (Ausbildungsbetrieb)

Öffentlicher Dienst

KNR | Firmenident-Nr. | Tel.-Nr.

Anschrift des/der Ausbildenden (Ausbildungsbetrieb)

Straße, Haus-Nr.

PLZ | Ort

E-Mail-Adresse des/der Ausbildenden

Verantwortliche/r Ausbilder/in | Geburtsjahr

und dem/der Auszubildenden **männlich** **weiblich**

Name | Vorname

Straße, Haus-Nr.

PLZ | Ort

Geburtsdatum | Staatsangehörigkeit

Gesetzliche/r Vertreter/in[1]

Eltern | Vater | Mutter | Vormund

Namen, Vornamen der gesetzlichen Vertreter

Straße, Hausnummer

PLZ | Ort

wird nachstehender Vertrag zur Ausbildung im Ausbildungsberuf
mit der Fachrichtung/dem Schwerpunkt/ dem Wahlbaustein etc.
nach Maßgabe der Ausbildungsordnung[2] geschlossen.

Änderungen des wesentlichen Vertragsinhaltes sind vom/von der Ausbildenden unverzüglich zur Eintragung in das Verzeichnis der Berufsausbildungsverhältnisse bei der Industrie- und Handelskammer anzuzeigen.

Die beigefügten Angaben zur sachlichen und zeitlichen Gliederung des Ausbildungsablaufs (Ausbildungsplan) sowie die umseitigen Regelungen sind Bestandteil dieses Vertrages.

A Die Ausbildungszeit beträgt nach der Ausbildungsordnung ______ Monate.

Die vorausgegangene
- schulische Vorbildung
- abgeschlossene betriebliche Berufsausbildung als
- abgebrochene betriebliche Berufsausbildung als
- abgeschlossene Berufsausbildung in schulischer Form mit Abschluss als

wird mit ______ Monaten angerechnet bzw. es wird eine entsprechende Verkürzung beantragt.

Das Berufsausbildungsverhältnis beginnt am ______ und endet am ______ .

B Die Probezeit (§ 1 Nr. 2) beträgt ______ Monate.[3]

C Die Ausbildung findet vorbehaltlich der Regelungen nach D in

und den mit dem Betriebssitz für die Ausbildung üblicherweise zusammenhängenden Bau-, Montage- und sonstigen Arbeitsstellen statt (§ 3 Nr. 12).

D Ausbildungsmaßnahmen außerhalb der Ausbildungsstätte (§ 3 Nr. 12) (mit Zeitraumangabe):

E Der/die Ausbildende zahlt dem/der Auszubildenden eine angemessene Vergütung (§ 5); diese beträgt zur Zeit monatlich brutto

€				
im	ersten	zweiten	dritten	vierten

Ausbildungsjahr.

F Die regelmäßige Ausbildungszeit in Stunden beträgt täglich[4] ______ und/oder wöchentlich ______

Teilzeitausbildung wird beantragt (§ 6 Nr. 2) ja ☐ nein ☐

G Der/Die Ausbildende gewährt dem/der Auszubildenden Urlaub nach den geltenden Bestimmungen. Es besteht ein Urlaubsanspruch

Im Jahr					
Werktage					
Arbeitstage					

H Hinweise auf anzuwendende Tarifverträge und Betriebsvereinbarungen; sonstige Vereinbarungen:

J Die beigefügten Vereinbarungen sind Gegenstand dieses Vertrages und werden anerkannt.

Ort, Datum:

Der/Die Ausbildende:

Stempel und Unterschrift

Der/Die Auszubildende:

Vor- und Familienname

Der/Die gesetzlichen Vertreter/in des/der Auszubildenden:

Vater und Mutter/Vormund

1) Vertretungsberechtigt sind beide Eltern gemeinsam, sowie nicht die Vertretungsberechtigung nur einem Elternteil zusteht. Ist ein Vormund bestellt, so bedarf dieser zum Abschluss des Ausbildungsvertrages der Genehmigung des Vormundschaftsgerichtes.
2) Solange die Ausbildungsordnung nicht erlassen ist, sind gem. § 104 Abs. 1BBIG die bisherigen Ordnungsmittel anzuwenden

3) Die Probezeit muss mindestens einen Monat und darf höchstens vier Monate betragen.
4) Das Jugendarbeitsschutzgesetz sowie für das Ausbildungsverhältnis geltende tarifvertragliche Regelungen und Betriebsvereinbarungen sind zu beachten.

2. Blatt = Ausfertigung für den Ausbildungsbetrieb, Seite 1 von 2

Abdruck mit freundlicher Genehmigung des Deutschen Industrie- und Handelskammertages e. V.

Nach § 11 Abs. 1 BBiG haben „Ausbildende unverzüglich nach Abschluss des Berufsausbildungsvertrages, spätestens vor Beginn der Berufsausbildung, den wesentlichen Inhalt des Vertrages gemäß Satz 2 schriftlich niederzulegen; die elektronische Form ist ausgeschlossen".

In den Vertrag müssen die folgenden neun Punkte aufgenommen werden:

- **1. Art, sachliche und zeitliche Gliederung sowie Ziel der Berufsausbildung**
  Der Berufsausbildungsvertrag muss Angaben zur sachlichen und zeitlichen Gliederung enthalten. Grundlage hierfür ist zunächst der **Ausbildungsrahmenplan** der nach § 5 Abs. 4 BBiG „eine Anleitung zur sachlichen und zeitlichen Gliederung der Vermittlung der beruflichen Fertigkeiten, Kenntnisse und Fähigkeiten" gibt.

  Der Ausbildungsrahmenplan enthält eine grobe zeitliche und sachliche Gliederung der Ausbildungsinhalte. Er dient dem Ausbilder als Vorgabe für den betrieblichen **Ausbildungsplan.** Das heißt, der Ausbildende (das Unternehmen) erstellt einen individuellen Ausbildungsplan, der Bestandteil des Berufsausbildungsvertrages ist und diesem Vertrag als Anlage beigefügt wird.

- **2. Beginn und Dauer der Berufsausbildung (siehe Nr. A im dargestellten Vertrag)**
  Die Berufsausbildung beginnt mit dem Zeitpunkt, der im Vertrag festgelegt wird. Die Ausbildungsdauer für den Beruf „Kaufmann/-frau für Büromanagement" beträgt 3 Jahre.

  Nach § 7 Abs. 1 BBiG können die Landesregierungen bestimmen, dass der Besuch berufsbildender Schulen oder die Berufsausbildung in einer anderen Einrichtung ganz oder teilweise auf die Ausbildungszeit angerechnet wird. Die Anrechnung erfolgt aufgrund eines gemeinsamen Antrages von Auszubildendem und Ausbilder an die zuständige Stelle (z. B. die IHK) (§ 7 Abs. 2 BBiG).

  In § 8 BBiG ist die Abkürzung oder Verlängerung des Ausbildungszeit geregelt. Nach § 8 Abs. 1 BBiG „hat die zuständige Stelle (z. B. die IHK) auf gemeinsamen Antrag der Auszubildenden und Ausbildenden die Ausbildungszeit zu kürzen, wenn zu erwarten ist, dass das Ausbildungsziel in der gekürzten Zeit erreicht wird". Auch eine Teilzeitberufsausbildung ist möglich, das heißt, der „Antrag auf die Verkürzung kann sich auch auf die tägliche oder wöchentliche Ausbildungszeit richten" (§ 8 Abs. 1 BBiG).

  In Ausnahmefällen kann die zuständige Stelle auf Antrag des Auszubildenden die Ausbildungszeit verlängern, wenn die Verlängerung erforderlich ist, um das Ausbildungsziel zu erreichen (§ 8 Abs. 2 BBiG).

  In § 24 BBiG ist darüber hinaus festgelegt, dass ein unbefristetes Arbeitsverhältnis (mit der entsprechenden Vergütung) entstanden ist, wenn Auszubildende nach Abschluss des Berufsausbildungsverhältnisses ohne besondere Vereinbarung weiterbeschäftigt werden.

- **3. Ausbildungsmaßnahmen außerhalb der Ausbildungsstätte (siehe Nr. D im dargestellten Vertrag)**
  Zu den zahlreichen formalen Bestimmungen im Rahmen der Berufsausbildung gehört auch, dass der Betrieb für die Berufsausbildung geeignet ist.

  Ist es nicht möglich, die beruflichen Kenntnisse, Fertigkeiten und Fähigkeiten im Ausbildungsbetrieb zu vermitteln, dann können Ausbildungsmaßnahmen außerhalb der Ausbildungsstätte dieses Defizit beheben. Die Maßnahmen können z. B. überbetriebliche Ausbildungseinheiten oder aber die zeitlich begrenzte Ausbildung in anderen Unternehmen sein. Die Ausbildungsmaßnahmen müssen jedoch ausdrücklich im Ausbildungsvertrag vereinbart sein.

- **4. Dauer der regelmäßigen täglichen Ausbildungszeit (siehe Nr. F im dargestellten Vertrag)**
Die regelmäßige tägliche Ausbildungszeit muss ausdrücklich im Berufsausbildungsvertrag festgelegt werden. Die tägliche Arbeitszeit hat sich an den gesetzlichen Bestimmungen zu orientieren. Nähere Ausführungen zur Dauer der täglichen Ausbildungszeit finden sich u. a. im Arbeitszeitgesetz (ArbZG) und im Jugendarbeitsschutzgesetz (JArbSchG).

Gemäß § 3 ArbZG darf die werktägliche Arbeitszeit der Arbeitnehmer acht Stunden nicht überschreiten. Als werktäglich gelten die Tage von Montag bis Samstag, der Sonntag und die gesetzlichen Feiertage sind grundsätzlich arbeitsfrei. Ausnahmeregelungen existieren zur Sonn- und Feiertagsbeschäftigung (§§ 9–11 ArbZG) und für besondere Personengruppen (siehe dazu die §§ 18–21 ArbZG). Nach § 3 ArbZG kann die werktägliche Arbeitszeit auf zehn Stunden verlängert werden, wenn innerhalb von sechs Monaten oder 24 Wochen im Durchschnitt acht Stunden werktäglich nicht überschritten werden.

Nach § 8 Abs. 1 des Jugendarbeitsschutzgesetzes (JArbSchG) dürfen Jugendliche (unter 18 Jahren) nicht mehr als acht Stunden täglich (in Ausnahmefällen 8,5 Stunden (§ 8 Abs. 2 JArbSchG)) und nicht mehr als 40 Stunden wöchentlich beschäftigt werden. Die Beschäftigung ist in der Regel nur an fünf Tagen in der Woche zulässig (§ 15 JArbSchG).

- **5. Dauer der Probezeit (siehe Nr. B im dargestellten Vertrag)**
Nach § 20 BBiG beginnt „das Berufsausbildungsverhältnis mit der Probezeit. Sie muss mindestens einen Monat und darf höchstens vier Monate betragen".

- **6. Zahlung und Höhe der Vergütung (siehe Nr. E im dargestellten Vertrag)**
Nach § 17 BBiG muss eine Ausbildungsvergütung gezahlt werden, die Höhe muss im Berufsausbildungsvertrag angegeben sein. Die Vergütung muss angemessen sein und sie muss mindestens jährlich steigen.

- **7. Dauer des Urlaubs (siehe Nr. G im dargestellten Vertrag)**
Auch die Dauer des Urlaubs muss konkret im Ausbildungsvertrag festgelegt sein. Wie auch bei der täglichen Arbeitszeit, gibt es auch hier gesetzliche Mindestdauern. Für Erwachsene gilt das Bundesurlaubsgesetz (BUrlG), für Jugendliche (unter 18 Jahren) wiederum das Jugendarbeitsschutzgesetz. Nach § 3 BUrlG beträgt der Urlaub für erwachsene Auszubildende mindestens 24 Werktage jährlich. Als Werktage zählen alle Kalendertage, die nicht Sonn- oder gesetzliche Feiertage sind. Nach § 19 JArbSchG erhalten die Jugendlichen einen jährlichen Mindesturlaub, gestaffelt nach dem Lebensalter: mindestens 30 Werktage, wenn der Jugendliche zu Beginn des Kalenderjahrs noch nicht 16 Jahre alt ist (mindestens 27 Werktage für Jugendliche unter 17, mindestens 25 Werktage für Jugendliche unter 18).

- **8. Voraussetzungen, unter denen der Berufsausbildungsvertrag gekündigt werden kann**
In § 22 BBiG finden sich die wesentlichen Regelungen zur Kündigung eines Berufsausbildungsvertrages.

- **8.1 Kündigung in der Probezeit**
  Nach § 22 Abs. 1 BBiG können beide Seiten das Berufsausbildungsverhältnis während der Probezeit jederzeit ohne Einhalten einer Kündigungsfrist und ohne Angabe von Gründen kündigen.

- **8.2 Kündigung nach der Probezeit – fristlose Kündigung**
  Nach § 22 Abs. 2 BBiG können beide Seiten das Berufsausbildungsverhältnis nach der Probezeit jederzeit ohne Einhalten einer Kündigungsfrist aus einem **wichtigen Grund** kündigen. Eine Kündigung aus wichtigem Grund bezeichnet man auch als außerordentliche oder fristlose Kündigung. Wichtige **Gründe aus Sicht des Arbeitgebers** können sein: Einstellungsbetrug, erschlichene Arbeitsunfähigkeitsbescheinigungen, wiederholte Arbeitsverweigerung, wiederholte Unpünktlichkeit, eigenmächtiger Urlaubsantritt. Wichtige **Gründe für Auszubildende** können sein: Verstöße gegen die Freistellung zum Berufsschulunterricht, Nichtzahlung der Ausbildungsvergütung, Nichtgewährung von Urlaub. Eine Kündigung aus wichtigem Grund muss innerhalb von zwei Wochen nach Bekanntwerden des Grundes ausgesprochen werden, ansonsten ist sie unwirksam (§ 22 Abs. 4 BBiG).

- **8.3 Kündigung nach der Probezeit – ordentliche Kündigung**
  Nach § 22 Abs. 2 BBiG können Auszubildende mit einer Kündigungsfrist von vier Wochen kündigen, wenn sie die Berufsausbildung aufgeben oder sich für eine andere Berufstätigkeit ausbilden lassen wollen. Diese Möglichkeit der Kündigung bezeichnet man auch als ordentliche oder fristgerechte Kündigung. Eine ordentliche Kündigung ist nicht möglich, wenn der Auszubildende nur den Betrieb wechseln möchte, die Ausbildung aber im selben Beruf fortsetzen möchte. Die ordentliche Kündigung ist ausschließlich für den Auszubildenden möglich. Ausbildungsbetriebe haben dieses ordentliche Kündigungsrecht nicht. Damit will der Gesetzgeber Ausbildungsverhältnisse in besonderem Maße schützen.

- **9. Ein in allgemeiner Form gehaltener Hinweis auf die Tarifverträge, Betriebs- oder Dienstvereinbarungen, die auf das Berufsausbildungsverhältnis anzuwenden sind (s. Nr. H im dargestellten Vertrag)**
  Tarifverträge werden von den Tarifparteien geschlossen. Das sind einerseits die Arbeitgeberverbände und auf Arbeitnehmerseite die Gewerkschaften. In Tarifverträgen werden einheitliche Arbeitsbedingungen für Arbeitnehmer ganzer Wirtschaftszweige festgelegt. Dagegen betrifft die Betriebsvereinbarung einen einzelnen Betrieb. In der Regel werden Betriebsvereinbarungen zwischen Arbeitgeber und Betriebsrat geschlossen und sichtbar im Betrieb veröffentlicht. Inhalte können sein: Beginn, Ende der Arbeitszeit, Pausen, Urlaubspläne oder Unfallverhütungsvorschriften. Dienstvereinbarungen sind Regelungen zwischen dem Arbeitgeber und einzelnen Arbeitnehmern, z. B. in Bezug auf die jeweiligen Tätigkeiten oder die individuelle Vergütung.

  Die Hinweise bzw. die Verweise auf geltende Tarifverträge, Betriebs- oder Dienstvereinbarungen, die auf das Berufsausbildungsverhältnis anzuwenden sind, bezeichnet man auch als **Verweisungsklauseln**.

2.1.2 Pflichten aus dem Ausbildungsvertrag

Pflichten der Auszubildenden

Für beide Vertragspartner ergeben sich Pflichten aus dem Berufsausbildungsvertrag. In § 13 BBiG sind die Pflichten der Auszubildenden aufgeführt:

§ 13 Verhalten während der Berufsausbildung

Auszubildende haben sich zu bemühen, die berufliche Handlungsfähigkeit zu erwerben, die zum Erreichen des Ausbildungsziels erforderlich ist. Sie sind insbesondere verpflichtet,

1. die [...] aufgetragenen Aufgaben sorgfältig auszuführen,
2. an Ausbildungsmaßnahmen teilzunehmen, für die sie nach § 15 BBiG freigestellt werden,
3. den Weisungen zu folgen, die ihnen im Rahmen der Berufsausbildung von Ausbildenden, von Ausbildern oder Ausbilderinnen oder von anderen weisungsberechtigten Personen erteilt werden,
4. die für die Ausbildungsstätte geltende Ordnung zu beachten,
5. Werkzeug, Maschinen und sonstige Einrichtungen pfleglich zu behandeln,
6. über Betriebs- und Geschäftsgeheimnisse Stillschweigen zu wahren.

Pflichten der Ausbildenden (Ausbildungsbetriebe)

Die Pflichten der Ausbildungsbetriebe sind in den §§ 14–16 BBiG festgelegt:

§ 14 Berufsausbildung

(1) Ausbildende haben

1. dafür zu sorgen, dass den Auszubildenden die berufliche Handlungsfähigkeit vermittelt wird, [...], und die Berufsausbildung [...] so durchzuführen, dass das Ausbildungsziel in der vorgesehenen Ausbildungszeit erreicht werden kann,
2. selbst auszubilden oder einen Ausbilder oder eine Ausbilderin ausdrücklich damit zu beauftragen,
3. Auszubildenden kostenlos die Ausbildungsmittel, insbesondere Werkzeuge und Werkstoffe zur Verfügung zu stellen, [...],
4. Auszubildende zum Besuch der Berufsschule sowie zum Führen von schriftlichen Ausbildungsnachweisen anzuhalten, [...] und diese durchzusehen,
5. dafür zu sorgen, dass Auszubildende charakterlich gefördert sowie sittlich und körperlich nicht gefährdet werden.

(2) Auszubildenden dürfen nur Aufgaben übertragen werden, die dem Ausbildungszweck dienen und ihren körperlichen Kräften angemessen sind.

§ 15 Freistellung

Ausbildende haben Auszubildende für die Teilnahme am Berufsschulunterricht und an Prüfungen freizustellen. Das Gleiche gilt, wenn Ausbildungsmaßnahmen außerhalb der Ausbildungsstätte durchzuführen sind.

§ 16 Zeugnis

(1) Ausbildende haben den Auszubildenden bei Beendigung des Berufsausbildungsverhältnisses ein schriftliches Zeugnis auszustellen. Die elektronische Form ist ausgeschlossen. Haben Ausbildende die Berufsausbildung nicht selbst durchgeführt, so soll auch der Ausbilder oder die Ausbilderin das Zeugnis unterschreiben.

(2) Das Zeugnis muss Angaben enthalten über Art, Dauer und Ziel der Berufsausbildung sowie über die erworbenen beruflichen Fertigkeiten, Kenntnisse und Fähigkeiten der Auszubildenden [einfaches Zeugnis]. **Auf Verlangen Auszubildender sind auch Angaben über Verhalten und Leistung aufzunehmen [qualifiziertes Zeugnis].**

2.2 Jugendarbeitsschutzgesetz

Neben dem Berufsbildungsgesetz ist das Jugendarbeitsschutzgesetz (JArbSchG) für Auszubildende unter 18 Jahren von besonderer Bedeutung. LS 1.3

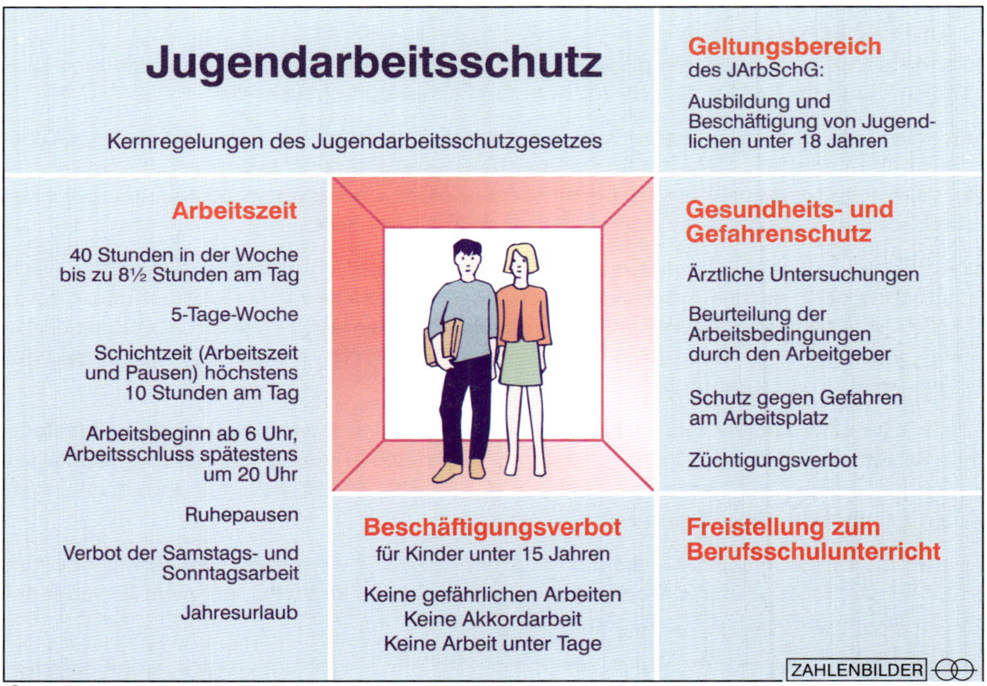

 280 040

Nach § 1 JArbSchG gilt das Gesetz u. a. für Auszubildende und Arbeitnehmer, die noch nicht 18 Jahre alt sind. Das Gesetz definiert in § 2 die Begriffe Kind und Jugendlicher. Demnach ist Kind im Sinne des Jugendarbeitsschutzgesetzes, wer noch nicht 15 Jahre alt ist. Jugendlicher ist, wer mindestens 15, aber noch nicht 18 Jahre alt ist (§ 2 JArbSchG).

Nach § 5 JArbSchG ist die Beschäftigung von Kindern verboten, nach § 7 JArbSchG dürfen Kinder jedoch im Berufsausbildungsverhältnis beschäftigt werden.

Nach § 8 Abs. 1 des Jugendarbeitsschutzgesetzes (JArbSchG) dürfen Jugendliche (unter 18 Jahren) nicht mehr als acht Stunden täglich (in Ausnahmefällen 8,5 Stunden, wenn z. B. die Arbeitszeit an anderen Werktagen weniger als acht Stunden beträgt; § 8 Abs. 2 JArbSchG) und nicht mehr als 40 Stunden wöchentlich beschäftigt werden. Die Beschäftigung ist in der Regel nur an fünf Tagen in der Woche zulässig (§ 15 JArbSchG).

Der Arbeitgeber hat den Jugendlichen für die Teilnahme am Berufsschulunterricht freizustellen (§ 9 JArbSchG).

Der Jugendliche darf nicht beschäftigt werden,

- wenn der Berufsschulunterricht vor 09:00 Uhr beginnt (Diese Regelung gilt für alle berufsschulpflichtigen Auszubildenden.).
- an Berufsschultagen mit mehr als fünf Unterrichtsstunden (gilt nur für einen Unterrichtstag pro Woche). Die Arbeitszeit an diesen Tagen wird mit acht Stunden gerechnet (§ 9 JArbSchG).

Nach § 10 JArbSchG sind Jugendliche für die Teilnahme an Prüfungen und Ausbildungsmaßnahmen sowie am Tag vor der schriftlichen Abschlussprüfung freizustellen.

Jugendliche müssen angemessene Pausen haben, als Ruhepause gilt nur eine Arbeitsunterbrechung von mindestens 15 Minuten. Darüber hinaus müssen die Ruhepausen 30 Minuten bei einer Arbeitszeit von mehr als 4,5 bis sechs Stunden bzw. mindestens 60 Minuten bei einer Arbeitszeit von mehr als sechs Stunden betragen (§ 11 JArbSchG).

Jugendlichen muss eine angemessene tägliche Freizeit und Nachtruhe gewährt werden. Nach Beendigung der täglichen Arbeitszeit dürfen Jugendliche nicht vor Ablauf einer ununterbrochenen Freizeit von mindestens 12 Stunden beschäftigt werden (§ 13 JArbSchG). Jugendliche dürfen nur in der Zeit von 6 bis 20 Uhr beschäftigt werden (§ 14 JArbSchG, Ausnahmeregelungen gelten für bestimmte Branchen).

Jugendliche dürfen nur an fünf Tagen in der Woche beschäftigt werden. Die beiden Ruhetage sollen nach Möglichkeit aufeinander folgen (§ 15 JArbSchG). An Samstagen und Sonntagen dürfen Jugendliche nicht beschäftigt werden (§ 16 und 17 JArbSchG, Ausnahmeregelungen gelten z. B. für bestimmte Branchen).

Jugendliche dürfen nicht mit gefährlichen Arbeiten (vgl. § 22 JArbSchG), mit Akkordarbeit (vgl. § 23 JArbSchG) und mit Arbeiten unter Tage (vgl. § 23 JArbSchG, gilt nicht für Jugendliche ab 16 Jahren) beschäftigt werden.

Ein Jugendlicher, der in das Berufsleben eintritt, darf nur beschäftigt werden, wenn er innerhalb der letzten vierzehn Monate von einem Arzt untersucht worden ist (Erstuntersuchung) und dem Arbeitgeber eine von diesem Arzt ausgestellte Bescheinigung vorliegt (§ 32 JArbSchG). Innerhalb des ersten Jahres muss eine Nachuntersuchung erfolgen und auch hier muss die Bescheinigung vor Ablauf des ersten Jahres dem Arbeitgeber vorgelegt werden (§ 33 JArbSchG).

2.3 Mitbestimmungsrechte im Unternehmen

Die Interessen der Arbeitnehmer werden in verschiedenen Gesetzen geregelt. Insbesondere das Betriebsverfassungsgesetz von 1952 legt die Regelungen für die Interessenvertretung durch Betriebsräte fest.

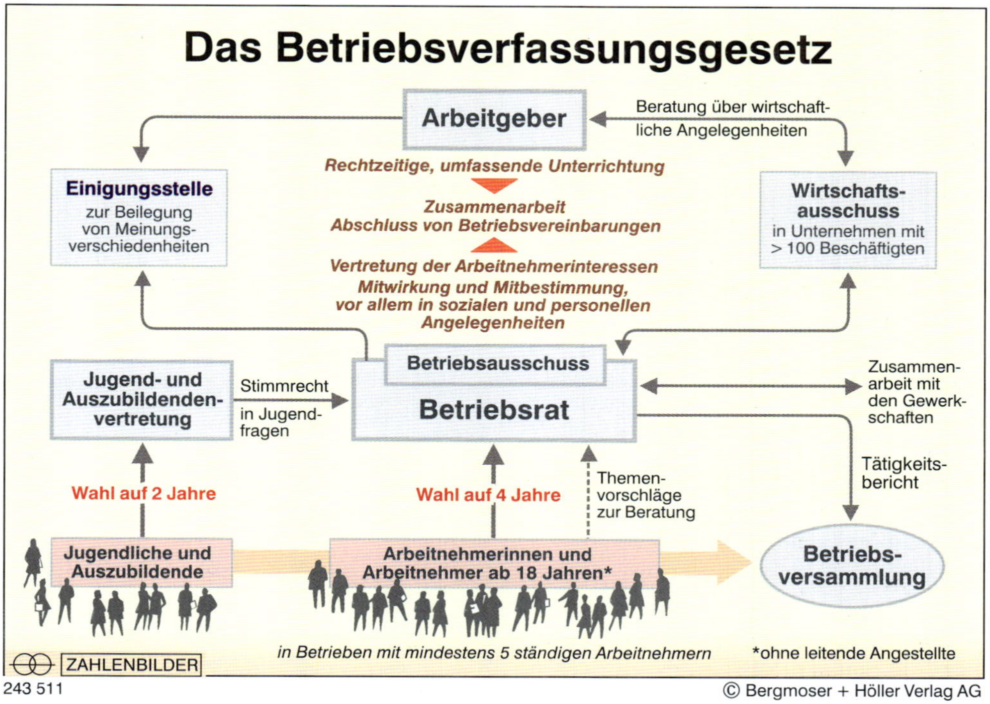

2.3.1 Betriebsrat

Nach § 1 BetrVG werden Betriebsräte in Betrieben mit in der Regel mindestens fünf wahlberechtigten Arbeitnehmern gewählt. Wahlberechtigt (aktives Wahlrecht) sind alle Arbeitnehmer, die das 18. Lebensjahr vollendet haben. Auch Leiharbeiter sind wahlberechtigt, wenn sie länger als drei Monate im Betrieb eingesetzt sind (§ 7 BetrVG). Wählbar (passives Wahlrecht) sind alle Personen, die wahlberechtigt sind (das heißt, mindestens 18 Jahre) und dem Betrieb mindestens sechs Monate angehören (§ 8 BetrVG). Die Anzahl der zu wählenden Betriebsratsmitglieder orientiert sich an der Zahl der wahlberechtigten Arbeitnehmer (vgl. dazu die folgende Abbildung).

Das neue Betriebsverfassungsgesetz

– Die wichtigsten Neuregelungen –

Zahl der Betriebsräte in Unternehmen mit so vielen Mitarbeitern

Zahl der Betriebsräte	nach altem Recht	**nach neuem Recht**
1	5 – 20	5 – 20
3	21 – 50	21 – 50
5	51 – 150	**51 – 100**
7	151 – 300	**101 – 200**
9	301 – 600	**201 – 400**
11	601 – 1 000	**401 – 700**
13		**701 – 1 000**
15	1 001 – 2 000	**1 001 – 1 500**
17		**1 501 – 2 000**
19	2 001 – 3 000	**2 001 – 2 500**
21		**2 501 – 3 000**
23	3 001 – 4 000	**3 001 – 3 500**
25		**3 501 – 4 000**
27	4 001 – 5 000	**4 001 – 4 500**
29	5 001 – 7 000	**4 501 – 5 000**
31	7 001 – 9 000	**5 001 – 6 000**
33		**6 001 – 7 000**
35		**7 001 – 9 000**
+2	+3 000	+3 000

Zahl der von ihrer beruflichen Tätigkeit freigestellten Betriebsräte* in Unternehmen mit so vielen Mitarbeitern

Zahl der freigestellten Betriebsräte	nach altem Recht	**nach neuem Recht**
1	300 – 600	**200 – 500**
2	601 – 1 000	**501 – 900**
3	1 001 – 2 000	**901 – 1 500**
4	2 001 – 3 000	**1 501 – 2 000**
5	3 001 – 4 000	**2 001 – 3 000**
6	4 001 – 5 000	**3 001 – 4 000**
7	5 001 – 6 000	**4 001 – 5 000**
8	6 001 – 7 000	**5 001 – 6 000**
9	7 001 – 8 000	**6 001 – 7 000**
10	8 001 – 9 000	**7 001 – 8 000**
11	9 001 – 10 000	**8 001 – 9 000**
12		**9 001 – 10 000**
+1	+2 000	+2 000

*auch Teilfreistellungen sind möglich

- Vereinfachtes Wahlverfahren für Kleinbetriebe
- Erweitertes Wahlrecht: z.B. für Leiharbeiter (mind. 3 Monate im Betrieb)
- Angestellte und Arbeiter wählen gemeinsam (bisher getrennte Wahlen)
- Erweiterte Aufgaben und Mitbestimmungsrechte, z.B. bei Weiterbildungsmaßnahmen und betrieblichem Umweltschutz, bei der Integration ausländischer Arbeitnehmer
- Stärkung der Frauen und Jugendlichen
- Flexible Organisation, z.B. bei Ausgliederung von Unternehmensteilen

7144 © Globus Quelle: BMA

Die regelmäßige Amtszeit des Betriebsrates beträgt vier Jahre (§ 21 BetrVG). Die Betriebsratswahlen finden alle vier Jahre in der Zeit vom 1. März bis 31. Mai statt (§ 13 BetrVG). Die Mitglieder des Betriebsrates sind von ihrer beruflichen Tätigkeit zu befreien, das Arbeitsentgelt ist weiter zu zahlen. In größeren Betrieben sind einer oder mehrere Betriebsratsmitglieder ganz von der Arbeit freizustellen (vgl. dazu § 38 BetrVG, siehe Abbildung).

Der Betriebsrat hat zahlreiche allgemeine Aufgaben, u. a. hat er darüber zu wachen, dass die Bestimmungen zugunsten der Arbeitnehmer (z. B. Verordnungen, Unfallverhütungsvorschriften, Tarifverträge, Betriebsvereinbarungen) durchgeführt werden. Er hat Anregungen von Arbeitnehmern entgegenzunehmen und mit dem Arbeitgeber darüber zu verhandeln. Er soll zudem die Durchsetzung der tatsächlichen Gleichstellung von Frauen und Männern, die Vereinbarkeit von Familie und Erwerbstätigkeit, Maßnahmen des Arbeitsschutzes und des betrieblichen Umweltschutzes fördern u. v. m. (vgl. dazu § 80 BetrVG). Dazu sollen Arbeitgeber und Betriebsrat mindestens einmal im Monat zu Besprechungen zusammentreffen (§ 74 BetrVG).

Der Betriebsrat hat einmal in jedem Kalendervierteljahr eine Betriebsversammlung einzuberufen und in ihr einen Tätigkeitsbericht zu erstatten (§ 43 BetrVG).

Die Betriebsversammlung ist eine Versammlung der Arbeitnehmer des Betriebs. Sie wird von dem Vorsitzenden des Betriebsrats geleitet und ist nicht öffentlich (§ 42 Abs. 1 BetrVG). Die Betriebsversammlung kann Angelegenheiten behandeln [...], die den Betrieb oder seine Arbeitnehmer unmittelbar betreffen. (§ 45 BetrVG).

Rechte des Betriebsrates

Der Betriebsrat hat in **sozialen Angelegenheiten gleichberechtigte Mitbestimmungsrechte** (vgl. §§ 87–89 BetrVG). Beispiele hierfür sind: Beginn und Ende der Arbeitszeit, Fragen zur Ordnung des Betriebes und zum Verhalten der Arbeitnehmer, Festsetzung der Akkordsätze, Form und Ausgestaltung von Sozialeinrichtungen, Regelung über die Verhütung von Arbeitsunfällen. Kommt es zu Konflikten, kann eine Einigungsstelle eingerichtet werden. Die Einigungsstelle wird nur tätig, wenn beide Seiten dies beantragen oder mit ihrem Tätigwerden einverstanden sind. In diesen Fällen ersetzt ihre Entscheidung die Einigung zwischen Arbeitgeber und Betriebsrat nur, wenn beide Seiten sich dem Spruch im Voraus unterworfen oder ihn nachträglich angenommen haben (§ 76 BetrVG).

Bei **personellen Angelegenheiten** hat der Betriebsrat **eingeschränkte Mitbestimmungsrechte**, das heißt, der Arbeitgeber muss den Betriebsrat anhören, dieser hat ein Widerspruchsrecht. Kommt es hier zu keiner Lösung, kann eine Entscheidung nur vor dem Arbeitsgericht getroffen werden. Beispiele sind: personelle Einzelmaßnahmen, wie Einstellung, Kündigung, Versetzung (vgl. §§ 99–104 BetrVG).

Der Betriebsrat hat ein **Unterrichtungs- und Beratungsrecht**. Der Arbeitgeber muss den Betriebsrat in Angelegenheiten der Personalplanung, bei Investitionen, bei der Planung von Arbeitsprozessen, Arbeitsabläufen usw. rechtzeitig unter Vorlage der erforderlichen Unterlagen unterrichten. Die vorgesehenen Maßnahmen soll der Arbeitgeber mit dem Betriebsrat so rechtzeitig beraten, dass Vorschläge und Bedenken des Betriebsrates bei der Planung berücksichtigt werden können (vgl. dazu § 90 und §§ 92–95 BetrVG).

Der Betriebsrat hat in Bezug auf betriebliche Vorgänge ein **Informationsrecht**, das heißt, der Arbeitgeber muss den Betriebsrat informieren. Beispiele sind: wirtschaftliche Angelegenheiten des Betriebes, Einstellung leitender Angestellter usw. (vgl. u. a. § 105 BetrVG).

2.3.2 Jugend- und Auszubildendenvertretung (JAV)

LS 1.4

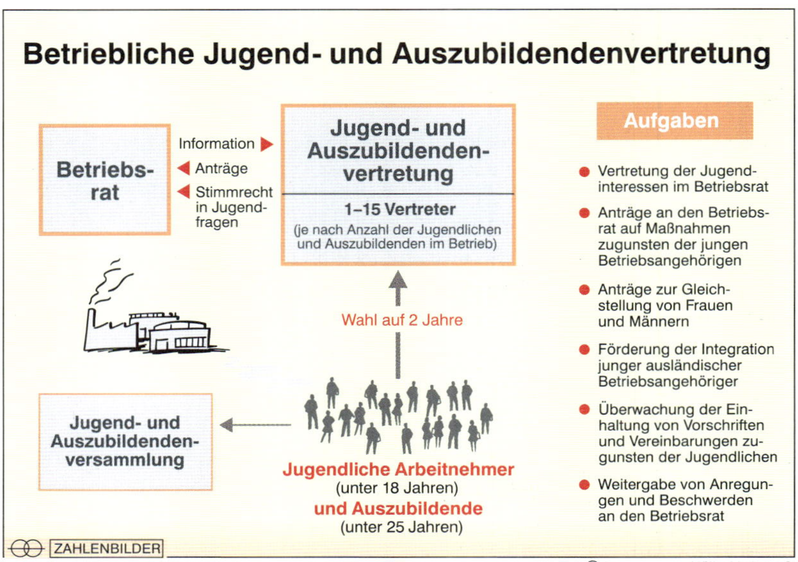

© Bergmoser + Höller Verlag AG

Die Jugendlichen (15 Jahre bis unter 18 Jahre) und die Auszubildenden stellen zwei besondere Personenkreise in einem Unternehmen dar, die des besonderen Schutzes bedürfen. Dazu hat der Gesetzgeber die Jugend- und Auszubildendenvertretung (JAV) in das Betriebsverfassungsgesetz aufgenommen (vgl. §§ 60–73 BetrVG).

In Betrieben mit in der Regel mindestens fünf Arbeitnehmern unter 18 Jahren (jugendliche Arbeitnehmer) oder Auszubildenden unter 25 Jahren, wird eine Jugend- und Auszubildendenvertretung (JAV) gewählt (§ 60 BetrVG). Dieser Personenkreis ist zugleich wahlberechtigt (aktives Wahlrecht). Wählbar (passives Wahlrecht) sind alle Arbeitnehmer des Betriebes, die das 25. Lebensjahr noch nicht vollendet haben. Mitglieder des Betriebsrates können nicht in die JAV gewählt werden (§ 61 BetrVG). Die Zahl der JAV-Mitglieder variiert je nach Anzahl der wahlberechtigten Jugendlichen und Auszubildenden in dem Betrieb (vgl. dazu § 62 BetrVG und die folgende Tabelle).

Anzahl Wahlberechtigter im Betrieb	Zahl der Vertreter in der JAV
5 bis 20	1
21 bis 50	3
51 bis 150	5
151 bis 300	7
301 bis 500	9
501 bis 700	11
701 bis 1 000	13
über 1 000	15

Die Amtszeit der JAV beträgt zwei Jahre. Entsprechend finden regelmäßig alle zwei Jahre die Wahlen in der Zeit vom 1. Oktober bis 30. November statt (§ 64 BetrVG).

Die JAV kann zu allen Betriebsratssitzungen einen Vertreter entsenden. Werden Angelegenheiten behandelt, die besonders Jugendliche und Auszubildende betreffen, so hat die gesamte JAV Teilnahmerecht (§ 67 BetrVG).

Die JAV hat u. a. die folgenden allgemeinen Aufgaben (vgl. dazu § 70 BetrVG):

- Maßnahmen beim Betriebsrat zu beantragen, die Jugendlichen und Auszubildenden helfen, insbesondere in Fragen der Berufsbildung und der Übernahme in ein Arbeitsverhältnis.
- darüber zu wachen, dass die für Jugendliche und Auszubildende geltenden Gesetze, Verordnungen, Unfallverhütungsvorschriften, Tarifverträge und Betriebsvereinbarungen eingehalten werden.
- die Integration ausländischer Jugendlicher und Auszubildender im Betrieb zu fördern und entsprechende Maßnahmen beim Betriebsrat zu beantragen.

Die JAV kann im Einvernehmen mit dem Betriebsrat vor oder nach jeder Betriebsversammlung eine betriebliche Jugend- und Auszubildendenversammlung einberufen (§ 71 BetrVG).

LernFeld 2

Büroprozesse gestalten und Arbeitsvorgänge organisieren

Überblick Lernfeld

1 Büroraumplanung

Die Raumgestaltung eines Büros wirkt sich entscheidend auf die Produktivität und die Arbeitszufriedenheit seiner Nutzer aus. Deshalb sollten die vorhandenen räumlichen Ressourcen eines Unternehmens sorgfältig geplant und gestaltet werden.

Ein Büro ist ein Raum, der überwiegend zur Erledigung von Verwaltungstätigkeiten dient. Die Fläche eines Büros lässt sich dabei nach DIN 4543-1 (Flächen für die Aufstellung und Benutzung von Büromöbeln) in sechs verschiedene Teilflächen untergliedern:

LS 2.1

- Arbeitsfläche (Größe der Platte des Schreibtisches)
- Bewegungsfläche (freie unverstellte Bodenfläche am Arbeitsplatz, die ungehinderte Bewegung ermöglicht)
- Möbelstellfläche (dient zur Unterbringung von Arbeitsmitteln und Ausstattungsgegenständen)
- Möbelfunktionsfläche (Fläche, die z. B. beim Öffnen von Schranktüren oder Schubladen überdeckt wird)
- Benutzerfläche (ist die Fläche, die der Nutzer bei der jeweiligen Tätigkeit benötigt)
- Verkehrswegefläche (ist die Fläche, die innerhalb eines Büros für den Personenverkehr und den Transport von Material notwendig ist)

Aus der Addition der jeweils ermittelten Werte ergibt sich der Quadratmeterbedarf pro Arbeitsplatz. Für einen Bildschirmarbeitsplatz werden demnach 8–10 m^2 veranschlagt, ein Arbeitsplatz im Großraumbüro soll hingegen ca. 12–15 m^2 umfassen, da dort mehr Verkehrswege notwendig sind.

1.1 Büroformen

Büroflächen können sehr unterschiedlich gestaltet sein, deshalb unterscheidet man verschiedene Büroformen.

Das Zellenbüro

Das Zellenbüro (1–3 Personen) ist die klassische Büroform, die in deutschen Unternehmen oft anzutreffen ist. Sie erfreut sich der größten Beliebtheit unter den Mitarbeitern, da die Mitarbeiter ihr Büro individuell gestalten und die Umgebungseinflüsse wie Beleuchtung und Raumklima selbst regulieren können. Im Einzelbüro kann konzentriert gearbeitet oder ein vertrauliches Gespräch geführt werden. Die Kommunikation mit anderen Mitarbeitern erfolgt in der Regel über technische Hilfsmittel wie Telefon und E-Mail oder im Rahmen von Besprechungen in dafür vorgesehenen Räumen. Eventuell fühlt sich der Nutzer jedoch isoliert. Ein Einzelbüro haben heutzutage vor allem Führungskräfte. In Unternehmen mit überwiegend Großraumbüros gelten sie als Statussymbol. Die Größe des Büros ist dabei oftmals davon abhängig, welcher Hierarchieebene der Mitarbeiter angehört.

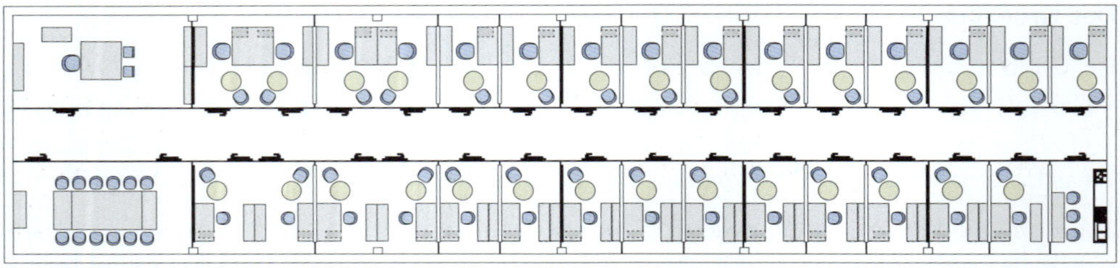

Grundriss einer Büroetage mit Zellenbüros und Besprechungsräumen

Das Gruppenbüro

Gruppenbüros beherbergen drei bis ca. 25 Arbeitsplätze, werden meist von einer Abteilung oder einem Team gemeinsam genutzt und bieten sich vor allem für projektorientiertes Arbeiten an. Sie bestehen nicht aus eigenständigen Räumen, sondern einem großen Raum, der durch Trennwände oder Raumgliederungselemente unterteilt wird. Bei der Planung der Einteilung von Gruppenbüros sollten die zu verrichtenden Tätigkeiten berücksichtigt werden.

Diese Art von Büro fördert eine intensive Kommunikation und Kooperation unter den Mitarbeitern und ermöglicht einen schnellen Informationsfluss bei kurzen Kommunikationswegen. Durch die ständige Kommunikation entsteht eine hohe Transparenz, was eine leichtere Vertretung von Kollegen im Urlaubs- oder Krankheitsfall ermöglicht. Bei vielen Personen entsteht jedoch ein hoher Geräuschpegel, z.B. durch Gespräche mit Kollegen oder Telefonate, der ein konzentriertes Arbeiten erschwert. Deshalb haben viele Unternehmen sogenannte Telefon- und Arbeitszellen, die für längere Telefongespräche oder konzentriertes Arbeiten genutzt werden können. Diese bieten gleichzeitig auch eine Rückzugsmöglichkeit, die sonst im Gruppenbüro nicht gegeben ist. Der Geräuschpegel kann auch durch den Einbau von schallabsorbierenden Decken und schalldämpfenden Teppichen vermindert werden.

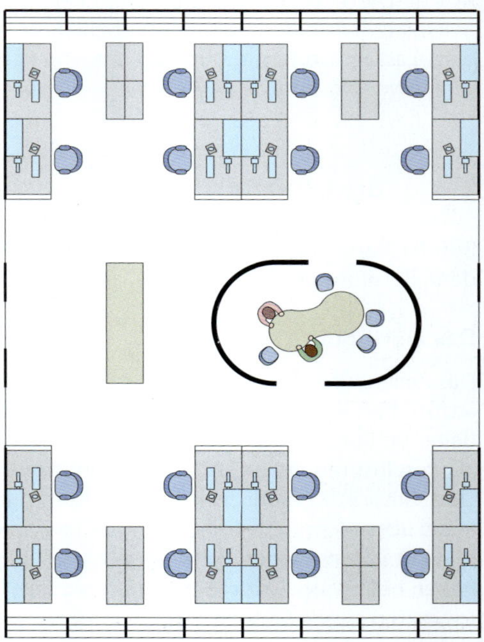

Grundriss Gruppenbüro

Im Gruppenbüro lassen sich die Fenster öffnen, sodass keine Klimaanlage notwendig ist. Jedoch ist oftmals eine Lüftungsanlage erforderlich, um ganzjährig ein angenehmes Raumklima für alle Mitarbeiter zu erreichen. Alle Arbeitsplätze in Fensternähe verfügen über ausreichend Licht, die Arbeitsplätze in der Raummitte müssen künstlich beleuchtet werden.

Der Übergang zum Großraumbüro ist fließend.

Das Großraumbüro

Ein Großraumbüro nimmt oftmals eine ganze Etage eines Bürogebäudes ein (Flächen von 400 m^2 bis zu mehreren tausend m^2) und bietet Arbeitsplätze für 25 bis mehrere hundert Mitarbeiter. Der Raum wird meist durch mittelhohe Stellwände, Schränke, Wandsysteme und Pflanzen gegliedert und bietet eine hohe Flexibilität. Verändern sich die Mitarbeiterzahlen, Teamzugehörigkeiten oder die organisatorischen Strukturen des Unternehmens, können ohne großen Aufwand Anpassungen vorgenommen werden. Die Wandsysteme verhindern allerdings für die meisten Mitarbeiter die Sicht nach draußen. Verzichtet man auf Wandsysteme, steigen die visuellen Störungen, da jeder vorbeigehende Kollege oder die Bewegungen an anderen Arbeitsplätzen zu Ablenkungen führt. Dies erschwert die Konzentration.

Für diese Büroform ist eine Klimaanlage erforderlich, wodurch der einzelne Mitarbeiter das Klima nicht mehr beeinflussen kann. Auch die anderen Umgebungseinflüsse wie beispielsweise Geräusche oder Beleuchtung (künstliches Licht) können nicht selbst reguliert werden. Die mangelnde Privatsphäre und das Gefühl der ständigen Kontrolle sind zwei große Probleme des Großraumbüros. Der informelle Austausch von Wissen und die Kommunikation untereinander werden jedoch bei dieser Büroform gefördert.

Das Großraumbüro gilt als besonders kostengünstig, da die Bürofläche sehr effizient genutzt werden kann und auch teure Geräte wie Drucker etc. in geringerer Menge angeschafft werden müssen. Diese Kostenersparnis wird Studien zu Folge jedoch häufig durch Unzufriedenheit der Mitarbeiter und einen daraus resultierenden höheren Krankenstand sowie geringere Produktivität wieder aufgehoben.

Viele Unternehmen nutzen Großraumbüros vor allem für die Unterbringung ihrer Call-Center.

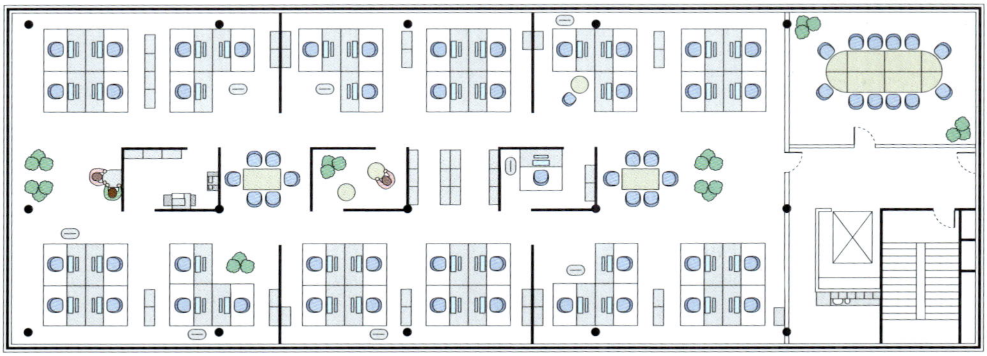

Grundriss eines Großraumbüros

Das Kombibüro

Das Kombibüro besteht aus kleinen Einzelbüros an der jeweiligen Fensterfront des Gebäudes und hat anstatt eines Flurs in der Mitte eine sogenannte Multifunktionszone, die jederzeit veränderbar ist. Diese Zone kann je nach Anforderung sehr unterschiedlich genutzt werden und besteht oftmals aus Besprechungs-, Archiv- und Pausenzonen sowie temporären Arbeitsplätzen. Zusätzlich findet dort der Technikpool mit Kopierer, Faxgerät oder Ähnlichem seinen Platz. Glaswände und -türen von den Einzelbüros zur Multifunktionszone lassen natürliches Licht einfallen. Diese Glaswände bewirken jedoch auch, dass sich Mitarbeiter beobachtet und kontrolliert fühlen. Außerdem steigen die visuellen Störungen und damit Ablenkungen, da Bewegungen in der Multifunktionszone in den Einzelbüros wahrgenommen werden können.

Das Kombibüro vereint die Vorteile sowohl des Zellen- als auch des Großraumbüros und bietet sich vor allem für die Arbeitsplätze an, bei denen störungsfreie Einzelarbeit und gelegentliche Teamarbeit erforderlich sind. Die Einzelbüros sind durch raumhohe, versetzbare Wände getrennt. Diese flexiblen Wände machen einen schnellen Umbau von Einzel- zu Doppelbüros möglich oder sogar zu Räumen, in denen bis zu vier Personen Platz finden. Zu beachten ist, dass die Einzelbüros nicht zu klein zugeschnitten werden.

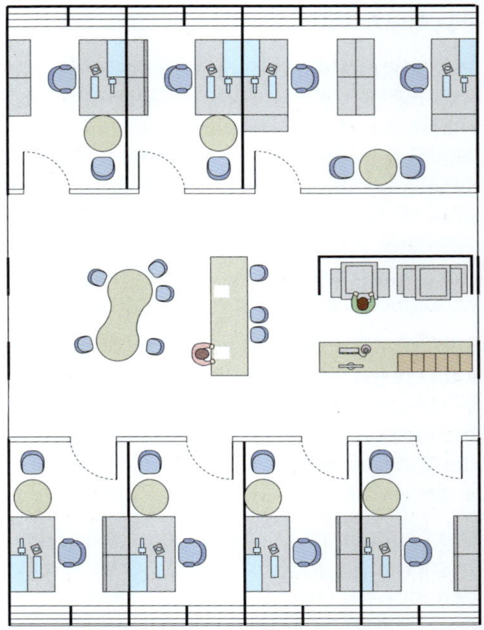
Grundriss eines Kombibüros

Das reversible Büro

Bei der Planung von Bürogebäuden wird immer stärker auf Variabilität und Flexibilität geachtet. Daraus entstand das reversible Büro, eine Büroform, die mit geringem Aufwand an die jeweiligen organisatorischen Erfordernisse angepasst werden kann. Ausgangspunkt ist dabei ein Bauwerk, in dem sowohl Ein- bis Mehrpersonenzellenbüros, Gruppenbüros oder Kombibüros Platz finden. Feste Wände sind die Ausnahme, die Aufteilung erfolgt durch flexible Wandsysteme. Die Büroausstattung muss sich leicht bewegen lassen und auch die elektrische Ausstattung sowie Beleuchtung müssen flexibel änderbar sein. Jede Etage ermöglicht anforderungsgerecht andere Büroformen. Durch dieses Konzept kann schnell und kostengünstig auf Veränderungen reagiert werden.

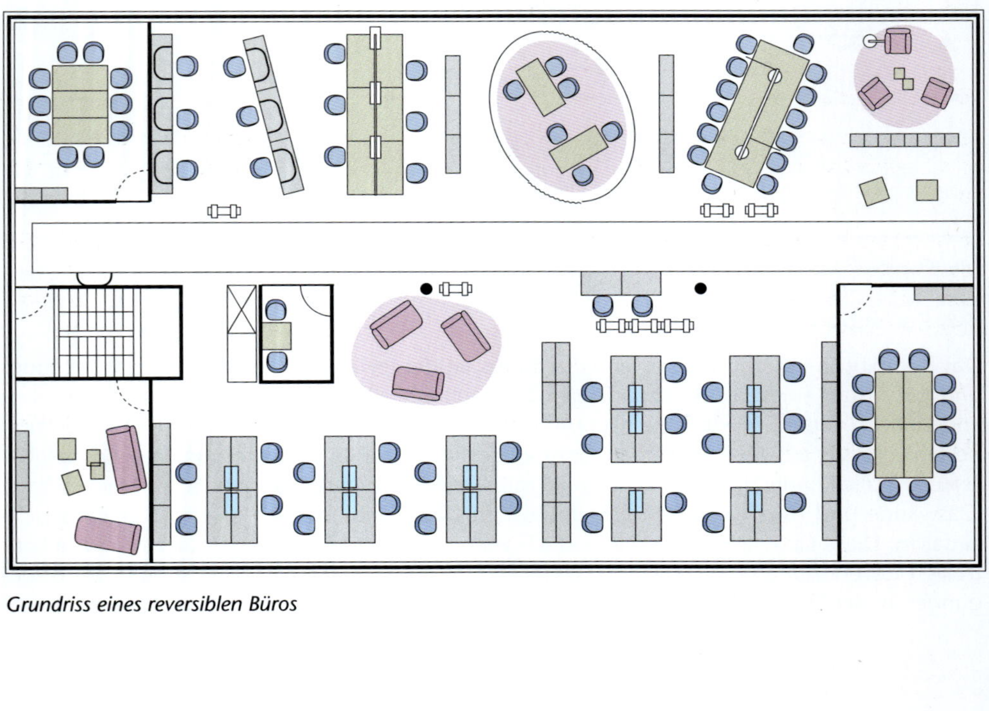
Grundriss eines reversiblen Büros

Das non-territoriale Büro

Die Veränderungen in der Arbeitswelt, die vor allem von mehr Projektarbeit und der Notwendigkeit von erhöhtem Austausch zwischen den Mitarbeitern geprägt sind, machen alternative Büroformen notwendig. Leere Büros und ungenutzte Arbeitsplätze stellen einen hohen Kostenfaktor dar. Viele Mitarbeiter nutzen heute ihren Arbeitsplatz nur selten, da sie wegen Urlaub, Krankheit, Außendienst, Projektarbeit, Weiterbildung und Besprechungen abwesend sind. Durch die Möglichkeit, mobile Technik einzusetzen, entstand die Idee des non-territorialen Bürokonzeptes.

Beim non-territorialen Büro ist die Anzahl der Arbeitsplätze kleiner als die der Beschäftigten. Daraus ergibt sich, dass nicht jeder Mitarbeiter einen persönlichen Schreibtisch hat. Die Mitarbeiter suchen sich bei Arbeitsbeginn den nächsten freien Schreibtisch aus, eventuell unterstützt durch eine Buchungssoftware. Durch die Anwendung des Konzeptes wird eine bessere Auslastung der Fläche erreicht und es können beträchtliche Kosten wie beispielsweise Büroflächen, Büromöbel, Technik, Reinigung und Energie eingespart werden. Fachliche Unterlagen werden von den Mitarbeitern entweder digital gespeichert oder in Papierform an einem zentralen Ort im Büro abgelegt. Persönliche Unterlagen werden in einem fahrbaren Rollcontainer deponiert, der von einer zentralen Sammelstelle bei Arbeitsbeginn zum nächsten freien Schreibtisch gebracht wird. Am Schreibtisch selbst befinden sich also vor Arbeitsbeginn keinerlei Unterlagen oder persönliche Gegenstände.

Non-territoriales Büro

Grundsätzlich kann das non-territoriale Büro für alle Büroformen angewendet werden, besonders geeignet wegen ihrer Kommunikationsstrukturen sind jedoch das Gruppen- und Kombibüro.

Zu beachten ist, dass es erforderlich ist, die Arbeitsplätze einfach an die jeweilige Körpergröße des Nutzers anpassen zu können. Dadurch, dass die Mitarbeiter keinen festen Arbeitsplatz mehr haben, haben Kunden, Besucher oder Mitarbeiter anderer Abteilungen keine feste Anlaufstelle, sondern müssen prüfen, wo sich ihr gesuchter Ansprechpartner gerade befindet.

Tipp:
Die gesetzliche Unfallversicherung (VBG) bietet unter http://vbg.de/wbt/bueroplanung/bueroplaner.html ein Online-Tool zur Büroplanung an.

1.2 Büroausstattung

Ergonomische Erfordernisse

Die Ergonomie ist ein Teilgebiet der Arbeitswissenschaft. Sie befasst sich mit der Abstimmung zwischen Mensch, Maschine und Arbeitswelt und dient dem präventiven Gesundheitsschutz. Dabei geht es vor allem darum, die Arbeit an den Menschen anzupassen. Dazu gehören z. B. die körpergerechte Gestaltung des Arbeitsplatzes aber auch die Humanisierung der Arbeit. Ziel der Ergonomie ist es, den arbeitenden Menschen vor Berufskrankheiten, Arbeitsunfällen und Monotonie zu bewahren. So sollen die verwendeten Arbeitsmittel wie beispielsweise Stühle, Tische, Türgriffe etc. an die Maße des menschlichen Körpers angepasst werden, um den Nutzer möglichst wenig zu belasten.

Der Bürostuhl

Auf dem Bürostuhl verbringen Büroangestellte den größten Teil ihrer Arbeitszeit. Wird diese Zeit auf ungeeigneten Stühlen oder in einer falschen Sitzposition verbracht, kann dies zu Rücken- und Kopfschmerzen und Verspannungen führen. Bei Büroangestellten sind Muskel- und Skeletterkrankungen die Hauptursache für Krankheitstage. Um diesen gesundheitlichen Gefahren vorzubeugen, müssen sich Bürostühle an den jeweiligen Nutzer anpassen lassen und bestimmte Mindestanforderungen erfüllen.

Dazu regelt die europäische Norm DIN EN 1335 die grundlegenden Maße, Sicherheitsbestimmungen und Prüfkriterien für Bürodrehstühle.

Die folgenden ergonomischen und sicherheitstechnischen Anforderungen werden an einen Bürodrehstuhl gestellt:

- leichte Federung beim Setzen
- keine scharfen Kanten
- gepolsterte, atmungsaktive Sitzflächen- und Rückenlehnen
- stufenlos verstellbare Sitzhöhe von 42–50 cm
- Sitztiefe mindestens 38–44 cm
- Sitzbreite mindestens 40–48 cm
- stufenlos verstellbare Rückenlehne mit einer Breite von mindestens 36–48 cm
- stand- und kippsicher
- mindestens 5 wegrollsichere Rollen
- Rollwiderstand der Rollen entsprechend dem Bodenbelag (z. B. andere Rollen bei Teppichboden als bei glatten Böden)
- vorhandene Armlehnen in der Höhe verstellbar

Wenn ein Stuhl diese Anforderungen erfüllt, muss er noch korrekt auf den jeweiligen Nutzer eingestellt werden, damit dieser richtig sitzt. Dafür sind die im nachfolgenden Schaubild dargestellten **Einstellungen** erforderlich.

Ergonomie am PC-Arbeitsplatz

Um Haltungsschäden und gesundheitlichen Beschwerden vorzubeugen, ist es wichtig, auch bei einem korrekt eingestellten Stuhl immer wieder die Sitzposition zu verändern. Das wird dynamisches Sitzen genannt. Dabei werden drei Sitzpositionen unterschieden:

- Die **vordere** Sitzposition: Der Winkel zwischen Oberkörper und der Horizontalen liegt bei unter 90 Grad, die Oberschenkel werden nach unten geneigt.
- Die **mittlere** Sitzposition: Man sitzt aufrecht, Oberkörper und Horizontale bilden einen 90-Grad-Winkel.
- Die **hintere** Sitzposition: Bei der zurückgelehnten Sitzhaltung ist der Winkel von Oberkörper und Horizontaler größer als 90 Grad.

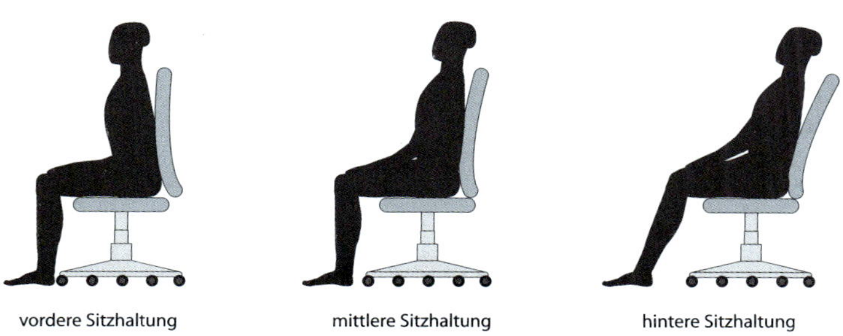

Die vordere und die mittlere Sitzposition sind bei untrainierter Rückenmuskulatur erst mal ungewohnt und anstrengend, sollten aber immer mal wieder eingenommen werden. Das dynamische Sitzen unterstützt eine natürliche Be- und Entlastung der Muskulatur und Bandscheiben. Zusätzlich wird die Durchblutung der Muskulatur verbessert und Verspannungen sowie Fehlbelastungen vorgebeugt.

Wichtig ist es, dass neben dem dynamischen Sitzen auch regelmäßig ein Wechsel zwischen Sitzen und Stehen stattfindet. Die **Steh-Sitz-Dynamik** verfolgt den Ansatz, dass alle 20 Minuten zwischen Sitzen und Stehen gewechselt wird. Dies wird durch entsprechendes Mobiliar und geänderte Arbeitsabläufe unterstützt.

Schweizer Arbeitsmediziner fordern, dass
- 60 % der Arbeitszeit im Sitzen,
- 30 % im Stehen und
- 10 % mit gezieltem Umhergehen verbracht werden.

Tipp:
Nutzen Sie jede Chance zur Bewegung. Gehen Sie beispielsweise mal zu Ihrer Kollegin hin, um etwas zu klären, anstatt anzurufen. Oder benutzen Sie nicht die nächstgelegene Toilette, sondern die, die Sie zu etwas Bewegung „zwingt".

Die Neigbarkeit der Rückenlehne und der Sitzfläche sowie die Beweglichkeit des ganzen Stuhlgestells ermöglichen es, sich beim Sitzen während des Arbeitens zu bewegen und den Rücken, die Beckenstellung und den Sitzwinkel zu verändern. Hierdurch werden die Bandscheiben entlastet.

Deshalb gibt es bei Bürostühlen vier verschiedene Sitzmechaniken, die in der nachfolgenden Übersicht dargestellt werden.

Sitzmechaniken bei Bürostühlen			
Synchronmechanik	**Wippmechanik**	**Asynchronmechanik**	**Pendelmechanik**
Die Neigung von Rückenlehne und Sitzfläche sind fest miteinander verbunden. Lehnt sich der Nutzer zurück, ändert sich automatisch die Neigung der Sitzfläche. Dies bewirkt eine Änderung des Winkels zwischen Oberkörper und Oberschenkeln.	Auch hier sind die beiden Flächen miteinander gekoppelt, jedoch bleibt der Winkel zwischen Sitzfläche und Rückenlehne immer konstant. Eventuell tritt dadurch ein Gefühl wie auf einem Schaukelstuhl ein.	Die Neigungswinkel von Sitzfläche und Rückenlehne lassen sich unabhängig voneinander verändern.	Die horizontale und vertikale Neigung des Stuhls wird durch Bewegung bzw. Gewichtsverlagerung ähnlich wie auf einem Sitzball gesteuert.

Um den Einkauf von Bürostühlen zu erleichtern, gibt es verschiedene **Prüfsiegel**.

geprüfte Sicherheit

Befindet sich das **GS-Zeichen** (geprüfte Sicherheit) auf einem Bürostuhl, ist die Einhaltung von Mindeststandards garantiert. Mit dem Siegel wird einem Produkt bescheinigt, dass es die Anforderungen des Produktsicherheitsgesetzes erfüllt. DIN Normen, Europäische Normen oder andere allgemein anerkannte Regeln der Technik konkretisieren diese Anforderungen. Die Unternehmen verwenden dieses Siegel freiwillig.

Mit dem **CE-Zeichen** (Communautés Européennes) bestätigt der Hersteller in Eigenverantwortung, dass sein Produkt die Anforderungen der Europäischen Union erfüllt. Es ist ein gesetzlich vorgeschriebenes Verwaltungszeichen, kein Prüfzeichen, und so etwas wie ein „technischer Reisepass", damit das Produkt frei im europäischen Binnenmarkt verkehren darf.

Das GS-Zeichen und die CE-Kennzeichnung sind die einzig gesetzlich geregelten Zeichen in Europa für Produktsicherheit. Sonstige Prüfsiegel, wie z. B. das TÜV-Siegel, werden von privaten Prüf- oder Zertifizierungsstellen vergeben.

Tipp:
Das bebilderte Faltblatt „Gymnastik im Büro – Fit durch den Tag" der gesetzlichen Unfallversicherung (VBG) zeigt Übungen auf dem Bürostuhl sowie die richtige Handhabung des Bürostuhls. Es ist abrufbar unter: www.vbg.de.

Eine Präventionskampagne für einen gesunden Rücken der Berufsgenossenschaften, Unfallkassen, Knappschaft und Sozialversicherung findet sich unter: www.deinruecken.de.

Der Arbeitstisch

Auch der Arbeitstisch muss an die Körpergröße und Proportionen des Nutzers anpassbar sein. Man unterscheidet dabei zwischen einstellbaren und verstellbaren Tischen. Ein einstellbarer Tisch ist relativ aufwändig unter Verwendung von Werkzeug in der Höhe zu ändern und wird oftmals nur vor der erstmaligen Nutzung auf genau einen Nutzer eingestellt. Ist ein Tisch hingegen verstellbar, dann lässt er sich jederzeit und mit wenigen Handgriffen in seiner Höhe anpassen.

Die Einstellung der richtigen Höhe des Tisches erfolgt, nachdem der Bürostuhl korrekt eingestellt wurde. Bei geradem Rücken und richtig eingestelltem Bürostuhl ist die korrekte Tischhöhe eingestellt, wenn die Unterarme flach auf der Schreibtischplatte aufliegen und die Schultern nicht hochgezogen werden müssen.

Folgende Anforderungen werden an den Arbeitstisch gestellt:

- eine Arbeitsfläche von mindestens 160 cm x 80 cm, in Ausnahmefällen, wie z. B. in Call-Centern, bei denen die Arbeit am PC im Vordergrund steht und kaum mit Papier gearbeitet wird, sind 120 cm x 80 cm ausreichend
- Mindesttiefe von 80 cm
- höheneinstellbar zwischen 65 cm und 85 cm (ansonsten mind. 72 cm Höhe)
- genügend Beinfreiheit
- abgerundete Kanten
- reflexionsarme Oberfläche
- geringe Wärmeleitfähigkeit des Materials (besser Holz- oder Kunststoffplatten anstatt Glas oder Metall, welche als kalt empfunden werden können)
- ausreichend Stauraum für Unterlagen
- flexible Anordnung von Maus, Tastatur etc. möglich

© Leuwico GmbH, Wiesenfeld

Neben einem reinen Sitzarbeitstisch gibt es auch Steh-Sitz-Arbeitstische und reine Steharbeitstische.

Beim **Steh-Sitz-Arbeitstisch** kann die Arbeitshöhe über einen Elektromotor oder eine Gasfeder zwischen 62 cm und 120 cm verändert werden.

Der reine **Steharbeitsplatz** hat eine Stehhöhe von 95 cm bis 120 cm und eine Mindestfläche von einem aufgeschlagenem DIN-A4-Ordner.

Zusätzlich gibt es noch sogenannte **Drei-Zonen-Arbeitsplätze.** Diese vereinen alle zuvor beschriebenen Arbeitstische und haben:

- eine Zone, in der ausschließlich im Sitzen gearbeitet werden kann (ohne PC),
- eine Zone, in der ausschließlich im Sitzen am PC gearbeitet werden kann,
- eine Zone, für die Arbeit im Stehen mit einer fest eingestellten Arbeitsflächenhöhe.

Der Bildschirmarbeitsplatz

Der Bildschirmarbeitsplatz besteht neben dem bereits beschriebenen Bürostuhl und dem Arbeitstisch in der Regel noch aus den nachfolgenden Komponenten:

- Bildschirm
- Tastatur
- Maus
- Vorlagenhalter
- Software
- Drucker

Die Verordnung über Sicherheit und Gesundheitsschutz bei der Arbeit an Bildschirmgeräten (Bildschirmarbeitsverordnung, BildscharbV) konkretisiert, was unter einem Bildschirmarbeitsplatz verstanden wird und welche Anforderungen erfüllt werden müssen.

Auszug aus der BildscharbV

§ 1 Anwendungsbereich

(1) Diese Verordnung gilt für die Arbeit an Bildschirmgeräten.

[...]

§ 2 Begriffsbestimmungen

(1) Bildschirmgerät im Sinne dieser Verordnung ist ein Bildschirm zur Darstellung alphanumerischer Zeichen oder zur Grafikdarstellung, ungeachtet des Darstellungsverfahrens.

(2) Bildschirmarbeitsplatz im Sinne dieser Verordnung ist ein Arbeitsplatz mit einem Bildschirmgerät, der ausgestattet sein kann mit

1. Einrichtungen zur Erfassung von Daten,
2. Software, die den Beschäftigten bei der Ausführung ihrer Arbeitsaufgaben zur Verfügung steht,

3. Zusatzgeräten und Elementen, die zum Betreiben oder Benutzen des Bildschirmgeräts gehören, oder
4. sonstigen Arbeitsmitteln, sowie die unmittelbare Arbeitsumgebung.

(3) Beschäftigte im Sinne dieser Verordnung sind Beschäftigte, die gewöhnlich bei einem nicht unwesentlichen Teil ihrer normalen Arbeit ein Bildschirmgerät benutzen.

§ 3 Beurteilung der Arbeitsbedingungen

Bei der Beurteilung der Arbeitsbedingungen nach § 5 des Arbeitsschutzgesetzes hat der Arbeitgeber bei Bildschirmarbeitsplätzen die Sicherheits- und Gesundheitsbedingungen, insbesondere hinsichtlich einer möglichen Gefährdung des Sehvermögens sowie körperlicher Probleme und psychischer Belastungen zu ermitteln und zu beurteilen.

§ 4 Anforderungen an die Gestaltung

(1) Der Arbeitgeber hat geeignete Maßnahmen zu treffen, damit die Bildschirmarbeitsplätze den Anforderungen des Anhangs und sonstiger Rechtsvorschriften entsprechen.

[...]

§ 5 Täglicher Arbeitsablauf

Der Arbeitgeber hat die Tätigkeit der Beschäftigten so zu organisieren, dass die tägliche Arbeit an Bildschirmgeräten regelmäßig durch andere Tätigkeiten oder durch Pausen unterbrochen wird, die jeweils die Belastung durch die Arbeit am Bildschirmgerät verringern.

[...]

§ 6 Untersuchung der Augen und des Sehvermögens

Für die Untersuchung der Augen und des Sehvermögens einschließlich des Zurverfügungstellens von speziellen Sehhilfen gilt die Verordnung zur arbeitsmedizinischen Vorsorge vom 18. Dezember 2008 (BGBl. I S. 2768), die im Anhang Teil 4 einen Anlass für Angebotsuntersuchungen enthält, in der jeweils geltenden Fassung.

Anhang über an Bildschirmarbeitsplätze zu stellende Anforderungen

Bildschirmgerät und Tastatur

1. Die auf dem Bildschirm dargestellten Zeichen müssen scharf, deutlich und ausreichend groß sein sowie einen angemessenen Zeichen- und Zeilenabstand haben.
2. Das auf dem Bildschirm dargestellte Bild muss stabil und frei von Flimmern sein; es darf keine Verzerrungen aufweisen.
3. Die Helligkeit der Bildschirmanzeige und der Kontrast zwischen Zeichen und Zeichenuntergrund auf dem Bildschirm müssen einfach einstellbar sein und den Verhältnissen der Arbeitsumgebung angepasst werden können.
4. Der Bildschirm muss frei von störenden Reflexionen und Blendungen sein.
5. Das Bildschirmgerät muss frei und leicht drehbar und neigbar sein.
6. Die Tastatur muss vom Bildschirmgerät getrennt und neigbar sein, damit die Benutzer eine ergonomisch günstige Arbeitshaltung einnehmen können.

7. Die Tastatur und die sonstigen Eingabemittel müssen auf der Arbeitsfläche variabel angeordnet werden können. Die Arbeitsfläche vor der Tastatur muss ein Auflegen der Hände ermöglichen.

8. Die Tastatur muss eine reflexionsarme Oberfläche haben.

9. Form und Anschlag der Tasten müssen eine ergonomische Bedienung der Tastatur ermöglichen. Die Beschriftung der Tasten muss sich vom Untergrund deutlich abheben und bei normaler Arbeitshaltung lesbar sein.

Sonstige Arbeitsmittel

10. Der Arbeitstisch beziehungsweise die Arbeitsfläche muss eine ausreichend große und reflexionsarme Oberfläche besitzen und eine flexible Anordnung des Bildschirmgeräts, der Tastatur, des Schriftguts und der sonstigen Arbeitsmittel ermöglichen. Ausreichender Raum für eine ergonomisch günstige Arbeitshaltung muss vorhanden sein. Ein separater Ständer für das Bildschirmgerät kann verwendet werden.

11. Der Arbeitsstuhl muss ergonomisch gestaltet und standsicher sein.

12. Der Vorlagenhalter muss stabil und verstellbar sein sowie so angeordnet werden können, dass unbequeme Kopf- und Augenbewegungen soweit wie möglich eingeschränkt werden.

13. Eine Fußstütze ist auf Wunsch zur Verfügung zu stellen, wenn eine ergonomisch günstige Arbeitshaltung ohne Fußstütze nicht erreicht werden kann.

Arbeitsumgebung

14. Am Bildschirmarbeitsplatz muss ausreichender Raum für wechselnde Arbeitshaltungen und -bewegungen vorhanden sein.

15. Die Beleuchtung muss der Art der Sehaufgabe entsprechen und an das Sehvermögen der Benutzer angepasst sein; dabei ist ein angemessener Kontrast zwischen Bildschirm und Arbeitsumgebung zu gewährleisten. Durch die Gestaltung des Bildschirmarbeitsplatzes sowie Auslegung und Anordnung der Beleuchtung sind störende Blendwirkungen, Reflexionen oder Spiegelungen auf dem Bildschirm und den sonstigen Arbeitsmitteln zu vermeiden.

16. Bildschirmarbeitsplätze sind so einzurichten, dass leuchtende oder beleuchtete Flächen keine Blendung verursachen und Reflexionen auf dem Bildschirm soweit wie möglich vermieden werden. Die Fenster müssen mit einer geeigneten verstellbaren Lichtschutzvorrichtung ausgestattet sein, durch die sich die Stärke des Tageslichteinfalls auf den Bildschirmarbeitsplatz vermindern lässt.

17. Bei der Gestaltung des Bildschirmarbeitsplatzes ist dem Lärm, der durch die zum Bildschirmarbeitsplatz gehörenden Arbeitsmittel verursacht wird, Rechnung zu tragen, insbesondere um eine Beeinträchtigung der Konzentration und der Sprachverständlichkeit zu vermeiden.

18. Die Arbeitsmittel dürfen nicht zu einer erhöhten Wärmebelastung am Bildschirmarbeitsplatz führen, die unzuträglich ist. Es ist für eine ausreichende Luftfeuchtigkeit zu sorgen.

19. Die Strahlung muss – mit Ausnahme des sichtbaren Teils des elektromagnetischen Spektrums – so niedrig gehalten werden, dass sie für Sicherheit und Gesundheit der Benutzer des Bildschirmgerätes unerheblich ist.

Zusammenwirken Mensch – Arbeitsmittel

20. Die Grundsätze der Ergonomie sind insbesondere auf die Verarbeitung von Informationen durch den Menschen anzuwenden.

21. Bei Entwicklung, Auswahl, Erwerb und Änderung von Software sowie bei der Gestaltung der Tätigkeit an Bildschirmgeräten hat der Arbeitgeber den folgenden Grundsätzen, insbesondere im Hinblick auf die Benutzerfreundlichkeit, Rechnung zu tragen:

21.1. Die Software muss an die auszuführende Aufgabe angepasst sein.

21.2. Die Systeme müssen den Benutzern Angaben über die jeweiligen Dialogabläufe unmittelbar oder auf Verlangen machen.

21.3. Die Systeme müssen den Benutzern die Beeinflussung der jeweiligen Dialogabläufe ermöglichen sowie eventuelle Fehler bei der Handhabung beschreiben und deren Beseitigung mit begrenztem Arbeitsaufwand erlauben.

21.4. Die Software muss entsprechend den Kenntnissen und Erfahrungen der Benutzer im Hinblick auf die auszuführende Aufgabe angepasst werden können.

22. Ohne Wissen der Benutzer darf keine Vorrichtung zur qualitativen oder quantitativen Kontrolle verwendet werden.

Die Augen werden durch den starren Blick und den immer gleichen Abstand zum Bildschirm bei der Bildschirmarbeit stark beansprucht. Damit sich die Augen entspannen und erholen können, sollten Sie mehrmals täglich **Augengymnastik** machen. Empfehlungen hierzu finden Sie im Internet. Außerdem sollten Sie die nachfolgenden Tipps beachten:

- Nutzen Sie die Ihnen zustehenden regelmäßigen Augenuntersuchungen nach § 6 BildscharbV.
- Schauen Sie immer mal wieder kurz in die Ferne, z. B. aus dem Fenster, damit sich der Sehabstand verändert.
- Blinzeln Sie regelmäßig, damit Ihre Augen nicht zu trocken werden.

1.3 Arbeitsumgebung

Zur Arbeitsumgebung gehören die Faktoren Klima, Beleuchtung, Lärm, Farbe, Pflanzen, Strahlung und Gefahrstoffe. Alle diese Komponenten wirken sich auf die Gesundheit und das Wohlbefinden der Mitarbeiter aus und können deren Leistungsfähigkeit beeinflussen.

Klima

Das Klima setzt sich u. a. aus den drei Bestandteilen Lufttemperatur, relative Luftfeuchtigkeit und Luftgeschwindigkeit zusammen. Die Arbeitsstättenverordnung (ArbStättV) schreibt für einen Arbeitsplatz ein gesundheitlich zuträgliches Raumklima vor. Dies wird durch die Technischen Regeln für Arbeitsstätten (ASR) konkretisiert. Die ASR A3.5 beschäftigt sich explizit mit der **Raumtemperatur**. Hierin wird festgelegt, dass in Büroräumen eine Mindesttemperatur von +20 °C vorherrschen sollte. Arbeitsräume sollen +26 °C beim Einsatz von Jalousien (gegen die Sonneneinstrahlung) nicht überschreiten, ansonsten sollen zusätzliche Maßnahmen wie Nutzung von Gleitzeitregelungen zur Arbeitszeitverlegung, Lockerung der Bekleidungsregeln oder das Bereitstellen geeigneter Getränke (z. B. Wasser) getroffen werden. Werden +30 °C überschritten, müssen zusätzliche Maßnahmen erfolgen!

Das Temperaturempfinden jedes Menschen ist anders ausgeprägt und wird z. B. durch Geschlecht, Gesundheitszustand, Bekleidung, Gewöhnung oder die auszuführende Tätigkeit beeinflusst.

Die **Luftfeuchtigkeit** gibt an, wie hoch der Wasserdampfgehalt in der Luft ist und wird mit dem Hygrometer gemessen. Eine relative Luftfeuchtigkeit von 40–60 % gilt dabei als optimal. Ist die Luftfeuchtigkeit zu hoch (insbesondere im Winter), droht Schimmelgefahr. Eine zu niedrige Luftfeuchtigkeit führt hingegen zu brennenden Augen sowie trockenen Lippen und Schleimhäuten, wodurch die Gefahr der Ansteckung durch Infektionskrankheiten ansteigt.

Luftbewegung wird vor allem durch Klimaanlagen, schlecht isolierte Fenster oder ungünstig angebrachte Lüftungsschächte verursacht. Eine Luftbewegung von 0,1 m/s bis 0,15 m/s wird von den meisten Menschen noch als angenehm empfunden, dies hängt jedoch sehr von der individuellen Wahrnehmung ab. Herrscht Zugluft vor, kann dies zu Nacken- und Rückenschmerzen führen.

Von Klimatisierung darf nur gesprochen werden, wenn alle drei Faktoren automatisch geregelt werden. Klimaanlagen verbrauchen sehr viel Strom und können bei schlechter Wartung Krankheitserreger übertragen.

Um das Raumklima zu beeinflussen, sollten in nicht klimatisierten Räumen die Fenster stündlich zum Stoßlüften geöffnet werden. Ansonsten bietet sich die Pausenzeit zum Lüften an. Weiterhin kann das Raumklima durch heizen, kühlen oder entlüften beeinflusst werden.

Licht und Arbeitsplatzbeleuchtung

Da nicht an jedem Arbeitsplatz genügend Tageslicht vorhanden ist bzw. das vorhandene Tageslicht je nach Jahres- und Uhrzeit nicht ausreichend ist, muss auf künstliche Beleuchtung in Büroräumen zurückgegriffen werden.

Dabei werden das Wohlbefinden und die Arbeitsleistung eines Beschäftigten durch die Beleuchtung beeinflusst.

Ist die Beleuchtung ergonomisch durchdacht, können Kopfschmerzen, Augenbeschwerden, Nervosität und Ermüdungserscheinungen vermieden werden:

- Die Beleuchtung am Bildschirmarbeitsplatz muss an das Sehvermögen des jeweiligen Nutzers und an die jeweilige Tätigkeit angepasst werden können.
- Der Arbeitsraum sollte möglichst gleichmäßig hell sein, damit sich die Augen nicht ständig neu einstellen (= Anstrengung) müssen.
- Wie das Licht auf den Menschen wirkt, bestimmt die sogenannte Lichtfarbe (auch Farbtemperatur). Für Bildschirmarbeit wird eine neutral weiße oder tageslichtweiße Lichtfarbe empfohlen.
- Reflexblendungen (z. B. vom Bildschirm) oder auch Direktblendungen (z. B. von Lampen im Blickfeld) sollen vermieden werden, da Blendungen das Sehen erschweren und die Augen schneller ermüden. Dafür ist es z. B. hilfreich, den Bildschirm parallel zum Fenster aufzustellen.

- Für Bildschirmarbeitsplätze, Arbeits- und Besprechungsräume wird eine Beleuchtungsstärke von mindestens 500 Lux (Lux = Einheit für die Beleuchtungsstärke) gefordert. Ergänzt wird die Beleuchtung durch persönliche Schreibtischleuchten, um z. B. beim Lesen auf Papier eine höhere Helligkeit zu erreichen.
- Die Beleuchtung muss flimmerfrei sein.

Lärm

Gespräche, Geräusche und Töne werden als Lärm empfunden, wenn sie jemanden stören und belästigen. Das führt zu einer sehr individuellen Bewertung, ob z. B. ein Lied ein Genuss oder Lärm ist. Jemand, der dieses Lied mag, wird es auch bei hoher Lautstärke nicht als Lärm empfinden. Die Lärmempfindlichkeit eines Menschen kann auch durch seinen aktuellen persönlichen Gesundheitszustand beeinflusst werden.

Lärm wird in Dezibel (dB (A)) gemessen, dies gibt an, wie hoch der sogenannte Schalldruckpegel ist.

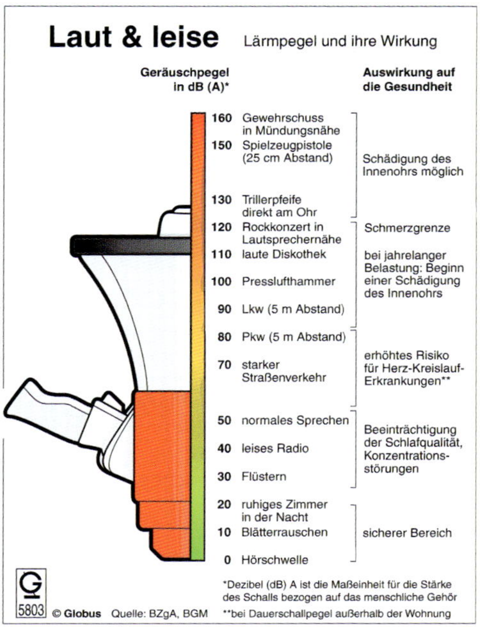

Lärm und seine Auswirkungen auf die Gesundheit

Sind Menschen dauerhaft Lärm ausgesetzt, kann dies zu erheblichen Gesundheitsbeeinträchtigungen führen. Außerdem leiden Konzentration und Leistungsfähigkeit von Arbeitnehmern im Büro und der Stressfaktor steigt. Aus diesem Grund befasst sich auch die Arbeitsstättenverordnung in ihrem Anhang 3.7 mit Lärm und besagt, dass der Schalldruckpegel in Abhängigkeit von der Art des Betriebes so niedrig wie möglich zu halten ist. Ab einem Wert von 85 dB (A) muss den Arbeitnehmern ein geeigneter, persönlicher Gehörschutz zur Verfügung gestellt und auch von ihnen getragen werden.

Die Bundesanstalt für Arbeitsschutz und Arbeitsmedizin hat zur Konkretisierung die Broschüre „Arbeitswissenschaftliche Erkenntnisse Nr. 124: Lärmminderung in Mehrpersonenbüros" herausgebracht. Darin wird der Schalldruckpegel am Bildschirmarbeitsplatz bis 30 dB (A) als optimale schalltechnische Qualität am Arbeitsplatz, bis 40 dB (A) als sehr gut und bis 45 dB (A) als gut bewertet.

Mögliche Maßnahmen zur Lärmreduktion im Büro:

- bei der Auswahl von Geräten wie Drucker, Kopierer etc. auf geräuscharme Typen achten (siehe Herstellerangaben)
- laute Geräte in separaten Räumen unterbringen
- Schallschutzhauben für Geräte anschaffen
- Möglichkeiten zur Schalldämpfung wie Teppiche, Vorhänge oder schallabsorbierende Deckenplatten nutzen

Farbgestaltung

Je nachdem wie der Arbeitsplatz oder Arbeitsraum farblich gestaltet ist, erzeugt dies unterschiedliche psychologische Wirkungen. Farben haben Auswirkungen auf die Stimmung, die Leistung und das Wohlbefinden der Beschäftigten und sollten aufeinander abgestimmt werden. Grundsätzlich wird warmen Farben eine aktivierende, stimulierende Wirkung zugeschrieben, kalte Farben hingegen haben eine beruhigende, distanzierende Wirkung. Warme Farben lassen einen Raum kleiner, kalte Farben größer wirken. Je kräftiger die Farbe ist, umso stärker ist ihre jeweilige Wirkung. Eine sinnvolle Verwendung von Farbe in Büroräumen kann z. B. folgende Auswirkungen haben:

- Steigerung der Motivation der Mitarbeiter
- Positive Beeinflussung der Wahrnehmung von ansonsten ungünstigen Arbeitsbedingungen
- Senkung der Energiekosten, da das Temperaturempfinden beeinflusst wird
- Unterstützung der „Sicherheits- und Gesundheitsschutzkennzeichnung"
- Positive Beeinflussung der Erholung der Mitarbeiter

Wichtig ist, dass Farben und Beleuchtung nicht unabhängig voneinander betrachtet werden, da sie sich gegenseitig in ihrer Wirkung beeinflussen.

Oftmals gibt auch das Corporate Design (Unternehmenserscheinungsbild) als Teilbereich des Corporate Identity bestimmte Farben vor. So findet sich beispielsweise bei der Deutschen Telekom die Farbe „Deutsche Telekom Magenta" in vielen Teilbereichen des Unternehmens wieder.

Farben und ihre Wirkung

Farbe	Assoziationen	Wirkung
Rot	Vitalität, Aktivität, Dynamik, Wille, Gefahr, Kampf, Blut, Liebe, Lust, Leidenschaft, Sex	▪ wirkt stimulierend, aktivierend und aufregend, wärmend ▪ weckt innere Kräfte („Urkräfte") ▪ Rot macht aktiv (auch sexuell), unruhig, aggressiv, wirkt sehr schnell!
Orange	Freude, Lebhaftigkeit, Spaß, Lebensbejahung, Ausgelassenheit, Tatkraft, Ausdauer	▪ aufbauend und leistungssteigernd ▪ weckt die Arbeitsfreude ▪ stimmungsaufhellend ▪ macht heiter, ausgeglichen, fröhlich und genussfreudig ▪ fördert die Geselligkeit
Gelb	Reife, Wärme, Optimismus, Weite, Offenheit, Kommunikation, Kraft, Erfolg, Glück	▪ wirkt sonnig, luftig, heiter, licht ▪ freundlich, optimistisch ▪ geistig anregend ▪ stimmt heiter
Grün	Wachstum, Hoffnung, Durchsetzungsvermögen, Beharrlichkeit, Entspannung, Ruhe, Zufriedenheit, Natürlichkeit, Heiterkeit und Gelöstheit	▪ wirkt beruhigend und ausgleichend ▪ erfrischt und regeneriert ▪ fördert die Konzentration und seelische Ausgewogenheit
Blau	Harmonie, Zufriedenheit, Ruhe, Unendlichkeit, Freundlichkeit und Freundschaft, innerer Frieden	▪ entspannend, lösend, harmonisierend ▪ fördert Kommunikation und die Sachlichkeit und Präzision der Gedanken
Violett	Selbstbezogenheit, Unbewusstsein, Mystik, innere und geistige Kraft, Inspiration, Magie, Frieden, Würde	▪ fördert inneres Gleichgewicht ▪ wirkt ausgleichend und regenerierend ▪ weckt meditative Kräfte ▪ regt das Unterbewusstsein an

Farbe	Assoziationen	Wirkung
Rosa	Romantik, Liebe	▪ fördert Ruhe ▪ wirkt erfrischend ▪ verbessert das Urteilsvermögen
Braun	Sinnlichkeit, Bequemlichkeit, Anpassung, Schwere, zurückgezogen	
Weiß	Reinheit, Sauberkeit, Ordnung, Leichtigkeit, Vollkommenheit, illusionär, Schutz, Einigkeit, Beruhigung, Wohlbefinden. Symbol für Reinheit und Tod. Aber nicht nur, denn Weiß ist auch die Farbe der Weite und des Weitblicks.	
Schwarz	Negation, Auflehnung, Undurchdringlichkeit, Trauer, Einengung, Abgeschlossenheit, Funktionalität, pessimistisch, hoffnungslos, schwer, Erneuerung, Wandel, Loslassen	
Grau	Neutralität, Trostlosigkeit, Nüchternheit, Elend, Nachdenklichkeit, Sachlichkeit, Funktionalität, Schlichtheit, unbeteiligt	

Quelle: Marlene Stadler, unter: http://www.farbenundleben.de, zuletzt abgerufen am 20.10.2013

Farben spielen auch bei den **Sicherheitszeichen** im Unternehmen eine große Rolle, da sie dem Gesundheitsschutz und der Unfallverhütung am Arbeitsplatz dienen.

Rot steht für **Verbotszeichen**. Sie untersagen bestimmte Handlungen bzw. verbieten Gegenstände, um so Gefahren zu vermeiden und Risiken zu verhindern. Beispiel: Feuer, offenes Licht und Rauchen verboten.

Rot findet sich auch bei **Brandschutzzeichen**. Sie kennzeichnen Feuermelde- und Feuerbekämpfungseinrichtung sowie Brandbekämpfungsmittel.

Gelb kennzeichnet **Warnzeichen**. Diese weisen durch ihre selbsterklärenden Symbole auf Gefahrensituationen und Gesundheitsrisiken hin. Beispiel: Warnung vor explosionsgefährlichen Stoffen.

Blau kennzeichnet **Gebotszeichen**. Sie dienen der Unfallverhütung und schreiben ein bestimmtes Verhalten vor. Beispiel: Augenschutz benutzen.

Grün kennzeichnet **Rettungszeichen**. Diese markieren Rettungswege, Sammelpunkte, Rettungseinrichtungen (z. B. Erste Hilfe) und Rettungsgeräte (z. B. Krankentrage).

Pflanzen

Pflanzen im Büro sorgen alleine durch ihr Dasein für Entspannung und Wohlbefinden. Gleichzeitig reinigen sie die Luft von Schadstoffen (je nach Pflanzenart z. B. Formaldehyd, Benzol, Kohlendioxid) und Chemikalien (wie Lacke oder Reinigungsmittel). Sie produzieren Sauerstoff, erhöhen die Luftfeuchtigkeit und schlucken Schall und Staub. Durch den Einsatz von Pflanzen kann die Gesundheit der Mitarbeiter positiv beeinflusst

werden, da der Lärmpegel gesenkt wird, Atemwegserkrankungen vorgebeugt wird und sich auch Erkältungsviren langsamer ausbreiten.

Strahlung

Elektromagnetische Strahlung entsteht in der Umgebung von elektrischen Leitungen und elektrischen Geräten wie beispielsweise Computer, Handys, tragbare DECT-Telefone, W-LAN, Bluetooth etc. Ihr werden Gesundheitsrisiken nachgesagt, die Forschung ist jedoch noch nicht zu einem endgültigen Ergebnis gelangt. Reagieren Menschen sensibel auf elektromagnetische Strahlung, können Schwächung des Immunsystems, Schlafstörungen, Kopfschmerzen, Nervosität, Hautbeschwerden, Konzentrationsprobleme sowie Herz-/Kreislaufprobleme entstehen. Zusätzlich gibt es Hinweise, dass die Gefahr eines erhöhten Krebsrisikos besteht.

Auch die Bildschirmarbeitsverordnung (BildscharbV) befasst sich im Anhang unter Punkt 19 mit der Strahlung: „Die Strahlung muss – mit Ausnahme des sichtbaren Teils des elektromagnetischen Spektrums – so niedrig gehalten werden, dass sie für Sicherheit und Gesundheit der Benutzer des Bildschirmgerätes unerheblich ist."

Durch einige Maßnahmen kann die elektromagnetische Strahlung im Büro reduziert werden.

Beispiele
- *Strahlungsarme Geräte verwenden, z. B. Flachbildschirme anstatt Röhrenbildschirme oder strahlungsarme tragbare Telefone*
- *Im Büro auf tragbare Telefone verzichten, stattdessen feste Telefone verwenden*
- *Alle Geräte, die nicht gebraucht werden, sollten abgeschaltet werden*
- *W-LAN-Access-Points sollten mindestens 3 m vom Arbeitsplatz entfernt angebracht werden*

Tipp:
Informationen zu den spezifischen Absorptionsraten (SAR) von Handys findet man auf der Homepage des Bundesamtes für Strahlenschutz: http://www.bfs.de/de/elektro/oekolabel.html

Gefahrstoff im Büro

Auch in Büroräumen können Gefahrstoffe auftreten. Insbesondere ist dies **Tonerstaub**, der aus Laserdruckern, Laserfax- und -kopiergeräten in die Luft gelangen kann, wenn z. B. die Kartuschen gewechselt, Wartungsarbeiten durchgeführt werden oder ein Papierstau beseitigt wird. Gleichzeitig gelangen kleine Mengen von Tonerpartikeln durch das Luftgebläse des Geräts in die Raumluft. Die Partikel werden dann entweder vom Menschen eingeatmet oder gelangen in den Körper, wenn z. B. mit ungewaschenen Händen nach Kontakt mit Kopien etc. gegessen wird. Noch weiß man über die gesundheitlichen Auswirkungen wenig, mögliche Folgen sind jedoch schwere Atemwegserkrankungen, Hautprobleme, Reizung der Schleimhäute, Reizhusten, Dauerschnupfen oder Augenbrennen. Manche Toner enthalten auch krebserregende Stoffe.

Um möglichst wenig Kontakt zu Tonerstaub zu haben, bieten sich beispielsweise folgende Vorsichtsmaßnahmen an:

- Bei der Anschaffung neuer Geräte darauf achten, dass diese das DGUV-Testzeichen (ehemals BG-Prüfzertifikat-Zeichen) für besonders emissionsarme Kopiergeräte und Laserdrucker aufweisen.
- Nur schadstoffarme Toner mit Prüfsiegel kaufen.
- Geräte in separaten Räumen aufstellen, die gut belüftet werden können.

- Sollte Toner verschüttet worden sein, diesen sofort feucht wegwischen und nicht aufwirbeln.
- Wird ein Papierstau beseitigt, unbedingt im Anschluss gründlich die Hände waschen, am besten den Papierstau von eingewiesenen Personen beseitigen lassen.
- Regelmäßige Wartung durch Fachpersonal durchführen lassen.
- Tonerkartuschen nicht gewaltsam öffnen.
- Geräte eventuell mit Feinstaubfiltern nachrüsten.

2 Arbeitsschutz

LS 2.2

Arbeitgeber sind an verschiedene Gesetze gebunden, welche die psychische und physische Gesundheit der Arbeitnehmer schützen sollen. Dazu gehören das Arbeitsschutzgesetz, das Arbeitssicherheitsgesetz, die Gewerbeordnung und die Arbeitsstättenverordnung. Es gibt Gesetze, die nur für bestimmte Branchen, z. B. für den Bergbau, relevant sind. An dieser Stelle sollen nur die Rechtsvorschriften betrachtet werden, die für alle Unternehmen gelten bzw. die besonders für Büroarbeitsplätze relevant sind.

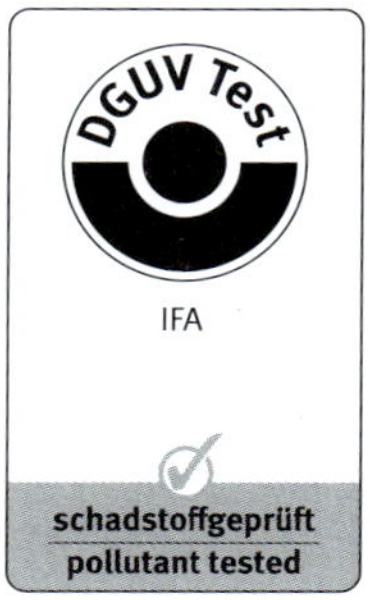

Das Arbeitsschutzgesetz enthält Maßnahmen zum Arbeitsschutz, die die Sicherheit und den Gesundheitsschutz der Beschäftigten bei der Arbeit sichern und verbessern sollen. Die Gefahren können dabei während der Arbeit und durch die Arbeit entstehen.

Bei der Arbeitssicherheit steht die Frage im Mittelpunkt, wie der durch Gesetze und Verordnungen geforderte Arbeitsschutz in einem Betrieb umgesetzt werden kann. Das Arbeitssicherheitsgesetz (ASiG) fordert die Bestellung von Betriebsärzten und Fachkräften für Arbeitssicherheit. Diese sollen dem Arbeitgeber bei der Umsetzung des Arbeitsschutzes helfen, da die Gefahren am Arbeitsplatz am wirksamsten aus dem Betrieb heraus durch betriebliche Maßnahmen bekämpft werden können. Das ASiG gehört somit zum Arbeitsschutzrecht und steht nicht neben ihm.

Die Verantwortung für die Erhaltung der Gesundheit am Arbeitsplatz liegt sowohl beim Arbeitgeber als auch beim Arbeitnehmer. Der Arbeitgeber hat dafür zu sorgen, dass entsprechende Arbeitsbedingungen vorliegen, die Arbeitsschutzvorschriften und Unfallverhütungsmaßnahmen eingehalten werden und entsprechende Arbeitsmittel vorhanden sind. Arbeitsmittel sind dabei alle Dinge, die der Arbeitnehmer braucht, um seine Arbeit ausführen zu können, und reichen je nach Aufgabengebiet vom Anspitzer bis zur Produktionsanlage.

Auch der Arbeitnehmer hat die Verpflichtung, für seine Gesundheit zu sorgen. Er muss sich so verhalten, dass er Gesundheitsgefährdungen vorbeugt und Gefahren meidet sowie den Arbeitgeber auf Schwachstellen im Unternehmen hinweist.

Der Arbeitsschutz unterliegt dem Gewerbeaufsichtsamt und den Berufsgenossenschaften. Jedes Unternehmen gehört branchenspezifisch zu einer **Berufsgenossenschaft**. Berufsgenossenschaften überwachen beispielsweise die Durchführung der Maßnahmen zur Verhütung von Arbeitsunfällen, Berufskrankheiten und arbeitsbedingten Gesundheitsgefahren. Außerdem kontrollieren sie, ob eine wirksame Erste Hilfe vorhanden ist. Zusätzlich beraten die Berufsgenossenschaften sowohl Unternehmen als auch Beschäftigte zu den genannten Themen. Die Berufsgenossenschaften erlassen zudem die Berufsgenossenschaftlichen Vorschriften (BGV) zur Unfallverhütung. Diese wurden vormals als Unfallverhütungsvorschriften bezeichnet.

Das zuständige **Gewerbeaufsichtsamt** kontrolliert, ob alle Vorschriften zum Arbeits-, Umwelt- und Verbraucherschutz von den Unternehmen eingehalten werden. Dafür sind die Mitarbeiter des Amtes befugt, Arbeitsstätten und Anlagen von Betrieben jederzeit zu betreten und zu besichtigen. Bei Verstößen gegen die Vorschriften kann die Gewerbeaufsicht die Anordnung erteilen, Betriebe oder Betriebsteile stillzulegen, außerdem kann sie Bußgelder verhängen (§ 35 GeWo).

Beispiel
Für die Duisdorfer BüroKonzept KG ist das Gewerbeaufsichtsamt bei der Bezirksregierung Köln (Abteilung 5 Umwelt und Arbeitsschutz, Dezernat 55 Technischer Arbeitsschutz/Dezernat 56 Betrieblicher Arbeitsschutz) zuständig.

2.1 Arbeitszeitgesetz

LS 2.3

Das Arbeitszeitgesetz soll durch seine Vorschriften den Gesundheitsschutz der Arbeitnehmer sichern. Festgelegt werden darin beispielsweise die täglichen Höchstarbeitszeit und die Mindestruhepausen. Besonderer Schutz gilt für Nachtarbeiter und Nachtarbeiterinnen. Grundsätzlich besteht ein Arbeitsverbot für Sonn- und Feiertage, wobei jedoch unter besonderen Voraussetzungen Ausnahmen möglich sind. Näheres dazu erfahren Sie im Buch BüroMaterial, Lernsituation 2.3.

2.2 Arbeitsschutzgesetz

Das Gesetz über die Durchführung von Maßnahmen des Arbeitsschutzes zur Verbesserung der Sicherheit und des Gesundheitsschutzes der Beschäftigten bei der Arbeit, kurz Arbeitsschutzgesetz (ArbSchG) befasst sich, wie bereits oben angedeutet, mit der Sicherheit und dem Gesundheitsschutz der Beschäftigten. Um diese zu erhalten und zu verbessern, werden am Anfang des Gesetzes allgemeine Grundsätze aufgestellt, die für alle Unternehmen gelten.

Arbeitsschutzgesetz

§ 4 ArbSchG Allgemeine Grundsätze

Der Arbeitgeber hat bei Maßnahmen des Arbeitsschutzes von folgenden allgemeinen Grundsätzen auszugehen:

1. Die Arbeit ist so zu gestalten, dass eine Gefährdung für das Leben sowie die physische und die psychische Gesundheit möglichst vermieden und die verbleibende Gefährdung möglichst gering gehalten wird;
2. Gefahren sind an ihrer Quelle zu bekämpfen;
3. bei den Maßnahmen sind der Stand von Technik, Arbeitsmedizin und Hygiene sowie sonstige gesicherte arbeitswissenschaftliche Erkenntnisse zu berücksichtigen;
4. Maßnahmen sind mit dem Ziel zu planen, Technik, Arbeitsorganisation, sonstige Arbeitsbedingungen, soziale Beziehungen und Einfluss der Umwelt auf den Arbeitsplatz sachgerecht zu verknüpfen;
5. individuelle Schutzmaßnahmen sind nachrangig zu anderen Maßnahmen;
6. spezielle Gefahren für besonders schutzbedürftige Beschäftigtengruppen sind zu berücksichtigen;
7. den Beschäftigten sind geeignete Anweisungen zu erteilen;
8. mittelbar oder unmittelbar geschlechtsspezifisch wirkende Regelungen sind nur zulässig, wenn dies aus biologischen Gründen zwingend geboten ist.

Gefährdungsbeurteilung

Damit der Arbeitgeber nach diesen Grundsätzen Arbeitsschutzmaßnahmen ergreifen kann, muss er nach § 5 ArbSchG die Arbeitsbedingungen des jeweiligen Arbeitsplatzes analysieren und eine Gefährdungsbeurteilung erstellen. Erst seit Oktober 2013 werden bei dieser Beurteilung auch ausdrücklich die psychischen Belastungen im Arbeitsschutzgesetz berücksichtigt.

§ 5 ArbSchG Beurteilung der Arbeitsbedingungen

(1) Der Arbeitgeber hat durch eine Beurteilung der für die Beschäftigten mit ihrer Arbeit verbundenen Gefährdung zu ermitteln, welche Maßnahmen des Arbeitsschutzes erforderlich sind.

(2) Der Arbeitgeber hat die Beurteilung je nach Art der Tätigkeiten vorzunehmen. Bei gleichartigen Arbeitsbedingungen ist die Beurteilung eines Arbeitsplatzes oder einer Tätigkeit ausreichend.

(3) Eine Gefährdung kann sich insbesondere ergeben durch

1. die Gestaltung und die Einrichtung der Arbeitsstätte und des Arbeitsplatzes,
2. physikalische, chemische und biologische Einwirkungen,
3. die Gestaltung, die Auswahl und den Einsatz von Arbeitsmitteln, insbesondere von Arbeitsstoffen, Maschinen, Geräten und Anlagen sowie den Umgang damit,
4. die Gestaltung von Arbeits- und Fertigungsverfahren, Arbeitsabläufen und Arbeitszeit und deren Zusammenwirken,
5. unzureichende Qualifikation und Unterweisung der Beschäftigten,
6. psychische Belastung bei der Arbeit.

Unterweisung

Damit sich die Mitarbeiter auch sicherheitsgerecht verhalten können, müssen sie über entsprechende Kenntnisse verfügen. Deshalb müssen Unternehmer oder ihre Bevollmächtigten (z. B. der Vorarbeiter) regelmäßig Unterweisungen (§ 12 ArbSchG) während der Arbeitszeit vornehmen. Inhalte solcher Unterweisungen sind alle bei einer Tätigkeit auftretenden Gefahren sowie das richtige Verhalten und Maßnahmen zur Abwehr von Gefahren. Außerdem erfolgt für alle eine allgemeine Unterweisung zu den Themen Brandschutz, Erste Hilfe, Notausgänge, Sammelpunkte etc. Die Unterweisung erfolgt mündlich, auf den jeweiligen Arbeitsplatz bezogen, umfassend und praxisnah. Sie muss so durchgeführt werden, dass auch ausländische Arbeitnehmer sie verstehen können.

Die Unterweisung muss immer erfolgen bei:

- Neueinstellungen,
- Versetzung an einen anderen Arbeitsplatz,
- vor Beginn jeder neuen Tätigkeit,
- vor Beginn bestimmter, in den Berufsgenossenschaftlichen Vorschriften genannter Arbeiten und
- bei Arbeiten mit Gefahrstoffen.

Die Wiederholung der Unterweisung erfolgt mindestens einmal jährlich. Außerdem kann eine Wiederholung aus aktuellem Anlass erforderlich sein, weil sich beispielsweise gerade ein Beinah-Unfall oder ein Arbeitsunfall ereignet hat. Inhalt und Zeitpunkt der Unterweisung müssen schriftlich festgehalten werden und vom Unterwiesenen mit seiner Unterschrift bestätigt werden.

Beispiel
Thorsten Kasiske ist neu in der Produktion der Büromöbel eingestellt worden. In seiner Unterweisung, die sein Vorgesetzter Frank Gerlach durchführt, wird er u. a. in die Arbeit mit der Kreissäge und deren Schutzvorkehrungen eingewiesen. Außerdem bekommt er den Notausgang und den Sammelpunkt außerhalb des Gebäudes gezeigt.

Tipp:
Achten Sie selbst mit darauf, dass Sie Wege nicht mit Gegenständen verstellen oder Stolperfallen erzeugen.

Zusätzlich zur Unterweisung sind **Betriebsanweisungen** ein wichtiges Instrument, um die Beschäftigten zu informieren. Sie müssen vom Unternehmer oder einem Beauftragten erstellt und entweder während der Unterweisung ausgehändigt oder am Arbeitsplatz ausgehängt werden. In den Betriebsanweisungen wird beschrieben, welche Gefahren für Mensch und Umwelt bestehen, welche Schutzmaßnahmen zu treffen und welche Verhaltensregeln einzuhalten sind. Außerdem gibt es Hinweise für das Verhalten im Gefahrenfall, für Erste-Hilfe-Maßnahmen und für eine sachgerechte Entsorgung.

Beispiel
Thorsten Kasiske hat bei seiner Unterweisung die nachfolgende Betriebsanweisung für seine Arbeit mit der Kreissäge ausgehändigt bekommen.

BTA-Nr. 0041 28.10.13	**BETRIEBSANWEISUNG** gem. Betriebssicherheitsverordnung § 9 und BGV A1 Grundsätze der Prävention § 4	Stand: 07/2007 abgezeichnet am:
Betrieb/Gebäude: Duisdorfer BüroKonzept KG, Rochusstr. 30, 53123 Bonn, Produktionshalle	Geltungsbereich:	

GEFAHRSTOFFBEZEICHNUNG

Diese Betriebsanweisung gilt für das Betreiben von Kreissägen.

GEFAHREN FÜR MENSCH UND UMWELT

- Gefahr schwerer Körperverletzungen, zum Beispiel Finger- und Handverletzungen (bis hin zu Verlust von Gliedmaßen und Handverstümmelungen) und schweren Bauchverletzungen durch:
  - Hineingreifen und Einzugsgefahr in das Sägeblatt bei nicht vorhandener Schutzeinrichtung (Verkleidung) bzw. bei Schutzeinrichtung außer Funktion.
  - Nichtbenutzung eines Schiebestockes beim Längsschnitt schmaler Holzleisten auf der Tischkreissäge.
  - Eine fehlende sichere Auflage großer Werkstücke (durch Lageveränderung des Werkstückes verklemmt das Sägeblatt und das Werkstück springt hoch oder wird zurückgeschleudert).
  - Rückschläge der Werkstücke durch falsche Wahl des Sägeblattes, Überschreitung der höchstzulässigen Drehzahl sowie fehlendem Spaltkeil.
- Gefahr einer Gehörschädigung durch fehlenden Gehörschutz.
- Gefahr eines Stromschlags durch defekte elektrische Bauteile.
- Gefahr durch wegfliegende Teile.
- Krebsgefährdung durch Buchen- und Eichenholzstaub.

SCHUTZMASSNAHMEN UND VERHALTENSREGELN

- **Allgemeines:**
  - Keine Handschuhe wegen Einzugsgefahr.
  - Enganliegende Kleidung tragen.
  - Sicherer Stand der Säge, sauberer Arbeitsplatz.
  - Hilfseinrichtungen verwenden (Parallelanschlag, Winkelanschlag, Keilschneideeinrichtung, Schiebestock).
  - Schutzhaube verwenden.
  - Spalt an beiden Seiten der Tischeinlage kleiner 5 mm.
  - Nur Sägeblätter verwenden.
  - Styropor nicht mit der Kreissäge schneiden.
  - Gefahrstoffbetriebsanweisungen für Eichen- und Buchenstaub sowie Holzstaub beachten.
  - Gehörschutz und Schutzschuhe tragen.
- **Täglich vor Arbeitsbeginn:**
  - Prüfung der Anschlussleitung und Steckvorrichtung auf Beschädigung.
  - Kontrolle, ob alle Schutzvorrichtungen an der Maschine angebracht sind: insbesondere Schutzhaube, bewegliche Schutzeinrichtung (muss selbsttätig in Ruhestellung zurückkehren), Spaltkeil. Abstand Spaltkeil – Sägeblatt:

    Handkreissägen kleiner 5 mm

    Altgeräte (UVV) kleiner 10 mm

    Neugeräte (MRL ab Baujahr 1993) kleiner 8 mm.
  - Wahl eines für den Arbeitsgang geeigneten Sägeblattes.
  - Kontrolle, ob das Sägeblatt scharf ist, keine Beschädigungen (zum Beispiel Risse oder angebrochene Zähne) aufweist und mit einem Herstellernamen gekennzeichnet ist.
  - Funktionsbereitschaft der Absaugung überprüfen und Kontrolle, ob der Staubbehälter nicht zu voll ist.
  - Kontrolle, ob Gehörschutz vorhanden ist.
  - Festgestellte Mängel dem Verantwortlichen melden.
- **Beim Betrieb:**
  - Arbeitsplatz ausreichend beleuchten.
  - Dafür sorgen, dass Werkstücke bei der Bearbeitung sicher aufliegen und geführt werden oder fest eingespannt sind.

  Bei Tischkreissägemaschinen:
  - Bei der Bearbeitung langer Werkstücke deren Enden durch Auflageblöcke, Verlängerungstische oder dergleichen unterstützen.
  - Bei der Bearbeitung kurzer oder schmaler Werkstücke Zufuhr- oder Einspannvorrichtungen, Schiebestöcke oder andere geeignete Hilfsmittel verwenden.
  - Bei der Bearbeitung zum Rollen oder Kippen neigender Werkstücke geeignete Stützen einsetzen.

  Bei Handkreissägemaschinen:
  - Unterlagen so anordnen, dass das Sägeblatt unter dem Werkstück freiläuft.
  - Die Maschine mit Anschlag, Führungsschiene oder Ähnlichem betreiben.

- Umgangsverbot für Praktikanten oder Jugendliche unter 16 Jahren beachten. 16- bis 18-Jährige nur zu Ausbildungszwecken und unter Aufsicht benutzen lassen.
- Regelmäßige Entfernung von Sägemehl und Holz- bzw. sonstigen Materialresten vornehmen.
- Sofortiges Abschalten der Maschine, zum Beispiel wenn die Schutzhaube durch Splitter oder Werkstückteile klemmt.
- Darauf achten, dass die Sägeblätter scharf und ohne Beschädigungen sowie für den jeweiligen Werkstoff geeignet sind.

VERHALTEN IM GEFAHRFALL

Kreissäge sofort stillsetzen, Störungen sind zu melden an:

____

ERSTE HILFE

- Ruhe bewahren.
- Ersthelfer heranziehen.
- Notruf: 112
- Unfall melden.

SACHGERECHTE ENTSORGUNG

- Instandhaltung nur durch hiermit beauftragte, fachkundige Personen.
- Maschine ausschalten, Stillstand abwarten und Maschine vom Stromnetz trennen (Netzstecker ziehen).
- Regelmäßige Kontrolle der Verschleißteile entsprechend den Vorgaben des Herstellers.

Quelle: Betriebsanweisung, Berufsgenossenschaft Holz und Metall, unter: http://www.bghm.de/arbeitsschuetzer/praxishilfen/betriebsanweisungen/maschinen-und-geraete.html, zuletzt abgerufen am 09.02.2015

2.3 Arbeitssicherheitsgesetz

Das „Gesetz über Betriebsärzte, Sicherheitsingenieure und andere Fachkräfte für Arbeitssicherheit" kurz **Arbeitssicherheitsgesetz** (ASiG) bestimmt, dass der Arbeitgeber Betriebsärzte und Fachkräfte für Arbeitssicherheit zu bestellen hat. Diese sollen den Arbeitergeber beim Arbeitsschutz und bei der Unfallverhütung unterstützen. Nachfolgender Paragraf zeigt die vielfältigen Aufgaben der Betriebsärzte.

Arbeitssicherheitsgesetz (Stand September 2014)

§ 3 ASiG Aufgaben der Betriebsärzte

(1) Die Betriebsärzte haben die Aufgabe, den Arbeitgeber beim Arbeitsschutz und bei der Unfallverhütung in allen Fragen des Gesundheitsschutzes zu unterstützen. Sie haben insbesondere

1. den Arbeitgeber und die sonst für den Arbeitsschutz und die Unfallverhütung verantwortlichen Personen zu beraten, insbesondere bei
   a) der Planung, Ausführung und Unterhaltung von Betriebsanlagen und von sozialen und sanitären Einrichtungen,
   b) der Beschaffung von technischen Arbeitsmitteln und der Einführung von Arbeitsverfahren und Arbeitsstoffen,
   c) der Auswahl und Erprobung von Körperschutzmitteln,
   d) arbeitsphysiologischen, arbeitspsychologischen und sonstigen ergonomischen sowie arbeitshygienischen Fragen, insbesondere
      – des Arbeitsrhythmus, der Arbeitszeit und der Pausenregelung,
      – der Gestaltung der Arbeitsplätze, des Arbeitsablaufs und der Arbeitsumgebung,
   e) der Organisation der „Ersten Hilfe" im Betrieb,
   f) Fragen des Arbeitsplatzwechsels sowie der Eingliederung und Wiedereingliederung Behinderter in den Arbeitsprozess,
   g) der Beurteilung der Arbeitsbedingungen,
2. die Arbeitnehmer zu untersuchen, arbeitsmedizinisch zu beurteilen und zu beraten sowie die Untersuchungsergebnisse zu erfassen und auszuwerten,
3. die Durchführung des Arbeitsschutzes und der Unfallverhütung zu beobachten und im Zusammenhang damit
   a) die Arbeitsstätten in regelmäßigen Abständen zu begehen und festgestellte Mängel dem Arbeitgeber oder der sonst für den Arbeitsschutz und die Unfallverhütung verantwortlichen Person mitzuteilen, Maßnahmen zur Beseitigung dieser Mängel vorzuschlagen und auf deren Durchführung hinzuwirken,
   b) auf die Benutzung der Körperschutzmittel zu achten,
   c) Ursachen von arbeitsbedingten Erkrankungen zu untersuchen, die Untersuchungsergebnisse zu erfassen und auszuwerten und dem Arbeitgeber Maßnahmen zur Verhütung dieser Erkrankungen vorzuschlagen,
4. darauf hinzuwirken, dass sich alle im Betrieb Beschäftigten den Anforderungen des Arbeitsschutzes und der Unfallverhütung entsprechend verhalten, insbesondere sie über die Unfall- und Gesundheitsgefahren, denen sie bei der Arbeit ausgesetzt sind, sowie über die Einrichtungen und Maßnahmen zur Abwendung dieser Gefahren zu belehren und bei der Einsatzplanung und Schulung der Helfer in „Erster Hilfe" und des medizinischen Hilfspersonals mitzuwirken.

(2) Die Betriebsärzte haben auf Wunsch des Arbeitnehmers diesem das Ergebnis arbeitsmedizinischer Untersuchungen mitzuteilen; § 8 Abs. 1 Satz 3 bleibt unberührt.

(3) Zu den Aufgaben der Betriebsärzte gehört es nicht, Krankmeldungen der Arbeitnehmer auf ihre Berechtigung zu überprüfen.

Konkretisiert wird das Arbeitssicherheitsgesetz durch die jeweiligen Berufsgenossenschaftlichen Vorschriften.

2.4 Sicherheitsbeauftragte

Zusätzlich zu den Fachkräften für Arbeitssicherheit, den Sicherheitsingenieuren und Betriebsärzten schreibt das Sozialgesetzbuch (SGB) vor, dass Unternehmen **Sicherheitsbeauftragte** schriftlich bestellen müssen.

§ 22 SGB VII (Stand September 2014)

(1) In Unternehmen mit regelmäßig mehr als 20 Beschäftigten hat der Unternehmer unter Beteiligung des Betriebsrates oder Personalrates Sicherheitsbeauftragte unter Berücksichtigung der im Unternehmen für die Beschäftigten bestehenden Unfall- und Gesundheitsgefahren und der Zahl der Beschäftigten zu bestellen. [...]

(2) Die Sicherheitsbeauftragten haben den Unternehmer bei der Durchführung der Maßnahmen zur Verhütung von Arbeitsunfällen und Berufskrankheiten zu unterstützen, insbesondere sich von dem Vorhandensein und der ordnungsgemäßen Benutzung der vorgeschriebenen Schutzeinrichtungen und persönlichen Schutzausrüstungen zu überzeugen und auf Unfall- und Gesundheitsgefahren für die Versicherten aufmerksam zu machen.

(3) Die Sicherheitsbeauftragten dürfen wegen der Erfüllung der ihnen übertragenen Aufgaben nicht benachteiligt werden.

Der Sicherheitsbeauftragte unterstützt den Unternehmer, die Führungskräfte, die Fachkraft für Arbeitssicherheit, den Betriebsarzt und die Kollegen darin, Unfälle, berufsbedingte Krankheiten und Gesundheitsgefahren zu vermeiden. Der Sicherheitsbeauftragte ist Mitarbeiter des Unternehmens, ehrenamtlich tätig und trägt grundsätzlich keine zivil- oder strafrechtliche Verantwortung. Meist handelt es sich um Ingenieure, Techniker oder Meister, die über eine spezielle Sicherheitsausbildung verfügen.

2.5 Arbeitsstättenverordnung

Die Arbeitsstättenverordnung (ArbStättV) legt fest, was der Arbeitgeber beim Einrichten und Betreiben von Arbeitsstätten in Bezug auf die Sicherheit und den Gesundheitsschutz der Beschäftigten zu beachten hat. Dabei werden z. B. Anforderungen an Arbeitsräume, Pausen- und Sanitärräume, Beleuchtung, Belüftung oder Raumtemperatur geregelt. Die ArbStättV beinhaltet Schutzziele und allgemein gehaltene Anforderungen, um den Unternehmen die Möglichkeit zu geben, auf ihren Betrieb angepasste Maßnahmen zu ergreifen. Konkretisiert werden die Anforderungen dann in einer rechtlich unverbindlichen Technischen Regel für Arbeitsstätten (ASR).

Beispiel

In § 6 ArbStättV steht: „Der Arbeitgeber hat Toilettenräume bereitzustellen." Die ASR A 4.1 (Ausgabe September 2013) konkretisiert die Anforderungen an Toiletten und gibt Lage, Beschaffenheit, Anzahl, Ausstattung, Lüftung, Beleuchtung, Bewegungsflächen und Aufteilung vor.

2.6 Arbeitsunfälle und Berufskrankheiten

Trotz der Unfallverhütungsmaßnahmen kann es im Unternehmen zu Arbeitsunfällen kommen. Dann tritt die gesetzliche Unfallversicherung ein, um die Gesundheit und Leistungsfähigkeit der Versicherten wiederherzustellen. Dazu sind alle Beschäftigten in der gesetzlichen Unfallversicherung pflichtversichert (Sozialgesetzbuch VII). Die Versicherungsbeiträge hierzu werden zu 100 % vom Arbeitgeber an die zuständige Berufsgenossenschaft gezahlt. Die Höhe des Beitrags ist abhängig von der Entgeltsumme und der Gefahrenklasse der Beschäftigten. Die Gefahrenklasse wiederum hängt von den unterschiedlichen Unfallbelastungen der jeweiligen Branche und Tätigkeit ab. Zu den Leistungen der gesetzlichen Unfallversicherung gehören z. B. die Übernahme von Heilbehandlungen, von Verletzten- und Hinterbliebenenrente oder Verletztengeld.

Beispiel
Die Berufsgenossenschaft Holz und Metall, Standort Köln ist zuständig für die Duisdorfer BüroKonzept KG. Der Gefahrentarif besteht aus neun Tarifstellen. Unternehmen mit technologisch gleichen oder vergleichbaren Gewerbezweigen oder diejenigen mit einem ähnlichen Risiko werden dann einer Tarifstelle zugeordnet.

Grundsätzlich unterscheidet die gesetzliche Unfallversicherung die drei Versicherungsfälle Arbeitsunfall, Wegeunfall und Berufskrankheit.

Arbeitsunfälle

Ein Arbeitsunfall ist ein Unfall, der während der Arbeitszeit einer versicherten Tätigkeit passiert. Dazu zählen auch Unfälle während einer Dienstreise.

Beispiel
Herr Hummels aus dem Vertrieb stürzt bei einem Kunden auf der Treppe und bricht sich das Bein.

Wegeunfälle

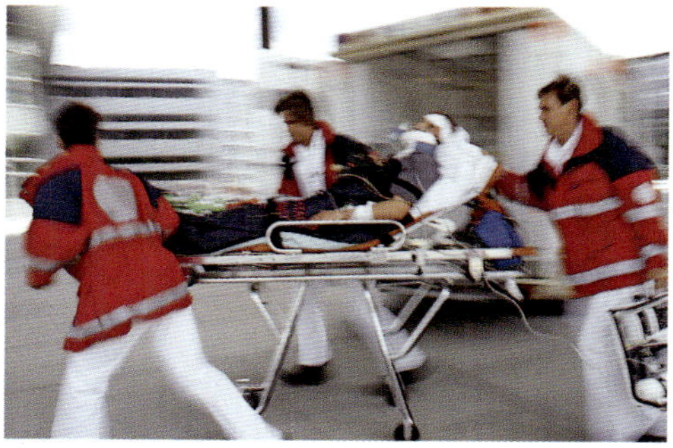

Auch die Unfälle, die sich auf dem Weg von oder zur Arbeit ereignen sind versichert und zählen mit zu den Arbeitsunfällen. Wichtig ist dabei, dass nur die Wege versichert sind, die notwendig sind, um zur versicherten Tätigkeit hin und wieder zurück zu gelangen. Wird der Weg unterbrochen, um z. B. Einkäufe oder Besuche zu erledigen, besteht für diese Zeit kein Versicherungsschutz. Wird der Rückweg um mehr als 2 Stunden unterbrochen, besteht für den restlichen Heimweg kein Versicherungsschutz mehr. Für Umwege und Abwege (also in die entgegengesetzte Richtung) besteht ebenfalls kein Versicherungsschutz. Ausnahme: Umwege, um Kollegen abzuholen oder Kinder zum Kindergarten oder zur Tagesmutter zu bringen, sind mitversichert.

Auch während der Arbeitszeit fallen Wege an. Ob diese versichert sind, hängt von ihrem jeweiligen Zweck ab. So ist zum Beispiel der Weg zur Kantine oder zur Toilette versichert, der Aufenthalt in der Kantine oder Toilette hingegen nicht. Passiert auf dem Weg zur Raucherpause ein Unfall, ist dieser nicht versichert, da dies als private Angelegenheit, die nichts mit der Ausübung der Tätigkeit zu tun hat, bewertet wird.

Wege zur Nahrungsaufnahme, die aus dem Betrieb hinausführen, z. B. in eine Fremdkantine, nach Hause oder in ein Lokal, sind grundsätzlich versichert. Wichtig ist, dass der Zeitaufwand und die Wegstrecke in einem angemessenen Verhältnis zur Pausendauer stehen. Der Versicherungsschutz endet und beginnt an der Außentür, der Aufenthalt selbst zu Hause, in der Fremdkantine oder in einem Lokal ist nicht versichert.

Beispiel
Auf dem Weg zur Arbeit fällt Herr Anderson bei Glatteis unglücklich auf seine Hand und bricht sich das Handgelenk. Dies ist ein Wegeunfall und damit ein Arbeitsunfall. Die gesetzliche Unfallversicherung tritt für die entstehenden Heilkosten ein.

Herr Anderson knickt auf dem Weg zur Zigarettenpause mit seinem linken Fuß um. Dies ist kein Arbeitsunfall, die gesetzliche Unfallversicherung leistet nicht.

Berufskrankheiten

Eine Berufskrankheit ist eine Krankheit, die durch die berufliche Tätigkeit verursacht wird. Berufskrankheiten werden meist nicht nach ihren Auswirkungen, sondern nach ihren Ursachen systematisiert. Ursachen können beispielsweise chemische Einwirkungen durch Haarfärbemittel bei Friseuren oder physische Einwirkungen wie z. B. Wirbelsäulenerkrankungen durch das Heben und Tragen schwerer Lasten sein. Die gesetzliche Unfallversicherung erstellt eine amtliche Liste, die sogenannte Berufskrankheiten-Verordnung (BKV). Nur die dort aufgeführten Krankheiten werden als Berufskrankheiten anerkannt. Psychische Erkrankungen werden bisher nicht als Berufskrankheit anerkannt.

Beispiel
Ein ehemaliger Produktionsmitarbeiter der Duisdorfer BüroKonzept KG musste aufgrund einer Wirbelsäulenverletzung durch zu schweres Heben in Frührente gehen. Dies wird als Berufskrankheit von der gesetzlichen Unfallversicherung anerkannt und der ehemalige Mitarbeiter erhält entsprechende Leistungen.

Meldepflicht und Dokumentationspflicht

Kommt es in einem Unternehmen zu einem Arbeitsunfall, muss dieser innerhalb von drei Tagen nach Kenntnisnahme in Form einer **Unfallanzeige** der jeweiligen Berufsgenossenschaft gemeldet werden. Dabei wird der Unfalltag nicht mitgezählt. Ein weiteres Exemplar der Unfallanzeige muss an die für den Arbeitsschutz zuständige Behörde (z. B. das Gewerbeaufsichtsamt) gesendet werden. Meldepflichtig sind alle Unfälle, die eine Arbeitsunfähigkeit von mehr als drei Tagen oder den Tod eines Versicherten zur Folge haben. Tödliche Unfälle, Massenunfälle mit mehr als drei Verletzten und schwere Unfälle sind unverzüglich telefonisch oder per Fax zu melden. Die Meldung wird entweder durch den Unternehmer selbst oder durch einen Bevollmächtigtem vorgenommen. Zusätzlich sind die Fachkraft für Arbeitssicherheit und der Betriebsarzt über die Unfallanzeige zu informieren.

Beispiel
In der Produktion der Duisdorfer BüroKonzept KG passiert ein schwerer Unfall. Dieser muss unverzüglich über die Service-Hotline 0800 999 0080-0 an die Berufsgenossenschaft für Holz und Metall gemeldet werden.

Die Unfallanzeige sollte vollständig und gewissenhaft ausgefüllt werden, um Rückfragen und daraus entstehende Verzögerungen bei der Leistungsgewährung zu verhindern. Unwahre Angaben können zum Verlust des Versicherungsschutzes führen. Viele Unfallkassen bieten (teilweise auch online) Formulare für die Unfallanzeige an. Inhalt solcher Formulare sind z. B. Unternehmensangaben, Angaben zum Geschädigten und zum Unfallfallhergang. Die Unfallanzeige muss vom Unternehmer oder einem Bevollmächtigten und dem Betriebsrat unterschrieben werden.

Tipp:
Falls zur Schilderung des Unfallgeschehens eine Unfallskizze hilfreich ist, kann man diese statt von Hand auch mithilfe der Zeichenwerkzeuge in Microsoft Word oder Paint erstellen und in die Unfallanzeige einbinden.

Unfälle oder kleinere Verletzungen, die zunächst keinen Arbeitsausfall zur Folge haben oder bei denen die Mitarbeiter weniger als drei Tage ausfallen, müssen in der Regel den Berufsgenossenschaften nicht gemeldet werden. Die Unfallverhütungsvorschrift (BGV A1 § 24 Abs. 6) sieht jedoch vor, dass Verletzungen und Unfälle sowie die erbrachten Erste-Hilfe-Leistungen in Betrieben ordnungsgemäß dokumentiert werden. Dies geschieht mithilfe des sogenannten **„Verbandbuchs"**. Jede Verletzung sollte eingetragen werden, unabhängig davon, wie leicht oder schwer sie auf den ersten Blick ist, da die Eintragungen vor allem von versicherungsrechtlicher Bedeutung sind. So kann eine vermeintlich leichte Verletzung zu Spätfolgen führen. Ist in einem solchen Fall keine Eintragung vorhanden, kann die Berufsgenossenschaft die Kostenübernahme verweigern. Außerdem können die Aufzeichnungen ausgewertet und Unfallschwerpunkte im Unternehmen erkannt werden. Das Verbandbuch muss fünf Jahre lang aufbewahrt werden. Im nachfolgenden Beispiel sehen Sie die notwendigen Eintragungen in das Verbandbuch.

Beispiel

Verbandbuch Duisdorfer BüroKonzept KG Jahr: 20..

Nr.	Datum + Uhrzeit des Unfalls	Name Verletzte/ Erkrankte	Ort Unternehmensteil	Unfallhergang
1	28.01.20..	Victor Fernandez	Rochusstraße 30, 53123 Bonn, Büro	Herr Fernandez quetschte sich beim Beseitigen eines Papierstaus den linken Daumen am Kopierer.
2	03.03.20..	Johanna Elling	Rochusstraße 30, 53123 Bonn, Treppenhaus	Frau Elling stolperte auf dem Weg zur Toilette, fiel und schrammte sich das linke Knie auf.
...	...	...	...	...

Verbandbuch Duisdorfer BüroKonzept KG Jahr: 20..

Nr.	Art und Umfang Verletzung/Erkrankung	Name des Zeugen	Uhrzeit, Art und Weise der Ersten-Hilfe-Maßnahme	Name Ersthelfer
1	Quetschung des linken Daumens	Eva Holländer	10:20 Uhr, Kühlung des Daumens	Eva Holländer
2	Oberflächliche Verletzung des linken Knies	Kein Zeuge	14:50 Uhr, Versorgung des Knies mit einem Wundschnellverband	Laura Beckmann
...	...	...	...	...

2.7 Besondere Schutzrechte

§ 4 Nr. 7 ArbSchG verpflichtet den Arbeitgeber zur Berücksichtigung spezieller Gefahren für besonders schutzbedürftige Beschäftigtengruppen. Darunter fallen:

- Jugendliche, die durch das **Jugendarbeitsschutzgesetz** besonders geschützt werden.

LF 1, 7

- Mütter, die durch das **Mutterschutzgesetz** besonders geschützt werden.
- Menschen mit Behinderung, die durch das **Sozialgesetzbuch IX**, „Besondere Regelungen zur Teilhabe schwerbehinderter Menschen" besonders geschützt werden (ehemals Schwerbehindertengesetz). Dieses Gesetz gilt für alle Menschen, die als schwerbehindert gelten und einen Grad der Behinderung von mindestens 50 % aufweisen sowie gleichgestellte Personen. Ein Arbeitsplatz muss demnach so gestaltet sein, dass ein Mensch mit Behinderung die an ihn gestellten Aufgaben so erledigen kann, wie es auch ein nicht behinderter Mensch kann. Dafür werden z. B. Arbeitsassistenzen zur Unterstützung eingesetzt. Jedes Unternehmen, das mindestens zwanzig regelmäßige Arbeitsplätze aufweist, ist dazu verpflichtet je nach Betriebsgröße eine bestimmte Anzahl von Schwerbehinderten zu beschäftigen. Für jeden nicht besetzten Pflichtarbeitsplatz muss der Arbeitgeber monatlich eine Ausgleichsabgabe je nach Beschäftigungsquote entrichten. Außerdem gilt für Schwerbehinderte ein besonderer Kündigungsschutz.

LF 8

3 Gesundheit am Arbeitsplatz

Die Gesundheit eines Menschen stellt ein wichtiges Gut dar. Wie oben dargestellt, wird der Gesundheitsschutz der Mitarbeiter von staatlicher Seite durch zahlreiche Gesetze und Verordnungen zum Arbeitsschutz gefördert. Darüber hinaus bieten viele Unternehmen ihren Mitarbeitern betriebliche Angebote und Einrichtungen, um die Gesundheit zu erhalten und Stress abzubauen.

Beispiel
*Die Duisdorfer BüroKonzept KG bietet als **Betriebssport** Montags Volleyball und Mittwochs Fußball an. Zusätzlich wurde mit einem Bonner Fitnessstudio eine Kooperation geschlossen. Mitarbeiter erhalten vom Unternehmen einen Zuschuss zum Mitgliedsbeitrag.*

Nachfolgend sollen wichtige Einflussfaktoren auf die persönliche Gesundheit, wie beispielsweise Stress, Burnout, Mobbing und Ernährung betrachtet werden.

3.1 Belastungen am Arbeitsplatz

Belastungen bringt jede Tätigkeit mit sich. Der Begriff ist in der Arbeitswissenschaft zunächst neutral und bezeichnet alle Einflüsse, die von außen auf den Menschen einwirken.

Belastungen können aus verschiedenen Bedingungen entstehen. Wie stark sich jemand durch eine Belastung beansprucht fühlt, ist von verschiedenen Faktoren wie z. B. der Belastungsstärke, dem Alter, der Konstitution, der Qualifikation, dem Entscheidungs- und Handlungsspielraum und dem persönlichen Umgang mit Stress abhängig. Sowohl Über- als auch Unterforderungen führen zu Fehlbelastungen.

Menschen sind meist mehreren Belastungen ausgesetzt, die sich gegenseitig verstärken können. In vielen Fällen ist es schwierig zu klären, durch welche Belastung genau Beschwerden ausgelöst wurden.

Beispiel
Herr Unger aus der Personalabteilung klagt über ständige Kopfschmerzen. Auslöser könnten beispielsweise ein flimmernder Bildschirm, schlechte Beleuchtung, Schadstoffe in der Raumluft, zu wenig Flüssigkeitszufuhr, zu viel Arbeit oder ständige Unterbrechungen sein.

Die IG Metall hat 2012 einen Entwurf für eine Verordnung zum Schutz vor Gefährdungen durch psychische Belastungen bei der Arbeit (Anti-Stress-Verordnung) veröffentlicht. Mit dieser Verordnung sollen die Beschäftigten vor negativen Folgen von psychischen Belastungen bei der Arbeit, wie Stress, dauerhafte Ermüdung, Muskel-Skelett- und Herz-Kreislauferkrankungen, Burnout und Depression, geschützt werden.

Im Oktober 2013 wurde das Arbeitsschutzgesetz geändert. Nun werden psychische Belastungen ausdrücklich als Gesundheitsgefährdung angesehen. Jeder Arbeitgeber hat hiernach die Pflicht, neben den physischen auch die psychischen

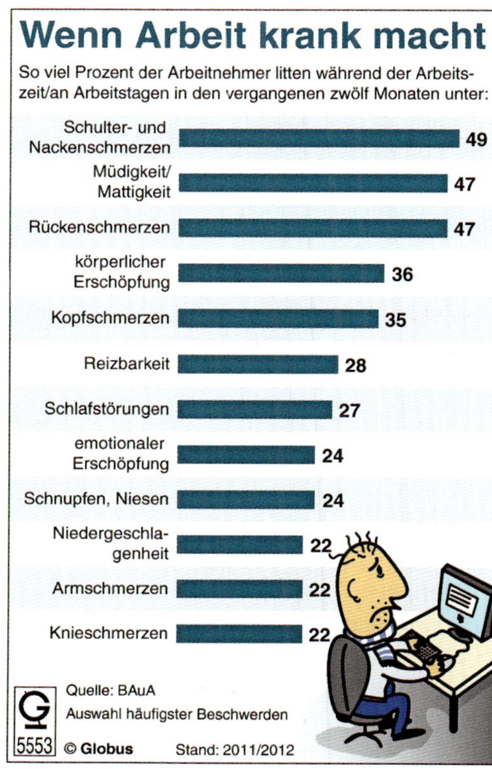

Belastungen eines Arbeitsplatzes durch die Gefährdungsbeurteilung festzustellen und entsprechende Arbeitsschutzmaßnahmen zu ergreifen.

3.2 Stress

Stress ist eine natürliche Reaktion unseres Körpers auf eine Herausforderung und ein Überbleibsel aus den Anfangszeiten der Menschheit. Damals war es notwendig, dass sich unser Körper bei Gefahr auf Kampf oder Flucht vorbereitet hat. Dazu steigen der Puls und Blutdruck an, die Sinne werden geschärft, die Muskeln angespannt und die Atmung beschleunigt sich. Es werden Stresshormone ausgeschüttet und innerhalb von Sekundenbruchteilen steht zusätzliche Energie bereit. Wir können blitzschnell reagieren. Diese Körperreaktionen werden durch sowohl innere als auch äußere Reize hervorgerufen und bewirken, dass wir zur Bestform auflaufen. Heutzutage müssen wir so gut wie nie kämpfen oder fliehen, erst recht nicht am Arbeitsplatz. Damit entfällt die Möglichkeit, den inneren Druck abzubauen. Der Körper ist somit in ständiger Alarmbereitschaft und es besteht die Gefahr von ernsthaften Erkrankungen.

Stress lässt sich in positiven Stress (Eustress) und negativen Stress (Disstress) unterscheiden.

Stress

Eustress = positiver Stress	Disstress = negativer Stress
– erhöht die Aufmerksamkeit, – fördert die Leistungsfähigkeit des Körpers, ohne ihm zu schaden, – motiviert, – steigert die Produktivität.	– entsteht, wenn Stress zu häufig oder ohne körperlichen Ausgleich auftritt, – überfordert, – ist bedrohlich.

Symptome bei negativem Stress sind beispielsweise verminderte Leistungs- und Konzentrationsfähigkeit, Schlafstörungen, Magen-Darmprobleme, Gereiztheit und Bluthochdruck. Zusätzlich wird durch ständigen Stress das Immunsystem geschwächt und Herzerkrankungen sowie Rückenbeschwerden werden begünstigt. Auch Burnout kann eine Folge von zu viel Stress sein.

Um diesen Erkrankungen vorzubeugen, sollte man lernen, mit Stress umzugehen und ihn abzubauen.

Hilfreich sind zum Beispiel folgende Maßnahmen:
- Treiben Sie Sport, um den Druck im Körper abzubauen.
- Vermeiden Sie Freizeitstress.
- Gönnen Sie sich ausreichend Erholungsphasen, bevor Sie sich gestresst fühlen.
- Schlafen Sie ausreichend.
- Lernen Sie sich zu entspannen, z. B. mithilfe von Yoga oder Meditation.

In der Abbildung können Sie den Unterschied zwischen dem Stressabbau mit und ohne Bewegung sehen. Die Erholungsphase wird durch Bewegung beschleunigt, der Abbau von Stress geschieht also schneller und der Ruhezustand wird früher erreicht.

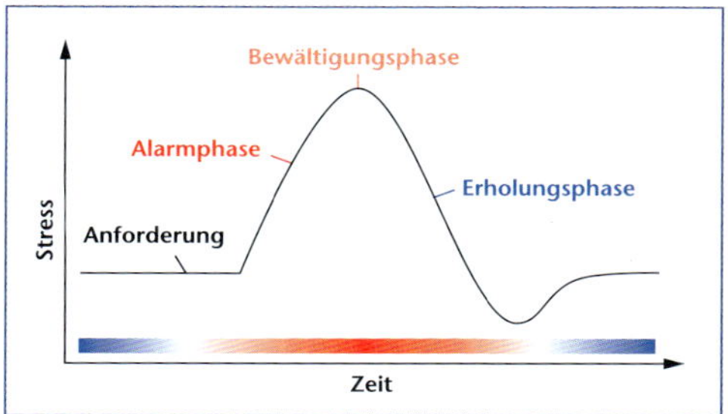

Stresskurve ohne Stressabbau durch Bewegung

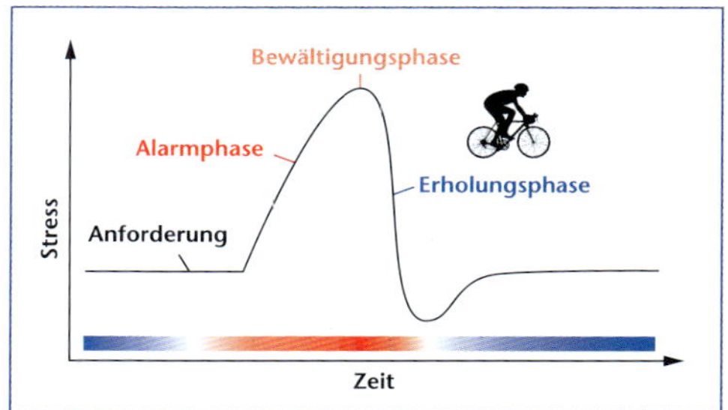

Stresskurve mit Stressabbau durch Bewegung

Tipp:
Erste Hilfe, um den Stresspegel zu senken, bietet die VBG auf ihrer Homepage an: http://h4vbg.mit.de/sponline/workgroup/start.do?module_area_id=1000&target=I4_00. Dort werden verschiedene Übungen zur Entspannung als MP3 zur Verfügung gestellt.

Die VBG bietet außerdem einen Online-Check, der offenbart, wie gut Sie bereits Stress vermeiden und reduzieren und in welchen Bereichen Sie noch Potenziale zur besseren Stressbewältigung haben: http://h4vbg.mit.de/sponline/workgroup/start.do?module_area_id=1000&target=I3_00

3.3 Burnout

Der Begriff kommt aus dem Englischen und bedeutet „ausbrennen". Dieser Zustand des Ausgebranntseins wurde zuerst bei Menschen in helfenden Berufen, die sich im Bemühen um das Wohl ihrer Mitmenschen verausgabten, z. B. bei Krankenschwestern, Ärzten, Sozialarbeitern oder Lehrern, festgestellt. Inzwischen gibt es das Burnout-Syndrom in allen Berufsgruppen und auch bei Rentnern und Arbeitslosen. Burnout ist keine Krankheit und es gibt auch keine genau definierte Diagnose. Als Burnout wird ein Zustand völliger physischer und psychischer Erschöpfung aufgrund meist beruflicher Überlastung bezeichnet. Viele Mediziner sehen im Burnout eine Vorstufe zur Depression, die ähnliche Symptome aufweist.

Die körperliche und emotionale Überlastung kann sich durch sehr viele sehr unterschiedliche Symptome zeigen, die über mehrere Wochen auftreten. Die nachfolgenden Symptome zeigen viele Betroffene:
- chronische Müdigkeit
- Konzentrationsprobleme
- Nervosität
- Schlafstörungen
- Erschöpfung
- Kopfschmerzen
- Rückenschmerzen
- Verspannungen
- Schwindel
- Hörsturz

Ein Burnout entsteht nicht von heute auf morgen, sondern ist ein schleichender Prozess und verläuft bei jedem Betroffenen anders. Ursache für Burnout können beispielsweise sehr großes Engagement und übertriebener Ehrgeiz sein. Die Auftretenswahrscheinlichkeit für Burnout steigt bei Menschen, die hohe Leistungsansprüche an sich selbst stellen, Perfektionisten sind und sich selbst vor allem über ihren Job definieren. Der Umgang mit Kränkungen, Enttäuschungen oder Frust fällt ihnen sehr schwer.

Burnout sollte ernst genommen werden, da daraus sonst schwere körperliche und seelische Erkrankungen entstehen können. Bei Verdacht auf Burnout sollte am besten der Hausarzt aufgesucht werden. Dieser kann eventuelle körperliche Ursachen für die Symptome ausschließen und bei Bedarf zum Spezialisten überweisen, meist einen Psychotherapeuten oder Psychologen. Eine Standardtherapie gibt es für das Burnout-Syndrom nicht, die Behandlung muss an jeden Patienten und seine Lebenssituation individuell angepasst werden. Liegt ein leichterer Fall von Burnout vor, kann es ausreichen, die eigene Arbeits- und Lebenssituation zu überdenken und zu verändern.

Psychische Probleme sind nach Muskel- und Skeletterkrankungen der zweithäufigste Grund für Krankheitstage von Beschäftigten. Von 2004 bis 2011 sind die Krankheitstage wegen Burnout laut Statistiken des Bundesverbandes der Betriebskrankenkassen aus dem Jahre 2013 um das 18-Fache gestiegen. Frauen sind gemäß dieser Statistik stärker betroffen als Männer. Die Zahl der Menschen, die in Deutschland an psychischen Erkrankungen leiden, nimmt seit Jahren in hoher Zahl zu. Dies liegt wahrscheinlich auch daran, dass psychische Erkrankungen heute kein Tabuthema mehr sind und deshalb auch häufiger von Ärzten diagnostiziert werden.

Mithilfe der **Work-Life-Balance** sollen die privaten und beruflichen Anforderungen in ein gesundes und ausgewogenes Gleichgewicht gebracht werden. Dies kann Burnout und stressbedingte Erkrankungen vermindern oder unter Umständen vermeiden. Ein Ungleichgewicht wirkt sich erfahrungsgemäß auf die Leistungen der Mitarbeiter aus. Deshalb sind viele Unternehmen daran interessiert, ihre Mitarbeiter zu unterstützen, sodass sie ihr Leben ins Gleichgewicht bringen können.

Zur Verbesserung der Balance tragen beispielsweise nachfolgende Maßnahmen der Unternehmen bei:

LF 8, 4.1

LF 8, 6.2.3

- Gestaltung der Arbeitszeit durch unterschiedliche Arbeitszeitmodelle, wie beispielsweise Teilzeit, Gleitzeit oder Vertrauensarbeitszeit.
- Gestaltung der Arbeitsorganisation, indem z. B. vermehrt im Team gearbeitet wird oder sich die Arbeitsaufgaben verändern (Job Rotation, Job Enlargement).
- Betriebliches Gesundheitsmanagement, über das auch Kurse wie autogenes Training oder Sport angeboten werden.
- Unterstützung bei der Bewältigung von Alltagsproblemen in Familien, wie beispielsweise der Betreuung von Kindern oder pflegebedürftigen Familienmitgliedern.
- Weiterbildung der Mitarbeiter, z. B. im Bereich Stress-, Zeit-, Konflikt- oder Selbstmanagement.

3.4 Mobbing

Was ist Mobbing?

LS 2.4

Das englische Verb „to mob“ bedeutet: „lärmend herfallen über (jemanden), anpöbeln, angreifen, attackieren.“ In den 1980er-Jahren übertrug die schwedische Arbeitsforschungsgruppe unter Leitung von Professor Heinz Leymann den Begriff „Mobbing“ auf Handlungen von Menschen, die – vorwiegend am Arbeitsplatz – Kolleginnen und Kollegen (auch ihnen unterstellte) oder Vorgesetzte schikanieren.

Erweiterte Definition des Begriffs „Mobbing“ von Bernd Zuschlag:
Der Begriff „Mobbing“ beschreibt schikanöses Handeln einer oder mehrerer Personen, das gegen eine Einzelperson oder eine Personengruppe gerichtet ist.

Die schikanösen Handlungen werden meistens über einen längeren Zeitraum hin wiederholt.

Sie implizieren grundsätzlich die Täterabsicht, das (die) Opfer bzw. sein (ihr) Ansehen zu schädigen oder einem unausweichlichen psychosozialen Stress auszusetzen und gegebenenfalls aus seiner (ihrer) Position zu vertreiben.

Im Unterschied zu gewöhnlichen Konflikten ist Mobbing an weiteren Kriterien zu erkennen:

- Der Konflikt hat sich verfestigt.
- Die Würde des Menschen wird angegriffen, indem dem Opfer das positive Selbstwertgefühl genommen wird.
- Die Konfliktparteien begegnen sich nicht auf Augenhöhe, sondern eine Konfliktpartei ist in Unterlegenheit geraten.
- Der Unterlegene kommt nicht aus eigener Kraft aus dieser Situation heraus.

Heinz Leymann hat insgesamt 45 Mobbinghandlungen beschrieben. Dabei handelt es sich um Beispiele für Aktionen, die im konkreten Einzelfall als Mobbing eingeordnet werden können. Allerdings ist **nicht jede dieser Handlungen gleich als Mobbing zu bezeichnen**, insbesondere dann nicht, wenn

- es sich um eine einmalige Aktion handelt,
- es eine notwendige und zulässige organisatorische Maßnahme des Unternehmens ist,

> *Beispiel*
> *Man gibt einer Kollegin ständig neue Aufgaben, da die Abteilung sich noch in der Umstrukturierung befindet und in dieser Übergangsphase die Mitarbeiter flexibel sein müssen.*

- die Aktion von übersensiblen Betroffenen falsch bewertet wird,
- keine schikanöse Absicht dahintersteckt und es gar nicht darum geht, die Person zu erniedrigen oder aus dem Unternehmen zu drängen.

Im Folgenden werden Beispiele von Mobbinghandlungen nach Leymann genannt.

Die 45 Handlungen – was die „Mobber" tun

1. Angriffe auf die Möglichkeiten, sich mitzuteilen:

- Der Vorgesetzte schränkt die Möglichkeiten ein, sich zu äußern.
- Man wird ständig unterbrochen.
- Kollegen schränken die Möglichkeit ein, sich zu äußern.
- Anschreien oder lautes Schimpfen.
- Ständige Kritik an der Arbeit.
- Ständige Kritik am Privatleben.
- Telefonterror.
- Mündliche Drohungen.
- Kontaktverweigerung durch abwertende Blicke oder Gesten.
- Kontaktverweigerungen durch Andeutungen, ohne dass man etwas direkt ausspricht.

2. Angriffe auf die sozialen Beziehungen:

- Man spricht nicht mehr mit dem/der Betroffenen.
- Man lässt sich nicht ansprechen.
- Versetzung in einen Raum weitab von den Kollegen.
- Den Arbeitskollegen/innen wird verboten, den/die Betroffene/n anzusprechen.
- Man wird „wie Luft" behandelt.

3. Auswirkungen auf das soziale Ansehen:

- Hinter dem Rücken des Betroffenen wird schlecht über ihn gesprochen.
- Man verbreitet Gerüchte.
- Man macht jemanden lächerlich.
- Man verdächtigt jemanden, psychisch krank zu sein.
- Man will jemanden zu einer psychiatrischen Untersuchung zwingen.
- Man macht sich über eine Behinderung lustig.
- Man imitiert den Gang, die Stimme oder Gesten, um jemanden lächerlich zu machen.
- Man greift die politische oder religiöse Einstellung an.
- Man macht sich über das Privatleben lustig.
- Man macht sich über die Nationalität lustig.
- Man zwingt jemanden, Arbeiten auszuführen, die das Selbstbewusstsein verletzen.
- Man beurteilt den Arbeitseinsatz in falscher und kränkender Weise.
- Man stellt die Entscheidungen des/der Betroffenen in Frage.
- Man ruft ihm/ihr obszöne Schimpfworte oder andere entwürdigende Ausdrücke nach.
- Sexuelle Annäherungen oder verbale sexuelle Angebote.

4. Angriffe auf die Qualität der Berufs- und Lebenssituation:

- Man weist dem Betroffenen keine Arbeitsaufgaben zu.
- Man nimmt ihm jede Beschäftigung am Arbeitsplatz, sodass er sich nicht einmal selbst Aufgaben ausdenken kann.
- Man gibt ihm sinnlose Arbeitsaufgaben.
- Man gibt ihm Aufgaben weit unter seinem eigentlichen Können.
- Man gibt ihm ständig neue Aufgaben.
- Man gibt ihm „kränkende" Arbeitsaufgaben.

Quelle: Leymann, Heinz, zitiert nach: Zuschlag, Berndt: Mobbing – Schikane am Arbeitsplatz. Erfolgreiche Mobbing-Abwehr durch systematische Ursachenanalyse, 3. Auflage, Göttingen, Verlag für Angewandte Psychologie, 2001, S. 6 f.

3.4.1 Ursachen von Mobbing

Um geeignete Maßnahmen gegen Mobbing einleiten und Mobbing erfolgreich bewältigen zu können, ist es erforderlich, die Ursachen für das Mobbing herauszufinden. Die Ursachen können beim **Täter**, beim **Opfer** oder in den **Rahmenbedingungen** der Arbeitswelt liegen.

Mobbing-Täter können aufgrund möglicher Ziele, die sie anstreben, oder Ängste, die sie empfinden, dazu angetrieben werden, andere zu mobben. Mobber verfolgen i. d. R. das Ziel, den von ihnen erlebten Konflikt durch Entfernung des Konfliktverursachers aus ihrem Lebens- und Arbeitsbereich zu beseitigen.

Mobbing-Täter	Beispiele für	
	mögliche Ziele des Täters	**mögliche Ängste des Täters**
Führungskräfte mobben Mitarbeiter	▪ Mitarbeiter disziplinieren und gefügig machen. ▪ Freude an der Machtausübung haben. ▪ Durch arrogantes Auftreten wichtig erscheinen wollen. ▪ Durch ständiges Kritisieren die eigene Kompetenz demonstrieren wollen.	▪ Angst vor Autoritätsverlust und Machteinbuße im Betrieb. ▪ Angst davor, von anderen für nicht fähig oder sogar dumm gehalten zu werden. ▪ Angst davor, dass unzureichend motivierte Mitarbeiter faulenzen.
Mitarbeiter mobben andere Mitarbeiter	▪ Anderen wichtige Informationen vorenthalten, um durch diesen Informationsvorsprung den eigenen Arbeitsplatz zu sichern. ▪ Attacken gegen andere aus Rache für eigenen Ärger.	▪ Angst davor, dass andere ihnen ihren Arbeitsplatz streitig machen können. ▪ Angst davor, dass andere sie aus der Gunst des Chefs vertreiben wollen. ▪ Angst vor hinter ihrem Rücken gesponnenen Intrigen.
Mitarbeiter mobben Führungskräfte	▪ Missliebige Führungskräfte diskreditieren, um ihre Ersetzung durch angenehmere Führungskräfte zu bewirken. ▪ Führungskräfte unter Druck setzen, um sie für die Durchsetzung eigener Ziele bereitwilliger zu machen. ▪ Führungskräfte in Misskredit bringen, um dann selbst ihre Stellung einzunehmen.	▪ Angst vor Unter- oder Überforderung. ▪ Angst vor Entmachtung. ▪ Angst davor, zu unangenehmen Arbeiten herangezogen zu werden. ▪ Angst vor Verlust mühsam erkämpfter Privilegien.

Quelle: Vergleiche Zuschlag, Berndt: Mobbing – Schikane am Arbeitsplatz. Erfolgreiche Mobbing-Abwehr durch systematische Ursachenanalyse, 3. Auflage, Göttingen, Verlag für Angewandte Psychologie, 2001, S. 35–38

Mobbing-Opfer kann grundsätzlich jeder werden. Die Wahrscheinlichkeit, ob jemand zum Opfer wird, ist nicht für alle Menschen gleich. Am Arbeitsplatz gibt es besonders mobbinggefährdete Personen, dazu zählen zum Beispiel

- neue Mitarbeiter, die sich noch nicht auskennen, vielleicht ungeschickte Fragen stellen, gleich sozusagen ins „Fettnäpfchen treten" oder zu forsch auftreten,
- neue Führungskräfte oder Personen, die sich um dieselbe Position bemühen und miteinander konkurrieren,
- Personen mit befristeten Arbeitsverträgen oder Auszubildende, die aufgrund des besonderen Kündigungsschutzes nicht entlassen werden können.

Liegen die Ursachen beim Mobbing-Opfer, so unterscheidet man zwei Möglichkeiten:

a) Das Mobbing-Opfer liefert **berechtigten Anlass** zur Kritik.

Beispiel
Die erforderlichen Kenntnisse und Fähigkeiten fehlen, die Person weist eine mangelnde Leistungsbereitschaft auf, verhält sich überheblich, unpünktlich, unzuverlässig oder integriert sich nicht ins Team.

Maßnahmen gegen solches Fehlverhalten sind berechtigt, aber in der Form von Mobbing falsch gewählt. Hier eignen sich Mitarbeiter- bzw. Kritikgespräche oder Konfliktlösungsmöglichkeiten, die das Ziel verfolgen, die Einsicht beim Mitarbeiter zu stärken und eine positive Verhaltensänderung begünstigen.

b) Das Mobbing-Opfer liefert **unabsichtlich Anlass** zur Kritik.

Beispiel
Die Person zeigt Auffälligkeiten in der äußeren Erscheinung, dem Aussehen, der Körpergröße oder dem Körpergewicht. Die Person hat sichtbare Krankheiten wie Hautausschlag, Geschwüre oder ist behindert.

In diesen Fällen ist das Mobbing willkürliche Schikane durch den Mobbing-Täter. Die Ursachen liegen nicht primär im Mobbing-Opfer, sondern in der besonderen Empfindlichkeit des Mobbing-Täters in Verbindung mit seinem sozialen Umfeld.

Ob ein bestimmtes Verhalten, eine persönliche Eigenart oder ein bestimmtes Aussehen eines Menschen andere zu Mobbing-Aktivitäten veranlasst, hängt auch vom **Betriebsklima** und den generellen **Rahmenbedingungen** ab.

Beispiel
Gerät eine Rollstuhlfahrerin in einem Betrieb in eine Arbeitsgruppe von behindertenfeindlich eingestellten und im Umgang mit Behinderten unerfahrenen Kollegen, so kann sie auf deren Ablehnung stoßen und erleben, wie die ganze Gruppe versucht, sie wieder loszuwerden. Gerät dieselbe Rollstuhlfahrerin in eine andere Abteilung, die bereits behindertengerechte Rahmenbedingungen geschaffen hat und deren Kollegen weltoffen und humanitär eingestellt sind, findet sie unter Umständen nicht nur freundliche und hilfsbereite Kollegen, sondern sogar Freunde und Anschluss im privaten Leben.

Die folgende Tabelle zeigt **Umstände in der Arbeitswelt**, die Mobbing begünstigen. Es handelt sich dabei nicht um Mobbinghandlungen.

Beispiele für Ursachen in den Rahmenbedingungen der Arbeitswelt	Mobbing fördernde Umstände und Regelungen
Arbeitsbedingungen	
▪ Profitorientierung des Unternehmens	Ausübung von Leistungsdruck zur Erfüllung der Sollvorgaben.
▪ Hierarchie	Umständliche Dienstwegregelungen, die schnelles und eigenverantwortliches Arbeiten erschweren.
▪ Produktion	Gesundheitsgefährdende Produktionsmethoden.
▪ Arbeitsaufgabe	Unbefriedigende, langweilige, unter- oder überfordernde Tätigkeit.
Rechtssystem	
▪ Arbeitsvertrag	Zahlreiche Ansatzpunkte, Arbeitnehmer unter Druck zu setzen.
▪ Kündigungsregelungen	Mit der Androhung der fristlosen oder fristgerechten Kündigung können Arbeitnehmer diszipliniert werden.

Beispiele für Ursachen in den Rahmenbedingungen der Arbeitswelt	Mobbing fördernde Umstände und Regelungen
Soziale Normen	
▪ Religionszugehörigkeit	Muslime, Buddhisten, Hindus etc. können in christlich dominierten Ländern und den dortigen Arbeitsstätten Probleme bekommen, da sie von der Norm abweichen.
▪ Moralvorstellungen	Abweichende Moralvorstellungen können zu Stigmatisierung führen.
▪ Kulturelle Bindungen	Das Nichtbeherrschen der Landessprache, die Unkenntnis der Landessitten und -gebräuche können Feindseligkeiten provozieren.

Quelle: Vergleiche Zuschlag, Berndt: Mobbing – Schikane am Arbeitsplatz. Erfolgreiche Mobbing-Abwehr durch systematische Ursachenanalyse, 3. Auflage, Göttingen, Verlag für Angewandte Psychologie, 2001, S. 45 f.

3.4.2 Folgen von Mobbing

Aus der Sicht des Opfers reichen die Folgen von Mobbing von körperlichen Beschwerden bis hin zu psychischen Problemen sowie zu Störungen im Arbeits- und Privatleben. Auch für die Täter bedeutet Mobbing Stress und eine erhebliche emotionale Belastung, insbesondere dann, wenn sie aus Angst mobben. Daher sind sie – wie die Opfer – gefährdet, körperlich und psychisch krank zu werden. Durch die mit den Mobbing-Aktivitäten verbundene nachlassende Leistungsfähigkeit der Betroffenen und die Beschäftigung mit immer neuen Intrigen sowie Demütigungen verschlechtern sich das Betriebsergebnis und das Betriebsklima. Neben der betriebswirtschaftlichen Dimension belasten die hohen Arbeitsausfälle durch Krankheit, die auf Mobbing zurückzuführen sind, auch die Volkswirtschaft. Der Deutsche Gewerkschaftsbund (DGB) und die Krankenkassen schätzen die jährlichen Kosten für die Volkswirtschaft auf mehrere Milliarden Euro.

Folgen der Schikane

Volkswirtschaftliche Dimension (Kosten)
- Arbeitsausfälle durch Krankheit
- Arbeitsunfälle
- Frühverrentung

Auswirkungen auf das Mobbing-Opfer
- Gesundheitsbeeinträchtigung – Körperliche/psychosomatische Beschwerden aufgrund von Dauerstress
- Psychische Probleme bis hin zu Selbstmordgedanken
- Die psychisch schlechte Verfassung beeinträchtigt das Privatleben und die Beziehung zu Familie und Freunden.
- Die Leistungsmotivation und Arbeitsleistung sinken. „Innere Kündigung" – „Dienst nach Vorschrift" – „Selbstbeschäftigung".

Gesellschaftlich-ethische Dimension
- Zunehmender Werteverfall
- Respektloser Umgang miteinander

Betriebswirtschaftliche Dimension
- Verschlechterung des Betriebsklimas
- Negative Auswirkungen auf das Betriebsergebnis
- Zunahme der krankheitsbedingten Fehlzeiten
- Hohe Personalfluktuation und damit verbundene erhöhte Kosten der Personalbeschaffung

Auswirkungen auf den Mobbing-Täter
- Angst-Mobber empfinden Stress
- Gefahr, psychosomatisch zu erkranken

3.4.3 Maßnahmen gegen Mobbing

LF 7, 4.3

Voraussetzung für die Wahl geeigneter Maßnahmen gegen Mobbing ist zunächst die Feststellung der im konkreten Fall relevanten Mobbing-Ursachen. Wird ein Mitarbeiter beispielsweise immer wieder kritisiert, weil er nicht sorgfältig arbeitet und empfindet er diese Kritik als Mobbing, so ist zunächst eine **selbstkritische Prüfung** angebracht, bei der er eigene Fehler erkennt und anschließend abstellen kann. Auch ein sachliches Mitarbeiter- bzw. Kritikgespräch ist eine Möglichkeit, den Konflikt zu lösen. Neben der Ursachenbestimmung ist auch zu überprüfen, ob es sich tatsächlich um Mobbing oder um einen gewöhnlichen Konflikt auf Augenhöhe handelt.

Handelt es sich um Mobbing, so sollten dem **Täter Grenzen gesetzt** werden. Das Opfer kann ihn zur Rede stellen und ihm verdeutlichen, dass sein Tun unerwünscht und unangemessen ist. Das funktioniert allerdings nur im Anfangsstadium und nur, wenn man nicht schon lange gemobbt wird und bereits an Selbstbewusstsein verloren hat. Je weiter der Mobbing-Prozess fortgeschritten ist, desto schwieriger ist es, sich erfolgreich dagegen zu wehren. Daher gilt es, im Mobbing-Fall so früh wie möglich zu reagieren.

LF 7, 1.2

Ist der Mobbing-Prozess bereits fortgeschritten, geben positives Denken, positive Aktivitäten in der Freizeit und eine sachliche Reaktion auf die Angriffe auf der Beziehungsebene dem Mobbing-Opfer Kraft und **stärken sein Selbstbewusstsein**. Unterstützung und Entlastung kann das Mobbing-Opfer auch durch die **Stärkung seines sozialen Netzwerkes** erfahren, indem es sich Freunden, Familienangehörigen oder Kollegen anvertraut und Hilfe mobilisiert. Hilfreich kann auch das **Führen eines Mobbing-Tagebuchs** sein, in dem die Fakten zu den Mobbinghandlungen festgehalten werden und welche Gefühle diese beim Mobbing-Opfer ausgelöst haben. Das Mobbing-Tagebuch dient der Bestandsaufnahme und ist eine Möglichkeit, die Geschehnisse zu versachlichen. Es kann auch als Grundlage für ein Vier-Augen-Gespräch mit dem Mobbing-Täter oder dem Betriebsrat, Vorgesetzten usw. verwendet werden.

Neben den genannten Maßnahmen zur erfolgreichen Bewältigung einer Mobbing-Situation hat das Mobbing-Opfer die Möglichkeit, den **Rechtsweg** zu gehen und sich mit strafrechtlichen, zivilrechtlichen und mit arbeitsrechtlichen Mitteln zu wehren. Den Betriebs- oder Personalrat kann das Mobbing-Opfer um Unterstützung auf kollektivrechtlicher Ebene bitten, den Arbeitgeber, der zur Fürsorge verpflichtet ist, kann der Gemobbte auf arbeitsvertraglicher Basis begegnen und versuchen, zu seinem Recht zu kommen. Helfen Betriebsrat und Arbeitgeber nicht, kann das Mobbing-Opfer bei einem Arbeitsgericht gegen den Mobbing-Täter oder den Arbeitgeber klagen. Rechtsgrundlage hierfür ist unter anderem die Tatsache, dass Mobbing-Täter mit ihren Attacken die Grundrechte anderer Mitmenschen verletzen und sich strafbar machen, weil sie gegen die Artikel 1 (Unantastbarkeit der Würde des Menschen), Artikel 2 (Recht auf freie Entfaltung der Persönlichkeit) sowie Artikel 3 des Grundgesetzes (Diskriminierungsverbot) verstoßen.

Nicht jede Mobbing-Situation lässt sich durch informelle oder gerichtliche Schritte klären, manchmal fehlen auch stichhaltige Beweise, damit dem Opfer zu seinem Recht verholfen werden kann. Die letzte Möglichkeit, die Schikane zu beenden, ist die **Kündigung des Arbeitsvertrages** durch das Mobbing-Opfer, um zu einem anderen Arbeitgeber oder in die Selbstständigkeit zu wechseln. Sucht der Gemobbte eine neue Arbeitsstelle, sollte er **Mobbing bewusst vorbeugen**, indem er eine geeignete Arbeitsstelle auswählt, durch angemessenes Verhalten und eine angemessene Arbeitsleistung Gruppennormen beachtet und selber keine Angriffsflächen bietet.

Auch die Unternehmen können gegen Mobbing vorbeugende Maßnahmen ergreifen und Mobbing-Anlässe beseitigen. Eine klare Arbeitsorganisation, die Förderung der Arbeitszufriedenheit und die Festschreibung einer nachhaltigen und an ethischen Grundsätzen orientierten Unternehmensphilosophie beugen Mobbing vor. Die Reduzierung von Konfliktpotenzialen, die sachgerechte Aufklärung über Mobbing und das Erfassen von Mobbinghandlungen im Unternehmen, z. B. durch eine Befragung, lassen Mobbing unwahrscheinlich werden.

3.5 Suchtprävention

In Deutschland waren nach Schätzungen der Drogenbeauftragten der Bundesregierung im Jahr 2013 ca. 1,3 Millionen Menschen von Alkohol und mindestens 1,5 Millionen von Medikamenten abhängig. Zu den Rauchern zählten ca. 30 % der Erwachsenen. Dies waren nur die Werte für die legalen Drogen, zusätzlich gab es noch Menschen, die von illegalen Drogen wie Cannabis, Kokain, Ecstasy oder Ähnlichem abhängig waren.

Die Zahlen zeigen, dass das Thema Sucht für jedes Unternehmen relevant ist. Zusätzlich gibt es in der Arbeitswelt Faktoren wie z. B. hohen Leistungsdruck, ungünstige Arbeitszeiten, schwieriges Betriebsklima oder einen unregelmäßigen Schlafrhythmus, welche das Suchtrisiko erhöhen können. Deshalb sollte im Betrieblichen Gesundheitsmanagement (BGM) die Suchtprävention einen festen Platz bekommen. Im Rahmen dieser Prävention sollten die Mitarbeiter informiert und unterwiesen sowie die Führungskräfte geschult werden, bei Bedarf sollten Beratungsgespräche angeboten werden. Gibt es im Unternehmen ein Verbot, Suchtmittel zu konsumieren, müssen die etwaigen Konsequenzen bei einem Verstoß gegen dieses Verbot allen Mitarbeitern bekannt sein. Wichtig ist zudem, dass Mitarbeiter beispielsweise Alkoholprobleme von Kollegen nicht verschweigen, decken oder auffangen, indem sie deren Arbeit übernehmen, da dies keine Lösung des Problems darstellt. Einige Unternehmen verfügen zudem über eine Betriebsvereinbarung zum Thema Sucht.

Der Konsum von Suchtmitteln wirkt sich auch auf die Arbeitssicherheit aus:

- Beruhigungs- und Schlafmittel verursachen Konzentrationsstörungen, verlangsamte Reaktionen, unsichere Bewegungen, Fahruntüchtigkeit.
- Leistungssteigernde Medikamente unterdrücken Schmerz, Hunger, Durst und Müdigkeit.
- Alkohol und Drogen fördern aggressives Verhalten, Risiken für Unfälle, veränderte Wahrnehmung, verlängerte Reaktionszeit, getrübtes Urteilsvermögen.

3.6 Gesunde Ernährung im Büro

Um im Job leistungsfähig zu bleiben, ist richtiges und geregeltes Essen wichtig. Wer ständig das Falsche isst, riskiert ernährungsbedingte Krankheiten, Arbeitsausfälle und eventuell sogar ein frühzeitiges Ausscheiden aus dem Berufsleben. Außerdem führen falsche Ernährung oder unregelmäßige Mahlzeiten oftmals zu schlechter Laune, Konzentrationsmangel, Leistungsabfall, Müdigkeit, Heißhungerattacken und Gewichtsproblemen.

Jede Mahlzeit beeinflusst für die nachfolgenden Stunden unser Denkvermögen und unsere Leistungsfähigkeit. Unser Gehirn verbraucht dabei ca. 15 % unseres täglichen Energiebedarfs.

Eine ausgewogene Ernährung startet mit einem Frühstück. Frühstücken ist wichtig für den Stoffwechsel und das Gehirn und bringt den Kreislauf in Schwung. Am besten geeignet sind Vollkornbrot, magerer Käse, Schinken oder magere Wurst, Marmelade, Honig, Obst, Gemüse oder Quark. Wer gar nicht frühstücken mag, sollte zumindest ein Glas Saft oder Milch zu sich nehmen.

Als Zwischenmahlzeit, um Leistungstiefs vorzubeugen, bieten sich Lebensmittel an, die fettarm, langsam verdaulich und kohlenhydratreich sind wie frisches Obst, Gemüse, Jogurt, Vollkornbrot. Wichtig ist es, diese Snacks nicht nebenbei zu essen, sondern eine bewusste Pause zu machen und dabei gut zu kauen. Nur dann wird man einen Sättigungseffekt spüren. Außerdem hilft diese kurze Pause dabei, Stress abzubauen.

Das Mittagessen sollte fit und leistungsfähig halten. Deshalb sollte man besser eine Mahlzeit mit wenigen Kalorien wählen, die auch hinterher nicht schwer im Magen liegt. Am besten dafür geeignet sind Salate, Gemüse, Kartoffeln, Vollkornreis/-nudeln und ein – bis zweimal pro Woche mageres Fleisch. Man sollte nur eine Hauptmahlzeit pro Tag zu sich nehmen, deshalb immer gut überlegen, ob man in der Kantine isst oder abends mit Freunden oder der Familie.

Auch ausreichendes Trinken gehört zu einer gesunden Ernährung. Wer Durst verspürt, ist bereits unterversorgt. Kopfschmerzen lassen sich manchmal auch auf zu wenig Trinken zurückführen. Deshalb sollte jeder auf regelmäßiges Trinken achten. Es bietet sich z. B. an, immer ein Glas mit Wasser in Reichweite zu haben. Ein Erwachsener sollte pro Tag 2–3 Liter trinken. Am besten dafür geeignet sind Mineralwasser, Tee (Früchte- oder Kräutertees) und Saftschorlen im Verhältnis 1/3 Saft, 2/3 Wasser. Kaffee, schwarzer und grüner Tee, Bier, Wein, koffein- und zuckerhaltige Limonaden etc. sind Genussmittel und sollten deshalb auch nur in kleinen Mengen konsumiert werden. Milch (Kakao etc.) werden durch ihre Nahrhaftigkeit eher zu den Lebensmitteln gezählt und sollten nicht zum Durstlöschen dienen.

4 Umweltschutz im Büro

LS 2.1

Alle Maßnahmen zum Schutz der Umwelt und zur Vermeidung von Umweltbelastungen und -verschmutzungen werden als Umweltschutz bezeichnet. Die Nachrichten zu Klimaerwärmung, Ozonloch etc. zeigen, wie wichtig und dringend ein wirtschaftlicher Umgang mit Rohstoffen und Energie sowie die Vermeidung von Umweltbelastungen sind. Dass die Umwelt täglich von uns benutzt und dadurch belastet ist, wird den meisten von uns klar sein. Jedoch sind viele Menschen nicht bereit, ihr Verhalten zu Gunsten der Umwelt zu ändern. Ein aktiver Umweltschutz, sowohl im privaten wie auch betrieblichen Bereich, wirkt sich oftmals auch wirtschaftlich positiv aus.

Beispiel
Die Duisdorfer BüroKonzept KG verwendet seit einigen Jahren nur noch Recyclingpapier für ihre Drucker und Kopiergeräte. Dies unterstützt die Umwelt, weil keine neuen Bäume für das Papier gefällt werden müssen. Gleichzeitig konnte die BüroKonzept KG im letzten Jahr knapp 5.000,00 € durch den Einsatz von Recyclingpapier statt Frischfaserpapier einsparen.

Was **Sie** selbst ohne großen Aufwand am Arbeitsplatz für den Umweltschutz tun können:

- Vermeiden Sie Müll, indem Sie beispielsweise Fehldrucke als Schmierpapier verwenden.
- Trennen Sie nicht vermeidbaren Müll (Altpapier, Glas, Gelber Sack, Biomüll etc.).
- Drucken Sie nicht alle E-Mails aus.
- Falls Probedrucke notwendig sind, verwenden Sie den Sparmodus des Druckers und drucken Sie beidseitig.
- Schalten Sie das Licht und den Bildschirm aus, wenn Sie den Raum für längere Zeit verlassen (Pause, Besprechung etc.)
- Schalten Sie den Drucker erst ein, wenn Sie ihn wirklich benötigen. Wird er längere Zeit nicht benötigt – ausschalten!
- Lassen Sie im Winter das Fenster nicht auf Kipp stehen, sondern nehmen Sie regelmäßig eine Stoßlüftung bei offenem Fenster vor.

Was **Unternehmen** beispielsweise für den Umweltschutz tun können:

- Umweltverträgliche Materialien und Geräte kaufen (siehe auch die Umweltsiegel).
- Möbel und Büromaterial auf kurzen Transportwegen anschaffen.
- Professionelle Mülltrennung über Wertstoffsortierbehälter ermöglichen, z. B. auch für Glas, Batterien, Tonerkartuschen etc.
- Mitarbeiter im Materialverbrauch schulen.
- Wiederbefüllbare Tonerkartuschen und Stifte anschaffen.
- Recyclingpapier einsetzen.
- Defekte Geräte reparieren lassen und nicht immer direkt neue Geräte anschaffen.
- Falls Geräte nicht repariert werden können, diese ordnungsgemäß entsorgen, sodass wichtige Rohstoffe, wie z. B. Edelmetalle, recycelt werden können.
- Verkehrsflächen und Sanitärräume mit bewegungsgesteuertem Licht ausstatten.

- Wasserverbrauch durch sensorisch gesteuerte Wasserhähne reduzieren.

Beispiel

Für die selbst produzierten Tische und Stühle verwendet die Duisdorfer BüroKonzept KG weitgehend wiederverwendbare Verpackungen, um den Verpackungsmüll zu reduzieren.

Beim Einkauf von Einrichtungsgegenständen und Geräten wie Computern und Büromaterial unter Umweltgesichtspunkten sollen die **Umweltprüfsiegel** helfen. Die verschiedenen Siegel stehen jeweils für unterschiedliche Umweltaspekte. Es bedeutet jedoch nicht, dass ein Produkt mit einem Umweltsiegel keinen Einfluss auf die Umwelt hat.

Der **Blaue Engel** weist auf Produkte und Dienstleistungen hin, die umwelt- oder gesundheitsfreundlicher sind als vergleichbare Produkte. Welchen Umweltvorteil das jeweilige Produkt besitzt, kann dem zentralen Schutzziel entnommen werden, das jeweils im Logo enthalten ist. Momentan (September 2014) gibt es vier Schutzziele:

- „schützt das Klima"
- „schützt Umwelt und Gesundheit"
- „schützt das Wasser"
- „schützt die Ressourcen"

Mit dem **ENERGY STAR** der EU können Hersteller freiwillig stromsparende Computer, Monitore, Drucker, Kopierer und zukünftig auch andere Geräte der Informations- und Kommunikationstechnik versehen. Diese Kennzeichnung bekommt, wer die Vergabekriterien einhält, die von der amerikanischen Umweltbehörde (EPA) unter Einbeziehung von EU-Kommission, Herstellern und Experten für Informationstechnologie festgelegt werden.

Tipp:

Auf der Homepage des ENERGY STAR können Sie ausrechnen wie viel Strom Ihr heimischer Computer verbraucht. http://www.eu-energystar.org/de/de_007.shtml

Die EU-Umweltblume (**Ecolabel**) zeichnet besonders umweltfreundliche Produkte aus. Bei der Vergabe wird die Umweltverträglichkeit von der Produktentwicklung und Rohstoffgewinnung über die Nutzung bis hin zur Entsorgung untersucht, also über den gesamten Lebenszyklus des Produktes.

Das **TCO**-Gütesiegel zertifiziert die nachhaltige Gestaltung, Herstellung und Verwendung von IT-Produkten nach ökologischen, sozialen und ökonomischen Prinzipien. Der Hersteller eines Produktes muss die Einhaltung der Anforderungen durch Vorlage von Testberichten nachweisen, dann erhält er das Siegel. TCO nimmt stichprobenartige Kontrollen vor. Das TCO-Siegel wird ständig aktualisiert und an den jeweiligen Stand der Technik angepasst.

Die neueste Generation des Gütesiegels TCO Certified Displays 6 entwickelt die Anforderungen im Bereich ökologische Nachhaltigkeit, Bildqualität und soziale Verantwortung für Bildschirme weiter und wird seit 2012 vergeben.

Die Anforderungen des TCO-Prüfsiegels für Monitore sind deutlich höher und ersetzen MPR II, eine schwedische Richtlinie für Monitore, die sich mit Grenzwerten für elektromagnetische und elektrostatische Felder von Röhrenbildschirmen beschäftigte.

Im **Forest Stewardship Council® (FSC®)** haben sich Vertreter aus Umweltorganisationen, Sozialverbänden und Unternehmen zusammengeschlossen. Sie haben das Ziel, eine verantwortungsvolle und ökologische Forstwirtschaft zu fördern. Holz- und Papierprodukte mit dem FSC-Siegel stammen aus verantwortungsvoll bewirtschafteten Wäldern.

5 Postbearbeitung

5.1 Bedeutung des Posteingangs

Die Stelle in einem Unternehmen, die die Post bearbeitet, ist der erste Umschlagplatz für ein- und ausgehende Informationen und spielt deshalb eine bedeutende Rolle. Bei kleineren Unternehmen wird die Bearbeitung der Tagespost meist vom Sekretariat erledigt. Die eingehende Post wird dort angenommen, sortiert, geöffnet und verteilt; die ausgehende Post wird kuvertiert, frankiert und verschickt. In größeren Unternehmen übernimmt diese Aufgaben eine eigene Abteilung, die Poststelle.

5.2 Möglichkeiten des Posteingangs

Die Post kann auf verschiedene Arten das Unternehmen erreichen:

Zustellung durch Briefzusteller/Postbote

Laut Postgesetz ist die **Deutsche Post AG** dazu verpflichtet und berechtigt, Briefe, Päckchen und Pakete dem Empfänger zuzustellen. Um unabhängig von den Zustellzeiten eines Postboten zu sein, kann in einer Postfiliale ein **Postfach** gemietet werden. Hierfür berechnet die Post eine einmalige Einrichtungspauschale. Die Größe des Postfachs hängt vom täglichen Postaufkommen des Unternehmens ab.

Ein anderer Service, den die Post ihren Kunden anbietet, ist der **Service Hin + Weg**. Hier bringt die Deutsche Post AG die Briefe zu vereinbarten Zeiten in das Unternehmen und holt die Briefe auch dort ab.

Zustellung durch einen privaten Dienstleister

Mit der Aufhebung des Briefmonopols ist seit dem 1. Januar 2008 der deutsche Briefmarkt gesetzlich liberalisiert. Nicht nur die Deutsche Post AG darf Briefe befördern, sondern auch andere privatwirtschaftliche Unternehmen, die hierfür eine Lizenz der Bundesnetzagentur benötigen. Die wohl bekanntesten internationalen privaten Brief- und Paketdienstleister sind z. B. TNT, FedEx, UPS.

5.3 Arbeitsschritte beim Posteingang

LS 2.5, 2.6

Um die Geschäftspost in einem Unternehmen entgegennehmen zu können, wird eine rechtsgültige Postvollmacht benötigt. Dies ist eine einfache schriftliche Erklärung mit folgenden Angaben: Vollmachtgeber, Bevollmächtigter, Gültigkeitsdauer, Umfang der Vollmacht (normale Post, Einschreiben, eigenhändig), Datum der Ausstellung und Unterschrift des Vollmachtgebers.

Vorsortieren

Zunächst einmal werden die eingehenden Postsendungen ungeöffnet vorsortiert in Geschäftsbriefe, private Briefe, Post an die Geschäftsleitung, an die Personalabteilung und den Betriebsrat sowie Irrläufer. Letzteres sind fehlgeleitete Sendungen, die ungeöffnet dem Postzusteller oder dem privaten Dienstleister zurückgegeben werden.

Öffnen der Post

Private Briefe, Post an die Geschäftsleitung, an die Personalabteilung und den Betriebsrat werden ungeöffnet weitergeleitet. Private Post erkennt man daran, dass im Anschriftenfeld der Name einer natürlichen Person zuerst genannt wird und dann erst die Firma folgt, in der Zusatz- und Vermerkzone befindet sich zusätzlich der Hinweis „Persönlich" oder „Vertraulich". Falls private Post versehentlich geöffnet wurde, so sollte diese wieder verschlossen und mit dem Vermerk „versehentlich geöffnet" weitergeleitet werden.

Ist im Anschriftenfeld zuerst der Name einer Privatperson genannt und dann erst die Firma und fehlt in der Zusatz- und Vermerkzone der Hinweis „Persönlich" oder „Vertraulich", so darf dieser Brief laut einem Urteil aus dem Jahr 2003 (LAG Hamm, AZ: 14 Sa 1972/02) in der Poststelle geöffnet werden.

Wird im Anschriftenfeld zuerst die Firma und dann der Name einer natürlichen Person genannt, so handelt es sich um Geschäftspost, die geöffnet werden darf und an die genannte Person weitergeleitet wird.

Beispiele

Geschäftsbrief	Brief an die Geschäftsleitung	Privatbrief	Irrläufer
Duisdorfer BüroKonzept KG Herrn Achim Langner Rochusstr. 30 53123 Bonn	Duisdorfer BüroKonzept KG Geschäftsleitung Herrn Sebastian Falo Rochusstr. 30 53123 Bonn	Persönlich Frau Eva Holländer Duisdorfer BüroKonzept KG Rochusstr. 30 53123 Bonn	Duisdorfer Büro GmbH Herrn Volker Berg Rochusstr. 320 53123 Bonn

Zum Öffnen der Geschäftspost wird entweder ein Handbrieföffner (wenn das tägliche Postaufkommen nicht so hoch ist) oder ein automatischer Brieföffner verwendet.

Kontrollieren

Nachdem die Geschäftspost geöffnet und der Inhalt der Sendung entnommen wurde, sollte kontrolliert werden, ob der Umschlag auch vollständig geleert wurde (Leerkontrolle) und ob alle im Brief genannten Anlagen beigefügt sind (Anlagenkontrolle). Fehlt eine Anlage, wird dies handschriftlich auf dem Brief vermerkt.

Falls die Absenderangabe auf dem Brief fehlt, es sich um amtlich zugestellte Sendungen handelt oder das Datum des Briefes und der Poststempel zeitlich ungewöhnlich weit auseinanderliegen, wird der Briefumschlag als Nachweis an das Schriftstück angeheftet.

Stempeln

Ein Posteingangsstempel wird rechts oben neben die Anschrift des Empfängers angebracht. Er enthält das aktuelle Datum, evtl. die Uhrzeit und Platz für Bearbeitungs- und Erledigungsvermerke. Nicht gestempelt werden Dokumente wie z. B. Urkunden, Zeugnisse, Verträge, Schecks, Zeichnungen. Hier empfiehlt es sich den Umschlag zu stempeln und beizufügen.

Der Posteingangsstempel ermöglicht einen Abgleich zwischen Datum des Schriftstückes und Eingangsdatum, um Ursachen für eine verzögerte Postzustellung prüfen zu können. Außerdem kann mithilfe des Posteingangsstempels die innerbetriebliche Bearbeitungszeit festgestellt werden.

Verteilen

Nachdem die Eingangspost mit einem Eingangsstempel versehen wurde, kann sie an die entsprechenden Mitarbeiter in den jeweiligen Abteilungen verteilt werden. Hierzu stehen dem Unternehmen verschiedene Möglichkeiten zur Verfügung:

- Ablage in Mitarbeiter- oder Abteilungsfächer, aus denen die Post von jeder Abteilung, jedem Mitarbeiter und jeder Mitarbeiterin abgeholt wird.
- Ein Bote übernimmt die Verteilung der Eingangspost in die verschiedenen Abteilungen.
- Die Eingangspost wird automatisch verteilt über Schriftgutförderanlagen wie z. B. über ein Rohrpostsystem.

5.4 Posteingangssysteme und digitale Archivierung der Eingangspost

Große Unternehmen mit hohem Postaufkommen nutzen Posteingangssysteme, bei denen die verschiedenen Arbeitsschritte des Posteingangs automatisiert erfolgen. Hierbei werden zunächst die eingehenden Briefumschläge maschinell geöffnet und deren Inhalte automatisch entnommen. Anschließend werden die Schriftstücke mithilfe von Scannern eingelesen und im unternehmensinternen EDV-System gespeichert. Dies bietet den Mitarbeitern die Möglichkeit, über ihren eigenen PC direkt auf die für sie bestimmte Post zurückgreifen zu können. Der Vorteil besteht dabei darin, dass der Informationsfluss innerhalb des Betriebes sehr viel schneller läuft und keine Zeitverzögerungen durch aufwändige Verteilung der Eingangspost entstehen.

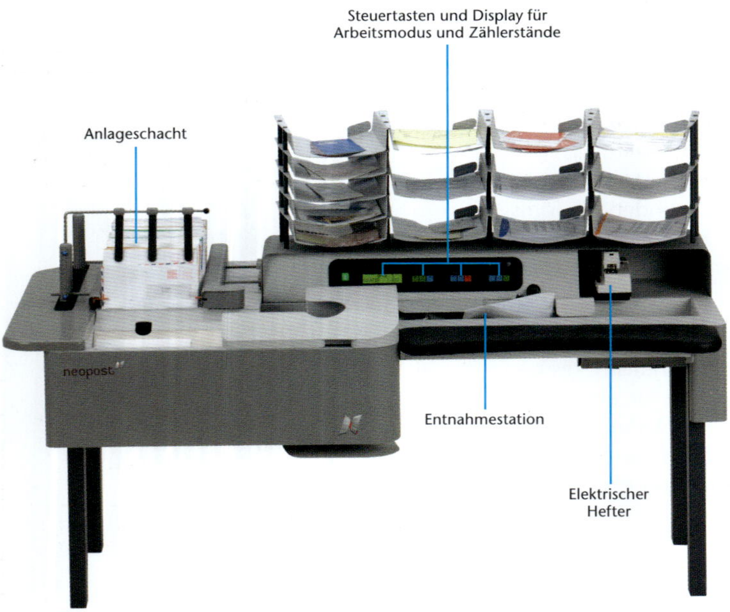

Posteingangssystem IM-75 der Neopost GmbH

5.5 Ablauf des Postausgangs

LS 2.7 Wenn im Unternehmen eine Poststelle vorhanden ist, wird die in den einzelnen Abteilungen des Unternehmens gesammelte Ausgangspost zum Versenden in die Poststelle gebracht. Dort fallen verschiedene Arbeitsschritte an, um die Post versandfertig zu machen.

Arbeitsschritte	Tätigkeiten	Hinweise
Kontrolle	Die Ausgangspost wird kontrolliert auf: ▪ Unterschrift ▪ Adresse ▪ Vollständigkeit der Anlagen	Wird die Sendung nicht in einem Fensterbriefumschlag verschickt und fehlt die Adresse, so muss die Sendung durch eine Adressiermaschine oder durch Adressaufkleber mit der Adresse versehen werden.
Sortieren	Die Ausgangspost wird sortiert nach: ▪ Sendungsart (z. B. Briefe, Massenpost, Päckchen …) ▪ Versandart (z. B. Einschreiben, Express-Brief, Infopost) ▪ Gewicht ▪ In- und Auslandssendungen	
Falzen	Das Falten (Falzen) der Schriftstücke erfolgt entweder manuell oder mithilfe einer Falzmaschine. Um für einen Brief das passende, aber auch das kostengünstigste Format für den Versand zu erhalten, bieten sich unterschiedliche Falzarten an.	**Übliche Falzarten im Überblick:** ▪ Bruch- oder Einfachfalz Briefbogen A4 → Einfachfalz auf A5 → z. B. Fensterumschlag C5 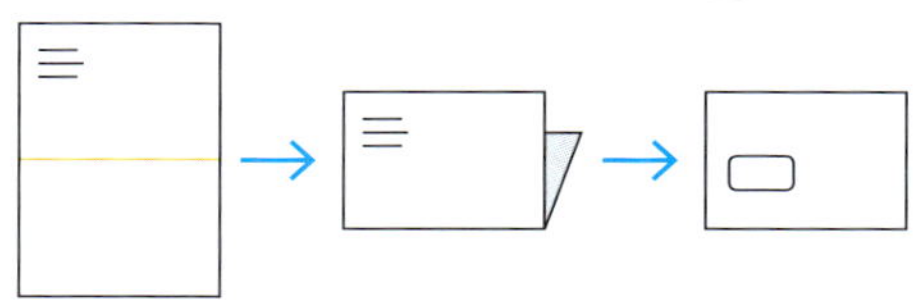 Briefbogen A5 → Einfachfalz auf A6 → z. B. Fensterumschlag C6 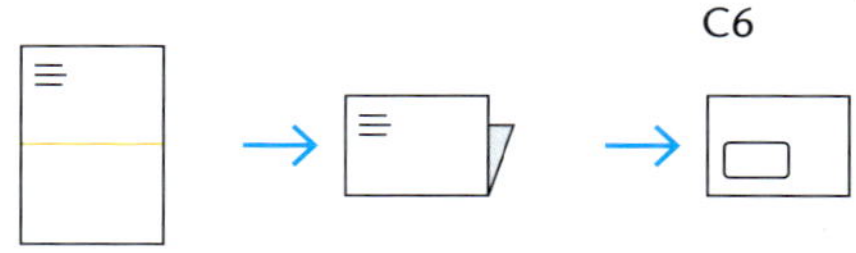 ▪ Kreuzfalz Briefbogen A4 → Kreuzfalz auf A6 → Umschlag C6 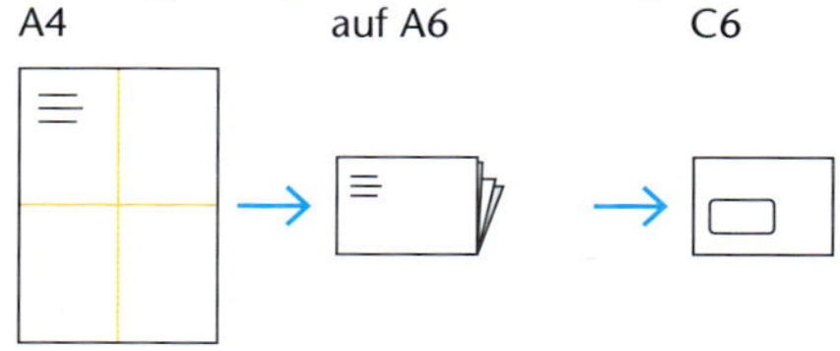

Arbeitsschritte	Tätigkeiten	Hinweise
		▪ Zickzack- oder Leporellofalz Briefbogen A4 → Zickzackfalz auf 1/3 A4 → z. B. Fensterumschlag DIN-lang 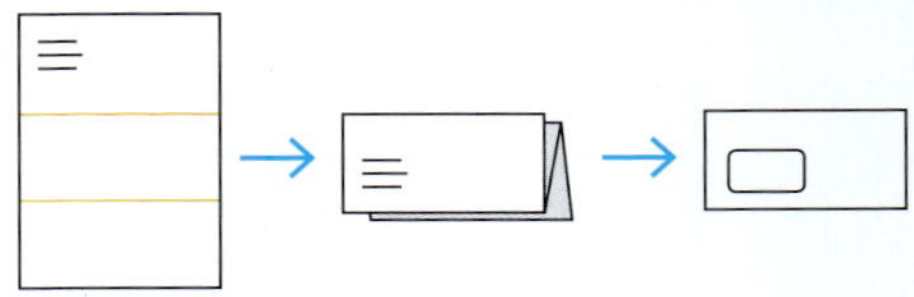 ▪ Wickelfalz Briefbogen A4 → Wickelfalz auf 1/3 A4 → z. B. Fensterumschlag DIN-lang 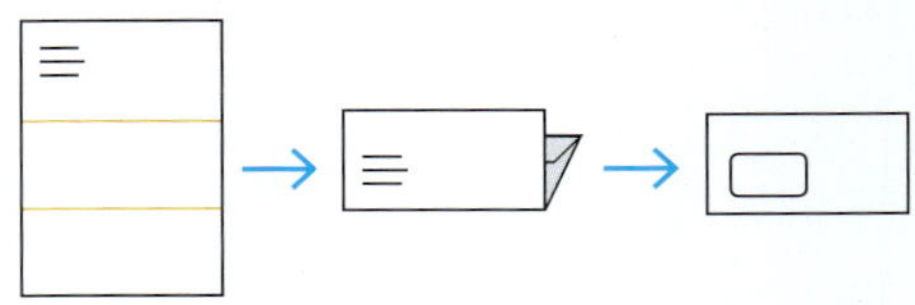
Kuvertieren und Verschließen	Beim Kuvertieren werden die Schriftstücke in die für den Versand geeigneten Umschläge gesteckt. Dies kann manuell oder maschinell mit Kuvertiermaschinen erfolgen. Anschließend werden die Briefe verschlossen.	
Wiegen und Frankieren	Bevor das Porto ermittelt werden kann, muss die Post gewogen werden. Dies kann mittels mechanischer oder elektronischer Briefwaagen geschehen. Zum Frankieren, das heißt zum Freimachen von Briefen, Paketen u. ä. durch Bezahlung des Portos, bieten sich verschiedene Frankierarten an …	**Frankierarten:** ▪ Briefmarken (Postwertzeichen) ▪ Plusbrief: Briefumschlag mit aufgedruckter Briefmarke ▪ DV-Verfahren: Hierbei erfolgt das Frankieren mittels EDV. Dieses Verfahren muss von der Deutschen Post genehmigt werden und bietet sich bei Massenpost an. ▪ Frankiermaschinen: Die Frankiermaschine bedruckt den Briefumschlag mit dem Postentgelt, dem Datum und evtl. mit einem Werbeaufdruck. Bei Paketen, Päckchen und anderen sperrigen Sendungen erfolgt der Ausdruck auf einem selbstklebenden Frankierstreifen.

Arbeits-schritte	Tätigkeiten	Hinweise
		Die Abrechnung des Postentgeltes kann zum einen dadurch erfolgen, dass im Voraus ein bestimmter Betrag bezahlt, in der Frankiermaschine eingestellt und durch das Stempeln der Sendungen verbraucht wird (Wertvorgabesystem). Zum anderen ist es möglich, den Entgelt-Betrag per Telefon oder PC zu beantragen und zu übermitteln und dann mithilfe eines Codes in die Frankiermaschine einzugeben (Fernwertvorgabesystem) Für weitergehende Informationen siehe auch www.deutschepost.de www.postundschule.de
Aufgeben der Post	▪ in einer Postfiliale	▪ Bring- und Abholservice Mit dem Dienst HIN + WEG bietet die Deutsche Post einen Bring- und Abholservice an. Sie bringt morgens die Geschäftspost zu einem vereinbarten Termin direkt in das Unternehmen und holt nachmittags die ausgehenden Sendungen, ebenfalls zu einem vereinbarten Termin ab.
	▪ Kurier-, Express- und Paketdienste (KEP-Dienste)	▪ Kurierdienst Kurierdienste befördern die Sendungen persönlich und direkt zum Empfänger. Diese Dienste zeichnen sich durch Schnelligkeit aus (z. B. Fahrradkuriere in Großstädten). Der Einsatz eines Kuriers eignet sich immer dann, wenn vertrauliche und besonders schutzbedürftige Dokumente oder kleinere Sendungen schnell zum Empfänger gelangen sollen. ▪ Expressdienst Expressdienste übernehmen die Beförderung von Sendungen und garantieren, dass diese innerhalb einer bestimmten Frist beim Empfänger eintreffen. ▪ Paketdienst Anders als ein Expressdienst übernimmt der Paketdienst für die Versendung von Paketen keine Garantie der Laufzeit. Außerdem beschränken die meisten Paketdienste das Höchstgewicht ihrer zu befördernden Sendungen auf 30 kg.

5.6 Poststraße

Werden die Maschinen, die für die einzelnen Arbeitsschritte zur Verarbeitung der ausgehenden Post benötigt werden, hintereinandergeschaltet und in einem Raum zentral zusammengefasst, so spricht man von einer Poststraße. Diese ermöglicht das Falzen, Kuvertieren, Verschließen, Trennen nach Portoklassen und Frankieren in einem automatischen Maschinengang.

5.7 Elektronische Post

In vielen Unternehmen erfolgt die Korrespondenz auf elektronischem Wege mittels E-Mails, die den postalischen Geschäftsbrief ersetzen. Aus diesem Grunde müssen E-Mails bestimmte Pflichtangaben enthalten. Dies ist geregelt in dem „Gesetz über das elektronische Handelsregister und Genossenschaftsregister sowie das Unternehmensregister" (EHUG). Schon 2003 wurde in Art. 4 der EU-Publizitätsrichtlinie festgelegt, dass die Pflichtangaben unabhängig davon zu machen sind, ob die geschäftliche Korrespondenz in Papierform oder einer anderen Form erfolgt. Mit den im EHUG genannten Pflichten soll der immer größer werdenden Bedeutung von E-Mails im geschäftlichen Verkehr Rechnung getragen werden. Der Empfänger geschäftlicher E-Mails soll über den Absender im gleichen Umfange informiert werden, wie dies bei einem postalischen Geschäftsbrief der Fall ist.

Auf allen Geschäftsbriefen, dazu zählen auch Bestellungen, Lieferscheine, Rechnungen und Quittungen – auch in Form von E-Mail oder Telefax – sind bestimmte Angaben zum Unternehmen aufzuführen. Welche Pflichtangaben eine E-Mail enthalten muss, hängt von der jeweiligen Rechtsform des Unternehmens ab.

Übersicht

Unternehmensform	Einzelkaufmann	OHG, KG	GmbH & Co. KG	GmbH	AG
Gesetzl. Grundlage	§ 37 a HGB	§§ 125 a, 161 II, 177 a HGB	§§ 177 a, 125 a HGB, § 35 a GmbHG	§ 35 a GmbHG	§ 80 AktG
Pflichtangaben	▪ Firma ▪ Bezeichnung nach § 19 I Nr. 1 HGB (z. B. eingetragener Kaufmann, eingetragene Kauffrau, e. K. e. Kfm., e. Kffr.) ▪ Ort der Handelsniederlassung ▪ Registergericht ▪ Handelsregisternummer	▪ Firma ▪ Rechtsform (Abkürzung OHG oder KG genügt) ▪ Hauptsitz der Gesellschaft ▪ Registergericht ▪ Handelsregisternummer	▪ Firma ▪ Rechtsform (Abkürzung GmbH & Co. KG genügt) ▪ Sitz der Gesellschaft ▪ Registergericht ▪ Handelsregisternummer Zusätzlich muss die persönl. haftende Gesellschafterin angeben: ▪ Rechtsformzusatz ▪ Sitz der Gesellschaft ▪ Registergericht ▪ Handelsregisternummer ▪ alle Geschäftsführer ▪ Aufsichtsrat (falls vorhanden) und dessen Vorsitzender mit Familienname und mind. einem ausgeschriebenen Vornamen	▪ Firma ▪ Rechtsform (Abkürzung GmbH genügt) ▪ Hauptsitz der Gesellschaft ▪ Registergericht ▪ Handelsregisternummer ▪ alle Geschäftsführer ▪ Aufsichtsrat (falls vorhanden) und dessen Vorsitzender mit Familienname und mind. einem ausgeschriebenen Vornamen	▪ Firma ▪ Rechtsform (Abkürzung AG genügt) ▪ Hauptsitz der Gesellschaft ▪ Registergericht ▪ Handelsregisternummer ▪ alle Vorstandsmitglieder ▪ Aufsichtsratsvorsitzende mit Familienname und mind. einem ausgeschriebenen Vornamen

Die genaue Adresse, Telefon- oder Faxnummern, ein Postfach oder die Bankverbindungen zählen nicht zu den Pflichtangaben in einem Geschäftsbrief.

Hinweis:

Soll der E-Mail-Vordruck auch als Rechnung verwendet werden, so ist zu beachten, dass nach § 14 Umsatzsteuergesetz (UStG) Rechnungen bestimmte Pflichtangaben enthalten müssen (z. B. Umsatzsteueridentifikationsnummer).

LF 3, 8.1

6 Schriftgutverwaltung

LS 2.8, 2.9

6.1 Die Bedeutung der Schriftgutaufbewahrung und Schriftgutverwaltung

In einem Unternehmen gibt es jeden Tag eine Vielzahl an Informationen und Daten, die in geschriebener oder gedruckter Form auf Papier oder Datenträgern vorliegen (z. B. Eingangsrechnungen, Ausgangsrechnungen, Mahnungen, Arbeitsverträge, Kündigungen, Anfragen, Angebote, Kaufverträge, Kontoauszüge usw.).

Damit schnell und unkompliziert auf benötigte Unterlagen zurückgegriffen werden kann, ergibt sich die innerbetriebliche Notwendigkeit einer geordneten Aufbewahrung dieser Schriftstücke. Darüber hinaus gibt es gesetzliche Vorschriften, die die Aufbewahrung von Schriftstücken regeln. Die Unterlagen sollen der Dokumentation und Beweissicherung der Geschäftsvorfälle im Rahmen der Buchhaltung dienen. Zu diesem Zweck sollen die Buchführungsunterlagen innerhalb bestimmter Fristen für Prüf- und Beweiszwecke verfügbar sein.

Die Schriftgutverwaltung oder Registratur könnte auch als das „Gedächtnis eines Unternehmens" bezeichnet werden. Um dieses Gedächtnis effektiv am Arbeitsplatz nutzen zu können, sollten bei der Schriftgutverwaltung alle technischen und organisatorischen Voraussetzungen für eine kostengünstige und optimale Registratur getroffen werden. Dazu sollten folgende Überlegungen bei der Verwaltung von Schriftgut angestellt werden:

Überlegung	Stichwort
Wie wichtig ist die Aufbewahrung des Schriftstückes; gibt es möglicherweise gesetzliche Vorgaben?	**Wertigkeitsstufen/Aufbewahrungsfristen**
An welchem Ort im Unternehmen sollen die Schriftstücke aufbewahrt werden?	**Ablageorte**
Sollen die Schriftstücke lose oder geheftet aufbewahrt werden?	**Ablagetechnik**
Sollen die Schriftstücke als Einzel- oder Sammelakte abgelegt werden?	**Aktenarten**
Welche Schriftgutbehälter sind geeignet für die Ablage der Schriftstücke?	**Registraturarten**
Nach welchem logischen Prinzip werden die Schriftstücke abgeheftet?	**Ordnungssysteme**
Welche Hilfsmittel können die Organisation der Registratur erleichtern?	**Ordnungshilfsmittel**

6.2 Wertigkeitsstufen und Aufbewahrungsfristen

Die in einem Unternehmen anfallenden Schriftstücke lassen sich, je nach Bedeutung des Schriftstückes für den Betrieb, unterschiedlichen Wertigkeitsstufen zuordnen. Hierbei werden in der Praxis folgende Stufen unterschieden:

Tageswert

Schriftstücke mit Tageswert haben keinen bleibenden Wert für das Unternehmen. Dies können z. B. Tageszeitungen (für den Betrieb interessante Artikel können ausgeschnitten und aufbewahrt werden), Prospekte oder unverlangte Angebote sein, die nicht aufbewahrt werden, sondern nach Kenntnisnahme vernichtet werden können.

Prüfwert

Schriftstücke mit Prüfwert sind für ein Unternehmen nur für einen begrenzten Zeitraum von Bedeutung. Nach der Prüfung wird entschieden, ob das Schriftstück vernichtet oder aufbewahrt werden sollte. Schriftstücke mit dieser Wertigkeitsstufe sind z. B. verlangte Angebote, Preislisten, Statistiken.

Gesetzeswert

Bei Schriftstücken mit Gesetzeswert schreibt der Gesetzgeber im Handelsgesetzbuch (HGB) und in der Abgabenordnung (AO) Aufbewahrungsfristen vor. Der Gesetzgeber möchte durch die Aufbewahrungsfristen sicherstellen, dass ein Handelsgeschäft lückenlos nachvollzogen werden kann.

Auszug aus dem Handelsgesetzbuch (HGB)

§ 257 Aufbewahrung von Unterlagen. Aufbewahrungsfristen

(1) Jeder Kaufmann ist verpflichtet, die folgenden Unterlagen geordnet aufzubewahren:

1. Handelsbücher, Inventare, Eröffnungsbilanzen, Jahresabschlüsse, [...] Lageberichte, [...],
2. die empfangenen Handelsbriefe,
3. Wiedergaben der abgesandten Handelsbriefe,
4. Belege für Buchungen [...] (Buchungsbelege).

(2) Handelsbriefe sind nur Schriftstücke, die ein Handelsgeschäft betreffen.

(3) Mit Ausnahme der Eröffnungsbilanzen und Abschlüsse können die in Absatz 1 aufgeführten Unterlagen auch als Wiedergabe auf einem Bildträger oder auf anderen Datenträgern aufbewahrt werden, wenn dies den Grundsätzen ordnungsmäßiger Buchführung entspricht und sichergestellt ist, dass die Wiedergabe oder die Daten

1. mit den empfangenen Handelsbriefen und den Buchungsbelegen bildlich und mit den anderen Unterlagen inhaltlich übereinstimmen, wenn sie lesbar gemacht werden,
2. während der Dauer der Aufbewahrungsfrist verfügbar sind und jederzeit innerhalb angemessener Frist lesbar gemacht werden können.

[...]

(4) Die in Absatz 1 Nr. 1 und 4 aufgeführten Unterlagen sind zehn Jahre, die sonstigen in Absatz 1 aufgeführten Unterlagen sind sechs Jahre aufzubewahren.

(5) Die Aufbewahrungsfrist beginnt mit dem Schluss des Kalenderjahres, in dem die letzte Eintragung in das Handelsbuch gemacht, das Inventar aufgestellt, die Eröffnungsbilanz oder der Jahresabschluss festgestellt, [...], der Handelsbrief empfangen oder abgesandt worden oder der Buchungsbeleg entstanden ist.

LF 6, 1.3

Für das Steuerrecht enthält § 147 AO entsprechende Regelungen, die zum Teil deckungsgleich mit denen des § 257 HGB sind. Durch § 147 AO werden allerdings auch die Unternehmen erfasst, die keine Kaufleute nach HGB sind, aber aufgrund der steuergesetzlichen Vorgaben zur Buchführung verpflichtet sind oder freiwillig Bücher führen.

Dauerwert

Hierunter fallen Schriftstücke, die für das Unternehmen von besonderer Bedeutung sind und deshalb solange aufbewahrt werden sollten, wie das Unternehmen besteht. Dies können z. B. Dokumente zur Unternehmensgründung oder Patentunterlagen sein.

Zur Vermeidung von Doppel- und Mehrfachablagen und einem unnötig langem Aufbewahren des Schriftgutes sollte in jedem Büro eines Unternehmens ein **Schriftgutkatalog** erstellt werden. Dieser verzeichnet alle Schriftstücke, die in diesem Büro vorkommen, mit der jeweiligen Wertigkeitsstufe, der Aufbewahrungsfrist und dem Ablageort.

Der **Schriftgutkatalog der Abteilung Vertrieb/Nord der Duisdorfer BüroKonzept KG** könnte auszugsweise folgendermaßen strukturiert sein:

Duisdorfer BüroKonzept KG
Schriftgutkatalog

Abteilung	Zuständiger Mitarbeiter/in	Stand
Vertrieb/Nord	*Herr Hummels*	*Mai 2014*

	Aufbewahrungsfristen						
Art des Schriftgutes/Belegart	Gesetzl. Aufbewahrung		Betriebl. Aufbewahrung			Ende am:	Bemerkungen
	10 Jahre	6 Jahre	TW	PW	DW		
Angebote		*X*				*31.12.2020*	
Rechnungen	*X*					*31.12.2024*	
Preislisten				*X*			*Gültigkeitsdauer beachten*
Kataloge				*X*			*Gültigkeitsdauer beachten*

6.3 Ablageorte

Bei der Entscheidung wo, das heißt, an welchem Ort die Unterlagen aufbewahrt werden, sollte das Unternehmen den Grundsatz beachten: je häufiger ein Mitarbeiter auf die Schriftstücke zurückgreifen muss, umso näher an seinem Arbeitsplatz sollten sie aufbewahrt werden.

Folgende Ablageorte wären möglich:

Arbeitsplatzablage	Abteilungsablage	Zentralregistratur/Archiv
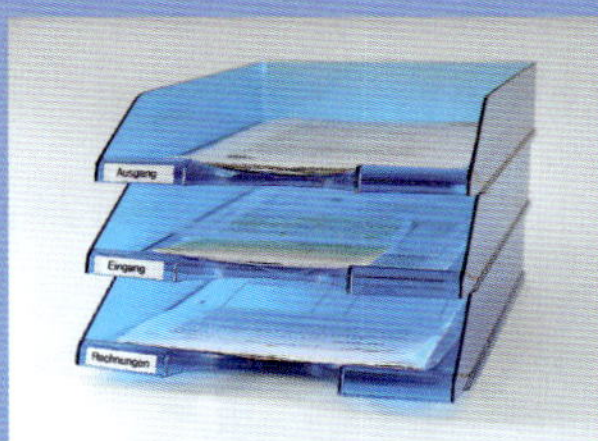		
Schriftstücke, die der Mitarbeiter aktuell bearbeitet oder auf die er häufig und schnell zurückgreifen muss, bewahrt er direkt an seinem Arbeitsplatz auf. Er sorgt dabei selbst für eine geeignete Form der Ablage.	Werden Schriftstücke von mehreren Mitarbeitern gleichzeitig bearbeitet oder verwaltet, so sollten diese Unterlagen von allen Mitarbeitern gut erreichbar in der Abteilung aufbewahrt werden. Die Ablage sollte so organisiert werden, dass sie für alle Mitarbeiter nachvollziehbar und verständlich ist. Hilfreich könnte hierbei ein Aktenplan sein.	In der Zentralregistratur werden die Unterlagen aufbewahrt, die von verschiedenen Bereichen des Unternehmens benötigt werden. Die Zentralregistratur entlastet zudem die Abteilungen von den Schriftstücken, die nicht mehr benötigt werden, aber noch aufbewahrt werden müssen, z. B. aufgrund der gesetzlichen Aufbewahrungspflicht. Hier können auch die Unterlagen mit Dauerwert archiviert werden. Ein Aktenplan sorgt für eine übersichtliche und nachvollziehbare Ordnung des Schriftgutes.

6.4 Ablagetechnik

Loseblattablage

Bei der Loseblattablage werden die Schriftstücke ungeheftet, also lose, in die Schriftgutbehälter (z. B. Mappen, Sichthüllen) eingelegt. Bei dieser Form der Ablage besteht jedoch die Gefahr, dass Unterlagen verloren gehen, und bei umfangreicheren Akten können sich längere Suchzeiten ergeben. Vorteilhaft ist allerdings der Zeitgewinn bei der Ablage, da die Schriftstücke nicht gelocht werden müssen. Geeignet für diese Ablagetechnik sind Schriftstücke, die in einem Arbeitsprozess nicht unter den Mitarbeitern weitergegeben werden müssen, die nicht zu umfangreich sind, vom jeweiligen Mitarbeiter im laufenden Arbeitsprozess noch benötigt werden oder auf die er schnell zurückgreifen möchte.

Geheftete Ablage

Die Schriftstücke werden gelocht in die Schriftgutbehälter (z. B. Ordner, Hefter) eingeheftet. Diese Art der Ablage erfordert mehr Zeit, da die Schriftstücke vor dem Abheften gelocht werden müssen. Vorteile bei dieser Ablageart sind die sichere Aufbewahrung und ein schnelles Wiederfinden abgelegter Unterlagen. Die geheftete Ablage ist geeignet für eine größere Anzahl gleichartiger Schriftstücke, die nach einem einheitlichen Kriterium fortlaufend abgelegt wurden, z. B. Aufträge nach Auftragsnummer.

6.5 Aktenarten

Von einer **Einzelakte** spricht man, wenn in der Akte die Schriftstücke zu einem Vorgang oder Fall abgelegt werden. Die Personalakte eines Mitarbeiters wird zum Beispiel als Einzelakte geführt.

Dahingegen werden in **Sammelakten** Schriftstücke zu verschiedenen, aber gleichartigen Vorgängen abgelegt. Lieferscheine und Rechnungen werden beispielsweise in Unternehmen häufig als Sammelakten geführt.

6.6 Arten der Registratur

Es lassen sich drei grundlegende Aufbewahrungsformen unterscheiden: **liegende**, **stehende** und **hängende** Registratur. Jeder dieser Aufbewahrungsformen lassen sich unterschiedliche Formen der Registratur und unterschiedliche Schriftgutbehälter zuordnen, wie die nachfolgende Übersicht zeigt:

Aufbewahrungsform	Registraturform	Schriftgutbehälter	Einsatzmöglichkeiten	Vorteile	Nachteile
Liegend	Flachablage 	Aktendeckel  Schnellhefter  Jurismappe 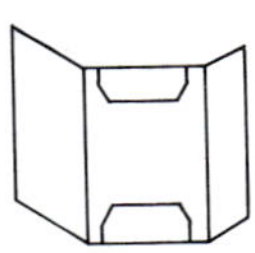	Für Akten, die aktuell im laufenden Arbeitsprozess benötigt werden oder für Akten, die selten benötigt werden	▪ Geringe Kosten für die Schriftgutbehälter □ jeder hat seine individu Ablage am Arbeitsplatz □ platzsparend □ Zeitsparender bei der Ablage	▪ Schlechte Übersicht; ▪ Bearbeitung sehr umständlich □ Unterlagen können verloren gehen □ sieht unordentlich aus

Aufbewahrungsform	Registraturform	Schriftgutbehälter	Einsatzmöglichkeiten	Vorteile	Nachteile
Stehend	Ordnerregistratur 	Ordner 	Geeignet für umfangreiche Sammelakten (z. B. Rechnungskopien, Lieferscheine)	▪ Sehr übersichtlich durch die beschriftbaren Ordnerrücken, ▪ schneller Zugriff auf die Schriftstücke; ▪ geringe Kosten für Schriftgutbehälter; ▪ Schriftstücke werden sicher abgeheftet	▪ Ablage ist zeitaufwendig, da die Schriftstücke gelocht und abgeheftet werden; ▪ bei unregelmäßigem Aktenanfall muss Platz frei gelassen werden, dies macht die Ablageart unflexibel
Bibliothekarische Ordnung	Stehsammlerregistratur 	Einstellmappen 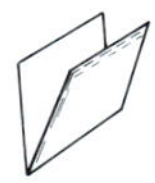 Stehsammler  Kassetten, Archivschachteln 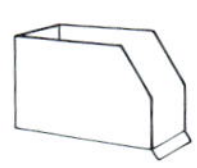	Geeignet für Sammelakten und nicht allzu umfangreiche Einzelakten	▪ schneller Zugriff auf die Schriftstücke möglich; ▪ gute Raumausnutzung durch Schriftgutbehälter	▪ durch feststehende Bodenbreite der Kassetten fehlt die Flexibilität; ▪ bei unregelmäßigem Aktenanfall muss Platz freigehalten werden
Hängend Vertikale Hängeregistratur	Hängeregistratur 	Hängemappen 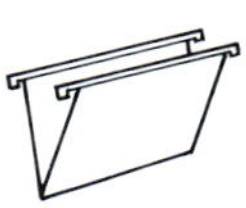 Hängetaschen 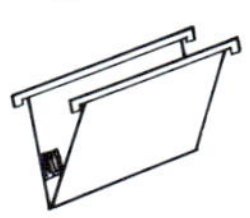 □ besitzt 2 Hängenasen + 2 Führungsschienen	Geeignet für Handakten am Arbeitsplatz und größere Akten der Abteilungsablage, die auch ungeheftet abgelegt werden können	▪ sehr übersichtlich; ▪ schneller Zugriff ist möglich, bei der Verwendung von Mappen und Taschen; ▪ sehr flexibel	▪ höhere Materialkosten durch Schriftgutbehälter und Registraturmöbel; ▪ größerer Raumbedarf, da nur bis zur Sichthöhe abgelegt werden kann □ großer Arbeitsaufwand

Aufbewahrungsform	Registraturform	Schriftgutbehälter	Einsatzmöglichkeiten	Vorteile	Nachteile
Hängend		Hängeordner 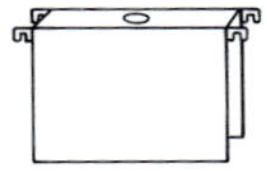 Hängehefter 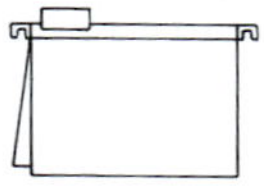 Hängesammler 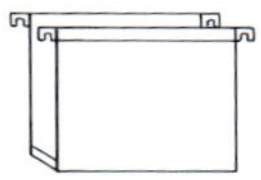			
laterale Pendelregistratur	Pendelregistratur  1x Führungsschiene 1x Hängenase Kleiderbügelprinzip	Pendelmappen 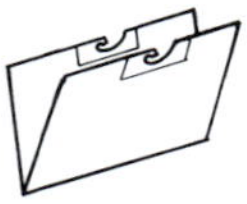 Pendeltaschen 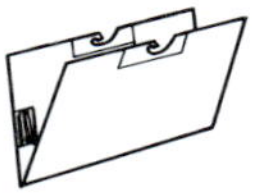 Pendelhefter 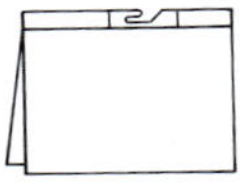 Pendelsammler 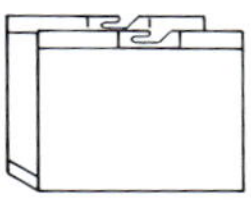	Geeignet für eine große Anzahl von Einzelakten in der Abteilungsablage	▪ bessere Ausnutzung der Stellfläche, da keine Auszüge wie bei der Hängeregistratur notwendig sind; ▪ der Raum kann bis zur Griffhöhe ausgenutzt werden; ▪ Schriftgutbehälter lassen sich bequem verschieben, dadurch sehr flexibel; ▪ relativ günstige Anschaffungskosten der Registraturmöbel	▪ Längere Zugriffszeit, da der gesamte Schriftgutbehälter entnommen werden muss; ▪ weniger übersichtlich, da man nur die Schmalseite der Schriftgutbehälter sieht

6.7 Ordnungssysteme

In einer gut organisierten und rationellen Registratur sollten die abgelegten Schriftstücke von allen Mitarbeitern schnell und ohne lange Rückfragen gefunden werden. Dies setzt ein allgemein anerkanntes und allen bekanntes Ordnungssystem voraus.

Folgende Ordnungssysteme können unterschieden werden:

Alphabetische Ordnung

Die Schriftstücke werden in der Reihenfolge der Ordnungswörter (z. B. Kundenname, Lieferantenname) abgelegt. Bei diesem Ordnungssystem ist nach DIN 5007 die Buchstabenfolge des Alphabets ausschlaggebend.

Beispiel
Kaiser, Krähmer, Kuhn, Kurz, Larsson, Ludwig.

Numerische Ordnung

Die Schriftstücke werden mit einer Nummer versehen und dann entsprechend abgelegt.

Beispiel
Lieferschein-Nr., Kunden-Nr., Lieferanten-Nr.

Alphanumerische Ordnung

Dies ist eine Kombination aus alphabetischer und numerischer Ordnung. Dieses Ordnungssystem findet häufig Anwendung bei der mnemotechnischen Ordnung.

Mnemotechnische Ordnung

Abgeleitet aus dem griechischen Wort Mneme = Gedächtnis, werden bei der mnemotechnischen Ordnung Lernhilfen, das heißt, gedankliche Verbindungen mit den abzulegenden Schriftstücken hergestellt. Bei der Ablage von z. B. Ausgangsrechnungen könnte man die Abkürzung AR für Ausgangsrechnung verwenden, die Rechnungsnummer dient der genaueren Einordnung. Entsprechend könnte man mit Eingangsrechnungen (ER) verfahren.

Chronologische Ordnung

Bei der chronologischen Ordnung werden die Schriftstücke nach ihrer zeitlichen Reihenfolge nach Tagen, Wochen, Monaten oder Jahren abgelegt. Dabei wird das aktuellste Schriftstück entweder ganz vorne oder ganz hinten in den Schriftgutbehälter gelegt oder geheftet. Bilanzen und Steuerbescheide könnten z. B. nach Jahren abgelegt werden.

6.8 Ordnungshilfsmittel

Um die Ordnung in Registraturen und die Arbeit mit abgelegtem Schriftgut zu erleichtern, steht eine Vielzahl von Ordnungshilfsmitteln zur Verfügung.

Register- und Trennblätter helfen Übersicht in Ordnern herzustellen. Verfügbar sind sie mit alphabetischen und numerischen Ordnungsreihen.

Mit **Leitkarten** für Hängemappen oder Karteikästen kann eine Unterteilung der Schriftstücke in Gruppen vorgenommen werden.

Reiter bestehen aus Metall oder Kunststoff als Fensterreiter oder Vollsichtreiter. Sie enthalten Inhaltsschilder und werden auf die Schriftgutbehälter gesteckt.

In einer **Wiedervorlagemappe** können alle Aufgaben und Vorgänge abgelegt werden, die nicht sofort bearbeitet oder erledigt werden. Sie enthält also alle noch zu bearbeitenden Schriftstücke oder schwebenden Vorgänge. Auf diese Weise werden gestapelte Schriftstücke auf dem Schreibtisch vermieden. Außerdem ist die Wiedervorlagemappe ein wichtiges organisatorisches Hilfsmittel bei der Terminplanung; Vorgänge werden termingerecht bearbeitet und die Einhaltung der Termine kann durch die Wiedervorlage überprüft werden. Die Wiedervorlagemappe ist entweder in zwölf Fächer für die einzelnen Monate oder in 31 Fächer für die Monatstage unterteilt. Damit man in der Wiedervorlagemappe erkennen kann, ob sich Schriftstücke in der Mappe befinden, weisen die Trennblätter in der Regel Sichtlöcher auf.

Der **Aktenplan** (Informationsstrukturplan) ist der einheitliche Rahmen in einem Unternehmen nach dem Schriftstücke abgelegt werden. Er enthält die systematische und logische Ordnung für die Schriftgutablage. Mithilfe von Sachgebieten (= Hauptgruppen), Untergruppen und Stichworten wird die Struktur bestimmt, anhand derer die Unterlagen in das betriebliche Archiv eingeordnet werden. Da es im Aktenplan einheitliche Regeln für die Ablage gibt, fällt die Einordnung von Vorgängen leichter. Die Dokumente können von allen Mitarbeitern schnell und sicher gefunden werden.

Ein Aktenplan in der Duisdorfer BüroKonzept KG könnte folgendermaßen aufgebaut sein:

Duisdorfer BüroKonzept KG Aktenplan		
Hauptgruppe	**Untergruppe**	**Stichwort**
0 Geschäftsführung		
1 Anlagen		
2 Beschaffung		
3 Vertrieb		
4 Kfm. Verwaltung		
5 Personal	51 Personalverwaltung	510 Personalplanung 511 Stellenausschreibungen 512 Bewerbungen 513 Einstellungstests 514 Urlaubsanträge 515 Dienstreiseanträge 516 Reisekostenabrechnungen ...
	52 Personalvergütung	
	53 Vertragswesen	
6 Technischer Bereich		
7 Öffentlichkeitsarbeit		
8 Qualitätssicherung		
9 frei		

6.9 Elektronische Dokumente, Datenschutz und Datensicherung

Durch die zunehmende Verbreitung und Nutzung elektronischer Medien für den Datentransport stellen sich für jedes Unternehmen Fragen über den Umgang mit elektronischen Dokumenten und deren Speicherung. Zumal viele Unternehmen, die ein hohes Schriftgutaufkommen in Papierform haben, dazu übergehen diese Schriftstücke einzuscannen. Der Gesetzgeber gibt für die Unterlagen, für die er eine Aufbewahrungsfrist vorsieht, die Regelung für eine elektronische Datenspeicherung vor (siehe auch Auszug aus dem HGB § 257 (3) in Kapitel 6.2).

Als **Datenträger** für die magnetische Speicherung werden Festplatten und Magnetbänder eingesetzt. Als optische Speicher stehen CD und DVD zur Verfügung. Digital können Dokumente auf mobilen Speicherkarten und USB-Sticks gespeichert werden. Für große Datenmengen empfiehlt sich auch heute noch die Speicherung auf Mikrofilmen, da sie über eine hohe Lebensdauer verfügen (zwischen 30 und 100 Jahren).

Da jedes Unternehmen verpflichtet ist, für die Sicherheit der gespeicherten Daten zu sorgen, sind Maßnahmen in Bezug auf den Datenschutz und die Datensicherheit zu treffen. Durch diese Sicherheitsvorkehrungen können Bedienungsfehler, technische Störungen, Verluste von Daten und Datenmissbrauch verhindert oder ganz ausgeschlossen werden.

Die Begriffe Datenschutz und Datensicherheit können folgendermaßen abgegrenzt werden:

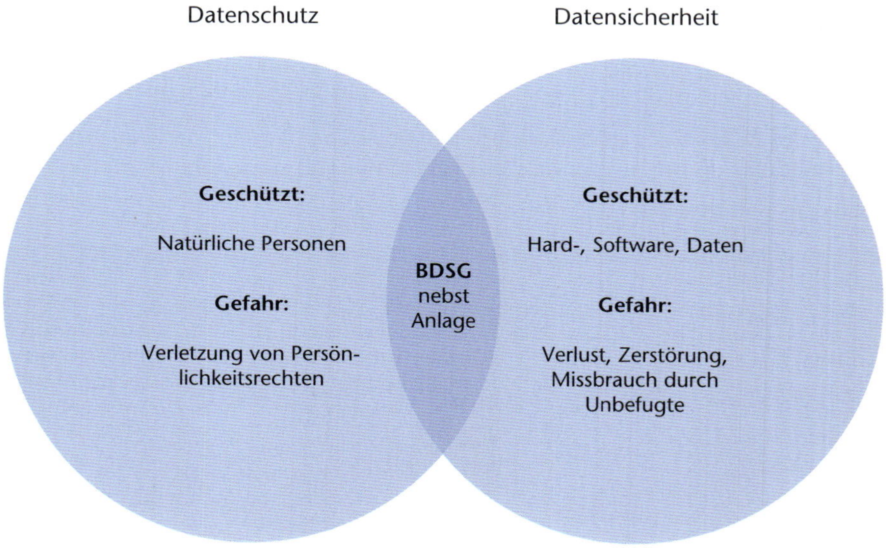

Quelle: Prof. Dr. Bernd Vieweger, unter: http://iwi.wiwi.hu-berlin.de/~viehweger/datenschutz-2008-1.pdf, Seite 3

Alle Maßnahmen des Datenschutzes und der Datensicherung haben unter Beachtung des Bundesdatenschutzgesetzes (BDSG) und dessen Anlagen zu erfolgen.

Datenschutz

Der **Datenschutz** beschreibt die Maßnahmen, die ergriffen werden, um personen- und unternehmensbezogene Daten vor Diebstahl und Missbrauch zu schützen.

Dies kann z. B. auf den einzelnen Rechnern mit einem passwortgeschützten Benutzerkonto geschehen.

Außerdem sollte jeder Rechner im Netzwerk eines Unternehmens mit einem Antivirenschutz ausgestattet sein. So kann verhindert werden, dass Computerviren, Computerwürmer und Trojaner die Daten auf den Rechnern ausspionieren oder zerstören.

Firewalls, die den Datenverkehr kontrollieren und das Netzwerk vor unerlaubten Zugriffen schützen, sorgen dafür, dass bei der Übertragung der Daten niemand von außen die Daten auslesen oder abfangen kann.

Es sollten allerdings auch die Mitarbeiter im sicheren Umgang mit Daten sensibilisiert und geschult werden. Zudem bietet es sich in den Unternehmen an, dass die Mitarbeiter eine Datenschutzerklärung unterzeichnen.

Zum Datenschutz gehört darüber hinaus der Umgang mit Unterlagen, die im Unternehmen nicht mehr benötigt werden und deren Aufbewahrungsfrist abgelaufen ist. Diese Schriftstücke können vernichtet werden. Eine sichere und datenschutzgerechte Vernichtung von Schriftstücken ist durch **Aktenvernichter** möglich. Hier bietet sich z. B. der Streifenschnitt-Aktenvernichter (schneidet die einzelnen Seiten in schmale Streifen) oder der Partikelschnitt-Aktenvernichter (schneidet die Seiten in kleine Teile = Partikel) an.

Datensicherung

Die **Datensicherung** umfasst alle Maßnahmen zum Schutz von Daten, Datenträgern und Programmen vor Übertragungsfehlern, Verfälschungen, Vernichtung, Diebstahl und unberechtigtem Zugriff.

Die Datensicherung ist bei der Datenerfassung, der Datenübertragung, der Datenspeicherung, bei Rechnerausfall und als Schutz vor Computerkriminalität zu gewährleisten.

Einige Beispiele hierzu sind in der folgenden Übersicht aufgeführt:

Mögliche Fehler/Gefahren bei:	Maßnahmen	Erklärung
Datenerfassung	▪ Prüfziffernverfahren	Mit dem Prüfziffernverfahren sollen Tippfehler bei der Eingabe oder dem Einlesen meist numerischer Daten vermieden werden.
	▪ Plausibilitätskontrolle	Mit der Plausibilitätskontrolle sollen logische Fehler bei der Eingabe aufgedeckt werden. Vom Programm wird überprüft, ob sich der Eingabewert innerhalb bestimmter Grenzen befindet, d. h. plausibel ist. So würde das Rechnungsdatum 08.16.2014 zurückgewiesen.
Datenübertragung	▪ Prüfbit	Ein Prüfbit (Paritätsbit oder Check Bit) ist ein zusätzliches Bit, das zu einem Schriftzeichen oder Steuerzeichen hinzugefügt wird. Mit seiner Hilfe kann eine Datenübertragung auf Fehler überprüft werden.

Mögliche Fehler/Gefahren bei:	Maßnahmen	Erklärung
	▪ Übertragungsprotokolle	Am Anfang oder Ende eines Datenpaketes stehen Übertragungsprotokolle. Diese enthalten Informationen über Sende- und Empfangsadresse, Umfang und Aufbau des Datenpakets. Der empfangende Rechner kann somit kontrollieren, ob alle Daten angekommen sind oder durch z. B. Verbindungsstörungen abhanden gekommen sind.
	▪ Verschlüsselung vor der Übertragung (Kryptographie)	Die zu übermittelnden Daten werden mithilfe einer Funktion und einem Schlüssel codiert. Dieser Geheimcode wird über das Netz verschickt oder gespeichert. Der Empfänger der Daten kann den Code mit der Funktion und dem entsprechenden Schlüssel in einen normal lesbaren Text umwandeln.
Datenträger	▪ Schreibschutz	Um das unbeabsichtigte Überschreiben von Daten zu verhindern, werden Dateien oder Datenträger mit einem Schreibschutz versehen. Dies können Schreibschutzattribute oder mechanische Schutzvorrichtungen für Datenträger sein.
	▪ Datensicherung (Backup) nach dem Generationenprinzip	Es müssen von jedem Datenbestand immer mindestens drei Generationen aufeinander aufbauender Datensicherungen (Backups) vorhanden sein. Die älteste Datensicherung wird als „Großvater“, die zweitälteste Datensicherung als „Vater“ und die jüngste Datensicherung als „Sohn“ bezeichnet. *Beispiel:* *Montags werden alle Daten auf Band 1 gesichert („Sohn“). Dienstags werden die Daten auf Band 2 gesichert („Sohn“); Band 1 von Montag wird „Vater“. Mittwochs werden alle Daten auf Band 3 gesichert („Sohn“); Band 2 wird „Vater“ und Band 1 wird „Großvater“.*
	▪ Archivierung	Die Datenträger sollten in einem abschließbaren, feuerfesten Schrank aufbewahrt werden. Wenn möglich auch an einem anderen Ort als im Büro.
Rechnerausfall	▪ Notstromanlage (USV)	USV-Anlagen (**U**nterbrechungsfreie **S**trom**v**ersorgung), die zwischen Computer und Steckdose geschaltet werden, können Computer bei Stromausfall solange mit Strom versorgen, bis die Daten aus dem Hauptspeicher gesichert sind. USV-Anlagen bestehen meistens aus leistungsfähigen Batterien oder Akkus.
	▪ Plattenspiegelung (Duplexing)	In Servern werden häufig zwei Festplatten eingebaut, die immer denselben Datenbestand haben. Wenn eine Festplatte defekt ist, kann der Rechner mit der zweiten Festplatte weiterarbeiten.

Mögliche Fehler/Gefahren bei:	Maßnahmen	Erklärung
Computerkriminalität	▪ Zugriffskontrolle	Eine Zugriffskontrolle kann über ein Passwort oder eine Kennzahl erfolgen.
	▪ Passwort	Das Passwort ist ein Kennwort, dass nur der Anwender/Benutzer kennt. Beim Start des Rechners oder eines bestimmten Programms muss dieses Passwort eingegeben werden.
	▪ Kennzahlen (PIN)	Die Kennzahl (PIN), die nur der Anwender/Benutzer kennt und die beim Start des Rechners/Programms eingegeben werden muss, berechtigt zur Arbeit am Rechner oder zur Anwendung eines Programms.
	▪ Virenschutzprogramme	Computerviren, Computerwürmer oder Trojanische Pferde sind Programme, die von einem Programmierer geschrieben wurden, um z. B. das Betriebssystem zu stören oder Dateien zu löschen. Virenschutzprogramme versuchen diese Schadprogramme zu finden und zu entfernen.

7 Zeitmanagement

24 Stunden sind 24 Stunden, jeder Mensch hat gleich viel Zeit am Tag zur Verfügung. Jedoch wird diese von jedem Menschen unterschiedlich genutzt. Beim Zeitmanagement geht es darum, die persönlich vorhandene Zeit möglichst effektiv zu nutzen. Dafür gibt es verschiedene Hilfsmittel und Methoden. Für die Planung muss etwas Zeit investiert werden, bei guter Planung gewinnt man dadurch jedoch im Anschluss viel Zeit sowohl für berufliche als auch für private Dinge.

Mit dem Zeitmanagement werden verschiedene **Ziele** angestrebt. Zwei sehr wichtige Ziele sind die Vermeidung von Stress und Überforderung sowie die Steigerung der persönlichen Zufriedenheit. Zusätzlich soll Zeit für die wesentlichen Aufgaben sowohl im Beruf als auch im Privatleben sein. Privat- und Berufsleben sollen dabei in einem ausgewogenen Verhältnis stehen (Work-Life-Balance) und die Freizeit soll ohne Reue genossen werden können. Das Zeitmanagement trägt dazu bei, die vorhandene Zeit optimal zu nutzen, Zeitprobleme im Vorfeld zu erkennen und die Zeit realistisch für die jeweils anfallenden Arbeiten zu verwenden. Für ein optimales Zeitmanagement ist es notwendig, Zeitfresser zu erkennen, wichtige von unwichtigen Aufgaben zu unterscheiden und auch Prioritäten zu setzen.

7.1 Störungen

Die Beseitigung von Störungen (Zeitfressern, Zeitdieben, Zeitfallen) im Arbeitsalltag gehört zu den Hauptaufgaben des Zeitmanagements, da durch sie wertwolle Zeit verloren geht. Für Störungen gibt es vielfältige Gründe, sie lassen sich in **äußere** und **innere** Störungen unterteilen. Innere Störungen sind dabei Störungen, die durch die Person selbst verursacht werden.

Äußere Störungen werden hingegen von anderen Personen oder durch die äußeren Gegebenheiten verursacht.

Beispiele

Störungen

äußere Störungen

- ein unordentlicher Arbeitsplatz
- Kollegen und Kolleginnen (Unterbrechung durch Nachfragen/Quatschen)
- klingelnde Telefone, ständige Überwachung des Posteingangs (des E-Mail-Kontos)
- Lärm, z. B. aufgrund von Straßenverkehr, Peripheriegeräten des Computers, Publikumsverkehr
- Raumklima (zu hohe/zu niedrige Temperatur, zu hohe/zu niedrige Luftfeuchtigkeit)
- ständige Unterbrechungen durch z. B. Kunden oder Lieferanten
- Wartezeiten an Geräten, wie z. B. am Gemeinschaftsdrucker
- technische Störungen, wie z. B. ein Ausfall des Computersystems

innere Störungen

- Lustlosigkeit
- Unfähigkeit, „nein" zu sagen
- fehlende Selbstdisziplin
- Angstgefühle
- beunruhigende Gedanken
- Redseligkeit
- Müdigkeit
- vor sich hin träumen

Tipp:

Sie wollen wissen, wie viel Ihrer Arbeitszeit den Zeitfressern zum Opfer fällt? Dann können Sie dies online mit dem Zeitfressermesser herausfinden unter: http://www.spiegel.de/karriere/berufsleben/zeitfressermesser-so-verdaddeln-sie-ihre-arbeitszeit-a-809657.html

7.2 Sägeblatteffekt

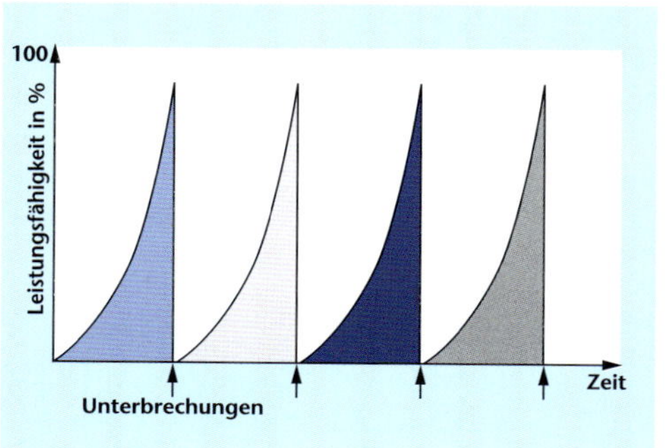

Der Sägeblatteffekt

Wer kennt das nicht: Gerade haben Sie sich in eine schwierige Aufgabe eingearbeitet und sind hochkonzentriert, da klingelt das Telefon und Sie werden vollkommen aus Ihren Gedankengängen herausgerissen. Wenn Sie sich nach Beendigung des Gesprächs wieder Ihrer Aufgabe widmen wollen, brauchen Sie erst einmal eine gewisse Zeit, um wieder in die Aufgabe zurückzufinden und Ihre Konzentration auf das gleiche Maß zu bekommen, wie sie vor dem Klingeln des Telefons war. Kommen solche Störungen häufiger vor, dann entsteht der sogenannte Sägeblatteffekt.

Dieser Effekt ist dadurch gekennzeichnet, dass mit jeder Unterbrechung/Störung die Konzentration und damit die Leistungsfähigkeit abfällt. Danach ist eine gewisse Zeit notwendig, um Konzentration und Leistungsfähigkeit wieder aufzubauen. Dargestellt als Grafik, in der Zeit und Leistungsfähigkeit gegenübergestellt werden, ergibt sich ein Bild, das einem Sägeblatt ähnlich sieht. Addiert man alle Leistungsverluste durch Störungen auf, so können bis zu 28 % der Zeit dadurch verloren gehen.

Um ungestört wichtige Aufgaben erledigen zu können, ist es sinnvoll, ab und zu einen Termin mit sich selbst zu vereinbaren, die sogenannte „stille Stunde". Planen Sie diesen fest in Ihren Arbeitsablauf ein. In dieser Zeit, die Sie auch in Ihren Terminplan eintragen, stellen Sie möglichst Ihr Telefon auf Kollegen um oder schalten den Anrufbeantworter ein. Sinnvoll ist es, die stille Stunde in den Teil des Arbeitstages zu legen, in dem erwartungsgemäß ohnehin wenige Störungen anfallen. Sie sollten diese kostbare Zeit dann jedoch auch wirklich für wichtige Aufgaben nutzen und nicht, um beispielweise Ihr E-Mail-Postfach zu kontrollieren.

7.3 Leistungskurve

Bei der Planung der Aufgabenverteilung über den Arbeitstag sollten Sie, wenn möglich, auch Ihre persönliche Leistungskurve beachten. Die meisten Menschen haben eine durchschnittliche Leistungskurve. Das bedeutet, dass das Leistungshoch, also die Zeit, in der eine Person am leistungsfähigsten ist, zwischen 08:00 und 12:00 Uhr liegt. Nach der Mittagspause kommt dann das größte Tief. Deshalb sollten alle Arbeiten, für die die volle Leistungsfähigkeit gebraucht wird, am Vormittag erledigt werden. Am Nachmittag, wenn die Leistungsfähigkeit nachgelassen hat, können Routineaufgaben, wie z. B. die Ablage von Unterlagen, erledigt werden.

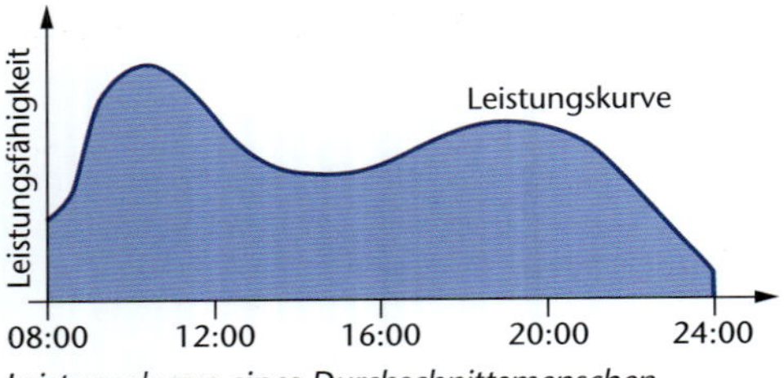

Leistungskurve eines Durchschnittsmenschen

Gehören Sie nicht zu den Menschen mit einer durchschnittlichen Leistungskurve, sind Sie entweder ein Morgen- oder ein Abendmensch. Abendmenschen haben ihre höchste Leistungsfähigkeit am Nachmittag, Morgenmenschen am frühen Vormittag. Beide Typen sollten dann in der Phase ihrer persönlichen höchsten Leistungsfähigkeit die wichtigsten Aufgaben erledigen.

Wichtig ist es auch, regelmäßige Pausen in den Arbeitsalltag zu integrieren. Pausen dienen dazu, Kraft für die nächsten Aufgaben zu tanken. Studien zeigen, dass Pausen die Mitarbeiter produktiver machen. Regelmäßige Auszeiten bewirken einen sinkenden Stresspegel, steigende Leistungsfähigkeit und ein verringertes Burnout-Risiko. Gleichzeitig sinkt laut der Deutschen Gesetzlichen Unfallversicherung das Risiko für Arbeitsunfälle. Nicht als Pause gilt es, wenn man sein Brötchen isst und gleichzeitig seine E-Mails liest, da man gedanklich noch bei der Arbeit ist. Ein paar Schritte zu gehen oder die Augen für zwei bis drei Minuten zu schließen, kann sehr erholsam sein.

Das Arbeitszeitgesetz (ArbZG) regelt u. a. auch die Ruhepausen, die von den Arbeitgebern zu gewähren sind.

> **§ 4 ArbZG** (Stand September 2014)
>
> Die Arbeit ist durch im Voraus feststehende Ruhepausen von mindestens 30 Minuten bei einer Arbeitszeit von mehr als sechs bis zu neun Stunden und 45 Minuten bei einer Arbeitszeit von mehr als neun Stunden insgesamt zu unterbrechen. Die Ruhepausen nach Satz 1 können in Zeitabschnitte von jeweils mindestens 15 Minuten aufgeteilt werden. Länger als sechs Stunden hintereinander dürfen Arbeitnehmer nicht ohne Ruhepause beschäftigt werden.

7.4 Methoden des Zeitmanagements

Das Zeitmanagement bietet verschiedene Methoden an, die nachfolgend einzeln dargestellt werden.

LS 2.10

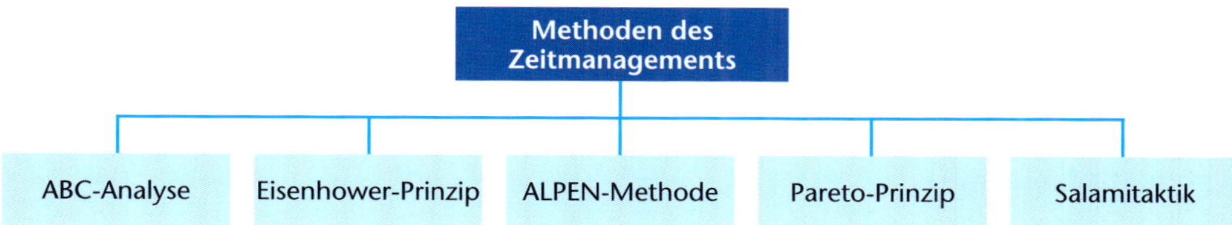

ABC-Analyse

Bei dieser Methode nimmt man eine Einteilung der Aufgaben in drei verschiedene Kategorien je nach ihrer Priorität (= Wichtigkeit) vor. Dafür müssen die einzelnen Aufgaben analysiert und gewichtet werden, da nicht alle Aufgaben gleichbedeutend sind. Dies führt zu den drei nachfolgenden Kategorien:

A-Aufgaben = hohe Priorität → Muss-Aufgaben

B-Aufgaben = mittlere Priorität → Soll-Aufgaben

C-Aufgaben = niedrige Priorität → Kann-Aufgaben

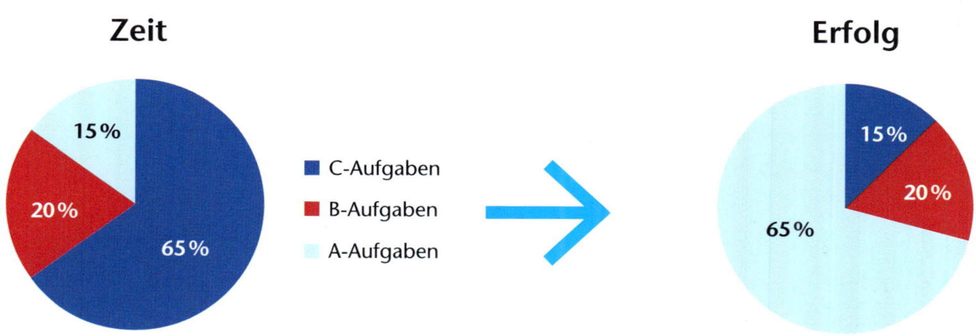

Die ABC-Analyse

Kategorie	Bei diesen Aufgaben sollte man beachten:
A-Aufgaben Dies sind die wichtigsten Aufgaben. Sie tragen am stärksten zur Erreichung eines Ziels bei, machen jedoch nur einen relativ kleinen Teil der zu erledigenden Aufgabenmenge aus.	▪ Mit diesen Aufgaben morgens beginnen, wenn man noch ausgeruht ist. ▪ Der Hauptteil der Arbeitszeit (ca. 65 %) sollte von diesen Aufgaben eingenommen werden. ▪ Diese Aufgaben sollte man immer selbst erledigen und nicht delegieren.
B-Aufgaben Bei ihnen sind Arbeitserfolg und Arbeitsaufwand ungefähr gleich gewichtet. Die Aufgaben besitzen eine mittlere Priorität.	▪ Hat man die A-Aufgaben erledigt, kann man sich den B-Aufgaben widmen. Dies wird meist nachmittags der Fall sein. ▪ Für sie müssen ca. 20 % der Arbeitszeit investiert werden.
C-Aufgaben Für sie wird die meiste Zeit benötigt, da sehr viele Aufgaben unter diese Kategorie fallen, z. B. zeitraubende Routineaufgaben wie die Ablage von Unterlagen. Sie beeinflussen den Arbeitserfolg am geringsten und sind weniger wichtig bis unwichtig.	▪ Wird es im Büro hektisch oder sind Sie gerade in Ihrem Leistungstief, ist es Zeit für die C-Aufgaben. ▪ Ca. 15 % der Arbeitszeit fallen hierfür an. ▪ In der Praxis wird oftmals viel Zeit mit Aufgaben dieser Kategorie vertan und es bleiben wirklich wichtige Aufgaben liegen.

Eisenhower-Prinzip

Dem US-General und späteren US-Präsidenten Dwight D. Eisenhower verdankt die nächste Methode ihren Namen. Er wandte diese Methode an, um die zu erledigenden Aufgaben zunächst nach den Kriterien Dringlichkeit und Wichtigkeit zu sortieren. Zusätzlich stellte er die Regel auf, dass Wichtigkeit vor Dringlichkeit geht.

Ist die Aufgabe dringend?	Ist die Aufgabe wichtig?
Dringende Aufgaben haben einen konkreten Termin, an dem sie erledigt sein müssen. Wird dieser Termin eingehalten, bringt das dem Unternehmen einen großen Nutzen. Unpünktlichkeit hingegen verursacht einen großen Schaden. Bei der Dringlichkeit geht es um die Zeit. Wer für die Erledigung dieser Aufgaben zuständig ist, ist abhängig von deren Wichtigkeit.	Einem Ziel näher kommt ein Unternehmen oder eine Person, wenn wichtige Aufgaben erledigt werden (= Arbeitserfolg). Gemessen wird die Wichtigkeit am verfolgten Ziel, sie bezieht sich auf den Inhalt des Ziels. Wichtige Aufgaben sind oftmals eher langfristig (strategisch) orientiert.

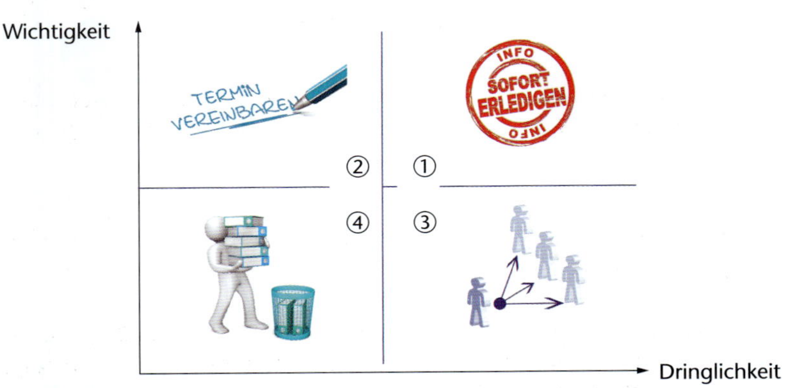

Das Eisenhower-Prinzip

Beispiele

Aufgaben des Bereichs 1 müssen ***sofort*** *und* ***selbst erledigt*** *werden. Darunter fallen beispielsweise Notfälle oder terminlich gebundene Aufgaben, wie die Abgabe einer Präsentation.*

Aufgaben im Bereich 2 sollten in der ***Terminplanung*** *berücksichtigt werden. Am besten werden diese Aufgaben persönlich erledigt und mit einem genauen Termin versehen, wie die Beantwortung von E-Mails und Briefen.*

Dringende, aber weniger wichtige Aufgaben wie die Neuinstallation einer Software oder die Ablage von Unterlagen fallen unter den Bereich 3 und können an andere ***delegiert*** *werden.*

Alles, was nicht wichtig und nicht dringend ist und damit in den Bereich 4 fällt, kann in den ***Papierkorb****.*

ALPEN-Methode

Lothar J. Seiwert, ein Wirtschaftswissenschaftler, entwickelte die ALPEN-Methode. Bei dieser Methode nehmen Sie sich jeden Tag ein paar Minuten Zeit, um sich zu Beginn des Arbeitstages einen schriftlichen Tagesplan zu erstellen. Dabei gehen Sie in fünf Schritten vor, die der Methode ihren Namen verliehen hat:

Aufgaben und Termine zusammenstellen und aufschreiben

Länge der Tätigkeiten realistisch abschätzen

Pufferzeiten einplanen

Entscheidungen über Prioritäten treffen, eventuell delegieren

Nachkontrolle und alles, was nicht erledigt werden konnte, neu einplanen

Wichtig ist, dass Sie nicht 100 % der Ihnen zu Verfügung stehenden Zeit verplanen. Sie sollten mit ca. 60 % der Zeit planen, der Rest wird für Unvorhergesehenes benötigt. Berücksichtigen Sie bei umfassenden Aufgaben und Terminen Pufferzeiten (Zeitreserven), da sonst der gesamte Terminplan bereits bei kleinen zeitlichen Abweichungen durcheinander gerät. Am Anfang fällt es Ihnen eventuell schwer, die Länge der Tätigkeit korrekt abzuschätzen. Je mehr Erfahrung Sie jedoch gewinnen, desto realistischer werden Ihre Einschätzungen werden.

Pareto-Prinzip

Anfang des 20. Jahrhunderts entdeckte der italienische Wirtschaftswissenschaftler Vilfredo Pareto, dass 20 % der italienischen Bevölkerung 80 % des italienischen Staatsvermögens besaßen. Aus dieser Erkenntnis entstand die 20/80 Regel bzw. 80/20 Regel, auch Pareto-Prinzip genannt.

Bezieht man diese auf das Zeitmanagement, stellt die Regel eine Zeit-Leistungs-Relation dar: 20 % der eingesetzten Zeit bewirken 80 % des Erfolgs, die restlichen 80 % der Zeit ergeben dann nur noch 20 % des Erfolgs.

Beispiele

- *20 % der Arbeit am Schreibtisch ermöglichen häufig 80 % des Arbeitserfolges.*
- *20 % der Kunden eines Unternehmens sorgen für 80 % des Gewinns.*

Daraus kann geschlossen werden, dass es wenig Sinn macht, alle Aufgaben zu 100 % richtig und mit der gleichen Aufmerksamkeit erledigen zu wollen. Auch hier ist es wieder notwendig, Prioritäten zu setzen und Wichtiges zuerst zu erledigen!

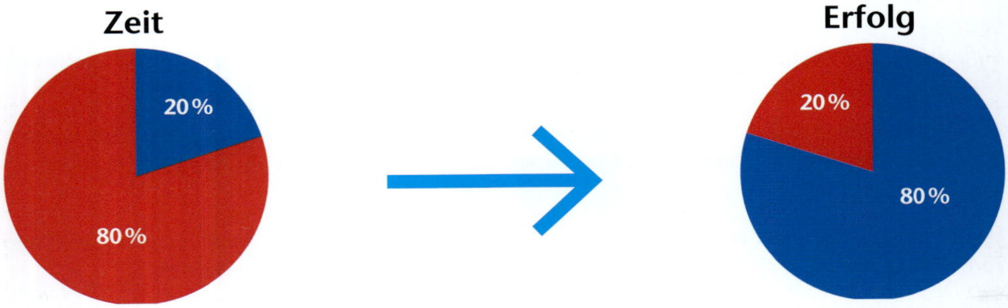

Das Pareto-Prinzip

Salamitaktik

Im Rahmen des Zeitmanagements bereiten vor allem die Aufgaben mit großem Umfang Schwierigkeiten, da es sehr schwer ist, diese exakt zu planen. Außerdem wirkt ein großer Berg Arbeit auf die meisten Menschen demotivierend und sie fangen erst gar nicht an zu arbeiten. Um dem zu entgehen, zerlegt man bei der Salamitaktik komplexe und schwierige große Aufgaben in kleinere, überschaubare Schritte (sinnbildlich in Salamischeiben) und erledigt diese Schritt für Schritt. Dadurch hat man immer wieder kleine Erfolgserlebnisse und schafft so Schritt für Schritt eine Aufgabe, die zunächst als unmöglich zu schaffen erschien.

Alle Methoden des Zeitmanagements haben ihre Stärken und Schwächen. Wichtig ist es, dass Sie sich selbst die Methode für Ihr Zeitmanagement auswählen, mit der Sie persönlich am besten zurechtkommen. Denn nur mit einer richtig angewandten Zeitmanagementmethode lässt sich auch wirklich Zeit einsparen.

7.5 Weitere Hilfsmittel zum gelungenen Zeitmanagement

Neben den Methoden des Zeitmanagements gibt es weitere Hilfsmittel, die die Planung von Zeit erleichtern und unterstützen können. Nachfolgend werden hierfür beispielhaft die Checkliste, die To-do-Liste und das Formulieren von Zielen vorgestellt.

Checklisten erstellen

LS 2.11

Eine Sonderform einer Liste ist die Checkliste. Sie dient dazu, Aktivitäten innerhalb von Prozessen zu koordinieren und diese Aktivitäten auf Vollständigkeit und Reihenfolge zu überprüfen. Checklisten unterstützen systematisches und fehlerfreies Arbeiten.
Einmal erstellt, sparen sie viel Zeit, da man sich nicht immer wieder komplett neu in Arbeitsprozesse hineindenken muss, sondern eine Grobstruktur der Bearbeitung eines Arbeitsprozesses bereits vorliegen hat. Sie ermöglichen außerdem einen ständigen Überblick, welche Arbeitsschritte bereits erledigt wurden und welche noch zu bearbeiten sind. Checklisten erleichtern auch die Aufteilung von Aufgaben zwischen Kollegen, ohne dass Arbeitsschritte vergessen werden. Kommt ein neuer Kollege hinzu, sind Checklisten für die Einarbeitung sehr hilfreich.

Beispiel

Checkliste Überprüfung einer eingegangenen Bewerbung

Ist die Bewerbung vollständig?	*Ja* ☐	*Nein* ☐
Weist der Lebenslauf Lücken auf?	*Ja* ☐	*Nein* ☐
Passt der erlernte Beruf zur ausgeschriebenen Stelle?	*Ja* ☐	*Nein* ☐
Hat der Bewerber genügend Berufserfahrung?	*Ja* ☐	*Nein* ☐
Hat der Bewerber die notwendigen Softwarekenntnisse?	*Ja* ☐	*Nein* ☐
Hat der Bewerber die notwendigen Sprachenkenntnisse?	*Ja* ☐	*Nein* ☐
...		
Soll der Bewerber zum Test oder Gespräch eingeladen werden?	*Ja* ☐	*Nein* ☐

Zur Erstellung von Checklisten bietet sich ein Textverarbeitungsprogramm (z. B. MS Word) an. Dort können mithilfe von Tabellen oder Formularen digitale Checklisten erstellt werden. Digitale Checklisten bieten gegenüber handgeschriebenen Checklisten den großen Vorteil, dass sie jederzeit ohne großen Arbeitsaufwand ergänzt oder abgeändert und mit Kollegen ausgetauscht werden können.

Word 5, 10

Aufgabenlisten, sogenannte To-do-Listen, dienen dazu, die zukünftigen Aufgaben festzuhalten und zu organisieren. Dahinter steckt die Frage, wer macht was bis wann.

Beispiel

Frau Albers aus der Ausstattungsberatung schreibt sich eine To-do-Liste für den heutigen Tag. Darauf finden sich u. a. folgende Einträge:

- *Termin Werksarzt für Grippeschutzimpfung vereinbaren*
- *Angebot für die Frohn KG erstellen*
- *neue Prospekte bestellen*
- *Blumen gießen*
- *Termin mit Herrn Klein vereinbaren*
- *Anfrage der Neukunden bearbeiten*
- *Personalabteilung wegen Weiterbildungszertifikat anrufen*

Der Unterschied der Checkliste und To-do-Liste liegt in der jeweiligen Zielsetzung. Außerdem unterscheidet sich der zeitliche Bezug der beiden Listen. Die To-do-Liste ist durch ihre Fragestellung „Was ist zu tun?“ auf die Zukunft ausgerichtet. Hingegen überprüft die Checkliste, ob alle Aufgaben wirklich erledigt wurden, sie ist also vergangenheitsbezogen.

Ziele formulieren

Das Setzen von Zielen ist im Arbeitsalltag immer wieder notwendig, um Arbeitsaufgaben korrekt ausführen zu können. Aus diesem Grund ist es wichtig, wirksame Ziele zu formulieren. Dabei kann die sogenannte SMART-Regel helfen, nach der Ziele die folgenden fünf Kriterien erfüllen sollen:

Spezifisch: Ziele dürfen nicht vage formuliert sein, sondern müssen so präzise wie möglich sein.

Messbar: Die Zielerreichung muss sich messen lassen, sowohl in quantitativer als auch qualitativer Hinsicht.

Akzeptiert: Nur wenn ein Ziel von den betroffenen Personen auch angenommen wird, kann an dessen Erreichung gearbeitet werden. Hilfreich ist dafür, das Ziel positiv zu formulieren.

Realistisch: Es muss möglich sein, das Ziel auch erreichen zu können.

Terminiert: Es ist notwendig, eine genaue Terminvorgabe vorzunehmen, wann das Ziel erreicht sein muss.

Beispiel
Verringerung des Druckerpapierverbrauchs in der Abteilung Beschaffung der Duisdorfer BüroKonzept KG um 10 % bis zum 31.12.20..

7.6 Selbstmanagement

Beim Selbstmanagement geht es darum, dass jeder die Verantwortung für die eigene Entwicklung, sowohl im persönlichen als auch beruflichen Bereich, übernimmt. Durch Selbstmanagement soll das Verhalten beim Lernen oder bei der Arbeit so gesteuert und strukturiert werden, dass die gesetzten Ziele erreicht werden können.

Das Selbstmanagement setzt sich aus verschiedenen Teilkompetenzen zusammen und wird durch den Willen der Person gelenkt. Es ist jedoch auch abhängig von der jeweiligen Persönlichkeit und wird durch Vorlieben, Abneigungen und gemachte Erfahrungen beeinflusst. Wichtig ist dabei, dass nicht nach gut und schlecht beurteilt wird, sondern immer hinterfragt wird, welche bisher angewandte Strategie mein angestrebtes Ziel unterstützt (z. B. Bestehen der Abschlussprüfung bei der IHK) und welche Strategien eher hinderlich sind für die Zielerreichung. Es ist also erforderlich, sich sehr detailliert mit sich selbst auseinanderzusetzen.

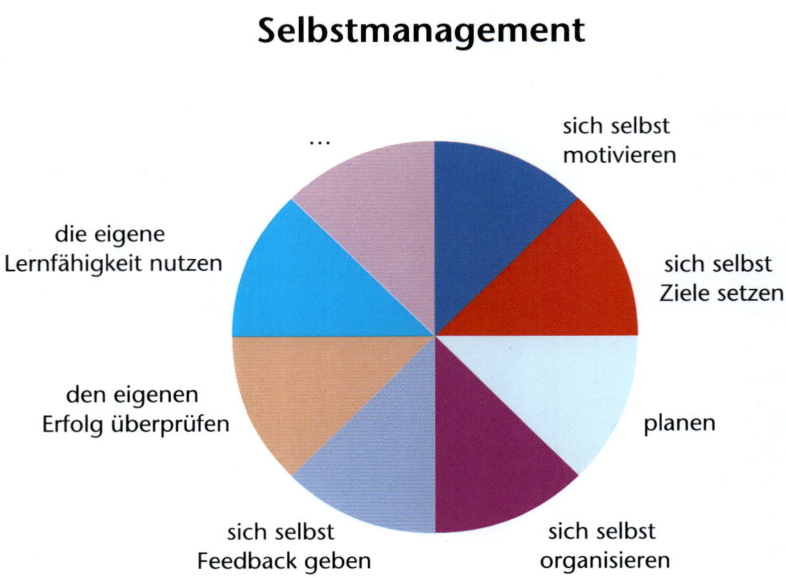

Beispielhafte Teilkompetenzen des Selbstmanagements

Beispiel
Teilkompetenz „den eigenen Erfolg überprüfen"

Frau Karin Albers aus der Abteilung Ausstattungsberatung hat sich für heute vorgenommen, acht telefonische Beratungsgespräche zu führen. Am Ende des Arbeitstages stellt Frau Albers fest, dass sie fünf Gespräche geführt hat. Aus dem Soll-Ist-Vergleich ergibt sich eine Abweichung von drei Gesprächen. Nun muss Frau Albers überlegen, woher diese Abweichung kommt und welche Schlussfolgerungen sie für ihr zukünftiges Verhalten daraus zieht. Eine Schlussfolgerung könnte beispielweise sein, dass sie sich zukünftig nicht mehr auf einen so hohen Anteil von Small-Talk bei den Beratungsgesprächen einlässt, um mehr Gespräche zu schaffen.

Tipp:
Ob Sie ein Zeitmanagement-Profi sind, können Sie beispielsweise online testen unter: http://www.manager-magazin.de/unternehmen/karriere/a-466573.html

8 Terminplanung

8.1 Termine

Ein Termin ist ein genau definierter Zeitpunkt, an dem etwas zu erledigen ist oder ein Ereignis stattfindet. Er besteht aus den beiden Angaben Kalenderdatum und Uhrzeit. Termine im betrieblichen Kontext sind z. B. Besprechungen, Geschäftsreisen, Urlaub, Messen, Vertreterbesuche oder Zahlungs- und Liefertermine.

LS 2.12, 2.13

Beispiele
- *Herr Klein aus der Abteilung Vertrieb hat am 12. Juni 20.. um 11:00 Uhr eine Besprechung mit seinen Mitarbeitern.*
- *Die Rechnung unseres Holzlieferanten Opitz AG muss bis zum 30. September 20.. bezahlt sein.*

Die Planung der Arbeitszeit, der Anwesenheit bei Terminen sowie die Überwachung und Einarbeitung von Terminen in den Tagesablauf sind wesentliche Teile der Büroarbeit. Bevor Termine angemessen eingeplant werden können, sollte man sich daher Gedanken über die Details des einzuplanenden Termins machen. Dabei können folgende Fragen hilfreich sein:
- Warum findet der Termin statt?
- Wer nimmt an dem Termin teil?
- Wann findet der Termin statt? (Datum, Uhrzeit)
- Wo findet der Termin statt? (Ort, Raum)
- Wie lange dauert der Termin?

Oftmals wird zur visuellen Verdeutlichung bei der Terminplanung mit dem sogenannten Netzplan gearbeitet.

LF 13

8.2 Terminarten

Termine lassen sich in feste und variable Termine unterscheiden.

Die **festen** Termine wiederholen sich periodisch. Sie werden möglichst frühzeitig – teilweise schon am Jahresanfang – in den Kalender eingetragen, um späteren Terminüberschneidungen vorzubeugen. Feste bzw. unveränderliche Termine sind z. B.:

- Geburtstage
- Steuerzahlungen
- Messen und Ausstellungen
- Schul- und Betriebsferien
- Jubiläen
- Hauptversammlungen

Die **flexiblen** Termine werden sofort, nachdem sie vereinbart wurden, eingetragen. Bei Bedarf muss eine Abstimmung mit den bereits festliegenden Terminen erfolgen. Zu den beweglichen Terminen gehören beispielsweise:

- Besprechungen, Sitzungen, Tagungen
- Geschäftsreisen
- private und geschäftliche Treffen (Geschäftsessen, Konzertbesuche etc.)

8.3 Terminüberwachung

Die wichtige Aufgabe der Terminüberwachung wird oft vom Sekretariat übernommen. Gleichzeitig ist jeder selbst für die Einhaltung von Terminen verantwortlich. Bei der Eintragung von Terminen bietet es sich an, für die verschiedenen Arten eine unterschiedliche Farbe zu verwenden, um sofort auch optisch einen Überblick zu haben.

Sinnvoll ist es, jeweils am Ende eines Arbeitstages zu überprüfen, welche Termine erledigt wurden und was dringend am nächsten Tag zu tun ist. Diese Termine müssen dann für den nachfolgenden Arbeitstag mit eingeplant werden. Hierbei unterstützt auch der Einsatz der bereits kennengelernten Wiedervorlagemappe aus Kapitel 6.8.

Gesetzlich vorgeschriebene Termine, die unbedingt einzuhalten und deshalb auch zu kontrollieren sind, gibt es beispielsweis für die Zahlung von Sozialabgaben und Steuern. Die einzubehaltenden Sozialabgaben der Mitarbeiter sowie der Arbeitgeberanteil zur Sozialversicherung sind am drittletzten Bankarbeitstag des Monats fällig. Die einbehaltene Lohnsteuer ist bis zum 10. des Folgemonats an das Finanzamt abzuführen.

Wird ein Termin eingehalten, spricht man von einem fristgerechten oder fristgemäßen Termin. Kommt es dazu, dass ein Termin nicht fristgerecht eingehalten wird, dann kann er entweder gar nicht eingehalten, verspätet eingehalten oder vertagt werden.

Vergessene oder übersehene Termine sind nicht nur peinlich und unhöflich, sie können auch unangenehme Konsequenzen nach sich ziehen.

Beispiel
Herr Fernandez aus der Buchhaltung hat die zweite Mahnung unseres Lieferanten Opitz AG auf dem Tisch liegen. Der versäumte Zahlungstermin hat zur Folge, dass wir keinen Skontoabzug vornehmen können, wir müssen eventuell Verzugszinsen und Mahngebühren zahlen und unter Umständen ist das bisher vertrauensvolle Verhältnis zum Lieferanten Opitz AG nun gestört.

Es gibt immer mal wieder Situationen, die eine Termineinhaltung nicht möglich machen. Ist dies der Fall, sollte der Termin sofort, am besten telefonisch und bei der zuständigen Person, abgesagt und ein neuer Termin vereinbart werden. Gut ist es, wenn dann sofort ein Alternativtermin vorgeschlagen werden kann.

8.4 Urlaubsplanung

Eine spezielle Art der Terminplanung ist die sogenannte Urlaubsplanung. Dabei werden die gewünschten oder genehmigten Urlaubstage aller Mitarbeiter einer Abteilung meist in eine Kalenderübersicht eingetragen. Wichtig ist es hierbei, die Rahmenbedingungen der einzelnen Abteilungen, und falls möglich, persönliche Wünsche zu beachten. Zusätzlich muss auch noch der § 7 des Bundesurlaubsgesetzes beachtet werden:

§ 7 BurlG

(1) Bei der zeitlichen Festlegung des Urlaubs sind die Urlaubswünsche des Arbeitnehmers zu berücksichtigen, es sei denn, dass ihrer Berücksichtigung dringende betriebliche Belange oder Urlaubswünsche anderer Arbeitnehmer, die unter sozialen Gesichtspunkten den Vorrang verdienen, entgegenstehen. [...]

(2) Der Urlaub ist zusammenhängend zu gewähren, es sei denn, dass dringende betriebliche oder in der Person des Arbeitnehmers liegende Gründe eine Teilung des Urlaubs erforderlich machen. Kann der Urlaub aus diesen Gründen nicht zusammenhängend gewährt werden, und hat der Arbeitnehmer Anspruch auf Urlaub von mehr als zwölf Werktagen, so muss einer der Urlaubsteile mindestens zwölf aufeinanderfolgende Werktage umfassen.

Beispiel

Bei der Urlaubsplanung der Abteilung Beschaffung unter Leitung von Frau Beckmann sind nachfolgende Rahmenbedingungen zu beachten:

- *Herr Anderson, Frau Elling und Herr Lembke vertreten sich gegenseitig. Herr Anderson vertritt die Abteilungsleiterin Frau Beckmann.*
- *Inklusive der Abteilungsleitung müssen immer zwei Mitarbeiter anwesend sein.*
- *Für Mai 20.. ist bekannt, dass neue Produkte eingeführt werden. Deshalb darf im Mai 20.. kein Mitarbeiter Urlaub machen.*
- *Herr Lembke und Frau Elling haben schulpflichtige Kinder und möchten nur in den Schulferien ihren Urlaub nehmen.*

8.5 Hilfsmittel zur Terminplanung

Neben den klassischen Hilfsmitteln wie Kalender, Planer, Terminmappen oder Stecktafeln gewinnen die elektronischen Terminkalendersysteme immer mehr an Bedeutung. Elektronische Kalender gibt es als eigenständige Computer, oftmals sind sie bereits in ein E-Mail-Programm integriert. Die Unterschiede der angebotenen Computerprogramme liegen meist im Preis und den verfügbaren Funktionen.

Folgende Funktionalitäten sollte ein Programm zur elektronischen Terminplanung mindestens enthalten: Kalenderfunktion, Terminüberschneidungsprüfung, Adressbuch, Notizen, Erinnerungsfunktion sowie die Möglichkeit, den Kalender mithilfe eines Passwortes zu schützen.

Elektronische Terminplaner verfügen gegenüber dem klassischen Papierkalender über nachfolgend beschriebene Vor- und Nachteile. Ein großer Vorteil des elektronischen Terminplaners ist es, dass die Terminkalender von Mitarbeitern über ein Netzwerk miteinander verbunden werden können. Dadurch können Termine ausgetauscht, abgeglichen und gemeinsam bearbeitet werden. Jeder Mitarbeiter kann in seinem Kalender markieren, ob bestimmte Teilabschnitte eines Tages noch verfügbar und damit als frei gekennzeichnet werden oder durch eine Aktivität wie z. B. ein Teammeeting belegt sind. Durch die Offenlegung aller Termine aller Mitarbeiter kann das Programm z. B. auf Befehl nach übereinstimmenden freien Terminen für alle Teilnehmer einer Sitzung suchen. Somit hat man ohne viel Zeitaufwand und Arbeit schnell einen Terminvorschlag. Muss einmal etwas geändert, verschoben oder gelöscht werden, ist dies einfach durchführbar. Zusätzlich hat man die Möglichkeit, sich ausgewählte Termine durch eine optische oder akustische Meldung anzeigen zu lassen. Mithilfe eines Notebooks, eines Smartphones oder eines Personal Digital Assistent (PDA) kann der Terminkalender auch von unterwegs geführt werden. Schutz vor unbefugtem Zugriff bietet ein persönliches Passwort.

Ein großer Nachteil elektronischer Terminplaner ist die Gefahr des Datenverlustes, falls es zu Hard- oder Softwareproblemen kommt. Wurde im elektronischen Terminkalender eine Änderung vorgenommen, so kann diese im Nachhinein nicht mehr nachvollzogen werden. Besteht unterwegs keine Verbindung zum Firmennetzwerk, ist es notwendig, den PC und das verwendete portable Gerät zu synchronisieren, damit der Terminkalender auch stets auf dem aktuellsten Stand ist. Ist kein portables Gerät vorhanden, müssen unterwegs notierte Termine zeitnah in den elektronischen Terminkalender eingegeben werden.

Stellvertretend für einen elektronischen Terminkalender wird hier Microsoft Outlook vorgestellt.

Microsoft Outlook

LS 2.11

Microsoft Outlook ist ein Bestandteil von Microsoft Office und weit verbreitet. MS Outlook zählt zu den Personal Information Managern (PIM) und unterstützt neben einer E-Mail-Funktion im betrieblichen Bereich vor allem die Terminverwaltung. Für die volle Funktionalität ist der zusätzliche Betrieb eines sogenannten Exchange-Servers, der sich um die zentrale Ablage und Verwaltung von E-Mails, Terminen, Adressen, Ressourcen etc. kümmert, notwendig.

MS Outlook definiert für seine Kalenderfunktion vier verschiedene Terminarten:

- **Ressourcen**: dies sind Räume, Fahrzeuge oder Technik wie Laptop oder Beamer. Diese Gegenstände können von verschiedenen Personen im Unternehmen genutzt werden, was eine zeitlich genau festgelegte Reservierung notwendig macht.
- **Termine**: sind alle Anlässe, die ohne weitere Personen stattfinden und keine Ressource benötigen. Beispiel: Anrufe, Arztbesuch.
- **Besprechungen**: Hier erfolgt eine Einladung an weitere Personen und es werden Ressourcen, beispielsweise ein Besprechungsraum, benötigt.

- **Ereignisse**: sind Anlässe, die 24 Stunden oder länger andauern. Sie sind keiner bestimmten Zeit innerhalb eines Tages zugeordnet. Outlook erinnert standardmäßig 18 Stunden vorher an ein Ereignis. Beispiel: Geburtstag, Feiertag oder Urlaub.

Oftmals ist es notwendig, für eine Besprechung oder eine Konferenz mit mehreren Teilnehmern einen gemeinsamen Termin zu finden. Dabei kann eine Terminabfrage hilfreich sein. Outlook bietet dafür die sogenannte „Besprechungsanfrage" an. Nachfolgend werden die notwendigen Schritte zur Erstellung einer neuen Besprechung dargestellt.

1. Öffnen Sie MS Outlook und gehen Sie in die Kalenderansicht.
2. Klicken Sie auf „Neue Besprechung" und geben Sie einen Betreff ein.

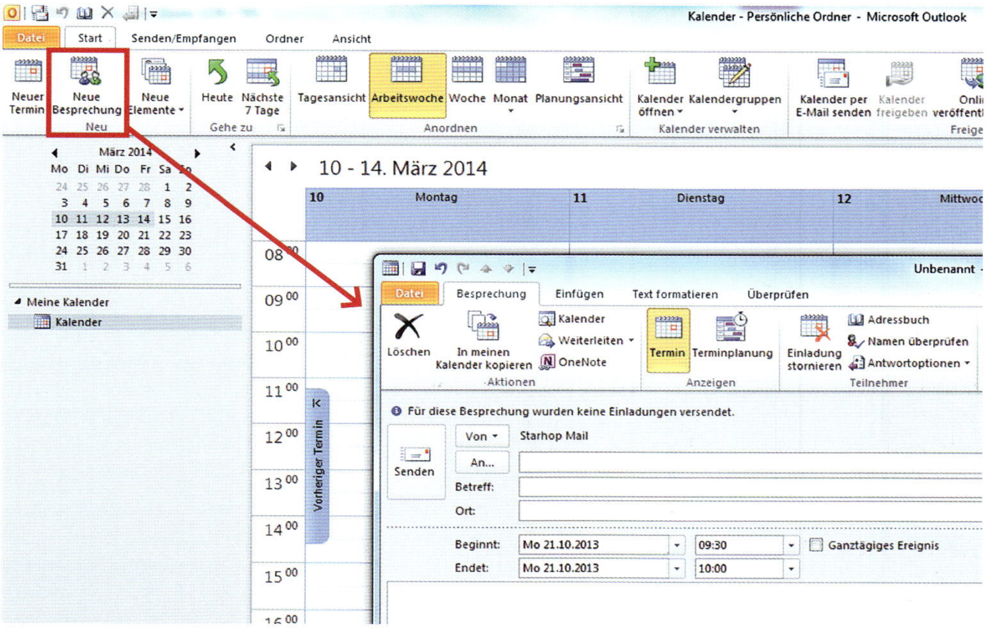

Neue Besprechung planen

3. Geben Sie Ihren gewünschten Termin mit Datum, Ort, Beginn und Ende ein. Zusätzlich haben Sie die Möglichkeit, im unteren Textfeld einen individuellen Text einzugeben.
4. Wählen Sie die entsprechenden Teilnehmer aus Ihrem Adressbuch (siehe nächstes Bild) aus und bestätigen Sie mit „OK".

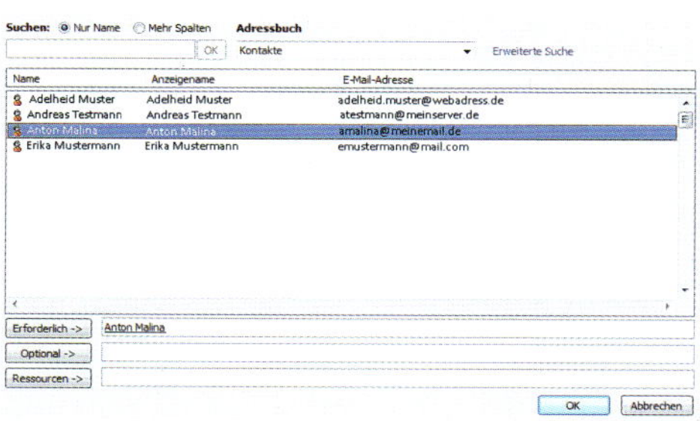

Adressaten auswählen

Aus Ihrem Adressbuch können Sie dann, wie bei einer E-Mail, die gewünschten Teilnehmer auswählen. MS Outlook erlaubt dabei eine Unterscheidung in Personen, die auf jeden Fall teilnehmen sollen (erforderlich) und Personen, deren Teilnahme wünschenswert (optional) ist.

5. Wechseln Sie auf die Schaltfläche „Terminplanung". Nun sehen Sie von allen ausgewählten Teilnehmern die jeweilige Verfügbarkeit bzw. die Termine. Eventuell reicht es aus, die Zeiten der zu planenden Besprechung mithilfe der grünen und roten Linie zu verändern, sodass alle erforderlichen Teilnehmer können.
6. Klicken Sie auf „Senden". Die Besprechungsanfrage wird an alle ausgewählten Teilnehmer versendet.

Weitere wichtige Termineinstellungsmöglichkeiten in MS Outlook:

Serientypen
MS Outlook ermöglicht es zudem, bei der Erstellung eines neuen Termins unter der Registerkarte „Termin" einen Serientypen zu vergeben. Mit diesem kann man einstellen, ob ein Anlass täglich, wöchentlich (z. B. Teammeeting), monatlich oder jährlich (z. B. Feiertag, Geburtstag) stattfindet.

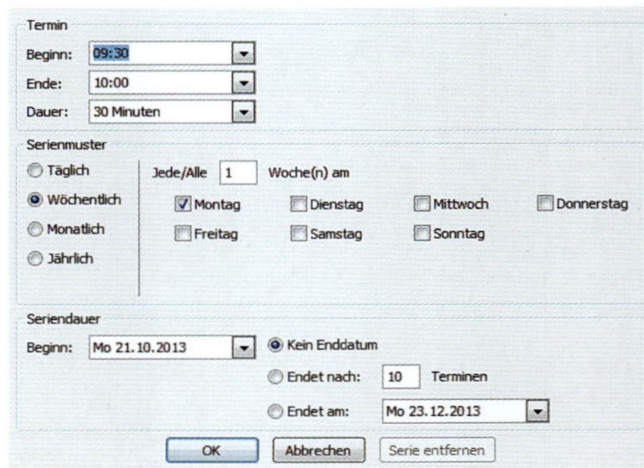

Serientypen vergeben

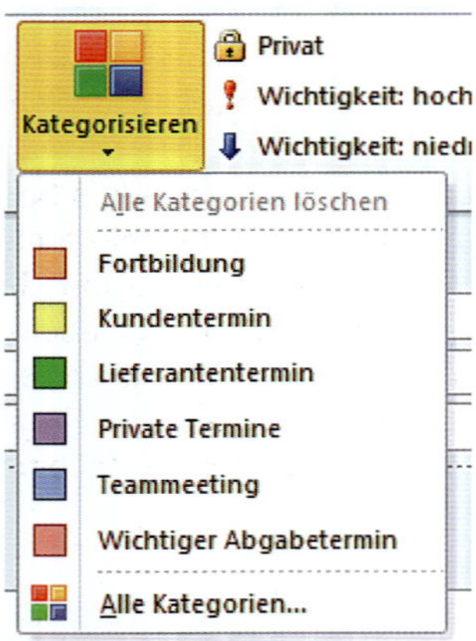

Terminkategorien vergeben

Terminkategorien
Termine können weiterhin kategorisiert und durch unterschiedliche Farben dargestellt werden. Dazu kann jeder Nutzer selbst festlegen, welche Farbe für welche Kategorie von Termin verwendet werden soll. Auch die Anzahl der verschiedenen Kategorien ist jedem Nutzer selbst überlassen. Hier sehen Sie ein Beispiel für mögliche Kategorien.

Tipp:
Einen kostenlosen Kurs im Internet mit Beispielen und Aufgaben zu MS Outlook 2010 gibt es von der THEIA AG unter http://www.teialehrbuch.de/Kostenlose-Kurse/Outlook-2010.php

Auf der linken Seite der Homepage befindet sich das abgebildete Inhaltsverzeichnis. In Kapitel 3 beschäftigt sich der Kurs mit Terminen, Aufgaben und Notizen.

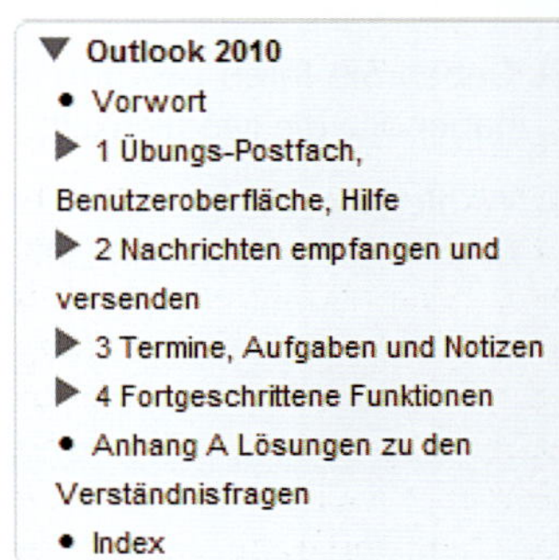

Inhaltsverzeichnis Theia Kurs

Online-Tools zur Terminfindung

Sollen Termine mit externen Partnern ohne MS Outlook oder im privaten Bereich geplant werden, kann ein einfaches und kostenloses Online-Tool zur Terminfindung wie „Doodle" (www.doodle.com) oder „Google Kalender" eingesetzt werden. Doodle ermöglicht es, mithilfe eines selbsterklärenden Assistenten, Terminabfragen zu erstellen.

Tipp:
Es besteht die Möglichkeit, Doodle und Outlook miteinander zu verbinden. Dafür benötigt man den Doodle Outlook Connector. Dieser bewirkt, dass Sie Terminanfragen direkt in der Kalenderansicht starten und beantworten können. Dann erfolgt eine automatische Synchronisation mit dem Kalender. Informationen dazu finden Sie unter: http://www.doodle.com/about/doodleOutlookConnector.html?locale=de

8.6 Moderne Varianten der Besprechung

Besprechungen beanspruchen einen nicht unerheblichen Teil der Arbeitszeit im Büro. Deshalb planen immer mehr Unternehmen auch alternative Formen der Besprechung, die nicht mehr unbedingt die Anwesenheit aller Betroffenen an einem Ort erfordern. Hierzu zählen beispielsweise Video- und Telefonkonferenzen.

Videokonferenz

Eine Videokonferenz macht es möglich, dass sich Gesprächspartner an weit auseinanderliegenden Orten miteinander austauschen. Dafür werden spezielle Videokonferenzsysteme und ein Internetanschluss benötigt. Dies erlaubt dann sogar die gemeinsame Arbeit an einer Computerdatei bzw. den Austausch von Dateien, sodass man fast das Gefühl hat, nebeneinander zu sitzen. Durch die Anwendung dieser Technik können viele Kosten wie beispielsweise Flug- und Hotelkosten, Verpflegung etc. und auch Zeit eingespart werden. Zunächst fallen jedoch für die Anschaffung der Technik Kosten an.

Telefonkonferenz

Bei einer Telefonkonferenz wird ein Telefonat mit mehr als drei Teilnehmern geführt. Sind es genau drei Teilnehmer, spricht man von einer Dreierkonferenz. Die technischen Herausforderungen steigen mit der Anzahl der Teilnehmer. Es wird eine spezielle Software benötigt, um eine Telefonkonferenz durchführen zu können. Die Art der Konferenzschaltung entscheidet darüber, wie viele Teilnehmer zusammengeschaltet werden können. Inzwischen werden von sehr vielen Telekommunikationsanbietern Konferenzschaltungen angeboten. Einige Anbieter haben sogar virtuelle Konferenzräume im Angebot, die nur über eine PIN „betreten" werden können, welche die Teilnehmer mitgeteilt bekommen. Diese virtuellen Konferenzräume bieten Platz für mehrere hundert Teilnehmer. Auch bei Telefonkonferenzen entstehen meist Kosten für die Umsetzung, aber es können ebenfalls Kosten und Zeit eingespart werden.

Tipp:
Eine Übersicht verschiedener Anbieter von Telefonkonferenzen inklusive der Leistungsmerkmale und Kosten findet sich unter: http://www.teltarif.de/i/konferenz.html?page=4.

9 Sitzungen und Besprechungen

LS 2.14

9.1 Sitzungen und Besprechungen vorbereiten und die Durchführung begleiten

Sollen Sitzungen und Besprechungen zufriedenstellend und effektiv verlaufen, ist eine gute Planung unverzichtbar. Das gilt auch für Teambesprechungen mit kleiner Teilnehmerzahl. Bei mangelnder Vorbereitung besteht die Gefahr, dass wichtige Inhalte nicht thematisiert werden, das Nachdenken erst in der Sitzung beginnt und somit mehr Zeit benötigt wird. Ergebnisse und Beschlüsse werden möglicherweise nicht genau festgehalten, nicht nachverfolgt und schließlich vergessen.

Eine gute Vorbereitung der Sitzung oder Besprechung beginnt rechtzeitig. Wie groß der Zeitabstand zwischen dem Sitzungstermin und dem Beginn der Vorbereitung ist, hängt von der Art der Sitzung und den konkreten Bedingungen vor Ort ab. Geht es beispielsweise um eine wöchentlich stattfindende Teamsitzung, so reicht es i. d. R. aus, mit der Planung 2–3 Tage vor dem Sitzungstermin zu beginnen. Handelt es sich um eine offizielle Sitzung wie die Gesellschafterversammlung einer GmbH, so sind die entsprechenden gesetzlichen Regeln einzuhalten und die Vorbereitung der Sitzung sollte entsprechend früher beginnen.

GmbH-Gesetz § 51 Form der Einberufung

(1) Die Berufung der Versammlung erfolgt durch Einladung der Gesellschafter mittels eingeschriebener Briefe. Sie ist mit einer Frist mit mindestens einer Woche zu bewirken.

Bevor die Einladungen verfasst und versendet werden, sind u. a. folgende Punkte zu bearbeiten und zu klären:

Vorbereitungsaspekte	Mögliche Fragestellungen
Datum und Uhrzeit festlegen	Gibt es möglicherweise andere Sitzungen zu dem geplanten Termin? Sind Teilnehmer eventuell verhindert?
Raum reservieren und vorbereiten	Welcher Raum ist geeignet und verfügbar? Werden bestimmte Medien/technische Hilfsmittel benötigt? Wurde der Raum reserviert?
Teilnehmer	Wer gehört zum Teilnehmerkreis der Besprechung/Sitzung? Welche Unterlagen benötigen die Teilnehmer, um sich auf die Sitzung vorzubereiten?
Zeitbedarf	Wie viel Zeit wird voraussichtlich für die Durchführung benötigt?
Tagesordnungspunkte (TOP)	Wann ist der Anmeldeschluss für Tagesordnungspunkte? Worum geht es bei den Tagesordnungspunkten? Was ist das Ziel: Ideensammlung, Information, Aussprache, Entscheidung, Beschlussfassung? Welche Zeit ist für jeden einzelnen TOP einzukalkulieren? Wer wird den TOP einleiten? Werden Medien/technische Hilfsmittel (Moderationsmaterial, PC und Beamer etc.) benötigt? Welche Reihenfolge der TOP ist sinnvoll?

Vorbereitungsaspekte	Mögliche Fragestellungen
Unterlagen	Welche Schriftstücke, Dokumente etc. werden für die Sitzung benötigt oder erhalten die Teilnehmer vor der Sitzung?
Protokoll	Wer schreibt das Protokoll? Welche Protokollart wird gewünscht?

Sind die Fragen zu den Tagesordnungspunkten geklärt, wird der **Sitzungsablauf** strukturiert. Eine gewisse Wiederholung ist sinnvoll; so können etwa immer wiederkehrende Punkte einen festen Platz im Ablauf der Sitzung erhalten.

Beispiel

Beispiel für einen regelmäßigen Sitzungsverlauf einer Abteilungsleitersitzung in einem Unternehmen (Uhrzeiten als ca. Angaben)

09:00 Uhr	*Protokoll der letzten Sitzung*
09:05 Uhr	*Aktuelle Berichterstattung aus den Abteilungen*
09:20 Uhr	*Schwerpunktthema*
10:10 Uhr	*Pause*
10:20 Uhr	*2–3 weitere, kürzere Themen*
10:50 Uhr	*Ausblick auf die nächste Woche, weitere Schritte, Verabredungen für nächste Schwerpunktthemen oder andere TOPs*
11:00 Uhr	*Ende der Sitzung*

Die Gestaltung der **Einladung** wird erst dann vorgenommen, wenn die Vorbereitungen der Sitzung oder Besprechung weitgehend abgeschlossen sind. Je präziser die Inhalte in der Einladung formuliert werden, desto besser können sich die Teilnehmer auf die Sitzung vorbereiten und Mitverantwortung für die effektive Durchführung übernehmen. Werden genaue Informationen erst in der Sitzung gegeben, beginnt das Nachdenken darüber erst danach und das gute Gelingen der Sitzung wird erschwert.

Beispiel

Die Geschäftsführung der Duisdorfer BüroKonzept KG hat zu einer Abteilungsleitersitzung eingeladen. Ein Tagesordnungspunkt ist bezeichnet als „Sortiment“. Mit dieser Information bleibt unklar, was genau besprochen werden soll. Geht es um eine mögliche Erweiterung des Sortiments? Sollen bestimmte Produkte aus dem Sortiment herausgenommen werden? Oder soll das Sortiment anders zusammengestellt werden? Folge dieser ungenauen Formulierung ist, dass die Teilnehmer sich gedanklich nicht gezielt vorbereiten können und ohne durchdachte Vorschläge oder Ergebnisse in die Sitzung gehen.

Zu einer detaillierten Einladung gehören Informationen zu

- Art der Sitzung/Besprechung
- Datum, Uhrzeit und Ort
- voraussichtlicher Zeitbedarf
- Tagesordnungspunkte mit Ziel (z. B. Information, Ideensammlung, Erfahrungsaustausch, Aussprache, Entscheidungsfindung, Beschlussfassung)
- Angabe des Berichterstatters/Verantwortlichen für einzelne Tagesordnungspunkte
- bei Bedarf Hinweis auf Anlagen zu einzelnen Tagesordnungspunkten
- Hinweis, ob Anmeldung erforderlich ist (für außerbetriebliche Teilnehmer)
- Name des Protokollführers (bei innerbetrieblichen Sitzungen/Besprechungen)

Beispiel

Geschäftsführung

Duisdorfer
BüroKonzept
KG

Ausstattung und Beratung
für das Büro

Duisdorfer BüroKonzept KG · Rochusstraße 30 · 53123 Bonn

Abteilungsleiterinnen und Abteilungsleiter
- im Hause -

Ihr Zeichen:
Ihre Nachricht vom:
Unser Zeichen:
Unsere Nachricht vom:

Name:
Telefon:
Telefax:
E-Mail:

Datum: 23.09.20..

Einladung zur Abteilungsleitersitzung

Sehr geehrte Kolleginnen und Kollegen,

wir laden Sie zu unserer Abteilungsleitersitzung ein, die am

30.09.20.. um 14:00 Uhr in Raum 236

stattfindet.

Das Protokoll führt Samira Erden.

Folgende Tagesordnungspunkte – Zeitbedarf ca. **90 Minuten** – sind vorgesehen:

1. Genehmigung des Protokolls der Sitzung vom 21.08.20..
2. Kurzberichte aus den einzelnen Abteilungen zur aktuellen Entwicklung (Berichterstatter: alle Abteilungsleiter/innen)
3. Aussprache über die Vorschläge und Entscheidung zur Sortimentserweiterung der Warengruppe *Handelswaren Bürotechnik* (Anlagen 1 und 2) (Berichterstatterin: Katharina Niester)
4. Vorschläge für den Betriebsausflug 20.. – Zusammenstellen einer Planungsgruppe
5. Ausblick auf den Monat Oktober und Verschiedenes

Mit freundlichen Grüßen
Geschäftsführung

Katharina Niester *Sebastian Falo*

Anlagen

Duisdorfer BüroKonzept KG
Rochusstraße 30
53123 Bonn
USt.-IdNr.: DE 244 111 855

Geschäftsführer:
Sebastian Falo
Katharina Niester
Amtsgericht Bonn
HRA 1221

Telefon: 0228 98765-0
Fax: 0228 98765-80
Internet: www.duisdorfer-bueko.de
E-Mail: info@duisdorfer-bueko.de

Bankverbindungen:
Volksbank Bonn Rhein-Sieg
IBAN DE85 3860 0186 2401 2345 67
BIC GENODED1BRS
Postbank Köln
IBAN DE23 3701 0050 8884 4412 34
BIC PBNKDEFF370

Die Durchführung

Eine durchdachte Vorbereitung ist ein wesentlicher Baustein für eine erfolgreich verlaufende Sitzung. Dennoch kann es passieren, dass auch bei guter Planung die Sitzung oder Besprechung nicht effektiv verläuft. Denn für das gute Gelingen ist nicht nur der Leiter der Sitzung, sondern sind auch die Teilnehmer verantwortlich. Verschiedene Persönlichkeiten werden sichtbar und können den Ablauf ungünstig beeinflussen: Da gibt es beispielsweise den Dauerredner, der zu allem etwas zu sagen hat, den Desinteressierten, der immer wieder auf die Uhr schaut oder den Abteilungswitzbold, der oft auf Kosten desjenigen, der gerade einen Beitrag leistet, einen Scherz macht und alles ins Lächerliche zieht.

Für die Durchführung von Sitzungen und Besprechungen helfen einige Grundsätze bzw. Verhaltensregeln:

- Die Sitzung beginnt pünktlich, auch wenn noch nicht alle Teilnehmer eingetroffen sind. Der vorgesehene Zeitrahmen wird eingehalten.
- Die Tagesordnung dient als Leitfaden und die Themen werden zielorientiert abgearbeitet. Die Teilnehmer schweifen nicht vom Thema ab und führen keine Binnengespräche.
- Die Besprechung der einzelnen Tagesordnungspunkte folgt einem strukturierten Ablauf, z. B. Einführungs- und Informationsphase, Diskussionsphase, Entscheidungsphase oder fragen – zuhören – klären – festhalten.
- Die Kommunikation ist offen und respektvoll. Grundlegende Kommunikationsregeln werden eingehalten. Die Teilnehmer fallen dem Redner nicht ins Wort, bemühen sich um Konsens, sehen sich als gleichwertige Gesprächsteilnehmer und sprechen unterschiedliche Vorstellungen und Interessenskonflikte offen an. LF 7, 1
- Jeder bemüht sich um kurze Beiträge.

9.2 Sitzungen und Besprechungen protokollieren

Das Wort **Protokoll** bedeutet Niederschrift und meint in der kaufmännischen Praxis eine schriftliche Aufzeichnung über Inhalte, Verlauf und Ergebnisse von Veranstaltungen wie Sitzungen, Versammlungen, Besprechungen, Diskussionen, Konferenzen und Verhandlungen.

Wozu werden Protokolle erstellt?

Information	Beweis- und Dokumentationsmittel	Organisation
z. B. für Abwesende Gedächtnisstütze für die Teilnehmer	Beschlüsse werden aktenkundig gemacht Entscheidungen werden u. U. rechtswirksam	Aufgabenverteilung wird festgehalten Kompetenzen werden festgelegt

9.2.1 Protokollarten

Die meisten Protokolle werden nach Stichworten geschrieben, die der Protokollführer während der Sitzung oder Besprechung notiert. Er hat gleichzeitig die Aufgabe, Wichtiges von Unwichtigem zu unterscheiden, denn die Protokollarten, die in der kaufmännischen Praxis verwendet werden, stellen i. d. R. eine gestraffte und strukturierte Zusammenfassung des Wesentlichen dar.

Nach ihrer Ausführlichkeit, das heißt nach dem Umfang werden folgende **Protokollarten** unterschieden: **Wort-**, **Verlaufs-**, **Kurz-** und **Ergebnisprotokoll**.

Das **Wortprotokoll** gibt alle Aussagen von Rednern oder Teilnehmern wörtlich wieder. Es wird z. B. bei Gerichtsverhandlungen und Parlamentsdebatten verwendet. In der Wirtschaft findet man diese Protokollart eher selten.

Das **Verlaufsprotokoll** ist ein ausführlicheres Protokoll und gibt den Verlauf einer Sitzung oder Besprechung wieder, jedoch nicht wörtlich. Es enthält neben der Zusammenfassung des Sitzungsverlaufs alle Vorschläge, Einwände, Argumente der Teilnehmer, bei wichtigen Beiträgen auch mit Namenshinweis, die Aufgabenverteilung sowie die Beschlüsse im Wortlaut mit Abstimmungsergebnissen. Das Verlaufsprotokoll wird dann gewählt, wenn der Verlauf der Sitzung und das Zustandekommen von Beschlüssen und Ergebnissen nachvollziehbar sein müssen.

Das **Kurzprotokoll** gibt die wesentlichen Inhalte und Diskussionen zusammengefasst sowie die Beschlüsse im Wortlaut mit Abstimmungsergebnissen einer Sitzung oder Besprechung wieder. Es wird nachvollziehbar dargestellt, wie es zu diesen Beschlüssen gekommen ist. Auch die Aufgabenverteilung wird festgehalten. Da hier die Sache und die Ergebnisse im Vordergrund stehen, kann auf die Namensnennung der Redebeiträge weitgehend verzichtet werden. Diese Protokollart eignet sich z. B. für Abteilungsleitersitzungen, Mitarbeiterbesprechungen und Beratungsgespräche und wird sehr häufig in der kaufmännischen Praxis eingesetzt.

Das **Ergebnisprotokoll** enthält alle wesentlichen Entscheidungen, die Aufgabenverteilung sowie die Beschlüsse im Wortlaut mit den Abstimmungsergebnissen. Ergebnisprotokolle sind i. d. R. sehr kurz gefasst und werden z. B. bei Projekt- und Arbeitssitzungen eingesetzt. Für diese Protokollart eignen sich standardisierte Protokollformulare, die nach eigenen Vorstellungen gestaltet werden können. Benutzt man in der Sitzung einen Laptop und wurden die Tagesordnungspunkte vorher in das Formular eingegeben, so können die Ergebnisse direkt in das Protokoll geschrieben werden.

9.2.2 Protokollrahmen

Besondere Schreib- und Gestaltungsregeln für die äußere Form des Protokolls werden in der Norm DIN 5008 zwar nicht erwähnt, dennoch ist die Verwendung eines strukturierten Protokollrahmens sinnvoll, z. B. durch eine Gliederung in Protokollkopf, -text und Protokollfuß.

Unternehmen
Protokoll
Besprechungsgruppe (z. B. Personalbesprechung)
Datum und Zeit
Ort
Vorsitz
Teilnehmer
Protokollführung

Tagesordnung

1.
2.
3.
...

Top 1

Top 2

Top 3

Datum

Angefertigt

Für die Richtigkeit

Protokollführer/in

Vorsitzende/r

Anlage(n)

Protokollkopf

Protokolltext

Protokollfuß

Im **Protokollkopf** ist festzuhalten, welches Unternehmen (bei externen Teilnehmern) bzw. welche Abteilung (bei internen Sitzungen) für die Anfertigung des Protokolls verantwortlich ist.

Bei einer größeren Anzahl von Teilnehmern wird eine separate Teilnehmerliste geführt. Sind Teilnehmer nur zeitweise während der Sitzung anwesend, so ist dies zu vermerken, wenn es um Beschlüsse mit rechtlicher Relevanz geht, z. B. *Frau Dr. Müller bis 11:20 Uhr, Herr Schütz ab TOP 3*. Vermerkt wird ebenso, wenn angemeldete Teilnehmer (un)entschuldigt fernbleiben.

Der **Protokolltext** gibt das Wesentliche zusammengefasst und präzise wieder, ohne zu werten. Der Protokollführer verhält sich in der Wiedergabe neutral. Es liegt zunächst in seiner Entscheidung, welche Thesen, Argumente, Fragen, Beiträge und Stellungnahmen er als bedeutsam für das Ergebnis empfindet und in dem Protokoll berücksichtigt. Allerdings wird nach Erstellung des Protokolls der Inhalt vom Sitzungsvorsitzenden überprüft und gegebenenfalls geändert oder ergänzt. Kriterien der Entscheidung des Protokollführers sind die Wichtigkeit, die Vollständigkeit und wahrheitsgetreue Wiedergabe der Inhalte und Ergebnisse.

Der **Protokollfuß** enthält das Erstellungsdatum, die Unterschriften des Protokollführers und des Vorsitzenden, der damit die Richtigkeit des Protokolls bestätigt. Ergänzend kann der Protokollfuß auch den Verteiler enthalten und den Hinweis auf Anlagen.

9.2.3 Sprache des Protokolls

Der Protokolltext wird im **Präsens** (Gegenwart) geschrieben, im Ausnahmefall in der Vergangenheit. Die Sprache ist sachlich und verzichtet auf wertende und ausschmückende Adjektive durch den Protokollführer.

Bewertende Formulierung	Neutrale Formulierung
Herr Bauer stellt seine überaus neue, geradezu überwältigende Produktidee vor.	Herr Bauer stellt seine Produktidee vor.
Mit großem Eifer trägt Frau Müller ihr gelungenes Konzept für die Umgestaltung des Raumes vor.	Frau Müller trägt ihr Konzept für die Umgestaltung des Raumes vor.
Das Konzept wurde leider nicht angenommen.	Das Konzept wurde nicht angenommen.
Herr Dreyer erhält den Auftrag, hoffentlich interessante Angebote für den Betriebsausflug einzuholen.	Herr Dreyer erhält den Auftrag, Angebote für den Betriebsausflug einzuholen.

Anträge und Beschlüsse sind im Protokoll **wörtlich** wiederzugeben, das heißt, so, wie sie gesagt wurden. Stellt ein Teilnehmer einen Antrag, so unterbreitet er einen Vorschlag, der durch eine Abstimmung zu einem Beschluss führt. Wird der Antrag nach der Aussprache zum Beschluss erhoben, ist der Beschlusstext bereits vorhanden. In einem solchen Fall fällt der Antragstext für das Protokoll weg, es bleibt der Beschlusstext.

Beispiel

Situation	Formulierung für das Protokoll
In der Betriebsratssitzung möchte Frau Käser ein Rundschreiben für die Mitarbeiter einführen und stellt nach der Diskussion folgenden Antrag: „Die Mitarbeiter erhalten monatlich ein Rundschreiben des Betriebsrates mit aktuellen Informationen." Es wird mit Handzeichen über den Antrag abgestimmt. Alle Betriebsratsmitglieder stimmen für den Antrag.	Der Betriebsrat beschließt einstimmig: Die Mitarbeiter erhalten monatlich ein Rundschreiben des Betriebsrates mit aktuellen Informationen.

Wird ein Antrag abgelehnt, ist im Einzelfall zu entscheiden, ob der Antrag ins Protokoll aufgenommen wird. Eine Aufnahme ist z. B. notwendig, wenn das Gremium nachweisen muss, dass über den Antrag verhandelt oder beraten wurde.

Längere, wichtige Beiträge von Rednern – insbesondere Tatsachen – werden stark gekürzt im **Indikativ**, der Wirklichkeitsform, wiedergegeben.

Beispiel

Situation	Formulierung für das Protokoll
Die Geschäftsführerin eines Unternehmens beendet eine Besprechung, in der es um die Vorbereitung einer Jubiläumsfeier geht, mit folgendem Beitrag: Frau Schneider: „Da sind wir uns einig. Herr Hanke, ich bitte Sie zwei oder drei Angebote zur Live-Musik einzuholen. Bitte besorgen Sie bis zu unserer nächsten Abteilungsleiterbesprechung auch einige Proben der Musikrichtungen. Wir haben noch gar nicht über den Termin gesprochen. Ich habe mit meinem Geschäftspartner darüber gesprochen. Wir waren beide der Meinung, dass wir die Feier erst Ende Oktober machen, und zwar am 30. Oktober. Dann haben wir nämlich schon unseren Quartalsabschluss erledigt. Ich erkundige mich, ob die Stadthalle zu dem Termin noch frei ist, ansonsten lässt es sich auch sehr schön in der Wolkenburg feiern. Ich kümmere mich um die Räumlichkeiten. Die heutige Besprechung müssen wir etwas früher beenden, weil ich noch einen Termin bei unserer Bank habe. Die nächste Abteilungsleiterbesprechung findet heute in zwei Wochen statt, und zwar um 10:00 Uhr. Ich wünsche Ihnen noch einen schönen Tag."	Herr Hanke wird zwei oder drei Angebote zur Live-Musik einholen und auf der nächsten Abteilungsleiterbesprechung einige Musikproben vorstellen. Die Feier findet am 30.10.20... statt. Frau Schneider kümmert sich um die Räumlichkeiten (Stadthalle oder Wolkenburg). Die nächste Abteilungsleiterbesprechung findet statt am 11.04.20.. um 10:00 Uhr.

Wird ein Redner namentlich erwähnt und soll sein Beitrag möglichst genau wiedergegeben werden, so wird die Aussage in **indirekter Rede** wiedergegeben und hierfür der **Konjunktiv I** (Möglichkeitsform) verwendet. Der Protokollführer, der zunächst die Aussage des Redners als direkte Rede wahrgenommen hat, wird in dem Protokoll mithilfe der indirekten Rede zum Berichterstatter der Aussage.

Beispiel

Situation	Formulierung für das Protokoll
Frau Schneider: „Übrigens, für die Kosten der Feier steht ein Betrag von 30.000,00 € zur Verfügung."	Frau Schneider teilt mit, dass für die Kosten der Feier ein Betrag von 30.000,00 € zur Verfügung stehe.

Der Konjunktiv I *stehe* ist abgeleitet vom **Infinitiv** (Grundform) des Verbs *stehen*. Dabei wird an den Wortstamm *steh-* ein *e* als Zeichen für den Konjunktiv I angefügt.
Durch den Konjunktiv I drückt der Protokollführer aus, dass er eine Aussage objektiv und neutral wiedergibt, ohne die Gewähr für die Richtigkeit der Aussage zu übernehmen. Gibt der Protokollführer die Aussage eines Redners im Indikativ wieder, so wird das Gesagte in sachlicher Feststellung als tatsächlich und wirklich, also gegeben dargestellt und ohne Bedenken anerkannt. Das widerspricht dem Anspruch nach Neutralität des Protokollführers.

Wenn der Konjunktiv I im Textzusammenhang nicht vom Indikativ Präsens zu unterscheiden ist, das ist – außer beim Verb *sein* – der Fall bei der 3. Person **Plural** (Mehrzahl), wählt man als Ersatz den **Konjunktiv II**:

Beispiel
Frau Bremer: „Die Kunden denken gleich an eine Beschwerde."
Frau Bremer ergänzt, die Kunden dächten gleich an eine Beschwerde.

Der Konjunktiv II *dächten* ist abgeleitet vom **Präteritum** (Vergangenheit) Indikativ *sie dachten.*

Der Konjunktiv II wird häufig auch mit dem Ersatzwort *würde/würden* umschrieben.

Beispiel
Frau Bremer ergänzt, die Kunden würden gleich an eine Beschwerde denken.

Da der Konjunktiv II auch dazu gebraucht werden kann, Skepsis und Zweifel am Wahrheitsgehalt einer Aussage auszudrücken, ist die Verwendung des Konjunktivs II für die 3. Person **Singular** (Einzahl) grundsätzlich zu vermeiden und stattdessen der Konjunktiv I einzusetzen.

Etwa 90 % aller Personalformen der indirekten Rede stehen laut DUDEN in der 3. Person Singular (er, sie, es) und Plural (sie).

Die Übersicht zeigt an Beispielen die Bildung des Indikativs und des Konjunktivs in der 3. Person Singular:

Infinitiv Grundform	Präsens (Gegenwart)		Präteritum (Vergangenheit)	
	Indikativ	**Konjunktiv I**	**Indikativ**	**Konjunktiv II**
sein	ist	sei	war	wäre
werden	wird	werde	wurde	würde
sollen	soll	solle	sollte	sollte
müssen	muss	müsse	musste	müsste
haben	hat	habe	hatte	hätte
schreiben	schreibt	schreibe	schrieb	schriebe
tragen	trägt	trage	trug	trüge
wissen	weiß	wisse	wusste	wüsste
können	kann	könne	konnte	könnte
gehen	geht	gehe	ging	ginge

9.2.4 Bedeutung des Protokolls

Durch Unterschrift und Genehmigung des Protokolls werden die Inhalte wie Aufträge, Bewilligungen, Vereinbarungen, Kompetenzen und Beschlüsse **verbindlich**. Um das Protokoll zu genehmigen, gibt es zwei Möglichkeiten:

- Das Protokoll wird an die Teilnehmer verteilt, die eine bestimmte Frist für einen Widerspruch gegen das Protokoll haben. Nach Ablauf der Frist gilt das Protokoll als genehmigt.
- Das Protokoll wird in der nächsten Sitzung vorgelesen und über die Genehmigung wird abgestimmt.

Nur Protokolle mit der Originalunterschrift haben auch eine Beweisfunktion. Sie sind daher sorgfältig aufzubewahren.

Zur Überprüfung der Einhaltung von Terminen, Beschlüssen und der Erledigung von Aufgaben bieten sich Terminkalender, Wiedervorlagemappen, Plantafeln und Computerprogramme an.

Beispiel

Duisdorfer
BüroKonzept
KG

Protokoll über die Vertriebssitzung

Datum:	05.10.20..
Zeit:	10:00–10:45 Uhr
Ort:	Besprechungsraum A 104
Vorsitz:	Herr Klein
Teilnehmer:	Frau Albers Herr Hummels Frau Neuendorf (entschuldigt) Frau Schwister
Protokollantin:	Frau Schwister
Tagesordnung:	1. Genehmigung des Protokolls vom 07.09.20.. 2. Festsetzung der Kriterien für Rabattsätze und deren Höhe 3. Information über das Genehmigungsverfahren für einzelne Kundenrabatte 4. Verschiedenes

TOP 1

Das Protokoll vom 07.09.20.. wird einstimmig genehmigt.

TOP 2

Herr Klein teilt seinen Eindruck mit, dass in der Vergangenheit teilweise willkürlich über die Gewährung eines Kundenrabatts entschieden worden sei. Er habe von der Geschäftsleitung den Auftrag erhalten, klare Kriterien und verschiedene Rabattsätze festzulegen.
Nach Aussprache werden einstimmig folgende Beschlüsse gefasst:

- Die Kriterien für die Gewährung eines Rabatts sind der bisherige Umsatz des Kunden, das Umsatzpotenzial und die Bonität des Kunden.
- Die Rabatte sind gestaffelt: Es können 5 %, 7,5 % oder 10 % Rabatt gewährt werden.

TOP 3

Herr Klein informiert über das Genehmigungsverfahren einzelner Kundenrabatte. Zukünftig muss die Festlegung des Rabattsatzes für einen Kunden vom Vertriebsleiter genehmigt werden. Ändern sich die Kriterien bei einem Kunden, so ist hierüber der Vertriebsleiter zu informieren und die Gewährung eines Rabatts mit ihm abzustimmen.

TOP 4

Die nächste Vertriebssitzung findet statt am 19.10.20.. um 10:00 Uhr.

05.10.20..

Protokollantin:	Vorsitzender:
Doris Schwister	*Simon Klein*

Verteiler
s. Teilnehmer

LernFeld 3

Aufträge bearbeiten

Überblick Lernfeld

1.	Betriebliche Büro-Infrastruktur	Lernsituation 3.1
2.	Die Anbahnung des Kaufvertrages	Lernsituation 3.2, Lernsituation 3.4
3.	Zustandekommen des Kaufvertrages	Lernsituation 3.2, Lernsituation 3.4
4.	Verpflichtungs- und Erfüllungsgeschäft	Lernsituation 3.2
5.	Kaufvertragsarten	Lernsituation 3.2
6.	Inhalte des Kaufvertrages	Lernsituation 3.3
7.	Grundlagen des kaufmännischen Rechnens	Lernsituation 3.2
8.	Auftragsabwicklung	Lernsituation 3.5
9.	Möglichkeiten der Prozessoptimierung im Rahmen der Auftragsabwicklung	Lernsituation 3.5
10.	Die Fakturierung als Kernprozess der Auftragsabwicklung	Lernsituation 3.5
11.	Auf schriftliche englischsprachige Anfragen und Aufträge reagieren	Lernsituation 3.6

1 Betriebliche Büro-Infrastruktur

1.1 EDV-System

1.1.1 Hardware

EVA-Prinzip

Die **Hardware** eines EDV-Systems, beispielsweise des Personalcomputers (PC) eines Auszubildenden der Duisdorfer BüroKonzept KG, kann grundsätzlich in drei Arten unterteilt werden. An einem PC sind neben den Eingabegeräten wie Maus und Tastatur auch die Ausgabegeräte wie Bildschirm und Drucker angeschlossen. Zwischen der Eingabe mit der Tastatur und der Ausgabe der Daten am Bildschirm findet eine Verarbeitung statt. Diese Systematik der **E**ingabegeräte (z. B. Maus, Tastatur), **V**erarbeitungsgeräte (Prozessoren) und **A**usgabegeräte (z. B. Bildschirm, Drucker) wird als **E-V-A-Prinzip** bezeichnet. Innerhalb des Verarbeitungssystems (PC) finden die Speicherung von Daten (z. B. Festplatte, Cloud) und die Kommunikation (z. B. über einen Netzwerkadapter und einen Router) mit anderen Systemen, wie dem Internet, statt. In Geräten wie Notebooks, Tablets oder Smartphones sind die Bestandteile des EVA-Prinzips in aller Regel in einem Gehäuse untergebracht.

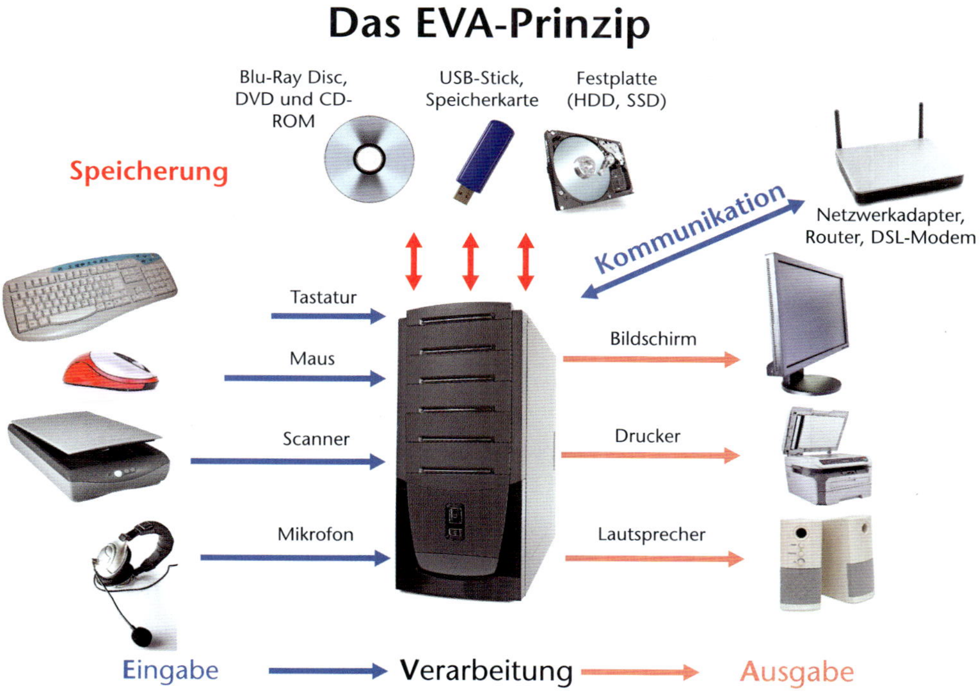

Computernetzwerke

Die Tätigkeiten an einem PC-Arbeitsplatz zeichnen sich in der Regel dadurch aus, dass Informationen in Form von Texten und Zahlen von Mitarbeitern eingegeben, verarbeitet und ausgegeben bzw. weitergeleitet werden. Diese informationsverarbeitenden Prozesse finden im Rahmen eines inner- und außerbetrieblichen Informationsaustausches statt.

In Unternehmen, wie der Duisdorfer BüroKonzept KG, sind die PCs miteinander über Kabel zu einem Computernetzwerk verbunden. Ein sog. Zentralrechner, auch Server genannt, erlaubt die zentrale Speicherung von Daten und kann zentral Programme zur Verfügung stellen. Die Mitarbeiter der Duisdorfer BüroKonzept KG können so beispielsweise miteinander kommunizieren, auf zentral gespeicherte Daten zugreifen, die Daten mithilfe des PC bearbeiten und die verarbeiteten Daten an den Server übertragen bzw. am Bildschirm ausgeben. Über den im Netzwerk angeschlossenen Drucker können die Mitarbeiter der Duisdorfer BüroKonzept KG von ihren PCs aus Daten bzw. Dokumente ausdrucken.

Das Netzwerk aus PCs, das auf den Bereich eines Unternehmens begrenzt ist, bezeichnet man als lokales Netzwerk oder LAN (Local Area Network). Ein LAN ist ein Computernetzwerk, bei dem die Übertragung von Daten und Programmen innerhalb eines Grundstückes oder Gebäudes stattfindet. Es besteht aus einem Server, den PCs (Arbeitsstationen) bzw. Clients, den Peripheriegeräten (z. B. Druckern) sowie einem Switch, der den Datentransport zu den Clients und zu den Peripheriegeräten steuert. Als Client wird ein Gerät bezeichnet, das mit einem Server kommuniziert, d. h. Programme sowie Dateien von diesem aufruft. Jeder Client ist durch ein Kabel mit dem Switch verbunden. Die Verbindung des Netzwerkes mit dem Internet erfolgt über einen Router, der hinter einer Firewall an den Server angeschlossen ist. Der Router ermöglicht die Verbindung zwischen dem internen Netzwerk des Unternehmens und dem externen Netzwerk, dem Internet. Die Firewall schützt das Netzwerk vor unberechtigten Zugriffen aus dem Internet. Alle Clients im Netzwerk können so ins Internet gelangen. Neben dem Einsatz von PCs, auf denen lokal Daten gespeichert und Programme aufgerufen werden können, besteht auch die Möglichkeit sog. Thin-Clients in ein LAN zu integrieren. Von diesen Thin-Clients aus lässt sich nur noch auf dem Server und nicht mehr lokal arbeiten.

Daten können im Netzwerk auch drahtlos übertragen werden. Bei einem solchen Wireless LAN (kabelloses Netzwerk) bzw. **WLAN** wird die Verbindung zwischen dem Server und den Clients über einen sog. Access Point hergestellt. Für mobile Geräte wie beispielsweise Notebooks, Tablets oder Smartphones ist das eine Möglichkeit auf den zentralen Datenbestand des Servers zuzugreifen.

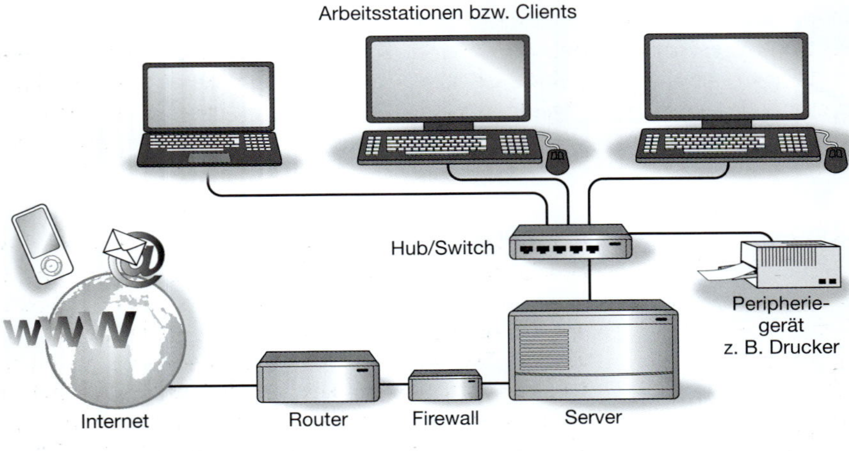

Während LAN bzw. WLAN die räumliche Ausdehnung eines Netzwerkes beschreibt, zeichnet sich das **Intranet** durch einen eingeschränkten Benutzerkreis aus. Das Intranet ist im Gegensatz zum Internet demnach nicht öffentlich. Für ein Unternehmen wie die Duisdorfer BüroKonzept KG bedeutet dies, dass sich die Mitarbeiter, um ins Intranet der Duisdorfer BüroKonzept KG zu gelangen, über eine „Login"-Maske anmelden müssen. Diese Anmeldung erfolgt mit einem Benutzernamen und einem Passwort. Jedem Mitarbeiter können vom Administrator über eine Benutzerverwaltung Zugriffsrechte für Programme oder Dateien zugewiesen werden.

Drucker

In Unternehmen werden verschiedene Arten von Druckern eingesetzt. Bei einem **Nadeldrucker** wird die Farbe durch kleine Nadeln aufs Papier übertragen. Diese schlagen von hinten auf ein Farbband, das mit dem Papier in Berührung kommt. Nadeldrucker sind weitestgehend vom Markt verschwunden. Sie sind sehr laut und langsam, haben eine minderwertige Druckqualität und sind für geschäftliche Korrespondenz ungeeignet. Der Nadeldrucker bietet jedoch als einziger Drucker die Möglichkeit einen Durchschlag zu drucken.

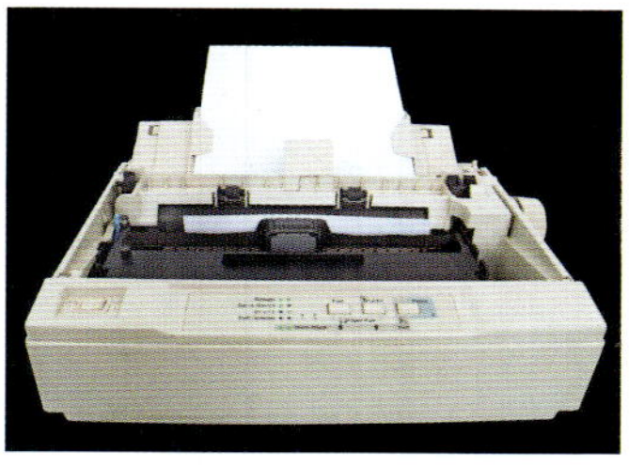

Beim **Tintenstrahldrucker** wird Tinte durch kleine Düsen auf das Papier gesprüht. Bei diesem Druckertyp wird eine gute Druckqualität erreicht, sodass er für geschäftliche Korrespondenz geeignet ist. Ein Tintenstrahldrucker ermöglicht farbiges Drucken ist leise im Betrieb und druckt relativ schnell. Die Anschaffungskosten sind vergleichsweise günstig. Tintenstrahldrucker mit integriertem Netzwerkcontroller können ohne großen Aufwand in einem LAN installiert werden.

Die Technik beim **Laserdrucker** basiert auf dem Prinzip der sog. Elektrofotografie. Nach dem Prinzip (ähnlich wie beim Fotokopierer) wird ein Bild aus elektrischen Ladungen auf eine rotierende Trommel projiziert, die diese Ladung an den Stellen verliert, auf denen der Laserstrahl das Druckbild schreibt. Das Tonerpulver bleibt an den entladenen Stellen hängen und wird durch Hitze auf das Papier „gebrannt". Der Laserdrucker erreicht eine sehr gute Druckqualität. Er ist aufgrund seines dokumentenechten Drucks sehr gut für geschäftliche Korrespondenz geeignet. Der Laserdrucker zeichnet sich weiterhin durch hohe Druckgeschwindigkeit und relativ geringe Geräuschentwicklung aus. Mittlerweise sind auch Farblaserdrucker zu angemessenen Preisen erhältlich. Einige Laserdrucker haben einen Netzwerkcontroller integriert und können ohne großen Aufwand in ein LAN eingegliedert werden.

Kopierer

Im **Analogkopierer** wird die Kopiervorlage ähnlich wie beim Laserdrucker von einer Lampe beleuchtet. Mehrere Spiegel übertragen das Bild dann auf die Trommeleinheit. Es wird also die Kopiervorlage einmal abgetastet und das entstandene Bild wird auf die Kopie übertragen. Sollen nun mehrere Kopien von der gleichen Kopiervorlage erstellt werden, so wiederholt der Analogkopierer diesen Vorgang für jede einzelne Kopie. Sollten die Spiegel oder das Objektiv verschmutzt sein, werden die hellen Stellen des Originals dunkler dargestellt und es kann ein „Grauschleier“ auf der Kopie entstehen. Beim Analogkopierer wird der gesamte Bereich der Papiergröße des Originals als eine einzelne Dateneinheit betrachtet. Dadurch kann das optische Bild nur im gesamten verkleinert bzw. vergrößert werden. Es können mit dem Analogkopierer demnach keine Teilvergrößerungen oder Bildbearbeitungen durchgeführt werden.

Auch wenn sich ein Analogkopierer äußerlich vom Digitalkopierer kaum unterscheidet, scannt ein **Digitalkopierer** die Kopiervorlage einmalig ein und speichert diese anschließend im Arbeitsspeicher. Sollen mehrere Kopien derselben Kopiervorlage erstellt werden, muss die Kopiervorlage nur einmal eingescannt werden. Dies kann insbesondere beim Sortieren von Kopien vorteilhaft sein, da hier digital sortiert werden kann und die maximale Anzahl der Kopien nicht von der Sortiereinheit abhängig ist.

Digitalkopierer können direkt an ein Netzwerk angeschlossen werden, sodass ein Ausdruck wie beim Laserdrucker, allerdings mit allen Vorteilen eines Kopierers, möglich ist. Der Digitalkopierer ist aufgrund der verminderten mechanischen Aktivität grundsätzlich leiser und weniger wartungsintensiv als ein Analogkopierer. Durch die digital eingescannte Kopiervorlage kann ein höherer bzw. kleinerer Zoomfaktor erreicht werden. Weitere Vorteile sind die unzähligen Bildbearbeitungsmöglichkeiten direkt am Kopierer, wie beispielsweise Randlöschung für einen gelochten Rand usw.

Multifunktionsdrucker

Beim **Multifunktionsdrucker** (auch **All-in-One-Gerät**) sind Funktionen sonst mehrerer Geräte in einem Gehäuse untergebracht. Häufig integrieren solche Geräte einen Drucker, Scanner, Kopierer und teilweise auch ein Fax. Diese Multifunktionsgeräte sind entweder mit einem internen Tintenstrahldrucker oder mit einem Laserdrucker ausgestattet, die wahlweise auch farbig drucken können.

Multifunktionsdrucker sind sehr platzsparend gegenüber den Einzelgeräten, stellen aber in punkto Qualität häufig einen Kompromiss aus den Einzelgeräten dar. Für den Einzelarbeitsplatz kann der Multifunktionsdrucker eine Alternative sein. Er kann bei regelmäßigen größeren Druckaufträgen den Kopierer im Bereich Qualität, Geschwindigkeit und Anwenderfreundlichkeit allerdings nicht ersetzen.

1.1.2 Software

Softwarearten

Um ein EDV-System, wie einen PC oder ein Notebook, nutzen zu können, genügt die Hardware allein nicht. Damit ein Computer „funktioniert“, wird **Software** als Sammelbegriff für alle Arten von Computerprogrammen benötigt. Software wird in Systemsoftware (beispielsweise Betriebssysteme) und Anwendungssoftware (beispielsweise Office-Software) unterschieden.

Das **Betriebssystem**, beispielsweise Microsoft Windows oder Mac OS, verarbeitet die vom Benutzer eingegebenen Daten, verwaltet die gespeicherten Dateien und steuert angeschlossene Geräte wie Drucker und Festplatten. Das Betriebssystem dient zudem als Basis für Anwenderprogramme bzw. -software.

Die **Anwendungssoftware** kann wiederum in Standard- und Individualsoftware unterteilt werden. Anwendungssoftware muss auf dem entsprechenden EDV-System installiert werden. Die Anwendungssoftware muss immer zum installierten Betriebssystem passen. Alternativ gibt es zunehmend häufiger die Möglichkeit, Anwendungssoftware über einen Browser (Internet Explorer, Firefox, Chrome usw.) im Internet zu nutzen. Dieser Dienst wird „Software as a Service" genannt.

Individualsoftware sind Programme für spezifische, individuelle Anwendungen. Sie werden extra für die Bedürfnisse eines Kunden entwickelt.

Als **Standardsoftware** werden Programme bezeichnet, die für häufige Anwendungen erstellt werden. Ein Beispiel für Standardsoftware, die auch in der Duisdorfer BüroKonzept KG eingesetzt wird, ist sogenannte Office-Software (Tabellenkalkulation, Textverarbeitung, Präsentationssoftware, Datenbankmanagementprogramme, Personalinformationsmanagementprogramme usw.) von Microsoft oder als Open Office. Auch ERP-Software (ERP = Enterprise Ressource Planning = Unternehmens-Ressourcen-Planung) stellt eine Standardsoftware dar, die sich teilweise an die Bedürfnisse der Kunden anpassen lässt. Beispiele für ERP-Software ist SAP, Microsoft Dynamics NAV oder auch Lexware. Eine ERP-Software soll im Unternehmen einen effizienten Einsatz vorhandener Ressourcen, wie Waren, Kapital und Personal ermöglichen und Geschäftsprozesse optimieren. Im Gegensatz zur Individualsoftware werden hier bei der Programmierung keine speziellen Bedürfnisse von Kunden berücksichtigt. Für spezielle Branchen wird standardisierte Branchensoftware entwickelt. Spezielle Statikprogramme werden beispielsweise in der Baubranche genutzt.

Dateiformate

Mithilfe von Software bzw. Programmen lassen sich Dateien erstellen, in denen die verarbeiteten Daten gespeichert werden. Alle Programme speichern die Daten in unterschiedlichen Dateiformaten. Das Dateiformat lässt sich in der Regel anhand der Dateiendung, dem Suffix (von lat. suffixum = Angehängtes) erkennen. Eine in Microsoft Word 2010 erstellte Datei hat beispielsweise das Suffix „.docx". Nachfolgend sind in einer Tabelle verschiedene Dateiformate dargestellt:

Suffix (Dateiendung)	Programm	Erläuterung
.docx	Microsoft Word 2007, 2010, 2013	Dateityp, der standardmäßig gespeichert wird.
.dotx	Microsoft Word 2007, 2010, 2013	Vorlagendatei
.doc, .dot	Microsoft Word 2003 und älter	Datei, Vorlagendatei
.odf	Open Office	Dateityp, der standardmäßig für Textdateien gespeichert wird.
.xlsx	Microsoft Excel 2007, 2010, 2013	Dateityp, der standardmäßig gespeichert wird.
.xls	Microsoft Excel 2003 und älter	Dateityp, der standardmäßig gespeichert wird.
.pptx	Microsoft PowerPoint 2007, 2010, 2013	Dateityp, der standardmäßig gespeichert wird.
.ppt	Microsoft PowerPoint 2003 und älter	Dateityp, der standardmäßig gespeichert wird.

Suffix (Dateiendung)	Programm	Erläuterung
.pdf	kann mit fast allen Programmen erstellt und beispielsweise mit dem Adobe Reader gelesen werden.	Dateityp eignet sich für Druckausgabe, ist plattformunabhängig und formattreu. Dieser Dateityp kann einen Schreibschutz, Überarbeitungsschutz und einen Entnahmeschutz enthalten.
.zip	aktuelle Betriebssysteme oder spezielle Programme zum „Packen“ von Dateien	Dateityp, in dem mehrere beliebige Dateien platzsparend komprimiert werden.

Viele Unternehmen gehen dazu über die geschäftliche Korrespondenz, wie beispielsweise Angebote, als schreibgeschützte pdf-Dateien zu speichern und zu archivieren. Eine jederzeitige Wiederherstellung des Schriftverkehrs ist so problemlos möglich.

1.2 Kommunikationssysteme

1.2.1 Telefonanlagen und Komforttelefone

Die meisten Unternehmen verfügen über eine Telefonanlage. Diese verbindet Endgeräte wie zum Beispiel Telefon, Fax und Anrufbeantworter untereinander und mit mehreren Leitungen des öffentlichen Telefonnetzes. Mitarbeiter können beispielsweise untereinander kostenlos telefonieren oder eingehende Telefongespräche von außen zu einer Nebenstelle verbinden.

Häufig sind in der bürotypischen Infrastruktur von Unternehmen Komforttelefone an die Telefonanlage angeschlossen. Diese bieten eine Vielzahl von Funktionen wie eine Freisprecheinrichtung, Rufnummernanzeige, ein Telefonbuch oder auch E-Mail-Anzeige. Zur Nutzung bestimmter Funktionen muss das Telefon zusätzlich per Kabel an das LAN (siehe Computernetzwerke) des Unternehmens angeschlossen werden.

1.2.2 Bildtelefonie, Desktop-, Videokonferenzen

Soll bei einem Telefongespräch der Sichtkontakt der Gesprächspartner hergestellt werden, kann auf beiden Seiten ein **Bildtelefon** genutzt werden. Ein Bildtelefon ist ein Telefon mit zusätzlichem Bildschirm und einer integrierten Kamera. Mobiltelefone können auch zur Bildtelefonie genutzt werden. Wenn mehr als zwei Gesprächsteilnehmer mit Sichtkontakt miteinander verbunden werden, bezeichnet man das als **Videokonferenz**.

Eine spezielle Form der Videokonferenz ist die sog. **Desktopkonferenz**, bei der in der Regel PCs oder Notebooks zum Einsatz kommen. Die notwendigen Komponenten, wie Kamera, Mikrofon, Lautsprecher, Monitor sind in der Regel bereits vorhanden, zusätzlich benötigt man evtl. ein Headset. Desktopkonferenzen haben den Vorteil, dass die Gesprächspartner während der Konferenz auf die Daten des PCs und die installierten Programme zugreifen können. Eine, auch in Unternehmen, weitverbreitete Form der Desktopkonferenz findet mit dem Softwaretool „Skype“ statt.

1.2.3 E-Mail

Die **E-Mail** (Electronic Mail) ist ein Nachrichtendienst, der das Internet nutzt. Diese elektronischen Nachrichten können sehr schnell und über eine beliebige Entfernung auch an mehrere Empfänger gleichzeitig versendet werden.

Mit einer E-Mail können zusätzlich **Anlagen** verschickt werden. Beim Versand größerer bzw. mehrerer Dateien sollten diese als ZIP-Datei (siehe Dateiformate) gepackt und anschließend angehängt werden. Beim Versand einer einzelnen Datei (z. B. ein Angebot), die nicht verändert werden soll, kann das PDF-Format sinnvoll sein.

E-Mails können in verschiedenen **Nachrichtenformaten** versendet werden. Die geläufigsten Nachrichtenformate sind „HTML" und „nur Text". Es sollte das Nachrichtenformat ausgewählt werden, das auch vom Empfänger unterstützt wird. Beim HTML-Nachrichtenformat kann der Sender der E-Mail festlegen, dass Text im Fettdruck, in Farbschrift oder als Aufzählungen dargestellt wird und dass Bilder im Nachrichtentext der E-Mail hinzufügt werden können. Auch wenn der Sender der E-Mail als Nachrichtenformat „HTML" auswählt, kann es trotzdem sein, dass die E-Mail beim Empfänger als „nur Text" angezeigt wird, wenn der Empfänger „HTML" nicht unterstützt. Bei Beantwortung einer E-Mail bleibt in vielen Anwendungen das Format der ursprünglichen Nachricht beibehalten. Für die geschäftliche Korrespondenz hat sich das Nachrichtenformat „HTML" durchgesetzt, da hiermit ein professionelleres Design inklusive Firmenlogo möglich ist.

Unabhängig vom Nachrichtenformat sind beim Schreiben von E-Mails Verhaltensregeln im Bereich der virtuellen Kommunikation einzuhalten. Mit dieser sog. **Netiquette** wird die Lesbarkeit von E-Mails gewährleistet. Neben der Einhaltung von Rechtschreibung und Grammatik sollte auch auf das korrekte Verwenden von Zitaten, die Beachtung des Urheberrechts, die Nutzung lesefreundlicher Farben usw. geachtet werden. Darüber hinaus sollte auf doppeldeutige und ironische Bemerkungen verzichtet werden. Über die Verwendung der Betreff-Zeile sollte dem Empfänger eine Information über den Inhalt der E-Mail gegeben werden. Die Sicherheit der übermittelten Daten sollte gewährleistet sein, damit Unbefugte keinen Zugang erlangen. Bei Anlagen sollten nur bekannte Dateiformate verwendet werden.

Sollen E-Mails vertraulich oder rechtsverbindlich versendet werden, können die Nachrichten mit einer **qualifizierten elektronischen Signatur** gemäß dem „Gesetz über Rahmenbedingungen für elektronische Signaturen" (SigG) übermittelt werden. Bei Übermittlung einer E-Mail mit einer digitalen qualifizierten elektronischen Signatur wird beim Sender der E-Mail mithilfe eines geheimen Signaturschlüssels ein „Wert" berechnet. Dieser Wert ermöglicht es dem Empfänger, mithilfe eines weiteren Signaturschlüssels den Absender zu identifizieren und damit die Vertraulichkeit der E-Mail zu überprüfen.

Signaturen werden auch Textabschnitte am Ende einer E-Mail, die Absenderinformationen wie Name, Telefonnummern, E-Mail-Adressen, Internetadressen usw. beinhalten können, genannt. In Mail-Programmen besteht die Möglichkeit, die Signatur festzulegen. Anschließend wird diese dann automatisch am Ende jeder E-Mail, die versendet wird, eingetragen. Nach DIN 5008 wird eine E-Mail mit einer vollständigen Signatur beendet, die aus folgenden Elementen besteht:

- Gruß
- Firmenname
- Vor- und Zuname des Absenders
- Funktion

- Adresse
- Telefonnummer
- Faxnummer
- E-Mail-Adresse
- Internet-Adresse

Nachfolgend ist ein Beispiel für eine Signatur nach DIN 5008 dargestellt:

Freundliche Grüße aus Bonn

Duisdorfer BüroKonzept KG

Laura Beckmann
Leiterin Abteilung Beschaffung
Rochusstraße 30
53123 Bonn

Telefon: 0228 98765-58
Telefax: 0228 98765-835
E-Mail: lbeckmann@duisdorfer-bueko.de
Internet: www.duisdorfer-bueko.de

2 Die Anbahnung des Kaufvertrages

2.1 Die Anfrage

Mit einer Anfrage möchte ein Unternehmen von möglichen Lieferern Informationen erhalten, die sich auf das zu kaufende Produkt beziehen. Dazu gehören z. B. Informationen über Qualität, Preis oder Lieferungsbedingungen.

LS 3.2, 3.4

Neben **allgemeinen Anfragen**, die z. B. das Zusenden von Preislisten oder Produktkatalogen betreffen, beziehen sich **spezielle Anfragen** auf konkrete Produkte, die das Unternehmen beschaffen möchte. Sie enthalten beispielsweise genaue Vorstellungen über den Gegenstand (Warenart und -güte), Liefermengen und Beförderungsbedingungen.

Anfragen sind formfrei und können daher mündlich oder schriftlich an mehrere verschiedene Lieferer gerichtet werden. Außerdem sind sie völlig unverbindlich und verpflichten nicht zum Kauf.

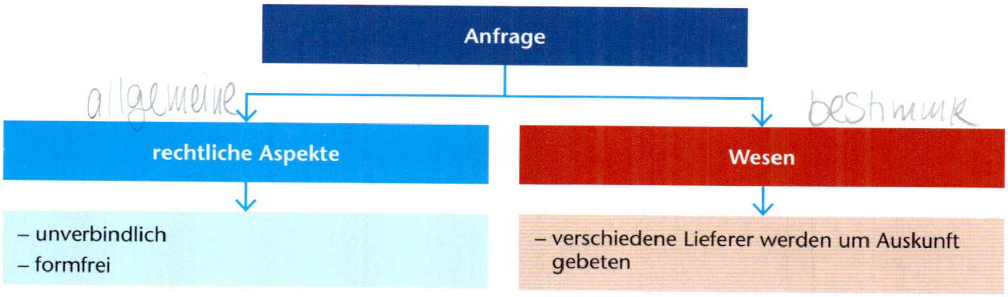

Je genauer die Anfrage ist, desto eindeutiger kann ein Lieferer sein Angebot formulieren.

2.2 Das Angebot

Liegt die Anfrage dem möglichen Lieferer vor, kann dieser entscheiden, ob und wie er darauf reagieren soll. Richtet er ein Angebot an den Anfragenden, muss er die rechtliche Bedeutung beachten. Eine Anfrage ist für die Abgabe eines Angebots nicht zwingend notwendig. Es wird demnach zwischen **verlangten** und **unverlangten** Angeboten unterschieden, die allerdings in ihrer rechtlichen Wirkung gleichbedeutend sind.

Das Angebot ist eine Willenserklärung, die an eine konkrete Person gerichtet ist. Es dient dazu einen Vertrag abzuschließen. Der Anbietende verpflichtet sich damit, die angebotenen Waren zu den genannten Bedingungen zu liefern.

Einem verlangten Angebot geht eine Kundenanfrage voraus, sodass aufgrund der konkreten Anforderungen des Kunden eine maßgeschneiderte Antwort formuliert wird. Das unverlangte Angebot beinhaltet z. B. Sonderangebote, die einem bestimmten Kundenkreis zu bestimmten Konditionen offeriert werden.

Bedingungen (Inhalte), die in einem Angebot festgehalten sein sollten, sind:
- Art
- Qualität
- Menge
- Preis/Preisnachlässe
- Lieferzeit
- Verpackungskosten
- Beförderungsbedingungen
- Zahlungsbedingungen
- Erfüllungsort
- Gerichtsstand

Werden Bedingungen nicht vertraglich vereinbart, so gelten die gesetzlichen Regelungen lt. BGB.

Auch das Angebot unterliegt keiner Formvorschrift und kann mündlich oder schriftlich abgegeben werden. Aus Gründen der Beweissicherung und um Irrtümer auszuschließen, empfiehlt sich allerdings die schriftliche Form. Im Gegensatz zur Anfrage ist das Angebot rechtlich bindend. *LF 3, 6*

Duisdorfer BüroKonzept KG

Ausstattung und Beratung für das Büro

Duisdorfer BüroKonzept KG · Rochusstraße 30 · 53123 Bonn

Frohn KG
Büroausstattung
Frau Sonntag
Lerchenweg 44
69117 Heidelberg

Ihr Zeichen: ESo
Ihre Nachricht vom: 15.08.20..
Unser Zeichen: EHu
Unsere Nachricht vom:

Name: Erwin Hummels
Telefon: 0228 98765-35
Telefax: 0228 98765-835
E-Mail: ehummels@duisdorfer-bueko.de

Datum: 15. August 20..

Angebot über 5 Schreibtische, weiß, C-Füße
Ihre Anfrage vom 15. August 20..

Sehr geehrte Frau Sonntag,

für Ihr Interesse an unseren Produkten danken wir Ihnen sehr. Gerne unterbreiten wir Ihnen dieses Angebot:

Art–Nr.	Artikelbezeichnung	Menge	Einzelpreis
101113	Schreibtische, weiß, C-Füße	5	219,00 €

Dieser Nettopreis gilt für die Lieferung frei Haus; außerdem sind Verpackungs- und Versicherungskosten eingeschlossen.

Aufgrund unserer langjährigen Geschäftsbeziehungen räumen wir Ihnen einen Treuerabatt von 5 % ein.

Wenn Sie die Rechnung innerhalb von 10 Tagen begleichen, gewähren wir Ihnen 3 % Skonto.
Ansonsten haben Sie die Möglichkeit, die Rechnung innerhalb von 30 Tagen ohne Abzug zu begleichen.

Für Ihren Auftrag bedanken wir uns schon heute.

Mit freundlichen Grüßen

Duisdorfer BüroKonzept KG

i. A. *Erwin Hummels*

Erwin Hummels

Duisdorfer BüroKonzept KG
Rochusstraße 30
53123 Bonn
UDt.-IdNr.: DE 244 111 855

Geschäftsführer:
Sebastian Falo
Katharina Niester
Amtsgericht Bonn
HRA 1221

Telefon: 0228 98765-0
Fax: 0228 98765-80
Internet: www.duisdorfer-bueko.de
E-Mail: info@duisdorfer-bueko.de

Bankverbindungen:
Volksbank Bonn Rhein-Sieg
IBAN DE85 3860 0186 2401 2345 67
BIC GENODED1BRS
Postbank Köln
IBAN DE23 3701 0050 8884 4412 34
BIC PBNKDEFF370

Es stellt sich die Frage, ob es sich bei Werbeprospekten oder Schaufensterauslagen um verbindliche Angebote handelt. Tatsächlich werden diese Situationen als **Anpreisungen an die Allgemeinheit** gewertet, die nicht an eine bestimmte Person gerichtet sind. Sie sind Aufforderung zur Abgabe eines Antrags und daher **unverbindlich**. Eine Ausnahme dagegen bilden Verkaufsautomaten (z. B. Getränkeautomaten), deren Angebote bindend sind. Das Einwerfen der Münzen und Betätigen der Auswahltaste stellt die Annahme des Antrages dar und der Kaufvertrag ist zustande gekommen.

2.2.1 Bindung an das Angebot

Die **Bindung an das Angebot** erlischt, wenn der Vertragspartner ablehnt oder nicht rechtzeitig annimmt. Ob der andere Teil rechtzeitig angenommen hat oder nicht, hängt davon ab in welcher Form das Angebot erfolgte. Nach § 147 BGB wird zwischen einem Angebot unter Anwesenden (mündliches Angebot) und Abwesenden (schriftliches Angebot) unterschieden.

Mündliche Angebote, dazu zählen auch Telefonate, gelten solange die Unterredung dauert. Endet das Gespräch, ohne dass der Vertragspartner zugestimmt hat, so ist der Anbietende nicht mehr an sein Angebot gebunden.

Bei **schriftlichen Angeboten** gilt laut § 147 (2) BGB der Zeitpunkt, zu dem mit dem Eingang der Antwort unter regelmäßigen Umständen gerechnet werden kann. Dies bedeutet, dass beispielsweise bei einem brieflichen Angebot dem Partner eine angemessene Entscheidungszeit plus die Dauer des Briefweges zugestanden wird.

Ein Angebot per E-Mail gilt als rechtzeitig angenommen, wenn neben der Entscheidungszeit mindestens die Übermittlungszeit der E-Mail eingehalten wird. In diesem Fall würden Telefonat und Fax auch ausreichen, um rechtzeitig anzunehmen, die briefliche Zusage wäre zu spät.

Ist **vertraglich** eine **Bindungsfrist** angegeben, so erlischt die Verbindlichkeit mit Ablauf dieser Frist.

Beispiel
Das Angebot ist gültig bis zum 3. Juni 20..

2.2.2 Freizeichnungsklauseln

Ist der Anbietende nicht sicher, ob er alle Bedingungen des Angebots einhalten kann, kann er die Bindung an das Angebot ganz oder teilweise ausschließen. Zu diesen sogenannten **Freizeichnungsklauseln** gehören Formulierungen wie z. B. unverbindlich, freibleibend, ohne Obligo, solange der Vorrat reicht, Preise freibleibend. Verwendet er beispielsweise im Angebot die Formulierung „freibleibend", ist das gesamte Angebot nicht bindend; „Preis freibleibend" signalisiert, dass sich die Verkaufspreise noch ändern können.

2.2.3 Widerruf eines Angebots

Hat der Anbietende sich bei Abgabe des Angebots geirrt, kann er das Angebot widerrufen. Der **Widerruf eines Angebots** wird aber nur dann rechtlich wirksam, wenn er spätestens gleichzeitig mit dem Angebot den Empfänger erreicht. So kann beispielsweise ein briefliches Angebot, das noch nicht zugegangen ist, durch einen Telefonanruf oder eine E-Mail wirksam aufgehoben werden.

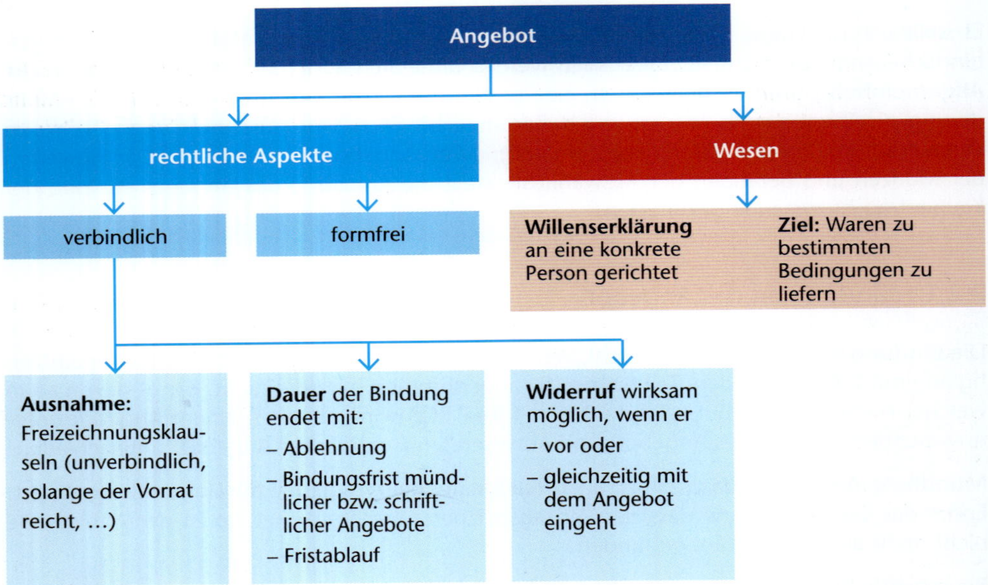

2.2.4 Angebotsvergleich

Um das geeignetste Angebot auswählen zu können, werden mithilfe der Anfragen mehrere Angebote über die gesuchten Waren eingeholt. Liegen nun die verschiedenen Angebote der Lieferer vor, werden diese miteinander verglichen. Um eine Entscheidung treffen zu können, werden quantitative und qualitative Kriterien erstellt.

LF 4, 4.4

Der **quantitative Vergleich** stellt die Bezugspreise der Anbieter gegenüber, die mithilfe der Bezugskalkulation ermittelt wurden. Es werden sowohl Rabatte, Skonti als auch Beförderungskosten berücksichtigt. Bei einer Entscheidung, die ausschließlich nach quantitativen Gesichtspunkten getroffen wird, erhält der günstigste Anbieter den Zuschlag. Der Preis ist ausschlaggebend.

Meistens jedoch spielen auch **qualitative Gesichtspunkte** eine entscheidende Rolle bei der Wahl des Vertragspartners. Wichtige Entscheidungskriterien hierbei sind:

- Wareneigenschaften (Qualität, Beschaffenheit)
- Liefer-/Zahlungszeitpunkt
- bestehende Geschäftsbeziehungen
- Zuverlässigkeit
- Service (schnelle Reparatur, längere Garantien)

LF 4, 4.5

Aufgrund der Bedürfnisse und Prioritäten des Käufers wird anhand der erstellten Kriterien eine Bewertung vorgenommen und anschließend eine Entscheidung für einen Lieferer getroffen.

Beispiel
Bei der Gegenüberstellung von zwei Angeboten stellt sich heraus, dass der Bezugspreis für 15 Aktenschränke des Unternehmens Alberts OHG niedriger ist als der der BioBau KG, die ihre Möbel ausschließlich mit Naturfarben behandelt. Trotzdem entscheidet sich der Kunde für die BioBau KG, weil der ökologische Aspekt trotz des etwas höheren Preises überzeugt.

2.2.5 Unverlangt zugesandte Waren

In manchen Fällen werden aus Marketinggründen oder zur Anbahnung von Geschäftsbeziehungen **Waren unverlangt zugesandt**. Reagiert der Empfänger nicht, so hat Stillschweigen eine unterschiedliche rechtliche Wirkung.

Bestehen zwischen beiden beteiligten Kaufleuten bereits Geschäftsbeziehungen, so gilt Schweigen als Zustimmung (z. B. regelmäßige Lieferungen von Kopierpapier). Möchte der Empfänger die Warenlieferung ablehnen, ist er verpflichtet den Absender darüber zu informieren. Zudem muss er die Waren ordnungsgemäß aufbewahren und eventuell zurücksenden.

Bestehen allerdings keine Geschäftsbeziehungen, so bedeutet das Schweigen des Empfängers Ablehnung. Er ist lediglich verpflichtet die Ware zu lagern, um dem Anbieter Gelegenheit zu geben die Ware abzuholen.

Beispiel
Ein neuer Anbieter von Kopierpapier liefert ohne vorherige Bestellung 5 Kartons Kopierpapier zum „Super-Sonderpreis". Der Belieferte ist lediglich verpflichtet die Ware über einen angemessenen Zeitraum aufzubewahren. Anrufen oder zurücksenden gehört nicht zu seinen Pflichten.

Wird einer Privatperson Ware zugesandt, die nicht bestellt wurde, entsteht ihr aus dieser Situation keinerlei Pflicht. Sie muss weder antworten, noch die Ware aufbewahren. Auch kommt bei Benutzung oder Verbrauch kein Kaufvertrag zustande, der eine Bezahlung der Ware nach sich ziehen würde. In diesem Fall wurde der Bürger vom Gesetzgeber besonders geschützt. Es gilt allerdings eine Ausnahme: Eine unbestellte Warenlieferung bzw. Leistung liegt nach dem Gesetz nicht vor, wenn der Empfänger erkennen kann, dass die Ware bzw. Leistung nicht für ihn bestimmt war oder in der irrigen Vorstellung einer Bestellung erfolgte. Ist der Empfänger sich dieses Irrtums bewusst, ist er verpflichtet beispielsweise mit einem Telefonanruf zu reagieren.

Beispiel
Herr Schmitt hat vom Postboten ein Paket angenommen und stellt später fest, dass die Lieferung für den Mieter Herrn Schmitz im Nachbarhaus bestimmt war. In diesem Fall ist er verpflichtet, diesen Irrtum aufzuklären.

Zusendung unbestellter Ware

Empfänger:	Reaktion des Empfängers:	Wirkung:	Pflichten bei Ablehnung:
Kaufmann mit bestehender Geschäftsbeziehung	**Schweigen**	**Zustimmung**	– Mitteilung an Absender – Aufbewahrungspflicht – Rücksendepflicht

Empfänger:	Reaktion des Empfängers:	Wirkung:	Pflichten:
Kaufmann ohne bisherige Geschäftsbeziehung	**Schweigen**	**Ablehnung**	– Aufbewahrungspflicht – keine Rücksendepflicht
Privatpersonen **Verstoß gegen § 241 a BGB** (Verbraucherschutz bei Vertragsabschlüssen im Fernabsatz)			– keine Aufbewahrungspflicht – keine Rücksendepflicht – Nutzung/Verbrauch führt nicht zum Kaufvertrag

2.3 Die Bestellung

Die Bestellung ist eine Willenserklärung eines Käufers, die den Lieferer auffordert, Waren unter bestimmten Bedingungen zu liefern. Der Käufer beabsichtigt Waren zu kaufen. Der Begriff Auftrag ist eine andere Bezeichnung für Bestellung. Die Bestellung bindet den Käufer, wenn er sie ohne Einschränkungen formuliert hat.

Bestellung

- **rechtliche Aspekte**
  - verbindlich
    - **Widerruf** wirksam möglich, wenn er
      - vor der oder
      - gleichzeitig mit der Bestellung eingeht
  - formfrei
- **Wesen**
  - **Willenserklärung** an eine konkrete Person gerichtet
  - **Ziel:** Waren zu bestimmten Bedingungen zu kaufen

Auftragsbestätigung

…bestätigung ist die Annahme der Bestellung durch den Lieferer. Wurde vom Kunden eine Bestellung ohne vorangegangenes verbindliches Angebot vorgenommen, bringt die Auftragsbestätigung den Kaufvertrag zustande. Sie ist verbindlich.

Im allgemeinen Sprachgebrauch erfolgt oft keine Trennung zwischen den Begriffen Auftragsbestätigung und Bestätigungsschreiben. Das Bestätigungsschreiben ist nur eine inhaltliche Zusammenfassung eines bestehenden Vertrages. Ein Vertrag ist auch ohne Bestätigungsschreiben bindend. So ist es in der kaufmännischen Praxis üblich, dass nach einem Angebot des Lieferers und der Bestellung des Käufers ein Bestätigungsschreiben vom Lieferer formuliert wird, um das Vereinbarte zusammenzufassen.

Auch für die Auftragsbestätigung gelten keine Formvorschriften, doch ist die schriftliche Form vorherrschend, um Irrtümer auszuschließen.

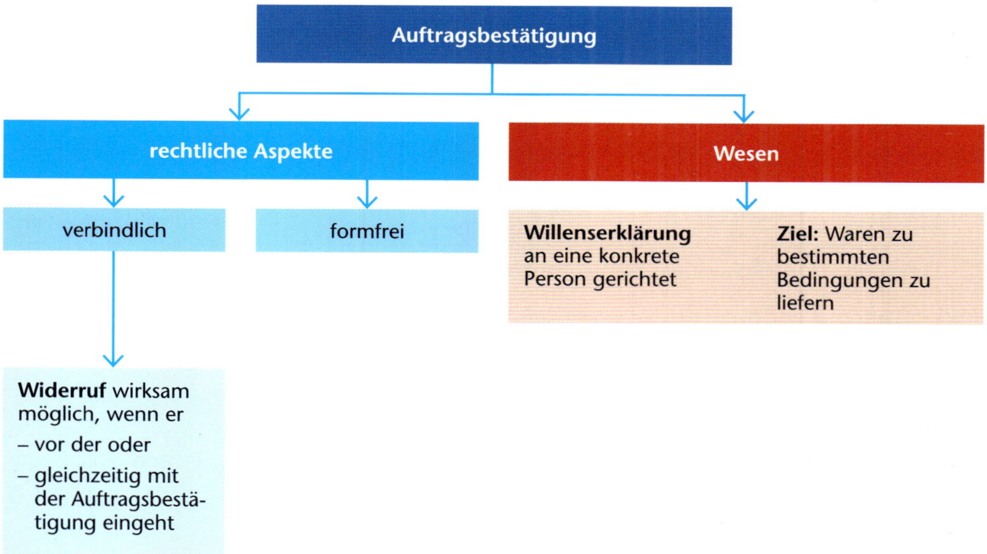

3 Das Zustandekommen des Kaufvertrages

Der Kaufvertrag zählt zu den mehrseitig verpflichtenden Rechtsgeschäften und bedarf mindestens zweier übereinstimmender Willenserklärungen. Dabei ist die Willenserklärung eine Willensäußerung, die eindeutig und rechtsbindend ist. Der **Antrag** ist die zeitlich erste Willenserklärung, die **Annahme** die zweite Willenserklärung zum Abschluss eines Kaufvertrages. *LS 3.2, 3.4*
Dabei ist es ohne Bedeutung, ob der Käufer oder der Verkäufer die erste Willenserklärung abgibt.

Merke
Ein Kaufvertrag kommt durch zwei übereinstimmende Willenserklärungen, Antrag und Annahme, zustande.

1. Willenserklärung	=	2. Willenserklärung	⟶ Kaufvertrag
Antrag	=	Annahme	⟶ Kaufvertrag

Fälle:

Angebot	=	Bestellung	⟶ Kaufvertrag
Bestellung	=	Auftragsbestätigung	⟶ Kaufvertrag

Wird aufgrund eines Angebots unverändert eine Bestellung vorgenommen, so ist mit Zugang der Bestellung ein gültiger Kaufvertrag abgeschlossen worden. Eine Bestellung, die an einen Lieferer gerichtet ist, führt dann zu einem Kaufvertrag, wenn beispielsweise der Lieferer eine Auftragsbestätigung sendet oder aber die gewünschte Ware liefert.

Beispiel
Bestellt die Duisdorfer BüroKonzept KG wie jeden Monat drei Kartons à zehn Tonerkartuschen für die Kopierer und Drucker der Verwaltung, entsteht der Kaufvertrag mit der anschließenden Lieferung der Ware.

Weitere Fälle, die zu einem Kaufvertrag führen, sind

Bestellung	=	Lieferung	⟶ Kaufvertrag
Lieferung	=	Schweigen bei Kaufleuten mit Geschäftsbeziehung	⟶ Kaufvertrag
Verkaufsautomat	=	Einwerfen der passenden Münzen (schlüssiges Handeln)	⟶ Kaufvertrag

Wichtig:
Entscheidend für das Zustandekommen des Kaufvertrages ist der Zugang der Willenserklärung beim jeweiligen Vertragspartner. Hintergrund für diese Empfangsbedürftigkeit ist die Möglichkeit eines Widerspruchs. Der Eingang des Widerspruchs würde dazu führen, dass die ursprüngliche Willenserklärung ungültig würde, wenn er spätestens gleichzeitig mit der Willenserklärung eintrifft.

Wird die Annahme des Antrages unter veränderten Bedingungen vorgenommen, so wirkt dies wie eine Ablehnung des ursprünglichen Antrages. Sie stellt somit einen neuen Antrag dar. Damit ein wirksamer Vertrag zustande kommt, ist eine neue Annahme notwendig.

Willenserklärung	≠	Willenserklärung	=	Willenserklärung	⟶ Kaufvertrag
Antrag	≠	neuer Antrag	=	Annahme	⟶ Kaufvertrag

zwei übereinstimmende Willenserklärungen

Es ist eine Vielzahl von Situationen vorstellbar, die trotz veränderter Annahme des Antrages zu einem Kaufvertrag führen. Dies erfordert aber unbedingt eine Abstimmung der Verhandlungspartner, damit dieser neue Antrag angenommen wird.

Solange die Vertragspartner während der Anbahnung des Kaufvertrages Änderungen wünschen, ist der Vertrag nicht abgeschlossen. Erst wenn alle Vertragsinhalte von beiden Seiten uneingeschränkt akzeptiert sind, entsteht der Kaufvertrag.

Beispiel
Die BioBau KG bietet der Duisdorfer BüroKonzept KG zehn Massivholzschreibtische „Buche" zum Preis pro Stück von 1.130,00 € an, Lieferung am 1. April 20.., Zahlung innerhalb von 30 Tagen (Antrag). Die Duisdorfer BüroKonzept KG ist sehr interessiert und bestellt die Tische, aber aus Eiche (neuer Antrag). In der darauffolgenden Auftragsbestätigung werden die Preise angepasst (neuer Antrag). Telefonisch verhandelt die Duisdorfer BüroKonzept KG einen Rabatt für die zehn Eichenschreibtische (neuer Antrag), den die BioBau KG akzeptiert (Annahme). Damit ist der Kaufvertrag schlussendlich zustande gekommen.

4 Verpflichtungs- und Erfüllungsgeschäft

Nachdem ein Kaufvertrag abgeschlossen wurde, entstehen daraus sowohl für den Verkäufer als auch für den Käufer Verpflichtungen, die zu einem bestimmten Zeitpunkt erfüllt werden müssen. Man spricht in diesem Zusammenhang von Verpflichtungs- und Erfüllungsgeschäft. Der Verkäufer verpflichtet sich mit Abschluss des Kaufvertrages, Ware mangelfrei zum richtigen Zeitpunkt am vereinbarten Ort dem Käufer zu übergeben und dem Käufer das Eigentum daran zu verschaffen. Der Käufer übernimmt gleichzeitig die Pflicht, rechtzeitig die Ware anzunehmen und den vereinbarten Kaufpreis zu zahlen. *LS 3.2*

Beispiel
Kaufvertrag über zehn Massivholzschreibtische „Eiche" (siehe vorheriges Beispiel).

Ist der vereinbarte Zeitpunkt erreicht, müssen die mit dem Kaufvertrag eingegangenen Pflichten erfüllt werden. Der Verkäufer übergibt die mangelfreie Ware zum vereinbarten Zeitpunkt, der Käufer nimmt sie pünktlich an, wird Eigentümer und begleicht den Kaufpreis.

Beispiel
Die zehn Massivholzschreibtische „Eiche" werden am 1. April 20.. nach Bonn geliefert, die Duisdorfer BüroKonzept KG nimmt die Ware an und bezahlt einen Monat später den vereinbarten Kaufpreis.

Fallen Verpflichtungs- und Erfüllungsgeschäft zeitlich zusammen, handelt es sich um einen **Handkauf**, bei dem Leistung und Gegenleistung Zug um Zug erfolgt. Der Austausch von Ware gegen Geldleistung wird demnach auch als **Zug-um-Zug-Geschäft** bezeichnet.

5 Kaufvertragsarten

Betrachtet man verschiedene Kaufverträge, so können diese nach unterschiedlichen Kriterien gegliedert werden. Man unterteilt

- nach der rechtlichen Stellung der Vertragspartner,
- LS 3.2 nach Art, Beschaffenheit und Qualität der Ware,
- nach Lieferzeit,
- nach Zahlungsbedingungen und
- nach Erfüllungsort.

5.1 Rechtliche Stellung der Vertragspartner

Für den Abschluss eines Kaufvertrages sind jeweils zwei Vertragsparteien notwendig. Bei Betrachtung der rechtlichen Stellung unterscheidet man bei den Vertragsparteien Kaufleute und Privatpersonen (Nichtkaufleute). Ausschlaggebend, ob eine Privatperson oder ein Kaufmann tätig ist, hängt davon ab, ob die Person aus privaten oder unternehmerischen Gründen handelt.

Zweiseitiger Handelskauf

Handeln beim Vertragsabschluss beide Parteien als Kaufleute, so spricht man von einem **zweiseitigen Handelskauf**. Für beide Vertragsparteien gelten die Bestimmungen des Bürgerlichen Gesetzbuches (BGB) sowie des Handelsgesetzbuches (HGB), das speziell für Kaufleute gilt.

Beispiel

Johanna Engler, in der Duisdorfer BüroKonzept KG zuständig für die Beschaffung von Handelswaren, kauft bei der Business Direkt GmbH 20 Flipchart-Tafeln zum Weiterverkauf.

Einseitiger Handelskauf

Wird ein Kaufvertrag zwischen einem Kaufmann und einer Privatperson abgeschlossen, liegt ein **einseitiger Handelskauf** vor. Für die Privatperson gilt das BGB, der Kaufmann muss zusätzlich die Regelungen des HGB beachten.

Der **Verbrauchsgüterkauf** ist eine spezielle Form des einseitigen Handelskaufes, bei der der Käufer die Privatperson ist, die eine bewegliche Sache erwirbt.

> **§ 474 Begriff des Verbrauchsgüterkaufs**
>
> (1) Kauft ein Verbraucher von einem Unternehmer eine bewegliche Sache (Verbrauchsgüterkauf), gelten ergänzend die folgenden Vorschriften. [...]

Beispiel

Johanna Engler kauft nach Feierabend bei der Bäckerei Nöthen KG ein Kürbiskernbrot für das Abendessen.

Bürgerlicher Kauf/Privatkauf

Schließen zwei Privatpersonen einen Kaufvertrag, handelt es sich um einen **bürgerlichen Kauf/Privatkauf**, der nach den gesetzlichen Bestimmungen des BGB geregelt ist.

Beispiel
Johanna Engler verkauft über eine Kleinanzeige im Internet die gebrauchte Spielekonsole ihres Sohnes an Willi Daumen.

5.2 Art, Beschaffenheit und Qualität der Ware

Gattungskauf

Ein Gattungskauf liegt vor, wenn ein Kaufvertrag über eine Sache geschlossen wird, die in größerer Menge hergestellt wurde und eine mittlere Qualität aufweist. Bei einem zufälligen Untergang kann die Sache durch einen gleichen Artikel gleicher Gattung ersetzt werden. Es handelt sich bei dem Gegenstand also um eine vertretbare Sache.

LF 4, 9

Gattungsschuld

§ 243 BGB

(1) Wer eine nur der Gattung nach bestimmte Sache schuldet, hat eine Sache von mittlerer Art und Güte zu leisten.

§ 360 HGB

Wird eine nur der Gattung nach bestimmte Ware geschuldet, so ist Handelsgut mittlerer Art und Güte zu leisten.

Beispiel
Kauf von Schreibtischen der Serie Ahorn aus dem Programm der Duisdorfer BüroKonzept KG.

Stückkauf (Spezieskauf)

In diesem Fall wurde eine individuell bestimmte Sache verkauft. Sie kann bei einer Zerstörung nicht ersetzt werden, weil es sich um ein Einzelstück handelt. Die Güter, die Gegenstand in einem Stückkauf sind, sind demnach nicht vertretbare Sachen.

Beispiel
Der Geschäftsführer der Duisdorfer BüroKonzept KG, Herr Falo, erwirbt für sein Büro ein Ölgemälde der Bonner Künstlerin Friede.

Kauf en bloc (Ramschkauf)

Handelt es sich um einen größeren Warenposten, deren Qualität nicht geprüft wird und zu einem Pauschalpreis angeboten wird, spricht man von einem Kauf en Bloc oder Ramschkauf.

Beispiel
Aus einer Insolvenz wird ein größerer Posten Büromaterial, wie Kopierpapier, Prospekthüllen, Kugelschreiber etc. zu einem günstigen Preis erstanden, ohne eine genaue Prüfung des Paketes vornehmen zu können.

Kauf auf Probe (Kauf auf Besicht)

Bei einem Kauf auf Probe hat der Käufer die Möglichkeit, innerhalb einer vereinbarten Frist zu prüfen, ob der Gegenstand den gewünschten Anforderungen entspricht. Es handelt sich also um einen Kaufvertrag mit aufschiebender Bedingung. Erfüllt die Sache nicht die Anforderungen, hat der Käufer ein Rückgaberecht. Verstreicht die Rückgabefrist, ohne dass der Käufer reagiert, so gilt dieses Schweigen als Zustimmung. Der Kaufvertrag ist zustande gekommen.

§ 454 BGB Zustandekommen des Kaufvertrags

(1) Bei einem Kauf auf Probe oder auf Besichtigung steht die Billigung des gekauften Gegenstandes im Belieben des Käufers. Der Kauf ist im Zweifel unter der aufschiebenden Bedingung der Billigung geschlossen.

(2) Der Verkäufer ist verpflichtet, dem Käufer die Untersuchung des Gegenstandes zu gestatten.

Beispiel

Für Präsentationen möchte die Duisdorfer BüroKonzept KG einen interaktiven LCD-Flachbildschirm anschaffen. Da diese Technik erstmals im Unternehmen eingesetzt wird, wurde beim Kauf eine Frist von zwei Wochen vereinbart, in der das Gerät getestet werden kann. Wenn der Bildschirm nicht den Vorstellungen der Duisdorfer BüroKonzept KG entspricht, muss spätestens mit Ablauf der zwei Wochen der Präsentationsbildschirm zurückgegeben werden, ansonsten ist der Kaufvertrag zustande gekommen.

Kauf zur Probe

Es wird zunächst eine kleinere Menge des gewünschten Gutes gekauft, um sie zu testen. Zu einem späteren Zeitpunkt kann dann die gewünschte größere Menge bestellt werden.

Beispiel

Die Duisdorfer BüroKonzept KG kauft einen kleinen Posten der Schreibtischlampen Lumen 610, um zu testen, ob die Kunden dieses neue Produkt annehmen. Zu einem späteren Zeitpunkt wird eventuell eine größere Menge nachbestellt.

Kauf nach Probe (Kauf nach Muster)

Liegt dem Käufer ein Muster vor, nach dem er seine Sache aussucht und bestellt, so liegt ein Kauf nach Probe (Kauf nach Muster) vor. Dabei werden die Eigenschaft und Qualität des Musters dem Kunden für die zu liefernde Ware zugesichert.

Beispiel

Den Stoffbezug des Bürostuhls Comfort gibt es in verschiedenen Farben und Qualitätsstufen. Anhand eines Musters wählt der Kunde einen schwarzen Stoff der Abriebklasse 3 aus.

Bestimmungskauf (Spezifikationskauf)

Bei Abschluss des Kaufvertrages werden zunächst nur Menge und Art der Ware festgelegt. Die Bestimmung genauerer Details, wie z. B. Form, Maß oder Farbe erfolgt später, aber innerhalb einer festgelegten Frist.

§ 375 HGB

(1) Ist bei dem Kauf einer beweglichen Sache dem Käufer die nähere Bestimmung über Form, Maß oder ähnliche Verhältnisse vorbehalten, so ist der Käufer verpflichtet, die vorbehaltene Bestimmung zu treffen.

(2) Ist der Käufer mit der Erfüllung dieser Verpflichtung im Verzug, so kann der Verkäufer die Bestimmung statt des Käufers vornehmen [...]

Beispiel
Die Schreibtischlampe Lumen 610 hat sich zum Verkaufsschlager entwickelt. Für die nächste Lieferung in zwei Monaten wird eine größere Menge von 1 000 Stück zu einem Sonderpreis bestellt. Die farbige Sortierung dieses Postens wird später erfolgen, da die Farbpalette des Lieferers in Kürze erweitert werden soll.

5.3 Lieferzeit

Terminkauf

Bei einem Terminkauf wird die gekaufte Ware innerhalb einer bestimmten Frist geliefert.

Beispiel
„Die Lieferung der Ware erfolgt bis zum 15. Juli 20..".

Fixkauf

In diesem Fall erfolgt die Lieferung der bestellten Ware zu einem genau festgelegten Zeitpunkt. Typische Klauseln für einen Fixkauf sind „fix", „fest", „prompt" oder „genau".

Beispiele
„Die Lieferung der Ware erfolgt am 15. Juli 20.. fix".
„Die Lieferung der Ware erfolgt genau am 15. Juli 20.."

Allerdings kann die Fixabrede in einem Fixkauf auch ohne Klausel vorgenommen werden. Dabei muss dem Verkäufer zweifelsfrei klar sein, dass die Lieferung nur zu diesem bestimmten Zeitpunkt sinnvoll ist. Um Unsicherheiten auszuschließen, bietet es sich daher an, eine eindeutige Klausel in den Vertrag aufzunehmen.

Beispiel
Lieferung der Hochzeitstorte am 30. März 20.. um 14:00 Uhr.

Sofortkauf

Beim sogenannten Sofortkauf (Tageskauf) erfolgt die Lieferung unmittelbar nach dem Abschluss des Kaufvertrages oder wird vom Käufer sofort mitgenommen.

Beispiel
Auf dem Weg zum Büro kommt Herr Falo an einem Café vorbei. Dort holt er sich einen Coffee to go, den er auf dem weiteren Weg trinkt.

Kauf auf Abruf

Nach Abschluss des Kaufvertrages wird der Gegenstand erst auf Wunsch des Käufers geliefert. Der Käufer kann die Lieferung komplett oder in Teilen verlangen. Häufig wird ein Kauf auf Abruf bei immer wiederkehrenden Bestellungen vereinbart. Vorteilhaft ist einerseits die Möglichkeit günstigerer Einkaufspreise, andererseits die Reduzierung der Lagerflächen.

Beispiel
Die Duisdorfer BüroKonzept KG bezieht regelmäßig Kopierpapier von der Paperclip GmbH. Von den gekauften zehn Paletten wird im Abstand von zwei Wochen jeweils eine Palette abgerufen.

5.4 Zahlungsbedingungen

Barkauf

Bei einem Barkauf wird der Kaufpreis bei Übergabe der Sache beglichen. Es wird also Zug um Zug gehandelt.

Beispiel
Saskia kauft eine Jeans bei Haundem KG und bezahlt an der Kasse des Geschäftes.

Zielkauf

Wird die Zahlung erst eine gewisse Zeit nach der Lieferung geleistet, handelt es sich um einen Zielkauf. Es wurde bei Abschluss des Kaufvertrages ein Zahlungsziel vereinbart.

Beispiel
Die Duisdorfer BüroKonzept KG hat im Kaufvertrag für das Kopierpapier ein Zahlungsziel von 30 Tagen vereinbart und muss die Ware erst 30 Tage nach Rechnungsdatum bezahlen.

Ratenkauf (Abzahlungskauf)

Der im Kaufvertrag vereinbarte Kaufpreis wird in Teilbeträgen an den Verkäufer geleistet. Verglichen mit dem Barkauf ergibt die Summe der Raten in der Regel insgesamt einen höheren Kaufpreis.

Beispiel
Henrik erwirbt im Elektronik-Fachmarkt einen LCD-Fernseher und begleicht den Kaufpreis in zwölf monatlichen Raten von 69,00 €.

Kauf gegen Vorauskasse

Die Ware wird bereits vor der Lieferung bezahlt. Oftmals wird in Onlineshops Vorauszahlung verlangt. Aber auch wenn ein Käufer als unzuverlässig gilt, wird diese Kaufvertragsart vom Verkäufer gewählt.

Beispiel
Gerrit bestellt bei einem Onlineshop verschiedene Bücher und gibt bei der Bestellung zur Bezahlung seine Kreditkarten-Daten ein.

5.5 Erfüllungsort

Platzkauf

Liegen der Wohn- bzw. Geschäftssitz des Käufers sowie Verkäufers am selben Ort, z. B. innerhalb derselben Stadt, so liegt ein Platzkauf vor, wenn der Verkäufer dem Käufer die Sache zustellt.

Beispiel
Die Duisdorfer BüroKonzept KG aus Bonn liefert die Konferenztische an den Kunden Gebäudemanagement der Stadt Bonn.

Versendungskauf

Bei einem Versendungskauf liegen Wohn- bzw. Geschäftssitz der beiden Vertragsparteien an unterschiedlichen Orten. Die Ware wird dem Käufer an die vereinbarte Adresse geliefert.

Beispiel
Die Keupen Farben AG aus München liefert die bestellten Lacke an die Duisdorfer BüroKonzept KG, Bonn.

Kauf im Streckengeschäft

Befinden sich die Standorte von Verkäufer und Käufer an unterschiedlichen Orten und wird aber die Ware an einen Dritten versendet, so handelt es sich um einen Kauf im Streckengeschäft. Es handelt sich dabei um eine Kette von mindestens zwei Kaufverträgen.

Beispiel
Die Duisdorfer BüroKonzept KG, Bonn hat 15 Whiteboards bei der BüroDirekt GmbH, Düsseldorf eingekauft. Diese sind bereits an einen Kunden in Köln weiterverkauft. Die Ware wird direkt von Düsseldorf nach Köln geliefert.

6 Inhalte des Kaufvertrages

Um Unklarheiten im Fall eines zustande gekommenen Kaufvertrags zu vermeiden, werden in der Regel bereits bei der Angebotserstellung die Vereinbarungen zu den nachstehenden Inhalten getroffen. Hierdurch vermeidet man später Probleme hinsichtlich des Lieferzeitpunkts, des Zahlungszeitpunkts, der Höhe der Zahlung etc.

LS 3.3

6.1 Art und Güte der Ware

Während die Art der Ware durch den handelsüblichen Namen bestimmt wird (z. B. Schreibtisch Ökostar, Chefsessel Bonn Maxx) wird die Güte (oder auch Beschaffenheit bzw. Qualität) beispielsweise durch die nachstehenden Merkmale bestimmt:

- Güteklassen: Bei Obst wird z. B. mit Handelsklassen die Qualität des Produktes gekennzeichnet. Die Handelsklasse I kennzeichnet so „gute" Qualität, während die Handelsklasse II für „mittlere" Qualität steht.
- Herkunftsregion: Die Region ist im Lebensmittelbereich häufig eine wichtige Aussage über die Qualität des Erzeugnisses (z. B. spanischer Rotwein aus der Region Rioja, Schweizer Raclette-Käse, Milch aus dem Allgäu).
- Prüfnormen: Für viele (technische) Produkte ist es wichtig, ob sie die aktuellen Prüfnormen erfüllen (z. B. Prüfnorm ECE R44/04 für Autokindersitze).
- Gütesiegel bzw. Gütezeichen: Diese sichern dem Kunden eine bestimmte Mindestqualität zu (z. B. garantiert das TCO-Gütesiegel dem Käufer eines PC-Monitors einen sehr guten Umweltschutzstandard. Das BIO-Siegel garantiert dem Kunden hingegen, dass das Produkt die EU-Rechtsvorschriften für den ökologischen Landbau erfüllt).

Werden keine Aussagen über die zu liefernde Art und Güte gemacht, so sind laut § 243 BGB Waren mittlerer (durchschnittlicher) Güte zu liefern.

§ 243 BGB – Gattungsschuld

(1) Wer eine nur der Gattung nach bestimmte Sache schuldet, hat eine Sache von mittlerer Art und Güte zu leisten.

6.2 Menge der Ware

Die Mengenangabe hängt stark von der Art der Ware ab. So existiert neben den gesetzlichen Maßeinheiten (g, kg, t, m, m², m³) auch eine Vielzahl von handelsüblichen Mengeneinheiten, von denen nachfolgend einige dargestellt werden:

- 1 **Stück** Konferenztisch
- 1 **Palette** Pflastersteine
- 1 **Kiste** Mineralwasser
- 1 **Wagenladung** Kieselsteine
- 1 **Dutzend** Blumen

6.3 Lieferzeit

Um im Geschäftsleben Probleme mit einem verfrühten oder verspäteten Liefertermin zu vermeiden, sollte von beiden Vertragsparteien ein möglichst konkreter Liefertermin dokumentiert werden. Durch die Festlegung eines **Fixkaufs** (dokumentiert durch die Begriffe „fix", „fest" oder „genau") muss die Lieferung zum genau festgelegten Termin erfolgen. Anderenfalls hat der Käufer das Recht vom Kaufvertrag zurückzutreten oder bei Verschulden des Lieferanten Schadenersatz zu verlangen. Der Fixkauf wird häufig verwendet, wenn das zu liefernde Produkt zu einem späteren Zeitpunkt keinen Sinn mehr ergibt (z. B. Hochzeitstorte).

Im Fall eines **Terminkaufs** wird ebenfalls ein Termin genannt (z. B. 22. September 20..). Im Gegensatz zum Fixkauf kann der Käufer im Fall einer Nichtlieferung aber nicht ohne Weiteres vom Vertrag zurücktreten.

Beim **Kauf auf Abruf** wird vom Käufer i. d. R. eine große Position in Auftrag gegeben, die innerhalb eines gewissen Zeitraums in bestimmten Mengeneinheiten „abgerufen" werden kann. Der Vorteil für den Käufer liegt in dem Umstand, dass er durch die Abnahme einer großen Menge häufig einen Preisvorteil realisieren kann.

Wird keine Aussage über den Liefertermin getroffen, hat der Käufer laut § 271 BGB das Recht auf sofortige Lieferung. Dadurch entsteht für den Verkäufer die Pflicht, die Ware sofort zu liefern. Allerdings kann der Verkäufer seinerseits auf eine sofortige Lieferung bestehen.

§ 271 BGB – Leistungszeit

(1) Ist eine Zeit für die Leistung weder bestimmt noch aus den Umständen zu entnehmen, so kann der Gläubiger die Leistung sofort verlangen, der Schuldner sie sofort bewirken.

(2) Ist eine Zeit bestimmt, so ist im Zweifel anzunehmen, dass der Gläubiger die Leistung nicht vor dieser Zeit verlangen, der Schuldner aber sie vorher bewirken kann.

6.4 Zahlungsbedingungen

Neben der Frage, auf welche Art gezahlt werden soll (z. B. Barzahlung, bargeldlose Zahlung durch Überweisung) ist vor allen Dingen der Zeitpunkt der Zahlung von Interesse.

Unterschieden wird zwischen einer **Zahlung vor Lieferung** (z. B. im Fall einer Sonderanfertigung, um den Verkäufer finanziell abzusichern), der **Zahlung bei Lieferung** (z. B. durch Barzahlung, Zahlung per Nachnahme) und der **Zahlung nach Lieferung**. Im letztgenannten Fall gewährt der Verkäufer einen sogenannten Lieferantenkredit (z. B. für 30 Tage). Hierbei trägt der Verkäufer allerdings das Risiko eines Zahlungsausfalls, sodass diese Zahlungsbedingung häufig nur langfristigen Kunden mit einer guten Zahlungsmoral gewährt wird.

Wird keine Aussage über den Zahlungstermin getroffen, muss der Käufer laut § 271 BGB die Ware sofort bezahlen. Die Kosten für die Zahlung (z. B. Bankgebühren) trägt hierbei ausschließlich der Käufer.

Anmerkung:
Der Umstand, dass die Erfüllung der Bereitstellung der Ware (Pflicht des Verkäufers) und der Zahlung der Ware (Pflicht des Käufers) häufig gleichzeitig erfolgen, wird als **Zug-um-Zug-Geschäft** *bezeichnet. So kennzeichnet z. B. die vertraglich getroffene Aussage „Lieferung erfolgt Zug um Zug", dass der Verkäufer nach erfolgter Lieferung der Ware auf einer sofortigen Bezahlung besteht.*

6.5 Kosten der Verpackung

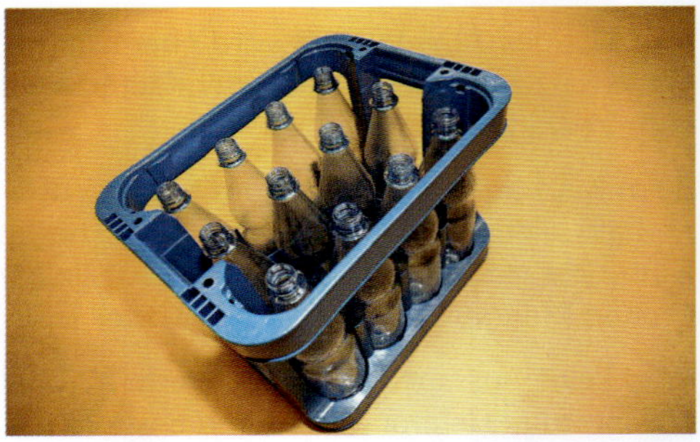

Bei Verpackungen lassen sich hinsichtlich der Art die Verkaufsverpackung, die Umverpackung und die Transportverpackung unterscheiden.

Die **Verkaufsverpackung** (z. B. Kunststoffverpackung eines Schokoladenriegels, Plastikflasche für das Mineralwasser) erfüllt die Aufgaben, das Produkt angemessen im Verkaufsraum zu präsentieren und es vor Feuchtigkeit, Schmutz etc. zu schützen.

Die **Umverpackung** enthält im Regelfall eine Mehrzahl des zu verkaufenden Produkts (z. B. Pappkarton mit 30 Schokoladenriegeln, Plastikgebinde für sechs Flaschen Mineralwasser) und stellt somit eine Erleichterung für den Transport der Produkte dar, beziehungsweise erleichtert den Verkauf der Produkte (z. B. der Kunde entnimmt an der Tankstelle selbst die gewünschte Anzahl an Schokoladenriegeln aus dem Pappkarton).

Die Kosten für die Verkaufsverpackung sowie die Umverpackung werden im Regelfall vom Verkäufer getragen und von vornherein in den Verkaufspreis einkalkuliert. Eine Ausnahme stellen aber z. B. Pfandflaschen dar, die gegen Zahlung des vereinbarten Pfands an den Käufer veräußert werden.

Die **Transportverpackung** (z. B. Versandkartons für den Versand von insgesamt 360 Schokoladenriegeln, Schrumpffolien für den Transport einer Palette mit Mineralwasserflaschen) dient dem sicheren Transport der zu verkaufenden Produkte. Die Kosten für die Transportverpackung sind – soweit nicht vertraglich ausdrücklich anders geregelt – laut § 448 BGB vom Käufer zu tragen.

§ 448 BGB – Kosten der Übergabe und vergleichbare Kosten

(1) Der Verkäufer trägt die Kosten der Übergabe der Sache, der Käufer die Kosten der Abnahme und der Versendung der Sache nach einem anderen Ort als dem Erfüllungsort.

6.6 Preis der Ware und Preisnachlässe

Hinsichtlich des im Kaufvertrag angegebenen Preises ist zu beachten, dass dieser im Normalfall netto ausgewiesen wird. Die jeweils geltende Umsatzsteuer wird diesem Nettobetrag somit noch hinzugerechnet.

Der Preis für die zu liefernde Ware wird dabei entweder pro handelsüblicher Mengeneinheit (z. B. 500,00 € netto pro Schreibtisch) oder für die Gesamtlieferung angegeben (z. B. 5.000,00 € netto für zehn Schreibtische).

Um den Angebotspreis – in Abhängigkeit vom Käufer – interessanter zu gestalten, werden entweder individuelle oder generelle Preisnachlässe gewährt, die in der nachstehenden Übersicht dargestellt werden:

Skonto	Sofern der Kunde innerhalb eines kurzen Zeitraums (z. B. zehn statt 30 Tage) zahlt, darf er den Rechnungsbetrag um z. B. 3 % kürzen. Zielsetzung: Der Käufer soll möglichst rasch den Kaufpreis überweisen.
Bonus	Dieser Preisnachlass wird meist am Ende des Geschäftsjahres den Kunden gutgeschrieben, die einen gewissen Mindestumsatz erreicht haben (z. B. 50.000,00 € pro Jahr). Zielsetzung: Der Kunde soll möglichst häufig bestellen, um den notwendigen Wert zu erreichen.
Mengenrabatt	Der prozentuale Preisnachlass wird gewährt, wenn der Kunde eine größere Stückzahl des Artikels erwirbt (z. B. erhält der Kunde bei Abnahme von fünf Schreibtischen einen Mengenrabatt in Höhe von 10 %). Zielsetzung: Die abgesetzte Menge soll maximiert werden.
Personalrabatt	Mitarbeiter des eigenen Unternehmens erhalten eine Vergünstigung auf den Listenpreis der eigenen Produkte (z. B. eine Angestellte erhält beim Kauf der unternehmenseigenen Produkte einen Rabatt von 20 %). Zielsetzung: Neben der Mitarbeiterbindung an das Unternehmen erzielt das Unternehmen auch einen kleinen Gewinn, zumal keine Aufwendungen wie Produktberatung, Provisionen etc. anfallen.
Treuerabatt	Dieser Rabatt wird im Regelfall den Kunden gewährt, die seit mehreren Jahren ununterbrochen Waren bestellen. Häufig wird die Gewährung eines Treuerabatts auch mit einem pro Jahr zu erreichenden Mindestumsatz kombiniert. Zielsetzung: Die Kunden sollen möglichst langfristig an das Unternehmen gebunden werden.
Jubiläumsrabatt	Zu besonderen Anlässen wie z. B. dem 30-jährigen Bestehen des Unternehmens erhalten alle Kunden einen Rabatt auf das gesamte Sortiment oder einen ausgewählten Teil hiervon. Zielsetzung: Neben einer Werbefunktion für das Unternehmen wird im Aktionszeitraum häufig auch ein deutlich höherer Umsatz anvisiert.
Naturalrabatt	Hierbei erfolgt – im Gegensatz zu den anderen Formen der Preisnachlässe – die Gutschrift durch die Lieferung von Waren. Unterschieden wird hierbei zwischen der **Draufgabe** und der **Dreingabe** von Waren: Bei der **Draufgabe** erhält der Käufer zur bestellten und bezahlten Menge eine gewisse Anzahl des gekauften Artikels kostenlos hinzu. ***Beispiel*** *Ein Kunde kauft und bezahlt 20 Bürodrehstühle. Die Duisdorfer BüroKonzept KG liefert jedoch 21 Bürodrehstühle an, wobei der 21. Stuhl ohne Berechnung geliefert wird.* Bei der **Dreingabe** erhält der Käufer zwar die bestellte Menge, muss aber nur einen Teil hiervon bezahlen. ***Beispiel*** *Ein Kunde kauft 20 Bürodrehstühle. Die DuisdorferKonzept KG liefert die bestellten 20 Bürodrehstühle an, stellt hiervon aber nur 19 Stück in Rechnung.*

6.7 Kosten der Beförderung und Beförderungsbedingungen

Die Kosten der Beförderung setzen sich idealtypisch aus fünf unterschiedlichen Kostenpositionen zusammen, die im Folgenden dargestellt werden:

Anfuhrkosten (Rollgeld)	Hierunter versteht man die Kosten für den Transport der Ware von der Niederlassung des Verkäufers bis zur Versandstation (z. B. Bahnhof). Dieser Weg wird häufig per Spedition durch ein Transportfahrzeug zurückgelegt, sodass hier oft auch von Rollgeld gesprochen wird.
Verladekosten	Die Ware muss an der Versandstation im Normalfall auf einen Güterzug, ein Frachtschiff, Flugzeug oder ähnliches verladen werden. Die hierfür anfallenden Kosten tragen demzufolge die Bezeichnung Verladekosten.
Fracht	Im nächsten Schritt wird die Ware von einem Frachtführer (z. B. Deutsche Bahn AG, Spedition, Lufthansa Cargo AG) zu einem vereinbarten Bestimmungsort transportiert. Die hierfür anfallenden Kosten werden als Fracht bezeichnet.
Entladekosten	Am vereinbarten Bestimmungsort (z. B. Zielbahnhof, Containerfrachthafen, Flughafen) muss die Ware von der Bahn, dem Frachtschiff oder dem Flugzeug wieder entladen werden. Die hierbei entstehenden Kosten tragen die Bezeichnung Entladekosten.
Zufuhrkosten (Rollgeld)	Nach der Entladung am Bestimmungsort wird die Ware im Regelfall durch ein Transportfahrzeug einer Spedition zum Wohn- bzw. Niederlassungsort des Käufers transportiert. Die hierfür anfallenden Kosten werden als Zufuhrkosten bezeichnet.

Die Verteilung der zuvor dargestellten Kostenpositionen kann vertraglich geregelt werden.

Die nachstehenden Beförderungsbedingungen der Situationen 1 bis 5 sind jeweils aus **Sicht des Verkäufers** formuliert. So bedeutet die Bedingung „Frei Waggon" in Situation 3 beispielsweise, dass der Verkäufer solange alle Kosten übernimmt, bis sich die Ware im Waggon befindet (also Anfuhrkosten und Verladekosten). Der Kunde hat somit die restlichen Kosten Fracht, Entladekosten und Zufuhrkosten zu tragen.

Situation 1: Beförderungsbedingung: „ab Werk"	→ Der Käufer muss alle Kosten tragen.
Situation 2: Beförderungsbedingung: „ab Versandstation" oder „ab Bahnhof hier" oder „unfrei"	→ Der Verkäufer trägt die Anfuhrkosten, den Rest trägt der Käufer.
Situation 3: Beförderungsbedingung: „frei Waggon" oder „frei Schiff"	→ Der Verkäufer trägt die Anfuhr- und Verladekosten, den Rest trägt der Käufer.
Situation 4: Beförderungsbedingung: „frachtfrei" oder „frei Empfangsstation" oder „frei Bahnhof dort"	→ Der Verkäufer trägt die Anfuhr- und Verladekosten sowie die Fracht, den Rest trägt der Käufer.
Situation 5: Beförderungsbedingung: „frei Haus" oder „frei Lager"	→ Der Verkäufer trägt alle Kosten.

Sofern keine vertragliche Regelung zur Übernahme der Beförderungskosten getroffen wird, sind vom Käufer im Fall eines **Versendungskaufs** laut Gesetz die Kosten ab der Versandstation („unfrei") zu tragen. Unter einem Versendungskauf versteht man, dass Käufer und Verkäufer ihren Wohnsitz bzw. Niederlassungsort an zwei unterschiedlichen Orten haben. Hintergrund ist, dass der Verkäufer im Normalfall Waren mehrerer Kunden zur Versandstation transportiert. Diesen einmaligen Aufwand allen betroffenen Kunden jeweils vollständig in Rechnung zu stellen, erscheint nicht fair, da diese hierdurch einen Nachteil erfahren würden.

Liegt hingegen ein **Platzkauf** vor (Käufer und Verkäufer haben ihren Wohnsitz bzw. Niederlassungsort am selben Ort), so trägt der Käufer alle Kosten („ab Werk"). Hier greift der Grundsatz, dass Warenschulden grundsätzlich Holschulden sind (vgl. auch nachstehenden Abschnitt „Erfüllungsort").

6.8 Erfüllungsort

Laut Gesetz ist der Erfüllungsort der Ort, an dem der Schuldner seine Schuld zu bewirken hat. Sofern vertraglich nicht genau vereinbart wird, an welchem Ort der Erfüllungsort für die Warenschuld (Schuldner ist der Verkäufer) bzw. für die Geldschuld (Schuldner ist der Käufer) liegt, gelten die Bestimmungen des Bürgerlichen Gesetzbuches.

Regelungen für die Warenschuld

Für die Warenschuld sieht das BGB den jeweiligen Wohnort bzw. Ort der Niederlassung des Verkäufers vor.

§ 269 BGB – Leistungsort

(1) Ist ein Ort für die Leistung weder bestimmt noch aus den Umständen, insbesondere aus der Natur des Schuldverhältnisses, zu entnehmen, so hat die Leistung an dem Orte zu erfolgen, an welchem der Schuldner zur Zeit der Entstehung des Schuldverhältnisses seinen Wohnsitz hatte.

(2) Ist die Verbindlichkeit im Gewerbebetrieb des Schuldners entstanden, so tritt, wenn der Schuldner seine gewerbliche Niederlassung an einem anderen Orte hatte, der Ort der Niederlassung an die Stelle des Wohnsitzes.

Für die Warenschuld gilt grundsätzlich, dass Warenschulden **Holschulden** sind.

Für den Verkäufer bedeutet dies, dass er durch die pünktliche Bereitstellung der einwandfreien Ware am Erfüllungsort (z. B. auf dem Werksgelände) seiner Pflicht nachgekommen ist und die Gefahr des Abhandenkommens bzw. der Verschlechterung der Ware am Erfüllungsort auf den Käufer übergeht. Wird die Ware beispielsweise auf dem Transportweg zum Kunden zerstört oder gestohlen, muss der Verkäufer keine erneute Lieferung leisten und hat trotzdem Anspruch auf die vollständige Bezahlung der Ware.

Das Risiko, dass die Ware unter Umständen nie den Käufer erreicht, dieser aber trotzdem die gesamte Bestellung zu zahlen hat, wird im Geschäftsleben häufig durch den Abschluss einer Transportversicherung abgesichert.

Aus dem Grundsatz „Warenschulden sind Holschulden" lässt sich ebenfalls ableiten, dass der Käufer grundsätzlich die Kosten für den Transport der Ware bzw. die Kosten der Transportverpackung zu tragen hat.

Wird die Ware auf ausdrücklichen Wunsch des Kunden hin mit einer Spedition an den Kunden versandt, so geht mit Übergabe der Ware an den Spediteur die Gefahr des Verlusts bzw. der Verschlechterung der Ware ebenfalls auf den Käufer über. Dieser könnte allerdings im Schadensfall einen Schadenersatz vom Verkäufer oder Spediteur verlangen, wenn einer der beiden entweder vorsätzlich (Ware wird bewusst zerstört) oder zumindest grob fahrlässig gehandelt hat (z. B. Lkw-Fahrer ist stark alkoholisiert bzw. der Lkw befindet sich in einem nicht fahrtauglichen Zustand).

Sofern der Verkäufer die Kosten des Transports übernimmt, ändert sich nichts am Erfüllungsort. Zwar wird in diesem Fall aus einer Holschuld eine **Schickschuld**, der Erfüllungsort liegt aber nach wie vor beim Verkäufer.

§ 447 BGB – Gefahrübergang beim Versendungskauf

(1) Versendet der Verkäufer auf Verlangen des Käufers die verkaufte Sache nach einem anderen Ort als dem Erfüllungsort, so geht die Gefahr auf den Käufer über, sobald der Verkäufer die Sache dem Spediteur, dem Frachtführer oder der sonst zur Ausführung der Versendung bestimmten Person oder Anstalt ausgeliefert hat.

(2) Hat der Käufer eine besondere Anweisung über die Art der Versendung erteilt und weicht der Verkäufer ohne dringenden Grund von der Anweisung ab, so ist der Verkäufer dem Käufer für den daraus entstehenden Schaden verantwortlich.

Regelungen für die Geldschuld

Für den Erfüllungsort hinsichtlich der Geldschuld muss – Stand Oktober 2014 – dahingehend unterschieden werden, ob ein zweiseitiger Handelskauf vorliegt oder mindestens eine Privatperson (einseitiger Handelskauf bzw. bürgerlicher Kauf) am Rechtsgeschäft beteiligt ist.

Im Fall eines **einseitigen Handelskaufs** bzw. bürgerlichen Kaufs gilt derzeit die folgende gesetzliche Regelung:

Für die Geldschulden sieht das BGB den jeweiligen Wohn- bzw. Niederlassungsort des Käufers (Geldschuldners) als Erfüllungsort vor. Die Geldschulden sind somit Schickschulden.

§ 270 BGB – Zahlungsort

(1) Geld hat der Schuldner im Zweifel auf seine Gefahr und seine Kosten dem Gläubiger an dessen Wohnsitz zu übermitteln.

(2) Ist die Forderung im Gewerbebetrieb des Gläubigers entstanden, so tritt, wenn der Gläubiger seine gewerbliche Niederlassung an einem anderen Orte hat, der Ort der Niederlassung an die Stelle des Wohnsitzes.

(4) Die Vorschriften über den Leistungsort bleiben unberührt.

Für den Geldschuldner (Käufer) bedeutet dies, dass er durch pünktliches Versenden des Geldes (in der Regel durch eine Überweisung bei der Hausbank an seinem Wohnort) seiner Pflicht nachgekommen ist. Seine Verpflichtung endet allerdings nur, wenn das Geld auch auf dem vorgesehenen Konto des Verkäufers ankommt. Im Gegensatz zur Warenschuld trägt das Risiko des Abhandenkommens des überwiesenen Geldes in diesem Fall nämlich der Geldschuldner (§ 270 Abs. 1 BGB).

Diese Regelung ist insofern sinnvoll, da nur der Geldschuldner Zugriff auf das Konto bei seiner Hausbank hat und ausschließlich er sich im Verlustfall rechtsgültig mit dem Kreditinstitut auseinandersetzen kann.

Neben der Haftung für den Verlust des Geldes trägt der Geldschuldner auch die anfallenden Kosten der Überweisung (§ 270 Abs. 1 BGB).

Im Fall eines **zweiseitigen Handelskaufs** gilt nach einem Urteil des Europäischen Gerichtshofs (EuGH) vom April 2008 folgende Regelung:

Der Erfüllungsort liegt am Wohn- bzw. Niederlassungsort des Verkäufers (Geldgläubiger). Die Geldschuld wird somit zur modifizierten Bringschuld.

Selbstverständlich bedeutet das nicht, dass der Käufer das Geld persönlich beim Verkäufer abzugeben hat. Vielmehr bedeutet diese Regelung, dass der Rechnungsbetrag vom Käufer so rechtzeitig zu überweisen ist, dass der Zahlungseingang auf dem Konto des Verkäufers innerhalb der festgelegten Zahlungsfrist erfolgt.

Ob und wann diese Regelung vom Gesetzgeber auch auf den einseitigen Handelskauf bzw. bürgerlichen Kauf übertragen wird, ist derzeit – Stand Oktober 2014 – noch nicht geklärt.

6.9 Gerichtsstand

Als Gerichtsstand wird der Ort des zuständigen Gerichts bezeichnet.

Kommt es zu Streitigkeiten aus der Waren- bzw. der Geldschuld, so wird die Frage des zuständigen Gerichtsstandes aus dem Erfüllungsort abgeleitet. Hier gilt der Grundsatz: zuständig ist das für den Wohn- bzw. Geschäftssitz zuständige Gericht, an dessen Ort die strittige Leistung hätte erbracht werden müssen (§ 29 Abs. 1 ZPO).

§ 29 ZPO – Besonderer Gerichtsstand des Erfüllungsorts

(1) Für Streitigkeiten aus einem Vertragsverhältnis und über dessen Bestehen ist das Gericht des Ortes zuständig, an dem die streitige Verpflichtung zu erfüllen ist.

(2) Eine Vereinbarung über den Erfüllungsort begründet die Zuständigkeit nur, wenn die Vertragsparteien Kaufleute, juristische Personen des öffentlichen Rechts oder öffentlich-rechtliche Sondervermögen sind.

Im Fall einer Klage hinsichtlich der **Warenschuld** ist somit das **Gericht** zuständig, das am Wohn- bzw. Niederlassungsort **des Warenschuldners** (Verkäufer) zuständig ist.

Der Warenschuldner hat im Streitfall somit keine weiten Anfahrwege in Kauf zu nehmen. Auch das Problem, einen geeigneten Rechtsvertreter zu finden, wird durch diese Regelung minimiert.

Im Fall einer Klage hinsichtlich der **Geldschuld** ist hingegen das **Gericht** zuständig, das am Wohn- bzw. Niederlassungsort **des Geldschuldners** (Käufer) zuständig ist. Diese Regelung gilt auch für zweiseitige Handelskäufe, da das in Kapitel 6.8 erwähnte Gerichtsurteil ausschließlich eine Entscheidung zum Erfüllungsort getroffen hat.

Abweichende Regelungen sieht der Gesetzgeber nur im Fall eines zweiseitigen Handelskaufs vor (§ 29 Abs. 2 ZPO). In diesem Fall können die beteiligten Kaufleute den jeweiligen Gerichtsstand vertraglich festlegen. Zumeist wird hier die stärkere Vertragspartei darauf drängen, dass sowohl bei Streitigkeiten hinsichtlich der Geld- als auch der Warenschuld das zuständige Gericht am eigenen Wohn- bzw. Niederlassungsort zuständig ist.

Die Frage der zuständigen Gerichtsart ist abhängig vom Streitwert. Bis zu einem Streitwert von 5.000,00 € ist grundsätzlich das jeweilige Amtsgericht zuständig, bei allen Streitigkeiten mit einem Wert von über 5.000,00 € wird hingegen das zuständige Landgericht angerufen.

6.10 Eigentumsvorbehalt

Wenn ein Eigentumsvorbehalt vereinbart wird – z. B. durch die Formulierung „Die Ware bleibt bis zur vollständigen Bezahlung unser Eigentum" – bleibt der Verkäufer solange Eigentümer, bis der Käufer den Kaufpreis vollständig bezahlt hat (§ 449 Abs. 1 BGB).

Wenn der Käufer den vereinbarten Kaufpreis nicht zahlen kann, hat der Verkäufer das Recht vom Vertrag zurückzutreten und kann die Herausgabe der Ware vom Käufer verlangen (§ 449 Abs. 2 BGB). Im Fall einer Insolvenz des Käufers steht dem Verkäufer als Eigentümer zudem ein Aussonderungsrecht zu. Das bedeutet, dass der Lieferant vom Insolvenzverwalter die Herausgabe der gelieferten Ware verlangen kann, um diese im Idealfall zeitnah erneut verkaufen zu können.

§ 449 BGB – Eigentumsvorbehalt

(1) Hat sich der Verkäufer einer beweglichen Sache das Eigentum bis zur Zahlung des Kaufpreises vorbehalten, so ist im Zweifel anzunehmen, dass das Eigentum unter der aufschiebenden Bedingung vollständiger Zahlung des Kaufpreises übertragen wird (Eigentumsvorbehalt).

(2) Auf Grund des Eigentumsvorbehalts kann der Verkäufer die Sache nur herausverlangen, wenn er vom Vertrag zurückgetreten ist.

Im Regelfall wird der Eigentumsvorbehalt in den Allgemeinen Geschäftsbedingungen (AGB) (siehe Lernfeld 4, Kapitel 14) festgehalten, um dieses Sicherungsinstrument Bestandteil eines jeden Vertrags werden zu lassen.

Der zuvor beschriebene **(einfache) Eigentumsvorbehalt** weist jedoch die folgenden gravierenden Nachteile auf:

- Der Käufer hat die gelieferte Ware zwischenzeitlich an einen gutgläubigen Käufer weiterverkauft.
  Konsequenz: Der Verkäufer verliert sein Eigentum an dieser Ware (§ 932 BGB).

- Der Käufer hat die gelieferte Ware weiterverarbeitet (z. B. aus großen, unbehandelten Holzplatten werden Platten für Schreibtische gesägt, geschliffen und lackiert).
  Konsequenz: Der Eigentumsanspruch des Verkäufers geht ebenfalls verloren (§ 950 BGB).

Daher ist der einfache Eigentumsvorbehalt in der Regel nur für solche Waren sinnvoll, die langfristig beim Käufer verbleiben (z. B. Produktionsmaschinen, Fuhrpark, Betriebs- und Geschäftsausstattung).

Um die Nachteile des einfachen Vorbehalts zu vermeiden, kann statt des einfachen Eigentumsvorbehalts auch ein **verlängerter Eigentumsvorbehalt** vereinbart werden. Durch diesen wird vereinbart, dass der Verkäufer bei Erlöschen des Eigentumsvorbehalts (z. B. durch Weiterverarbeitung bzw. Weiterverkauf der Ware) Anspruch auf die neue Sache oder die aus dem Weiterverkauf resultierende Forderung hat. Diese Art des Eigentumsvorbehalts ist somit für nahezu alle zu liefernden Waren geeignet.

Sofern zwischen den Vertragsparteien mehrere Kaufverträge innerhalb eines befristeten Zeitraums geschlossen worden sind, kann zusätzlich auch ein **erweiterter Eigentumsvorbehalt** vereinbart werden. Dieser sieht vor, dass das Eigentum an der gelieferten Ware erst dann auf den Käufer übergeht, wenn alle offenstehenden Lieferungen bezahlt worden sind.

Beispiel
Die Duisdorfer BüroKonzept KG hat an die LEPA GmbH in dem vergangenen Monat drei Lieferungen im Wert von 5.000,00 €, 2.000,00 € und 500,00 € getätigt. Die beiden erstgenannten Rechnungen wurden bereits bezahlt. Solange nicht auch die letzte Rechnung vollständig ausgeglichen worden ist, kann die Duisdorfer BüroKonzept KG auch auf die Waren der beiden anderen Lieferungen zugreifen.

Wenn jedoch alle Rechnungen vollständig bezahlt worden sind (das zugehörige Kundenkonto damit ausgeglichen ist), führt eine erneute Lieferung nicht zum Wiederaufleben des erweiterten Eigentumsvorbehalts.

6.11 Beispiel für ein Angebotsschreiben mit allen relevanten Kaufvertragsinhalten

Duisdorfer
BüroKonzept
KG

Ausstattung und Beratung
für das Büro

Duisdorfer BüroKonzept KG · Rochusstraße 30 · 53123 Bonn

Brinkmann OHG
Im Ruhrfeld 35 a
22866 Norderstedt

Ihr Zeichen:
Ihre Nachricht vom: 21.07.20..
Unser Zeichen: EHu
Unsere Nachricht vom:

Name: Erwin Hummels
Telefon: 0228 98765-35
Telefax: 0228 98765-835
E-Mail: ehummels@duisdorfer-bueko.de

Datum: 23.07.20..

Angebot 795/20..

Sehr geehrte Damen und Herren,

wir danken Ihnen für Ihre Anfrage vom 21.07.20.. und das gezeigte Interesse an unseren Produkten.

Wir bieten Ihnen bis zum 15.08.20.. verbindlich an:

- Schreibtisch Ökostar (Artikel-Nr. 101111), ökologisch behandeltes Buchenholz aus deutscher Forstwirtschaft, zum Preis von 489,00 € je Stück.
- Chefsessel Bonn max (Artikel-Nr. 202113), ergonomische Sitzgestaltung, ermöglicht dynamisches Sitzverhalten, zum Preis von 399,00 € je Stück.

Bei allen Preisen handelt es sich um Nettopreise zuzüglich der derzeit gültigen Umsatzsteuer. Ab einer Abnahmemenge von mindestens 3 Stück je Artikel gewähren wir einen Mengenrabatt in Höhe von 10 %. Der Rechnungsbetrag ist zahlbar innerhalb von 30 Tagen ab Rechnungsdatum ohne Abzüge oder innerhalb von 10 Tagen abzüglich 3 % Skonto auf eines unserer Konten. Zusätzlich erstatten wir Ihnen bei einem Gesamteinkaufswert von mindestens 20.000,00 € in diesem Jahr einen Bonus in Höhe von 2,75 % vom Netto-Einkaufswert am Ende des Geschäftsjahres.

Die Lieferung erfolgt innerhalb von 10 Tagen ab Auftragseingang unfrei. Sofern gewünscht, kann in besonderen Fällen auch gerne ein Fixkauf vereinbart werden. Die Ware bleibt bis zur vollständigen Bezahlung unser Eigentum. Erfüllungsort für die Lieferung ist Bonn. Für sich aus der Lieferung ergebende Streitigkeiten ist für beide Teile das Amts- bzw. Landgericht Bonn zuständig.

Wir hoffen, Ihnen ein attraktives Angebot unterbreitet zu haben und freuen uns auf Ihre Nachricht.

Freundliche Grüße

Duisdorfer BüroKonzept KG

i. A.

Hummels

Duisdorfer BüroKonzept KG
Rochusstraße 30
53123 Bonn
USt-IdNr.: DE 244 111 855

Geschäftsführer:
Sebastian Falo
Katharina Niester
Amtsgericht Bonn
HRA 1221

Telefon: 0228 98765-0
Fax: 0228 98765-80
Internet: www.duisdorfer-bueko.de
E-Mail: info@duisdorfer-bueko.de

Bankverbindungen:
Volksbank Bonn Rhein-Sieg
IBAN DE85 3860 0186 2401 2345 67
BIC GENODED1BRS
Postbank Köln
IBAN DE23 3701 0050 8884 4412 34
BIC PBNKDEFF370

7 Grundlagen des kaufmännischen Rechnens

LS 3.2

7.1 Dreisatz

Bei kaufmännischen Sachverhalten werden Berechnungen häufig mithilfe des Dreisatzes durchgeführt. Hierbei wird in einem Bedingungssatz eine Ausgangsgröße zu einem anderen Wert in Beziehung gesetzt. (Beispiel: 12 Aktenvernichter kosten 948,00 €). Anschließend wird im sogenannten Fragesatz der Ausgangswert verändert, zu dem ein neuer Wert ermittelt werden soll. (Beispiel: Wie viel kosten 8 Aktenvernichter?)

Die Art der Berechnung hängt davon ab, ob es sich um ein gerades oder ungerades Verhältnis zwischen der Ausgangsgröße und des zugehörigen Wertes handelt.

Um ein gerades Verhältnis handelt es sich dann, wenn die Erhöhung des Ausgangswertes zu einer Erhöhung des zugehörigen Wertes führt („Je-mehr-desto-mehr"-Zuordnung) bzw. umgekehrt.

Beispiel

Gerades Verhältnis
12 Aktenvernichter kosten 948,00 €.
***Je mehr** der Kunde kauft, **desto mehr** muss er bezahlen.*
*(**Je weniger** der Kunde kauft, **desto weniger** muss er bezahlen.)*

Handelt es sich um einen Dreisatz mit ungeradem Verhältnis führt die Erhöhung des Ausgangswertes zu einer Verringerung des zugehörigen Wertes („Je-mehr-desto-weniger"-Zuordnung) und umgekehrt.

Beispiel

Ungerades Verhältnis
2 Lackieranlagen benötigen 6 Stunden für den Auftrag.
***Je mehr** Lackieranlagen eingesetzt werden, **desto weniger** Zeit ist notwendig.*
*(**Je weniger** Lackieranlagen eingesetzt werden, **desto mehr** Zeit ist notwendig.)*

7.1.1 Einfacher Dreisatz mit geradem Verhältnis

Beispiel

Die Duisdorfer BüroKonzept KG verkauft 12 Aktenvernichter „Safeway" zu einem Gesamtpreis von 948,00 €. Zu welchem Preis werden 8 Aktenvernichter „Safeway" verkauft?

Bezugsgröße

Lösungsweg:

Bedingungssatz: 12 Aktenvernichter – 948,00 €

Fragesatz: 8 Aktenvernichter – x €

Gesuchte Größe

Beachte:

Bei der Erstellung von Bedingungs- und Fragesatz ist darauf zu achten, dass die jeweils gleichen Einheiten untereinander angeordnet werden und die Bezugsgröße sowie die gesuchte Größe an den Schluss gesetzt werden.

Überlegung:

Gerades Verhältnis: Je mehr Aktenvernichter, desto mehr kostet es.

Rechenschritte:

1. Schritt:
12 Aktenvernichter kosten 948,00 €

2. Schritt:
1 Aktenvernichter kostet 948,00 € : 12 = 79,00 €

3. Schritt:
8 Aktenvernichter kosten 79,00 € · 8 = 632,00 €

Darstellung in einer Tabelle

: 12	12	948	: 12
· 8	1	79	· 8
	8	632	

Zusammengefasst in einem Bruch ergibt sich folgende Berechnung:

$$\longrightarrow x = \frac{948 \cdot 8}{12} = 632{,}00\ €$$

8 Aktenvernichter werden zum Preis von 632,00 € verkauft.

7.1.2 Einfacher Dreisatz mit ungeradem Verhältnis

Beispiel *Die zwei Lackieranlagen der Duisdorfer BüroKonzept KG benötigen 6 Stunden für die Bearbeitung des Auftrages. Wie lange würden die Lackierarbeiten dauern, wenn drei Maschinen eingesetzt würden?*

Lösungsweg:

Bedingungssatz: 2 Lackieranlagen – 6 Stunden.

Fragesatz: 3 Lackieranlagen – x Stunden

Überlegung:

Ungerades Verhältnis: Je mehr Lackieranlagen, desto weniger Zeit benötigt der Auftrag.

Rechenschritte:

1. Schritt: 2 Lackieranlagen benötigen 6 Stunden.

2. Schritt: 1 Lackieranlage benötigt 6 Std. · 2 = 12 Std.
(Die einzelne Maschine benötigt zweimal so viel Zeit.)

3. Schritt: 3 Lackieranlagenbenötigen 12 Std. : 3 = 4 Std.
(3 Maschinen benötigen 1/3 der Zeit.)

Darstellung in einer Tabelle

: 2	2	6	· 2
· 3	1	12	: 3
	3	4	

Zusammengefasst in einem Bruch ergibt sich folgende Berechnung:

→ $x = \frac{6 \cdot 2}{3} = 4$ Stunden

3 Lackieranlagen benötigen für den Auftrag 4 Stunden.

7.1.3 Zusammengesetzter Dreisatz

Beispiel

In 5 Tagen produzieren 15 Mitarbeiter bei einer Arbeitszeit von 8 Stunden/Tag 125 Tische. Wie viele Tage benötigen 20 Mitarbeiter bei einer täglichen Arbeitszeit von 7 Stunden für die Produktion von 175 Tischen?

Zunächst werden nun sowohl für den Bedingungssatz als auch für den Fragesatz die angegebenen Werte aufgeführt. Die Reihenfolge der Auflistung ist frei wählbar, allerdings sollten wieder

- die jeweils gleichen Einheiten untereinander angeordnet werden und
- Bezugsgröße und gesuchte Größe am Schluss der Aufstellung stehen.

Lösungsweg:

Bedingungssatz: **15 Mitarbeiter – 8 Std./Tag – 125 Tische – 5 Tage** (Bezugsgröße)

Fragesatz: **20 Mitarbeiter – 7 Std./Tag – 175 Tische – x Tage** (gesuchte Größe)

Der zusammengesetzte Dreisatz wird schrittweise in mehrere einfache Dreisätze zerlegt. Dabei werden die Bezugsgröße und die gesuchte Größe immer wieder in Beziehung zur nächsten gegebenen Bedingung gesetzt. Jedes Mal folgt die Überlegung, ob ein gerader oder ungerader Bruch vorliegt. Somit wird der Bruch schrittweise erweitert, wobei die Bezugsgröße im Zähler nur einmal erscheint.

1. Bedingungssatz: **15 Mitarbeiter** – 8 Std./Tag – 125 Tische – **5 Tage**
   Fragesatz: **20 Mitarbeiter** – 7 Std./Tag – 175 Tische – **x Tage**
   $\frac{5 \cdot 15}{20}$

(Ungerades Verhältnis: **Weniger** Mitarbeiter benötigen **mehr** Tage zur Ausführung des Auftrags.)

2. Bedingungssatz: 15 Mitarbeiter – **8 Std./Tag** – 125 Tische – **5 Tage**
   Fragesatz: 20 Mitarbeiter – **7 Std./Tag** – 175 Tische – **x Tage**
   $\frac{5 \cdot 15 \cdot 8}{20 \cdot 7}$

(Ungerades Verhältnis: Je **weniger** Stunden pro Tag gearbeitet werden, desto **mehr** Tage werden insgesamt benötigt.)

3. Bedingungssatz: 15 Mitarbeiter – 8 Std./Tag – **125 Tische – 5 Tage**
   Fragesatz: 20 Mitarbeiter – 7 Std./Tag – **175 Tische – x Tage**
   $\frac{5 \cdot 15 \cdot 8 \cdot 175}{20 \cdot 7 \cdot 125}$

(Gerades Verhältnis: Je **mehr** Tische produziert werden müssen, desto **mehr** Tage werden benötigt.)

Zur Berechnung der fehlenden Größe wird so ein Bruch erstellt, der aus den einfachen Dreisätzen zusammengesetzt wird.

Zusammengefasst in einem Bruch ergibt sich folgende Berechnung:

→ $x = \frac{5 \cdot 15 \cdot 8 \cdot 175}{20 \cdot 7 \cdot 125} = 6$ Tage

20 Mitarbeiter benötigen bei einem siebenstündigen Arbeitstag für 175 Tische 6 Tage.

7.2 Prozentrechnung

Mithilfe der Prozentrechnung werden absolute Zahlen anhand ihres Verhältnisses zur Zahl 100 vergleichbar gemacht. Prozentangaben geben somit das Verhältnis von einem Anteil zu etwas Ganzem dar. Dabei besitzt das Ganze einen Wert von 100 %. Da Prozent „von 100" bedeutet, entspricht 100 % = $\frac{100}{100}$ = 1 (**ein Ganzes**).

Beispiel

Die Frohn KG erhält als Stammkunde der Duisdorfer BüroKonzept KG einen Rabatt von 5 % auf den Warenwert. Der gesamte Warenwert entspricht 100 %. Der Rabatt von 5 % entspricht einem Anteil vom Ganzen, also 5 % = $\frac{5}{100}$ *= 0,05.*

Je nachdem wie hoch der gesamte Warenwert ist, kann dem Verhältnis entsprechend der Rabatt abgezogen werden:

Warenwert ≙ 100 %	Rabatt ≙ 5 %
100,00 €	5,00 €
250,00 €	12,50 €
1.110,00 €	55,50 €

Die Berechnung ist auf verschiedene Weise möglich. Es kann beispielsweise der Dreisatz mit geradem Verhältnis oder auch die Prozentrechnung angewendet werden. Im Rahmen der Prozentrechnung werden folgende Begriffe verwendet:

G	Grundwert	Der Grundwert G ist die Ausgangsgröße (≙ 100 %).
p	Prozentsatz	Der Prozentsatz p ist der Anteil am Grundwert G in Prozent.
W	Prozentwert	Der Prozentwert W ist der Anteil am Grundwert G. Er entspricht dem Prozentsatz p.

7.2.1 Berechnung des Prozentwertes

Beispiel

Die Frohn KG erhält auf einen Warenwert von 450,00 € einen Rabatt von 5 %. Wie hoch ist der Rabatt in Euro?

Grundwert: 450,00 €
Prozentsatz: 5 %
Prozentwert: x

Ausgehend von der **Dreisatzrechnung** mit geradem Verhältnis ergibt sich folgende Berechnung:
Bedingungssatz: 100 % – 450,00 €
Fragesatz: 5 % – x €

Bruchsatz: $x = \frac{450{,}00 \cdot 5}{100} = 22{,}50$ €

Für die **Prozentrechnung** ergibt sich folgende Formel:

$$\text{Prozentwert} = \frac{\text{Grundwert} \cdot \text{Prozentsatz}}{100} = \frac{G \cdot p}{100}$$

7.2.2 Berechnung des Prozentsatzes

Beispiel
Die Duisdorfer BüroKonzept KG hat im Rahmen eines Sortimentswechsels die Schreibtischlampe „Luminis" von 120,00 € um 24,00 € auf einen Sonderangebotspreis von 96,00 € herabgesetzt. Um wie viel Prozent wurde der Preis der Lampe reduziert?

Grundwert: 120,00 €
Prozentwert: 24,00 €
Prozentsatz: x

Mithilfe der **Dreisatzrechnung** ergibt sich folgende Rechnung:
Bedingungssatz: 120,00 € – 100 %
Fragesatz: 24,00 € – x %

Bruchsatz: $x = \frac{100 \cdot 24}{120} = 20$ %

Für die **Prozentrechnung** bedeutet dies

$$\text{Prozentsatz} = \frac{100 \cdot \text{Prozentwert}}{\text{Grundwert}} = \frac{100 \cdot W}{G}$$

7.2.3 Berechnung des Grundwertes

Beispiel
Die Saam KG gewährt der Duisdorfer BüroKonzept KG auf den Gesamtrechnungsbetrag der Warenlieferung bei frühzeitiger Zahlung 3 % Skonto. Das macht 72,00 € aus. Wie hoch war der Gesamtrechnungsbetrag?

Prozentwert: 72,00 €
Prozentsatz: 3 %
Grundwert: x

Der Lösungsweg mit **Dreisatzrechnung** lautet:
Bedingungssatz: 3 % – 72,00 €
Fragesatz: 100 % – x €

Bruchsatz: $x = \frac{72{,}00 \cdot 100}{3} = 2.400{,}00$ €

Die Formel für die **Prozentrechnung** lautet:

$$\text{Grundwert} = \frac{\text{Prozentwert} \cdot 100}{\text{Prozentsatz}} = \frac{W \cdot 100}{p}$$

7.2.4 Berechnung vom vermehrten Grundwert (Rechnung auf Hundert)

Ist der Grundwert um einen Betrag z. B. aufgrund einer Preissteigerung erhöht, spricht man von einem vermehrten Grundwert.

Beispiel *Die Duisdorfer BüroKonzept KG erstellt eine Ausgangsrechnung für einen Kunden in Höhe von 4.165,00 €. Darin enthalten sind 19 % Mehrwertsteuer. Wie hoch ist der Warenwert der Lieferung?*

Vermehrter Grundwert: 4.165,00 € (≙ 119 % = 100 % + 19 %)

Grundwert: x (≙ 100 %)

Bedingungssatz: 119 % – 4.165,00 €
Fragesatz: 100 % – x €

Bruchsatz: $x = \frac{4.165{,}00 \cdot 100}{119} = 3.500{,}00$ €

7.2.5 Berechnung vom verminderten Grundwert (Rechnung im Hundert)

Bei einem verminderten Grundwert wurde der ursprüngliche Grundwert beispielsweise aufgrund einer Preisreduzierung gesenkt.

Beispiel *Der Kontoauszug der Duisdorfer BüroKonzept KG weist einen Überweisungsbetrag von 1.715,00 € aus. Der Kunde hat vereinbarungsgemäß 2 % Skonto vom Rechnungsbetrag abgezogen.*

Verminderter Grundwert: 1.715,00 € (≙ 98 % = 100 % – 2 %)
Grundwert: x (≙ 100 %)

Bedingungssatz: 98 % – 1.715,00 €
Fragesatz: 100 % – x €

Bruchsatz: $x = \frac{1.715{,}00 \cdot 100}{98} = 1.750{,}00$ €

8 Aufträge abwickeln

LS 3.5

Die gesamte Auftragsabwicklung ist eine zentrale Tätigkeit im Unternehmen, die mit einer besonderen Sorgfalt ausgeführt werden sollte, da von ihr eine ganze Menge abhängt. Die Bearbeitung erfolgt in verschiedenen Schritten und berührt unterschiedliche Abteilungen. In diesem Abschnitt geht es vorwiegend um die Aufgaben eines Sachbearbeiters in der Abteilung Vertrieb/Verkauf.

Vor der eigentlichen Auftragsbearbeitung wird der eigentliche Auftrag, also der Ausgangspunkt für die Tätigkeit, erteilt. Dieser erfolgt in der Regel als eine konkrete schriftliche

Bestellung eines Unternehmens. Die Auftragserteilung kann aber auch in anderer Form erfolgen, das heißt, als Mail, Fax oder auch mündlich bzw. fernmündlich (telefonisch). Für die Gültigkeit des Kaufvertrages spielt die Form normalerweise keine Rolle. Zu den Details von gültigen Kaufverträgen informieren Sie sich bitte in den vorhergehenden Kapiteln dieses Buches.

Um nicht alle Möglichkeiten zu wiederholen, wird in diesem Kapitel von einem rechtsgültigen Kaufvertrag ausgegangen, der mit einer fehlerfreien und ordentlichen Bestellung eines Kunden mit dem Unternehmen (hier die Duisdorfer BüroKonzept KG) abgeschlossen wurde.

3, 3.2

8.1 Abläufe in der Auftragsabwicklung

Die nachfolgende Abbildung zeigt eine vereinfachte Abfolge der Auftragsabwicklung in schematischer Darstellung:

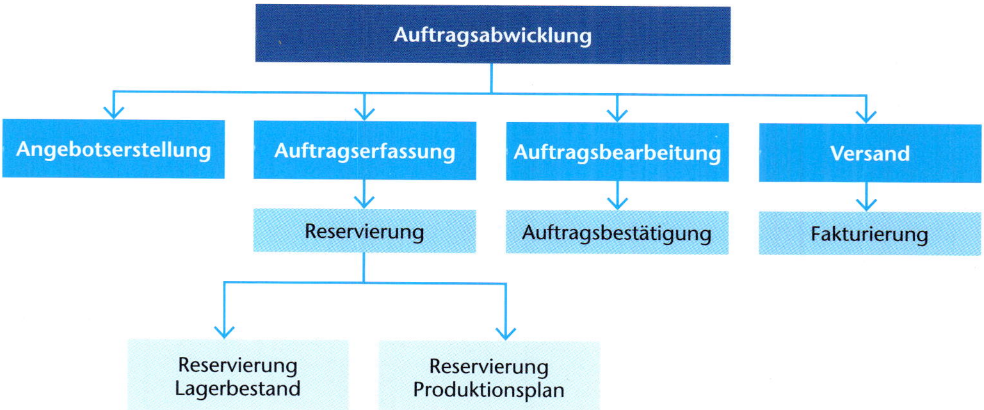

Schematischer Aufbau von Tätigkeiten bei der Auftragsabwicklung
Quelle: Christiane Müller, Berlin, unter: http://www.it-infothek.de/fhtw/semester_3/ba_3_01.html, zuletzt abgerufen am 20.10.2013

Zur Unterstützung in der Auftragsbearbeitung können unterschiedliche elektronische Systeme verwendet werden. Dabei können z. B. alle an der Bearbeitung des Auftrags beteiligten Einheiten (Vertrieb, Lager, Rechnungswesen usw.) über ein innerbetriebliches Netzwerk (auch Intranet genannt) Informationen austauschen.

Datenbankgestützte Systeme verwalten die Daten zentral und sorgen so dafür, dass die Abteilungen auf die gleichen Informationen zugreifen können. Dabei wird sichergestellt, dass kaum Übermittlungsfehler auftreten und ein direkter Zugriff auf die Daten erfolgt. Dies kann durch ERP-Systeme oder Warenwirtschaftssysteme umgesetzt werden. Nähere Erläuterungen siehe Kapitel 9.2.

LF 3, 9.2

Die eigentliche Bearbeitung des Auftrags erfolgt in den Schritten:

1. Angebotserstellung
- Antwort auf eine Anfrage mit einem Angebot
- Prüfung einer eingehenden Bestellung

2. Auftragserfassung
- Interne Aufbereitung (Kodierung) des Auftrags und Eintragung in ein Auftragsbuch
- Eingabe des Auftrags in das System

3. Auftragsbearbeitung
- Prüfung der Verfügbarkeit am Lager und Reservierung der benötigten Artikel
- Bei nicht genügend Vorrat am Lager werden Fertigungsaufträge erteilt und Reservierung in der Produktionsplanung vorgenommen
- Bestätigung des Auftrags beim Kunden

4. Versand und die Versandvorbereitung
- Erteilung von Kommissionierungsaufträgen an das Lager
- Erstellung von Versanddokumenten

5. Fakturierung und Weitergabe an die Buchhaltung

8.1.1 Angebote erstellen

LF 3, 2.2

Antwort auf eine Anfrage mit einem Angebot

Die Angebotserstellung, das heißt, das Reagieren der Duisdorfer BüroKonzept KG auf eine Anfrage wurde bereits in vorhergehenden Kapiteln behandelt und wird hier nicht noch einmal erläutert. Diese Aktivität gehört aber im Sinne der Vollständigkeit zu den möglichen Tätigkeiten im Rahmen der Auftragsabwicklung.

Überprüfung einer konkreten Bestellung

Wenn ein Kundenauftrag, in diesem Fall eine Bestellung, erteilt wurde, sind zunächst Prüfungen vorzunehmen.

Diese beziehen sich einmal auf die Möglichkeiten, den Auftrag auszuführen. Dabei sollte überprüft werden, ob es die bestellten und gewünschten Artikel überhaupt gibt und ob die Daten aus dem Auftrag eindeutig und fehlerfrei sind (Realisierbarkeit).

Des Weiteren muss überprüft werden, ob der beauftragende Kunde auch in der Lage ist, den Auftrag zu bezahlen. Dabei spielt die Zahlungsfähigkeit des Kunden und/oder das Kreditlimit eine Rolle (Bonitätsprüfung).

Es ist weiterhin zu klären, ob die bestellten Artikel tatsächlich bei Fertigstellung vom Kunden abgenommen werden bzw. an diesen versendet werden können. Bei großen Mengen können diese ggf. nicht im eigenen Unternehmen über einen langen Zeitraum zwischengelagert werden und müssen das Unternehmen daher schnellstmöglich verlassen (Abnahmegarantie).

8.1.2 Aufträge erfassen

Interne Aufbereitung (Kodierung) des Auftrags und Eintragung in ein Auftragsbuch

In der internen Auftragsaufbereitung muss der Sachbearbeiter eine große Menge an Daten und Informationen beschaffen und verarbeiten, um eine korrekte Abwicklung des Auftrags im Unternehmen zu gewährleisten. Dieser Prozess wird auch als Kodierung bezeichnet. Dabei sollten unbedingt die folgenden Informationengruppen bearbeitet werden:

- Kundendaten, wie z. B. die Kundennummer, Name, Anschrift, Firma etc.
- Artikeldaten, wie z. B. Artikelnummer, Bezeichnung, Preis, Einheiten etc.
- Auftragsdaten, wie z. B. Auftragsnummer, Sachbearbeiter, Termin, Position etc.

Es folgen kurze Beispiele für exemplarische Daten aus dem Modellunternehmen Duisdorfer BüroKonzept KG.

Kundendaten

Beispiel

Ausschnitt aus der Kundendatei der Duisdorfer BüroKonzept KG

Kunden-Nr.	Firma	Firmenzusatz	Straße Nummer	PLZ	Ort
2401	Neuhoff KG	RaumDesign	Brunnenstraße 3	38700	Hannover
2402	Intermöbel GmbH	Großhandel für Büromöbel	Kaiserstraße 10	57074	Siegen
2403	Stadt Bonn	Gebäudemanagement	Berliner Platz 2	53103	Bonn
2404	Frohn KG	Büroausstattung	Lerchenweg 44	69117	Heidelberg

Artikeldaten

Beispiel

Ausschnitt aus der Artikeldatei der Duisdorfer BüroKonzept KG

Artikel-Nr.	Artikelbezeichnung	Warengruppe	Einzelpreis
101111	Schreibtisch Ökostar	10	489,00 €
101112	Schreibtisch Ahorn	10	519,00 €
101113	Schreibtisch weiß C-Füße	10	219,00 €
101114	Konferenztischelement lichtgrau	10	98,00 €

Der nächste Abschnitt befasst sich mit der erforderlichen Dokumentation eines Auftrags.

Auftragsbuch und -datei

Zur ordentlichen Erfassung eines Auftrags gehört natürlich auch die entsprechende Dokumentation aller relevanten Daten des Auftrags in einem separaten Dokument.

Dabei können die relevanten Daten sehr klassisch in ein Auftragsbuch eingetragen oder in einer eigenen Auftragsdatei erfasst werden. Die Erfassung als Datei ist hier zunächst als reine Dokumentation gemeint. Es besteht keine Ein- und Anbindung an ein Datenmanagementsystem.

Beispiel

Eintragungen in das Auftragsbuch der Duisdorfer BüroKonzept KG unter Verwendung eines Tabellenkalkulationsprogrammes ohne Angaben zur bestellten Menge und Einzelpreisen der Produkte. Diese Posten können grundsätzlich auch erfasst werden.

Duisdorfer BüroKonzept KG

Duisdorfer BüroKonzept KG · Rochusstraße 30 · 53123 Bonn

Ausstattung und Beratung für das Büro

Auftragsbuch

Auftrags-nummer	Datum	Kunden-nummer	Kundenname	Artikel-nummer	Artikelbe-schreibung	Verantwortlicher Sachbearbeiter	Termin	Auftrags-wert
99765	02.05.20..	2401	Neuhoff KG	101112	Schreibtisch Ahorn	Hummels	31.05.20..	5.190,00 €
99766	02.05.20..	2403	Stadt Bonn	101113	Schreibtisch weiß C-Füße	Neuendorf	15.05.20..	2.190,00 €
99767	02.05.20..	2404	Frohn KG	101112	Schreibtisch Ahorn	Hummels	30.06.20..	10.380,00 €

Eingabe des Auftrags in das System

LF 3, 9.2

Nach der ordentlichen Erfassung in einem Auftragsbuch bzw. einer Auftragsdatei ist es erforderlich, den Auftrag in das vorhandene Computersystem zu überführen. In diesem Zusammenhang wird davon ausgegangen, dass das Unternehmen ein eigenes Warenwirtschaftssystem (WWS) oder ein Enterprise-Resource-Planning (ERP)-System verwendet und einsetzt. Nähere Erläuterungen finden Sie im nächsten Kapitel.

Hier werden jedoch keine neuen Informationen benötigt. Es geht nur um eine technische Eingabe der Auftragsdaten in das System. In vielen Unternehmen entfällt bereits die separate Neuerfassung, da die Angaben aus dem Auftragsbuch bzw. einer digitalen Datei direkt im System weiterverarbeitet werden können.

Da die einzelnen Systeme sehr unterschiedlich und vielfältig sind, wird hier nur eine beispielhafte Eingabemaske gezeigt. Diese kann und wird in jedem Unternehmen sowohl in Form als auch in Inhalt differieren.

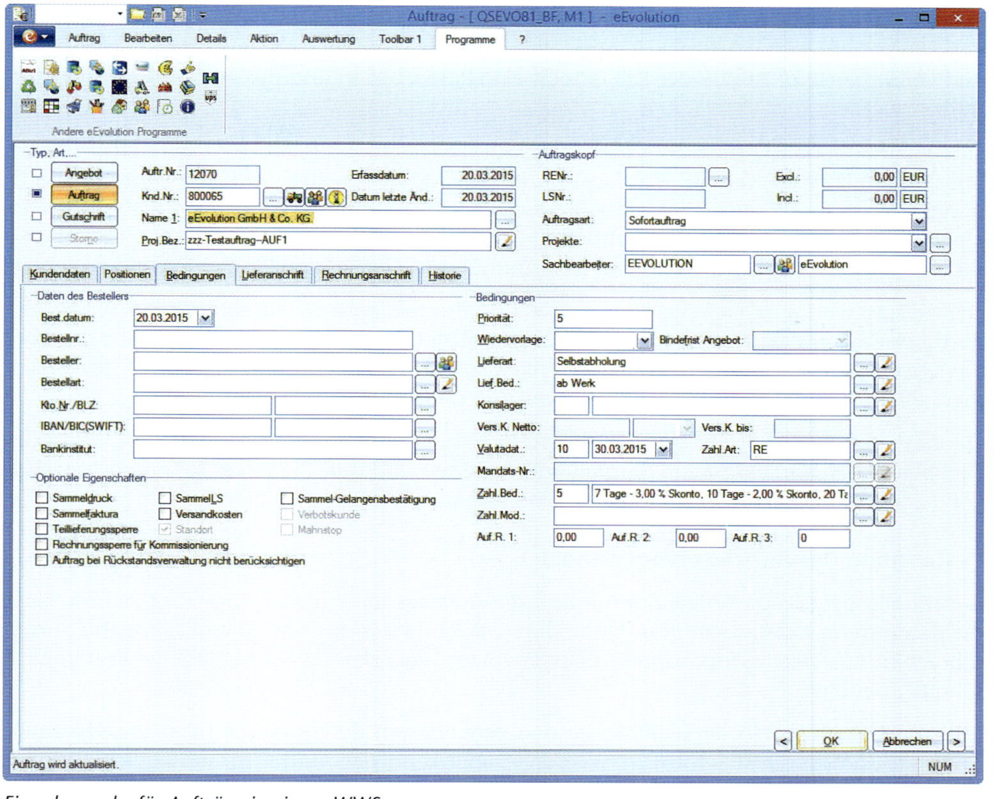

Eingabemaske für Aufträge in einem WWS

8.1.3 Aufträge bearbeiten

Prüfung der Verfügbarkeit und Reservierung

In diesem Arbeitsschritt muss zunächst intern geprüft werden, ob der Auftrag auch tatsächlich termingerecht ausgeführt werden kann. Es ist jedoch zu unterscheiden, ob es sich um Handelswaren oder Produkte aus der eigenen Produktion handelt.

Prüfung der Bestände von Handelswaren

Dabei ist zu prüfen, ob die gewünschten Artikel in ausreichender Menge auf Lager sind. Ist die Rückmeldung positiv, wird für den Auftrag eine Reservierung erteilt. Bei einer negativen Bestandsmeldung wird nach Rücksprache mit der Abteilung Beschaffung geklärt, ob eine rechtzeitige Nachlieferung erfolgen kann. Gibt es eine positive Rückmeldung wird ebenfalls eine Reservierung erstellt, um die Artikel für den Auftrag zu sichern oder ggf. nachbestellen zu können. Bei endgültig negativen Rückmeldungen muss der Auftrag storniert werden. Der Kunde ist schnellstmöglich darüber zu informieren. In der Praxis wird das Unternehmen alles versuchen, um den Auftrag zu erfüllen.

Prüfung der Bestände von eigenen Produkten

Bei selbst produzierten Artikeln ist zu prüfen, ob noch ausreichend Lagerbestände vorhanden und verfügbar sind. Ist dies der Fall, erfolgt eine Reservierung und der Auftrag kann kommissioniert werden.

Sind nicht genügend Artikel auf Lager, stellt sich die Frage, ob die Artikel termingerecht gefertigt werden können. Gibt es eine positive Rückmeldung von der Produktion wird ein Fertigungsauftrag erstellt und die entsprechenden Artikel und Mengen werden in der Produktionsplanung reserviert. Dieser Auftrag enthält genau die Angaben der Kundenbestellung und wird durch interne Hinweise, wie z. B. den Liefertermin und die avisierte Produktionszeit erweitert.

Der Auftrag wird anschließend an die Abteilung Produktion übermittelt. Falls ein System zur Auftragserfassung existiert und die Abteilungen vernetzt sind, erfolgt die Weitergabe nur über das System. Ist die Automatisierung noch nicht so weit fortgeschritten, kann der Auftrag auch manuell (in schriftlicher Form) an die Produktion gegeben werden.

Da diese Tätigkeit sehr wichtig für die erfolgreiche Bearbeitung des Auftrags ist, sollte der Sachbearbeiter hier besondere Sorgfalt walten lassen und ggf. die Prozesse in den Abteilungen Lager bzw. Produktion kontinuierlich begleiten.

Bestätigung des Auftrags beim Kunden

Sobald alle beteiligten Abteilungen intern die Auftragsdurchführung bestätigt haben, kann die Bestätigung extern beim Kunden erfolgen. Auch hier ist die Form nicht zwingend vorgeschrieben. Aus Verständnisgründen sollte davon ausgegangen werden, dass die Bestätigung schriftlich erfolgt.

Falls das Unternehmen den Auftrag zu den vereinbarten Bedingungen nicht erfüllen kann, sollte der Kunde direkt informiert werden. Dabei kann der Auftrag grundsätzlich storniert werden. Es besteht aber auch die Möglichkeit, durch neue Vereinbarungen den Auftrag so zu verändern, dass die Erfüllung für das Unternehmen gelingen kann.

Versand und Versandvorbereitung

Erteilung von Kommissionierungsaufträgen an das Lager

Ab dem Zeitpunkt, an dem die Mitteilung erfolgt, dass die bestellte Ware ordnungsgemäß vorhanden ist und zum Versand vorbereitet werden kann, wird ein neuer interner Auftrag an die Abteilung Lager erteilt.

Die Dokumentation dieses Auftrags erfolgt normalerweise über einen Lieferschein, der in der Regel über das System automatisch erzeugt wird. Mit dieser Vorlage können die Mitarbeiter im Lager die bestellten Artikel zu einem Gesamtauftrag zusammenstellen. Dabei gibt es unterschiedliche Formen der Umsetzung. Dieser Vorgang der Auftragszusammenstellung und Versandvorbereitung wird allgemein als Kommissionierung bezeichnet.

Sobald eine positive Rückmeldung über die erfolgreiche Kommissionierung eingeht, kann der Auftrag an den Kunden geschickt werden. Hierfür müssen ggf. noch weitere Dokumente ausgefüllt bzw. geschrieben werden.

Erstellung von Versanddokumenten

Vorweg sei an dieser Stelle angemerkt, dass dieser Prozess auch direkt in der Abteilung Lager erfolgen kann. Je nach Fortschritt der Bearbeitung und entsprechender organisatorischer Einteilung kann es auch in den Aufgabenbereich eines Sachbearbeiters im Vertrieb gehören, die Versandpapiere zu erstellen. An dieser Stelle soll nur das wichtigste Dokument in diesem Zusammenhang erwähnt werden: Der Lieferschein. Weitere Erläuterungen zu diesem Beleg siehe Kapitel 10.2.

LF 3, 10.2

Fakturierung und Weitergabe an die Buchhaltung

Da dieser Vorgang sehr umfangreich ist, wurde ein eigener Abschnitt dazu erstellt.

LF 3, 10

9 Prozesse in der Auftragsabwicklung optimieren

LS 3.5

9.1 Die Idee eines internen Bestellwesens

In vielen Unternehmen arbeiten Abteilungen, obwohl sie eigentlich gemeinsam für die erfolgreiche Abwicklung von Kundenaufträgen verantwortlich sind, wie individuelle Einheiten. Manchmal herrscht sogar ein Klima von Missgunst, bei dem sich die Abteilungen gegenseitig behindern. Das sind keine guten Voraussetzungen für eine optimale Auftragserfüllung und zufriedene Kunden. An dieser Stelle greift die Idee des internen Bestellwesens.

Das interne Bestellwesen bezeichnet eine Form von Kundenbeziehung innerhalb des Unternehmens, bei der alle beteiligten Abteilungen so agieren, als ob es sich um externe Kunden handelt. Zentrale Anforderungen für die unternehmensinternen Kunden-Lieferanten-Beziehungen sind verbindliche Vereinbarungen zwischen den Abteilungen, eine absolute Transparenz der Abläufe und eine angemessene Dokumentation. Die lückenlose Dokumentation gilt dabei besonders für Bereiche, bei denen ein Güterstrom fließt. Hier wird nach dem Grundsatz gehandelt: „Kein Bezug ohne internen Bestellschein!"

Die Vereinbarungen werden als schriftliche Fixierung von Absprachen zwischen den beteiligten Abteilungen verstanden. Dabei gibt es bei der Form eine große Bandbreite von Möglichkeiten. Die Spanne geht von sehr komplexen Verträgen bis hin zu einfachen schriftlichen Notizen. Im Folgenden ist eine kleine Auswahl der Möglichkeiten aufgeführt:

- interne Verträge,
- verbindliche Preislisten,
- (interne) Fakturen, das heißt, Rechnungen, und
- freie schriftliche Vereinbarungen (Kurzinfos, Merkzettel etc.).

Welche Vereinbarungsform gewählt wird, hängt von der Wichtigkeit der beteiligten Abteilungen im Prozess ab. Als Grundsatz gilt: Je komplexer und ausführlicher die Vereinbarungen sind, desto verbindlicher und klarer sind die jeweiligen Rechte und Pflichten für die Abteilungen. Die Arbeit wird dadurch aber auch sehr formal und zeitaufwändig, was sich nachteilig auf die gesamte Abwicklung auswirken kann.

Vorteile des internen Bestellwesens

Mit der Vorgabe einer schriftlichen Fixierung von Abläufen werden Standards festgelegt, die alle Prozesse sicherer und nachvollziehbarer machen. Als weitere Vorteile für diese Vorgehensweise sind folgende Punkte festzuhalten:

- Eine Systematisierung und Vereinheitlichung des Bestellwesens spart Zeit bei der Abwicklung.
- Der Warenfluss kann präzise nachvollzogen und kontrolliert werden.
- Durch eindeutige Warenbezeichnungen werden viele Fehllieferungen verhindert.
- Ein Kostenbewusstsein bei internen Prozessen verhindert Verschwendung.

9.2 Der Einsatz komplexer Unternehmenssoftware

Die Abwicklung von erteilten Aufträgen jeder Art (intern oder extern) wird heute in den meisten Unternehmen computergestützt oder komplett über eigene Soft- und Hardwaresysteme geführt. Dabei spielt die Verbindung zwischen den kaufmännischen und den gewerblichen Abteilungen eine sehr große Rolle. Die tatsächliche Vernetzung wird durch eigene Computersysteme mit spezieller Software geschaffen. Dabei werden zwei Grundformen nach der Anzahl ihrer Funktionen und Möglichkeiten unterschieden:

- einfache Warenwirtschaftssysteme (WWS) und
- komplexe Enterprise-Resource-Planning-Systeme (ERP).

9.2.1 Warenwirtschaftssysteme (WWS)

In diesen Systemen werden computergestützt die Warenbestands- und Bewegungsdaten erfasst und verarbeitet. Sie dienen zudem der Überwachung und Steuerung des Warenflusses. Warenwirtschaftssysteme werden zunehmend in mittleren und kleineren Unternehmen eingesetzt und sind nicht mehr ausschließlich in großen Handelsbetrieben und Handelsketten zu finden.

Ziel und Aufgaben

Das eigentliche Ziel für den Einsatz eines Warenwirtschaftssystems in einem Unternehmen sind die artikelgenaue und aktuelle Führung der Bestände und die Erfassung, Verarbeitung und Auswertung von Daten zur Steuerung der Warenbewegungen. Alle weiteren Aufgabenstellungen leiten sich unmittelbar aus dieser Zielsetzung ab. Neben der Dokumentation der tatsächlichen Warenströme und -bestände ist vor allem die Informationsfunktion von großer Bedeutung.

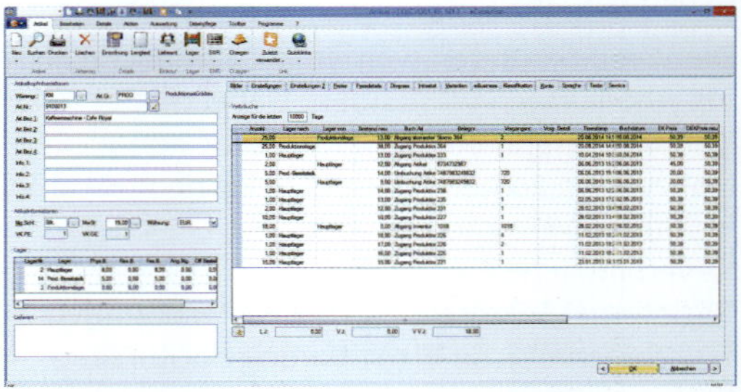

Beispiel für ein computergestütztes Warenwirtschaftssystem

Anforderungen an die Informationen im System

Grundsätzlich werden an die Informationen, die ein Warenwirtschaftssystem bereitstellen soll, folgende Anforderungen gestellt. Sie müssen

- aktuell sein, um schnellstmöglich reagieren zu können.
- genau sein, damit eine Erfolg oder Misserfolg gut erkennbar ist.

- immer verfügbar sein, um keine zeitlichen Verluste zu erleiden.
- freie bearbeitbar sein, um jede Art der Aufbereitung kurzfristig und individuell zu ermöglichen.

Wenn diese Bedingungen erfüllt sind, kann ein WWS die Informationen gut darstellen und eine große Hilfe im Betriebsablauf sein. Damit macht sich die hohe Anfangsinvestition schnell bezahlt. Anhand der Vernetzung der Systeme werden geschlossene und offene Systeme unterschieden.

Geschlossene und offene Systeme
Bei einem geschlossenen System wird der gesamte Warenfluss von der Disposition bis hin zum Vertrieb in einem Informationskreislauf erfasst. Dabei können alle Bestands- und Bewegungsdaten für statistische Auswertungen zur Verfügung gestellt werden.

Offene Warenwirtschaftssysteme erweitern diese Form noch um Kommunikationsmöglichkeiten mit Kunden, Lieferanten, Banken oder Marktforschungsinstituten. Über standardisierte Protokolle kann bei Bedarf ein elektronischer Datenaustausch, ein sogenannter Electronic Data Interchange (EDI), ermöglicht werden.

Komponenten eines Warenwirtschaftssystems

Einkauf durch automatische Disposition
In jedem Unternehmen beginnt der Warenkreislauf mit der Beschaffung der Artikel. Der vom EDV-System generierte Bestellvorschlag wird normalerweise noch einmal von einem Sachbearbeiter geprüft und anschließend an den Lieferanten als Bestellung übermittelt.

Eine deutliche Verbesserung bietet hier die besondere Funktion der Limitplanung zur Disposition von Aufträgen. Hierbei kann, ohne großen personellen Aufwand, eine wert-, zeit-, qualitäts- und mengenmäßige Koordination von Einkauf und Verkauf erfolgen. Der Ablauf stellt sich in zwei Schritten folgendermaßen dar:

1. Bei der Planung mit Grenzwerten werden sowohl im Sortiment als auch in den Warengruppen (teilweise auch auf der Artikelebene) Einkaufshöchstwerte (sogenannte Limits) für eine Planungsperiode (in der Regel das Geschäftsjahr) festgelegt.
2. Auf Grundlage dieser Werte und der zu erwartenden Verkäufe ermittelt das Warenwirtschaftssystem automatisch Menge und maximalen Wert der benötigten Waren.

Die Bestellung beim Lieferanten erfolgt nun auf Grundlage dieser automatisch durchgeführten Disposition.

Wareneingang und Bestandsführung
Nach Überprüfung der Waren im Eingang auf ordnungsgemäße Güte (Qualität) und richtige Menge (Quantität) übernimmt das Warenwirtschaftssystem die Waren automatisch in den Lagerbestand. Dabei werden gleichzeitig bei der Verteilung die noch vorhandenen Bestände sowie offene Reservierungen (Dispositionen) und zu erwartende Verkäufe berücksichtigt.

Sofern umsetzbar, das heißt, technisch und kostenrechnerisch vertretbar, erfolgt die Auszeichnung mit maschinenlesbaren Etiketten. Die zentral gesteuerte elektronische Regalauszeichnung in Verbindung mit Scanner-Systemen ist heute in der Praxis erforderlicher Standard.

Bei der Warenbestandsführung sind auch Warenbewegungen zu berücksichtigen, die nicht durch das normale Geschäft zustande kommen. Als Vorgänge sind hier, neben der Inventur, vor allem alle möglichen Formen von Bestandskorrekturen zu erwähnen, die sich durch Bruch, Diebstahl, Schwund, Retouren oder Umbuchungen ergeben können.

LF 6; 2.7, 6.2, 6.3

Warenausgang und Verkauf
Bei einem Kundenauftrag in einem Unternehmen mit Handelsware, wie der Duisdorfer Büro-Konzept KG, werden zunächst die gewünschten Artikel unter Verwendung des WWS zusammengepackt und bereitgestellt.

Dieser Vorgang wird im Warenausgang (manchmal auch Versandabteilung genannt) als Kommissionierung bezeichnet. Teilweise übernimmt hier das Warenwirtschaftssystem zudem darüber hinausgehende Aufgaben wie die Auswahl des geeigneten Transportmittels.

Beim Einsatz von WWS Verkauf werden die wichtigen Daten der Produkte immer häufiger über die Artikelnummer bzw. den EAN-Code (die Europaeinheitliche Artikelnummer) an elektronischen Scanner-Kassen erfasst. Erweiterungen durch offene Systeme bieten zusätzlich die Möglichkeit von Electronic Cash und anderen Zahlungsfunktionen bei der Verkaufsabwicklung.

Artikelinformation und Statistik
Warenwirtschaftssysteme können in der Regel bereits in Standardversionen eine Fülle von Statistiken aus den vorhandenen Informationen erstellen und Entscheidungen über die Sortimentspolitik unterstützen. Über die Artikelinformationen kann schnell erkannt werden, ob es sich um schwer verkäufliche Waren oder sehr gefragte Artikel handelt. Dadurch kann zeitnah auf die jeweilige Situation reagiert werden.

Neben den artikelgenauen Informationen werden Warengruppen- bzw. Sortimentsinformationen zur Verfügung gestellt, die über den Erfolg und Misserfolg einer ganzen Warengruppe Auskunft geben sollen. Darüber hinaus kann eine Vielzahl von Listen als Entscheidungshilfe erstellt werden. Eine kleine Auswahl soll dies verdeutlichen:
- Wareneingangsdaten nach Menge und Wert
- Lieferantenbewertungen (Rückstände, Reklamationen, Lieferzeiten)
- Bestellvorschläge
- Verkaufslisten nach Menge, Ort, Verkäufer, Region, Warengruppe usw.
- Verkaufsverläufe nach Einzelartikeln oder Warengruppen
- Deckungsbeitrag nach Menge, Ort, Verkäufer, Region, Warengruppe usw.
- kurzfristige Erfolgsrechnung
- Bewertungs- und Abwertungslisten

Varianten und Entwicklungen von Warenwirtschaftssystemen

Es gibt in der Praxis nicht das eine Warenwirtschaftssystem für alle Unternehmen. Am Markt haben sich eine Vielzahl von Systemen, die auch gehobenen und „exotischen" Ansprüchen gerecht werden, etablieren können.

Jedes System sollte vor der Anschaffung vom Unternehmen genau geprüft werden. Wichtig ist in diesen Zusammenhang, dass im System Möglichkeiten der Integration von Weiterentwicklungen (technisch und wirtschaftlich) bestehen, um diese schnell anbinden zu können. Als nächste Herausforderung wäre noch die Anbindung der Warenwirtschaft an das Intra- und Internet zu bewältigen.

Die folgende Grafik fasst noch einmal die wesentlichen Aspekte eines Warenwirtschaftssystems zusammen.

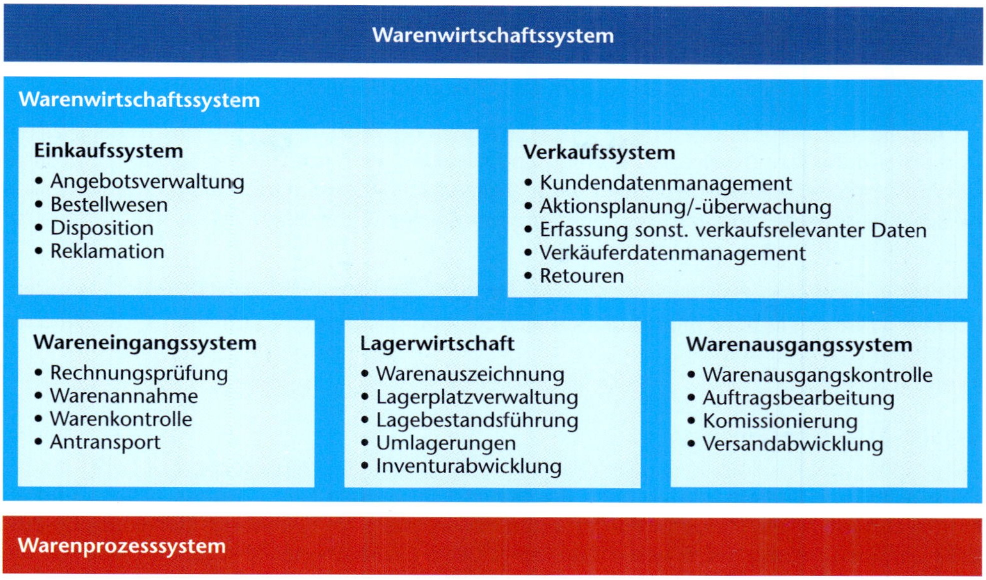

Komponenten eines WWS mit entsprechenden Funktionen

9.2.2 Enterprise-Resource-Planning-Systeme (ERP)

Das zuvor beschriebene Warenwirtschaftssystem, das es in irgendeiner Form schon immer gab, hat seinen Fokus nur auf die Waren selbst gerichtet. Einhergehend werden deren Prozesse bei der Auftragsabwicklung und die Lagerhaltung, mit ihrer Kapitalbindung, eingebunden. Dabei endet jedoch meistens die Funktionalität eines WWS.

Unter Enterprise-Resource-Planning-Systemen wird eine viel umfassendere Variante zur Planung der gesamten Unternehmensressourcen verstanden. Damit werden alle vorhandenen Ressourcen, also Waren, Kapital und Personal verbunden und versucht, diese effizient und effektiv einzusetzen, um die gesamten Geschäftsprozesse zu optimieren. Auf eine ausführliche Beschreibung der Systeme soll an dieser Stelle verzichtet werden, da die hier vorgenommene begriffliche Trennung zwischen diesen beiden Systemen in der Praxis fast aufgehoben ist.

10 Aufträge fakturieren

LS 3.5

Beim Teilprozess der Fakturierung wird dem Kunden für die entsprechende Dienstleistung oder angedachte Lieferung eine Rechnung gestellt. Im Fachjargon spricht man häufig von der sogenannten Fakturierung. Bei diesem Vorgang ist es möglich die Rechnungsstellung bei Eingang der Bestellung sofort zu vollziehen. Dabei wird von einer vorgelagerten Fakturierung gesprochen.

Wird die Rechnung erst zum Abschluss der Auftragsbearbeitung erstellt, ist dies eine nachgelagerte Fakturierung. Diese geschieht normalerweise, wenn die Versanddokumente ordnungsgemäß erstellt und abgearbeitet wurden. Das Dokument kann z. B. der Lieferschein sein.

Bei der eigentlichen Fakturierung benutzt die Abteilung Vertrieb das Warenwirtschaftssystem und übernimmt bzw. fordert die benötigten Daten an. Sie nimmt Bezug auf die Datensätze der Auftragsdatei und überprüft noch einmal alle Vorgänge und Informationen. Wenn es keine Beanstandungen gibt, wird die Rechnung um die entsprechenden Datensätze zu den Artikeln ergänzt und anschließend erstellt.

Die Rechnung wird entweder separat mit der Post geschickt oder der Lieferung beigelegt. Welche Bestandteile bzw. Informationen eine Rechnung zwingend enthalten muss, wird im folgenden Abschnitt erläutert.

10.1 Die Rechnung

Da sowohl das Handelsrecht als auch das Steuerrecht an den Fakturierungsvorgang und an eine Rechnung selbst Mindestanforderungen stellen, muss die Rechnung, also quasi das Produkt der Fakturierung, auch bestimmte Inhalte und Informationen enthalten. Diese soll die folgende Liste kurz wiedergeben:

- Namen und Anschriften des Rechnungsausstellers
- Namen und Anschriften des Rechnungsempfängers
- gelieferte Waren und erbrachte Leistungen im Nettopreis
- Leistungsdatum
- Umsatzsteuerbeträge
- jeweiliger Steuersatz
- Bruttobetrag
- Zahlungsbedingungen (nur notwendig, wenn abweichend von den gesetzlichen)
- Datum der Rechnungsausstellung,
- eindeutige fortlaufende Rechnungsnummer
- Steuernummer des Unternehmens

Die Rechnung spielt im Geschäftsgebaren zwischen den Partnern eines Kaufvertrages eine zentrale und wichtige Rolle. Sie ist das Kernstück des Vorgangs, in der noch einmal die wichtigsten Details der Vereinbarung zusammengefasst werden und die den Geschäftsvorgang zum vorläufigen Abschluss führt. Sie bildet dabei auch die Grundlage für die Zahlung des Kunden an das Unternehmen. Es ist zu vernachlässigen, ob es sich dabei um Geschäfte zwischen Unternehmen und Privatkunden oder anderen Unternehmen handelt.

Der typische Aufbau einer Rechnung mit den wesentlichen Bestandteilen soll hier am Beispiel einer Rechnungsvorlage (Musterrechnung) der Duisdorfer BüroKonzept KG veranschaulicht werden. Die wesentlichen Bestandteile erkennen Sie an der textlichen Hervorhebung.

In den meisten Rechnungen finden sich zusätzlich noch Angaben zur Liefervereinbarungen und eventuell auch ein Hinweis zum Eigentumsvorbehalt. Wenn diese Angaben fehlen, gelten die gesetzlichen Bestimmungen.

Beispiel

Musterrechnung der Duisdorfer BüroKonzept KG für 20 Faxgeräte an die Stadt Bonn (Kunde)

Duisdorfer BüroKonzept KG

Ausstattung und Beratung für das Büro

Duisdorfer BüroKonzept KG · Rochusstraße 30 · 53123 Bonn

Intermöbel GmbH
Großhandel für Büromöbel
Kaiserstraße
57074 Siegen

Ihr Zeichen:
Ihre Nachricht vom:
Unser Zeichen: VK Br
Unsere Nachricht vom:

Name: Frank Bremer
Telefon: 0228 98765-17
Telefax:
E-Mail:
Datum: 09.04.20..

Kundennummer:	Lieferscheinnummer:	Rechnungsnummer:	Versanddatum:
2495420		50215	

Rechnung

Pos.	Artikel-Nr.	Artikel-Bezeichnung	Menge	Einzelpreis €	Gesamtpreis €
1	300213	Scann-Chef 100	10	150,00	1.425,00
			Nettobetrag in €		1.425,00
			Umsatzsteuer 19 % in €		270,75
			Rechnungsbetrag €		**1.695,75**

Zahlbar innerhalb von 30 Tagen ohne Abzug.

Duisdorfer BüroKonzept KG
Rochusstraße 30
53123 Bonn
USt.-IdNr.: DE 244 111 855

Geschäftsführer:
Sebastian Falo
Katharina Niester
Amtsgericht Bonn
HRA 1221

Telefon: 0228 98765-0
Fax: 0228 98765-80
Internet: www.duisdorfer-bueko.de
E-Mail: info@duisdorfer-bueko.de

Bankverbindungen:
Volksbank Bonn Rhein-Sieg
IBAN DE85 3860 0186 2401 2345 67
BIC GENODED1BRS
Postbank Köln
IBAN DE23 3701 0050 8884 4412 34
BIC PBNKDEFF370

10.2 Der Lieferschein

Neben der Rechnung ist der Lieferschein ein weiteres Dokument im Prozess der Auftragsbearbeitung und wird für den Versand erstellt. Er belegt die ordnungsgemäße Kommissionierung, das heißt, Zusammenstellung der einzelnen Artikel zum Gesamtauftrag. Dabei wird am Ende der Auftrag abgezeichnet und für den Versand bzw. Transport fertig gemacht.

Der Lieferschein ist ein eigenes Dokument und wird im Rahmen der Versandtätigkeiten erstellt. Dabei kann dieser von der Abteilung Lager erzeugt oder zentral im Verkauf/Vertrieb verfasst werden. Von den Grunddaten ist der Lieferschein der Rechnung sehr ähnlich. Auch hier sollten die folgenden Daten und Informationen aufgeführt sein:

Grunddaten beim Lieferschein

- Namen und Anschriften des Unternehmens
- Namen und Anschriften des Kunden
- Kundennummer
- Rechnungs- und Auftragsnummer
- gelieferte Waren mit Artikelnummer (wenn vorhanden) und erbrachte Leistungen
- Menge und Stückzahl der Artikel
- Leistungsdatum
- Datum der Lieferscheinausstellung
- eine eindeutige fortlaufende Lieferscheinnummer

Es fällt sofort auf, dass der Lieferschein deutlich weniger Informationen und Zahlen enthält als die Rechnung. Deswegen ist der Lieferschein aber nicht weniger wichtig.

LF 4, 19.1

Er dient vor allem innerhalb des Unternehmens zur Auftragsbearbeitung und Kontrolle der Kommissionierung. Bei der Annahme kann der Kunde die Warenmenge direkt anhand dieses Dokumentes gut kontrollieren und Fehlbestände reklamieren. Ausführliche Erläuterungen zum Problem bei einer mangelhaften Lieferung siehe Lernfeld 4, Kapitel 19.1.

Fehlende Angaben im Vergleich zur Rechnung

Die eben schon erwähnten Angaben zu den monetären Gesichtspunkten des Auftrags fehlen auf dem Lieferschein, da sie für die interne Prozessabwicklung keine Relevanz haben. Das heißt, es werden keine Einzelpreise und Gesamtpreise der Produkte ausgewiesen. Auch Angaben zu den Zahlungsmodalitäten, wie z. B. mögliche Skonti, Rabatte, Boni oder ähnlichen Vereinbarungen, die mit den Kundenpreisen zu tun haben, sind nicht aufgeführt.

Konsequenterweise gilt dies dann auch für sämtliche Angaben zu Steuern und Steuersätzen. Es fehlt auch gänzlich ein Hinweis zu einem vereinbarten Zahlungstermin. Dafür wird der Lieferschein aber ergänzt um Angaben, die in der internen Bearbeitung von großem Nutzen sind.

Zusätzliche Angaben im Vergleich zur Rechnung

- Verpackungseinheit und Verpackungsgröße
- Gewicht des Gesamtauftrags (ggf. Gewicht der Einzelposten)
- Mitarbeiter im Versand, der den Auftrag bearbeitet hat
- Kontrollvermerk für die Bearbeitung durch die Lagerabteilung

Die Angaben sind hier natürlich nur als grobe Vorgabe und Muster zu sehen. Jedes Unternehmen erstellt für sich einen eigenen Lieferschein, der die Ansprüche an die Auftragsabwicklung erfüllt. Da es keine gesetzlichen Vorschriften dazu gibt, bleibt die Gestaltung sehr unterschiedlich. Damit Sie einen Eindruck gewinnen, wie solch ein Lieferschein aussehen könnte, zeigt die nächste Abbildung den Aufbau und die Struktur eines Lieferscheins der Duisdorfer BüroKonzept KG als Muster mit konkreten Daten.

Beispiel

Musterlieferschein der Duisdorfer BüroKonzept KG für die Bestellung von 20 Faxgeräten der Stadt Bonn (Kunde)

Duisdorfer BüroKonzept KG

Ausstattung und Beratung für das Büro

Duisdorfer BüroKonzept KG · Rochusstraße 30 · 53123 Bonn

Stadt Bonn
Gebäudemanagement
Berliner Platz 2
53103 Bonn

Anschrift: Rochusstraße 30
53123 Bonn
Telefon: 0228 98765-35
Telefax: 0228 98765-835

Banken: Volksbank Bonn/Rhein Sieg
IBAN DE85 3806 0186 2401 2345 67
BIC GENODED1BRS
Postbank Köln
IBAN DE23 3701 0050 8884 4412 34
BIC PBNKDEFF370

Ihr Zeichen	Ihre Bestellung vom	Unser Zeichen	Telefon	Name	Datum
		VK Br	0228 98765-	Frank Bremer	25.08.20..

Lieferschein

Nr.

Kunden-Nr.: 2403
Rechnungs-Nr.: 458
Lieferschein-Nr.: 632
Versanddatum: 25.08.20..

Pos.	Artikel-Nr.	Artikel-Bezeichnung	Menge				
1	301111	Multifax 0912	20				

Duisdorfer BüroKonzept KG
Rochusstraße 30
53123 Bonn
USt.-IdNr.: DE 244 111 855

Geschäftsführer:
Sebastian Falo
Katharina Niester
Amtsgericht Bonn
HRA 1221

Telefon: 0228 98765-0
Fax: 0228 98765-80
Internet: www.duisdorfer-bueko.de
E-Mail: info@duisdorfer-bueko.de

Bankverbindungen:
Volksbank Bonn Rhein-Sieg
IBAN DE85 3860 0186 2401 2345 67
BIC GENODED1BRS
Postbank Köln
IBAN DE23 3701 0050 8884 4412 34
BIC PBNKDEFF370

11 Auf schriftliche englischsprachige Anfragen und Aufträge reagieren

11.1 Layout englischsprachiger Geschäftsbriefe und E-Mails

11.1.1 Brief

LS 3.6

Trotz moderner elektronischer Kommunikationsmedien spielt der Geschäftsbrief nach wie vor eine wichtige Rolle in der globalen Handelskorrespondenz, vor allem dann, wenn es darum geht, dass der Geschäftspartner einen schriftlichen – und zudem unterzeichneten – Nachweis über einen Vorgang in der Hand halten soll. Briefe können natürlich auch gefaxt werden, um die Nachricht schneller zu übermitteln. Unterschriften auf gefaxten Dokumenten haben heute denselben Wert wie Unterschriften auf postalisch zugestellten Briefen.

Anders als im Deutschen gibt es in der englischsprachigen Welt kein normiertes Layout für Geschäftsbriefe, weshalb viele deutsche Unternehmen sich an der DIN-Form orientieren. Allerdings ist zu beachten, dass sich im englischsprachigen Raum zunehmend die sog. **American full block form** durchsetzt, bei der alle Zeilen am linken Rand anfangen und Absätze durch Leerzeilen voneinander getrennt werden. Einrückungen sind unüblich. Nach der Anrede, der Grußzeile und nach Abkürzungen folgen in der Regel keine Satzzeichen.

Es empfiehlt sich auch für deutsche Unternehmen, sich an dieser Form zu orientieren. Anhand des folgenden Beispielbriefs sollen die Besonderheiten dieses Layouts näher erläutert werden.

Duisdorfer
BüroKonzept
KG

A

Duisdorfer BüroKonzept KG · Rochusstraße 30 · 53123 Bonn

Ausstattung und Beratung
für das Büro

Smart Office Supplies Ltd
12 Wellington Street
Leeds
LS1 4JL
ENGLAND

B

Ihr Zeichen:
Ihre Nachricht vom:
Unser Zeichen:
Unsere Nachricht vom:

Name:
Telefon:
Telefax:
E-Mail:

Datum: 27 July 20..

C

Dear Mr Dickson

D

Enquiry about office chairs

E

F

Your company has been recommended to us as one of the leading producers of office supplies in England.

We are an established producer and distributor of office equipment in Germany. At present, we are extending our product range. We would therefore be grateful if you could send us your latest catalogue and current price list.

We look forward to hearing from you soon.

Yours sincerely

D

Duisdorfer Bürokonzept KG

Lisa Schäfer

Lisa Schäfer
Purchasing Assistant

G

cc Werner Jakobs, Marketing

H

Enc image brochure

I

Duisdorfer BüroKonzept KG
Rochusstraße 30
53123 Bonn
USt.-IdNr.: DE 244 111 855

Geschäftsführer:
Sebastian Falo
Katharina Niester
Amtsgericht Bonn
HRA 1221

Telefon: 0228 98765-0
Fax: 0228 98765-80
Internet: www.duisdorfer-bueko.de
E-Mail: info@duisdorfer-bueko.de

Bankverbindungen:
Volksbank Bonn Rhein-Sieg
IBAN DE85 3860 0186 2401 2345 67
BIC GENODED1BRS
Postbank Köln
IBAN DE23 3701 0050 8884 4412 34
BIC PBNKDEFF370

A – Briefkopf (letterhead): Kann wie in deutschen Briefen frei gestaltet werden und enthält die üblichen Angaben.

B – Anschrift (inside address): Wenn möglich, sollte man bei der Erstellung der Anschrift für einen Brief ins Ausland die Absenderangaben verwenden.

Anschriften in das Vereinigte Königreich und die USA zeigen folgenden Aufbau:

Vereinigtes Königreich (England, Wales, Schottland, Nordirland):

Firmenname	Hightech Ltd
Straße	3 Long Road
Stadt	Norwich
Postleitzahl	NR1 4C4
Land	England

USA:

Firmenname	Cooper's Inc.
Straße	515 Point San Pedro
Stadt, Postleitzahl	San Rafael, CA 94901
Land	U.S.A.

Zu beachten ist, dass in beiden Fällen die Hausnummer vor dem Straßennamen steht. Die britische Postleitzahl (postcode) steht in der Regel nicht in derselben Zeile wie der Name der Stadt, während sie im amerikanischen Brief in derselben Zeile wie der Name der Stadt steht und durch ein Komma von diesem getrennt wird. Der amerikanische „ZIP code" enthält zudem eine Abkürzung für den jeweiligen Bundesstaat (hier CA für California). Eine Auflistung der amerikanischen ZIP-Codes finden Sie unter http://www.zip-area.com/.

Beginnt das Anschriftenfeld mit dem Namen einer Person, so darf nur diese Person den Brief öffnen.

C – Datum (date): Es empfiehlt sich eine Datumsschreibweise, bei der der Monat ausgeschrieben wird.

Beispiel:

10.06.2013	*10 June 2013 (vor allem im Vereinigten Königreich verbreitet) oder June 10, 2013 (vor allem in den USA verbreitet).*

Eine Schreibweise, die rein aus Zahlen besteht, kann zu Missverständnissen führen. So würde z. B. eine Datumsangabe wie 10.08.2013 in Nordamerika und auch in einigen asiatischen Ländern als 8. Oktober 2013 aufgefasst.

D – Anrede (salutation)/G Grußformel (complimentary close):

Von der gewählten Anredeform hängt es ab, welche Grußformel am Ende des Schreibens verwendet wird. Hier eine Übersicht zu den gängigsten Anreden und den dazu passenden Grußformeln:

Anrede	Grußformel
Dear Sir or Madam	Yours faithfully
Dear Ms Dickson Dear Mr Carter	Yours sincerely
Dear Jim	(Best) Regards Best wishes Yours

Ist der Name der zuständigen Person nicht bekannt, so wird die Anrede *Dear Sir or Madam* verwendet. In amerikanischen und kanadischen Briefen sieht man auch *Ladies and Gentlemen.*

Ist der Name der zuständigen Person bekannt, sollte dieser auch verwendet werden, z. B. *Dear Ms Dickson* oder *Dear Mr Carter.*

Hinweis:
Die neutrale Anredeform für Frauen ist Ms. *Diese hat sich gegenüber den Formen* Miss *(unverheiratete Frau) und* Mrs *(verheiratete, geschiedene oder verwitwete Frau) inzwischen als Standard durchgesetzt.*

Wenn man mit der betreffenden Person „per Du" ist, was im englischsprachigen Raum in Geschäftsbeziehungen viel häufiger der Fall ist als in deutschsprachigen Ländern, sollte man auch in der Geschäftskorrespondenz den Vornamen verwenden, z. B. Dear Laura *oder* Dear Jim.

Beachten Sie, dass in den USA und Kanada die Anreden *Mr., Mrs.* und *Ms.* mit einem Punkt versehen sind, während dieser in der britischen Anrede wegfällt.

Bei dem hier vorgestellten Brieflayout folgt auf alle vorgestellten Varianten kein Komma oder Ausrufezeichen.

E – Betreffzeile (subject line): Die Betreffzeile wird durch Unterstreichung oder Fettdruck hervorgehoben. In amerikanischen Briefen kann die Betreffzeile auch mit dem Zusatz *Subject*: oder *Re*: beginnen.

Beachten Sie, dass die Betreffzeile **vor oder nach** der Anrede stehen kann! Sie beginnt immer mit einem Großbuchstaben.

F – Brieftext (body of letter): Der Brieftext fängt, anders als im Deutschen, immer mit einem Großbuchstaben an. Absätze werden durch Leerzeilen getrennt.

G – Unterschriften (signature block): Der vollständige Unterschriftsblock umfasst folgende Angaben: Firmenname (steht unter der Grußformel), Unterschrift, Name des Unterzeichnenden in Druckbuchstaben, Position des Unterzeichnenden in der Firma. Wird der Brief „im Auftrag" von jemandem geschrieben, so verwendet man den Ausdruck *on behalf of.*

Beispiel:
Yours sincerely
Hightech Ltd

Michael Toy

On behalf of Mark Woods
Sales Manager

H – Verteiler (copies): Hier werden ggf. die Personen genannt, die eine Kopie des Schreibens erhalten.

I – Anlagen (enclosures): Bei einer Anlage verwendet man das Kürzel *Enc*, bei mehreren Anlagen das Kürzel *Encs*.

11.1.2 E-Mail

E-Mails gewinnen in der globalen Geschäftskorrespondenz zunehmend an Bedeutung. Das Layout wird durch die Maske des jeweils verwendeten E-Mail-Programms bereits vorgegeben. Anhand des folgenden Beispiels soll daher hier nur noch auf einige Besonderheiten eingegangen werden.

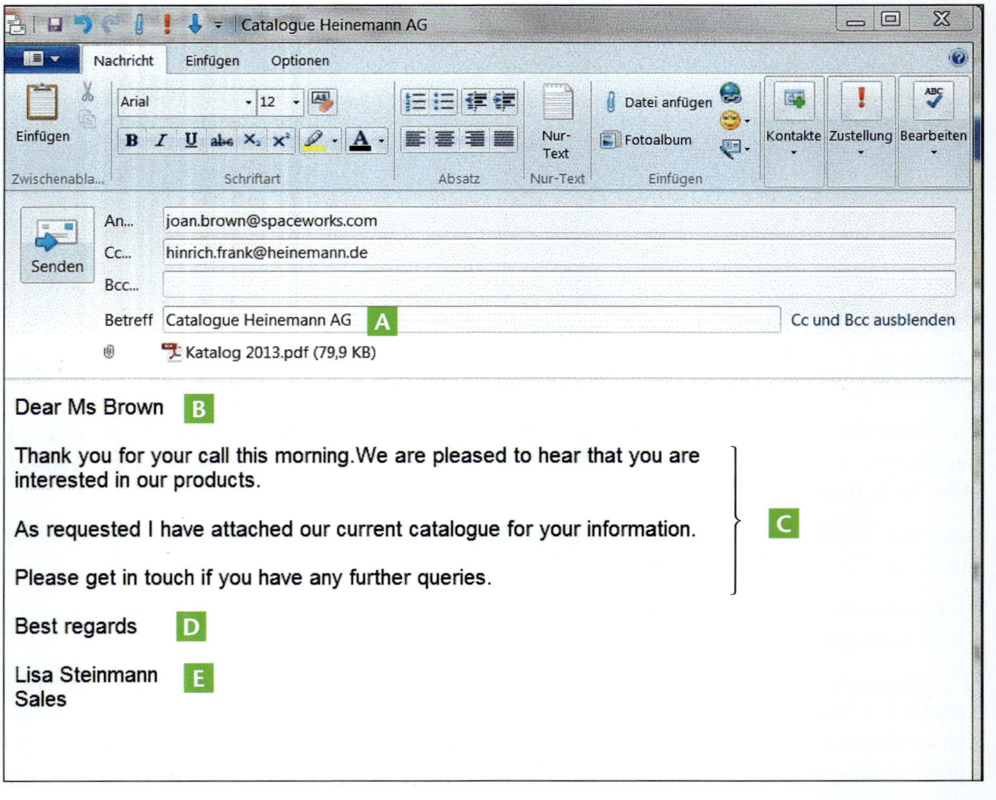

A – Betreff (subject): Wie im Brief wird auch in der Betreffzeile einer E-Mail das erste Wort großgeschrieben.

B – Anrede (salutation)/D Grußformel (complimentary close): Es können dieselben Anredeformen wie in Briefen verwendet werden. Ist man mit dem E-Mail-Adressaten „per Du", ist auch die Anrede *Good morning/afternoon* (*Name*) möglich. Anredeformen wie *Hello Jim* oder *Hi Jim* sind sehr informell und nur dann angebracht, wenn man den Adressaten sehr gut kennt.

Yours sincerely bzw. *Yours faithfully* sind als Grußformel in sehr formellen E-Mails möglich. Gebräuchlicher sind jedoch informellere Formen wie *Regards, Best Regards, With kind regards, Best wishes*.

C – E-Mail-Text (body of the email): Auch in E-Mails wird grundsätzlich das erste Wort nach der Anrede großgeschrieben. Der besseren Übersichtlichkeit halber sollte der Text durch Absätze (Leerzeilen) gegliedert werden. Enthält die E-Mail einen Anhang, sollte dieser im E-Mail-Text erwähnt werden.

E – Unterschriften (signature block): Schreiben Sie Ihre Position oder Abteilung unter Ihren Namen. In vielen Unternehmen endet jede E-Mail mit einem sog. „signature footer", der Namen, Anschrift und Telefonnummer des Unternehmens enthält. Solche Signaturen lassen sich mit jedem E-Mail-Programm erstellen. Sie werden allen ausgehenden E-Mails automatisch hinzugefügt.

11.2 Briefe und E-Mails formulieren

Für alle Arten der Geschäftskorrespondenz gilt, dass sich der Schreiber möglichst einfach und klar ausdrücken sollte. Der Text muss alle wesentlichen Details enthalten, dabei möglichst kurz und präzise formuliert sein und nicht vom Thema abschweifen. Lange Satzkonstruktionen und eine umständliche Ausdrucksweise sind deshalb zu vermeiden.

Geschäftsbriefe/(-faxe) und geschäftliche E-Mails dienen der Kommunikation zwischen Geschäftspartnern. Daher ist hier ein formeller Schreibstil angebracht, der umgangssprachliche Formulierungen vermeidet. Auch in E-Mails erwartet der Adressat eine klare Struktur und eine angemessene Ausdrucksweise. Die Verwendung von unverständlichen Abkürzungen sowie sog. Emoticons (z. B. :-) als Ausdruck von Freude) oder Akronymen (z. B. „lol" zum Ausdruck der Gefühlslage) ist unbedingt zu vermeiden.

Auch wenn E-Mails im Geschäftsleben niemals umgangssprachlich formuliert werden, sind sie doch etwas weniger förmlich als Geschäftsbriefe. So ist es z. B. möglich „short forms" wie *didn't* (für *did not*) oder *I'd like to* (für *I would like to*) zu verwenden. Die Buchstaben *ß, ä, ö, ü* sollten in E-Mails, die ins Ausland verschickt werden, nicht verwendet werden. Stattdessen verwendet man *ss, ae, oe* und *ue*.

Nachfolgend wird näher auf Aufbau und Sprache in schriftlichen Anfragen, Angeboten und Auftragsbestätigungen, welche ins englischsprachige Ausland gehen, eingegangen.

11.2.1 Anfrage (enquiry)

Anfragen weisen folgenden Aufbau auf:

- Wenn man das erste Mal an eine Firma schreibt, sollte man mitteilen, wie man auf den Anbieter aufmerksam geworden ist. Da der Adressat uns nicht kennt, müssen wir unser Unternehmen außerdem kurz vorstellen.
- Geben Sie den Grund für Ihre Anfrage an.
- Teilen Sie dem Anbieter detailliert mit, was Sie benötigen (Informationsmaterial, Produkte, Preise, Bedingungen etc.).
- Schließen Sie den Brief mit einer höflichen und positiv klingenden Formulierung ab, um den Adressaten dazu zu bewegen, möglichst bald zu antworten.

Ein Beispiel für ein englischsprachiges Angebot finden Sie in Kapitel 11.1.1.

Nützliche Phrasen

Mitteilen, wie man auf den Anbieter aufmerksam geworden ist

We have seen your advertisement in the latest edition of ...	Wir habe Ihre Anzeige in der letzten Ausgabe von ... gesehen.
We have seen your company's website on the Internet.	Wir haben Ihre Website im Internet gesehen.
We have obtained your address from one of our partners/the Chamber of Industry and Commerce in .../from one of your customers.	Wir haben Ihre Adresse von einem unserer Partner/der Industrie- und Handelskammer in ... /von einem Ihrer Kunden erhalten.
Your company has been recommended to us by ...	Sie sind uns von ... empfohlen worden.

Das eigene Unternehmen vorstellen

Our company is a leading manufacturer/ wholesaler/importer ... of (product) in (country).	Unser Unternehmen ist ein führender Hersteller/ Großhändler/Importeur von (Produkt) in (Land).
We are a well-established/medium-sized business producing/specialising in (product/ service)	Wir sind ein etabliertes/mittelgroßes Unternehmen, welches (Produkt) produziert/spezialisiert ist auf (Produkt/Dienstleistung).

Grund für die Anfrage nennen

We are particularly interested in importing (product) at present.	Momentan sind wir besonders daran interessiert, (Produkt) zu importieren.
We are currently expanding our line/product range of first-class (product).	Wir sind dabei unser Sortiment an erstklassigem (Produkt) zu erweitern.

Darstellen, was man benötigt

We would therefore be grateful if you could quote us for ...	Wir wären Ihnen daher dankbar, wenn Sie uns ein Angebot für ... machen könnten.
Please send us a (firm/binding) quotation for the following products: ...	Bitte schicken Sie uns ein (verbindliches) Angebot für folgende Produkte: ...
We would be grateful for details of your discounts as well as your terms of delivery and payment.	Wir wären Ihnen dankbar, wenn Sie uns Details hinsichtlich Ihrer Rabatte sowie Liefer- und Zahlungsbedingungen zukommen lassen könnten.
Do you grant a quantity/trade discount?	Gewähren Sie einen Mengen-/Handelsrabatt?
Could you also let us have a current catalogue/ price list for your range of products/the services you offer?	Könnten Sie uns außerdem einen aktuellen Katalog/eine aktuelle Preisliste Ihres Produktsortiments/Ihrer Dienstleistungen zusenden?
Please let us know when we could expect delivery to our warehouse.	Teilen Sie uns bitte mit, bis wann Sie zu unserem Lager liefern könnten.

Brief höflich abschließen

We look forward to receiving your offer/ quotation soon.	Wir freuen uns auf Ihr baldiges Angebot.
If your prices/the quality or your products is competitive, we may place further substantial orders with you in the near future.	Wenn Ihre Preise/die Qualität Ihrer Produkte konkurrenzfähig sind/ist, sind weitere größere Bestellungen in naher Zukunft möglich.
Thank you in advance for your help/assistance.	Danke im Voraus für Ihre Hilfe.

11.2.2 Angebot (offer)

Angebote haben folgende Struktur:

- Nehmen Sie Bezug auf die Anfrage mit Datum.
- Unterbreiten Sie ein Angebot, wobei alle wesentlichen Details hinsichtlich Produkten, Preisen, Bestellnummern, Mengen etc. angegeben werden sollten. Bei mehreren Produkten empfiehlt sich eine Aufstellung in Tabellenform.
- Bedingungen: Nennen Sie mögliche Rabatte, Liefer- und Zahlungsbedingungen und die Angebotsdauer.
- Briefschluss: Hier kann man dem Adressaten nochmals für seine Anfrage danken und weitere Hilfe anbieten, falls diese erforderlich sein sollte. Der Brief sollte positiv abgeschlossen werden.

Beispiel (Brief)

Duisdorfer
BüroKonzept
KG

Ausstattung und Beratung
für das Büro

Duisdorfer BüroKonzept KG · Rochusstraße 30 · 53123 Bonn

Smart Office Supplies Ltd
12 Wellington Street
Leeds
LS14JL
England

Ihr Zeichen:
Ihre Nachricht vom:
Unser Zeichen:
Unsere Nachricht vom:

Name:
Telefon:
Telefax:
E-Mail:

Datum: 30 July 20..

Dear Ms Cornell

Your enquiry of 28 July 20..

Thank you for your enquiry of 28 July about our products.

We are pleased to send you the following offer:

1) 8 (eight) desk lamps "Lichtstar 300", article No. 101.212	list price 75.00 € each
2) 12 (twelve) filing cabinets "Köln", article No. 112.233	list price 230.00 € each

All prices include free delivery and transport to your Bonn premises.

As agreed, these prices are 11 % below list. In addition, we are willing to offer a 2 % cash discount on the quoted price for payment in full within 10 days of receipt of goods.

The consignment will be dispatched by road from Bonn immediately upon receipt of order.

This offer is firm until 31 August without engagement.

Thank you again for yout interest. We look forward to doing business with you.

Yours sincerely
Duisdorfer BüroKonzept KG

Paul Schneider

Paul Schneider
Sales

Duisdorfer BüroKonzept KG
Rochusstraße 30
53123 Bonn
USt.-IdNr.: DE 244 111 855

Geschäftsführer:
Sebastian Falo
Katharina Niester
Amtsgericht Bonn
HRA 1221

Telefon: 0228 98765-0
Fax: 0228 98765-80
Internet: www.duisdorfer-bueko.de
E-Mail: info@duisdorfer-bueko.de

Bankverbindungen:
Volksbank Bonn Rhein-Sieg
IBAN DE85 3860 0186 2401 2345 67
BIC GENODED1BRS
Postbank Köln
IBAN DE23 3701 0050 8884 4412 34
BIC PBNKDEFF370

Nützliche Phrasen

Bezug zur Anfrage herstellen

Many thanks for your enquiry of 3 July about ...	Danke für Ihre Anfrage vom 3. Juli wegen ...
We refer to your enquiry of ...	Wir beziehen uns auf Ihre Anfrage vom ...
We were delighted to receive your letter/fax/ e-mail/enquiry this morning.	Wir waren erfreut, heute Morgen Ihre(n) Brief/ Fax/E-Mail/Anfrage zu erhalten.

Angebot unterbreiten

We are pleased to quote as follows: ...	Gerne unterbreiten wir Ihnen folgendes Angebot: ...
We have pleasure in submitting the following offer: ...	Wir freuen uns, Ihnen das vorliegende Angebot vorlegen zu dürfen: ...

Bedingungen nennen

We are pleased/prepared/willing to offer a(n) (introductory) discount of ...% off list price.	Wir sind erfreut/bereit, einen (Einführungs-) Rabatt von ...% auf den Listenpreis anzubieten.
We would point out that wholesalers are granted a discount of ... % on the prices listed.	Wir weisen darauf hin, dass Großhändler einen Nachlass von ... % auf die aufgeführten Preise erhalten.
We granta 2% cash discount for payment within 14 days.	Wir gewähren 2% Skonto bei Barzahlung innerhalb von 14 Tagen.
The consignment/goods will be dispatched ...	Die Ware wird ... ausgeliefert.
Delivery/Shipment can be made/will be effected ... ... within 4 weeks after receipt of order. ... immediately on receipt of order.	Die Lieferung kann ... erfolgen ... ... innerhalb von vier Wochen nach Erhalt der Bestellung. ... direkt nach Erhalt der Bestellung.
The transportation cost is ...	Die Transportkosten betragen ...
The delivery period is 4 weeks	Die Lieferzeit beträgt 4 Wochen.
Payment should be made (in advance).	Die Zahlung sollte (im Voraus) erfolgen.
Our terms of payment (for initial orders) are: ...	Unsere Zahlungsbedingungen (für Erstaufträge) sind: ...
This offer/quotation is binding/firm until 30 November.	Dieses Angebot ist verbindlich bis 30. November.

Brief angemessen abschließen

We look forward to hearing from you soon/to doing business with you.	Wir freuen uns darauf, bald von Ihnen zu hören/ mit Ihnen Geschäfte zu machen.
Thank you again for your interest/enquiry.	Danke nochmals für Ihr Interesse/Ihre Anfrage.
We would be delighted to receive an order from you and feel sure that our products will meet your requirements.	Wir würden uns freuen einen Auftrag von Ihnen zu erhalten und sind sicher, dass unsere Produkte Ihren Anforderungen genügen werden.
Should you have any further questions, do not hesitate to contact us.	Sollten Sie irgendwelche Fragen haben, setzen Sie sich bitte mit uns in Verbindung.

11.2.3 Auftragsbestätigung (acknowledgement/confirmation of order)

Eine Auftragsbestätigung ist zwar nicht in jedem Fall nötig, erscheint aber in bestimmten Situationen angebracht. Die Auftragsbestätigung zeigt dem Kunden, dass sein Auftrag erhalten wurde. Sie kann außerdem dabei helfen, Missverständnisse auszuräumen, indem sie auf die Details des Auftrags eingeht. Gerade in internationalen Geschäftsbeziehungen ist dies von besonderer Bedeutung.

Eine schriftliche Auftragsbestätigung hat folgende Struktur:

- Bezugnahme auf den Auftrag.
- Bestätigung der im Auftrag enthaltenen Details zu Artikeln, Preisen, Rabatten, Lieferbedingungen etc. Sollte es zu Abweichungen von den im Angebot enthaltenen Details kommen, muss hierauf eingegangen werden.
- Höflicher Abschluss der Bestätigung.

Beispiel (E-Mail)

Von: werner.pelz@sportsmaster.de
An: mark.wells@fitforfuture.co.uk
Cc:
Gesendet: Mittwoch, 19. Oktober 20.. 10:44
Betreff: Your order of 18 October

Dear Mr Wells

Thank you very much for your order of 18 October. We confirm the details as follows:

- 2 cross trainers, order No. CO 3000, list price 510.00 € each
- 3 treadmills „Runstar“, order No. RU 234, list price 720.00 € each

We confirm that these prices are 15 % below list. As requested, the goods will be delivered to your premises by 30 October at the latest. We will inform you as soon as the consignment has left our factory.

Thank you again for your interest in our products. We are sure you will be satisfied with them. If there are any problems, please contact us immediately.

With best regards

Werner Pelz
Sales Manager

Nützliche Phrasen

Bezug zum Auftrag herstellen

Many thanks for the above-mentioned order for ...	Vielen Dank für den oben erwähnten Auftrag über ...
We are pleased to acknowledge/confirm receipt of your order No. ... for (product) of 30 June.	Wir freuen uns, den Erhalt Ihrer Bestellung Nr. ... für (Produkt) vom 30. Juni zu bestätigen.

Bestätigung der Details

We confirm the terms of delivery and payment as stated in your order.	Wir bestätigen die Lieferungs- und Zahlungsbedingungen wie am Auftrag angegeben.
We are pleased to confirm your order as follows:	Gerne bestätigen wir Ihnen folgenden Auftrag:
We confirm the following terms of your order:	Ihre Auftragsbedingungen bestätigen wir wie folgt:
We are pleased to confirm that you will be granted a (quantity) discount of 10%.	Gerne bestätigen wir, dass wir Ihnen einen (Mengen-) Rabatt von 10% einräumen.
The goods you ordered are ready for dispatch.	Die von Ihnen bestellte Ware ist versandbereit.
As requested, the goods will be delivered within the next four weeks/by Tuesday at the latest.	Wie gewünscht, wird die Ware innerhalb der nächsten vier Wochen/bis spätestens Dienstag geliefert.
We confirm the delivery date you asked for in your order.	Wir bestätigen den Liefertermin, den Sie in Ihrem Auftrag angegeben haben.
We can deliver the goods earlier than agreed by 20 June.	Wir können die Waren früher als vereinbart bis 20. Juni ausliefern.
We will inform you by fax/phone/e-mail as soon as the goods have left our factory/warehouse.	Wir werden Sie per Fax/Telefon/E-Mail benachrichtigen, sobald die Waren unsere Fabrik/unser Lager verlassen haben.

Brief angemessen abschließen

Thank you for choosing to place your order with our company.	Vielen Dank, dass Sie sich entschlossen haben, unserer Firma den Auftrag zu erteilen.
We are confident that the consignment will reach you in time and in good condition.	Wir sind uns sicher, dass die Ware termingerecht und in gutem Zustand bei Ihnen eintrifft.
Please do not hesitate to contact us if you require further information.	Bitte zögern Sie nicht, mit uns in Verbindung zu treten, sollten Sie weitere Informationen benötigen.

11.2.4 Übersetzungen zu gängigen Rabatten und Zahlungsbedingungen

Rabatte (discounts)

volume discount:	Mengenrabatt
introductory discount:	Einführungsrabatt
trade discount:	Handelsrabatt
cash discount:	Skonto

Zahlungsbedingungen (terms of payment):

cash in advance (CIA):	Vorkasse
cash on delivery (COA):	Barzahlung bei Lieferung
cash with order (CWO):	Zahlung bei Auftragserteilung
deposit/advance payment:	Anzahlung
payment by credit transfer:	Zahlung durch Überweisung
payment in cash:	Zahlung in bar
net cash:	Barzahlung netto
gross cash:	Barzahlung brutto
payment in instalments:	Ratenzahlung
payment on receipt of invoice:	Zahlung bei Rechnungserhalt
payment within ...	Zahlung innerhalb von ...
days/weeks/months:	Tagen/Wochen/Monaten
from date of invoice:	nach Rechnungsdatum

LernFeld 4

Sachgüter und Dienstleistungen beschaffen und Verträge schließen

Überblick Lernfeld

1.	Aufgaben und Ziele der Beschaffung	Lernsituation 4.1
2.	Bedarfsermittlung	Lernsituation 4.1
3.	Beschaffungsverfahren	Lernsituation 4.1
4.	Bezugsquellenermittlung	Lernsituation 4.1
5.	Eigenfertigung oder Fremdbezug	Lernsituation 4.2
6.	Rechtsordnung	Lernsituation 4.3
7.	Rechtsfähigkeit	Lernsituation 4.3
8.	Geschäftsfähigkeit	Lernsituation 4.3
9.	Rechtsobjekte	Lernsituation 4.3
10.	Eigentum und Besitz	Lernsituation 4.3
11.	Vertragsfreiheit und Formvorschriften	Lernsituation 4.3
12.	Vertragsarten	Lernsituation 4.7
13.	Nichtigkeit und Anfechtbarkeit bei Rechtsgeschäften	Lernsituation 4.3
14.	Allgemeine Geschäftsbedingungen	Lernsituation 4.3
15.	Wareneingangskontrolle	Lernsituation 4.8
16.	Das Lager als logistische Unterstützung der Auftragserfüllung	Lernsituation 4.9
17.	Rechnungskontrolle	Lernsituation 4.10
18.	Arten des Zahlungsverkehrs	Lernsituation 4.10
19.	Kaufvertragsstörungen	Lernsituation 4.11, Lernsituation 4.12

1 Aufgaben und Ziele der Beschaffung

Unter Beschaffung versteht man die Bereitstellung von Werkstoffen (Roh-, Hilfs- und Betriebsstoffe), Handelswaren, Betriebsmitteln und anderen Gütern und Dienstleistungen, die ein Unternehmen zur Herstellung und zum Verkauf benötigt.

LS 4.1

Anhand vorliegender Anfragen der Kunden und aus den Erfahrungen der vergangenen Jahre wird die Beschaffungsplanung des notwendigen Materials vorgenommen. Dabei ist es die **Aufgabe der Beschaffung**
- die richtigen Materialarten und -qualitäten,
- die richtigen Mengen,
- zum richtigen Zeitpunkt
- bei ausgewählten Lieferern zu organisieren.

Die Beschaffungsplanung bezieht sich dabei auf ein für einen Zeitraum festgelegtes Produktions- und Absatzprogramm. Das **Produktionsprogramm** umfasst die Entscheidung darüber, welche Produkte das Unternehmen – in unserem Fall die Duisdorfer BüroKonzept KG – herstellt (z. B. Schreibtische und Schreibtischstühle). Im Gegensatz dazu befinden sich im **Absatzprogramm** alle zu verkaufenden Produkte. Hierzu gehören sowohl selbst hergestellte, als auch vom Unternehmen fremdbezogene Handelswaren (z. B. Schreibtische, Scanner).

Aufgaben der Beschaffung	Planungsverfahren	Fragestellung
▪ richtige Materialarten und -qualitäten ▪ richtige Mengen	Bedarfsermittlung	Was?
▪ richtiger Zeitpunkt	Beschaffungsverfahren	Wann?
▪ ausgewählten Lieferer	Bezugsquellenermittlung	Wo?

Die Wahl des Materials und der Menge erfolgt im Rahmen der Bedarfsermittlung, der richtige Bestellzeitpunkt wird mithilfe der Beschaffungsverfahren festgelegt und die Bezugsquellenermittlung beschäftigt sich mit der Lieferantenauswahl.

Zur Erreichung des übergeordneten unternehmerischen Ziels der Gewinnmaximierung wird in der Beschaffung das konkrete Ziel der Kostenminimierung verfolgt. Denn durch die Senkung der Kosten im Einkauf kann der Gewinn erhöht werden. Im Sinne des ökonomischen Prinzips wird demnach nach dem Minimalprinzip gehandelt, da bei vorgegebenem Produktions- bzw. Absatzprogramm möglichst geringe Kosten anfallen sollen.

LF 1, 2.3

Das Ziel der Kostenminimierung kann auf unterschiedliche Art und Weise erreicht werden, da sich die Kosten der Beschaffung aus verschiedenen Positionen zusammensetzen. Neben den Güterpreisen beeinflussen z. B. Rabatte oder Transportkosten die gesamten anfallenden Kosten. So können durch Angebotsvergleiche und Verhandlungen mit den Lieferanten der Duisdorfer BüroKonzept KG günstigere Einkaufspreise erzielt werden.

Allerdings darf nicht außer Acht gelassen werden, dass es bei diesem Vorgehen zu einem Zielkonflikt zwischen gesenkten Beschaffungskosten und den angestrebten Qualitätsanforderungen an die Güter kommen kann.

Bei Privatpersonen ergeben sich in der Beschaffung bzw. beim Kauf über den Versandhandel Besonderheiten. Speziell der Widerruf des Käufers innerhalb einer bestimmten Frist ist geregelt und wird in diesem Lernfeld betrachtet.

2 Bedarfsermittlung

LS 4.1 Die Ermittlung des Bedarfs an Werkstoffen wird mithilfe verschiedener Verfahren durchgeführt. Hauptsächlich unterscheidet man zwei Vorgehensweisen: einerseits die programmorientierte und andererseits die verbrauchsorientierte Materialbedarfsermittlung. Welches Verfahren zum Einsatz kommt, hängt von der Wertigkeit des Werkstoffes ab, der beschafft werden soll. Vorbereitend muss daher eine Klassifizierung der Güter mit der ABC-Analyse vorgenommen werden.

Auch wird die Einkaufsabteilung bei der Planung der Mengen auf die Minimierung der entstehenden Kosten achten. Dies gelingt mit der Bestimmung der optimalen Bestellmenge.

2.1 ABC-Analyse

Die ABC-Analyse ist ein Instrument, mit dem die Artikel eines Unternehmens nach ihrer wirtschaftlichen Bedeutung in drei Gruppen unterteilt werden. Dabei werden der Wert und die Menge der Artikel in ein bestimmtes Verhältnis zueinander gesetzt. Artikel der Gruppe A zählen zu den wichtigen Artikeln. Ihr Mengenanteil ist zwar gering im Vergleich zu den anderen Gruppen, sie haben aber einen hohen Anteil am Gesamtwert. Demgegenüber stehen Artikel der Gruppe C, die für das Unternehmen wirtschaftlich weniger wichtig sind. Insgesamt haben sie einen hohen Mengenanteil, deren Gesamtwert vergleichsweise niedrig ist. Artikel der Gruppe B liegen zwischen beiden Gruppen und weisen eine mittlere Bedeutsamkeit für das Unternehmen auf.

Für industrielle Unternehmen ist folgende Unterteilung typisch:

Klassifizierung	Anteil an der Gesamtmenge	Anteil am Gesamtwert
A-Güter	15 %	80 %
B-Güter	35 %	15 %
C-Güter	50 %	5 %
	100 %	100 %

Da es sich nicht um ein starres Instrument handelt, variieren die festgelegten Prozentanteile geringfügig zwischen unterschiedlichen Branchen und Unternehmen. Auch für die Duisdorfer BüroKonzept KG kann es bedeutsam sein, die dargestellte Einteilung in ABC-Güter vorzunehmen. Entscheidend ist, dass drei Klassen von „wichtig“ (A) bis zu „unwichtig“ (C) gebildet werden.

Bei Anwendung der Analysemethode ist Folgendes festzustellen:

- **A-Güter** müssen sorgfältig beobachtet und intensiv betreut werden. Die Beschaffung dieser hochwertigen Artikel wird präzise geplant und durchgeführt. Es wird beispielsweise darauf geachtet, eine umfangreiche Lagerhaltung zu vermeiden, da dies unnötig Kapital binden würde.
- **B-Güter** müssen differenziert betrachtet werden. Manche benötigen bezüglich der Beschaffung z. B. wegen stärkerer Nachfrage oder längerer Lieferzeiten höhere Aufmerksamkeit, manche eine geringere. Die Behandlung der B-Güter wird von den Unternehmen unterschiedlich vorgenommen. Manche B-Güter werden wie A-Güter genau geplant, andere weniger genau und orientieren sich an C-Gütern.

- **C-Güter** erfahren als niedrigwertige Güter weniger Wachsamkeit. Es gelten die Prinzipien der Arbeitsvereinfachung und Aufwandsreduzierung. Es werden z. B. weniger intensive Angebotsvergleiche durchgeführt, der Bedarf wird geschätzt oder es wird in größeren Zeitabständen geordert.

Die ABC-Analyse wird, wie in Lernfeld 2 ersichtlich, nicht nur im Beschaffungsbereich erfolgreich eingesetzt, sondern auch in anderen Bereichen (z. B. Zeitmanagement, Klassifizierung von Kunden, Lieferanten, Arbeitsaufgaben), um Wesentliches von Unwesentlichem zu unterscheiden.

Beispiel

Die Duisdorfer BüroKonzept KG hat ihre Werkstoffe für das bestehende Produktionsprogramm in A-, B- und C-Güter unterteilt. Der Einfachheit halber geht man hier nun davon aus, dass es sich um ein Ein-Produkt-Unternehmen handelt, in dem Rollcontainer produziert werden. An einem Bauplan lässt sich ablesen, aus welchen Bestandteilen das Produkt besteht. Die Stückliste, die daraus erstellt wird, ist das Verzeichnis der Bestandteile. Es wird detailliert festgehalten, welche Einzelteile wie oft enthalten sind.

Stückliste Rollcontainer

Gesamtstückliste		Rollcontainer	
Nr.	**Anzahl**	**Bezeichnung**	**Einstandspreis pro Stück**
1	2	Deckelement	15,80 €
2	3	Seitenelement	53,30 €
3	2	Schublade groß	49,00 €
4	2	Schublade klein	46,00 €
5	4	Schubladengriff	0,75 €
6	8	Winkel mit Schrauben/Muttern	0,95 €
7	4	Rolle	2,50 €
8	4	Gummireifen	0,42 €
9	8	Rahmenleiste lang	2,90 €
10	4	Rahmenleiste kurz	2,70 €

Anhand eines Jahresbedarfs von 1 440 Rollcontainern wurde eine ABC-Analyse mit einem Tabellenkalkulationsprogramm vorgenommen:

ABC-Analyse (Rollcontainer)

Materialnummer	Jahresbedarf (Stück)	Einstandspreis pro Stück	1. ↓ Jahresbedarf in Euro	2. ↓ Rang
501 Deckelelement	2 880	15,80 €	45.504,00 €	**4**
502 Seitenelement	4 320	53,30 €	230.256,00 €	**1**
503 Schublade groß	2 880	49,00 €	141.120,00 €	**2**
504 Schublade klein	2 880	46,00 €	132.480,00 €	**3**
505 Schubladengriff	5 760	0,75 €	4.320,00 €	**9**
506 Winkel mit Schrauben/ Muttern	11 520	0,95 €	10.944,00 €	**8**
507 Rolle	5 760	2,50 €	14.400,00 €	**7**
508 Gummireifen	5 760	0,42 €	2.419,20 €	**10**
509 Rahmenleiste lang	11 520	2,90 €	33.408,00 €	**5**
510 Rahmenleiste kurz	5 760	2,70 €	15.552,00 €	**6**
Summe:	**59 040**		**630.403,20 €**	

1. Ermittlung der Jahresbedarfe der Einzelteile in Euro (Jahresbedarf in Stück · Preis pro Mengeneinheit).
2. Rangfolge mit absteigenden Euro-Werten bilden.

Wertbetrachtung:

3. → Rang	Materialnummer	Jahresbedarf Euro	4. ↓ %-Anteil vom Gesamtwert	5. ↓ %-Anteil kumuliert	6. ↓ Wertgruppe
1	502 Seitenelement	230.256,00 €	36,53 %	36,53 %	A
2	503 Schublade groß	141.120,00 €	22,39 %	58,91 %	A
3	504 Schublade klein	132.480,00 €	21,02 %	79,93 %	A
4	501 Deckelelement	45.504,00 €	7,22 %	87,14 %	B
5	509 Rahmenleiste lang	33.408,00 €	5,30 %	92,44 %	B
6	510 Rahmenleiste kurz	15.552,00 €	2,47 %	94,91 %	B
7	507 Rolle	14.400,00 €	2,28 %	97,19 %	C
8	506 Winkel mit Schrauben/Muttern	10.944,00 €	1,74 %	98,93 %	C
9	505 Schubladengriff	4.320,00 €	0,69 %	99,62 %	C
10	508 Gummireifen	2.419,20 €	0,38 %	100,00 %	C
	Summe:	**630.403,20 €**	100,00 %		

3. Die richtige Reihenfolge bilden.
4. Den prozentualen Anteil am Gesamt**wert** (z. B. 230.256,00 · 100/630.403,20) ermitteln.
5. Die kumulierten (summierten) Prozentwerte ermitteln.
6. Entsprechend der Klassifizierung (80 % : 15 % : 5 %) die Wertgruppe A, B oder C zuordnen.

Mengenbetrachtung:

Rang	Materialnummer	Jahresbedarf Stück	%-Anteil von der Gesamtmenge (7.)	%-Anteil kumuliert (8.)
1	502 Seitenelement	4 320	7,32 %	7,32 %
2	503 Schublade groß	2 880	4,88 %	12,20 %
3	504 Schublade klein	2 880	4,88 %	17,07 %
4	501 Deckelelement	2 880	4,88 %	21,95 %
5	509 Rahmenleiste lang	11 520	19,51 %	41,46 %
6	510 Rahmenleiste kurz	5 760	9,76 %	51,22 %
7	507 Rolle	5 760	9,76 %	60,98 %
8	506 Winkel mit Schrauben/Muttern	11 520	19,51 %	80,49 %
9	505 Schubladengriff	5 760	9,76 %	90,24 %
10	508 Gummireifen	5 760	9,76 %	100,00 %
	Summe:	**59 040**	**100,00 %**	

9.

7. Den prozentualen Anteil an der Gesamt**menge** ermitteln (z. B. 4 320 · 100 / 59 040).
8. Die kumulierten Prozentwerte ermitteln.
9. Die Klassifizierung überprüfen.

Gesamtüberblick:

Wertgruppe	Anzahl der Materialpositionen	%-Anteil Menge	%-Anteil Wert	Jahresbedarf in Euro
A	3	17,07 %	79,93 %	503.856,00 €
B	3	34,15 %	14,98 %	94.464,00 €
C	4	48,78 %	5,09 %	32.083,20 €
Insgesamt:	**10**	**100,00 %**	**100,00 %**	**630.403,20 €**

Der Gesamtüberblick zeigt, dass auf der Grundlage der Klassifizierung für industrielle Unternehmen jeweils drei Materialpositionen der Klasse A und B zugeordnet wurden; vier Materialarten zählen zu den C-Gütern.

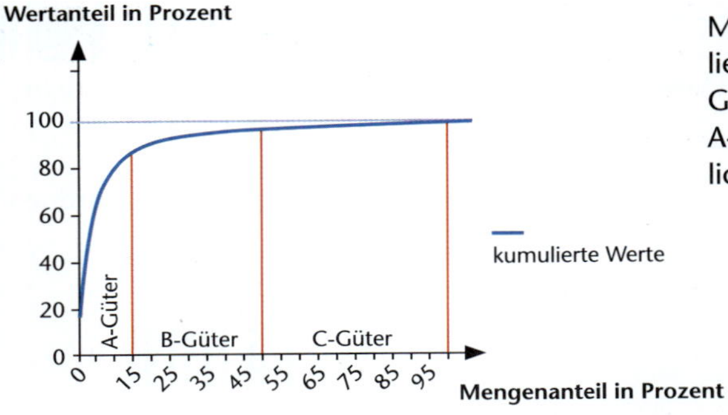

Mithilfe der Lorenzkurve, die die kumulierten Mengen- und Wertanteile der Güter erfasst, wird die Verteilung der A-, B- und C-Güter grafisch veranschaulicht.

2.2 Programmorientierte Bedarfsermittlung

Die programmorientierte Bedarfsermittlung wird bei A- oder B-Gütern mit hohem oder mittlerem Wertanteil am Gesamtwert durchgeführt und ist ein Planungsverfahren, das sehr präzise erfolgt.

Ausgangspunkt für diese Bedarfsermittlung ist das Produktionsprogramm des Unternehmens. Die zu produzierenden Stückzahlen hängen wiederum vom Absatzprogramm ab, in dem festgehalten ist, welche Aufträge vorliegen. Dabei kann es sich um Kundenaufträge handeln oder aber um Lageraufträge, die auf Vorrat produziert werden.

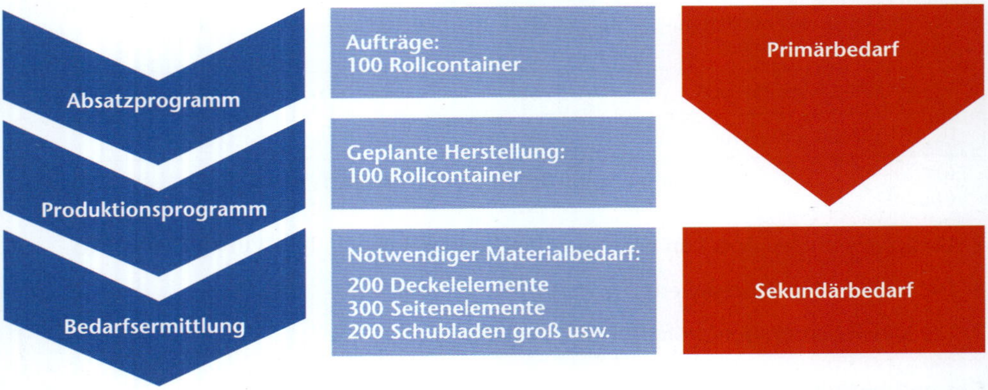

Welche Mengen auf Vorrat produziert werden, ergibt sich aus Erfahrungswerten der Vorjahre, aus Marktanalysen oder Marktbeobachtungen (siehe Lernfeld 5). Diese Ergebnisse führen zu Marktprognosen, sodass die Absatzmenge geplant werden kann. Dieser festgelegte Bedarf an verkaufsfähigen Erzeugnissen, z. B. 100 Rollcontainer im Monat März, wird als Primärbedarf bezeichnet. Liegt nun der Primärbedarf fest, kann anhand von Stücklisten der Bedarf an notwendigen Werkstoffen ermittelt werden. Dabei handelt es sich um den Sekundärbedarf.

Durch Addition des Sekundärbedarfs und des sogenannten Zusatzbedarfs erhält man den Bruttobedarf, der somit eine Reserve beinhaltet. Diese ist zum Beispiel notwendig, wenn durch Schwund oder Lieferung minderwertigen Materials Ersatz benötigt wird. Die Duisdorfer BüroKonzept KG plant beispielsweise einen Zusatzbedarf bei den Schubladen von 2 % ein, der sich aus Erfahrungswerten ableitet. Werden vom Bruttobedarf die noch vorhandenen Lagerbestände abgezogen, erhält man den Nettobedarf. Dies ist die Menge, die von den programmorientiert zu beschaffenden Werkstoffen tatsächlich bei den Lieferanten zu einem bestimmten Zeitpunkt zu ordern ist.

Ermittlung der zu beschaffenden Menge	
Sekundärbedarf **+ Zusatzbedarf**	200 Schubladen groß + 4 Schubladen (Reserve)
= Bruttobedarf **– Lagerbestand**	= 204 Schubladen – 2 Schubladen (sind noch im Lager)
= Nettobedarf	**= 202 Schubladen, die bestellt werden müssen**

2.3 Verbrauchsgebundene Bedarfsermittlung

Die verbrauchsgebundene Bedarfsermittlung findet grundsätzlich Anwendung bei C-Gütern, die einen geringen Wertanteil am Gesamtwert aller Werkstoffe des Unternehmens haben. Aber auch bei B-Gütern wird das Verfahren u. U. verwendet. Dazu gehören in unserem Beispiel Schrauben, Rahmenleisten oder auch Gummireifen. Das Verfahren ist wenig aufwändig, aber auch ungenau.

Der Bedarf an Gütern wird aufgrund von Vergangenheitswerten ermittelt. Eine genaue Betrachtung der Verbräuche über einen Zeitraum in der Vergangenheit lässt Rückschlüsse auf den zukünftigen Bedarf zu. Mit statistischen Methoden wird ein Trend ermittelt, der die grundlegende Richtung des Verbrauchs anzeigt. Man kann z. B. erkennen, ob der Trend konstant, fallend oder steigend ist, also ob der Verbrauch der Güter gleich geblieben, gefallen oder gestiegen ist.

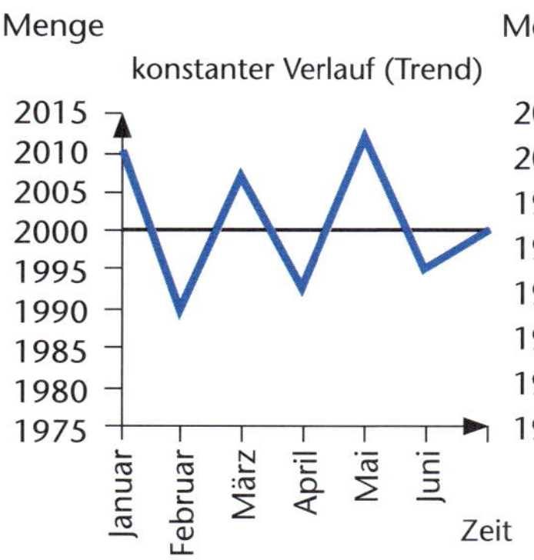

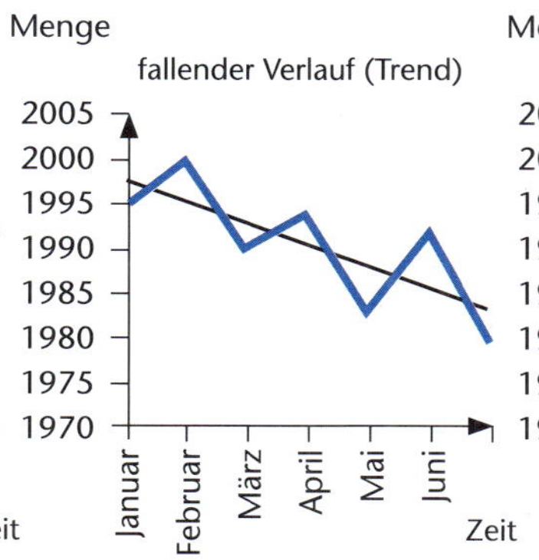

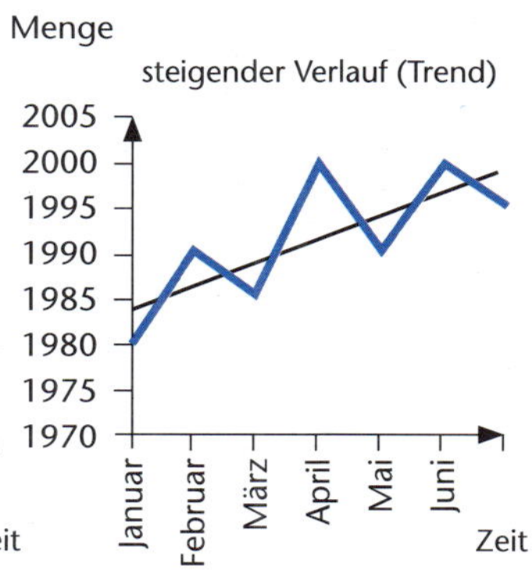

Beispiel

Ermittelt die Duisdorfer BüroKonzept KG, dass der Verbrauch von Schrauben sich im Durchschnitt um 5 % gesteigert hat, so geht man davon aus, dass der nächste Bedarf auch um 5 % höher ausfällt und bestellt entsprechend mehr. Will man vermeiden, dass aufgrund eines ungeplant hohen Verbrauches Materialien nicht mehr verfügbar sind, sollten zusätzliche Mengen als Reserven eingeplant werden.

Eine weitere Methode der Bedarfsermittlung von Gütern mit sehr geringem Wert ist die Schätzung. Liegen keine Erfahrungswerte aus der Vergangenheit vor, so wird der künftige Verbrauch dieser Werkstoffe geschätzt.

2.4 Optimale Bestellmenge

Bei der Planung der Bestellmenge strebt die Einkaufsabteilung das Ziel an, die entstehenden Kosten zu minimieren. Dabei ist im Rahmen der verbrauchsgebundenen Bedarfsermittlung die optimale Bestellmenge zu ermitteln. Sie liegt an dem Punkt, an dem die Summe aus Bestell- und Lagerkosten am geringsten ist.

Zu den Bestellkosten zählen die Kosten, die bei jeder Bestellung anfallen. Dazu gehören z. B. relevante Personalkosten für Angebotseinholung und -vergleich, Ausführung der Bestellung, Wareneingangs- und Rechnungsprüfung sowie die Kosten für Transport und Verpackung. Je häufiger in dem betrachteten Zeitraum (z. B. ein Jahr) bestellt wird, desto höher sind die Bestellkosten pro Zeitraum.

Die Lagerkosten umfassen hingegen die Kosten für das Personal, die Lagerräume und das im Wert der Waren gebundene Kapital; aber auch die Kosten für Versicherungen oder Wertminderung durch Schwund etc. sind darin enthalten.

Je häufiger bestellt wird, desto höher sind die anfallenden Bestellkosten im betrachteten Zeitraum (z. B. Jahr), desto geringer fallen allerdings die Lagerkosten aus. Wird dagegen seltener bestellt, sinken die Bestellkosten, aber die Lagerkosten steigen. Die optimale Bestellmenge ist dann erreicht, wenn die Kosten aus Bestellung und Lagerhaltung insgesamt am niedrigsten sind.

Beispiel
Die Duisdorfer BüroKonzept KG bestellt regelmäßig die Schreibtischleuchte Lumix 13, die zu einem Preis von 15,00 € beschafft werden kann. Die optimale Bestellmenge wird unter den nachfolgenden Bedingungen bestimmt:

Jahresbedarf	1 200	Stück
Kosten je Bestellung	20,00	€
Lagerkostensatz	10	%
Einstandspreis der Schreibtischleuchte	15,00	€

Merke

$$\textbf{Optimale Bestellmenge} = \sqrt{\frac{\textbf{200} \cdot \textbf{Bestellkosten} \cdot \textbf{Jahresbedarf}}{\textbf{Einstandspreis pro Stück} \cdot \textbf{Lagerkostensatz}}}$$

$$\longrightarrow \text{Optimale Bestellmenge} = \sqrt{\frac{200 \cdot 20{,}00 \cdot 1\,200}{15{,}00 \cdot 10}} = 178{,}89 \text{ Stück}$$

Mithilfe eines Tabellenkalkulationsprogramms kann die optimale Bestellmenge berechnet und in einer Tabelle sowie in einem Diagramm dargestellt werden. Folgende Formeln liegen zugrunde:

$$\textbf{Bestellmenge} = \frac{\text{Jahresbedarf}}{\text{Bestellhäufigkeit}}$$

$$\textbf{Mittlerer Lagerbestand} = \frac{\text{Bestellmenge}}{2}$$

Bestellkosten = *Kosten je Bestellung · Bestellhäufigkeit*

Lagerkosten = *Einstandspreis · Lagerkostensatz · Mittlerer Lagerbestand*

Gesamtkosten = *Bestellkosten + Lagerkosten*

Bestellmenge	Bestell-häufigkeit	Mittlerer Lagerbestand	Bestellkosten	Lagerkosten	Gesamtkosten
1200	1	600	20,00€	900,00€	920,00€
600	2	300	40,00€	450,00€	490,00€
400	3	200	60,00€	300,00€	360,00€
300	4	150	80,00€	225,00€	305,00€
240	5	120	100,00€	180,00€	280,00€
200	6	100	120,00€	150,00€	270,00€
171	7	85,5	140,35€	128,25€	268,60€
150	8	75	160,00€	112,50€	272,50€
133	9	66,5	180,45€	99,75€	280,20€
120	10	60	200,00€	90,00€	290,00€
109	11	54,5	220,18€	81,75€	301,93€
100	12	50	240,00€	75,00€	315,00€

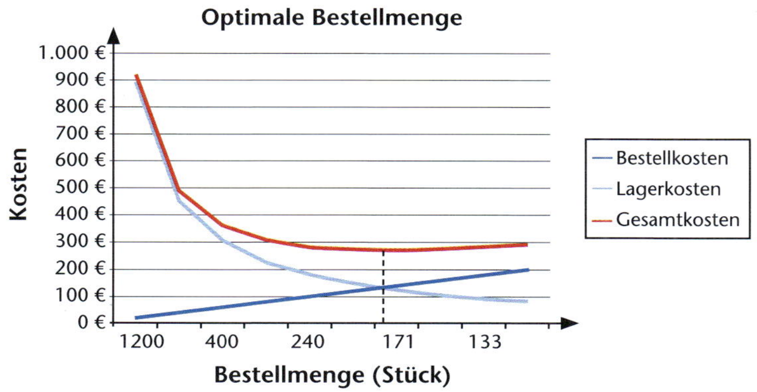

Die optimale Bestellmenge liegt also rechnerisch ermittelt bei ca. 179 Schreibtischlampen.

Merke
Bestellhäufigkeit = Jahresbedarf / optimale Bestellmenge
→ ***Bestellhäufigkeit = 1.200 / 178,89 = 6,71***

Es sollten also zwischen 6 und 7 Bestellungen im Jahr erfolgen, damit die benötigte Menge möglichst kostengünstig bereitgehalten wird.

3 Beschaffungsverfahren

LS 4.1

Beschaffungsverfahren beschäftigen sich mit der Frage, wann die benötigten Güter bestellt werden. Unternehmen planen A-Güter mit dem bedarfsgesteuerten Verfahren, C-Güter werden mithilfe eines verbrauchsgesteuerten Verfahrens beschafft. Bei B-Gütern dagegen werden wahlweise beide Verfahrensarten eingesetzt, je nach Erfordernissen und Bedingungen in den Unternehmen.

3.1 Bedarfsgesteuerte Beschaffung

LF 4, 2.2

Bei der bedarfsgesteuerten Beschaffung handelt es sich um ein genaues Planungsverfahren, bei dem der Bedarf aus den gefertigten Stücklisten ermittelt wurde. Liegt die zu beschaffende Menge fest, wird auch der Bestelltermin unter Berücksichtigung der Lieferzeiten genau geplant. So müssen nur relativ geringe Mengen der teuren Werkstoffe gelagert werden und eine hohe Kapitalbindung wird vermieden.

3.2 Verbrauchsgesteuerte Beschaffung

Im Rahmen der verbrauchsgesteuerten Beschaffung wird zwischen dem Bestellpunkt- und Bestellrhythmusverfahren unterschieden. Beide werden nachfolgend dargestellt.

3.2.1 Bestellpunktverfahren

Kennzeichen für das Bestellpunktverfahren ist ein festgelegter Bestellpunkt, der sich auf eine **Bestellmenge** bezieht. Bestellt wird immer dann, wenn ein vorher bestimmter **Meldebestand** erreicht ist. Das Erreichen des Meldebestandes löst also die Bestellung aus. Die Festlegung des Meldebestandes stellt sicher, dass unter Berücksichtigung der Lieferzeiten die Mindestbestand im Normalfall nicht angegriffen wird. Der Meldebestand wird folgendermaßen ermittelt:

Merke
Meldebestand = Mindestbestand + Tagesbedarf · Beschaffungszeit in Tagen

Der **Mindestbestand**, auch Sicherheits- oder eiserne Reserve genannt, wird für unerwartet höheren Verbrauch oder Lieferfristüberschreitungen eingeplant. Dabei wird ein Sicherheitszeitraum eingeplant, mit dem Lieferengpässe überbrückt werden. Der Mindestbestand darf nur in besonderen Fällen angetastet werden, um die Lieferbereitschaft des Unternehmens zu sichern.

Merke
Mindestbestand = Sicherheitszeitraum · Tagesbedarf

Ist nun der Meldebestand erreicht, wird die Menge bestellt, die das Lager bis zu einer festgelegten Höchstgrenze, dem Höchstbestand, auffüllt. Dieser Höchstbestand wurde aufgrund der vorher bestimmten optimalen Bestellmenge festgelegt. Folgender Zusammenhang besteht:

LF 4, 2.4

Merke
Optimale Bestellmenge = Höchstbestand – Mindestbestand
bzw.
Höchstbestand = Optimale Bestellmenge + Mindestbestand

Beispiel

Die Duisdorfer BüroKonzept KG verarbeitet in den Rollcontainern 400 Rollen täglich, die Lieferzeit des Lieferers beträgt 7 Tage. Die eiserne Reserve ist mit 4 000 Rollen festgelegt.

Ermittlung des Meldebestandes: 4 000 + (400 · 7) = 6 800 Rollen.

Bei einem Meldebestand von 6 800 Stück muss eine Bestellung erfolgen.

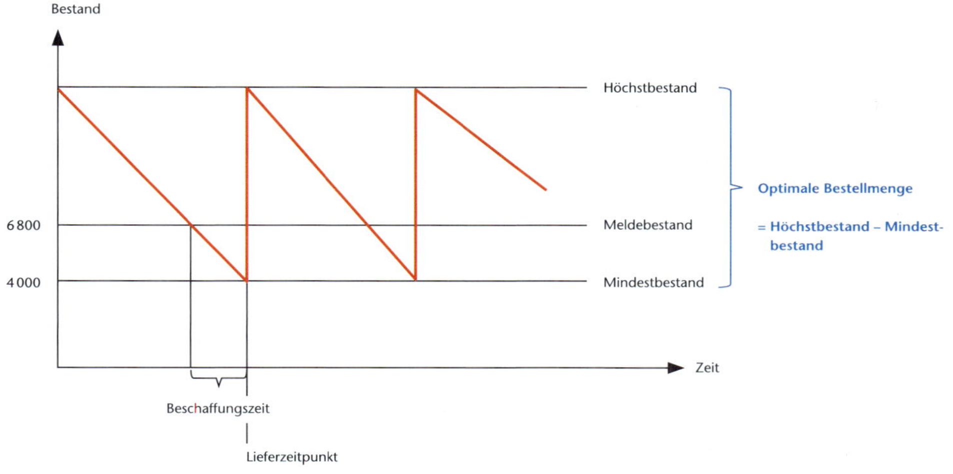

Der **Höchstbestand** ist zum einen abhängig von der zur Verfügung stehenden Lagerkapazität, zum anderen von den anfallenden Lagerkosten. Wenn jedoch durch Einrichtung eines relativ kleinen Lagers die Kosten gesenkt werden, muss bedacht werden, dass die Bestellhäufigkeit zunimmt und damit auch die Bestellkosten. Hier muss also mit der optimalen Bestellmenge die zu bestellende Menge bestimmt werden, die eine Balance zwischen Bestell- und Lagerkosten findet.

Unter Umständen muss der Bestellpunkt angepasst werden,
- wenn der Tagesbedarf steigt,
- wenn die Beschaffungszeit sich beispielsweise durch optimierte Transportwege ändert,
- wenn Preiserhöhungen erwartet werden,
- wenn Sondertermine, wie z. B. Festtage berücksichtigt werden müssen.

Beim Bestellpunktverfahren bleibt der Bestellzeitpunkt offen und variiert, je nachdem wann der Meldebestand erreicht ist, der die Bestellung auslöst.

3.2.2 Bestellrhythmusverfahren

Im Bestellrhythmusverfahren sind die **Bestellzeitpunkte** festgelegt, das heißt, nach einem bestimmten Rhythmus (beispielsweise in 2-wöchigen Abständen) wird bestellt. Ist der Bestellzeitpunkt erreicht, wird je nach tatsächlichem Verbrauch die Bestellmenge ermittelt und geordert, um das Lager bis zur festgelegten Höchstgrenze aufzufüllen. Bei der Ermittlung der Bestellmenge muss der Verbrauch während der Lieferfrist beachtet werden.

Beim Bestellrhythmusverfahren variiert die Bestellmenge, je nachdem wie viel während des gleichbleibenden Bestellrhythmus verbraucht wurde.

Beispiel
Die Duisdorfer BüroKonzept KG bestellt in einem Rhythmus von 14 Tagen die Gummireifen für die Rollcontainer. Das Intervall ist so gewählt, dass der Mindestbestand in der Regel nicht angetastet wird. Die Lieferzeit der Güter beträgt 2 Tage. Die Verbräuche pro Woche variieren im Gegensatz zu den Rollen, da das Aufziehen der Bereifung häufiger zu Ausschuss führt. Daher müssen der Bestand nach 14 Tagen und der regelmäßige Verbrauch bis zur Lieferung ermittelt werden. Die Bestellmenge ergibt sich aus Höchstbestand abzüglich der ermittelten Verbräuche.

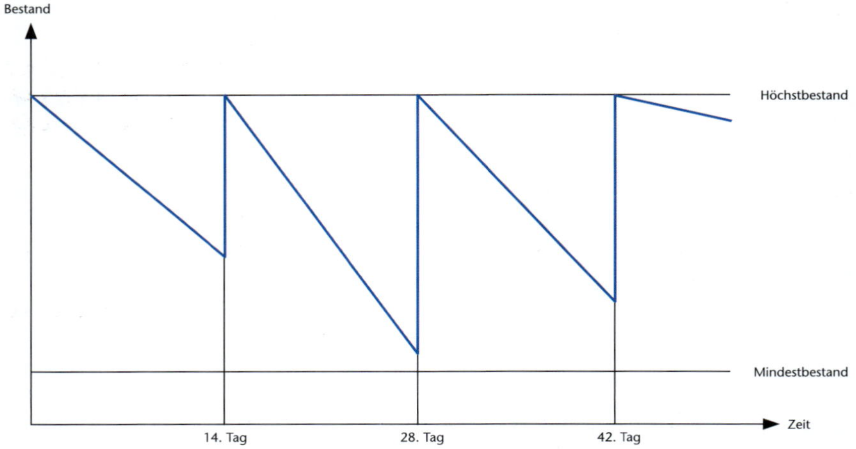

Die nachfolgende Übersicht stellt die wesentlichen Aspekte der beiden dargestellten Bestellverfahren gegenüber:

	Bestellmenge	Bestellzeitpunkt
Bestellpunktverfahren	festgelegt	variabel
Bestellrhythmusverfahren	variabel	festgelegt

4 Bezugsquellenermittlung

LS 4.1

Nachdem der Bedarf bestimmt ist, müssen mögliche Lieferanten (Bezugsquellen) ermittelt werden, die in der Lage sind, die notwendigen Güter rechtzeitig zu liefern. Dies erfolgt im Rahmen der Bezugsquellenermittlung, die unterschiedliche Informationsquellen nutzt. Dabei wird zwischen internen und externen Informationsquellen unterschieden, die potenzielle Lieferanten aufzeigen sollen.

4.1 Interne Informationsquellen

Interne Informationsquellen für mögliche Lieferanten sind zum einen die Lieferantendatei, zum anderen die Waren- bzw. Artikeldatei. In der **Lieferantendatei** sind für jeden Lieferanten, der das Unternehmen bisher beliefert hat, Angaben über die angebotenen Waren und deren Qualität, Lieferungs- und Zahlungsbedingungen, Preise und Lieferzeiten vermerkt. Eventuell gibt es weiterführende Informationen wie z. B. Kataloge und Prospektmaterial.

In der **Waren- oder Artikeldatei** dagegen wird zwischen den verschiedenen Gütern unterschieden, die das Unternehmen bei den verschiedenen Lieferern bezieht. Hier ist zu den einzelnen Gütern vermerkt, welcher Lieferer diese anbietet.

Aus beiden Dateien ist zu ersehen, ob bestehende Lieferantenverbindungen ausreichen oder ob externe Quellen genutzt werden sollten.

4.2 Externe Informationsquellen

Sind interne Informationsquellen nicht ausreichend, wird auf Informationen außerhalb des Betriebes zurückgegriffen. Diese externen Informationsquellen sind beispielsweise dann notwendig, wenn neue Werkstoffe oder Güter in das Programm aufgenommen werden oder wenn bisherige Informationen nicht mehr aktuell sind.

Solche externen Informationsquellen sind
- Vertreter,
- Messen und Ausstellungen,
- Fachzeitschriften sowie
- Bezugsquellenverzeichnisse (häufig über Internet), z. B. Adressbücher, IHK, Handwerkskammer, ABC der deutschen Wirtschaft, Branchenportal „Wer liefert was".

4.3 Bewertungskriterien der Lieferantenauswahl

LS 4.5, 4.7

Wie hoch der Aufwand der Bezugsquellenermittlung ist, hängt von der Wertkategorie des zu beschaffenden Gutes ab. Bei C-Gütern wird nur ein relativ geringer Aufwand betrieben. Wenn die bestehenden Lieferantenbeziehungen zufriedenstellend sind, werden sie auch weiterhin genutzt. Eventuell wird ein Konkurrenzangebot eingeholt, um die bisherige Leistung des Lieferanten vergleichen zu können.

Für Güter der Klasse A werden die Möglichkeiten der Bezugsquellenermittlung ausgeschöpft, um den für das Unternehmen optimalen Lieferanten zu ermitteln. Für die Güter der Kategorie B wird abgewogen, ob ein geringer oder höherer Aufwand bei der Lieferantenauswahl betrieben wird.

Qualitative Bewertungskriterien für die Auswahl des geeigneten Lieferanten sind:

in Bezug auf Lieferung und Leistung:
- Qualität
- Preis
- Konditionen
- Lieferzuverlässigkeit
- Nebenleistungen

in Bezug auf den Lieferanten:
- Rechtsform
- finanzielle Lage
- Marktanteil
- Forschungs- und Entwicklungstätigkeit
- Ruf bei Wettbewerbern
- Kooperationsbereitschaft
- Reklamationsverhalten
- räumliche Nähe
- Flexibilität

Bei der Auswahl des geeigneten Lieferanten gibt es die Möglichkeit, quantitative und qualitative Angebotsvergleiche durchzuführen.

4.4 Quantitativer Angebotsvergleich (Ermittlung des Bezugspreises)

Neben den qualitativen Kriterien (z. B. Qualität der Ware, Zuverlässigkeit des Lieferanten, voraussichtliche Lieferdauer) spielt der Bezugspreis eine wichtige Rolle bei der Entscheidung für einen Lieferanten.

LS 3.3, 4.5, 4.7

In dem anzuwendenden Kalkulationsschema zur Ermittlung des Bezugspreises finden die Kaufvertragsinhalte „Preis der Ware und Preisnachlässe“ sowie „Kosten der Beförderung und Beförderungsbedingungen“ (siehe Lernfeld 3, Kapitel 6.6 bzw. 6.7) Anwendung. Ausgangspunkt ist der **Listeneinkaufspreis**, der im Regelfall der Preisliste des jeweiligen Lieferanten zu entnehmen ist bzw. explizit in einem Angebot aufgeführt wird.

Ausgehend von den nachstehend aufgeführten Werten soll eine Kalkulation zur Ermittlung des Bezugspreises dargestellt werden:

Bestellmenge:	50 Stück
Listenpreis/Stück:	80,00 € netto
Rabatt:	15,00 %
Skonto:	3,00 %
Beförderungskosten:	47,00 € netto für die gesamte Bezugsmenge

(*)		Listeneinkaufspreis/Stück	80,00 €		
		(· 50 Stück)			
(1)	=	Listeneinkaufspreis gesamt	4.000,00 €	100 %	
(2)	–	Lieferantenrabatt	600,00 €	15 %	
(3)	=	Zieleinkaufspreis	3.400,00 €	85 %	→ 100 %
	–	Lieferantenskonto	102,00 €		3 %
(4)	=	Bareinkaufspreis	3.298,00 €		97 %
	+	Beförderungskosten	47,00 €		
	=	Bezugspreis gesamt	3.345,00 €		
		(: 50 Stück)			
(5)	=	Bezugspreis/Stück	66,90 €		

(*) Anmerkungen zur vorstehenden Kalkulation:

(1) Um rundungsbedingte Fehler zu vermeiden, empfiehlt sich die Ermittlung des Bezugspreises für die gesamte Bestellmenge, zumal Lieferantenrabatt, Lieferantenskonto und die Beförderungskosten im Angebot in der Regel für die gesamte Bestellmenge ausgewiesen werden.

(2) Zu beachten ist, dass der Lieferantenrabatt vom Listeneinkaufspreis ermittelt wird. In der Kalkulation wird zunächst stets der Lieferantenrabatt ermittelt, da ein Rabatt (bei Vorliegen einer gewissen Voraussetzung) sofort auf der Rechnung in Abzug gebracht wird.

(3) Der Zieleinkaufspreis kennzeichnet einen Preis, den der Kunde zu zahlen hat, wenn er auf den Abzug von Skonto verzichtet und somit einen Kauf auf Ziel (z. B. Zahlung erst nach 30 Tagen) tätigt. Die sich nach Abzug des Lieferantenrabatts ergebende Größe des Zieleinkaufspreises nimmt für die anstehende Ermittlung des Lieferantenskontos wieder den Wert von 100 % an.

(4) Der Bareinkaufspreis kennzeichnet den Preis, den der Kunde zu zahlen hätte, wenn er die zu kaufende Ware sofort (ggf. bar) bezahlt (also Skonto in Anspruch nimmt) und den Transport der gekauften Ware selbst organisiert, sodass die Position Beförderungskosten entfallen würde.

(5) Neben der Ermittlung der Position des ***Bezugspreises gesamt*** *ist auch die Ermittlung des* ***Bezugspreises pro Stück*** *sinnvoll.*

Auf die Berechnung der Umsatzsteuer wird bewusst verzichtet, da diese für ein Unternehmen lediglich eine Art durchlaufenden Posten darstellt und am zu bezahlenden Bezugspreis nichts ändert.

4.5 Qualitativer Angebotsvergleich mithilfe der Entscheidungsmatrix

Neben dem quantitativen Angebotsvergleich wird häufig auch ein qualitativer Angebotsvergleich mithilfe einer Entscheidungsmatrix durchgeführt. In diesen qualitativen Angebotsvergleich bezieht die Duisdorfer BüroKonzept KG z. B. neben dem Bezugspreis auch Kriterien wie die Qualität der Ware, die Lieferfrist, die Zuverlässigkeit des Lieferanten, die Servicebereitschaft etc. ein. *LS 4.6*

Um zu verlässlichen Ergebnissen zu kommen, werden Verfahren eingesetzt, welche die einzelnen Kriterien mit einer maximal zu erreichenden Punktzahl versehen. Die vorliegenden Angebote werden für jedes Kriterium analysiert und bewertet. Nach Ermittlung der Summe aller Teilpunkte stellt sich heraus, welches das geeignete Angebot darstellt.

Jedes Unternehmen kann für sich ein individuelles Verfahren für die Durchführung eines qualitativen Angebotsvergleichs erarbeiten. Nachstehend werden die zwei Möglichkeiten dargestellt, die von der Duisdorfer BüroKonzept KG eingesetzt werden.

4.5.1 Einfache Entscheidungsmatrix

		Angebot		
Kriterium	**max. Punkte**	**A**	**B**	**C**
Preis	5	5	4	2
Qualität	5	3	4	5
Lieferdauer	5	3	4	2
Kundenservice	5	3	4	1
Zuverlässigkeit	5	4	5	3
Gesamt	**25**	**18**	**21**	**13**

bestes Angebot (B)

Bei dieser Möglichkeit wird eine zuvor festgelegte Gesamtpunktzahl (hier 25 Punkte) gleichmäßig auf die einzelnen Kriterien verteilt (z. B. Qualität 5 Punkte). Die einzelnen Kriterien haben somit alle dieselbe Bedeutung.

Für jedes Kriterium wird nun entschieden, wie viele der maximalen Punkte die Angebote A bis C erhalten. In der Zeile „Qualität" wird zum Beispiel ersichtlich, dass das Angebot C mit 5 Punkten eine bessere Qualität als die Angebote A (3 Punkte) und B (4 Punkte) aufweist. Die Vergabe der Punkte je Kriterium geschieht in der Regel anhand zuvor ermittelter Richtlinien. Für das Kriterium „Preis" kann beispielsweise anhand einer Staffelung der erwarteten Bezugspreise genau vorgegeben werden, wie viele Punkte zu vergeben sind (Beispiel: bei maximal 40,00 € wird 1 Punkt vergeben, bei einem Bezugspreis von maximal 38,75 € 2 Punkte, ... und bei einem Bezugspreis von maximal 32,50 € werden 2 Punkte vergeben).

Nach erfolgter Bewertung aller Kriterien bzw. Angebote, wird das Angebot mit der höchsten Gesamtpunktzahl ausgewählt. Im vorliegenden Beispiel würde Angebot B den Zuschlag erhalten, obwohl eine rein quantitative Entscheidung (Preis als alleiniges Kriterium) noch gegen das Angebot B und für das Angebot A sprechen würde.

Die einfache Entscheidungsmatrix wird von der Duisdorfer BüroKonzept KG nur vereinzelt angewendet. Das Verfahren weist als wesentlichen Nachteil die Gleichbewertung aller Kriterien auf. Bei vielen einfachen Erzeugnissen von mittlerer Güte (z. B. Holzschrauben) ist der Preis jedoch viel bedeutender als die Lieferdauer bzw. der Kundenservice. Erfüllen beispielsweise die fremdbezogenen Holzschrauben nicht die vorgeschriebene Qualität, werden diese einfach getauscht. Eines besonderen Kundenservice des Lieferanten bedarf es hierfür nicht.

Andererseits verfügt die Duisdorfer BüroKonzept KG über sogenannte Premiumprodukte, bei denen das Kriterium Qualität einen höheren Stellenwert einnimmt als beispielsweise die Lieferdauer. Aus diesem Grunde wendet die Duisdorfer BüroKonzept KG für die Vielzahl der zu beziehenden Waren die nachstehend dargestellte gewichtete Entscheidungsmatrix an.

4.5.2 Gewichtete Entscheidungsmatrix

			Angebot A		Angebot B		Angebot C	
Kriterium	Faktor	max. Punktzahl	erreichte Punkte	Faktor-Punkte	erreichte Punkte	Faktor-Punkte	erreichte Punkte	Faktor-Punkte
Preis	15	5	5	75	4	60	2	30
Qualität	20	5	3	60	4	80	5	100
Lieferdauer	5	5	3	15	4	20	2	10
Kundenservice	5	5	3	15	4	20	1	5
Zuverlässigkeit	5	5	4	20	5	25	3	15
Gesamt	50	...	...	185	...	205	...	160

bestes Angebot

Im Fall der gewichteten Entscheidungsmatrix erhalten die einzelnen Kriterien eine Gewichtung (Faktor), deren Summe im vorliegenden Beispiel den Wert 50 annimmt. Im vorstehenden Beispiel wird ersichtlich, dass das Kriterium Qualität zum Beispiel einen viermal höheren

Stellenwert aufweist als der Kundenservice. Auf diese Weise wird der wesentliche Nachteil der einfachen Entscheidungsmatrix aufgehoben.

Genau wie im Beispiel der einfachen Entscheidungsmatrix wird allerdings auch hier festgelegt, wie viele Punkte je Kriterium maximal zu erreichen sind. Im vorstehenden Beispiel wird für jedes Kriterium der Wert von 5 Punkten vorgegeben.

Anschließend wird ermittelt, wie viele von den maximal 5 Punkten jedes Angebot erhält.

In der Spalte „Faktorpunkte" wird mittels der Formel

Faktor x erreichte Punkte

das Ergebnis berechnet.

Beispiel
Angebot A – Kriterium Preis:
Faktor 15 x 5 erreichte Punkte = 75 Faktorpunkte

Im Modell der gewichteten Entscheidungsmatrix erhält das Angebot mit der höchsten Faktorpunktzahl den Zuschlag.

4.5.3 Nachteil der vorgestellten Bewertungsverfahren

Beide Verfahren haben den Nachteil, dass die Punktevergabe nicht ausschließlich objektiv erfolgen kann. So lässt sich zum Beispiel das Verhältnis zwischen Qualität und Kundenservice (in dem Beispiel zur gewichteten Entscheidungsmatrix 4 zu 1) nicht mathematisch genau darstellen, sodass die ausgewiesenen Faktoren auch durch eine subjektive Einschätzung entstehen.

Zudem stellt sich – in Abhängigkeit von der jeweils zu beziehenden Ware und der jeweiligen Situation – die Frage, ab welchem Wert es welche Punktzahl gibt.

Beispiel
Für eine Ware, die erst in 70 Tagen benötigt wird, ist eine mögliche Lieferfrist von sieben Tagen sicherlich die volle Punktzahl von 5 Punkten wert. Wenn hier bei zehn Tagen Lieferfrist bereits nur noch 4 Punkte vergeben werden, kann diese „kleinliche" Entscheidung im Zweifelsfall die Gesamtentscheidung massiv beeinflussen.

Zwar muss irgendwo die Grenze zwischen 5 und 4 Punkten gezogen werden, doch ist die vorzunehmende Unterteilung im Regelfall auf eine subjektive Einschätzung zurückzuführen und somit – im Gegensatz zur mathematisch genauen Ermittlung des Bezugspreises – nicht frei von Fehlern.

Weiterhin stellt sich die Frage, bis zu welcher Lieferfrist die volle Punktzahl gegeben wird, wenn die Ware bereits in 20 Tagen benötigt wird. Hierbei ist davon auszugehen, dass eine Lieferfrist von sieben Tagen kritischer gesehen wird als im erstgenannten Fall.

Trotz der vorhandenen Bewertungsprobleme verwendet die Duisdorfer BüroKonzept KG zumindest die gewichtete Entscheidungsmatrix seit vielen Jahren erfolgreich. Sie legt dabei jedoch Wert darauf, dass die vorgegebenen Bewertungsspielräume kontinuierlich überprüft und gegebenenfalls korrigiert werden.

4.6 Besonderheiten des Versandhandels

LS 4.1

Schon seit vielen Jahren besteht die Möglichkeit, Waren per Katalog bei Unternehmen zu bestellen. Mit der Entwicklung des Internets hat die Nutzung dieser Einkaufsmöglichkeit sehr stark zugenommen, wie die nebenstehende Grafik zeigt.

Derart zustande gekommene Kaufverträge beinhalten allerdings Risiken. Eine Bestellung kann mit wenigen Mausklicks erfolgen, würde aber möglicherweise nach sorgfältiger Überlegung nicht getätigt werden. Hinzu kommt, dass die Ware nicht in Augenschein genommen werden kann, um zu prüfen, ob sie den gewünschten Anforderungen entspricht. Oftmals gilt Vorkasse, was das Problem zusätzlich verschärft. Daher ist ein besonderer **Schutz der Verbraucher** nötig. Dieser ist in den Bestimmungen zu Fernabsatzverträgen im BGB erfasst.

§ 312c Fernabsatzverträge

(1) Fernabsatzverträge sind Verträge, bei denen der Unternehmer oder eine in seinem Namen oder Auftrag handelnde Person und der Verbraucher für die Vertragsverhandlungen und den Vertragsschluss ausschließlich Fernkommunikationsmittel verwenden, es sei denn, dass der Vertragsschluss nicht im Rahmen eines für den Fernabsatz organisierten Vertriebs- oder Dienstleistungssystems erfolgt.

(2) Fernkommunikationsmittel im Sinne dieses Gesetzes sind alle Kommunikationsmittel, die zur Anbahnung oder zum Abschluss eines Vertrags eingesetzt werden können, ohne dass die Vertragsparteien gleichzeitig körperlich anwesend sind, wie Briefe, Kataloge, Telefonanrufe, Telekopien, E-Mails, über den Mobilfunkdienst versendete Nachrichten (SMS) sowie Rundfunk und Telemedien.

Unter einem Fernabsatzvertrag versteht man einen Vertrag,

- der zwischen einem Unternehmen und einer Privatperson abgeschlossen wird und
- gleichzeitig ausschließlich über Fernkommunikationsmittel, wie z. B. wie Briefe, Kataloge, Telefonanrufe, Telekopien, E-Mails erfolgt.

Aus der Tatsache, dass die Vertragspartner nicht gleichzeitig körperlich anwesend sind, resultieren besondere Konsequenzen für die Abwicklung des Vertrages. Bedeutend bei den Regelungen zu Fernabsatzverträgen ist neben einer umfassenden **Informationspflicht** des verkaufenden Unternehmers das **Widerrufsrecht**, das dem Käufer zusteht. Zu den Informationspflichten des Unternehmers zählt neben den Unternehmensangaben die Auskunft über die Fracht-, Liefer- oder

Versandkosten sowie über sonstige Kosten. Das Widerrufsrecht des Käufers gilt im Rahmen der EU-Harmonisierung seit Juni 2014 einheitlich für alle Mitgliedstaaten. Danach hat der Verbraucher die Möglichkeit, innerhalb einer Frist von 14 Tagen den Kaufvertrag zu widerrufen. Der Beginn der Frist ist an die Lieferung der Waren gebunden. Als Widerruf wird zumindest eine Erklärung des Kunden verlangt, dass er sein Widerrufsrecht ausübt. Eine Begründung für den Widerruf ist nicht notwendig. Allerdings reicht es nicht aus, die Ware lediglich zurückzusenden. Als Form des Widerrufs ist neben der Schriftform per Brief, Fax oder E-Mail auch der telefonische Widerruf gültig. Aus Beweisgründen ist allerdings die Schriftform vorzuziehen. In der Praxis findet man in der Warenlieferung häufig neben dem Lieferschein auch einen sogenannten Rücksendeschein, der einen vorformulierten Widerruf beinhaltet. Dieser kann vom Verbraucher – falls notwendig – unterschrieben und der zurückzusendenden Ware beigelegt werden.

Hat der Verbraucher entschieden, die Ware oder Teile der Ware nicht zu behalten, so hat er das Recht die Ware innerhalb der 14-tägigen Frist zurückzusenden und den Kaufpreis erstattet zu bekommen. Dabei trägt der Käufer grundsätzlich die Kosten für die Rücksendung; jedoch können vom Unternehmen aus Kulanz die Rücksendekosten übernommen werden. Ist an der zurückgesendeten Ware ein Wertverlust durch Nutzung oder Verschlechterung der Ware festzustellen, kann der Verkäufer einen Wertersatz verlangen, den der Käufer zu zahlen hat.

Allerdings existieren Ausnahmen vom Widerrufsrecht. Diese gelten zum Beispiel bei kundenspezifischen Anfertigungen, verderblichen Waren, Ton- oder Videoaufnahmen oder Computersoftware in einer versiegelten Packung oder für versiegelte Waren, die aus Gründen des Gesundheitsschutzes oder der Hygiene nicht zur Rückgabe geeignet sind und deren Versiegelung entfernt wurde. In diesen Fällen ist das Widerrufsrecht ausgeschlossen und die Ware kann nicht zurückgegeben werden.

5 Eigenfertigung oder Fremdbezug

In der Duisdorfer BüroKonzept KG stellt sich grundsätzlich die Frage, ob die angebotenen Erzeugnisse des Absatzprogramms selbst erstellt oder von anderen, externen Lieferern zugekauft werden sollen. Es wird in diesem Zusammenhang von der Entscheidung Eigenfertigung oder Fremdbezug (Make or Buy) gesprochen. *LS 4.2*

Ein wichtiges Entscheidungskriterium ist der Kostenvergleich zwischen der Eigenfertigung und dem Fremdbezug. Dabei werden alle anfallenden Stückkosten der Eigenfertigung mit dem auf dem Beschaffungsmarkt anfallenden Bezugspreis pro Stück gegenübergestellt. Es stellt sich nun die Frage, welche gesamten Kosten bei der Eigenfertigung anfallen. Zum einen sind es Fixkosten, zum anderen variable Kosten.

Fixkosten sind die anfallenden Kosten, die unabhängig von der Anzahl der produzierten Güter entstehen, das heißt, sie bleiben gleich (fix), auch wenn mehr oder weniger Produkte hergestellt werden. Zu den Fixkosten zählen beispielsweise die Wartungskosten der Maschinen oder Mietkosten für die Lagerräume.

Variable Kosten dagegen sind abhängig von der produzierten Menge. Je mehr hergestellt wird, desto höher sind die variablen Kosten und umgekehrt. Ein typisches Beispiel hierzu sind die notwendigen Rohstoffe zur Herstellung der Produkte.

Die **Gesamtkosten der Eigenfertigung** setzen sich nun aus den Fixkosten und den mengenabhängigen variablen Kosten zusammen:

Merke
Gesamtkosten = Fixkosten + (variable Kosten je Stück · Menge)
$K = K_f + (k_v \cdot x)$

LF 4, 4.4

Die anfallenden Kosten des Fremdbezuges ergeben sich aus dem Bezugspreis des Produktes, multipliziert mit der beschafften Menge. Der Wert ergibt die **Gesamtkosten des Fremdbezuges**.

Merke
Gesamtkosten = Bezugspreis je Stück · Menge
$K = bp \cdot x$

Eigenfertigung wird dann vorgezogen, wenn die Gesamtkosten der Eigenfertigung geringer sind als die Gesamtkosten des Fremdbezuges.

Beispiel
Zu den im Produktions- und Absatzprogramm befindlichen Schreibtischen möchte die Duisdorfer BüroKonzept KG einen Flachbildschirm-Schwenkarm anbieten, der problemlos an die Schreibtische montiert werden kann. Die voraussichtlich benötigte Menge beträgt 5 760 Stück. Wenn man dieses Produkt als Handelsware fremdbezieht, fällt ein Bezugspreis pro Stück von 51,20 € an. Eine Eigenfertigung dagegen verursacht fixe Kosten in Höhe von 150.000,00 € und variable Kosten pro Stück in Höhe von 28,55 €.

Eigenfertigung:

Gesamtkosten = Fixkosten + (variable Kosten je Stück · Menge)
$K = K_f + (k_v \cdot x)$
→ $K = 150.000,00 + (28,55 \cdot 5\,760)$
$K = 314.448,00$ €

Fremdbezug:

Gesamtkosten = Bezugspreis je Stück · Menge
$K = bp \cdot x$
→ $K = 51,20 \cdot 5\,760$
$K = 294.912,00$ €

In diesem Fall ist bei einer Menge von 5 760 Stück der Fremdbezug der Flachbildschirm-Schwenkarme günstiger. Der Kostenvorteil liegt bei 19.536,00 € (314.448,00 € – 294.912,00 €).

Mithilfe der sogenannten **kritischen Menge** kann die Menge des Gutes bestimmt werden, bei der die Kosten der Eigenfertigung oder des Fremdbezuges gleich hoch sind. Sie kann auf verschiedene Art und Weise bestimmt werden.

Die Ermittlung der kritischen Menge (x) erfolgt rechnerisch durch das Gleichsetzungsverfahren:

Merke

$bp \cdot x = K_f + (k_v \cdot x)$

$\Leftrightarrow x = \dfrac{K_f}{(bp - k_v)}$

Beispiel

$51{,}20 \cdot x = 150.000 + (28{,}55 \cdot x)$

$\Leftrightarrow x = \dfrac{150.000}{(51{,}20 - 28{,}55)}$

$\Leftrightarrow x = 6\,622{,}516 \approx 6\,623$ *Stück*

Dieses Ergebnis bedeutet, dass bei einer Menge von 6 623 Flachbildschirm-Schwenkarmen die Kosten für Eigenfertigung und Fremdbezug gleich hoch sind. Bei höheren Stückzahlen lohnt sich die Eigenfertigung, bei niedrigeren Stückzahlen bietet sich der Zukauf der Schwenkarme an.

Die Verwendung eines Tabellenkalkulationsprogramms (hier am Beispiel von Excel) vereinfacht die Berechnung für verschiedene Situationen:

Eigenfertigung oder Fremdbezug Flachbildschirm-Schwenkarm			
Bedingungen:		Ergebnis:	
benötigte Menge in Stück	5 760	Kritische Menge	6 623
Eigenfertigung			
Fixe Kosten	150.000,00 €		
Variable Kosten pro Stück	28,55 €	Kosten bei Eigenfertigung	314.448,00 €
Fremdbezug			
Bezugspreis pro Stück	51,20 €	Kosten für Fremdbezug	294.912,00 €
		Kostenvorteil bei Fremdbezug	**19.536,00 €**

Auch ist eine grafische Darstellung der Situation möglich, die die rechnerischen Ergebnisse abbildet:

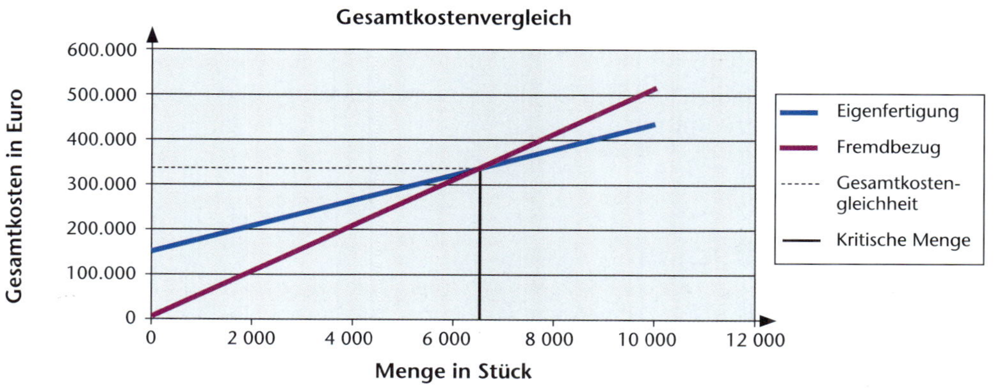

Es wird sichtbar, dass bis zur kritischen Menge von 6 623 Stück der Fremdbezug günstiger ist als die Eigenfertigung. Bei einer Menge, die diesen Wert übersteigt, ist die Eigenfertigung günstiger.

Besonders bei der Eigenfertigung sind hohe Investitionen zu bedenken, die sich unter Umständen langfristig nicht lohnen. Daher wird der Zukauf von Fertigprodukten besonders dann in Erwägung gezogen, wenn es sich um gängige Produkte handelt, die leicht und günstig zu beschaffen sind. Wenn besondere Lieferkonditionen, wie z. B. Just-in-Time-Lieferung, angeboten werden, wird Fremdbezug auch bei höheren Kosten u. U. der Eigenfertigung vorgezogen.

LF 1

Ein anderer Gesichtspunkt ist die verstärkte Arbeitsteilung der Unternehmen am Markt. Sie führt zu einer Spezialisierung und hoher Fachkenntnis auf bestimmten Gebieten, sodass es einerseits sinnvoll sein kann, das spezialisierte Know-how der Lieferanten am Markt zu nutzen und Fremdbauteile zu beziehen. Andererseits können bei Eigenfertigung eigenes Fachwissen und neue Technologien entwickelt und als Wettbewerbsvorteil genutzt werden, was weiterhin zu einer Unabhängigkeit gegenüber Lieferanten führt und Arbeitsplätze durch Auslastung der Fertigungskapazitäten sichert.

6 Rechtsordnung

Die Rechtsordnung stellt die Gesamtheit aller Rechtsnormen dar, die das Funktionieren des Staates, der in ihr lebenden Bevölkerung, der Unternehmen, Verwaltungen etc. untereinander gewährleisten soll. Innerhalb der Rechtsordnung der Bundesrepublik Deutschland existieren mit dem Privatrecht und dem öffentlichen Recht zwei große Bereiche, innerhalb derer allgemeine und spezielle Gesetze das Funktionieren der am (Wirtschafts-) Leben beteiligen Subjekte ermöglichen sollen.

Im **Privatrecht** geht es um die Beziehungen der Bürger untereinander sowie um die Beziehungen zwischen den Bürgern und den Unternehmen. Die wichtigsten Regelungen hierzu finden sich im Bürgerlichen Gesetzbuch (BGB), welches neben einem allgemeinen Teil u. a. Gesetze zum Wirtschafts-, Sachen-, Erb- und Familienrecht beinhaltet.

Im **öffentlichen Recht** geht es um die Beziehungen zwischen den Trägern der öffentlichen Gewalt (z. B. Staat, Land Nordrhein-Westfalen) und den privaten Rechtssubjekten (natürliche und juristische Personen). Hier existieren beispielsweise Gesetze zur Regelung des Steuerrechts, Strafrechts, Verwaltungsrechts, Polizeirechts usw.

Von Bedeutung sind ab dem nächsten Gliederungspunkt zunächst die grundlegenden Begriffe und Regelungen des Privatrechts.

7 Rechtsfähigkeit

Unter dem Begriff Rechtsfähigkeit versteht man in der Bundesrepublik Deutschland, selbstständig Träger von Rechten und Pflichten zu sein. Eine rechtsfähige Person hat beispielsweise das Recht, vor Gericht eine Klage anzustrengen oder das Recht auf Eigentum, sie hat aber zum Beispiel auch die Pflicht, ab einem gewissen Einkommen die hierauf fällige Einkommensteuer zu zahlen.

Das Gesetz unterscheidet hinsichtlich des Zeitpunktes, ab wann ein **Rechtssubjekt** rechtsfähig ist, ob es sich um eine **juristische** oder **natürliche Person** handelt.

Unter einer **juristischen Person** versteht man eine zweckgebundene Organisation bzw. eine Vereinigung natürlicher Personen, die kraft Gesetz eine eigene Rechtsfähigkeit erhalten haben. Die juristische Person stellt somit für den Gesetzgeber ein eigenes Rechtssubjekt dar, das durch die jeweiligen Organe (z. B. Vorstand einer eingetragenen Genossenschaft, Geschäftsführer bei der GmbH) rechtswirksam vertreten wird und uneingeschränkt Geschäfte abschließen darf.

Juristische Personen werden in die zwei nachfolgenden Kategorien unterteilt:

Juristische Personen des öffentlichen Rechts	Juristische Personen des Privatrechts
Beispiele ▪ *Bundesrepublik Deutschland* ▪ *Land Nordrhein-Westfalen* ▪ *Industrie- und Handelskammer Bonn/Rhein-Sieg* ▪ *Anstalten des öffentlichen Rechts (z. B. Landesrundfunkanstalten der ARD)* ▪ *Stiftungen des öffentlichen Rechts (z. B. Stiftung Bundeskanzler-Adenauer-Haus)*	*Beispiele* ▪ *eingetragene Vereine* ▪ *eingetragene Genossenschaften* ▪ *Gesellschaften mit beschränkter Haftung (GmbH)* ▪ *Aktiengesellschaften (AG)* ▪ *Europäische Gesellschaft (Societas Europaea, abgekürzt SE)*

Die Rechtsfähigkeit beginnt mit der Eintragung in einem von einem Gericht geführten Register (Vereine werden in das Vereinsregister aufgenommen, Aktiengesellschaften hingegen in das Handelsregister). Das Ende der Rechtsfähigkeit wird durch die Löschung im jeweiligen Register herbeigeführt.

Unter den Begriff der **natürlichen Person** fallen alle Menschen, unabhängig von Alter, bestehenden Krankheiten etc. Gemäß § 1 BGB beginnt die Rechtsfähigkeit einer natürlichen Person mit der Geburt und endet gemäß § 1922 BGB mit dem Tod.

8 Geschäftsfähigkeit

Der Begriff Geschäftsfähigkeit beschreibt die Fähigkeit, Rechtsgeschäfte selbst rechtlich wirksam abschließen zu können. Genau wie beim Begriff der Rechtsfähigkeit ist hierbei zwischen juristischen und natürlichen Personen zu unterscheiden.

LS 4.3

Bei **juristischen Personen** beginnt die Geschäftsfähigkeit mit der Eintragung in das Handelsregister (z. B. GmbH, Aktiengesellschaft) und endet mit der Löschung im jeweiligen Register.

Bei den **natürlichen Personen** wird die Geschäftsfähigkeit in die folgenden drei Stufen unterteilt:

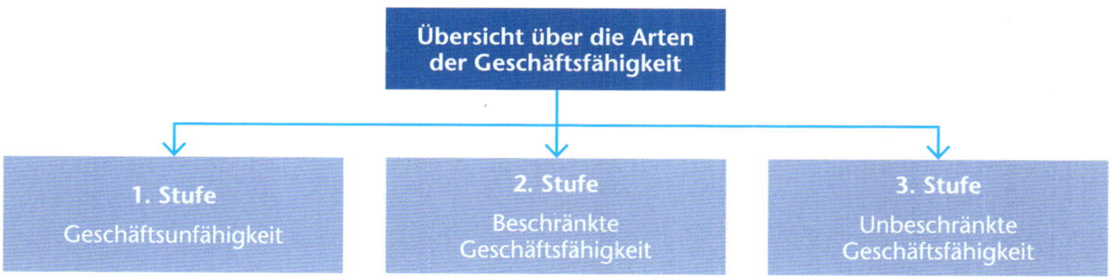

Folgende Paragrafen werden in den nachstehenden Erläuterungen verwendet:

§ 104 BGB – Geschäftsunfähigkeit

Geschäftsunfähig ist:

1. wer nicht das siebente Lebensjahr vollendet hat,
2. wer sich in einem die freie Willensbestimmung ausschließenden Zustand krankhafter Störung der Geistestätigkeit befindet, sofern nicht der Zustand seiner Natur nach ein vorübergehender ist.

§ 105 BGB – Nichtigkeit der Willenserklärung

(1) Die Willenserklärung eines Geschäftsunfähigen ist nichtig.

(2) Nichtig ist auch eine Willenserklärung, die im Zustand der Bewusstlosigkeit oder vorübergehenden Störung der Geistestätigkeit abgegeben wird.

§ 105a BGB – Geschäfte des täglichen Lebens

Tätigt ein volljähriger Geschäftsunfähiger ein Geschäft des täglichen Lebens, das mit geringwertigen Mitteln bewirkt werden kann, so gilt der von ihm geschlossene Vertrag in Ansehung von Leistung und, soweit vereinbart, Gegenleistung als wirksam, sobald Leistung und Gegenleistung bewirkt sind. Satz 1 gilt nicht bei einer erheblichen Gefahr für die Person oder das Vermögen des Geschäftsunfähigen.

§ 106 BGB – Beschränkte Geschäftsfähigkeit Minderjähriger

Ein Minderjähriger, der das siebente Lebensjahr vollendet hat, ist nach Maßgabe der §§ 107 bis 113 in der Geschäftsfähigkeit beschränkt.

§ 107 BGB – Einwilligung des gesetzlichen Vertreters

Der Minderjährige bedarf zu einer Willenserklärung, durch die er nicht lediglich einen rechtlichen Vorteil erlangt, der Einwilligung seines gesetzlichen Vertreters.

§ 108 BGB – Vertragsschluss ohne Einwilligung

(1) Schließt der Minderjährige einen Vertrag ohne die erforderliche Einwilligung des gesetzlichen Vertreters, so hängt die Wirksamkeit des Vertrags von der Genehmigung des Vertreters ab.

(2) Fordert der andere Teil den Vertreter zur Erklärung über die Genehmigung auf, so kann die Erklärung nur ihm gegenüber erfolgen; eine vor der Aufforderung dem Minderjährigen gegenüber erklärte Genehmigung oder Verweigerung der Genehmigung wird unwirksam. Die Genehmigung kann nur bis zum Ablauf von zwei Wochen nach dem Empfang der Aufforderung erklärt werden; wird sie nicht erklärt, so gilt sie als verweigert.

(3) Ist der Minderjährige unbeschränkt geschäftsfähig geworden, so tritt seine Genehmigung an die Stelle der Genehmigung des Vertreters.

§ 110 BGB – Bewirken der Leistung mit eigenen Mitteln

Ein von dem Minderjährigen ohne Zustimmung des gesetzlichen Vertreters geschlossener Vertrag gilt als von Anfang an wirksam, wenn der Minderjährige die vertragsmäßige Leistung mit Mitteln bewirkt, die ihm zu diesem Zweck oder zu freier Verfügung von dem Vertreter oder mit dessen Zustimmung von einem Dritten überlassen worden sind.

§ 112 BGB – Selbständiger Betrieb eines Erwerbsgeschäfts

(1) Ermächtigt der gesetzliche Vertreter mit Genehmigung des Familiengerichts den Minderjährigen zum selbständigen Betrieb eines Erwerbsgeschäfts, so ist der Minderjährige für solche Rechtsgeschäfte unbeschränkt geschäftsfähig, welche der Geschäftsbetrieb mit sich bringt. Ausgenommen sind Rechtsgeschäfte, zu denen der Vertreter der Genehmigung des Familiengerichts bedarf.

(2) Die Ermächtigung kann von dem Vertreter nur mit Genehmigung des Familiengerichts zurückgenommen werden.

§ 113 BGB – Dienst- oder Arbeitsverhältnis

(1) Ermächtigt der gesetzliche Vertreter den Minderjährigen, in Dienst oder in Arbeit zu treten, so ist der Minderjährige für solche Rechtsgeschäfte unbeschränkt geschäftsfähig, welche die Eingehung oder Aufhebung eines Dienst- oder Arbeitsverhältnisses der gestatteten Art oder die Erfüllung der sich aus einem solchen Verhältnis ergebenden Verpflichtungen betreffen. Ausgenommen sind Verträge, zu denen der Vertreter der Genehmigung des Familiengerichts bedarf.

(2) Die Ermächtigung kann von dem Vertreter zurückgenommen oder eingeschränkt werden.

8.1 Geschäftsunfähigkeit

Zur Gruppe der geschäftsunfähigen Personen zählen gemäß § 104 BGB alle Menschen, die das 7. Lebensjahr noch nicht vollendet haben. Weiterhin fallen in diese Gruppe (unabhängig vom Alter) auch alle Personen, die sich in einer permanenten, krankhaften Störung der Geistestätigkeit befinden (z. B. Alzheimersche Krankheit, Wahnvorstellungen).

Exkurs:
Ausgehend vom Tag der Geburt beendet ein Mensch an seinem 1. Geburtstag das erste volle Lebensjahr, am 2. Geburtstag das zweite volle Lebensjahr usw. Dementsprechend endet die Zugehörigkeit zur Gruppe der geschäftsunfähigen Personen am 7. Geburtstag.

Die Willenserklärung (siehe Lernfeld 3, Kapitel 3) einer geschäftsunfähigen Person ist von Anfang an ungültig bzw. nichtig (§ 105 BGB), da den Personengruppen unterstellt wird, dass sie noch keine ausreichende Einsichtsfähigkeit über die Auswirkungen ihres Handelns haben bzw. den Wert des zu zahlenden Geldbetrags nur unzureichend abschätzen können.

Beispiel
Ein vierjähriges Kind wird tendenziell bereit sein, für eine Tafel Schokolade einen Betrag in Höhe von 10,00 € zu bezahlen.

Es gibt jedoch die Möglichkeit, dass eine geschäftsunfähige Person rechtswirksam ein Geschäft tätigen darf, indem es als Bote (Übermittler einer Willenserklärung) einer geschäftsfähigen Person auftritt. Dies gilt allerdings nur für Produkte, die als „unkritisch" zu beurteilen sind. Die Besorgung von beispielsweise Zigaretten oder Alkohol fällt nicht unter die Kategorie eines Botengangs.

Beispiel
Der fünfjährige Marco kauft am Sonntag acht Brötchen in der örtlichen Bäckerei. Um Missverständnisse in der Bäckerei zu vermeiden, empfiehlt es sich hier, dass Marco einen – vom gesetzlichen Vertreter – geschriebenen Einkaufszettel und passend abgezähltes Geld dabei hat. Zudem sollte – sofern möglich – der Einkauf ein paar Tage vorher in der Bäckerei mit dem zuständigen Personal abgeklärt werden.

Für **volljährige Personen** mit einer permanenten, krankhaften Störung der Geistestätigkeit hat der Gesetzgeber durch § 105 a BGB die Möglichkeit geschaffen, dass diese sogenannte Geschäfte des täglichen Lebens abschließen dürfen. Voraussetzung ist hierbei allerdings der Umstand, dass die Geschäfte mit geringwertigen finanziellen Mitteln bewirkt werden können und keine Gefahr für die Person bzw. deren Vermögen darstellen.

Beispiel
Der 27-jährige Uwe leidet unter permanenten Wahnvorstellungen. Sein vom Gericht bestellter Betreuer hat mit dem örtlichen Lebensmittelhändler vereinbart, dass Uwe jeden Tag bis zu einem Wert von 7,00 € Brotwaren und alkoholfreie Getränke kaufen darf. Der Kauf von beispielsweise fünf Litern Brennspiritus und einem Feuerzeug verbietet sich, da hier Gefahr für Leib und Leben bestehen könnte.

8.2 Beschränkte Geschäftsfähigkeit

In die Kategorie der beschränkt geschäftsfähigen Personen fallen gemäß § 106 BGB alle Personen zwischen dem vollendeten 7. Lebensjahr und dem noch nicht vollendeten 18. Lebensjahr, sofern diese Personen **nicht** zum Kreis der Personen mit einer permanenten, krankhaften Störung der Geistestätigkeit gehören.

Die Willenserklärung einer beschränkt geschäftsfähigen Person ist in der Regel **schwebend unwirksam** und bedarf somit der Zustimmung der gesetzlichen Vertreter (§ 108 Abs. 1 BGB). Die Einwilligung kann dabei auch stillschweigend geschehen. Sofern ein Verkäufer allerdings z. B. die Einwilligung der gesetzlichen Vertreter einfordert, ist diese innerhalb von zwei Wochen ab Empfang der Aufforderung zu erbringen (§ 108 Abs. 2 BGB).

Der Umstand, dass aufgrund der bisher dargestellten Regelungen jedes Rechtsgeschäft die Einwilligung der gesetzlichen Vertreter benötigt, würde im alltäglichen Geschäftsleben ein nicht unerhebliches Chaos nach sich ziehen, da selbst der Einkauf eines Kaffees durch einen 17-jährigen Auszubildenden der Zustimmung durch die gesetzlichen Vertreter bedürfte. Daher hat der Gesetzgeber eine Reihe von Ausnahmen geschaffen, um die Abwicklung von Rechtsgeschäften zu vereinfachen.

In den folgenden vier Fällen kommt ein Rechtsgeschäft auch ohne Zustimmung der gesetzlichen Vertreter zustande:

1. Es handelt sich um ein Rechtsgeschäft, welches für den beschränkt Geschäftsfähigen einen **lediglich (ausschließlich) rechtlichen Vorteil** mit sich bringt (§ 107 BGB).

   Beispiel
   Die zwölfjährige Denise bekommt vom Nachbarn einen MP3-Player geschenkt, obwohl die Eltern den Kontakt zum Nachbarn strikt ablehnen.

2. Das Rechtsgeschäft wird aus Mitteln getätigt, welche vom gesetzlichen Vertreter zur freien Verfügung oder mit dessen Zustimmung von einem Dritten überlassen worden sind (§ 110 BGB). In diesem Zusammenhang ist häufig auch vom **Taschengeldparagraf** die Rede.

Beispiel
Die zehnjährige Lea erhält wöchentlichen einen Betrag in Höhe von 5,00 € von ihren Eltern. Von diesem Geld hat sich Lea zwei Jugendzeitschriften gekauft, die nicht nach dem Geschmack der Eltern sind – trotzdem gilt der Kauf.

Es gibt allerdings eine **Einschränkung im Rahmen dieser Ausnahme**. Sofern sich nämlich aus dem Kauf eines Gutes weiterführende Pflichten ergeben, muss die Zustimmung der Erziehungsberichtigten gegeben sein.

Beispiel
Die zehnjährige Lea hat sich von ihrem Taschengeld ein Katzenbaby gekauft. Da hier Folgekosten entstehen (Ausgaben für Futter, Tierarzt etc.) ist der Kauf ohne Einwilligung der Eltern ungültig.

Eine Besonderheit ergibt sich zudem, wenn eine Sache gekauft wird, die nur durch das Ansparen des Taschengeldes über mehrere Monate hinweg möglich ist. Das Bürgerliche Gesetzbuch schreibt zwar keine Obergrenze für das Taschengeld vor und untersagt grundsätzlich auch kein Ansparen von Taschengeld über mehrere Monate hinweg. In begründeten Zweifelsfällen (z. B. Kauf eines Tablet-PC für 500,00 € durch einen 15-Jährigen) kann der Verkäufer jedoch auf die Zustimmung durch die Eltern bestehen.

3. Ermächtigt der gesetzliche Vertreter mit Genehmigung des Familiengerichts den Minderjährigen zum selbstständigen Betrieb eines Erwerbsgeschäfts, so ist der Minderjährige für solche Rechtsgeschäfte unbeschränkt geschäftsfähig, welche der Geschäftsbetrieb mit sich bringt (§ 112 Abs. 1 BGB).

   Beispiel
   Die 17-jährige Jasmin hat mit Zustimmung ihrer Eltern einen Onlinehandel für Weihnachtsdekoration gegründet. Im Rahmen dieses Erwerbsgeschäfts darf Jasmin Waren einkaufen, Rechnungen erstellen und verschicken, Bankgeschäfte tätigen etc.

4. Der beschränkt Geschäftsfähige tätigt ein Rechtsgeschäft im Rahmen eines Arbeitsvertrages, welcher mit Zustimmung des gesetzlichen Vertreters aufgenommen wurde (§ 113 BGB).

   Beispiel
   Die 17-jährige Inga hat mit Zustimmung ihrer alleinerziehenden Mutter einen vierwöchigen Arbeitsvertrag mit einem Hotel an der Nordsee geschlossen. Für die notwendige Arbeitskleidung muss sie zunächst einen Betrag in Höhe von 125,00 € investieren, ohne dass ihre Mutter diesem Kauf zustimmen muss. Auch eine Kündigung des Arbeitsverhältnisses durch Inga ist rechtswirksam ohne die Zustimmung der Mutter möglich.

   Zu beachten ist hierbei allerdings der Umstand, dass diese Ausnahme **nicht** für Ausbildungsverträge gilt. Der Gesetzgeber unterstellt, dass z. B. eine Kündigung eines Ausbildungsverhältnisses viel gravierendere Folgen haben kann, als dies bei einer Kündigung in einem Arbeitsverhältnis (Ferienjob) der Fall ist.

8.3 Unbeschränkte Geschäftsfähigkeit

In die letzte Kategorie der unbeschränkt geschäftsfähigen Personen fallen alle Personen ab dem vollendeten 18. Lebensjahr, sofern sie nicht zum Kreis der Personen mit einer permanenten, krankhaften Störung der Geistestätigkeit gehören.

Ab dem 18. Geburtstag ist eine natürliche Person somit auch ohne Zustimmung der gesetzlichen Vertreter geschäftsfähig. Abgegebene Willenserklärungen sind **uneingeschränkt gültig.**

Beispiel
Denise kauft sich drei Tage nach ihrem 18. Geburtstag einen 12 Jahre alten Gebrauchtwagen, obwohl ihre Eltern ihr dringend von dem Kauf abgeraten haben. Auch ohne Zustimmung der Eltern ist ein rechtsgültiger Kaufvertrag zustande gekommen. Denise muss nicht nur den Kaufpreis bezahlen, sondern ist auch verantwortlich für die Bezahlung der Kfz-Steuern, den Abschluss einer entsprechenden Versicherung etc.

9 Rechtsobjekte

Unter einem Rechtsobjekt versteht man die Gegenstände (Sachen oder Rechte), die Gegenstand der Rechtshandlungen und Rechtsgeschäfte sind.

LS 4.11

Die Rechtsobjekte werden in verschiedene Ebenen unterteilt, die aus der nachstehenden Abbildung hervorgehen:

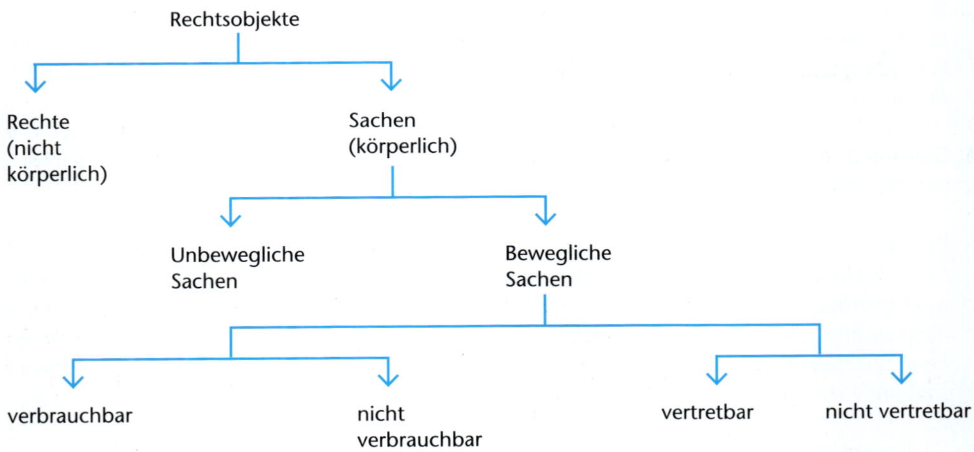

Unterteilung der Rechtsobjekte

Die Rechtsobjekte werden zunächst dahingehend unterschieden, ob sie **nicht körperlich** (immateriell) oder **körperlich** (materiell) sind.

Zu den nicht körperlichen Rechtsobjekten zählen u. a. Forderungen, Lizenzen, Eigentum und Besitz (siehe auch Kapitel 10). Diese werden unter dem Begriff „**Rechte**" zusammengefasst.

Die körperlichen (materiellen) Rechtsobjekte werden als **Sachen** bezeichnet, die zunächst in der nächsten Gliederungsebene dahingehend unterschieden werden, ob es sich hierbei um **unbewegliche** (Immobilien) oder **bewegliche Sachen** (Mobilien) handelt.

Im Gegensatz zu unbeweglichen Sachen (Immobilien, das heißt, Grundstücke, Häuser bzw. Wohnungen) besteht bei beweglichen Sachen häufig das Problem, dass diese durch die Nutzung verbraucht werden. Diese können jedoch im Verlustfall durch gleichwertige Sachen ersetzt werden.

Verbrauchbare Sachen kennzeichnen sich dadurch, dass sie nach der vorgesehenen Nutzung verbraucht, das heißt, nicht mehr vorhanden sind (z. B. Butter, Waschpulver). Bei **nicht verbrauchbaren Sachen** wird hingegen unterstellt, dass diese über einen langen Zeitraum eingesetzt werden können, ohne dass ihre Grundfunktion beeinträchtigt wird (z. B. Pkw, Einbauküche).

Vertretbare Sachen weisen die Eigenschaft auf, dass es auf eine Individualisierung nicht ankommt und sie im Rechtsverkehr, z. B. durch Zahl, Maß oder Gewicht, bestimmt werden (§ 91 BGB). Geht beispielsweise eine vertretbare Sache verloren, kann diese problemlos durch eine Sache der gleichen Art und Qualität ersetzt werden (z. B. 500 Gramm Zucker, 20 Liter Benzin E 95).

Bei **nicht vertretbaren Sachen** handelt es sich hingegen um Sachen, die individuell bestimmt sind. Gehen diese Sachen verloren oder werden sie zerstört, so können sie im Regelfall nicht ersetzt (nicht vertreten) werden. Beispiele für nicht vertretbare Sachen sind u. a. maßangefertigte Kleidungsstücke, Originalgemälde oder ein individuell angepasstes Auto für einen körperbehinderten Menschen.

10 Eigentum und Besitz

Die Begriffe Eigentum und Besitz klären die Frage nach der rechtlichen Herrschaft bzw. der tatsächlichen Herrschaft an Sachen durch natürliche oder juristische Personen. Folgende Paragrafen werden in den nachstehenden Erläuterungen verwendet:

LS 4.3

§ 854 BGB – Erwerb des Besitzes

(1) Der Besitz einer Sache wird durch die Erlangung der tatsächlichen Gewalt über die Sache erworben.

(2) Die Einigung des bisherigen Besitzers und des Erwerbers genügt zum Erwerb, wenn der Erwerber in der Lage ist, die Gewalt über die Sache auszuüben.

§ 856 BGB – Beendigung des Besitzes

(1) Der Besitz wird dadurch beendigt, dass der Besitzer die tatsächliche Gewalt über die Sache aufgibt oder in anderer Weise verliert.

§ 903 BGB – Befugnisse des Eigentümers

Der Eigentümer einer Sache kann, soweit nicht das Gesetz oder Rechte Dritter entgegenstehen, mit der Sache nach Belieben verfahren und andere von jeder Einwirkung ausschließen. Der Eigentümer eines Tieres hat bei der Ausübung seiner Befugnisse die besonderen Vorschriften zum Schutz der Tiere zu beachten.

§ 928 BGB – Aufgabe des Eigentums, Aneignung des Fiskus

(1) Das Eigentum an einem Grundstück kann dadurch aufgegeben werden, dass der Eigentümer den Verzicht dem Grundbuchamt gegenüber erklärt und der Verzicht in das Grundbuch eingetragen wird.

§ 929 BGB – Einigung und Übergabe

Zur Übertragung des Eigentums an einer beweglichen Sache ist erforderlich, dass der Eigentümer die Sache dem Erwerber übergibt und beide darüber einig sind, dass das Eigentum übergehen soll. Ist der Erwerber im Besitz der Sache, so genügt die Einigung über den Übergang des Eigentums.

§ 932 BGB – Gutgläubiger Erwerb vom Nichtberechtigten

(1) Durch eine nach § 929 erfolgte Veräußerung wird der Erwerber auch dann Eigentümer, wenn die Sache nicht dem Veräußerer gehört, es sei denn, dass er zu der Zeit, zu der er nach diesen Vorschriften das Eigentum erwerben würde, nicht in gutem Glauben ist. In dem Falle des § 929 Satz 2 gilt dies jedoch nur dann, wenn der Erwerber den Besitz von dem Veräußerer erlangt hatte.

(2) Der Erwerber ist nicht in gutem Glauben, wenn ihm bekannt oder infolge grober Fahrlässigkeit unbekannt ist, dass die Sache nicht dem Veräußerer gehört.

§ 935 BGB – Kein gutgläubiger Erwerb von abhanden gekommenen Sachen

(1) Der Erwerb des Eigentums auf Grund der §§ 932 bis 934 tritt nicht ein, wenn die Sache dem Eigentümer gestohlen worden, verloren gegangen oder sonst abhanden gekommen war. Das Gleiche gilt, falls der Eigentümer nur mittelbarer Besitzer war, dann, wenn die Sache dem Besitzer abhanden gekommen war.

§ 959 BGB – Aufgabe des Eigentums

Eine bewegliche Sache wird herrenlos, wenn der Eigentümer in der Absicht, auf das Eigentum zu verzichten, den Besitz der Sache aufgibt.

10.1 Eigentum

Unter **Eigentum** versteht man die **rechtliche Herrschaft** an Sachen durch eine natürliche oder eine juristische Person. Der Eigentümer einer Sache kann dabei beliebig über diese verfügen, sofern hierdurch keine Gesetze bzw. Rechte Dritter verletzt werden (§ 903 BGB).

Beispiel
Der 44-jährige Bernd hat sich einen vier Jahre alten VW Passat gekauft. Mit diesem Auto darf er grundsätzlich gemäß seinen Vorstellungen verfahren. Er darf allerdings nicht gegen die geltende Straßenverkehrsordnung verstoßen (Tempo 100 in einer geschlossenen Ortschaft, Überfahren von roten Ampeln etc.) bzw. das Auto in einigen Jahren im Wald entsorgen.

Hieraus folgt auch das Recht, dass ein Eigentümer das Eigentum an einer beweglichen Sache aufgeben kann (§ 959 BGB). Dies hat zur Folge, dass der bisherige Eigentümer keine Rechte mehr geltend machen kann.

Beispiel
Der 44-jährige Bernd stellt einen gebrauchten – aber noch funktionsfähigen – Drucker in den Aufenthaltsraum seines Sportvereins. Der Drucker trägt den von Bernd angebrachten Hinweis „zu verschenken – gebraucht, aber noch voll funktionsfähig". Durch diese Handlung verzichtet Bernd auf das Eigentum. Ein Zurückverlangen des Druckers gegenüber dem neuen Eigentümer ist hier nicht möglich.

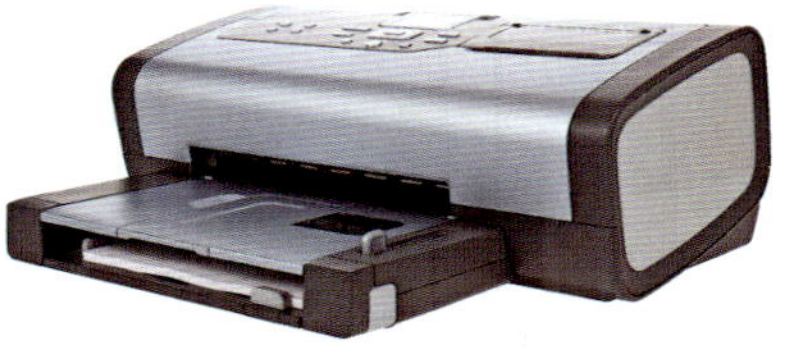

Die **Übertragung des Eigentums** an einer beweglichen Sache geschieht grundsätzlich durch **Einigung und Übergabe**. Sofern der Erwerber (neuer Eigentümer) sich bereits im Besitz der Sache befindet, reicht die Einigung aus, da die Übergabe vorweggenommen worden ist.

Beispiel
Der 44-jährige Bernd möchte sich auch von seinem gebrauchten Monitor trennen. Seine Kollegin Ann-Kathrin hat ihn gefragt, ob sie den Monitor haben kann. Hiermit ist Bernd grundsätzlich einverstanden (Einigung). Am nächsten Arbeitstag bringt Bernd den Monitor mit zur Arbeit und überreicht diesen an Ann-Kathrin (Übergabe). Sofern Ann-Kathrin den Monitor bereits in ihrer Wohnung stehen gehabt hätte, wäre zur Übertragung des Eigentums nur die Einigung zwischen Bernd und Ann-Kathrin notwendig gewesen.

Im Regelfall erwirbt der Erwerber das Eigentum vom vorherigen Eigentümer. Es gibt allerdings auch Situationen, in denen das Eigentum erworben wird, obwohl der Veräußerer nicht der Eigentümer der Sache war. Wesentliche Voraussetzungen sind hierbei, dass dem Eigentümer die Sache nicht abhanden gekommen ist (z. B. durch Diebstahl) und der Erwerber im guten Glauben gehandelt hat.

Beispiele
Die 40-jährige Jasmin hat sich vor drei Monaten einen Roman von ihrem Freund geliehen. Das Buch verkauft sie auf einem Flohmarkt an den 25-jährigen Thorsten. In diesem Fall ist davon auszugehen, dass Thorsten im guten Glauben das Buch erwirbt und gemäß § 932 BGB Eigentümer an dem Buch wird.

Anders sieht der Fall aus, wenn Jasmin das hier zu verkaufende Buch in einer Buchhandlung gestohlen hat. Auch wenn Thorsten im guten Glauben darauf, dass Jasmin das Eigentum an dem Buch besitzt, das Buch kauft, wird er gemäß § 935 Abs. 1 BGB nicht der Eigentümer.

Für den **Erwerb des Eigentums an einem Grundstück** reicht die oben dargestellte Einigung und Übergabe nicht aus. Vielmehr ist es hier notwendig, eine **Auflassung** (Veräußerer und Erwerber erklären die Einigung zur Übertragung des Eigentums in der Regel bei einem Notar, der diesen Vorgang notariell beurkundet) und danach eine **Eintragung** in das Grundbuch vorzunehmen.

Der Vorteil dieses Vorgehens ist, dass beide Vertragsseiten durch die streng einzuhaltenden Formalitäten und das Einbeziehen eines unabhängigen und unparteiischen Notars eine umfassende juristische Beratung erhalten, was das Risiko unangenehmer Überraschungen minimiert.

Auch der Verzicht auf das Eigentum an einem Grundstück (unbewegliche Sache) kann nur durch die Eintragung des Verzichts in das Grundbuch des jeweiligen Grundbuchamts erfolgen (§ 928 BGB).

10.2 Besitz

Unter **Besitz** versteht man die **tatsächliche Herrschaft** einer natürlichen oder juristischen Person an einer Sache. Im Gegensatz zum Eigentümer darf der Besitzer nicht beliebig mit der Sache verfahren. Er muss sich vielmehr an die Vorgaben des Eigentümers bzw. Absprachen mit ihm halten.

Beispiel
Die 29-jährige Stefanie (Besitzerin) hat zum 1. September des vergangenen Jahres eine Wohnung von Herrn Sundmann (Eigentümer) gemietet. Stefanie darf ohne Zustimmung von Herrn Sundmann keine baulichen Veränderungen (z. B. Abriss einer nichttragenden Wand, Erneuerung der elektrischen Leitungen) vornehmen. Stefanie ist zudem verpflichtet, mit der gemieteten Wohnung pfleglich umzugehen.

Der Besitz wird mit der Aufgabe der tatsächlichen Gewalt an der Sache beendet. Im Regelfall geschieht dies durch die Rückgabe der Sache an den Eigentümer (z. B. zieht der Mieter der Wohnung fristgerecht aus der Wohnung aus, ein geliehenes Schulbuch wird am Ende der Ausbildung an die Mediothek des Berufskollegs zurückgegeben).

11 Vertragsfreiheit und Formvorschriften

LS 4.3

Grundsätzlich gilt in Deutschland das Prinzip der **Vertragsfreiheit**. Dieses besagt, dass es jedem gestattet ist, Verträge mit beliebigen Vertragspartnern und beliebigen Vertragsinhalten zu schließen, sofern keine gesetzlichen Verbote missachtet werden.

Wesentliche Aspekte der Vertragsfreiheit sind die **Abschlussfreiheit** (Recht zu entscheiden, ob man mit einem Vertragspartner einen Vertrag schließt oder nicht), die **Formfreiheit** (Rechtsgeschäfte können ohne besondere Form geschlossen werden) und die **Gestaltungsfreiheit** (die jeweiligen Inhalte können frei bestimmt werden).

Die Abschlussfreiheit gilt allerdings nicht für alle Unternehmen. Einige Unternehmen unterliegen einem **Kontrahierungszwang** (Abschlusszwang). Diese Unternehmen sind rechtlich verpflichtet, mit jedermann einen Vertrag abzuschließen. Dies gilt vor allen Dingen für Unternehmen mit einem Monopol bzw. einer monopolähnlichen Stellung (z. B. Deutsche Post AG, Deutsche Bahn AG, städtische Verkehrsbetriebe, Energieversorgungsunternehmen, Apotheken).

Auch die Formfreiheit gilt nicht uneingeschränkt für alle Verträge. Für einige Verträge schreibt der Staat gewisse **Formvorschriften** vor, die im Bürgerlichen Gesetzbuch dargestellt werden. Im Regelfall ist dies bei den Verträgen der Fall, bei denen z. B. durch die Schriftform eine zu rasche, unüberlegte Entscheidung verhindert werden soll (**Warnfunktion**) oder dort wo der schriftliche Vertrag eine Art Beweis über das Vorhandensein und die Inhalte eines Vertragswerks sein soll (**Beweisfunktion**).

Folgende Paragrafen werden in den nachstehenden Erläuterungen verwendet:

§ 126 BGB – Schriftform

(1) Ist durch Gesetz schriftliche Form vorgeschrieben, so muss die Urkunde von dem Aussteller eigenhändig durch Namensunterschrift oder mittels notariell beglaubigten Handzeichens unterzeichnet werden.

(2) Bei einem Vertrag muss die Unterzeichnung der Parteien auf derselben Urkunde erfolgen. Werden über den Vertrag mehrere gleichlautende Urkunden aufgenommen, so genügt es, wenn jede Partei die für die andere Partei bestimmte Urkunde unterzeichnet.

(3) Die schriftliche Form kann durch die elektronische Form ersetzt werden, wenn sich nicht aus dem Gesetz ein anderes ergibt.

(4) Die schriftliche Form wird durch die notarielle Beurkundung ersetzt.

§ 126a BGB – Elektronische Form

(1) Soll die gesetzlich vorgeschriebene schriftliche Form durch die elektronische Form ersetzt werden, so muss der Aussteller der Erklärung dieser seinen Namen hinzufügen und das elektronische Dokument mit einer qualifizierten elektronischen Signatur nach dem Signaturgesetz versehen.

(2) Bei einem Vertrag müssen die Parteien jeweils ein gleichlautendes Dokument in der in Absatz 1 bezeichneten Weise elektronisch signieren.

§ 128 BGB – Notarielle Beurkundung

Ist durch Gesetz notarielle Beurkundung eines Vertrags vorgeschrieben, so genügt es, wenn zunächst der Antrag und sodann die Annahme des Antrags von einem Notar beurkundet wird.

§ 129 BGB – Öffentliche Beglaubigung

(1) Ist durch Gesetz für eine Erklärung öffentliche Beglaubigung vorgeschrieben, so muss die Erklärung schriftlich abgefasst und die Unterschrift des Erklärenden von einem Notar beglaubigt werden. Wird die Erklärung von dem Aussteller mittels Handzeichens unterzeichnet, so ist die in § 126 Abs. 1 vorgeschriebene Beglaubigung des Handzeichens erforderlich und genügend.

(2) Die öffentliche Beglaubigung wird durch die notarielle Beurkundung der Erklärung ersetzt.

- Im Fall der **Schriftform** verlangt das BGB (§ 126), dass eine Urkunde (ein Schriftstück) vorhanden sein muss, welches die eigenhändige und volle Namensunterschrift des Ausstellers aufweisen muss.

  Beispiele
  Arbeitsvertrag, Verbraucherdarlehensvertrag, Mietvertrag mit einer Laufzeit von über einem Jahr, Bürgschaften natürlicher Personen.

- Im Fall der **elektronischen Form** (§ 126 a BGB) ersetzt eine qualifizierte elektronische Signatur die Unterschrift.

Beispiel
Online-Überweisung – hier ersetzt die Transaktionsnummer (TAN) die Unterschrift.

- Bei Vorliegen einer **notariellen Beurkundung** (§ 128 BGB) müssen die Willenserklärungen durch einen Notar beurkundet werden. Die Niederschrift (Urkunde oder Vertrag) wird dabei vom Notar erstellt. Die notarielle Beurkundung kommt in den besonders komplizierten und (finanziell) riskanten Geschäften zum Zuge. Die Aufgabe des unabhängigen und unparteiischen Notars ist dabei, die Vertragspartner zu beraten, zu informieren und auf mögliche Risiken hinzuweisen.

Beispiele
Grundstückskaufvertrag, öffentliches Testament, Erbvertrag.

- Sofern hingegen eine **öffentliche Beglaubigung** verlangt wird (§ 129 BGB), muss die Erklärung schriftlich abgefasst werden und die Unterschrift des Erklärenden muss von einem Notar beglaubigt (bestätigt) werden. Bei der Beglaubigung wird lediglich die Echtheit der Unterschrift bestätigt, nicht jedoch der Inhalt der Erklärung.

Beispiel
Anmeldungen zu Eintragungen in das Handelsregister.

12 Vertragsarten

LS 4.7

Im Bereich der Vertragsarten nimmt der Kaufvertrag eine bedeutende Rolle ein. Wie bereits in Lernfeld 3, Kapitel 3 dargestellt, kommt ein Kaufvertrag durch zwei übereinstimmende Willenserklärungen (Antrag und Annahme) zustande.

Neben dem Kaufvertrag existieren zahlreiche Rechtsgeschäfte, die durch zwei inhaltlich übereinstimmende Willenserklärungen geschlossen werden (**mehrseitige Rechtsgeschäfte**). Diese unterscheiden sich hinsichtlich der Fragestellung, ob sie einseitig verpflichtend oder mehrseitig verpflichtend sind.

Einseitige verpflichtende Rechtsgeschäfte sind dadurch gekennzeichnet, dass sich durch den Abschluss des Rechtsgeschäfts lediglich für eine Vertragspartei eine Pflicht ergibt. Hierzu gehören beispielsweise die Schenkung und die Bürgschaft (siehe BüroWelt 2, Lernfeld 9).

Bei **mehrseitigen verpflichtenden Rechtsgeschäften** ergeben sich hingegen für beide Vertragsparteien Pflichten. Zu ihnen gehören zum Beispiel der Kaufvertrag und der Mietvertrag.

Exkurs:
Neben den mehrseitigen Rechtsgeschäften existieren auch einseitige Rechtsgeschäfte. Diese kommen durch Abgabe von lediglich einer rechtsgültigen Willenserklärung zustande. Unterschieden werden diese noch hinsichtlich der Frage, ob diese ***empfangsbedürftig*** *oder* ***nicht empfangsbedürftig*** *sind.*

Ein ***empfangsbedürftiges Rechtsgeschäft*** *ist rechtlich erst dann wirksam, wenn der Wille dem Empfänger zugeht. Zu den empfangsbedürftigen Willenserklärungen gehören beispielsweise die Kündigung und die Mahnung.*

*Bei **nicht empfangsbedürftigen Rechtsgeschäften** ist die Wirksamkeit unabhängig vom Zugang beim angedachten Empfänger. Nicht empfangsbedürftig sind z. B. ein Testament oder die Aufgabe eines Eigentumsanspruchs.*

Nachstehend wird eine Reihe von Verträgen dargestellt, die durch zwei übereinstimmende Willenserklärungen zustande kommen, wobei die jeweiligen Vertragsparteien fett dargestellt werden:

Kaufvertrag

Der **Verkäufer** einer Sache verpflichtet sich, dem **Käufer** die Sache frei von Mängeln zu übergeben und das Eigentum an der Sache zu verschaffen. Der Käufer hingegen verpflichtet sich, den vereinbarten Kaufpreis zu zahlen und die gekaufte Sache abzunehmen (§ 433 BGB).

Aus diesen Pflichten ergeben sich mögliche Störungen des Kaufvertrags, die im vorliegenden Buch, Lernfeld 4, Kapitel 19 sowie im Lehrbuch BüroWelt 2, Lernfeld 9 thematisiert werden.

Beispiel
Die Duisdorfer BüroKonzept KG kauft 750 Beamer bei ihrem Lieferanten Wittmann AG ein.

Schenkungsvertrag

Im Fall eines Schenkungsvertrags bereichert der **Schenker** den **Beschenkten** durch eine Zuwendung aus seinem Vermögen, wenn beide Vertragspartner sich darüber einig sind, dass die Zuwendung **unentgeltlich** erfolgt (§ 516 BGB).

Beispiel
Die Duisdorfer BüroKonzept KG tritt drei nicht mehr benötigte Schreibtische an das örtliche Jugendzentrum ab. Eine Gegenleistung wird nicht vereinbart.

Dienst- und Arbeitsvertrag

Durch den Dienstvertrag wird derjenige, welcher Dienste zusagt, zur Leistung der versprochenen Dienste, der andere Teil zur Gewährung der vereinbarten Vergütung verpflichtet. Gegenstand des Dienstvertrags können Dienste jeder Art sein (§ 611 BGB). *LF 8*

Der § 611 BGB ist auch Grundlage für den Arbeitsvertrag (**Arbeitgeber** und **Arbeitnehmer**), wobei die einzelnen Aspekte durch die Folgeparagrafen 612–630 BGB geregelt werden.

Beispiel
Die Duisdorfer BüroKonzept KG stellt in der Abteilung Beschaffung eine neue Mitarbeiterin für den Bereich Bürotechnik ein.

Berufsausbildungsvertrag

Der Berufsausbildungsvertrag wird zwischen dem **Ausbildenden** (Unternehmen) und dem **Auszubildenden** geschlossen und wird durch das Berufsbildungsgesetz (BBIG) geregelt, welches u. a. detailliert die Pflichten der Vertragsparteien beschreibt. Die wichtigsten Inhalte des Vertrages werden durch den § 11 BBIG geregelt, der u. a. den Beginn und die Dauer der Berufsausbildung, die Dauer der regelmäßigen täglichen Arbeitszeit und die Dauer der Probezeit als Vertragsbestandteil vorgibt. *LF 1*

Beispiel
Die Duisdorfer BüroKonzept KG stellt jedes Jahr zum 01. September zwei Auszubildende für den Beruf Kaufmann/-frau für Büromanagement ein.

Mietvertrag

Durch den Mietvertrag verpflichtet sich der **Vermieter** dem **Mieter** den Gebrauch der Mietsache während der Mietzeit zu gewähren. Weiterhin muss der Vermieter die Mietsache dem Mieter in einem zum vertragsgemäßen Gebrauch geeigneten Zustand überlassen und ist verpflichtet, sie während der Mietzeit in diesem Zustand zu erhalten. Der Mieter ist hingegen verpflichtet, dem Vermieter die vereinbarte Miete zu entrichten (§ 535 BGB).

Beispiel
Die Duisdorfer BüroKonzept KG vermietet eine unternehmenseigene Wohnung in Bonn-Duisdorf an den aus München stammenden Auszubildenden Konrad König.

Pachtvertrag

Der **Verpächter** verpflichtet sich, dem **Pächter** den Gebrauch des verpachteten Gegenstandes und den **Genuss der Früchte**, soweit sie nach den Regeln einer ordnungsgemäßen Wirtschaft als Ertrag anzusehen sind, während der Pachtzeit zu gewähren. Der Pächter ist verpflichtet, dem Verpächter die vereinbarte Pacht zu entrichten (§ 581 BGB).

Beispiel
Der Geschäftsführer der Duisdorfer BüroKonzept KG, Herr Falo, hat einen Fischteich für 10 Jahre gepachtet. In diesem darf er nicht nur schwimmen, sondern hat auch Anspruch auf den Fruchtgenuss, d. h. er darf die im Teich lebenden Fische fangen und konsumieren.

Leihvertrag

Durch den Leihvertrag wird der **Verleiher** einer Sache verpflichtet, dem **Entleiher** den Gebrauch der Sache unentgeltlich zu gestatten (§ 598 BGB).

Wesentliches Merkmal des Leihvertrags ist, dass der Entleiher die identische Sache an den Verleiher zurückgibt.

Beispiel
Herr Franzen leiht sich unentgeltlich von seiner Nachbarin Frau Sundmann ein Waffeleisen und gibt dieses Gerät am nächsten Tag zurück.

Sachdarlehensvertrag

Hier verpflichtet sich der **Darlehensgeber**, dem **Darlehensnehmer** eine vereinbarte **vertretbare** Sache zu überlassen. Der Darlehensnehmer ist zur Zahlung eines Darlehensentgelts und bei Fälligkeit zur Rückerstattung von Sachen gleicher Art, Güte und Menge verpflichtet (§ 607 BGB).

Beispiel
Sofern Herr Franzen sich für die Waffeln auch fünf Eier „leiht" und am kommenden Tag fünf neu gekaufte Eier zurückgibt, liegt ein Sachdarlehensvertrag (und kein Leihvertrag) vor, da nicht die ursprüngliche Sache zurückgegeben wird. Bezogen auf die Aussage des BGB ist zu ergänzen, dass der Darlehensgeber zwar einen Anspruch auf Zahlung eines Darlehensentgelts hat, hierauf aber – wie unter Freunden und Nachbarn in der Regel üblich – verzichten kann.

* Gelddarlehensvertrag

Werkvertrag

Im Werkvertrag verpflichtet sich der **Unternehmer** zur Herstellung eines versprochenen Werks und der **Besteller** zur Entrichtung der vereinbarten Vergütung. Der Gegenstand eines Werkvertrags ist in der Regel die Herstellung oder Veränderung einer Sache, kann allerdings auch ein – durch Arbeit oder erbrachte Dienstleistung – herbeigeführter Erfolg sein (§ 631 BGB).

* Tauschvertrag

Beispiele
Herr Yilmaz lässt sich von einem örtlichen Bauunternehmen ein Einfamilienhaus zum Preis von 245.000,00 € errichten (Herstellung einer Sache).

Herr Yilmaz lässt sich von einem Fachunternehmen ein Sicherheitsschloss in sein Einfamilienhaus einbauen.

Leasingvertrag

Der Leasingvertrag weist große Ähnlichkeiten zum bereits beschriebenen Mietvertrag auf.

Der **Leasinggeber** stellt dem **Leasingnehmer** in der Regel ein mobiles Investitionsobjekt (z. B. ein Fahrzeug) für eine bestimmte Zeit zur Verfügung. Der Leasingnehmer zahlt dafür regelmäßige Leasingraten.

LF 9

Beispiel
Die Duisdorfer BüroKonzept KG (Leasingnehmer) hat mit dem örtlichen Autohändler (Leasinggeber) einen Leasingvertrag über ein Dienstfahrzeug geschlossen. Die Duisdorfer BüroKonzept KG erhält ein fabrikneues Fahrzeug für eine Nutzungsdauer von drei Jahren. Im Gegenzug zahlt die Duisdorfer BüroKonzept KG eine monatliche Leasingrate von 349,00 €.

13 Nichtigkeit und Anfechtbarkeit von Rechtsgeschäften

S 4.3

Wie bereits in Kapitel 8 zur Geschäftsfähigkeit dargestellt wurde, ist nicht jedes Rechtsgeschäft gültig. Neben dem Alter der Person oder der Frage, ob der Vertragspartner ggf. eine dauerhafte krankhafte Störung der Geistestätigkeit aufweist, können eine Reihe anderer Gründe dazu führen, dass Rechtsgeschäfte entweder nichtig oder anfechtbar sind.

13.1 Nichtigkeit von Rechtsgeschäften

Unter **Nichtigkeit** versteht man den Umstand, dass das Rechtsgeschäft **von Anfang an ungültig** ist. Im Regelfall weisen die nichtigen Rechtsgeschäfte so schwerwiegende Mängel auf, dass der Gesetzgeber eine Wirksamkeit unter keinen Umständen zulassen kann.

Folgende Paragrafen werden in den nachstehenden Erläuterungen verwendet:

§ 105 BGB – Nichtigkeit der Willenserklärung

(1) Die Willenserklärung eines Geschäftsunfähigen ist nichtig.

(2) Nichtig ist auch eine Willenserklärung, die im Zustand der Bewusstlosigkeit oder vorübergehenden Störung der Geistestätigkeit abgegeben wird.

§ 108 BGB – Vertragsschluss ohne Einwilligung

(1) Schließt der Minderjährige einen Vertrag ohne die erforderliche Einwilligung des gesetzlichen Vertreters, so hängt die Wirksamkeit des Vertrags von der Genehmigung des Vertreters ab.

§ 116 BGB – Geheimer Vorbehalt

Eine Willenserklärung ist nicht deshalb nichtig, weil sich der Erklärende insgeheim vorbehält, das Erklärte nicht zu wollen. Die Erklärung ist nichtig, wenn sie einem anderen gegenüber abzugeben ist und dieser den Vorbehalt kennt.

§ 117 BGB – Scheingeschäft

(1) Wird eine Willenserklärung, die einem anderen gegenüber abzugeben ist, mit dessen Einverständnis nur zum Schein abgegeben, so ist sie nichtig.

(2) Wird durch ein Scheingeschäft ein anderes Rechtsgeschäft verdeckt, so finden die für das verdeckte Rechtsgeschäft geltenden Vorschriften Anwendung.

§ 118 BGB – Mangel der Ernstlichkeit

Eine nicht ernstlich gemeinte Willenserklärung, die in der Erwartung abgegeben wird, der Mangel der Ernstlichkeit werde nicht verkannt werden, ist nichtig.

§ 125 BGB – Nichtigkeit wegen Formmangels

Ein Rechtsgeschäft, welches der durch Gesetz vorgeschriebenen Form ermangelt, ist nichtig. Der Mangel der durch Rechtsgeschäft bestimmten Form hat im Zweifel gleichfalls Nichtigkeit zur Folge.

§ 134 BGB – Gesetzliches Verbot

Ein Rechtsgeschäft, das gegen ein gesetzliches Verbot verstößt, ist nichtig, wenn sich nicht aus dem Gesetz ein anderes ergibt.

§ 138 BGB – Sittenwidriges Rechtsgeschäft; Wucher

(1) Ein Rechtsgeschäft, das gegen die guten Sitten verstößt, ist nichtig.

(2) Nichtig ist insbesondere ein Rechtsgeschäft, durch das jemand unter Ausbeutung der Zwangslage, der Unerfahrenheit, des Mangels an Urteilsvermögen oder der erheblichen Willensschwäche eines anderen sich oder einem Dritten für eine Leistung Vermögensvorteile versprechen oder gewähren lässt, die in einem auffälligen Missverhältnis zu der Leistung stehen.

Ein Rechtsgeschäft ist nichtig (das heißt, von vornherein unwirksam), wenn ...

- die **Willenserklärung von einem Geschäftsunfähigen** abgegeben worden ist (§ 105 BGB). Zu den Geschäftsunfähigen gehören neben Kindern unter sieben Jahren auch Personen, die sich in einer permanenten, krankhaften Störung der Geistestätigkeit befinden, und Personen mit einer vorübergehenden Störung der Geistestätigkeit.

  Beispiele
  Die 5-jährige Lea kauft sich drei Tafeln Schokolade für einen Gesamtbetrag in Höhe von 2,70 €.
  Der 38-jährige Dennis – dauerhaft geisteskrank – erwirbt ein neues Auto zum Preis von 27.500,00 €.

- das **Rechtsgeschäft mit einer beschränkt geschäftsfähigen** Person geschlossen wird **und** die **Zustimmung der gesetzlichen Vertreter nicht gegeben** ist (§ 108 Abs. 1 BGB). Zu beachten ist hierbei, dass es Ausnahmen gibt, in denen die Zustimmung der gesetzlichen Vertreter (i. d. R. die Eltern) nicht notwendig ist (siehe Kapitel 8.2).

  Beispiel
  Die 14-jährige Denise kauft in einem Elektronik-Fachgeschäft ein Flachbildfernseher zum Preis von 555,00 €. Ihre Eltern sind strikt gegen den Kauf und verweigern die vom Verkäufer des Geräts verlangte Einverständniserklärung.

- ein **geheimer Vorbehalt** vorliegt (§ 116 BGB). In diesem Zusammenhang ist es jedoch nötig, dass beide Vertragsparteien von dem Vorbehalt wussten.

  Beispiel
  Der 46-jährige Jan verspricht seiner Nachbarin Ute (44 Jahre alt), dass er ihrer Tochter Nachhilfe im Fach Rechnungswesen gibt, wenn sie ihm dafür seine gebrauchte Waschmaschine für 200,00 € abkauft. Jan hat aber zu keinem Zeitpunkt die Absicht, die Nachhilfestunden zu geben, da er keine Kenntnisse im Gebiet des Rechnungswesens hat.

  Das Geschäft ist dann nichtig, wenn Ute von den nicht vorhandenen Kenntnissen ihres Nachbarn weiß und somit den geheimen Vorbehalt kennt.

- ein **Scheingeschäft** Grundlage des Vertrags war (§ 117 BGB). Ein Scheingeschäft ist durch den Umstand gekennzeichnet, dass das Geschäft – mit Wissen beider Vertragspartner – mit bewusst falschen Angaben geschlossen wird, um sich in der Regel einen nicht zulässigen finanziellen Vorteil zu verschaffen.

  Beispiel
  Herr Müller (Käufer) und Frau Tartan (Verkäuferin) vereinbaren für den Kauf eines Grundstücks einen Kaufpreis von 250.000,00 €. Damit Herr Müller einen Teil der in Deutschland anfallenden Grunderwerbsteuer spart, geben beide beim Notar einen Kaufpreis von lediglich 150.000,00 € an. Da hier beide Vertragspartner wissentlich einen falschen Wert angeben, ist das Rechtsgeschäft nichtig.

- ein **Mangel der Ernstlichkeit** gegeben ist (Scherzgeschäft, § 118 BGB). In diesem Fall wird unterstellt, dass eine abgegebene Willenserklärung für jedermann als scherzhafte Aussage zu erkennen ist, sodass das Zustandekommen eines Vertrags von vornherein auszuschließen ist.

  Beispiel
  Der 35-jährige Tobias ist ein begeisterter Fußballfan. Bei einem Heimspiel seiner Mannschaft sagt er vor einem Freistoß für seine Mannschaft (Torentfernung 27 Meter) zu seinem Freund: „Wenn der den jetzt direkt rein macht, schenke ich Dir mein Haus.“ Der Spieler erzielt tatsächlich einen

direkten Treffer. Ein Vertrag kommt in diesem Fall nicht zustande, da die Aussage aus einer – für alle erkennbaren – Emotion heraus getätigt worden ist.

- ein **Formmangel** vorliegt (§ 125 BGB). Wie bereits in Kapitel 11 „Vertragsfreiheit und Formvorschriften" dargestellt, gelten für einige Rechtsgeschäfte bestimmte Formvorschriften. Sofern diese nicht eingehalten werden, ist das Rechtsgeschäft nichtig.

Beispiel

Der 37-jährige Holger kauft von seinem Schwiegervater ein Grundstück samt Haus im Gesamtwert von 310.000,00 €. Holger und sein Schwiegervater kennen sich seit Jahren gut und vertrauen einander. Holger weiß zudem, dass er einen günstigen Preis für das Grundstück samt Haus zahlt. Daher verzichten sie auf einen Notar und halten den Kaufvertrag schriftlich fest.

Der Vertrag ist ungültig, da das BGB ausdrücklich die Beurkundung durch einen Notar vorsieht.

- das Geschäft gegen ein **gesetzliches Verbot** verstößt (§ 134 BGB).

Beispiele

Ein Hehler verkauft gestohlene Ware auf einem Flohmarkt.

Ein Drogendealer verkauft Heroin an seine Kunden.

- ein **sittenwidriges Geschäft** (§ 138 BGB) vorliegt. Unter einem sittenwidrigen Geschäft versteht man, wenn eine Vertragspartei die Zwangs- oder Notlage der anderen Vertragspartei ausbeutet oder die Unerfahrenheit der Vertragspartei ausnutzt. Zu den sittenwidrigen Geschäften gehört insbesondere das Verlangen von Wucherzinsen. Von einem Wucherzins ist gemäß einem Urteil des Bundesgerichtshofs (BGH) aus dem Jahr 1990 die Rede, wenn der effektive Vertragszins rund doppelt so hoch ist wie der effektive Vergleichszins oder diesen absolut um 12 Prozentpunkte übersteigt.

Beispiel

Der 27-jährige Kai befindet sich in einer finanziellen Notlage und benötigt einen Kredit über 15.000,00 €. Seine Hausbank (aktuelle Konditionen: effektiver Zinssatz 8,5 % p. a.) verweigert ihm jedoch den Kredit. Kai nimmt daher bei einem „privaten Geldhaus" den Kredit auf und hat dafür einen effektiven Zinssatz von 19,95 % p. a. zu zahlen. Das Geschäft ist nichtig, da der verlangte Zinssatz mehr als doppelt so hoch wie der Vergleichszinssatz ist.

13.2 Anfechtbarkeit von Rechtsgeschäften

Der Begriff **Anfechtbarkeit** kennzeichnet den Umstand, dass das Rechtsgeschäft durch eine fehlerhafte Willenserklärung **rückwirkend als von Anfang an ungültig** angesehen wird. Solange das Rechtsgeschäft jedoch nicht angefochten wird, ist es uneingeschränkt gültig.

Folgende Paragrafen werden in den nachstehenden Erläuterungen verwendet:

§ 119 BGB – Anfechtbarkeit wegen Irrtums

(1) Wer bei der Abgabe einer Willenserklärung über deren Inhalt im Irrtum war oder eine Erklärung dieses Inhalts überhaupt nicht abgeben wollte, kann die Erklärung anfechten, wenn anzunehmen ist, dass er sie bei Kenntnis der Sachlage und bei verständiger Würdigung des Falles nicht abgegeben haben würde.

(2) Als Irrtum über den Inhalt der Erklärung gilt auch der Irrtum über solche Eigenschaften der Person oder der Sache, die im Verkehr als wesentlich angesehen werden.

§ 120 BGB – Anfechtbarkeit wegen falscher Übermittlung

Eine Willenserklärung, welche durch die zur Übermittlung verwendete Person oder Einrichtung unrichtig übermittelt worden ist, kann unter der gleichen Voraussetzung angefochten werden wie nach § 119 eine irrtümlich abgegebene Willenserklärung.

§ 121 BGB – Anfechtungsfrist

(1) Die Anfechtung muss in den Fällen der §§ 119, 120 ohne schuldhaftes Zögern (unverzüglich) erfolgen, nachdem der Anfechtungsberechtigte von dem Anfechtungsgrund Kenntnis erlangt hat. Die einem Abwesenden gegenüber erfolgte Anfechtung gilt als rechtzeitig erfolgt, wenn die Anfechtungserklärung unverzüglich abgesendet worden ist.

(2) Die Anfechtung ist ausgeschlossen, wenn seit der Abgabe der Willenserklärung zehn Jahre verstrichen sind.

§ 123 BGB – Anfechtbarkeit wegen Täuschung oder Drohung

(1) Wer zur Abgabe einer Willenserklärung durch arglistige Täuschung oder widerrechtlich durch Drohung bestimmt worden ist, kann die Erklärung anfechten.

(2) Hat ein Dritter die Täuschung verübt, so ist eine Erklärung, die einem anderen gegenüber abzugeben war, nur dann anfechtbar, wenn dieser die Täuschung kannte oder kennen musste. Soweit ein anderer als derjenige, welchem gegenüber die Erklärung abzugeben war, aus der Erklärung unmittelbar ein Recht erworben hat, ist die Erklärung ihm gegenüber anfechtbar, wenn er die Täuschung kannte oder kennen musste.

§ 124 BGB – Anfechtungsfrist

(1) Die Anfechtung einer nach § 123 anfechtbaren Willenserklärung kann nur binnen Jahresfrist erfolgen.

(2) Die Frist beginnt im Falle der arglistigen Täuschung mit dem Zeitpunkt, in welchem der Anfechtungsberechtigte die Täuschung entdeckt, im Falle der Drohung mit dem Zeitpunkt, in welchem die Zwangslage aufhört. Auf den Lauf der Frist finden die für die Verjährung geltenden Vorschriften der §§ 206, 210 und 211 entsprechende Anwendung.

(3) Die Anfechtung ist ausgeschlossen, wenn seit der Abgabe der Willenserklärung zehn Jahre verstrichen sind.

Ein Rechtsgeschäft ist anfechtbar (das heißt, kann rückwirkend unwirksam werden), wenn ...

- ein **Irrtum in der Erklärung** vorliegt (§ 119 BGB). Hierbei wird unterstellt, dass bei der Abgabe der Willenserklärung ein Fehler unterlaufen ist (§ 119 Abs. 1 BGB) oder eine irrige Annahme über eine wesentliche Eigenschaft der Person oder Sache vorliegt (§ 119 Abs. 2 BGB).

  Beispiele
  Der Mitarbeiter Erwin Hummels erstellt per E-Mail ein Angebot für den Artikel „Schreibtisch Ahorn". Statt der vorgesehenen 519,00 € hat er aus Versehen einen Angebotspreis von 159,00 € genannt und merkt diesen Fehler erst nach dem Versenden der E-Mail.

  Der Mitarbeiter Achim Langer hat für ein neues Produkt Plastikfüße in der Annahme bestellt, dass diese abriebfest sind (wesentliche Eigenschaft). Es stellt sich jedoch heraus, dass die Plastikfüße beim Verrutschen deutliche Spuren auf dem Boden hinterlassen.

- eine Willenserklärung durch die verwendete Technik oder die beauftragte Person falsch übermittelt wird (**falsche Übermittlung**, § 120 BGB).

  Beispiele
  Die Mitarbeiterin im Vertrieb, Sabine Neuendorf, hat auf einer Dienstreise in Süddeutschland ein Angebot per Mobiltelefon abgegeben. Aufgrund der nicht einwandfreien Netzqualität versteht der Kunde statt des genannten Betrages von 770,00 € nur einen Betrag in Höhe von 700,00 € (verwendete Technik).

  Sabine Neuendorf ist von der Vertriebsleiterin Simone Klein gebeten worden, einem Kunden einen Sonderrabatt in Höhe von 5 % zu nennen. Bedingt durch die stressige Anreise nennt Sabine Neuendorf aber einen Rabatt in Höhe von 8 % (beauftragte Person).

- einer abgegebenen Willenserklärung entweder eine **arglistige Täuschung** oder eine **widerrechtliche Drohung** zugrunde liegt (§ 123 BGB).

  Beispiele
  *Frau Bianca Sommer (Leiterin Personalwesen) hat für den Bereich Lagerwesen einen neuen Mitarbeiter eingestellt, der schwerpunktmäßig Waren pflegen, verpacken und zum Versand vorbereiten soll. Nach drei Jahren stellt sich durch einen Zufall heraus, dass der neue Mitarbeiter über keinerlei Vorkenntnisse in diesem Bereich verfügt. Die von ihm vorgebrachten Zeugnisse und Zertifikate (IHK-Abschlusszeugnis, Zeugnis des besuchten Berufskollegs, Arbeitszeugnisse etc.) sind allesamt gefälscht worden (**arglistige Täuschung**).*

  *Ein potenziell neuer Lieferant kennt Laura Beckmann (Leiterin Beschaffung) seit vielen Jahren. Er gibt ein Angebot für eine Handelsware persönlich bei Laura ab und „warnt" sie, dass er – sofern er den Auftrag nicht erhält – der Geschäftsführung den Hinweis gibt, dass Laura als Jugendliche mehrfach Joints konsumiert hat und deswegen als Abteilungsleiterin nicht tragbar ist (**widerrechtliche Drohung**).*

Wie bereits erwähnt, ist das Rechtsgeschäft – solange es noch nicht angefochten wird – uneingeschränkt gültig. Für die mögliche Anfechtung sieht das Bürgerliche Gesetzbuch unterschiedliche Fristen vor. Die Anfechtungsfristen unterscheiden sich dabei nach der Art des anzufechtenden Rechtsgeschäfts und gehen aus der folgenden Tabelle hervor.

Art des anzufechtenden Rechtsgeschäfts	Anfechtungsfrist
Irrtum in der Erklärung Falsche Übermittlung	Die Anfechtung muss unverzüglich erfolgen, nachdem der Anfechtungsberechtigte hiervon Kenntnis erlangt hat (§ 121 Abs. 1 BGB). Die Anfechtung ist aber nur bis zu spätestens zehn Jahren nach Abgabe der Willenserklärung möglich (§ 121 Abs. 2 BGB). ***Beispiel*** *Der Mitarbeiter Erwin Hummels hat den Tippfehler nach dem Versenden der E-Mail festgestellt. Er sollte möglichst umgehend eine neue E-Mail schreiben, in der er auf den Fehler hinweist. Zusätzlich ist ein kurzes Telefonat mit dem Kunden sinnvoll.*
Arglistige Täuschung	Die Anfechtung kann nur innerhalb von einem Jahr geschehen (§ 124 Abs. 1 BGB). Die Frist beginnt zu dem Zeitpunkt, in welchem der Anfechtungsberechtigte die Täuschung entdeckt (§ 124 Abs. 2 BGB). Die Anfechtung ist aber nur bis zu spätestens zehn Jahren nach Abgabe der Willenserklärung möglich (§ 124 Abs. 3 BGB). ***Beispiel*** *Frau Bianca Sommer erfährt von der arglistigen Täuschung durch den neuen Mitarbeiter im Bereich Lagerwesen erst drei Jahre nach der Einstellung. Ab diesem Augenblick kann Bianca den Arbeitsvertrag innerhalb eines Jahres anfechten.* *Anders wäre die rechtliche Situation, wenn Bianca Sommer erst nach elf Jahren seit Abschluss des Arbeitsvertrags von der arglistigen Täuschung erfährt. Grund hierfür ist, dass das Gesetz eine Anfechtung innerhalb eines Zeitraums von maximal zehn Jahren seit Abgabe der Willenserklärung (Abschluss des Arbeitsvertrages) vorsieht.*
Widerrechtliche Drohung	Die Anfechtung kann nur innerhalb von einem Jahr geschehen (§ 124 Abs. 1 BGB). Die Frist beginnt zu dem Zeitpunkt, in welchem die Zwangslage aufhört (§ 124 Abs. 2 BGB). Die Anfechtung ist aber nur bis zu spätestens zehn Jahren nach Abgabe der Willenserklärung möglich (§ 124 Abs. 3 BGB). ***Beispiel*** *Die Abteilungsleiterin Laura Beckmann hat in einem offenen Gespräch mit der Geschäftsleitung von der Drohung durch den Lieferanten und ihre Erfahrungen mit Drogen berichtet. Die Geschäftsführung reagiert sehr verständnisvoll und versichert Laura, dass dies nichts an der vertrauensvollen Zusammenarbeit ändert.* *In diesem Augenblick endet die Zwangslage. Ein unter Umständen abgeschlossener Vertrag mit dem Lieferanten kann mit einer Frist von bis zu einem Jahr angefochten werden.*

14 Allgemeine Geschäftsbedingungen

LS 4.3

Viele Unternehmen schließen im Laufe eines Geschäftsjahres Tausende oder sogar Hunderttausende von Geschäften ab. Damit nicht für jeden Verkauf aufwendige Verhandlungen geführt werden müssen, vereinfachen die Unternehmen sich die Arbeit und fassen die Bedingungen (Konditionen, zu denen ein Unternehmen Verträge abschließt) in ihren **Allgemeinen Geschäftsbedingungen** (AGB) zusammen.

Damit die AGB allerdings Vertragsbestandteil werden, muss der Verwender (der Verkäufer) den Vertragspartner ausdrücklich auf diese hinweisen oder durch einen deutlich sichtbaren Aushang auf sie aufmerksam machen und dem Vertragspartner die Möglichkeit geben, in zumutbarer Weise von ihrem Inhalt Kenntnis zu nehmen (§ 305 Abs. 2 BGB). Weiterhin muss der Käufer sein Einverständnis zu den AGB gegeben haben.

Der Vorteil von Allgemeinen Geschäftsbedingungen besteht in der Zeit- und Kostenersparnis für den Verwender, da das Durcharbeiten der AGB im Regelfall vom Käufer allein getätigt wird.

Durch die AGB droht allerdings die Gefahr, dass die andere Vertragspartei (Käufer) benachteiligt wird, da die AGB von den Bestimmungen des Bürgerlichen Gesetzbuches abweichen können. Hierbei laufen vor allem die natürlichen Personen Gefahr, blindlings Verträge abzuschließen, ohne sich der deutlichen Benachteiligung bewusst zu werden. Aus diesem Grund hat der Gesetzgeber Bestimmungen für die Verwendung von AGB erlassen, um die „schwächere" Vertragspartei zu schützen. Die Regelungen zu den AGB finden sich in den §§ 305–310 BGB.

So gilt sowohl für ein- als auch für zweiseitige Handelskäufe, dass die in den AGB stehenden Vereinbarungen durch mündliche Vereinbarungen abgeändert werden können (§ 305 b BGB). Sinnvoll ist es hier, sich diese neue Vereinbarung schriftlich geben zu lassen, um spätere Missverständnisse zu vermeiden.

Enthält eine Passage der AGB eines Unternehmens einen vom Gesetzgeber nicht zu akzeptierenden Widerspruch (z. B. statt der gesetzlich garantierten Gewährleistungsfrist von 24 Monaten soll der Kunde nur sechs Monate Zeit für Gewährleistungsansprüche haben), wird diese Passage unwirksam. Es springt in diesem Fall die gesetzliche vorgesehene Regelung (hier Anspruch des Kunden auf eine 24-monatige Gewährleistungsfrist) ein. Die restlichen Bestimmungen der AGB bleiben in vollem Umfang gültig (§ 306 BGB).

Eine wichtige Regelung in diesem Zusammenhang ist auch der § 307 BGB (Inhaltskontrolle). Durch ihn wird verhindert, dass der Vertragspartner entgegen den Grundsätzen von Treu und Glauben unangemessen benachteiligt wird (z. B. eine bestellte Ware wird in einer schlechteren Qualität oder zu einem höheren als dem vereinbarten Preis geliefert).

Speziell für den Schutz von natürlichen Personen (einseitiger Handelskauf) hat der Gesetzgeber eine Reihe von Klauseln verboten, sodass diese in jedem Fall für den Endverbraucher ungültig sind.

Hierzu gehört unter anderem das Verbot, die gesetzlich vorgesehenen Gewährleistungsfristen von mindestens 24 Monaten zu verkürzen. Eine Verlängerung, zum Beispiel auf 36 Monate, ist selbstverständlich möglich, da der Kunde hierdurch einen ausschließlich rechtlichen Vorteil erlangt.

Damit der Kunde vor willkürlichen Preiserhöhungen geschützt wird, ist eine Preiserhöhung für Waren, die innerhalb von vier Monaten nach Vertragsabschluss geliefert werden, unwirksam (§ 309 Nr. 1 BGB).

Ebenso ist es verboten, dass dem Kunden unangemessene oder nicht hinreichend bestimmte Lieferfristen zugemutet werden. Was als unangemessen anzusehen ist, kann pauschal nicht beantwortet werden und müsste im Einzelfall vom Gericht geklärt werden. Im Geschäftsleben gibt es hier allerdings häufig Erfahrungswerte. Beim Kauf eines derzeit stark nachgefragten Autos, welches zudem in Spanien produziert wird, ist zwangsläufig eine Lieferfrist von mehreren Monaten anzunehmen. Ist dieser Umstand dem Kunden vor Kaufabschluss bekannt, so muss er diese Lieferfrist hinnehmen.

15 Die Wareneingangskontrolle

Im Anschluss an einen erfolgten Bestellvorgang ist es – abhängig vom Aufbau des Unternehmens – entweder die Abteilung „Beschaffung/Warenannahme" selbst oder die Abteilung „Lager/Warenannahme", die beim Wareneingang die notwendigen Schritte zur Wareneingangskontrolle durchführt.

LS 4.8

Grundsätzlich erfolgt die Warenanlieferung durch einen Versandfahrer (z. B. DHL, UPS, GLS, Speditionen), der die Packstücke (Transporteinheit, die mehrere Artikel z. B. zu einem Paket zusammenfasst) samt dem zugehörigen Lieferschein dem Sachbearbeiter oder Lagermitarbeiter aushändigt. Da jedes Unternehmen anders strukturiert ist und somit über unterschiedliche Verfahrensabläufe verfügt, stellen die nachfolgend beschriebenen Schritte nur einen möglichen Verfahrensablauf dar. Die Prüfung des Wareneingangs wird durch Ausfüllen eines Prüfprotokolls dokumentiert (vgl. nachstehende Abbildung), wobei wichtige Informationen auch auf dem Lieferschein dokumentiert werden.

Duisdorfer BüroKonzept KG
– Kontrollbeleg Wareneingang –

Wareneingangs-Nr./Datum: ☐ ☐

Lieferanten-Nr./Lieferant: ☐ ☐

Bestellung vom: ☐

Nachfolgende Fragen bitte durch Ankreuzen beantworten:

	Ja	Nein
Lieferung erfolgte zum vereinbarten Zeitpunkt?	☐	☐
Anzahl an Packstücken gemäß Bestellung?	☐	☐
Weist Versandverpackung Schäden auf?	☐	☐
Weist Ware Schäden auf?	☐	☐

– wenn ja, welche? ____________________

(Art, Menge, kurze Beschreibung) ____________________

– wenn ja, kann Ware trotzdem verwendet werden?	☐	☐
Kann Freigabe der Ware erfolgen?	☐	☐

Datum: ____________________ Unterschrift: ____________________

Beleg für die Wareneingangskontrolle der Duisdorfer BüroKonzept KG

Im idealtypischen Fall unterteilt sich die Wareneingangskontrolle in die folgenden Kontrolltätigkeiten:

- Kontrolltätigkeiten, die in Anwesenheit des Versandfahrers und
- Kontrolltätigkeiten, die in Abwesenheit des Versandfahrers durchgeführt werden.

Abschnitt 1 – Kontrolltätigkeiten, die in Anwesenheit des Versandfahrers durchgeführt werden.

Im ersten Schritt ist zu prüfen, ob die gelieferten Waren (die gelieferten Pakete) für unser Unternehmen bestimmt sind.
Diese Kontrolle erfolgt anhand der auf dem Paketaufkleber bzw. auf dem Lieferschein vermerkten Empfängeradresse. Liegt hier ein offensichtlicher Fehler vor (z. B. Bürohandel Duisdorf GmbH, Hauptstr. 100, 53111 Bonn **statt** Duisdorfer BüroKonzept KG, Rochusstr. 30, 53123 Bonn) wird die Annahme verweigert.

Liegen hingegen nur kleine Fehler in der Empfängeradresse vor, wie z. B. ein Zahlendreher in der Postleitzahl (vgl. nachstehende Abbildung) oder eine falsche Rechtsform, wird die Ware angenommen und der Lieferant wird über diesen Fehler (telefonisch oder per E-Mail) in Kenntnis gesetzt, um den Fehler zukünftig abzustellen.

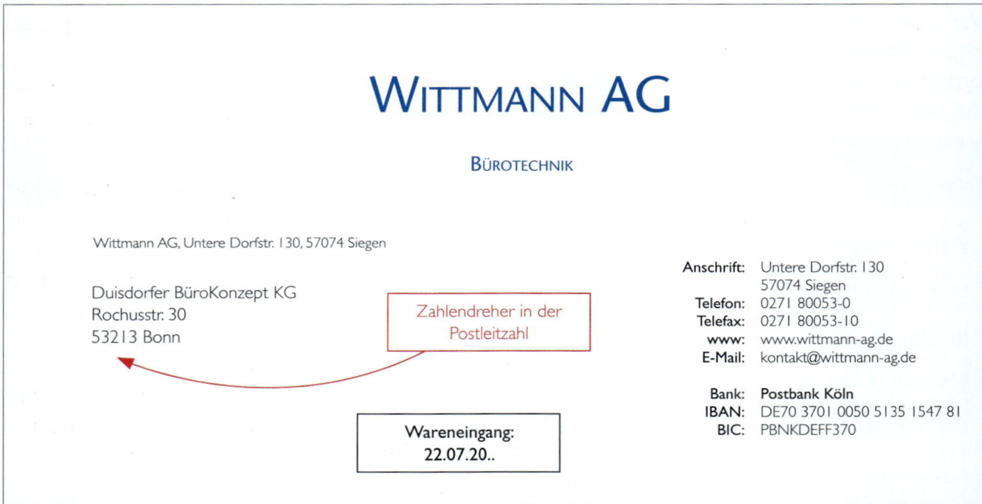

WITTMANN AG

BÜROTECHNIK

Wittmann AG, Untere Dorfstr. 130, 57074 Siegen

Duisdorfer BüroKonzept KG
Rochusstr. 30
53213 Bonn

Wareneingang:
22.07.20..

Anschrift: Untere Dorfstr. 130
57074 Siegen
Telefon: 0271 80053-0
Telefax: 0271 80053-10
www: www.wittmann-ag.de
E-Mail: kontakt@wittmann-ag.de

Bank: Postbank Köln
IBAN: DE70 3701 0050 5135 1547 81
BIC: PBNKDEFF370

Zahlendreher in der Postleitzahl des Lieferscheins der Wittmann AG

Im zweiten Schritt wird geprüft, ob die gelieferten Waren überhaupt von unserem Unternehmen bestellt worden sind.
Diese Kontrolle erfolgt in der Regel durch einen Abgleich mit der Bestelldatei, die u. a. folgende Informationen enthält:

- Bei welchem Lieferanten wurde bestellt?
- Wann wurde bestellt?
- Was wurde bestellt?
- Welcher Liefertermin wurde vereinbart? (Wurde ggf. ein Fixkauf vereinbart?)

Wenn sich herausstellt, dass die Ware nicht von uns bestellt worden ist, sollte Rücksprache mit der Abteilung „Beschaffung" gehalten werden, ob die Annahme der Ware verweigert werden oder „unter Vorbehalt" erfolgen soll.

In einigen Fällen zeigt sich nämlich, dass es sich bei der gelieferten Ware um eine noch ausstehende Nachlieferung einer vorherigen Bestellung oder der Zusendung einer nicht angekündigten Warenprobe handelt.

Im dritten Schritt ist zu prüfen, ob die Warenlieferung pünktlich erfolgt ist.
Auch diese Kontrolle wird im Regelfall durch einen Abgleich mit der Bestelldatei geklärt.

Sofern aufgrund der Eintragungen in der Bestelldatei hervorgeht, dass die Ware zu spät geliefert worden ist und eine zu späte Lieferung keinen Sinn mehr ergibt (vereinbarter Fixkauf), wird die Annahme verweigert. Hierfür wird ein entsprechender Vermerk auf dem Lieferschein dokumentiert, der vom Versandfahrer zu bestätigen ist. Weiterhin empfiehlt sich hier eine rasche Kontaktaufnahme mit dem Verkäufer/Versender der Ware, um die sich aus der verweigerten Warenannahme ergebende Fragen zeitnah klären zu können.

Anmerkung:
Grundsätzlich sollten alle Anmerkungen auf dem Lieferschein vom Versandfahrer unter Angabe des Datums (ggf. der Uhrzeit) und der Unterschrift bestätigt werden, um den Verdacht zu entkräften, dass Beschädigungen an der Verpackung bzw. der in ihr enthaltenen Ware, erst zu einem späteren Zeitpunkt aufgetreten sind.

Im vierten Schritt erfolgt die Prüfung, ob die richtige Anzahl an Packstücken geliefert worden ist.
Für diesen Kontrollaspekt wird ein Abgleich zwischen der auf dem Lieferschein vermerkten Anzahl an Versandstücken (Soll-Wert) und der vom Mitarbeiter gezählten Anzahl durchgeführt (Ist-Wert).

Differenzen zwischen beiden Werten müssen unbedingt auf dem Lieferschein vermerkt werden. In beiden Fällen wird zu einem späteren Zeitpunkt geklärt, welche Artikel ggf. in zu geringer bzw. zu hoher Stückzahl geliefert worden sind, um eine zeitnahe Nachlieferung zu wenig gelieferter bzw. eine Abholung der überschüssigen Artikel in die Wege leiten zu können.

Im fünften Schritt wird die Transportverpackung auf Schäden kontrolliert.
Schäden an der Transportverpackung können ein Indiz dafür sein, dass die enthaltene Ware ebenfalls beschädigt ist. Schäden an der Transportverpackung sollten daher grundsätzlich möglichst detailliert auf dem Lieferschein vermerkt werden, um spätere Ansprüche auf Nachlieferung etc. geltend machen zu können.

Anmerkung:
Versandfahrer haben in der Regel einen engen Zeitplan. Eine ausführliche Kontrolle ist somit aus Zeitgründen kaum möglich. Die Kontrolle der nächsten zwei Punkte erfolgt deshalb nur stichprobenartig und unter Umständen auch erst, wenn der Versandfahrer bereits abwesend ist.

Im sechsten Schritt wird die Ware auf vorliegende Beschädigungen hin überprüft.
Wenn eine Transportverpackung bereits einen äußerlichen Schaden aufweist, wird die enthaltene Ware besonders sorgfältig auf vorliegende Schäden untersucht. Sofern tatsächlich ein Schaden vorliegt, kann die Annahme der beschädigten Ware verweigert werden.

Neben der Dokumentation auf dem Lieferschein, sollten hier zeitnah die Abteilung „Beschaffung" sowie der Lieferant informiert werden, um eine unter Umständen sinnvolle Nachlieferung schnell in die Wege leiten zu können.

Im siebten Schritt erfolgt die Kontrolle, ob die in der Versandverpackung enthaltene Ware mit der auf dem Lieferschein vermerkten Ware übereinstimmt.
Durch einen Abgleich zwischen dem in Augenschein genommenen Inhalt einer Verpackung und den Angaben auf dem Lieferschein können offensichtliche Fehler festgestellt werden (z. B. Verpackung enthält zehn Tonerkartuschen, laut Lieferschein enthält die Lieferung jedoch gar keine Tonerkartuschen). Derartige Fehler müssen auf dem Lieferschein dokumentiert werden.

Abschnitt 2 – Kontrolltätigkeiten, die in Abwesenheit des Versandfahrers durchgeführt werden.

Ein Unternehmen ist verpflichtet, erhaltene Waren unverzüglich ohne schuldhaftes Verzögern auf vorliegende Mängel zu kontrollieren. Der Begriff „unverzüglich" bedeutet hier, dass eine zeitnahe Prüfung der gelieferten Ware vorzunehmen ist.

Diese zeitnahe Prüfung umfasst die zwei nachstehenden wesentlichen Kontrollaspekte:

Im ersten Schritt wird geprüft, ob die gesamte Liefermenge mit der auf dem Lieferschein enthaltenen Menge übereinstimmt.
Sofern möglich, wird dieser Prüfaspekt bereits in Anwesenheit des Versandfahrers vorgenommen. Bei einer großen Anzahl an Packstücken wird es jedoch notwendig sein, diese Prüfung zu einem späteren Zeitpunkt durchzuführen.

Ergeben sich Differenzen zwischen dem Soll- und dem Ist-Bestand, sollte eine unverzügliche Meldung an den Lieferanten erfolgen. Im Regelfall sind solche Fehler für den Lieferanten durch die beim Versand vorgenommene Messung des Gewichts der Gesamtlieferung zweifelsfrei nachvollziehbar.

Im zweiten Schritt erfolgt die Kontrolle, ob die gelieferte Ware die vereinbarte Qualität erfüllt.
Zur Klärung dieser Frage wird die Ware – abhängig von ihrer Art – beispielsweise auf ihren optisch einwandfreien Zustand, ihre Funktionsfähigkeit oder ihre chemischen Eigenschaften hin überprüft.

Die Qualitätskontrolle wird entweder mithilfe einer **Stichprobenprüfung** durchgeführt (z. B. wird jedes 500ste Mobiltelefon auf seinen optisch einwandfreien Zustand und die technische Funktionsfähigkeit hin überprüft) oder es wird eine Vollprüfung durchgeführt.

Eine **Vollprüfung (100-%-Kontrolle)** wird grundsätzlich bei Erzeugnissen durchgeführt, von denen Menschenleben abhängen (z. B. Flugzeugtriebwerke, Bremsanlagen von Autos) oder in Fällen, wo die Kosten einer späteren Fehlerbehebung über den Kosten für die Kontrolle liegen (z. B. alle Bauteile einer Windkraftanlage – hier ist eine vollständige Qualitätskontrolle günstiger, als wenn die Anlage stillgelegt und zum Teil wieder demontiert werden müsste).

Für den Zeitraum der Qualitätskontrolle wird die Ware noch nicht in den Warenbestand integriert, sondern meist in einem räumlich klar abgegrenzten Teil des Lagers (Sperrlager) zwischengelagert. Durch dieses Verfahren wird sichergestellt, dass mangelhafte Waren (Roh-, Hilfs- oder Betriebsstoffe) nicht in die Produktion bzw. (bei Handelswaren) nicht in das Auslieferungslager gelangen. Zudem erhält die Ware einen körperlichen Sperrvermerk (z. B. durch farbige Aufkleber) sowie eine entsprechende Sperrung im Warenwirtschaftssystem.

Wenn die Wareneingangskontrolle und die vorgenommene Qualitätskontrolle zu keinerlei Beanstandungen geführt haben, wird dies im Regelfall auf dem Lieferschein vermerkt (vgl. nachstehendes Beispiel) sowie auf einem gesonderten Beleg (vgl. Kontrollbeleg Wareneingang der Duisdorfer BüroKonzept KG) dokumentiert. Zudem wird die Lieferung in der Bestelldatei als vollständig und einwandfrei vermerkt, sodass einer Verwendung bzw. Verarbeitung der gelieferten Ware nichts im Wege steht.

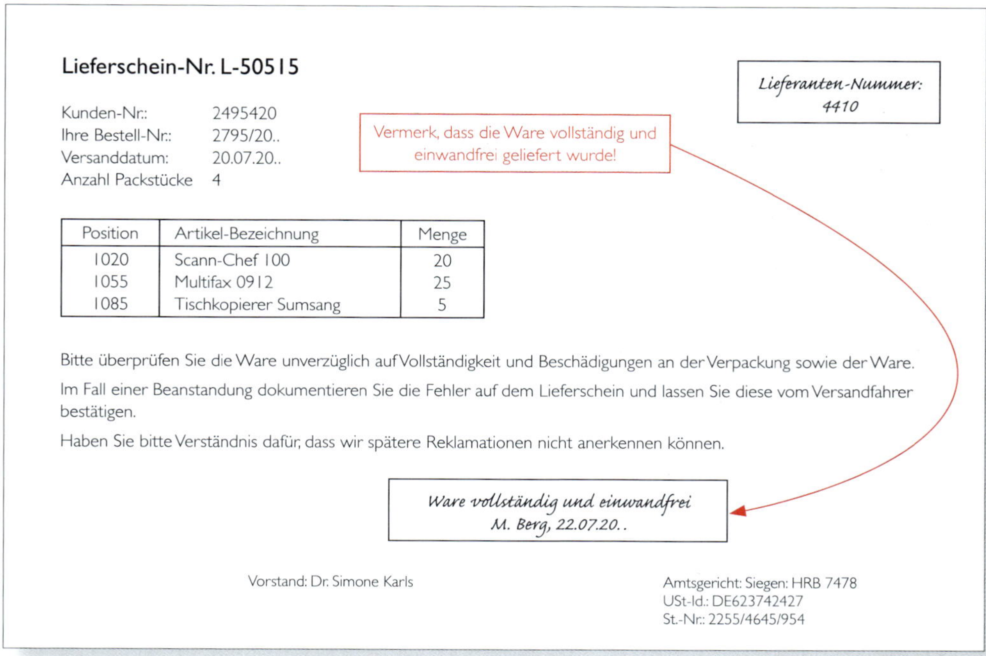

Lieferschein-Nr. L-50515

Lieferanten-Nummer: 4410

Kunden-Nr.: 2495420
Ihre Bestell-Nr.: 2795/20..
Versanddatum: 20.07.20..
Anzahl Packstücke 4

Vermerk, dass die Ware vollständig und einwandfrei geliefert wurde!

Position	Artikel-Bezeichnung	Menge
1020	Scann-Chef 100	20
1055	Multifax 0912	25
1085	Tischkopierer Sumsang	5

Bitte überprüfen Sie die Ware unverzüglich auf Vollständigkeit und Beschädigungen an der Verpackung sowie der Ware.

Im Fall einer Beanstandung dokumentieren Sie die Fehler auf dem Lieferschein und lassen Sie diese vom Versandfahrer bestätigen.

Haben Sie bitte Verständnis dafür, dass wir spätere Reklamationen nicht anerkennen können.

Ware vollständig und einwandfrei
M. Berg, 22.07.20..

Vorstand: Dr. Simone Karls

Amtsgericht: Siegen: HRB 7478
USt-Id.: DE623742427
St.-Nr.: 2255/4645/954

Kontrollvermerk auf dem Lieferschein der Wittmann AG

Der Grund für das Ausfüllen unterschiedlicher Belege besteht darin, dass diese in unterschiedlichen Abteilungen verwendet werden. Der Lieferschein wird beispielsweise für die noch ausstehende Rechnungsprüfung benötigt, während der Beleg der Wareneingangskontrolle in vielen Unternehmen im Bereich des Lagerwesens verbleibt, um bei der Ausgabe von Waren nochmals alle wesentlichen Daten in Augenschein nehmen zu können.

Die Arbeit mit Belegen gehört in vielen Unternehmen allerdings der Vergangenheit an. Heute enthalten viele **Warenwirtschaftssysteme** die vollständigen Informationen über die Bedarfsermittlung, Konditionen des Wareneinkaufs, Daten der Warenkontrolle sowie der Warenlagerung und Warenausgabe. Zusätzliche Belege wie z. B. der Lieferschein werden dabei eingescannt und über das System für jede relevante Stelle sichtbar gemacht.

Sollten sich allerdings Mängel herausgestellt haben, sind diese beim Lieferanten zu reklamieren. Die aus einer mangelhaften Lieferung (Schlechtleistung) resultierenden Rechte werden in Kapitel 19.1 des aktuellen Lernfeldes erläutert.

16 Das Lager als logistische Unterstützung der Auftragserfüllung

16.1 Lagerfunktionen

LS 4.9 Das Lager erfüllt für das Unternehmen viele wichtige Funktionen. Besonders für ein Handelsunternehmen ist ein funktionierendes Lager von größter Bedeutung. Es haben sich in der Praxis fünf grundlegende Funktionen eines Lagers ergeben.

- Sicherung
- Zeitüberbrückung
- Veredelung
- Umformung
- Spekulation

Diese wesentlichen Funktionen werden im Folgenden näher erläutert.

16.1.1 Sicherungsfunktion

Die wichtigste Funktion einer Lagerhaltung ist die Sicherstellung des Produktionsablaufes bzw. die Absicherung der Bestände von Handelswaren, damit jeder Kundenauftrag zeitnah bedient werden kann.

Ein Lager sichert zumindest kurzfristig eine weitere Produktion oder Kundenbelieferung, wenn Störungen in der Beschaffung von Gütern aller Art auftreten. Störungen in der Beschaffung können dabei entweder unerwartet bzw. absehbar auftreten und sind von der Dauer her kurz- bzw. langfristig.

Beispiel

- *Ein Lieferant aus der Region liefert zwei Tage verspätet, weil der Spediteur einen Unfall hatte (unerwartet und kurzfristig).*
- *Ein Lieferant kann eine bestimmte Ware für unbestimmte Zeit nicht liefern, weil ein Lieferverbot (länderübergreifend) erlassen wurde (absehbar und langfristig).*

16.1.2 Zeitüberbrückungsfunktion

Bei der Überbrückungsfunktion, die teilweise auch Ausgleichsfunktion genannt wird, werden Produkte oder auch Werkstoffe für einen bestimmten Zeitraum eingelagert, weil sie nicht direkt weiterverarbeitet oder verkauft werden können. Das Lager dient hier als Zeitpuffer, um einen reibungslosen Ablauf der Gesamtproduktion zu gewährleisten oder eben die Zeit zwischen Produktion und Verkauf zu überbrücken.

Beispiel

- *Die Winterkollektion wird schon im Sommer produziert und bis zum Herbst (Verkaufsphase) eingelagert.*
- *Getreide wird im Sommer geerntet und eingelagert. Erst später erfolgt die Weiterverarbeitung.*

16.1.3 Veredelungsfunktion

Bei der Veredelungsfunktion durch das Lager wird das Produkt im Laufe der Zeit wertvoller, das heißt, die Qualität erhöht sich und der zu erzielende Verkaufspreis steigt ebenfalls. Für diese Funktion müssen oft bestimmte Bedingungen im Lager herrschen, um eine optimale Veredelung zu erreichen. Dabei werden vor allem Luxusgüter aus der Nahrungsmittelbranche auf diese Weise verbessert.

Beispiel
Beispiele für die Veredelung sind z. B. Whiskey, Wein, Käse, Schinken oder auch Tabak. Manchmal müssen die Güter auch lagern, um überhaupt erst verkaufsfähig zu sein. Dies trifft auf unreife Bananen und frisch geschlagenes Holz zu.

Die folgenden Abbildungen zeigen zwei Produkte beim Veredelungsprozess im Lager.

Käse in der Reifephase im Lager

Schinken in der Veredelung

16.1.4 Umformungsfunktion

Im Rahmen der Umformung innerhalb des Lagerprozesses wird eine Änderung der Größen- oder Mischverhältnisse vorgenommen. Das bedeutet, dass ein Unternehmen in der Regel große Mengen eines Produktes einkauft und diese dann in kleinere bzw. praktischere Mengen abpackt. Diese Funktion kann natürlich auch umgekehrt angewendet werden, das heißt, es werden viele kleine Mengen geliefert und im Lager werden diese zu einem Großauftrag zusammengefasst.

Beispiel
Als Beispiel können hier landwirtschaftliche Erzeugnisse angeführt werden.

Große Mengen von Äpfeln bei der Anlieferung

Äpfel in Transportkisten nach der Umformung

16.1.5 Spekulationsfunktion

Im Rahmen der sogenannten Spekulationsfunktion kann das Unternehmen seine Lagerkapazitäten ausnutzen, um bestimmte Waren oder Güter am Markt sehr günstig einzukaufen. Dabei können ggf. auch Sonderpreise und Rabattaktionen von Lieferanten Auslöser für den Kauf sein. Aber auch der Einkauf zu normalen Marktpreisen kann sinnvoll sein, wenn eine Erhöhung des Kaufpreises zu erwarten ist. Durch diese Funktion ist das Unternehmen in der Lage, die Kosten gut kalkulieren zu können und große Preisschwankungen im Einkauf zu vermeiden. Eventuell können dadurch auch zusätzliche Gewinne erzielt werden.

Beispiel
Eine Brauerei nutzt die günstigen Hopfenpreise und kauft große Mengen auf Vorrat ein, weil sie von steigenden Einkaufspreisen beim Hopfen ausgehen.

16.2 Lagerorganisation

Die Organisation im Lager sollte so gestaltet sein, dass die Arbeitsprozesse in diesem Bereich optimal ablaufen. Das bedeutet, dass möglichst keine Störungen auftreten und die Kosten gering gehalten werden. Die meisten organisatorischen Festlegungen sind im Vorfeld zu treffen und werden in der Regel auch nicht mehr verändert.

16.2.1 Verortung des Lagers im Unternehmen

Zu diesen Entscheidungen gehört die Festlegung des Lagerortes. Dabei wird zunächst darüber entschieden, wo im Unternehmen sich das Lager grundsätzlich befindet. Es kann entweder als Zentrallager für alle Abteilungen an einem Ort angeordnet sein oder in Form dezentraler Lagereinheiten an vielen Orten in der Nähe der jeweiligen Abteilungen.

Zentraler Lagerort

Die einfachste Methode seinen Lagerort zu bestimmen, ist die Wahl eines Zentrallagers. Dabei wird im Unternehmen eine Position gesucht, die ausreichend groß und für alle Abteilungen gut zu erreichen ist. Es werden hier bewusst unterschiedliche Transportwege in Kauf genommen, um die eigentlichen Lagerkosten durch Konzentration auf einen Ort und eine entsprechend einfache Logistik so gering wie möglich zu halten.

Dezentrale Lagerorte

Bei dieser Organisation der Lagerung haben alle wichtigen Abteilungen und Produktionsstätten eine eigene Lagereinheit, die sie mit den wichtigsten Gütern versorgt. Das Augenmerk liegt hier natürlich auf der Verkürzung der Transportwege und der Vermeidung von Reibungsverlusten. Diese kleinen Lösungen sind in der Regel sehr flexibel und können bei räumlich getrennten Werken auch die einzige tragbare Lösung sein.

16.2.2 Prinzip des Lagerplatzes

Die zweite Entscheidung betrifft die Lagerung der Güter innerhalb des Lagers. Es werden zwei Grundideen unterschieden, die beide ihre Vor- und Nachteile haben: die chaotische Lagerhaltung, die auch als sogenanntes Freiplatzsystem bezeichnet wird, und alternativ das Festplatzprinzip. Welches Prinzip jeweils das Beste für das Unternehmen ist, hängt von den Gegebenheiten ab.

Chaotische Lagerhaltung (Freiplatzsystem)

Im Rahmen der Organisation im Lagerbereich wird häufig die sogenannte chaotische Lagerhaltung angewendet. Dieses „Freiplatzsystem" funktioniert so, dass die Güter dort eingelagert werden, wo gerade genügend Platz frei ist. Manchmal wird diese Organisationsform auch als die intelligente Lagerung bezeichnet, bei der sich eine Materialart zufallsbedingt an wechselnden Lagerplätzen befinden kann.

Die Umsetzung erfolgt computergestützt und ist damit abhängig von einem schnellen und gut funktionierenden Verwaltungssystem. Bei dieser Lagerung wird die Lagerkapazität optimal ausgenutzt und das eigentliche Lager kommt mit einer relativ kleinen Grundfläche aus. Der Ausfall der Computersysteme führt allerdings auch zu „chaotischen" Zuständen und kann die gesamte Logistik zum Stillstand bringen.

Festplatzsystem

Bei diesem Prinzip ist die Handhabe im Lager eigentlich ganz einfach. Jedes Gut hat seinen eigenen Lagerplatz und dieser ist festgelegt. Nach kurzer Zeit kennt der Mitarbeiter im Lager die Plätze und kann diese sicher verwalten. Dabei sind natürlich die individuellen Platzgrößen beschränkt und es kann sein, dass für bestimmte Stoffe der Transportweg durch das Lager immer sehr lang ist. Bei erfahrenen Lagerleitern ist der Einsatz von Computersystemen nur unterstützend nötig und ein Ausfall der Anlage hat keine Lieferprobleme zur Folge, da alle Aufträge auch manuell ausgeführt werden können.

16.3 Die Lagerkarteikarte

Die Lagerkarteikarte, die auch als Artikel-Lagerkarte bezeichnet werden kann, ermöglicht eine detaillierte Übersicht über die gelagerten Artikel. Jede Bestandsveränderung des Artikels kann eingetragen und gespeichert werden. Dies gilt auch für die zeitliche Dokumentation über den Ein- und Verkauf des Artikels. Manuelle Änderungen des Bestands, die z. B. durch eine Inventur bedingt sind, sind ebenfalls ersichtlich, sodass sich mithilfe der Lagerkarte jederzeit die Korrektheit des Bestandes überprüfen lässt.

Die folgende Darstellung zeigt den möglichen Aufbau einer Artikel-Lagerkarte unter Verwendung eines Tabellenkalkulationsprogrammes.

Beispiel
Auszug aus einer Artikel-Lagerkarte für die Handelsware Beamer

Duisdorfer BüroKonzept KG

Ausstattung und Beratung für das Büro

Duisdorfer BüroKonzept KG · Rochusstraße 30 · 53123 Bonn

Artikel-Lagerkarte

Lagerbestandsdaten	
Artikel:	Beamer
Artikel-Nr.:	305555
Standort:	Bonn
Mindestbestand:	25
Meldebestand:	100
Höchstbestand	1000
Bezugspreis/St.:	322.18 €
Nettoverkaufspreis/St.:	499.00 €

Aktueller Lieferant:	Ban-Q Coporation, Taipei

Datum	Eingang	Ausgang	Aktueller Bestand in Stück	Aktueller Bestand in EUR	Mitarbeiter	Vorgangs-Nr.
01.01.			20	6.443,60 €		
17.01.	15		35	11.276,30 €	Berg	0012
21.01.		6	29	9.343,22 €	Berg	0013
15.02.		3	26	8.376,68 €	Berg	0014

Im Folgenden kurze Erläuterungen zu den Feldern der Artikel-Lagerkarte aus dem Beispiel. Vorab der Hinweis, dass es weder in der Literatur noch in den Unternehmen einheitliche Formulare oder Inhalte bei den Lagerkarten gibt. Dieses Beispiel ist nur eine mögliche Variante und soll in Form und Inhalt nur eine Orientierung geben.

Die folgenden Ausführungen sollen die einzelnen Felder aus dem Beispiel kurz erläutern. Zuerst werden die Lagerbestandsdaten erklärt, danach die Angaben zur Verbuchung.

- Artikel: Bei dem Artikel wird der Artikelname des Produktes vermerkt. In diesem Fall handel es sich um einen Beamer.
- Artikel-Nr: Die Artikelnummer ermöglicht über eine Abkürzung oder einen anderen Code die eindeutige Identifikation.
- Standort: Die Angabe vom Standort soll bei mehreren Lagerstandorten eindeutig den Lagerort angeben.
- Mindestbestand: Dieser gibt an, welcher Bestand zur Sicherheit der Lieferfähigkeit nie unterschritten werden sollte.
- Meldebestand: Diese Angabe zeigt an, bei welchem Bestand eine neue Bestellung erfolgen sollte.
- Höchstbestand: Dieser Wert gibt an, welche Menge maximal beim aktuellen Lagerplatz untergebracht werden kann.

- Bezugspreis/St.: Der Wert ist der aktuelle bzw. letzte Preis, der für das entsprechende Lagergut gezahlt wurde. Er wird in der Regel als Stückpreis angegeben.
- Nettoverkaufspreis/St.: Hier wird aufgeführt, mit welchem Listenpreis aktuell das Produkt in den Verkauf geht.
- Aktueller Lieferant: Hier wird der Name des aktuellen Lieferanten vom Lagerartikel aufgeführt. Ggf. können hier auch mehrere Lieferanten genannt werden.
- Datum: Hier wird das Datum eingetragen, an dem eine Aktion mit dem Lagerartikel vorgenommen wird.
- Eingang: Der Posten Eingang gibt die Menge an, die dem Bestand hinzugefügt worden ist.
- Ausgang: Der Posten Ausgang gibt die Menge an, die aus dem Bestand entnommen wurde.
- Aktueller Bestand: Hier wird der aktuelle Bestand in Stück angegeben, der laut Buchhaltung noch auf Lager sein sollte.
- Aktueller Bestand in EUR: Der gleiche Bestand wie vorher nur als Wertangabe in Euro.
- Mitarbeiter: Diese Angabe soll den Mitarbeiter ausweisen, der für eine Veränderung des Bestandes verantwortlich war.
- Vorgangs-Nr.: Dies ist eine interne Nummerierung, die den jeweiligen Vorgang eindeutig identifizieren kann.

Wie im Vorfeld schon beschrieben gilt für die Artikel-Lagerkarte das gleiche Prinzip wie für den Lieferschein. Es ist ein internes Instrument, das individuell gestaltbar ist und von den Unternehmen mit unterschiedlichen Informationen versehen wird. Welche Daten konkret aufgenommen werden, legt das Unternehmen nach eigenen Vorgaben fest.

16.4 Lagerarten

Die Lagerarten, das heißt, der Aufbau und die Struktur in einem Lager, lassen sich nach verschiedenen Kriterien unterscheiden. Mögliche Kriterien sind:
- die Bauart, die von den zu lagernden Stoffen bestimmt wird,
- die Funktion, die innerhalb des betrieblichen Prozesses entscheidend ist und
- die Art des Eigentümerverhältnisses.

Die bekanntesten Ausprägungen der Lagerarten sind in der folgenden schematischen Abbildung exemplarisch mit Beispielen dargestellt.

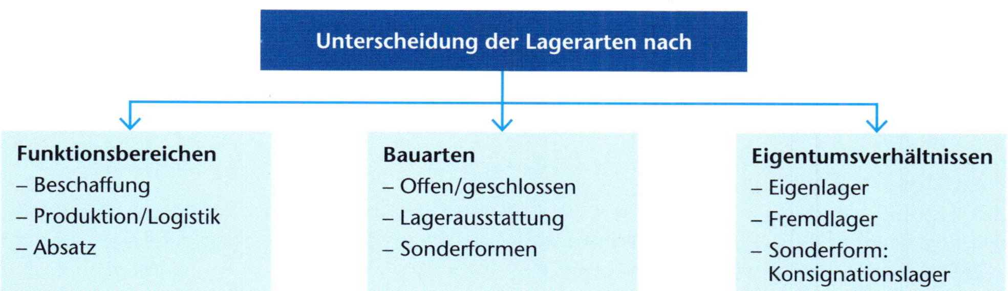

Schematische Darstellung der Lagerarten

16.4.1 Nach Funktionsbereichen

Im Lager werden die verschiedenen Arten nach den jeweiligen Funktionsbereichen unterschieden. Man geht in der Regel davon aus, dass ein industrielles Unternehmen drei Funktionsbereiche aufweist:
- Die Beschaffung,
- die Produktion und
- den Absatz.

In traditionellen Handels- und Dienstleistungsunternehmen entfällt der klassische Produktionsbereich. Dieser wird hier sehr häufig durch den Bereich Logistik ersetzt. Geprägt ist der Bereich in diesem Fall durch z. B. ein großes Lager, den Fuhrpark und ähnliche Merkmale.

Lagerarten im Bereich der Beschaffung

Eingangslager
Am Anfang der Produktionskette befindet sich das Eingangslager. Hier werden alle Güter, die zur Produktion oder zum Weiterverkauf beschafft wurden, zunächst angeliefert und erfasst. Aus dem Eingangslager entnehmen die weiteren Bereiche die von ihnen benötigten Waren und Produkte. Diese können natürlich auch weiterverteilt werden.

Ob es dieses Lager als eigene Sonderfunktion gibt, hängt von der Größe des Unternehmens ab. Viele Funktionen, die in diesem Abschnitt aufgeführt und erläutert werden, finden sich in kleinen und mittleren Unternehmen in Mischformen wieder. Teilweise sind diese Lagerarten gar nicht vorhanden, da sie nicht benötigt werden.

Haupt- und Nebenlager, Hilfslager
Diese Unterscheidung findet nur in sehr großen Unternehmen Anwendung. Sie ist außerdem im Logistikbereich der Bundeswehr sehr verbreitet. Allgemein kann das Hauptlager auch immer mit dem Prinzip eines Zentrallagers verglichen werden. Die Nebenlager befinden sich in diesem Zusammenhang dezentral und haben nur einen kleinen Umfang. Sie werden vom Hauptlager versorgt und sollen direkt (vor Ort) die Versorgung sichern.

Eine noch kleinere Einheit der Lagerung in dieser Kette ist das sogenannte Hilfslager. Dies wird auch allgemein als Handlager bezeichnet und „hilft" bei sehr kleinen Problemen sofort aus. Zu weiteren Erläuterungen lesen Sie bitte auch die Informationen zu zentralen und dezentralen Lagerorten und zum Handlager in diesem Abschnitt.

Lagerarten im Bereich der Produktion

Zwischenlager
Das Zwischenlager überbrückt Verzögerungen bei einer nicht zeitsynchronen Produktionskette. Manchmal erfordert aber auch der vorhergehende Produktionsschritt eine gewisse Zeit, um das Produkt weiterverarbeiten zu können, wie dies z. B. bei einer Lackierung der Fall ist, die bis zur Weiterverarbeitung trocknen muss. Das Zwischenlager ermöglicht diese Überbrückung und vermeidet Behinderungen des weiteren Produktionsablaufs.

Handlager
Ein Handlager findet sich oft in kleinen Produktionsstätten bzw. an Werkbänken, die kurzfristig mit Kleinteilen die Fertigung sicherstellen und bei kleinen Störungen oder Defekten sofort zu einer Reparatur benutzt werden können.

Beispiel

Handlager in einem Industriebetrieb

Lagerarten im Bereich Absatz

Im Lager für den Absatzbereich bzw. den Vertrieb werden die Güter aufbewahrt, bis sie zum Kunden versandt oder transportiert werden. Dabei muss in diesem Bereich sehr vorsichtig und sorgsam agiert werden, da der Wert des Lagergutes sehr hoch ist. Kleine Fehler in der Einlagerung und bei der Verpackung können zu erheblichen Wertverlusten führen.

Fertigwarenlager

Dieses Lager ist in der Produktionskette für das fertige Produkt zuständig. Hier werden die Güter aufbewahrt, bis sie für den Kunden bereitstehen sollen. In großen Unternehmen besteht noch eine räumliche Trennung zwischen dem Fertigwarenlager und dem Versandlager. Viele Unternehmen sparen sich jedoch die Zwischenstufe und bereiten die Produkte direkt aus dem Fertigwarenlager für den Versand oder Transport zum Kunden auf. Dann entfällt die explizite Unterscheidung.

Versandlager

In diesem Lager bereiten die Mitarbeiter die Produkte für den Versand an den Kunden auf, das heißt, hier wird festgelegt, auf welchem Weg das Produkt den Kunden erreichen soll. Der Versand erfolgt in der Regel über Drittanbieter aus der Transportlogistikbranche, wie z. B. DHL, Hermes, FedEx oder UPS, die diese Dienstleistung übernehmen.

Diese gehen mit unterschiedlichen Transportmitteln, wie z. B. Lkw, Bahn und ggf. auch Schiff, auf den Weg zum Kunden. Ab einer bestimmten Größe des Unternehmens oder Auslieferungen von großen Mengen an Stammkunden übernimmt die Versandaufgabe zumindest teilweise auch die eigene Logistikabteilung mit einem entsprechenden Fuhrpark.

Handelswarenlager

Das Handelswarenlager hat die gleichen Voraussetzungen wie das Fertigwarenlager. Der Unterschied besteht lediglich in der Einbindung in den Wertschöpfungsprozess des Unternehmens. Während das Fertigwarenlager die Endprodukte einer Produktion aufnimmt, ist das Handelswarenlager, wie der Name schon sagt, für die Aufbewahrung von Produkten zuständig, die das Unternehmen nur handelt, das heißt, ankauft und wieder verkauft.

16.4.2 Nach Bauarten

Offen

Bei der Unterscheidung nach Bauarten stellt sich zunächst die Frage, ob die Lagergüter in einem geschlossenen Raum oder unter freiem Himmel gelagert werden. Dabei hängt es von der Beschaffenheit des Gutes ab, ob diese kostengünstig offen gelagert werden können. Dies trifft vor allem auf Güter aus der Baubranche wie z. B. Sand, Kies etc. zu. Die offene Lagerung wird meist an angrenzenden Flächen zum geschlossenen Lagerraum praktiziert. Die Fläche ist in der Regel durch einen Schutzzaun vor unberechtigtem Zugriff geschützt.

Halb offen

Wenn die Ware (z. B. Fertigerzeugnisse) durch eine Verpackung vor Witterungseinflüssen geschützt ist, kann diese teilweise auch auf freien Flächen gelagert werden. Diese Form wird als halb offene Lagerung bezeichnet. Dabei kommen insbesondere Güter mit großem Platzbedarf, wie z. B. PKWs und verpackte Maschinen, in Betracht.

Geschlossen

Bei dieser Form handelt es sich um Lagerflächen, die komplett umbaut sind. Dies können Lagerhallen, aber auch feste Gebäude sein, in denen die Waren vollkommen geschützt vor unberechtigtem Zugriff und Witterungseinflüssen sind. Das bedeutet, dass auch empfindliche Güter über einen längeren Zeitraum eingelagert werden können.

Ein- und mehrgeschossige Nutzung
Die Aufteilung innerhalb des Raumes kann auf einer oder in mehreren Ebenen erfolgen. Im Fachjargon wird von eingeschossigen bzw. mehrgeschossigen Lagern gesprochen.

Die Variante auf einer Ebene eignet sich optimal für die Kommissionierung sowie bei ausreichend Platzangebot im Unternehmen. Die mehrgeschossige Variante kann den Lagerraum in der Höhe durch Aufbauten und verschiedene Regaltypen erheblich erweitern und ausbauen. Dabei ist die Deckenhöhe der limitierende Faktor für die Ausnutzung. Die Benutzung von Lagerfläche in der Höhe ist sehr aufwändig und sollte nur bei Gütern mit geringer Umschlagsgeschwindigkeit genutzt werden.

Beispiele

Freilager mit Holzbalken

Geschlossene Lagerhalle ohne Inneneinrichtung

Lagerausstattung

In diesem Unterabschnitt sollen kurz die Möglichkeiten der Gestaltung von Lagerräumen dargestellt werden. Es wird grob in Gegenstände, die der tatsächlichen Einrichtung dienen (wie z. B. Regale, Schränke etc.), und den Transport- und Fördermitteln (wie z. B. Kräne, Gabelstapler etc.) unterschieden.

Regalsysteme
Durch Regalsysteme wird die Lagerfläche erhöht und der Raum wird in der Höhe optimal ausgenutzt. Die Lagerung erfolgt durch den Regalaufbau auf unterschiedlichen Ebenen. Die Formen und Systeme von Regalen sind vielfältig. Es werden daher nur ausgewählte Typen kurz erläutert.

Der Klassiker ist das Palettenregal. Hier werden die Waren auf genormte Paletten gestapelt und in die Regale befördert. Diese haben nur offene Querstreben und sind dadurch sehr leicht zugänglich. Ein Nachteil dabei ist, dass immer nur ganze Palletten bewegt werden können. Die Lagerung ist dafür aber sehr robust und kann über viele Ebenen erfolgen. Im Gegensatz dazu hat das Fachboden- bzw. Schubfachregal ein geschlossenes Regalfach in allen Ebenen. Die Waren können hier direkt in das Fach eingelagert und dadurch auch in gewünschter Stückzahl entnommen werden. Eine Sonderform ist das Durchlaufregallager. Die Regale sind in der Regel schräg nach unten geneigt und die Waren schieben sich automatisch nach. Die Warenbestände werden von hinten nachgefüllt und von vorn entnommen. Es herrscht so ein Fluss, der garantiert, dass immer die älteste Ware als nächstes entnommen wird.

Fördersysteme
Neben den festen Varianten gibt es auch Regalsysteme, die eine gewisse Eigendynamik haben bzw. mit Fördersystemen arbeiten. Dazu zählt das sogenannte Paternosterregal. Bei diesem laufen die Waren vertikal auf einem umlaufenden Kettensystem und sind sehr flexibel in der Einlagerung. Die Variante in horizontaler Form ist ein Umlaufregal, bei dem die Waren auf einem Fördersystem eingelagert werden. Neben der Beweglichkeit durch Fördersysteme können aber auch die Regale selbst bewegt werden. Diese Versionen werden als Verschieberegale bezeichnet.

Unabhängige Transportmittel sorgen für die Entnahme und Zufuhr bei festen Regalplätzen. Zu den bekanntesten Transportmitteln zählen sicher die Stapler in den Typen Gabelstapler und Hochregalstapler. Es sind zunehmend auch sogenannte Hubfördersysteme im Einsatz. Dazu zählen alle Varianten von Kränen und Aufzugssystemen.

Sonderformen
Außer den Regalen werden für bestimmte Güter auch spezielle Aufbewahrungsformen benötigt. Das gilt insbesondere für flüssige oder gasförmige Stoffe, die in Tanks eingelagert werden. Bei sehr wertvollen Gütern kann eine besondere Anforderung auch an die Sicherung der Güter gestellt werden. Dies trifft auch auf Güter zu, die besondere Ansprüche an die Umweltbedingungen stellen. Beispiele sind Tiefkühlprodukte oder empfindliche Bauteile der Elektrotechnik, die eine staubfreie Umgebung benötigen. Die Einrichtung des Lagerraumes muss diesen Gütern entsprechend angepasst sein.

16.4.3 Nach Eigentumsverhältnissen

Bei der Frage nach den Eigentumsverhältnissen im Lagerbereich sind die Kosten der entscheidende Faktor. Die Höhe der anfallenden Lagerkosten bestimmt, ob es sich lohnt ein eigenes Lager aufzubauen und zu betreiben oder ob es sich rechnet den Lagerbestand an Dritte (also Unternehmensfremde) abzugeben. Es wird daher zwischen Eigen- und Fremdlagern unterschieden.

Eigenlager

Normalerweise möchte jedes Unternehmen seinen Lagerbestand und seine Reserven bzw. Produkte selbst verwalten und vor Ort, das heißt, direkt auf dem eigenen Gelände haben. Dabei kann der Raum nach eigenen Vorstellungen gestaltet sein und es ist jederzeit ein direkter Zugriff möglich, ohne einen Dritten einbeziehen zu müssen.

Ein Lager verursacht extrem hohe Kosten (Personal, Energie etc.) und bindet gleichzeitig viel Kapital durch den Lagerraum, die erforderliche Technik und Inneneinrichtung. Zudem wird eine große Fläche benötigt, die in manchen Unternehmen nicht zur Verfügung steht. Es könnte daher rechnerisch interessant sein, die Lagerfunktion an Dritte abzugeben.

Fremdlager

Die Lagerfunktion kann von Fremdanbietern, wie z. B. Speditionen oder Lagerlogistikern, übernommen werden. Das ist in der Regel kostengünstiger und gut kalkulierbar, da mit festen Werten gerechnet wird. Zudem entfallen die hohen Summen der Erstinvestition und das Risiko einer möglichen Fehlplanung. Ein großer Vorteil kann die Übernahme von Zusatzfunktionen sein, die das eigene Unternehmen nicht leisten kann oder aus Kostengründen auslagern möchte. Dazu zählen z. B. Tätigkeiten der Buchführung und der Bestandkontrolle.

Sonderform Konsignationslager
Eine Sonderform ist das sogenannte Konsignationslager. Dieses Lager gehört dem Lieferanten, befindet sich aber auf dem Gelände des Kunden. Die Besonderheit dabei ist, dass die Zufuhr und Verwaltung der Lieferant übernimmt, der Kunde aber einen direkten Zugriff zur Entnahme hat. Damit sichert sich der Kunde eine direkte Versorgung mit den benötigten Materialien. Die bereitgestellte Ware wird als ein Kommissionsgut bezeichnet.

17 Die Rechnungskontrolle

LS 4.10

Die Kontrolle von Eingangsrechnungen erfolgt im Normalfall in der Abteilung „Rechnungswesen/Buchhaltung", wo die Rechnungen – sofern keine Beanstandungen vorliegen – auch zur Zahlung angewiesen und verbucht werden.

Die Rechnungskontrolle erfolgt meist erst einige Tage nach der Wareneingangskontrolle. Grund hierfür ist der Umstand, dass Rechnungen vom Verkäufer häufig erst nach der erfolgreichen Auslieferung der Ware – und ggf. einer Rückmeldung über den einwandfreien Zustand der Ware durch den Käufer – versendet werden.

Um eine vollständige Kontrolle durchführen zu können, werden die folgenden Belege benötigt:
- Angebot des Lieferanten, sofern dies Grundlage für den Kaufvertrag war
- Bestellung, ggf. als Auszug aus der Bestelldatei
- Lieferschein
- Kontrollbeleg, sofern auf dem Lieferschein vermerkt ist, dass die Ware teilweise beschädigt ist
- Rechnung

Eine Rechnungsprüfung unterteilt sich dabei stets in die Prüfung der **sachlichen Richtigkeit** und der **rechnerischen Richtigkeit**. Die einzelnen Prüfaspekte und die hierfür notwendigen Belege werden nachstehend kurz erläutert.

Kontrollaspekte bei der Prüfung der sachlichen Richtigkeit

Ist die vorliegende Rechnung für uns bestimmt?
Ähnlich bei der Wareneingangskontrolle können sich auch Rechnungen im Posteingang befinden, die trotz scheinbar korrekter Adresse nicht für unser Unternehmen bestimmt sind. Diese sollten – möglichst mit einem kurzen Hinweis versehen – an den Versender der Rechnung zurückgeschickt werden.

Ist die der Rechnung zugrunde liegende Warenlieferung bereits eingetroffen und sind die Waren einwandfrei geliefert worden?
Zur besseren Nachvollziehbarkeit werden die Lieferscheine und Rechnungen im Regelfall mit der von uns vergebenen Bestellnummer gekennzeichnet. Wenn eine Rechnung eingeht, ohne dass der zugehörige Lieferschein vorliegt bzw. die Bestelldatei einen Wareneingang dokumentiert, wird Rücksprache mit dem Lieferanten gehalten.

Sofern hingegen eine mangelhafte Lieferung vorliegt, wird die Rechnung solange gesperrt, bis Klarheit hinsichtlich einer möglichen Ersatzlieferung bzw. Nachbesserung der schadhaften Ware vorliegt. In diesem Fall ist auf jeden Fall der Lieferant zu benachrichtigen, um Zahlungserinnerungen zu vermeiden.

Stimmen die auf der Rechnung vermerkten Artikel und Mengeneinheiten mit denen des Lieferscheins überein?
Sofern die Rechnung Differenzen zu den auf dem Lieferschein vermerkten Angaben enthält, ist die Rechnung zu sperren. Auch hier ist eine Kontaktaufnahme zum Lieferanten sinnvoll, damit dieser die Rechnung prüfen und im Regelfall eine korrigierte Rechnung zusenden kann.

In der nachstehenden Abbildung werden z. B. 25 Einheiten des Artikels Scann-Chef 100 (Art.-Nr. 1020) berechnet, obwohl laut Lieferschein nur 20 Stück geliefert worden sind.

Stimmen die auf der Rechnung ausgewiesenen Einzelpreise mit denen überein, die Grundlage für den Abschluss des Kaufvertrags waren?
Sofern die Rechnung höhere Einzelpreise als die zuvor vereinbarten Preise enthält und der Kaufvertrag keine Preisanpassungsklauseln enthält, ist die Rechnung beim Lieferanten zu reklamieren. Werden hingegen geringere Preise auf der Rechnung ausgewiesen, sollte ebenfalls der Lieferant kontaktiert werden, um eine weitere vertrauensvolle Zusammenarbeit in Zukunft nicht zu gefährden.

In der nachstehenden Abbildung wird für den Artikel Multifax 0912 (Art.-Nr. 1055) ein Einzelpreis in Höhe von 44,70 € aufgeführt, obwohl der vereinbarte Preis bei 44,40 € liegt.

Bank: Postbank Köln
IBAN: DE70 3701 0050 5135 1547 81
BIC: PBNKDEFF370

Ihr Zeichen	Ihre Bestellung vom	Unser Zeichen	Telefon	Name	Datum
AP	17.07.20..	BK		Bianca Kuhn	27.07.20..

Lieferanten-Nummer: 4410

Rechnung

Kunden-Nr.: 2495420
Rechnungs-Nr.: 50515
Ihre Bestell-Nr.: 2795/20..
Lieferschein-Nr.: L-50515
Versanddatum: 20.07.20..

Rechnung fehlerhaft – keine Freigabe!
Neue Rechnung wurde per Mail angefordert!

Artikel-Nr.	Artikel-Bezeichnung	Menge	Einzelpreis €	Gesamtpreis €
1020	Scann-Chef 100	25	92,50	2.312,50
1055	Multifax 0912	25	44,70	1.117,50
1085	Tischkopierer Sumsang	5	198,50	992,50
		Nettobetrag		4.422,50
		Umsatzsteuer 19,0%		840,28
		Rechnungsbetrag		5.262,78

zahlbar 30 Tage ab Rechnungsdatum ohne Abzug
2% Skonto bei Zahlung innerhalb von 10 Tagen ab Rechnungsdatum

Sachliche Fehler in der Rechnung der Wittmann AG – Rechnung wird gesperrt

Stimmen die auf der Rechnung ausgewiesenen Preisnachlässe sowie die Zahlungskonditionen mit denen überein, die Grundlage für den Abschluss des Kaufvertrags waren?
Bei diesem Kontrollaspekt wird geprüft, ob der Lieferant die im Kaufvertrag dokumentierten Preisnachlässe (Skonto, Rabatt, Bonus etc.) gewährt hat und ob die angegebenen Zahlungsbedingungen (z. B. zahlbar innerhalb von 30 Tagen netto Kasse oder innerhalb von 10 Tagen abzgl. 2 % Skonto) auf der Rechnung dokumentiert worden sind.

Kontrollaspekte bei der Prüfung der rechnerischen Richtigkeit

Sind die Gesamtbeträge der einzelnen Rechnungspositionen und der Netto-Rechnungsbetrag korrekt berechnet worden?
Neben der Kontrolle der Einzelpreise (sachliche Rechnungsprüfung) ist für jede Position zu prüfen, ob das Ergebnis aus Menge x Einzelpreis korrekt ist. Besondere Aufmerksamkeit ist geboten, wenn in einer Rechnungszeile der jeweilige Rabatt abgezogen wird.

Weiterhin ist zu prüfen, ob die Summe der einzelnen Positionen identisch ist mit dem auf der Rechnung ausgewiesenen Nettobetrag.

Etwaige Fehler werden dem Lieferanten unter Angabe der Rechnungsnummer mitgeteilt, damit dieser zeitnah eine korrigierte Rechnung erstellen kann.

Anmerkung:
Auch für die folgenden Kontrollaspekte gilt: Wird ein Rechenfehler festgestellt, wird dieser zeitnah – unter Angabe der Rechnungsnummer – dem Lieferanten mitgeteilt. Auf die Nennung dieses Hinweises wird in den nächsten Kontrollaspekten verzichtet.

Sind die Preisnachlässe richtig berechnet worden?
Wie bereits im obigen Kontrollaspekt dargestellt, sind die Positionen „Rabatt“ und „Skonto“ genau zu prüfen. Hintergrund ist der, dass viele Rechnungen heute automatisch erstellt werden. So kann eine Rechnung zwar z. B. den Hinweis „10 % Rabatt“ beinhalten, die hinterlegte Formel aber beispielsweise nur mit 5 % die Berechnungen ausführen.

Sind die Umsatzsteuer und der Brutto-Rechnungsbetrag richtig berechnet worden?
An dieser Stelle muss kontrolliert werden, ob der Umsatzsteuerbetrag vom Netto-Rechnungsbetrag (100 %) berechnet worden ist.

Zudem hat die Kontrolle zu erfolgen, ob die Summe aus dem Netto-Rechnungsbetrag und der Umsatzsteuer identisch mit dem – auf der Rechnung ausgewiesenen – Brutto-Rechnungsbetrag ist.

In der nachstehenden Abbildung ist beispielsweise die Umsatzsteuer fehlerhaft berechnet worden. Statt des ausgewiesenen Betrags in Höhe von 870,28 € müsste der Umsatzsteuerbetrag bei nur 840,28 € liegen. Auch der Rechnungsbetrag ist somit falsch.

Bank: Postbank Köln
IBAN: DE 7037 0100 5051 3515 4781
BIC: PBNKDEFF370

Ihr Zeichen	Ihre Bestellung vom	Unser Zeichen	Telefon	Name	Datum
AP	17.07.20..	BK		Bianca Kuhn	27.07.20..

Rechnung

Lieferanten-Nummer: 4410

Kunden-Nr.: 2495420
Rechnungs-Nr.: 50515
Ihre Bestell-Nr.: 2795/20..
Lieferschein-Nr.: L-50515
Versanddatum: 20.07.20..

Rechnung fehlerhaft – keine Freigabe!
Neue Rechnung wurde per Mail angefordert!

Artikel-Nr.	Artikel-Bezeichnung	Menge	Einzelpreis €	Gesamtpreis €
1020	Scann-Chef 100	25	92,50	2.312,50
1055	Multifax 0912	25	44,70	1.117,50
1085	Tischkopierer Sumsang	5	198,50	992,50
		Nettobetrag		4.422,50
		Umsatzsteuer 19,0 %		870,28
		Rechnungsbetrag		5.292,78

zahlbar 30 Tage ab Rechnungsdatum ohne Abzug
2 % Skonto bei Zahlung innerhalb von 10 Tagen ab Rechnungsdatum

Rechnerischer Fehler in der Rechnung der Wittmann AG – Rechnung wird gesperrt

Sofern bei der sachlichen und rechnerischen Prüfung der Rechnung keine Fehler festgestellt worden sind, erhält die Rechnung den Vermerk „sachlich und rechnerisch richtig“ und kann somit zur Zahlung angewiesen und verbucht werden.

18 Arten des Zahlungsverkehrs

LS 4.10

In nahezu jedem Vertragswerk und bei beinahe allen Geschäften des täglichen Lebens ist die Frage von Bedeutung, mit welchem Zahlungsmittel die jeweilige Geldschuld zu begleichen ist.

Während bis vor wenigen Jahrzehnten die Zahlung mit Bargeld die verbreitetste Zahlungsart war, hat sich in den letzten Jahren – auch bedingt durch die modernen Kommunikationstechniken – eine Vielzahl von Zahlungsmöglichkeiten entwickelt.

In der nachstehenden Tabelle werden ausgewählte Zahlungsmöglichkeiten dargestellt. Auf den kommenden Seiten werden diese erläutert.

Barzahlung	Halbbare Zahlung	Bargeldlose Zahlung
▪ Bargeld (Münzen, Noten) ▪ Postbank Western Union Bargeld-Transfer der Deutschen Post AG (auch für Zahlungen ins Ausland)	▪ Zahlschein ▪ Postnachnahme	▪ SEPA-Überweisung ▪ SEPA-Lastschrift ▪ Kreditkarte ▪ Verrechnungsscheck ▪ Electronic Banking ▪ Online-Bezahlsysteme

18.1 Barzahlung

Wesentliches Kennzeichen der Barzahlung ist, dass die Abwicklung des Geschäfts bei beiden Vertragspartnern ohne die Verwendung eines Girokontos erfolgt.

18.1.1 Bargeld

Die traditionellste Art der Zahlung ist die, in welcher der Geldschuldner dem Gläubiger Bargeld in Form von Münzen und Banknoten übergibt.

Die Barzahlung hat den Vorteil, dass sie im Regelfall schnell und unkompliziert realisierbar ist und der Geldschuldner durch einen Blick in sein Portemonnaie stets einen Überblick über seine finanziellen Mittel hat. Der Anteil der Bargeldzahlung im deutschen Einzelhandel ist allerdings seit Jahren rückläufig und lag im Jahr 2013 bei nur noch 54,4 % (Zahlen gemäß www.einzelhandel.de), was auch auf die folgenden Nachteile zurückzuführen ist:

Einerseits besteht das Risiko, das mit dem Verlust des Portemonnaies das gesamte Bargeld abhanden kommt. Andererseits existiert die Gefahr, Falschgeld zu erhalten. Zudem muss der Verwender von Bargeld regelmäßig einen Geldautomaten oder eine Filiale seiner Bank aufsuchen, um seinen Bargeldbestand wieder aufzufüllen.

Als Nachweis für die geleistete Zahlung erhält der Geldschuldner entweder einen Kassenzettel oder eine Quittung (vgl. nachstehende Abbildung). Eine Quittung bis zu einem Bruttowert in Höhe von 150,00 € (inklusive Umsatzsteuer) kann dabei auf den Ausweis des Steuerbetrags und der Steuernummer verzichten. Es muss allerdings der Hinweis auf den anzuwendenden Steuersatz gegeben werden.

Duisdorfer BüroKonzept KG
Rochusstr. 30, 53123 Bonn

Netto	€	83	=	19	
+ 19 % UST	€	15	=	81	
Gesamt	€	99	=	00	

Quittung
Nr. KB 23

Gesamtbetrag in Worten

– neunundneunzig – Cent wie oben

(im Gesamtbetrag sind 19 % Mehrwertsteuer enthalten)

von Schreibwaren Humboldt

für 1 Elektrotacker

richtig erhalten zu haben bestätigt

Ort Bonn Datum 17.08.20..

Buchungsvermerke

Stempel/Unterschrift des Empfängers Neuendorf

Quittung über den Verkauf eines Elektrotackers an die Firma Schreibwaren Humboldt

18.1.2 Postbank Western Union Bargeld-Transfer

Die Unternehmen Postbank und Western Union bieten gemeinsam ein Produkt an, mit dessen Hilfe in einer Filiale der Postbank oder der Western Union Geld eingezahlt und – im Idealfall – binnen weniger Minuten zu einem von rund 500.000 Standorten weltweit (Quelle: Western Union, Stand Oktober 2014) der Western Union überwiesen werden kann.

Weder der Geldversender noch der Geldempfänger benötigen hierfür ein eigenes Konto. Der Geldversender muss lediglich ein Formular bei einer Filiale der Deutschen Post, Postbank oder Western Union abgeben und den zu überweisenden Geldbetrag zuzüglich der anfallenden Gebühren bezahlen.

Der Geldversender erhält eine Transaktionsnummer (MTCN) und teilt diese dem Geldempfänger mit. Dieser kann mithilfe eines amtlichen Ausweisdokuments und der Transaktionsnummer das Geld bei einer Filiale der Western Union abheben, wobei ihm keine Kosten entstehen. Um Missbrauch vorzubeugen, wird der Geldempfänger zusätzlich nach dem vollständigen Namen des Geldversenders, dem genauen Geldbetrag und dem Land gefragt, von dem aus das Geld verschickt worden ist.

Die Gebühren für den Geldversender betragen in Abhängigkeit von der Überweisungshöhe ca. 5 % des Transferbetrags, mindestens jedoch 4,90 € für Überweisungen in Länder mit Euro-Währung. Ab einem Transferbetrag von 4.000,01 € fallen fixe Gebühren in Höhe von 200,00 € an. Für andere Länder werden – je nach Region – Gebühren von mindestens 4,90 € (Türkei) bis 20,00 € (China) fällig (Stand Oktober 2014).

Geeignet ist diese Art des Zahlungsverkehrs, wenn eine rasche Zahlung (ins Ausland) erfolgen soll, weil beispielsweise ein Familienmitglied im Urlaub sein Geld verloren hat. Nicht sinnvoll ist es hingegen, wenn ein inländischer Kunde den fälligen Rechnungsbetrag z. B. einer eBay-Auktion im Ausland bezahlen will und er den Geldempfänger nicht persönlich kennt.

18.2 Halbbare Zahlung

Wesentliches Kennzeichen der halbbaren Zahlung ist, dass bei nur einer der am Geschäft beteiligten Parteien ein Girokonto verwendet wird, während die andere Partei mit Bargeld bezahlt bzw. Bargeld erhält.

18.2.1 Zahlschein

Beim Zahlschein zahlt der Geldschuldner Bargeld auf ein Konto des Geldgläubigers ein. Hierfür verwendet der Geldschuldner einen Zahlschein, der bei vielen Banken auch gleichzeitig für Überweisungen genutzt werden kann.

Die Bezahlung mit Zahlschein kann sowohl bei der Hausbank des Geldgläubigers als auch bei einer Fremdbank erfolgen. Für die Zahlung per Zahlschein muss der Geldschuldner Gebühren von mehreren Euro in Kauf nehmen. Zahlt der Geldschuldner das Geld bei der Hausbank des Geldgläubigers ein, sind die Gebühren im Regelfall günstiger, als wenn er die Zahlung bei einer Fremdbank vornimmt. Bedingt durch die umständliche Handhabung (Aufsuchen einer Bankfiliale) und das Anfallen hoher Gebühren ist diese Art der Zahlung im Gegensatz zur Überweisung unpopulär.

Beispiel

Im nachstehenden Beispiel-Beleg hat Frau Dephne Yilmaz aus Alfter einen Betrag in Höhe von 357,00 € auf das Konto der Duisdorfer BüroKonzept KG eingezahlt, um hierdurch die Rechnung 13345/20.. vom 25.07.20.. zu begleichen. Da Frau Yilmaz über kein Konto verfügt, wird in die Zeile IBAN (im Bereich „Prüfziffer/Bankleitzahl des Kontoinhabers") der Hinweis „Bareinzahlung" eingetragen. Als Nachweis für die vorgenommene Einzahlung erhält Frau Yilmaz einen Durchschlag bzw. eine Kopie des Zahlscheins.

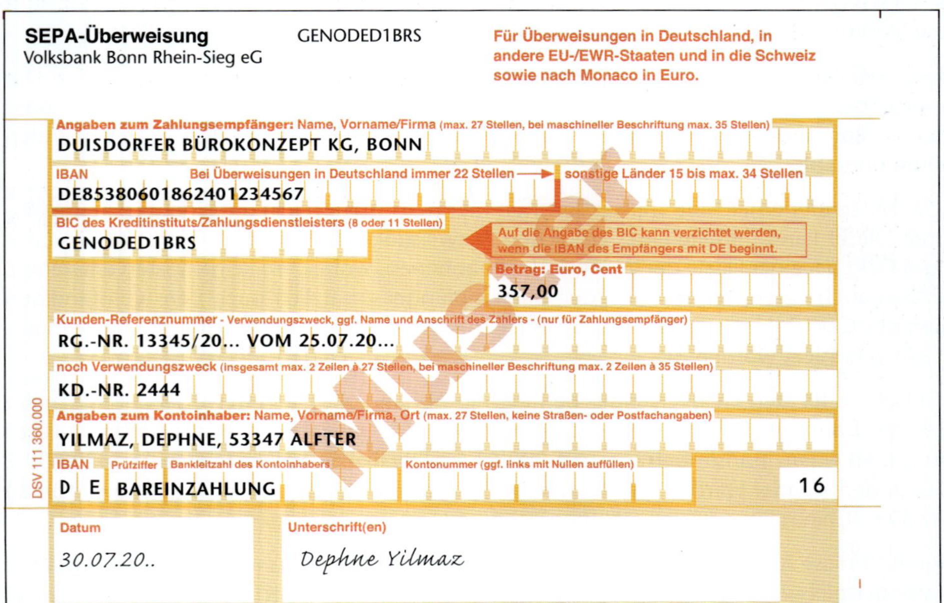

SEPA-Überweisung GENODED1BRS
Volksbank Bonn Rhein-Sieg eG

Für Überweisungen in Deutschland, in andere EU-/EWR-Staaten und in die Schweiz sowie nach Monaco in Euro.

Angaben zum Zahlungsempfänger: Name, Vorname/Firma (max. 27 Stellen, bei maschineller Beschriftung max. 35 Stellen)
DUISDORFER BÜROKONZEPT KG, BONN

IBAN — Bei Überweisungen in Deutschland immer 22 Stellen → sonstige Länder 15 bis max. 34 Stellen
DE85380601862401234567

BIC des Kreditinstituts/Zahlungsdienstleisters (8 oder 11 Stellen)
GENODED1BRS

Auf die Angabe des BIC kann verzichtet werden, wenn die IBAN des Empfängers mit DE beginnt.

Betrag: Euro, Cent
357,00

Kunden-Referenznummer - Verwendungszweck, ggf. Name und Anschrift des Zahlers - (nur für Zahlungsempfänger)
RG.-NR. 13345/20... VOM 25.07.20...

noch Verwendungszweck (insgesamt max. 2 Zeilen à 27 Stellen, bei maschineller Beschriftung max. 2 Zeilen à 35 Stellen)
KD.-NR. 2444

Angaben zum Kontoinhaber: Name, Vorname/Firma, Ort (max. 27 Stellen, keine Straßen- oder Postfachangaben)
YILMAZ, DEPHNE, 53347 ALFTER

IBAN — Prüfziffer — Bankleitzahl des Kontoinhabers — Kontonummer (ggf. links mit Nullen auffüllen)
D E BAREINZAHLUNG 16

DSV 111 360.000

Datum: 30.07.20..
Unterschrift(en): Dephne Yilmaz

Muster

Zur Begleichung der Rechnung-Nr. 13345/20.. ausgefüllter Zahlschein

18.2.2 Post-Nachnahme

Bei der Post-Nachnahme kann ein Verkäufer seine Ware als normale Sendung (z. B. als Paket) an den Käufer verschicken. Der Postbote wird dem Käufer allerdings nur die Sendung aushändigen, wenn der Empfänger den geforderten Betrag vollständig bezahlt. Das vom Postboten empfangene Geld wird dem Verkäufer zeitnah auf sein angegebenes Konto überwiesen.

Der Verkäufer muss zunächst einmal die regulären Gebühren für die Sendung bezahlen. Für die zusätzliche Dienstleistung der Nachnahme verlangt die Deutsche Post AG eine Gebühr in Höhe von 2,40 €. Zusätzlich zieht die Deutsche Post AG einen Betrag in Höhe von 2,00 € vom zu überweisenden Geldbetrag ab, sodass die Kosten für das Verfahren bei insgesamt 4,40 € liegen (Stand Oktober 2014).

Der Verkäufer versucht in der Regel, die Gebühren für die Nachnahme an den Käufer weiterzureichen.

18.3 Bargeldlose Zahlung

Wesentliches Kennzeichen der bargeldlosen Zahlung ist, dass weder der Geldversender noch der Geldempfänger mit Bargeld agieren.

18.3.1 SEPA-Überweisung

Unter SEPA (Single Euro Payments Area) versteht man den einheitlichen Euro-Zahlungsraum, der zum 01.02.2014 eingeführt worden ist. Mithilfe einer SEPA-Überweisung sind Euro-Zahlungen in allen beteiligten EU-Ländern möglich.

Bei einer Überweisung wird Geld von einem Konto auf ein anderes Konto überwiesen. Die Überweisung wird durch einen Überweisungsträger (in Papierform oder elektronisch bei Nutzung des Online-Bankings) eingeleitet.

Inhalte eines SEPA-Überweisungsträgers sind seit der europaweiten Umsetzung der IBAN im Februar 2014:

- Name des Begünstigten
- IBAN (internationale Kontonummer) des Begünstigten
- BIC (internationale Bankleitzahl) des Begünstigten (entfällt nach dem 01.02.2014 für Inlandszahlungen sowie nach dem 01.02.2016 für grenzüberschreitende Zahlungen in EU-Länder)
- Name des Absenders
- IBAN des Absenders
- Überweisungsbetrag
- Verwendungszweck

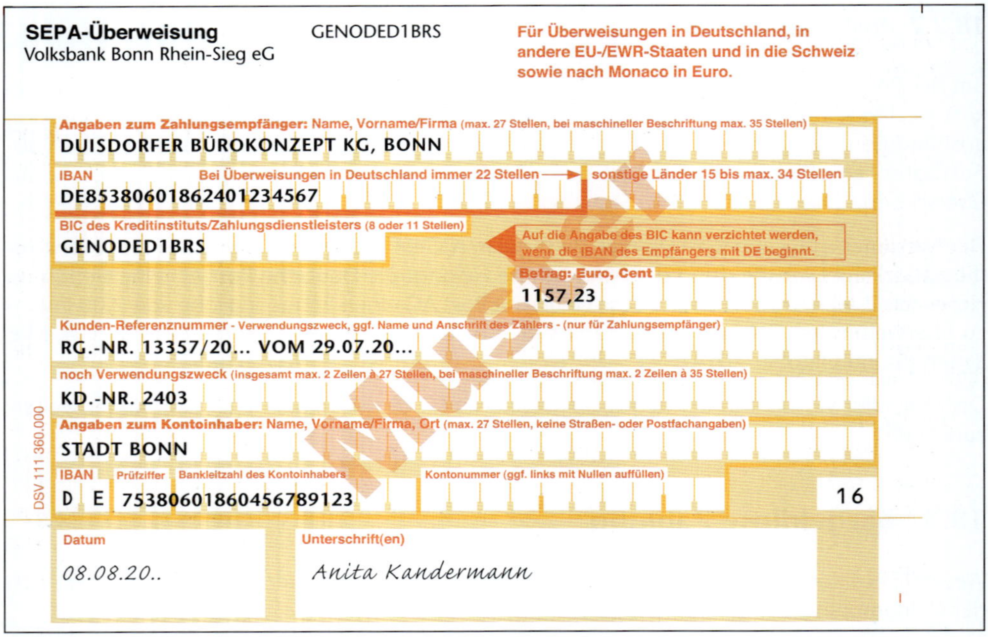

SEPA-Überweisung GENODED1BRS
Volksbank Bonn Rhein-Sieg eG

Für Überweisungen in Deutschland, in andere EU-/EWR-Staaten und in die Schweiz sowie nach Monaco in Euro.

Angaben zum Zahlungsempfänger: Name, Vorname/Firma (max. 27 Stellen, bei maschineller Beschriftung max. 35 Stellen)
DUISDORFER BÜROKONZEPT KG, BONN

IBAN Bei Überweisungen in Deutschland immer 22 Stellen → sonstige Länder 15 bis max. 34 Stellen
DE85380601862401234567

BIC des Kreditinstituts/Zahlungsdienstleisters (8 oder 11 Stellen)
GENODED1BRS

Auf die Angabe des BIC kann verzichtet werden, wenn die IBAN des Empfängers mit DE beginnt.

Betrag: Euro, Cent
1157,23

Kunden-Referenznummer - Verwendungszweck, ggf. Name und Anschrift des Zahlers - (nur für Zahlungsempfänger)
RG.-NR. 13357/20... VOM 29.07.20...

noch Verwendungszweck (insgesamt max. 2 Zeilen à 27 Stellen, bei maschineller Beschriftung max. 2 Zeilen à 35 Stellen)
KD.-NR. 2403

Angaben zum Kontoinhaber: Name, Vorname/Firma, Ort (max. 27 Stellen, keine Straßen- oder Postfachangaben)
STADT BONN

IBAN Prüfziffer Bankleitzahl des Kontoinhabers Kontonummer (ggf. links mit Nullen auffüllen)
D E 75380601860456789123

16

Datum
08.08.20..

Unterschrift(en)
Anita Kandermann

DSV 111 360.000

Muster

Zur Begleichung der Rechnung-Nr. 13357/20.. ausgefüllte Überweisung

Exkurs:
Im Bereich des Verwendungszwecks sollten möglichst detaillierte Hinweise zum Grund der Überweisung gegeben werden. Im oben aufgezeigten Beispiel sind dies die Rechnungsnummer, das Rechnungsdatum und die Kundennummer beim Begünstigten. Dies verringert die Gefahr, dass die Überweisung beim Begünstigten fehlerhaft verbucht wird.

Im Falle der Verwendung von Überweisungsträgern in Papierform bedarf es zusätzlich der Unterschrift des Absenders und der Angabe des Auftragsdatums. Sofern die Überweisung online durchgeführt wird, reicht eine digitale Signatur (z. B. durch eine elektronisch übermittelte Transaktionsnummer (TAN) aus).

Exkurs: IBAN und BIC
*Bei der **IBAN** handelt es sich um eine 22-stellige Kontonummer, die aus einem zweistelligen Länderkennzeichen (z. B. DE für Deutschland), einer zweistelligen Prüfziffer, einer achtstelligen Bankleitzahl und einer zehnstelligen Kontonummer besteht.*

Beispiel
Aus der bis 2013 gültigen Bankverbindung Postbank Köln, BLZ 370 100 50, Kto.-Nr. 0123456789 wurde die folgende IBAN (bei den ersten vier Zeichen handelt es sich um das Länderkennzeichen DE sowie die Prüfziffer 26). Zur besseren Lesbarkeit wird die IBAN häufig in Viererblöcken dargestellt:

DE26 3701 0050 0123 4567 89

*Der **BIC** (Bank Identifier Code) ist die von der **SWIFT** (Society for Worldwide Interbank Financial Telecommunication) festgelegte international gültige Bankleitzahl, die aus 8 bzw. 11 Zeichen besteht.*

Beispiel
*Bedeutung der BIC **PBNKDEFF370**:*
- *die ersten 4 Zeichen kennzeichnen den Bankcode (z. B. **PBNK** für Postbank),*
- *das 5. und 6. Zeichen stehen für den Ländercode (z. B. **DE** für Deutschland),*
- *das 7. und 8. Zeichen stellen die Codierung des Ortes dar (z. B. **FF** für Frankfurt am Main) und*
- *die letzten 3 Zeichen (die nur optional angegeben werden müssen) kennzeichnen die Filiale (z. B. **370** für die Postbank Köln).*

Überweisungen eignen sich für den Großteil aller Zahlungsgeschäfte und haben für den Kontoinhaber den Vorteil, dass sie komfortabel und häufig kostenlos über das Konto der Hausbank abgewickelt werden können.

Neben den „einfachen" Überweisungen gibt es zwei spezielle Arten von Überweisungen, die dem Kontoinhaber die Arbeit vereinfachen. Hierzu zählen:

- **Der Dauerauftrag:** Für regelmäßig wiederkehrende Zahlungen mit stets derselben Höhe kann ein Kontoinhaber seine Bank anweisen, diesen Betrag regelmäßig zu einem bestimmten Zeitpunkt (z. B. jeweils zum 30. eines Monats) an den Gläubiger zu überweisen. Für das Einrichten eines Dauerauftrags wird vom Kontoinhaber ein Beleg – ähnlich wie ein normaler Überweisungsträger – ausgefüllt, der neben den bereits beschriebenen Inhalten die Angabe des ersten Überweisungsdatums und das Intervall der Überweisungen enthält.

  Beispiele
  Mietzahlungen, vierteljährliche Abschlagszahlungen an den Stromversorger, monatliche Ratenzahlungen für die Autofinanzierung etc.

- **Die Sammelüberweisung:** Führt ein Unternehmen an einem Tag mehrere Überweisungen aus (z. B. die Gehaltszahlungen an die Angestellten), kann es diese zu einem einzelnen Auftrag zusammenfassen. In einer Sammelüberweisung können bis zu 1 000 Einzelüberweisungen zusammengefasst werden. Der wesentliche Vorteil für den Kontoinhaber besteht neben der Kostenersparnis (die Bank stellt nur die Kosten für eine Überweisung in Rechnung) auch die Übersicht auf dem zugehörigen Kontoauszug, der lediglich eine Position ausweist (z. B. Gehaltszahlungen August 20..).

18.3.2 SEPA-Lastschrift

Bei einer SEPA-Lastschrift ermächtigt der Kontoinhaber den Gläubiger bis auf Widerruf, fällige Rechnungsbeträge von seinem Konto abzubuchen.

SEPA-Lastschriften eignen sich besonders für Rechnungsbeträge, die unter Umständen jedes Mal in unterschiedlicher Höhe ausfallen (z. B. Rechnungen für Warenlieferungen, Benzinrechnungen, Telefonrechnungen, Kreditkartenabrechnungen etc.). Häufige Verwendung finden Lastschriften bei Geschäften über das Internet, aber auch die Kfz-Steuer, Versicherungsbeiträge, Kindergartengebühren etc. werden häufig im SEPA-Lastschriftverfahren eingezogen.

Voraussetzung für den Einzug von SEPA-Lastschriften ist das Vorliegen eines SEPA-Mandats. Hierunter versteht man die schriftliche Erklärung des Geldschuldners (Zahlers) mit den folgenden Inhalten:

1. Ermächtigung an den Zahlungsempfänger, fällige Forderung mittels Lastschrift vom genannten Konto einzuziehen.
2. Anweisung an das eigene Kreditinstitut, die vom Zahlungsempfänger vorgelegten Lastschriften zu Lasten des Kontos einzulösen.

MUSTER GMBH, ROSENWEG 2, 00000 IRGENDWO

Gläubiger-Identifikationsnummer DE99ZZZ05678901234
Mandatsreferenz 987543CB2

SEPA-Lastschriftmandat

Ich ermächtige die Muster GmbH, Zahlungen von meinem Konto mittels Lastschrift einzuziehen. Zugleich weise ich mein Kreditinstitut an, die von der Muster GmbH auf mein Konto gezogenen Lastschriften einzulösen.

Hinweis: Ich kann innerhalb von acht Wochen, beginnend mit dem Belastungsdatum, die Erstattung des belasteten Betrages verlangen. Es gelten dabei die mit meinem Kreditinstitut vereinbarten Bedingungen.

____
Vorname und Name (Kontoinhaber)

____
Straße und Hausnummer

____
Postleitzahl und Ort

______________________________ _ _ _ _ _ _ _ _ | _ _ _
Kreditinstitut (Name und BIC)

D E _ _ | _ _ _ _ | _ _ _ _ | _ _ _ _ | _ _ _ _ | _ _
IBAN

____
Datum, Ort und Unterschrift

Die Deutsche Kreditwirtschaft, Beispielformulare, Stand Juli 2012, unter http://www.die-deutsche-kreditwirtschaft.de/uploads/media/120720_DK_Beispiele_Muster_SEPA_Lastschriftmandat-SDD_Basis-Core_09072012.pdf zuletzt abgerufen am 26.11.2014

Es existieren die folgenden zwei Arten der SEPA-Lastschrift:

- **SEPA-Basis-Lastschriftverfahren:** Diese Art der Lastschrift wird im Regelfall im einseitigen Handelskauf eingesetzt. Erstmalige Lastschriften müssen fünf Tage vor Fälligkeit bei der Zahlstelle vorliegen. Mögliche Folgelastschriften müssen hingegen immer noch zwei Tage vor Fälligkeit bei der Zahlstelle vorliegen.

  Im Fall einer falschen Abbuchung (z. B. falscher Rechnungsbetrag) kann der Kontoinhaber der Lastschrift innerhalb von acht Wochen ab Kontobelastung widersprechen (§ 675 x BGB). Im Fall einer nicht autorisierten Zahlung beträgt die Frist sogar 13 Monate ab Belastung des Kontos.

- **SEPA-Firmenlastschrift:** Diese Art der Lastschrift wird speziell bei zweiseitigen Handelskäufe verwendet. Im Gegensatz zum oben beschriebenen SEPA-Basis-Lastschriftverfahren reicht es aus, wenn erstmalige bzw. Folgelastschriften einen Tag vor der Fälligkeit bei der Zahlstelle vorliegen. Auch besteht bei dieser Art keine Widerspruchsmöglichkeit, da der Zahlungsdienstleister des Geldschuldners verpflichtet ist, die Mandatsdaten vor der Belastung auf Übereinstimmung mit der vorliegenden Zahlung zu prüfen (Quelle: www.bundesbank.de).

Der Vorteil des SEPA-Lastschriftverfahrens für den Kontoinhaber besteht darin, dass er im Gegensatz zur Überweisung eine passive Rolle einnimmt und keine Zahlungsfristen versäumen kann. Trotzdem sollte der Kontoinhaber stets überprüfen, ob die abgebuchten Beträge tatsächlich mit den Rechnungsbeträgen übereinstimmen. Für den Geldgläubiger hat die Lastschrift den Vorteil, dass er die Zahlungseingänge tagesgenau planen und somit die ständige Zahlungsfähigkeit sicherstellen kann.

18.3.3 Kreditkarte

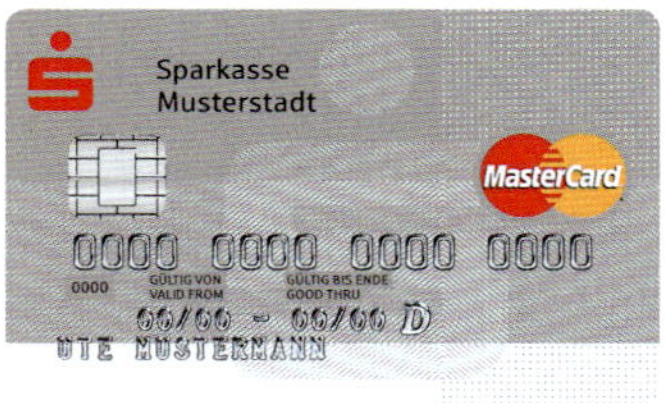

Beispiel für eine Kreditkarte

Bei der Kreditkarte handelt es sich um eine Karte, die neben dem Abheben von Bargeld an Geldautomaten auch die weltweite Bezahlung von bezogenen Waren und Dienstleistungen ermöglicht.

Die Kreditkarten werden von einer Bank – im Regelfall in Kooperation mit den großen Kreditkartenorganisationen MasterCard oder VISA – an den Kunden ausgegeben. Die Banken bzw. Kreditkartenorganisationen verlangen im Vorfeld der Kartenausgabe häufig den Nachweis eines gewissen monatlichen Einkommens. Um sich von den Karten der Konkurrenz abzuheben, bieten viele Premium-Versionen einer Kreditkarte noch Sonderleistungen wie z. B. Reiserücktrittsversicherungen, Haftpflichtversicherungen, Auslandskrankenversicherungen etc.

Verlangten die kartenausgebenden Banken noch bis vor wenigen Jahren vergleichsweise hohe Jahresgebühren für die Nutzung der Karten, werden aufgrund der starken Konkurrenz der kartenausgebenden Banken heute viele Kreditkarten für eine geringe Jahresgebühr ausgegeben.

Das Abheben von Bargeld an einem Geldautomaten ist nur durch die Eingabe einer Geheimzahl (PIN) möglich, während hingegen die Bezahlung von Waren oder Dienstleistungen gegen Leisten der Unterschrift möglich ist. Die auf dem Kaufbeleg abgegebene Unterschrift muss dabei mit der Unterschrift übereinstimmen, die auf der Rückseite der Kreditkarte dokumentiert ist.

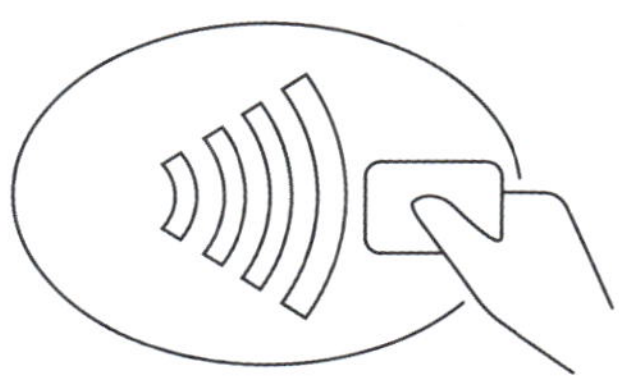

Zudem hat der Inhaber einer Kreditkarte mit Kontaktlos-Funktion die Möglichkeit, Zahlungen bis zu einem Betrag von 25,00 € (Stand November 2014) ohne Unterschrift oder Eingabe der PIN zu tätigen, indem er die Kreditkarte einfach vor ein Lesegerät hält und wartet, bis die Zahlung auf dem Display des Lesegeräts angezeigt wird. Bei Beträgen über 25,00 € ist allerdings entweder eine Unterschrift oder die Eingabe der PIN notwendig. Auf die Möglichkeit der Kontaktlos-Zahlung wird durch das Kontaktlos-Symbol aufmerksam gemacht.

Die Akzeptanz von Kreditkarten ist in den meisten Ländern der Welt sehr hoch. Der Marktführer MasterCard verfügt gemäß eigenen Angaben über rund 36 Mio. Akzeptanzstellen weltweit (Quelle: www.mastercard.com, Stand Mai 2014). Das Nutzungsverhalten variiert hingegen sehr stark von Land zu Land. Während in Deutschland die Kreditkarte häufig erst ab einem mittleren Rechnungsbetrag (z. B. Benzinrechnung) genutzt wird, werden in Nordamerika und vielen asiatischen Ländern bereits Klein- und Kleinstrechnungen mit der Kreditkarte beglichen (z. B. beim Kauf eines Coffee to go).

Mittlerweile gibt es eine Reihe unterschiedlicher Kreditkartenarten, von denen nachstehend drei gängige Arten dargestellt werden:

- Die **klassische Kreditkarte** zeichnet sich dadurch aus, dass der Kreditkarteninhaber einmal pro Monat eine Abrechnung des Kreditkarteninstituts mit einer Übersicht aller bezahlten Waren und Dienstleistungen erhält. Der Kunde kann dann entscheiden, ob er diesen Betrag vollständig oder nur zu einem Teil bezahlt (z. B. 30 %), sofern er sein Kreditvolumen nicht überschreitet. Der Karteninhaber kann hier also selbstverantwortlich entscheiden, wie lange er einen Kredit über welchen Betrag benötigt. Diese Art der klassischen Kreditkarte ist in Deutschland nicht so geläufig.
- Die **Chargekarte** zeichnet sich hingegen dadurch aus, dass der Kreditkarteninhaber ebenfalls einmal pro Monat eine Abrechnung des Kreditkarteninstituts erhält, diesen Gesamtbetrag aber innerhalb eines gewissen Zeitraums (z. B. innerhalb von sieben Tagen) überweisen muss bzw. der Betrag durch eine Lastschrift zum angegebenen Zeitpunkt vom Girokonto des Karteninhabers abgebucht wird.
- Die **Prepaidkarte** ist im eigentlichen Sinne keine Kreditkarte, sondern eher eine Guthabenkarte. Ähnlich wie bei einer Prepaidkarte für Mobiltelefone überweist der Karteninhaber zunächst einen gewissen Betrag auf das zugehörige Kreditkartenkonto, welches in der Regel von der kartenausgebenden Bank verzinst wird. Bei jedem Kaufvorgang wird dann geprüft, ob noch ausreichend Guthaben auf dem Kartenkonto vorhanden ist. Der Kaufpreis wird zudem in der Regel nicht einmal pro Monat abgebucht, sondern meistens sofort. Der Vorteil einer Prepaidkarte für den Karteninhaber liegt in dem Umstand, dass ein unbeabsichtigtes Überziehen des Kartenkontos nicht möglich ist. Zudem können bereits Minderjährige eine Prepaidkarte beziehen.

Während die Nutzung der Kreditkarte für den Kreditkarteninhaber in der Regel kostenlos ist, muss der Händler einen Abschlag (Disagio) auf den Kaufpreis von ca. 2 % bis 5 % hinnehmen. Aus diesem Grund versuchen in den letzten Jahren vermehrt Händler, vom Kunden eine Nutzungsgebühr im Fall der Kreditkartenzahlung zu erheben (z. B. 1,00 € bei Nutzung der Karte an Tankstellen, 15,00 € bei Zahlung des Flugtickets mit der Kreditkarte etc.).

18.3.4 Verrechnungsscheck

Ein Verrechnungsscheck kann im Gegensatz zum Barscheck (vgl. nachstehende Anmerkung) bei der bezogenen Bank nicht bar eingelöst werden.

Anmerkung:
*Beim **Barscheck** übergibt der Aussteller dem Empfänger einen vollständig ausgefüllten und unterschriebenen Barscheck seiner Bank (bezogene Bank). Der Empfänger des Barschecks legt diesen innerhalb der Vorlegefrist in einer Filiale der bezogenen Bank vor. Die bezogene Bank prüft die Gültigkeit des Schecks und zahlt den auf dem Scheck vermerkten Betrag (der ausgeschriebene*

Betrag hat ggf. Vorrang vor dem Betrag in Ziffern) an den Empfänger des Schecks aus. Die bezogene Bank belastet das Konto des Scheckausstellers und teilt diesem die Einlösung auf dem nächsten Kontoauszug mit.

Eine vertiefende Darstellung des Barschecks findet nicht statt, da dieser im Wirtschaftsleben kaum noch Relevanz hat.

Der **Verrechnungsscheck** ist zur Gutschrift auf dem eigenen Konto des Geldgläubigers vorgesehen, sodass sich der Weg der Zahlung leicht nachvollziehen lässt und somit die Gefahr des Missbrauchs minimiert wird.

Der Verrechnungsscheck ist durch den Hinweis „nur zur Verrechnung" (vgl. nachstehende Abbildung) gekennzeichnet. Ein Durchstreichen dieses Hinweises führt nicht dazu, dass aus einem Verrechnungsscheck beispielsweise ein Barscheck wird.

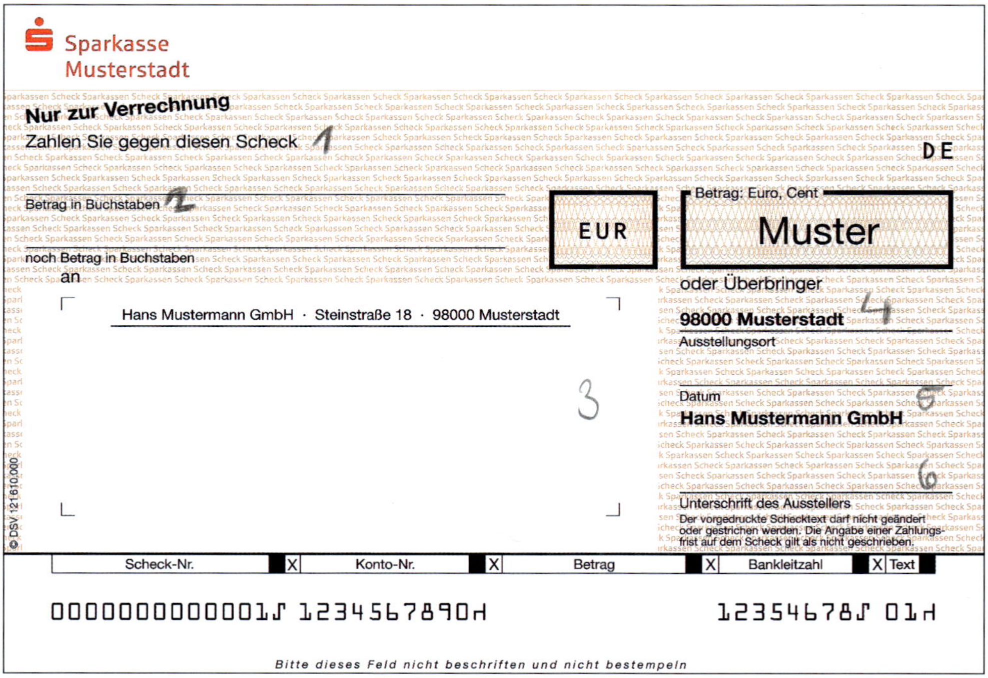
Sparkasse
Musterstadt

Nur zur Verrechnung
Zahlen Sie gegen diesen Scheck
DE
Betrag in Buchstaben
EUR
Betrag: Euro, Cent
Muster
noch Betrag in Buchstaben
an
Hans Mustermann GmbH · Steinstraße 18 · 98000 Musterstadt
oder Überbringer
98000 Musterstadt
Ausstellungsort
Datum
Hans Mustermann GmbH
Unterschrift des Ausstellers
Der vorgedruckte Schecktext darf nicht geändert oder gestrichen werden. Die Angabe einer Zahlungsfrist auf dem Scheck gilt als nicht geschrieben.
© DSV 121 610.000

Scheck-Nr.	X	Konto-Nr.	X	Betrag	X	Bankleitzahl	X	Text

0000000000001⑆ 1234567890⑈ 12354678⑆ 01⑈

Bitte dieses Feld nicht beschriften und nicht bestempeln

Muster Verrechnungsscheck

Verrechnungsschecks werden gerne von Unternehmen zur Begleichung ihrer Verbindlichkeiten eingesetzt, wenn ihnen beispielsweise das Konto des Empfängers nicht bekannt ist. Bedingt durch den Umstand, dass die Einlösung eines Verrechnungsschecks einige Tage dauern kann, stellt sich das Unternehmen hierdurch sogar besser als durch eine direkt vorgenommene Überweisung.

Für die Einreichung des Schecks darf sich der Empfänger nicht beliebig Zeit lassen. Die Fristen für die Einreichung des Schecks (Vorlegefrist) werden durch den § 29 des Scheckgesetzes wie folgt geregelt:

- ein in Deutschland ausgestellter Scheck muss innerhalb von acht Tagen zur Zahlung vorgelegt werden,

- ein in einem europäischen Land ausgestellter Scheck muss innerhalb von 20 Tagen zur Zahlung vorgelegt werden und
- ein in einem anderen Kontinent ausgestellter Scheck muss innerhalb von 70 Tagen vorlegt werden.

Die Fristen beginnen dabei erst ab dem Tag zu laufen, der auf dem Scheck als Ausstellungsdatum festgelegt ist.

Beispiel
Die Duisdorfer BüroKonzept KG hat in der Zeit vom 01.07.20.. bis 05.07.20.. an einer Messe in Brüssel teilgenommen und von einem deutschen Kunden einen Verrechnungsscheck für einen auf der Messe verkauften Stuhl angenommen. Wenn der Kunde das Ausstellungsdatum des Schecks auf den 01.08.20.. festgelegt hat, beginnt die 20-tägige Frist erst am 1. August 20.. zu laufen. Die Duisdorfer BüroKonzept KG kann den Scheck jedoch bereits vor dem Ausstellungsdatum bei der bezogenen Bank in Deutschland einlösen.

Der Ablauf einer Zahlung mit einem Verrechnungsscheck sowie die Einlösung gehen aus der nachstehenden Abbildung hervor:

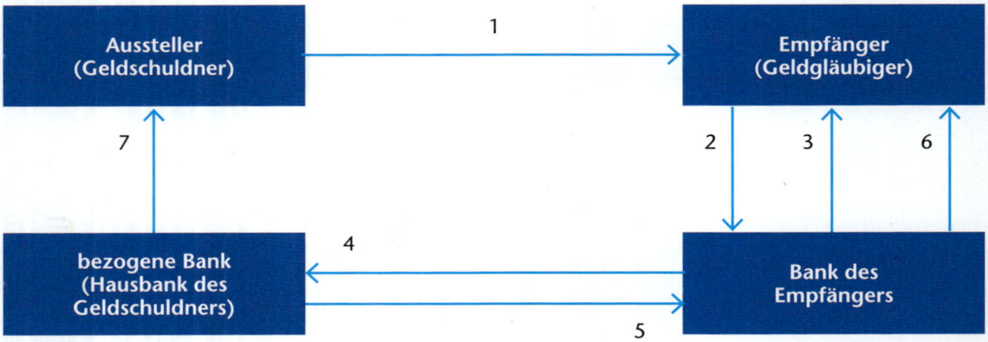

Ablauf der Einlösung eines Verrechnungsschecks

Erläuterungen zur Abbildung:

1. *Der Aussteller übergibt dem Empfänger einen vollständig ausgefüllten und unterschriebenen Verrechnungsscheck seiner Bank (bezogene Bank).*
2. *Der Empfänger des Verrechnungsschecks reicht diesen seiner Bank zur Verrechnung (Gutschrift) auf seinem Konto ein.*
3. *Die Bank des Empfängers schreibt den Betrag dem Konto des Empfängers mit dem Hinweis „Eingang vorbehalten" gut.*
4. *Die Bank des Empfängers reicht den Verrechnungsscheck an die bezogene Bank weiter.*
5. *Die bezogene Bank überweist den auf dem Verrechnungsscheck vermerkten Betrag an die Bank des Empfängers.*
6. *Die Bank des Empfängers schreibt den Betrag endgültig dem Konto des Empfängers gut. Ein gesonderter Hinweis auf dem Kontoauszug erscheint nicht.*
7. *Die bezogene Bank belastet das Konto des Scheckausstellers und teilt diesem die Einlösung auf dem nächsten Kontoauszug mit.*

18.3.5 Electronic Banking

Unter Electronic Banking versteht man die Abwicklung nahezu aller Bankgeschäfte mithilfe der modernen Kommunikationstechniken. Bestand bis vor wenigen Jahren nur die Möglichkeit, Electronic Banking mithilfe des PC und einer Internetverbindung zu tätigen, wurde diese Möglichkeit in den letzten Jahren konsequent auch für mobile Kommunikationsgeräte (Smartphone oder Tablet-PC) geschaffen.

Zu den bekanntesten Möglichkeiten des Electronic Banking zählt neben dem Telefonbanking und Onlinebanking das girocard-System.

Onlinebanking

Onlinebanking (oder auch E-Banking genannt) bezeichnet die Abwicklung und Verwaltung fast aller relevanten Bankgeschäfte vom PC, Smartphone oder Tablet-PC aus.

Der Anwender muss sich für die Nutzung des Onlinebankings bei seiner Bank anmelden bzw. das zugehörige Konto freischalten lassen. Für die Nutzung des Onlinebanking ruft der Kontoinhaber die Website der Bank auf und meldet sich mithilfe seiner Kontonummer und eines Passworts bzw. einer persönlichen Identifikationsnummer (PIN) an. Das nachstehende Beispiel der Postbank AG zeigt exemplarisch den Aufbau des Onlinebanking-Menüs:

Onlinebanking-Menü der Postbank AG für den Privatkunden
© Deutsche Postbank AG

Privat- und Firmenkunden können – unabhängig von den Öffnungszeiten der Bankfilialen und von Wochentagen und Feiertagen etc. – den aktuellen Kontostand sowie die Buchungen kontrollieren, Überweisungen anlegen bzw. auf ein in der Zukunft liegendes Buchungsdatum terminieren, Daueraufträge einrichten bzw. stornieren, in Kürze anstehende Auszahlungen anzeigen lassen, zu Unrecht vorgenommene Lastschriften stornieren etc.

Zusätzlich können weitere Konten bei derselben Bank gemeinsam durch ein Onlinebanking-Portal verwaltet werden, sodass hierdurch eine nahezu vollständige Transparenz der aktuellen Finanzsituation ermöglicht wird.

Um Missbrauch im Betrieb des Onlinebanking zu vermeiden, muss jeder Auftrag durch eine elektronische Signatur (Unterschrift) bestätigt werden. Im Regelfall wird für jeden Auftrag eine TAN (Transaktionsnummer) benötigt.

In der Anfangszeit des Onlinebankings erhielten die Kunden eine Liste mit beispielsweise 50 oder 100 durchnummerierten TAN in Papierform und wurden von der Software aufgefordert, eine bestimmte TAN einzugeben. Dieses Verfahren hatte den großen Nachteil, dass Kriminelle mithilfe von Schadsoftware Überweisungen abfangen und auf ein anderes Konto umlenken konnten.

Als derzeit sicher gelten die Verfahren der mobilen TAN und des TAN-Generators.

Bei der mobilen TAN gibt der Anwender in der Buchungsmaske alle Daten ein und betätigt einen „Freigabe"-Button. Hierauf erhält er binnen weniger Sekunden eine generierte TAN auf sein Mobiltelefon. In der zugehörigen SMS stehen neben der TAN auch die Informationen, welcher Betrag auf welches Konto überwiesen wird. Wenn der Anwender die 6-stellige TAN aus Zahlen und Buchstaben eingegeben hat, muss er einen „Bestätigen"-Button drücken, um die Überweisung endgültig vorzunehmen.

Bei Verwendung des TAN-Generators muss der Kunde zunächst ein taschenrechnerähnliches Gerät zum Preis von ca. 10,00 € von seiner Bank erwerben. Wenn eine Überweisung freigegeben werden soll, muss der Anwender seine girocard in das integrierte Lesegerät stecken. Auf dem Monitor werden nach erfolgter „Freigabe" der Buchungsdaten Lichtbalken erzeugt (vgl. nachstehende Abbildung), die mithilfe des TAN-Generators ausgelesen werden. Auf dem Display des Geräts wird dann die 6-stellige TAN ausgegeben, die nach Eingabe ebenfalls mit dem „Bestätigen"-Button die eigentliche Überweisung realisiert.

© Deutsche Postbank AG

girocard-System

© Deutsche Postbank AG

Unter dem girocard-System versteht man das übergeordnete und neutrale System der Deutschen Kreditwirtschaft. Dieses ermöglicht neben der Bargeldbeschaffung an Geldautomaten auch die Zahlung an einem Kassenterminal, wie unten dargestellt wird.

Das System basiert auf den girocards, von denen im Jahr 2013 rund 101,1 Mio. Karten in Deutschland im Umlauf waren (Zahlen gemäß de.statista.com). Voraussetzung für den Erhalt einer girocard (vgl. nebenstehende Abbildung) ist, dass der Inhaber über ein Girokonto bei der kartenausgebenden Bank verfügt.

Zu erkennen ist eine girocard an dem nachstehenden Logo:

girocard

Wesentliches Kennzeichen des Systems ist, dass der Kunde einen Zahlungsvorgang mithilfe seiner girocard an einem Kassenterminal auslöst. Nach erfolgter Eingabe der PIN (Persönliche Identifikationsnummer) kontrolliert das System, ob die girocard unter Umständen gesperrt ist, ob die PIN korrekt ist und das zugehörige Konto eine ausreichende Deckung zur Durchführung des Kaufvorgangs aufweist.

Wenn alle Prüfungen bestanden worden sind, erfolgt im Kassenterminal der Hinweis, dass die Zahlung erfolgt ist. Der Händler erhält hierdurch eine sofortige Zahlungsgarantie, sodass man in diesem Zusammenhang vom Point of Sale (POS) spricht, da direkt am Terminal die Verbindlichkeit beglichen wird.

Der fällige Betrag wird automatisch per Lastschrift von der Bank des Käufers abgebucht und dem Konto des Händlers gutgeschrieben. Im Regelfall erfolgt die Abbuchung einen Tag nach dem Zahlungsvorgang, in einigen Fällen sogar binnen weniger Stunden.

Die Zahlung per girocard ist sowohl auf Seiten der Käufer als auch der Händler beliebt.

Vorteile für den Käufer	Vorteile für den Händler
▪ Bargeldbestand kann minimiert werden. ▪ Hohe Händlerakzeptanz der Kartenzahlung. ▪ Kartenzahlung ist für den Käufer kostenlos.	▪ Sofortige Zahlungsgarantie. ▪ Automatische Abwicklung durch die Bank des Händlers. ▪ Bevorratung mit Bargeld kann minimiert werden. ▪ Gefahr mit Falschgeld bezahlt zu werden wird verringert.

Wie bei allen Kartenzahlungen fallen auch bei der girocard Gebühren für die Akzeptanz an. Bis zum 31. Oktober 2014 fielen einheitliche Gebühren an, so wurden zum Beispiel bis zu einem Betrag von 25,56 € Gebühren in Höhe von 0,08 € pro getätigtem Umsatz berechnet. Für höhere Beträge fielen hingegen Gebühren in Höhe von 0,30 % des Umsatzes an (Zahlen gemäß www.electronic-cash.de, Stand November 2013). Ab dem 01. November 2014 müssen die Gebühren jedoch zwischen den Finanzinstituten und den Händlern auf Wunsch des Bundeskartellamts bilateral ausgehandelt werden. Händler sollten in Folge dieser Forderung mit ihrem Netzbetreiber nachverhandeln, um ggf. Gebühren, die unter der alten Grenze angesiedelt sind, zu vereinbaren.

Mithilfe der **Geldkarten-Funktion** kann der girocard-Inhaber ein Guthaben auf einen integrierten Chip auf seiner Karte laden. Dieser Betrag kann ohne Eingabe der PIN bzw. ohne Unterschrift zur Zahlung von kleinen Rechnungsbeträgen (z. B. für das Bahnticket) genutzt werden.

Um die girocard noch attraktiver für den Kunden zu machen, kann mithilfe der Karte auch Bargeld vom Geldautomaten abgehoben werden. Sofern die girocard über das **Maestro** oder das **V Pay**-Logo (siehe Beispiele) verfügt, kann der Inhaber mit der Karte weltweit an allen entsprechend gekennzeichneten Geldautomaten Bargeld abheben.

Beispiele für das Maestro- und das V Pay-Logo

Elektronisches Lastschriftverfahren (ELV)

Neben der girocard hat sich im Handel auch das Elektronische Lastschriftverfahren (ELV) durchgesetzt.

Voraussetzung hierfür ist ebenfalls eine girocard. Bei dem ELV wird beim Zahlungsvorgang allerdings keine Online-Abfrage hinsichtlich der eventuellen Sperrung der Karte oder der Zahlungsfähigkeit des Karteninhabers durchgeführt. Es werden lediglich die relevanten Bestandteile der IBAN vom Magnetstreifen der Karte herausgelesen und es wird automatisch ein Lastschriftbeleg erstellt, der vom Kunden zu unterschreiben ist. Durch die Unterschrift erteilt der Kunde dem Händler eine einmalige Einzugsermächtigung des auf dem Beleg ausgewiesenen Rechnungsbetrags.

Der Vorteil des ELV-Verfahrens für den Händler sind die im Vergleich zum Electronic Cash günstigeren Gebühren.

Als Nachteil ist neben der Gefahr, dass das Kundenkonto über keine ausreichende Deckung verfügt auch der Punkt zu nennen, dass der Kunde einer Lastschrift widersprechen kann und das Geld auf das Konto des Kunden zurückgebucht wird. In diesem Fall muss der Händler bei der Bank in einem zeitaufwendigen Verfahren die Anschrift des Kunden erfragen, um mithilfe von Inkassounternehmen oder durch einen Rechtsstreit seine Forderung einzutreiben.

18.3.6 Online-Bezahlsysteme

Insbesondere für im Internet abgeschlossene Kaufverträge sind in den vergangenen Jahren mehrere Online-Bezahlsysteme entstanden. Zu den bekannten Systemen in Deutschland gehören dabei PayPal und ClickandBuy.

Das gemeinsame Merkmal der genannten Anbieter ist es, dass der Käufer die Kaufverträge über ein virtuelles Konto abschließt. Für die Eröffnung eines Kontos muss der Nutzer beim jeweiligen Anbieter seine Bankverbindung bzw. Kreditkartenangaben und seine E-Mail-Adresse angeben.

Die Abwicklung des Kaufvertrages erfolgt, indem der Nutzer auf der jeweiligen Internetseite z. B. den Button „Zahlung mit PayPal" betätigt. Anschließend wird er auf die Seite des Online-Bezahlsystems geführt, wo er sich mithilfe seines Passwortes beim jeweiligen System anmeldet und im nächsten Schritt den vereinbarten Kaufbetrag mithilfe eines Buttons bestätigt bzw. zur

Zahlung freigibt (sogenannte Zahlung mit zwei Mausklicks). Der freigegebene Kaufbetrag wird im Regelfall einen Werktag später vom Girokonto des Käufers abgebucht.

Der Verkäufer muss z. B. bei PayPal Gebühren je Transaktion innerhalb der EU in Höhe von 0,35 € zuzüglich mindestens 1,5 % des erhaltenen Geldbetrages hinnehmen (Quelle: paypal.com/de, Stand Oktober 2014). Der große Vorteil der Nutzung eines Online-Bezahlsystems für den Verkäufer besteht darin, dass er sein Geld sofort von PayPal bzw. ClickandBuy erhält und nicht mehrere Tage bzw. Wochen auf den Zahlungseingang warten muss.

Für den Käufer hat das Verfahren den Vorteil, dass eine umständliche Bezahlung per Überweisung (z. B. Ausfüllen eines Überweisungsträgers, Einwerfen des Überweisungsträgers bei der Hausbank) entfällt. Zudem bieten die o. g. Anbieter auch einen Käuferschutz für mögliche Probleme mit einer verspäteten Lieferung oder der erhaltenen Ware. Reklamationen der Kunden werden von einer Treuhandbank bearbeitet.

Weiterhin werden die Informationen der Bankverbindung bzw. die Kreditkarteninformationen nicht an den Verkäufer weitergereicht, sodass ein Missbrauch dieser Daten seitens des Verkäufers auszuschließen ist. Auch der Umstand, dass das Verfahren für den Käufer kostenlos ist, darf als Vorteil für den Kunden angesehen werden.

Das Verfahren weist allerdings einen nicht unbedeutenden Nachteil auf. In den vergangenen Jahren gab es immer wieder Phishing-Attacken. Kunden meldeten sich auf gefälschten Internetseiten an, sodass die Hacker anschließend mit den Zugangsdaten Käufe zum Schaden der Nutzer durchführen konnten.

19 Kaufvertragsstörungen

Mit dem Abschluss eines Kaufvertrages sind die Vertragsparteien verschiedene Verpflichtungen eingegangen. Werden diese nicht oder nicht wie vereinbart erfüllt, so spricht man von einer Störung des Kaufvertrages.

LF 3, 4

Man unterscheidet bei den Kaufvertragsstörungen zwischen:

- mangelhafter Lieferung (Schlechtleistung)
- Lieferungsverzug (Nicht-Rechtzeitig-Lieferung)
- Annahmeverzug (Nicht-Rechtzeitig-Annahme)
- Zahlungsverzug (Nicht-Rechtzeitig-Zahlung)

Pflicht	**Störung**
Verkäufer:	
Übergabe mangelfreier Ware	Mangelhafte Lieferung (Schlechtleistung)
Rechtzeitige Lieferung der Ware	Lieferungsverzug (Nicht-Rechtzeitig-Lieferung)
Käufer:	
Rechtzeitige Annahme der Ware	Annahmeverzug (Nicht-Rechtzeitig-Annahme)
Rechtzeitige Zahlung der Ware	Zahlungsverzug (Nicht-Rechtzeitig-Zahlung)

19.1 Mangelhafte Lieferung (Schlechtleistung)

Der Gesetzgeber formuliert eine Pflicht des Verkäufers in § 433 BGB.

LS 4.11

§ 433 BGB Vertragstypische Pflichten beim Kaufvertrag

(1) [...] Der Verkäufer hat dem Käufer die Sache frei von Sach- und Rechtsmängeln zu verschaffen.

19.1.1 Mängelarten

Nach dem BGB liegt dann eine mangelhafte Lieferung vor, wenn die Sache bei der Übergabe Sach- oder Rechtsmängel aufweist. Je nach Erkennbarkeit können diese zusätzlich in die Kategorien offene, versteckte oder arglistig verschwiegene Mängel eingeteilt werden. So kann beispielsweise ein Sachmangel gleichzeitig ein offener Mangel sein.

§ 434 BGB Sachmangel

(1) Die Sache ist frei von Sachmängeln, wenn sie bei Gefahrübergang die vereinbarte Beschaffenheit hat. Soweit die Beschaffenheit nicht vereinbart ist, ist die Sache frei von Sachmängeln,

1. wenn sie sich für die nach dem Vertrag vorausgesetzte Verwendung eignet, sonst
2. wenn sie sich für die gewöhnliche Verwendung eignet und eine Beschaffenheit aufweist, die bei Sachen der gleichen Art üblich ist und die der Käufer nach der Art der Sache erwarten kann.

Zu der Beschaffenheit nach Satz 2 Nr. 2 gehören auch Eigenschaften, die der Käufer nach den öffentlichen Äußerungen des Verkäufers, des Herstellers (§ 4 Abs. 1 und 2 des Produkthaftungsgesetzes) oder seines Gehilfen insbesondere in der Werbung oder bei der Kennzeichnung über bestimmte Eigenschaften der Sache erwarten kann, es sei denn, dass der Verkäufer die Äußerung nicht kannte und auch nicht kennen musste, dass sie im Zeitpunkt des Vertragsschlusses in gleichwertiger Weise berichtigt war oder dass sie die Kaufentscheidung nicht beeinflussen konnte.

(2) Ein Sachmangel ist auch dann gegeben, wenn die vereinbarte Montage durch den Verkäufer oder dessen Erfüllungsgehilfen unsachgemäß durchgeführt worden ist. Ein Sachmangel liegt bei einer zur Montage bestimmten Sache ferner vor, wenn die Montageanleitung mangelhaft ist, es sei denn, die Sache ist fehlerfrei montiert worden.

(3) Einem Sachmangel steht es gleich, wenn der Verkäufer eine andere Sache oder eine zu geringe Menge liefert.

§ 435 BGB Rechtsmangel

Die Sache ist frei von Rechtsmängeln, wenn Dritte in Bezug auf die Sache keine oder nur die im Kaufvertrag übernommenen Rechte gegen den Käufer geltend machen können.

Von einem **Sachmangel** spricht man, wenn die Ware fehlerhaft ist. Dies ist dann der Fall, wenn die vereinbarte Beschaffenheit fehlt oder von der Vereinbarung im Kaufvertrag abweicht. Auch wenn die Beschaffenheit vorhanden, aber nicht zur Verwendung geeignet ist, weil sie verdorben oder beschädigt ist, wird dies als Sachmangel gewertet. Ein Mangel ist auch gegeben, wenn die Sache Eigenschaften nicht aufweist, die in der Werbung versprochen wurden. Ausgenommen sind Werbeversprechen, die offensichtlich übertrieben dargestellt sind und der Käufer dies erkennen musste.

Die Beschaffenheit der Ware ...	Beispiel
fehlt	PKW mit Einparkhilfe wurde bestellt, wird aber ohne geliefert.
weicht ab	PKW wurde mit Medien-Komplett-Paket bestellt, wird aber ohne MP3-Anschluss geliefert.
ist vorhanden, aber nicht geeignet	PKW wurde mit Klimaanlage bestellt, diese funktioniert nicht.
ist ungleich der Werbung	Beworben wurde ein Treibstoffverbrauch des PKW von fünf Litern im Stadtverkehr, tatsächlich verbraucht das Fahrzeug acht Liter.

Wird bei der Montage eines Gegenstandes durch den Verkäufer oder einen Beauftragten unsachgemäß gearbeitet, zählt dies ebenfalls zu den Sachmängeln; genauso die unbrauchbare Montageanleitung, die zur falschen Montage geführt hat. Umgangssprachlich hat sich hier der Ausdruck IKEA-Klausel etabliert. Wird allerdings trotz fehlerhafter Montageanleitung der Zusammenbau richtig ausgeführt, liegt kein Sachmangel vor. Letztlich liegt auch dann ein Sachmangel vor, wenn die falsche Sache oder zu wenig geliefert wurde. Die Zuwenig-Lieferung wird auch als Quantitätsmangel bezeichnet.

Auch ein **Rechtsmangel** gemäß § 435 BGB führt zu einer mangelhaften Lieferung. Rechtsmängel liegen dann vor, wenn ein außenstehender Dritter, jemand der nicht am Abschluss des Kaufvertrages beteiligt war, trotzdem ein Recht an dieser Sache besitzt. Ein solches Recht ist z. B. eine Lizenz, ein Eigentums- oder Besitzrecht.

Beispiel

Der Duisdorfer BüroKonzept KG ist eine Lagerhalle mieterfrei verkauft worden. Sie möchten sie selbst zur Einlagerung eigener Erzeugnisse nutzen. Doch nach Abschluss des Kaufvertrages stellt sich heraus, dass die Halle noch für den Rest des Jahres vermietet ist.

Neben der oben beschriebenen Unterscheidung in Sach- und Rechtsmängel werden diese **Mängel** auch **nach der Erkennbarkeit** unterteilt. Danach gibt es **offene**, **versteckte** und **arglistig verschwiegene** Mängel.

Als offen gelten Mängel dann, wenn sie bei Prüfung sofort sichtbar sind. Ist dies nicht der Fall und der Fehler wird erst später erkennbar, so handelt es sich um einen versteckten Mangel. Versteckte Mängel werden im Gegensatz zu offenen Mängeln beispielsweise bei der ersten Verwendung entdeckt. Wurde der Mangel einer Sache vom Verkäufer bewusst verheimlicht, so liegt ein arglistig verschwiegener Mangel vor.

Beispiel
Eine Lieferung von 50 Ventilatoren der Serie Orkano trifft bei der Duisdorfer BüroKonzept KG ein. Herr Schmitz, der im Lager arbeitet, erkennt sofort, dass die Verpackung einiger Ventilatoren zerrissen ist, die Ventilatoren darin sind verkratzt (offene Mängel). Beim Aufstellen einiger Ventilatoren im Ausstellungsraum wird bei einem Ventilator ein verbogenes Schutzgitter festgestellt (offener Mangel). Nach 2-wöchiger Nutzung eines Ventilators verhakt sich das rotierende Laufrad, weil die Achse ungenau hergestellt wurde. Dies wurde erst beim Gebrauch offensichtlich (versteckter Mangel).

19.1.2 Prüf- und Rügepflichten des Käufers

Damit ein Käufer seine Rechte aus einer mangelhaften Lieferung geltend machen kann, muss er seinerseits vorher einige Pflichten beachten. Dabei hat ein Kaufmann umfassendere Pflichten zu erfüllen als ein Nichtkaufmann.

Prüf- und Rügepflichten beim zweiseitigen Handelskauf

LF 4, 15

Liegt ein zweiseitiger Handelskauf vor, muss der Käufer die **Prüfpflicht** erfüllen. Zunächst muss vom Käufer eine sofortige Eingangskontrolle der Lieferung durchgeführt werden. Dabei sind Schäden an der Verpackung der Ware oder falsche Liefermengen auf dem Lieferschein zu vermerken und vom Frachtführer zu unterschreiben. Anschließend muss die Ware unverzüglich genauer kontrolliert werden, um eventuell vorhandene Mängel zu entdecken.

Exkurs:
Im Gegensatz zu „sofort", bei der keine zeitliche Verzögerung erlaubt ist, erfordert „unverzüglich" eine Bearbeitung „ohne schuldhaftes Zögern". Der Gesetzgeber gewährt dem Handelnden eine Frist, innerhalb derer es subjektiv zumutbar ist, diese Aufgabe zu erledigen. Da jede Situation anders zu bewerten ist, gibt der Gesetzgeber keinen festen Handlungszeitraum vor.

Beispiel
Am Montagmorgen gehen in der Duisdorfer BüroKonzept KG nacheinander vier Lieferungen von Waren und Fremdbauteilen unterschiedlicher Lieferanten ein. Der Lagerist Herr Schmitz vergleicht den Lieferschein mit der Bestellung und prüft sofort die Warenlieferung auf äußere Schäden, bevor der nächste Lieferant die Ware übergibt. Erst am Nachmittag hat Herr Schmitz die Möglichkeit, die eingetroffenen Waren eingehender zu begutachten. Er handelt unverzüglich, also ohne schuldhaftes Zögern.

Wurde die Ware geprüft und ein Fehler festgestellt, hat der Kaufmann eine **Rügepflicht**. Dabei sind je nach Erkennbarkeit des Mangels unterschiedliche Fristen einzuhalten. Bei einem offenen Mangel ist dieser sofort im Rahmen der Wareneingangskontrolle bzw. unverzüglich nach der eingehenderen Prüfung zu rügen. Ein versteckter Mangel muss unverzüglich nach Entdecken des Schadens, aber innerhalb von zwei Jahren gerügt werden. Wird ein versteckter Mangel erst nach mehr als zwei Jahren nach Übergabe der Sache entdeckt, ist eine erfolgreiche Reklamation der mangelhaften Sache nicht mehr möglich.

Beispiel
Am 28.07.20.. werden 100 Beamer an die Duisdorfer BüroKonzept KG geliefert. Bei der äußeren Prüfung der Lieferung werden drei beschädigte Kartons entdeckt. Die darin enthaltenen Geräte wei-

sen Kratzer auf. Diese offenen Mängel werden sofort vermerkt und vom Lieferanten mit Unterschrift bestätigt. Später werden bei einer stichprobenartigen genaueren Kontrolle sieben weiße, statt der bestellten schwarzen Beamer entdeckt. Unverzüglich am nächsten Tag werden die Mängel in einer Mängelrüge erfasst und dem Lieferanten schriftlich mitgeteilt.

Am 15.10. desselben Jahres stellt sich heraus, dass bei 10 Geräten ein Montagefehler des Lüfters vorliegt. Am 16.10. werden diese versteckten Mängel fristgerecht beim Lieferanten angezeigt.

Am 02.08.20(+2) wird in einem Gerät eine defekte Platine festgestellt. Da seit Übergabe der Ware mehr als 2 Jahre verstrichen sind, kann die Duisdorfer BüroKonzept KG keine Rechte, z. B. kostenlose Reparatur, mehr geltend machen.

Die entdeckten Mängel werden dem Verkäufer in einer formlosen Mängelrüge angezeigt. Diese enthält eine genaue Bezeichnung der festgestellten Mängel. Damit der Lieferer die Situation leichter nachvollziehen kann, ist es sinnvoll, Lieferdatum und genaue Bezeichnung der Sendung aufzunehmen. Auch sollte das angestrebte Recht in der Mängelrüge geltend gemacht werden.

Da die Mängelrüge dazu dient, Rechte aus der Schlechtleistung durchsetzen zu können, sollte sie in schriftlicher Form verfasst werden. Versäumt ein Käufer die Prüf- und Rügefristen, verliert er in der Regel die ihm zustehenden Rechte.

§ 377 HGB Untersuchungs- und Rügepflicht

(1) Ist der Kauf für beide Teile ein Handelsgeschäft, so hat der Käufer die Ware unverzüglich nach der Ablieferung durch den Verkäufer, soweit dies nach ordnungsmäßigem Geschäftsgang tunlich ist, zu untersuchen und, wenn sich ein Mangel zeigt, dem Verkäufer unverzüglich Anzeige zu machen.

(2) Unterlässt der Käufer die Anzeige, so gilt die Ware als genehmigt, es sei denn, dass es sich um einen Mangel handelt, der bei der Untersuchung nicht erkennbar war.

(3) Zeigt sich später ein solcher Mangel, so muss die Anzeige unverzüglich nach der Entdeckung gemacht werden; anderenfalls gilt die Ware auch in Ansehung dieses Mangels als genehmigt.

(4) Zur Erhaltung der Rechte des Käufers genügt die rechtzeitige Absendung der Anzeige.

(5) Hat der Verkäufer den Mangel arglistig verschwiegen, so kann er sich auf diese Vorschriften nicht berufen.

Prüf- und Rügepflichten bei bürgerlichem Kauf und einseitigem Handelskauf

Liegt ein bürgerlicher Kauf oder ein einseitiger Handelskauf vor, ist weder eine unverzügliche Wareneingangskontrolle noch eine unverzügliche Mängelrüge vorgeschrieben. Um die Rechte aus der mangelhaften Lieferung zu wahren, müssen das Prüfen der Ware und das Rügen der aufgetretenen Mängel innerhalb von zwei Jahren nach Übergabe der Sache erfolgen.

Beispiel

Stefan S. kauft für seinen Sohn ein Smartphone zu einem besonders günstigen Preis. Er möchte es ihm in fünf Monaten zum Geburtstag schenken. Am Geburtstag muss Stefan S. feststellen, dass das Gerät nicht funktioniert. Nach zwei weiteren Wochen kommt er endlich dazu, es in dem Geschäft zu reklamieren. Da keine zwei Jahre seit dem Kauf verstrichen sind, ist die Rügefrist eingehalten worden.

19.1.3 Rechte des Käufers bei mangelhafter Lieferung

Ist eine Sache mangelhaft und hat der Käufer dies dem Verkäufer rechtzeitig angezeigt, kann er nach § 437 BGB verschiedene Rechte in Anspruch nehmen.

§ 437 BGB Rechte des Käufers bei Mängeln

Ist die Sache mangelhaft, kann der Käufer, wenn die Voraussetzungen der folgenden Vorschriften vorliegen und soweit nicht ein anderes bestimmt ist,

1. nach § 439 Nacherfüllung verlangen,
2. nach den §§ 440, 323 und 326 Abs. 5 von dem Vertrag zurücktreten oder nach § 441 den Kaufpreis mindern und
3. nach den §§ 440, 280, 281, 283 und 311a Schadensersatz oder nach § 284 Ersatz vergeblicher Aufwendungen verlangen.

§ 439 BGB Nacherfüllung

(1) Der Käufer kann als Nacherfüllung nach seiner Wahl die Beseitigung des Mangels oder die Lieferung einer mangelfreien Sache verlangen.

(2) Der Verkäufer hat die zum Zwecke der Nacherfüllung erforderlichen Aufwendungen, insbesondere Transport-, Wege-, Arbeits- und Materialkosten zu tragen.

(3) Der Verkäufer kann die vom Käufer gewählte Art der Nacherfüllung unbeschadet des § 275 Abs. 2 und 3 verweigern, wenn sie nur mit unverhältnismäßigen Kosten möglich ist. Dabei sind insbesondere der Wert der Sache in mangelfreiem Zustand, die Bedeutung des Mangels und die Frage zu berücksichtigen, ob auf die andere Art der Nacherfüllung ohne erhebliche Nachteile für den Käufer zurückgegriffen werden könnte. Der Anspruch des Käufers beschränkt sich in diesem Fall auf die andere Art der Nacherfüllung; das Recht des Verkäufers, auch diese unter den Voraussetzungen des Satzes 1 zu verweigern, bleibt unberührt.

(4) Liefert der Verkäufer zum Zwecke der Nacherfüllung eine mangelfreie Sache, so kann er vom Käufer Rückgewähr der mangelhaften Sache nach Maßgabe der §§ 346 bis 348 verlangen.

Die Rechte des Käufers gliedern sich in **vorrangige und nachrangige Rechte**. Der Käufer muss zunächst aus den vorrangigen Rechten wählen. Erst bei erfolglosem Verlauf wird die Entscheidung für nachrangige Rechte möglich.

Vorrangige Rechte

Als vorrangiges Recht steht dem Käufer **Nacherfüllung** zu, die zwei Alternativen beinhaltet. Außerdem hat er unter bestimmten Voraussetzungen das Recht auf Schadenersatz.

Nacherfüllung
Unter Nacherfüllung versteht man die Möglichkeit einer **Neulieferung** oder einer **Nachbesserung** (Reparatur). Auch bei geringfügigen Mängeln gilt das Recht der Nacherfüllung.

Welche Art der Nacherfüllung durchgeführt wird, hängt von der Entscheidung des Käufers ab. Er darf wählen, ob er eine neue Sache erhalten möchte oder ob die mangelhafte Sache repariert werden soll. Damit dem Verkäufer nicht unverhältnismäßig hohe Kosten aus dieser Situation erwachsen, kann er die Wahl des Käufers ablehnen und sich auf die andere Möglichkeit berufen.

Beispiel

Konrad kauft bei einem schwedischen Möbelmarkt eine Schreibtischlampe im Wert von 35,00 €. Nach dem Auspacken stellt er fest, dass eine Metallverstrebung an der Leuchte gebrochen ist. Dieser Mangel wäre durch Verschweißen behebbar. Konrad bringt die Leuchte zurück und verlangt die Reparatur der Lampe. Bei dem relativ geringen Wert der Massenware bietet der Möbelmarkt Konrad die Neulieferung der Lampe an, da eine Reparatur mit wesentlich höheren Kosten verbunden wäre.

Es ist darauf zu achten, für die Nacherfüllung eine **angemessene Nachfrist** zu setzen. Die Angemessenheit bemisst sich danach, wie lange die jeweilige Art der Nacherfüllung unter gewöhnlichen Umständen dauert. Daher wird sie vom Gesetzgeber nicht mit einem genauen Zeitraum vorgegeben.

Wurde eine Nachbesserung der mangelhaften Ware vereinbart und schlägt diese fehl, hat der Verkäufer die Möglichkeit, in einem zweiten Versuch die Ware zu reparieren oder reparieren zu lassen. Ist er erfolglos, kann der Käufer aus den Möglichkeiten der nachrangigen Rechte wählen. Die Neulieferung muss allerdings beim ersten Mal gelingen.

Schadenersatz neben der Leistung

Zusätzlich zu diesen vorrangigen Rechten kann der Geschädigte **Schadensersatz neben der Leistung** verlangen, wenn ihm ein Schaden entstanden ist.

§ 280 BGB Schadensersatz wegen Pflichtverletzung

(1) Verletzt der Schuldner eine Pflicht aus dem Schuldverhältnis, so kann der Gläubiger Ersatz des hierdurch entstehenden Schadens verlangen. Dies gilt nicht, wenn der Schuldner die Pflichtverletzung nicht zu vertreten hat. [...]

Ein Schaden liegt dann vor, wenn eine Person **unfreiwillig** einen Vermögensverlust erlitten hat. Es wird zwischen **konkretem** und **abstraktem Schaden** unterschieden. Ein konkreter Schaden kann exakt in Euro ermittelt werden. Dagegen kann ein abstrakter Schaden nur geschätzt werden. Grundlage der Schätzung ist ein normaler Verlauf der Dinge.

Beispiel

Der Lieferer Tuppes liefert für den Ausstellungsraum einen Schreibtisch, der neu in das Programm der Duisdorfer BüroKonzept KG aufgenommen wurde. Beim Hineintragen in den Raum stößt Herr Tuppes unglücklich an die Glastür, die dadurch zerbricht und einen Flachbildschirm von einem anderen Schreibtisch hinunterreißt. Außerdem ist die Holzplatte des neuen Schreibtisches zerkratzt.

- *Der konkrete Schaden ist in diesem Fall die Glastür, deren Ersatz exakt in Euro zu ermitteln ist.*
- *Der defekte Computerbildschirm hätte unter normalen Umständen mit Gewinn verkauft werden können. Da es sich lediglich um die Möglichkeit eines Gewinnes handelt, spricht man von einem abstrakten Schaden.*
- *Hauptpflicht war die Lieferung eines mangelfreien Schreibtisches. Die zerkratzte Schreibtischplatte stellt eine mangelhafte Lieferung dar und wird z. B. mithilfe der Nachbesserung repariert.*

Zu einem konkreten Schaden zählt auch die Konventionalstrafe. Darunter versteht man eine vertraglich vereinbarte Strafsumme, die gezahlt werden muss, wenn der vereinbarte Vertrag nicht ordnungsgemäß erfüllt wird. Sie wird meist dann vereinbart, wenn die rechtzeitige Erfüllung des Vertrages von großer Bedeutung ist.

Beispiel
Die Duisdorfer BüroKonzept KG hat den Auftrag, ein neues Bürogebäude komplett mit Büromöbeln auszustatten. Es wurde vertraglich vereinbart, dass die Arbeiten bis zum 30. November 20.. erledigt sein müssen, weil der Umzug des auftraggebenden Unternehmens ab dem 1. Dezember 20.. geplant ist. Kann die Duisdorfer BüroKonzept KG ihren Auftrag nicht rechtzeitig erfüllen, muss sie pro Tag Verspätung eine Strafe von 500,00 € zahlen.

Schadenersatz neben der Leistung bedeutet, dass zusätzlich zur Lieferung mangelfreier Ware ein Schadensersatz gewährt wird. Durch die Entschädigung soll der entstandene Nachteil ausgeglichen werden; der Geschädigte soll nicht schlechter, aber auch nicht besser gestellt werden.

Voraussetzung hierfür ist allerdings das **Vertretenmüssen des Verkäufers.** Umgangssprachlich wird davon gesprochen, dass der Verkäufer die Schuld an der Situation trägt.

Exkurs:
Vertretenmüssen bezeichnet das vorsätzliche oder fahrlässige Handeln einer Person. Vorsätzlich handelt jemand, der bewusst (wissentlich und willentlich) gegen seine Pflicht verstößt. Dagegen liegt Fahrlässigkeit vor, wenn die notwendige Sorgfalt außer Acht gelassen wurde.

Schadenersatz erhält man immer nur dann, wenn der Schuldner den Schaden zu vertreten hat! Ansonsten besteht kein Anspruch auf Schadenersatz.

Nachrangige Rechte

Zu den nachrangigen Rechten zählen **Rücktritt** vom Kaufvertrag, **Minderung** des Kaufpreises, **Schadenersatz statt bzw. neben der Leistung** und **Ersatz vergeblicher Aufwendungen**. Rücktritt und Minderung sind alternative Rechte und müssen dem Verkäufer gegenüber erklärt (ausgewählt) werden, damit dieser weiß, welches der beiden Rechte gefordert wird. Wandelung und Minderung sind demnach empfangsbedürftige Willenserklärungen, die dem Verkäufer zugehen müssen.

LF 4, 12

Erst nachdem dem Verkäufer die Möglichkeit gegeben wurde, Nacherfüllung zu leisten und diese erfolglos blieb, kann der Käufer aus den Möglichkeiten der nachrangigen Rechte wählen. Allerdings sind sowohl Ausnahmen als auch besondere Voraussetzungen zu beachten.

Rücktritt vom Kaufvertrag
Rücktritt vom Kaufvertrag bedeutet, dass der Käufer die Sache und der Verkäufer die Gegenleistung (meistens die Geldleistung) zurückgibt.

Voraussetzung für den Rücktritt ist grundsätzlich das Setzen einer angemessenen Nachfrist durch den Käufer. Ausnahmen machen die Nachfristsetzung überflüssig: Ist die Nacherfüllung (s. o.) fehlgeschlagen, ist eine Nachfrist ebenso entbehrlich, wie bei einem Fixkauf oder Zweckkauf. Ein Zweckkauf liegt vor, wenn eine spätere Lieferung für den Käufer keinen Sinn mehr macht. Wird die Nacherfüllung vom Verkäufer verweigert oder ist sie unmöglich oder für beide Parteien unzumutbar, ist eine Nachfristsetzung auch nicht vorgeschrieben.

Beispiel

Bei einem Brand in der Galerie wurde ein Ölgemälde zerstört, das am folgenden Tag einem Käufer übergeben werden sollte. Da es sich um ein Einzelstück handelt, ist die Übergabe der vereinbarten Leistung unmöglich geworden.

Unzumutbarkeit liegt vor, wenn Sven S. sich weigert, Günter H. die vertragsgemäß geschuldeten Sperrholzplatten zu liefern, da Günter H. diese zu Wucherpreisen weiterverkauft.

Unzumutbar ist eine Leistung auch dann, wenn sie Leben oder Gesundheit bedroht. Dies wäre der Fall, wenn der Inhaber eines Ein-Mann-Partyservices aufgrund einer schwerwiegenden Krankheit das bestellte Buffet nicht erstellen kann.

Handelt es sich um einen unerheblichen Mangel, ist es nicht gerechtfertigt vom Kaufvertrag zurückzutreten. Unerheblich ist ein Mangel dann, wenn er nur einen geringen Teil der Sache betrifft und problemlos behoben werden kann. In diesem Fall gibt der Gesetzgeber dem Käufer die Möglichkeit, das alternative Recht der Kaufpreisminderung zu wählen.

§ 323 BGB Rücktritt wegen nicht oder nicht vertragsgemäß erbrachter Leistung

(1) Erbringt bei einem gegenseitigen Vertrag der Schuldner eine fällige Leistung nicht oder nicht vertragsgemäß, so kann der Gläubiger, wenn er dem Schuldner erfolglos eine angemessene Frist zur Leistung oder Nacherfüllung bestimmt hat, vom Vertrag zurücktreten.

(2) Die Fristsetzung ist entbehrlich, wenn

1. der Schuldner die Leistung ernsthaft und endgültig verweigert,
2. der Schuldner die Leistung zu einem im Vertrag bestimmten Termin oder innerhalb einer bestimmten Frist nicht bewirkt und der Gläubiger im Vertrag den Fortbestand seines Leistungsinteresses an die Rechtzeitigkeit der Leistung gebunden hat oder
3. besondere Umstände vorliegen, die unter Abwägung der beiderseitigen Interessen den sofortigen Rücktritt rechtfertigen.

(3) Kommt nach der Art der Pflichtverletzung eine Fristsetzung nicht in Betracht, so tritt an deren Stelle eine Abmahnung.

(4) Der Gläubiger kann bereits vor dem Eintritt der Fälligkeit der Leistung zurücktreten, wenn offensichtlich ist, dass die Voraussetzungen des Rücktritts eintreten werden.

(5) Hat der Schuldner eine Teilleistung bewirkt, so kann der Gläubiger vom ganzen Vertrag nur zurücktreten, wenn er an der Teilleistung kein Interesse hat. Hat der Schuldner die Leistung nicht vertragsgemäß bewirkt, so kann der Gläubiger vom Vertrag nicht zurücktreten, wenn die Pflichtverletzung unerheblich ist. [...]

§ 440 BGB Besondere Bestimmungen für Rücktritt und Schadensersatz

Außer in den Fällen des § 281 Abs. 2 und des § 323 Abs. 2 bedarf es der Fristsetzung auch dann nicht, wenn der Verkäufer beide Arten der Nacherfüllung gemäß § 439 Abs. 3 verweigert oder wenn die dem Käufer zustehende Art der Nacherfüllung fehlgeschlagen oder ihm unzumutbar ist. Eine Nachbesserung gilt nach dem erfolglosen zweiten Versuch als fehlgeschlagen, wenn sich nicht insbesondere aus der Art der Sache oder des Mangels oder den sonstigen Umständen etwas anderes ergibt.

Minderung des Kaufpreises

> **§ 441 BGB Minderung**
>
> (1) Statt zurückzutreten, kann der Käufer den Kaufpreis durch Erklärung gegenüber dem Verkäufer mindern.

Das Recht auf Minderung des Kaufpreises kommt dann für den Käufer in Frage, wenn er die Sache trotz des Mangels oder wegen Geringfügigkeit des Mangels behält. Besonders bei kleinen Mängeln hat die Minderung des Kaufpreises praktische Bedeutung. Es gelten die gleichen **Voraussetzungen wie beim Rücktritt** vom Kaufvertrag.

Die Minderung des Kaufpreises entspricht der Wertminderung, die durch den Mangel entstanden ist. Problematisch ist die Ermittlung des Wertes mit Mangel, die für die Feststellung des neuen Kaufpreises notwendig ist. Tatsächlich ist häufig kein Marktpreis für mangelhafte Gegenstände feststellbar. Deshalb hilft man sich mit den Kosten, die bei einer Reparatur entstehen würden.

Die Berechnung wird mithilfe des einfachen Dreisatzes vorgenommen:

Bedingungssatz:	Wert ohne Mangel – alter Kaufpreis	Bezugsgröße
Fragesatz:	Wert mit Mangel – neuer Kaufpreis	gesuchte Größe

Merke

Neuer Kaufpreis = $\dfrac{\textit{(Alter Kaufpreis} \cdot \textit{Wert mit Mangel)}}{\textit{Wert ohne Mangel}}$

Beispiel

Die Duisdorfer BüroKonzept KG kauft für die Verwaltung eine neue Druck- und Kopiereinheit. Diese hätte im mangelfreien Zustand einen Wert von 2.000,00 €. Mit dem vorhandenen Mangel beträgt der Wert lediglich 1.300,00 €. Der vereinbarte Kaufpreis betrug 1.500,00 €, weil es sich um ein Auslaufmodell des Vorjahres handelt.

Die Berechnung ergibt folgenden geminderten Kaufpreis:

Neuer Kaufpreis $= \dfrac{(1.500,00 \cdot 1.300,00)}{2.000,00} = 975,00$ €

Hat der Käufer den Kaufpreis noch nicht bezahlt, so muss er nach Erklärung der Minderung nur noch den geminderten Preis zahlen. Hat er hingegen den Kaufpreis schon beglichen, so kann er die Differenz zwischen gemindertem und ursprünglich vereinbartem Preis vom Verkäufer zurückverlangen.

Schadenersatz neben der Leistung

Schon bei den vorrangigen Rechten wurde das Recht auf Schadenersatz neben der Leistung beschrieben. Dieses gibt die Möglichkeit, dass zusätzlich zu der Hauptleistung ein entstandener Schaden beglichen werden kann, wenn die notwendigen Voraussetzungen erfüllt sind. Auch zu den nachrangigen Rechten gehört der Schadenersatz neben der Leistung. Er kann zusammen mit der Minderung des Kaufpreises verlangt werden. Neben der Hauptleistung erhält der Käufer einen Schaden erstattet, der ihm aufgrund der Schlechtleistung entstanden ist.

Schadenersatz statt der Leistung

§ 281 BGB Schadensersatz statt der Leistung wegen nicht oder nicht wie geschuldet erbrachter Leistung

(1) Soweit der Schuldner die fällige Leistung nicht oder nicht wie geschuldet erbringt, kann der Gläubiger unter den Voraussetzungen des § 280 Abs. 1 Schadensersatz statt der Leistung verlangen, wenn er dem Schuldner erfolglos eine angemessene Frist zur Leistung oder Nacherfüllung bestimmt hat. Hat der Schuldner eine Teilleistung bewirkt, so kann der Gläubiger Schadensersatz statt der ganzen Leistung nur verlangen, wenn er an der Teilleistung kein Interesse hat. Hat der Schuldner die Leistung nicht wie geschuldet bewirkt, so kann der Gläubiger Schadensersatz statt der ganzen Leistung nicht verlangen, wenn die Pflichtverletzung unerheblich ist.

(2) Die Fristsetzung ist entbehrlich, wenn der Schuldner die Leistung ernsthaft und endgültig verweigert oder wenn besondere Umstände vorliegen, die unter Abwägung der beiderseitigen Interessen die sofortige Geltendmachung des Schadensersatzanspruchs rechtfertigen.

(3) Kommt nach der Art der Pflichtverletzung eine Fristsetzung nicht in Betracht, so tritt an deren Stelle eine Abmahnung.

(4) Der Anspruch auf die Leistung ist ausgeschlossen, sobald der Gläubiger statt der Leistung Schadensersatz verlangt hat.

(5) Verlangt der Gläubiger Schadensersatz statt der ganzen Leistung, so ist der Schuldner zur Rückforderung des Geleisteten nach den §§ 346 bis 348 berechtigt.

Wie bereits oben geschildert, kann ein Schadenersatz nur dann eingefordert werden, wenn zusätzlich zur mangelhaften Lieferung

- ein Schaden entstanden ist,
- der vom Verkäufer zu vertreten ist (siehe Nacherfüllung).

Schadensersatz statt der Leistung kann nur im Zusammenhang mit dem Rücktritt vom Kaufvertrag verlangt werden, also mit der Rückgabe der mangelhaften Sache. Ziel des Schadenersatzes statt der Leistung ist es, den Geschädigten so zu stellen, wie er bei ordnungsgemäßer Leistung gestanden hätte.

Schon aufgrund des gleichzeitigen Rücktritts ist offensichtlich, dass in der Regel der Schadenersatz eine Nachfrist fordert. Aber auch hier gelten die Ausnahmen, die im Fall des Rechts auf Rücktritt beschrieben wurden.

Beispiel

Die Duisdorfer BüroKonzept KG hat die zum Weiterverkauf bestimmten 15 Computerbildschirme wegen eines Mangels neu liefern lassen. Doch auch die Ersatzbildschirme weisen den gleichen Fehler auf. Daher hat Frau Elling entschieden vom Kaufvertrag zurückzutreten. Sie verlangt den Kaufpreis zurück und Schadenersatz statt der Leistung. Der Schaden besteht aus dem entgangenen Gewinn, den die Duisdorfer BüroKonzept KG durch den Weiterverkauf hätte erzielen können.

Ersatz vergeblicher Aufwendungen

> **§ 284 BGB Ersatz vergeblicher Aufwendungen**
> Anstelle des Schadensersatzes statt der Leistung kann der Gläubiger Ersatz der Aufwendungen verlangen, die er im Vertrauen auf den Erhalt der Leistung gemacht hat und billigerweise machen durfte, es sei denn, deren Zweck wäre auch ohne die Pflichtverletzung des Schuldners nicht erreicht worden.

Wenn dem Käufer aufgrund des Kaufvertrages Aufwendungen entstanden sind, die nun unnötig sind, kann er anstelle des Schadenersatzes auch den Ersatz seiner vergeblichen Aufwendungen verlangen. Bei den nachrangigen Rechten sind also Schadenersatz statt der Leistung und der Ersatz der vergeblichen Aufwendungen **alternative Rechte**, zwischen denen der Käufer entscheiden muss. Auch hier gilt, dass dieses Recht nur im Zusammenhang mit dem Rücktritt gewählt werden kann.

Wichtig ist es, hier die Unterscheidung zwischen Schaden und vergeblichen Aufwendungen zu kennen. Wie oben beschrieben, ist der Schaden ein unfreiwilliges Vermögensopfer. Der Aufwand dagegen ist eine Vermögenseinbuße, die freiwillig eingegangen wurde. Diese ist nun durch die mangelhafte Lieferung überflüssig geworden.

Beispiel
Wenn ein Abrissbagger versehentlich die Lagerhalle der Duisdorfer BüroKonzept KG statt die des Nachbarn abreißt, dann ist der Duisdorfer BüroKonzept KG unfreiwillig ein Schaden entstanden. Sie kann Schadenersatz verlangen.

Wenn der Abrissbagger die richtige Halle auftragsgemäß abreißt und festgestellt wird, dass das Gelände ölverseucht und nicht zu gebrauchen ist, dann sind der Duisdorfer BüroKonzept KG vergebliche Aufwendungen entstanden. Sie wollte keinen ölverseuchten Boden kaufen und hätte dann auch nicht das Abrissunternehmen beauftragen müssen. Die Ausgaben waren zwar freiwillig, aber unnütz. Also sind es vergebliche Aufwendungen.

19.1.4 Besonderheiten bei arglistig verschwiegenen Mängeln

LF 4, 13.2

Arglistige Täuschung wird im BGB an verschiedenen Stellen geregelt, weil sie in vielen Bereichen auftreten kann. So liegt beispielsweise arglistige Täuschung vor, wenn jemand sich mit gefälschten Zeugnissen bewirbt oder eine notwendige Geschäftsfähigkeit vortäuscht. Hier können Verträge nach § 123 BGB angefochten werden (siehe Anfechtung). Der Sachverhalt der arglistig verschwiegenen Mängel ist eine besondere Form der arglistigen Täuschung.

Ein Mangel ist arglistig verschwiegen, wenn der Verkäufer den Käufer absichtlich nicht darüber aufklärt, dass ein Fehler vorhanden ist. Damit wird der Käufer dazu verleitet, den Vertrag abzuschließen.

Neben den Rechten aus der Anfechtung gelten zusätzlich auch die Regelungen aus dem Kaufvertragsrecht (Schuldrecht). Der Grund liegt darin, dass der Käufer in besonderer Weise geschützt werden soll. Ein Schutz des Verkäufers dagegen ist nicht nötig.

§ 438 BGB Verjährung der Mängelansprüche

[...]

(3) Abweichend von Absatz 1 Nr. 2 und 3 und Absatz 2 verjähren die Ansprüche in der regelmäßigen Verjährungsfrist, wenn der Verkäufer den Mangel arglistig verschwiegen hat.

§ 195 BGB Regelmäßige Verjährungsfrist

Die regelmäßige Verjährungsfrist beträgt drei Jahre.

§ 199 BGB Beginn der regelmäßigen Verjährungsfrist und Verjährungshöchstfristen

(1) Die regelmäßige Verjährungsfrist beginnt, soweit nicht ein anderer Verjährungsbeginn bestimmt ist, mit dem Schluss des Jahres, in dem

1. der Anspruch entstanden ist und
2. der Gläubiger von den den Anspruch begründenden Umständen und der Person des Schuldners Kenntnis erlangt oder ohne grobe Fahrlässigkeit erlangen müsste.

Unabhängig davon ob ein Kaufmann oder Nichtkaufmann beteiligt ist, gilt bei einem arglistig verschwiegenen Mangel die regelmäßige Verjährungsfrist. Damit behält ein Käufer seine Rechte, wenn er den Mangel innerhalb von **drei Jahren nach Entdecken des Mangels** anzeigt. Die Frist von drei Jahren beginnt zum Ende des Jahres, in dem der Mangel entdeckt wurde.

Hätte der Käufer stattdessen die Anfechtungsfrist gewählt, müsste er z. B. innerhalb einer Frist von einem Jahr nach Kenntnis der Täuschung den Kaufvertrag anfechten. Diese Frist wäre somit kürzer als die Regelverjährung.

Als Recht kann der Käufer den **sofortigen Rücktritt vom Kaufvertrag** in Anspruch nehmen. Eine Nachfrist muss nicht gesetzt werden. Begründet wird dies mit dem Vertrauensverlust, den der Käufer erlitten hat. Liegen die notwendigen Voraussetzungen vor, kann auch Schadenersatz gefordert werden.

Beispiel

Sabrina A. kauft sich zum 18. Geburtstag am 30.06.20.. einen Gebrauchtwagen. Der Händler versichert ihr, dass der Wagen unfallfrei ist. Fünf Jahre später fällt der Betrug auf. Sabrina kann innerhalb der nächsten drei Jahre plus den Rest des laufenden Jahres ihre Rechte geltend machen. Naheliegend ist der sofortige Rücktritt vom Kaufvertrag.

Achtung:

Gewährt der arglistig getäuschte Käufer dem Verkäufer eine Frist zur Nacherfüllung, ist das Vertrauensverhältnis offensichtlich nicht beschädigt worden. Dann gelten die üblichen Regelungen einer mangelhaften Lieferung. Dazu zählt beispielsweise die Möglichkeit der zweimaligen Reparatur der Sache. Ein sofortiger Rücktritt ist dann nicht mehr möglich! Dies wurde ausdrücklich in einem Gerichtsurteil festgehalten.

19.1.5 Wegfall der Rechte

Ist dem Käufer bei Abschluss des Kaufvertrages bewusst, dass die Sache mangelhaft ist, sind die Rechte aus der mangelhaften Lieferung ausgeschlossen. Auch dann, wenn er die Mängel mit wenig Mühe hätte erkennen können, aber er diese Sorgfalt nicht ausgeübt hat, entfallen die Rechte. Es sei denn, es gelten die besonderen Bestimmungen bei arglistiger Täuschung oder der Übernahme einer Garantie.

§ 442 BGB Kenntnis des Käufers

(1) Die Rechte des Käufers wegen eines Mangels sind ausgeschlossen, wenn er bei Vertragsschluss den Mangel kennt. Ist dem Käufer ein Mangel infolge grober Fahrlässigkeit unbekannt geblieben, kann der Käufer Rechte wegen dieses Mangels nur geltend machen, wenn der Verkäufer den Mangel arglistig verschwiegen oder eine Garantie für die Beschaffenheit der Sache übernommen hat. [...]

19.1.6 Beweislastumkehr

§ 476 BGB Beweislastumkehr

Zeigt sich innerhalb von sechs Monaten seit Gefahrübergang ein Sachmangel, so wird vermutet, dass die Sache bereits bei Gefahrübergang mangelhaft war, es sei denn, diese Vermutung ist mit der Art der Sache oder des Mangels unvereinbar.

Normalerweise geht man nach deutschem Recht davon aus, dass derjenige, der ein Recht beanspruchen will, beweisen muss, dass er Anspruch darauf hat.

Beispiel

Wenn jemand Schadenersatz zugesprochen bekommen will, muss er beweisen, dass er einen Schaden erlitten hat.

Für die Lieferung mangelhafter Ware hieße das, dass der Käufer beweisen muss, dass er die defekte Ware nicht beschädigt hat, um z. B. eine Neulieferung zu erhalten.

Im Bereich des Verbrauchsgüterkaufs wurde vom Gesetzgeber jedoch zugunsten des Verbrauchers eine Beweiserleichterung eingeführt und die Beweislastumkehr gesetzlich verankert. Das heißt, wenn der Käufer innerhalb von sechs Monaten feststellt, dass an der Ware ein Mangel vorliegt, wird davon ausgegangen, dass die Ware schon mangelhaft geliefert wurde. Die Schuld liegt also automatisch beim Verkäufer, der beweisen muss, dass die Ware in Ordnung war. Der Käufer muss also lediglich nachweisen, dass die Sache mangelhaft ist.

Liegt der Kauf mehr als sechs Monate zurück, gilt die Beweislastumkehr nicht mehr. Nun muss der Käufer beweisen, dass der Verkäufer ihm eine mangelhafte Sache übergeben hat.

Beispiel

Lisa Müller hat sich von ihrer ersten Ausbildungsvergütung ein neues Smartphone bei der VitaPhone e. K. gekauft. Nach vier Monaten ist der Akku defekt. Es wird davon ausgegangen, dass der Schaden bereits bei Übergabe bestand. Daher muss die VitaPhone e. K. den Mangel beseitigen.

Wäre der Akku hingegen erst nach sieben Monaten unbrauchbar gewesen, hätte Lisa Müller beweisen müssen, dass die VitaPhone e. K. ihr ein fehlerhaftes Gerät verkauft hat. Dies wäre im Zweifelsfall nur mit hohen gutachterlichen Kosten möglich.

19.1.7 Gewährleistung, Garantie und Kulanz

Der Verkäufer ist gesetzlich verpflichtet zu versichern, dass die verkauften Waren über eine bestimmte Zeit problemlos zu nutzen sind. Darüber hinaus kann der Verkäufer zusätzliche Garantien geben oder weitere freiwillige Zugeständnisse machen.

Gewährleistung und deren Fristen

Jeder Verkäufer ist verpflichtet, eine Gewährleistung auf seine verkaufte Sache zu geben. Die Gewährleistung soll dem Kunden zusichern, dass die Ware zum Zeitpunkt des Kaufs frei von Mängeln ist. Liegt nun mangelhafte Lieferung vor, kann der Käufer seine Rechte aufgrund der Gewährleistung geltend machen. **Zwei Jahre nach Übergabe** der Sache erlischt dieser Anspruch.

§ 438 BGB Verjährung der Mängelansprüche

(1) Die in § 437 Nr. 1 und 3 bezeichneten Ansprüche verjähren

1. in 30 Jahren, wenn der Mangel
   a) in einem dinglichen Recht eines Dritten, aufgrund dessen Herausgabe der Kaufsache verlangt werden kann, oder
   b) in einem sonstigen Recht, das im Grundbuch eingetragen ist, besteht,
2. in fünf Jahren
   a) bei einem Bauwerk und
   b) bei einer Sache, die entsprechend ihrer üblichen Verwendungsweise für ein Bauwerk verwendet worden ist und dessen Mangelhaftigkeit verursacht hat, und
3. im Übrigen in zwei Jahren.

(2) Die Verjährung beginnt bei Grundstücken mit der Übergabe, im Übrigen mit der Ablieferung der Sache. […]

Bei gebrauchten Gegenständen kann diese gesetzliche Gewährleistungsfrist auf **ein Jahr** reduziert werden. Dies erfordert aber eine besondere Vereinbarung über die Verkürzung. Im Fall eines bürgerlichen Kaufs und eines Verbrauchgüterkaufs kann der Nichtkaufmann die Gewährleistung beim Verkauf sogar vollständig ausschließen. Auch darüber muss der Käufer ausdrücklich informiert werden, da sonst die Gewährleistungsfrist von zwei Jahren gilt.

Beispiel

Die Mutter Gabi E. will den Kinderschreibtisch ihres bereits erwachsenen Sohnes auf einem Online-Versteigerungsportal meistbietend verkaufen. Allerdings ist sie nicht bereit, eine Gewährleistung über die Funktionsfähigkeit des gebrauchten Schreibtisches zu geben. Daher formuliert sie in der Anzeige einen Satz, der verdeutlicht, dass sie keine Kauffrau ist und die Gewährleistung ausgeschlossen wird.

Liegt ein Sachmangel an einem Gegenstand vor, der fest mit einem Bauwerk verbunden ist, verlängert sich die Gewährleistungsfrist auf **fünf Jahre**. Auf **30 Jahre** erhöht sich die Frist, wenn ein dingliches Herausgaberecht eines Dritten (z. B. das Eigentumsrecht) bzw. ein ins Grundbuch eingetragenes Recht (z. B. die Hypothek) betroffen ist.

Zum Schluss muss die regelmäßige Verjährungsfrist aufgezeigt werden, auch wenn sie nicht zu den Gewährleistungsfristen zählt. Sie gilt in allen Fällen, in denen der Gesetzgeber keine Verjährungsfristen vorgegeben hat. Im Zusammenhang mit der mangelhaften Lieferung wird auf die regelmäßige Verjährungsfrist zurückgegriffen, wenn ein arglistig verschwiegener Mangel vorliegt. Sie beträgt **drei Jahre ab Ende des Jahres**, in dem der Anspruch entstanden ist (siehe Besonderheiten bei arglistig verschwiegenen Mängeln § 199 BGB).

LF 4, 19.1.4

Garantie

Bei der Garantie wird eine Gewähr dafür übernommen, dass die im Kaufvertrag festgehaltene Sache die vereinbarte Beschaffenheit hat und diese für eine bestimmte Dauer behält. Im Gegensatz zur Gewährleistung ist die Garantie freiwillig und kann vom Hersteller oder vom Händler gegeben werden.

§ 443 BGB Beschaffenheits- und Haltbarkeitsgarantie

(1) Übernimmt der Verkäufer oder ein Dritter eine Garantie für die Beschaffenheit der Sache oder dafür, dass die Sache für eine bestimmte Dauer eine bestimmte Beschaffenheit behält (Haltbarkeitsgarantie), so stehen dem Käufer im Garantiefall unbeschadet der gesetzlichen Ansprüche die Rechte aus der Garantie zu den in der Garantieerklärung und der einschlägigen Werbung angegebenen Bedingungen gegenüber demjenigen zu, der die Garantie eingeräumt hat.

(2) Soweit eine Haltbarkeitsgarantie übernommen worden ist, wird vermutet, dass ein während ihrer Geltungsdauer auftretender Sachmangel die Rechte aus der Garantie begründet.

§ 477 BGB Sonderbestimmungen für Garantien

(1) Eine Garantieerklärung (§ 443) muss einfach und verständlich abgefasst sein. Sie muss enthalten

1. den Hinweis auf die gesetzlichen Rechte des Verbrauchers sowie darauf, dass sie durch die Garantie nicht eingeschränkt werden und
2. den Inhalt der Garantie und alle wesentlichen Angaben, die für die Geltendmachung der Garantie erforderlich sind, insbesondere die Dauer und den räumlichen Geltungsbereich des Garantieschutzes sowie Namen und Anschrift des Garantiegebers.

(2) Der Verbraucher kann verlangen, dass ihm die Garantieerklärung in Textform mitgeteilt wird.

Da es sich um eine freiwillige Leistung handelt, kann auch die Garantiedauer frei gewählt werden oder es können Bedingungen daran geknüpft sein. Allerdings darf eine Garantie nicht gegen gesetzliche Bestimmungen, wie z. B. der Gewährleistungsfrist, verstoßen. Außerdem ist sie, auch wenn sie freiwillig eingegangen wurde, anschließend für den Verkäufer bindend.

Beispiel

Manche Autohersteller bieten eine mehrjährige Herstellergarantie unter der Bedingung, dass alle Serviceintervalle nach den Vorgaben des Herstellers durchgeführt werden und der vollständig ausgefüllte Serviceplan vorliegt.

Im Verbrauchsgüterkauf gelten für die Garantie besondere Bestimmungen. Sie müssen verständlich formuliert sein und dem Verbraucher verdeutlichen, dass die gesetzlichen Regelungen weiterhin gelten. Auf Wunsch sind sie dem Kunden in Schriftform auszuhändigen.

Kulanz

Handelt der Verkäufer auf Kulanz, erfüllt er Forderungen des Kunden ohne gesetzliche oder vertragliche Verpflichtung. Es ist eine Gefälligkeit, die der Verkäufer freiwillig übernimmt und auf die der Käufer keinen rechtlichen Anspruch hat. Auf diese Weise versuchen Händler Kunden in Problemfällen entgegenzukommen, um sie als Kunden zu behalten und sie auch für zukünftige Geschäfte zu gewinnen.

Beispiel

Zweieinhalb Jahre nach Installation der Telefonanlage weist diese einen Defekt auf. Aufgrund der langjährigen Geschäftsbeziehungen mit der Duisdorfer BüroKonzept KG repariert der Verkäufer die Anlage kostenlos, obwohl die Gewährleistungsfrist von zwei Jahren abgelaufen ist. Er hofft, auch weiterhin mit der expandierenden Duisdorfer BüroKonzept KG lukrative Geschäfte abschließen zu können.

19.1.8 Rückabwicklung bis zum Hersteller

Wenn im Verbrauchsgüterkauf Rechte aufgrund einer mangelhaften Lieferung gewährt wurden, wendet sich der Kunde zunächst an den Verkäufer. Dieser wiederum kann sich an seinen Lieferer wenden. Ihm gegenüber kann er die gleichen Rechte geltend machen, wie sein Vorgänger. Der Händlerregress erfolgt so lange, bis die Sache den Hersteller erreicht. Läuft innerhalb des Regresses die 2-jährige Gewährleistungsfrist ab, haben die betroffenen Händler jeweils zwei Monate Zeit, ihre Rechte geltend zu machen. Es müssen keine Nachfristen gesetzt werden.

Beispiel
Die Kundin tritt wegen eines erheblichen Mangels am neuen Kleid vom Kaufvertrag zurück.

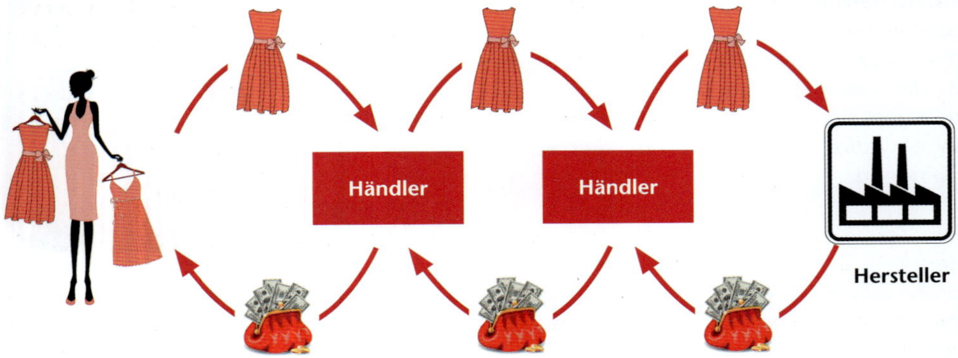

19.2 Lieferungsverzug

LS 4.12

Mit dem Abschluss des Kaufvertrages hat der Lieferer sich verpflichtet, die Ware rechtzeitig an den Käufer zu liefern. Geschieht dies nicht, so besteht die Möglichkeit, dass der Schuldner der Leistung sich im Lieferungsverzug befindet. Beim Lieferungsverzug handelt es sich um einen Schuldnerverzug des Verkäufers.

19.2.1 Voraussetzungen

Damit Lieferungsverzug vorliegt und der Käufer daraus Rechte in Anspruch nehmen kann, müssen drei Voraussetzungen erfüllt werden:

§ 286 BGB Verzug des Schuldners

(1) Leistet der Schuldner auf eine Mahnung des Gläubigers nicht, die nach dem Eintritt der Fälligkeit erfolgt, so kommt er durch die Mahnung in Verzug. Der Mahnung stehen die Erhebung der Klage auf die Leistung sowie die Zustellung eines Mahnbescheids im Mahnverfahren gleich.

(2) Der Mahnung bedarf es nicht, wenn

1. für die Leistung eine Zeit nach dem Kalender bestimmt ist,
2. der Leistung ein Ereignis vorauszugehen hat und eine angemessene Zeit für die Leistung in der Weise bestimmt ist, dass sie sich von dem Ereignis an nach dem Kalender berechnen lässt,
3. der Schuldner die Leistung ernsthaft und endgültig verweigert,
4. aus besonderen Gründen unter Abwägung der beiderseitigen Interessen der sofortige Eintritt des Verzugs gerechtfertigt ist.

[…]

Zunächst muss die Lieferung **fällig** sein, das heißt, der Gläubiger kann mit der Lieferung rechnen. Ist dieser verabredete Zeitpunkt erreicht oder überschritten, muss der Käufer den Lieferer mahnen. Mit der **Mahnung** fordert der Gläubiger den Schuldner unmissverständlich auf, die vereinbarte Lieferung vorzunehmen. Die Mahnung ist formfrei, sollte aber aus Gründen der Beweissicherung schriftlich formuliert werden. Außerdem ist in einer Mahnung weder der Begriff noch eine Androhung der Rechtsfolgen notwendig. Der Verzug beginnt mit Zugang der Mahnung.

Manche Formulierungen im Kaufvertrag sind so verfasst, dass eine Mahnung nicht erforderlich ist, um den Verkäufer in Verzug zu setzen. Ohne Mahnung kommt der Lieferer in Verzug, wenn der Termin nach dem Kalender bestimmt oder bestimmbar ist. In diesen Fällen kann der Lieferer anhand eines Kalenders genau ablesen oder abzählen, wann die Lieferung zu erfolgen hat. Auch bei Fix- oder Zweckkauf erübrigt sich die Mahnung.

Beispiele

Kalendermäßig bestimmt ist der Termin „Lieferung am 3. Juni 20..", „Lieferung Ende Juli".

Kalendermäßig bestimmbar ist auch die Vereinbarung „10 Tage nach Ostermontag".

Kalendermäßig nicht bestimmt sind die Formulierungen „Lieferung ab 1. November 20..", „Lieferung sofort"; sie erfordern eine Mahnung.

Liegt Selbstinverzugsetzung vor, wird vom Gesetzgeber keine Mahnung verlangt. Der Lieferer erklärt bei der Selbstinverzugsetzung, dass er endgültig seine Verpflichtung nicht wie vereinbart erfüllen wird. Die Situation liegt beispielsweise dann vor, wenn ...

- die Lieferung unmöglich geworden ist,
- zu einem späteren Zeitpunkt angeboten wird oder
- der Lieferer kein Interesse an der Erfüllung seiner Pflicht äußert.

Beispiel

Die Duisdorfer BüroKonzept KG informiert die Frohn KG darüber, dass die 20 bestellten Schreibtische „Ökostar" erst mit einer Woche Verspätung geliefert werden können, weil eine Produktionsmaschine langfristig ausfällt. Damit setzt die Duisdorfer BüroKonzept KG sich selbst in Lieferungsverzug; die Büroausstattung Frohn KG muss nicht mahnen.

Der Lieferungsverzug ist in allen Fällen aber nur dann gegeben, wenn der Verkäufer den **Lieferungsverzug zu vertreten** hat, also der Schuldner vorsätzlich oder fahrlässig handelt (siehe Vertretenmüssen). Behauptet der Lieferer, dass ihn keine Schuld an der Verzögerung der Lieferung trifft, muss er dies beweisen. Ein praktisches Beispiel dafür, dass den Lieferer keine Schuld trifft, ist das Vorliegen höherer Gewalt. Dies bezeichnet ein ungewöhnliches bzw. schwerwiegendes Ereignis, das unerwartet eintritt, sodass der Lieferer nicht rechtzeitig liefern kann. Dazu zählen Naturkatastrophen, wie Überschwemmungen, Erdbeben oder Vulkanausbrüche.

LF 4, 19.1.3

Unter welchen strengen Bedingungen von höherer Gewalt gesprochen wird, verdeutlichen die folgenden Ausführungen aus einem Gerichtsurteil:

„Höhere Gewalt ist also ein außergewöhnliches, betriebsfremdes, von außen durch elementare Naturkräfte oder durch Handlungen dritter (betriebsfremder) Personen herbeigeführtes und nach menschlicher Einsicht und Erfahrung unvorhersehbares Ereignis, welches mit wirtschaftlich erträglichen Mitteln auch durch nach den Umständen äußerste, vernünftigerweise zu erwartende Sorgfalt nicht verhütet werden kann und welches auch nicht im Hinblick auf seine Häufigkeit in Kauf genommen zu werden braucht".

Quelle: BGH VersR 1988, 910

Handelt es sich bei der zu liefernden Ware um Gattungsware, so hat der Lieferer ein sogenanntes Beschaffungsrisiko. Gattungsware ist ersetzbar; somit muss der Verkäufer liefern können. Verspätete Lieferung hat er bei Gattungsware zu vertreten.

19.2.2 Rechte des Käufers bei Lieferungsverzug

Stellt der Käufer Lieferungsverzug fest, weil alle Voraussetzungen vorliegen, kann er die gesetzlichen oder die vertraglich vereinbarten Rechte geltend machen. Bei der Auswahl der Rechte muss unterschieden werden, ob der Käufer eine Nachfrist gesetzt hat oder nicht.

Rechte ohne Nachfristsetzung

Setzt der Käufer keine Nachfrist, kann er auf **Erfüllung des Kaufvertrages** bestehen. Die Lieferung der Ware zum späteren Zeitpunkt ist für den Käufer noch sinnvoll.

> **§ 433 BGB Vertragstypische Pflichten beim Kaufvertrag**
>
> (1) Durch den Kaufvertrag wird der Verkäufer einer Sache verpflichtet, dem Käufer die Sache zu übergeben und das Eigentum an der Sache zu verschaffen. Der Verkäufer hat dem Käufer die Sache frei von Sach- und Rechtsmängeln zu verschaffen.

Beispiel

„Rollen-Fall": Die Duisdorfer BüroKonzept KG hat für die Herstellung der Schreibtischstühle „Bandscheiben-Drehstuhl extra" Rollen bestellt. In der Regel erfolgt die Lieferung innerhalb von zwei Wochen. Nachdem nach drei Wochen noch keine Lieferung erfolgt ist, ruft Herr Rübner die Rösgen KG an und mahnt die ausstehende Lieferung an. Er verlangt die Erfüllung des Vertrages, das heißt die Lieferung der Rollen.

Wenn dem Käufer ein Schaden entstanden ist, kommt auch die Möglichkeit eines **Schadenersatzes wegen Pflichtverletzung** in Frage. Der Schaden wird ihm ersetzt, wenn der Schuldner der Leistung die verspätete Lieferung zu vertreten hat. Da Lieferungsverzug das Vertretenmüssen voraussetzt, ist der Schaden in der Regel vom Lieferer zu ersetzen.

> **§ 280 BGB Schadensersatz wegen Pflichtverletzung**
>
> (1) Verletzt der Schuldner eine Pflicht aus dem Schuldverhältnis, so kann der Gläubiger Ersatz des hierdurch entstehenden Schadens verlangen. Dies gilt nicht, wenn der Schuldner die Pflichtverletzung nicht zu vertreten hat.
>
> (2) Schadensersatz wegen Verzögerung der Leistung kann der Gläubiger nur unter der zusätzlichen Voraussetzung des § 286 verlangen.
>
> (3) Schadensersatz statt der Leistung kann der Gläubiger nur unter den zusätzlichen Voraussetzungen des § 281, des § 282 oder des § 283 verlangen.

Rechte mit Nachfristsetzung

Die Nachfrist gibt dem Verkäufer die Möglichkeit, die versäumte Lieferung nachzuholen. Sie umfasst die Zeit, die notwendig ist, die Ware lieferbereit zu machen und zu liefern bzw. liefern zu lassen. Diese Frist beinhaltet nicht die Dauer der Beschaffung oder Produktion der verlangten Ware. Die Angemessenheit der Nachfrist hängt vom Einzelfall ab.

Wurde vom Käufer eine Nachfrist gesetzt und ist diese abgelaufen, hat er das Recht auf **Rücktritt vom Kaufvertrag**. Der Rücktritt vom Kaufvertrag ist dann sinnvoll, wenn die Lieferung der Ware nicht mehr zweckmäßig ist.

Außerdem kann im Zusammenhang mit dem Rücktritt **Schadenersatz statt Leistung** verlangt werden. Wie bei der Schlechtleistung wird zwischen konkretem und abstraktem Schaden unterschieden. Ein typischer konkreter Schaden im Lieferungsverzug kann beim **Deckungskauf** entstehen: Handelt es sich um dringend benötigte Gattungsware, kann sich der Käufer nach Ablauf der Frist die Ware bei einem anderen Lieferer beschaffen. Fallen bei dem Ersatzkauf höhere Kosten an, ist dieser Schaden vom ursprünglichen Lieferer zu ersetzen.

Beispiel

Variation „Rollen-Fall": Die Duisdorfer BüroKonzept KG hat für die Herstellung der Schreibtischstühle „Bandscheiben-Drehstuhl extra" Rollen bestellt. In der Regel erfolgt die Lieferung innerhalb von zwei Wochen. Nachdem nach drei Wochen noch keine Lieferung erfolgt ist, ruft Herr Rübner die Rösgen KG an und erinnert an die ausstehende Lieferung. Er verlangt die Erfüllung des Vertrages. Nach einer weiteren Woche meldet sich Herr Rübner wieder und setzt zur Lieferung eine Frist von einer Woche. Sollte die Lieferung bis dahin nicht eingetroffen sein, kann er vom Vertrag zurücktreten und evtl. Schadenersatz verlangen.

Das vorangegangene Beispiel macht deutlich, dass es sinnvoll gewesen wäre, sofort mit der Mahnung eine Nachfrist zu setzen, um eine weitere Wartezeit zu vermeiden.

Anstelle des Schadenersatzes statt der Leistung kann auch der **Ersatz vergeblicher Aufwendungen** gefordert werden (siehe Rechte des Käufers bei mangelhafter Lieferung). In manchen Situationen ist eine Fristsetzung nicht erforderlich. Liegt ein Fix- oder Zweckkauf vor, kann die Nachfrist ebenso entfallen, wie im Fall der endgültigen Leistungsverweigerung durch den Lieferer.

LF 4, 19.1.3

Beispiel

Für das abendliche Sommerfest der Duisdorfer BüroKonzept KG wurde ein Partybuffet bei der Besser-Esser OHG bestellt. Das Buffet soll am Morgen des Festtages geliefert werden. Als das Essen auch am frühen Nachmittag noch nicht eingetroffen ist, tritt die Duisdorfer BüroKonzept KG vom Kaufvertrag zurück. Anschließend bestellt sie bei einem anderen Caterer Ersatz, der zwar vergleichbar, aber teurer ist. Eine Nachfristsetzung ist nicht notwendig, der entstandene Schaden muss von der Besser-Esser OHG beglichen werden.

19.3 Annahmeverzug

Unter den Kaufvertragsstörungen ist der Annahmeverzug der einzige Gläubigerverzug. Gläubiger ist derjenige, der von seinem Schuldner eine Leistung verlangen kann.

§ 293 BGB Annahmeverzug

Der Gläubiger kommt in Verzug, wenn er die ihm angebotene Leistung nicht annimmt.

Im Fall des Annahmeverzuges will der Schuldner die geforderte Sache zum vereinbarten Zeitpunkt liefern, aber der Gläubiger nimmt ihm diese nicht ab. Ist ein Lieferzeitpunkt nicht vereinbart, muss der Lieferer diesen ankündigen.

Damit sind als wesentliche **Voraussetzungen des Annahmeverzuges**
- Fälligkeit der Leistung,
- Bereitschaft zur vereinbarten Leistungsabgabe (die richtige Ware zum richtigen Zeitpunkt am richtigen Ort) und
- Nichtabnahme der Leistung

formuliert.

Im Gegensatz zu den anderen Kaufvertragsstörungen ist es nicht von Bedeutung, ob der Gläubiger die Schuld am Annahmeverzug trägt. Ist er beispielsweise aufgrund eines Krankenhausaufenthaltes nicht in der Lage die Ware anzunehmen, gerät er genauso in Verzug als hätte er die Lieferung vergessen.

Liegt Annahmeverzug vor, ergeben sich für den Lieferer wahlweise folgende **Rechte**:
- auf Erfüllung der Abnahme verzichten
- Lagerung der Ware und Klage auf Abnahme
- Lagerung der Ware und Selbsthilfeverkauf

Auf Erfüllung der Abnahme verzichten bedeutet, dass der Lieferer die Ware anderweitig verkauft. Gründe können z. B. sein, dass eine andere, gewinnbringendere Möglichkeit besteht oder sich die Hinweise auf Insolvenz des Kunden mehren.

Hat der Lieferer weiterhin den Wunsch, dass der Käufer die Ware annimmt, kann er die Lieferung an einem geeigneten Ort auf Kosten des Käufers einlagern und die Abnahme der Ware einklagen. Dieses Recht wird der Verkäufer dann wählen, wenn es sich um speziell angefertigte Produkte handelt, für die es wahrscheinlich keinen anderen Interessenten gibt.

Als weiteres Recht hat der Verkäufer die Möglichkeit, einen Selbsthilfeverkauf der eingelagerten Waren vorzunehmen. Der Selbsthilfeverkauf bezeichnet den Verkauf der Waren an Dritte aufgrund eines Annahmeverzuges. Er muss vorher dem ursprünglichen Käufer angedroht werden. Bei verderblichen Waren entfällt diese Pflicht, da es sich um einen Notverkauf handelt; eine Sonderform des Selbsthilfeverkaufs.

Der Verkauf wird über eine öffentliche Versteigerung oder, bei Waren mit Börsen- oder Marktpreis, freihändig verkauft. In jedem Fall ist ein öffentlich bestellter Versteigerer mit dem Verkauf zu beauftragen. Ort und Termin wird dem säumigen Käufer mitgeteilt, um ihm beispielsweise die Möglichkeit zu geben, mit zu steigern. Die anfallenden Kosten trägt der ursprüngliche Kunde. Fällt allerdings nach Abzug der Kosten ein Mehrerlös an, ist dieser an den ursprünglichen Kunden auszuzahlen.

19.4 Zahlungsverzug

Der Zahlungsverzug ist der Schuldnerverzug des Käufers. Mit Abschluss eines Kaufvertrages schuldet der Käufer dem Verkäufer die Bezahlung der Leistung zu einem vereinbarten Zeitpunkt. Kommt er dieser Pflicht nicht nach, wenn sie fällig ist, liegt Zahlungsverzug vor.

LF 9, 11 Der Verkäufer kann folgende Rechte geltend machen:
- Nacherfüllung und u. U. Schadenersatz wegen Pflichtverletzung
- Rücktritt und u. U. Schadenersatz statt der Leistung
- Schadenersatz statt der Leistung, wenn der Schuldner die Zahlung endgültig verweigert

Eine umfassende Erläuterung der Nicht-Rechtzeitig-Zahlung finden Sie in BüroWelt 2, Lernfeld 9, Kapitel 11.

LernFeld 5

Kunden akquirieren und binden

Überblick Lernfeld

1 Marktbegriff und relevante Märkte aus Unternehmenssicht

Die 1950er- und 1960er-Jahre werden als Wirtschaftswunderjahre bezeichnet. Es gab Arbeit für alle. Der Mangel an Arbeitskräften führte zur Anwerbung von Arbeitskräften aus dem europäischen Ausland. Die Zerstörungen des Krieges und der Mangel bedingten, dass die Nachfrage ausgesprochen groß war und das Angebot überstieg. Der Bedarf war dringlich, es fehlte an Lebensmitteln, Wohnraum und Möbeln. Nachdem die Existenzbedürfnisse befriedigt waren, sehnten sich die Menschen nach Mobilität, Reisen und einem gewissen Luxus. Die Wirtschaft boomte und die Unternehmen mussten sich keine Sorgen machen, am Markt bestehen zu können. Derartige Marktsituationen, in denen sich die Verkäufer in der stärkeren Position befinden, werden als Verkäufermärkte bezeichnet.

Die Wirtschaftskrise der Folgejahre hatte eine stark rückläufige Nachfrage zur Folge. Die zunehmende Globalisierung steigerte den Konkurrenzdruck auf den inländischen Märkten, bot Unternehmen aber auch gleichzeitig die Möglichkeit, Produkte international abzusetzen. Damit war die Notwendigkeit verbunden, sich diesen internationalen Märkten anzupassen, sowohl hinsichtlich der. Gestaltung und Funktionalität von Produkten als auch bezogen auf die Werbemaßnahmen.

Beispiel
Bei der Produkteinführung auf neuen internationalen Märkten ist u. a. darauf zu achten, dass der Produktname keine falschen Assoziationen weckt. So wird die Bezeichnung „MR2" von Toyota in Frankreich „MR deux" ausgesprochen und erinnert damit an das französische Wort „merde".

Verschärft wurden die Anforderungen an Unternehmen durch den Fachkräftemangel und die Finanzkrise. Das steigende Angebot und die Sättigung der Märkte schwächte die Position der Unternehmen. Die Situation wandelte sich vom Verkäufer- zum Käufermarkt.

Kriterium	Verkäufermarkt	Käufermarkt
Wirtschaftliche Situation	Knappheitswirtschaft	Überflussgesellschaft
Verhältnis Angebot und Nachfrage	Nachfrage > Angebot	Angebot > Nachfrage
Engpass	Beschaffung und Produktion	Absatz
Betriebliche Ausrichtung	Optimierung der Produktions- und Beschaffungsaktivitäten	Anpassung an die Erfordernisse des Marktes, Erzeugen von Kundenwünschen

Quelle: Weis, Hans Christian, in: Kompakt-Training Marketing, NWB Verlag, S. 13

Verkäufermarkt

Käufermarkt

Unternehmen sahen sich auf den für sie relevanten Märkten mit steigenden Anforderungen konfrontiert.

Definition:
Unter Markt versteht man den Ort, an dem sich Angebot und Nachfrage treffen. Es ist nicht notwendig, dass dieser Ort real existiert. Anzeigen in Zeitungen stellen ebenso einen Markt dar, wie viele Internetplattformen.

Jedes Unternehmen ist auf einer Vielzahl von Märkten aktiv:
- Absatzmarkt: Der Markt, auf dem Kunden Güter oder Dienstleistungen angeboten werden.
- Kapitalmarkt: Der Markt, auf dem Unternehmen ihren Kapitalbedarf decken oder überschüssige Mittel anlegen.
- Beschaffungsmarkt: Der Markt, auf dem benötigte Stoffe oder Waren bezogen werden.
- Arbeitsmarkt: Der Markt, auf dem sich Unternehmen die benötigten Arbeitskräfte beschaffen.

Auf den folgenden Seiten erfolgt eine Beschränkung auf das Absatzmarketing, da kein Unternehmen sein Bestehen am Markt ohne erfolgreiche Kundenbindung und -gewinnung sichern kann.

2 Marketing als Grundsatz der Unternehmensführung

Eine oberflächliche Begriffsauffassung setzt Marketing mit Werbung und bestenfalls noch Öffentlichkeitsarbeit gleich. Werbung müssen Unternehmen auch auf Verkäufermärkten betreiben, damit potentielle Kunden überhaupt auf das Produkt aufmerksam werden. In Zeiten steigender Konkurrenz und zunehmender Sättigung der Märkte ist eine stärkere Orientierung an den Kunden und deren Wünschen erforderlich.

Merke
Unter Marketing versteht man, die komplette Unternehmensführung und -organisation an den gegenwärtigen und zukünftigen Anforderungen der Märkte auszurichten. Grundlage dazu bietet eine systematische Informationsgewinnung und -auswertung.

Bei marketingorientierten Unternehmen übernimmt das Marketing die zentrale Funktion. Planung, Entwicklung und Umsetzung betrieblicher Vorhaben sind voll auf die Bedürfnisse und Anforderungen der Märkte ausgerichtet. Mit der Analyse von Marktdaten versucht man, die gegenwärtige Situation darzustellen und zukünftige Entwicklungen frühzeitig zu erkennen. Bestenfalls gelingen eine aktive Beeinflussung der Kundenwünsche und das Wecken neuer Bedürfnisse, welche mit den Produkten des eigenen Unternehmens gestillt werden können.

Beispiel
Am 1. Juli 1979 brachte Sony den ersten Walkman „TPS-L2" auf den Markt, ein tragbares Abspielgerät für Kassetten. Viele spätere Benutzer des Gerätes hatten bis dahin nicht das Bedürfnis in der U-Bahn oder auf dem Fahrrad Musik zu hören. Schon zu Beginn der 1980er-Jahre zählte der Walkman zu einem wichtigen Statussymbol bei Jugendlichen. Viele Konkurrenten von Sony haben diese Entwicklung zu spät erkannt.

Sony Walkman TPS-L2

Damit ist das Marketing nicht nur ein Teilbereich innerhalb der Unternehmensorganisation, sondern eine Grundstrategie zur Führung eines Unternehmens. Alle relevanten Unternehmensteile orientieren sich an den Wünschen, Ansprüchen und Vorstellungen bestehender und potenzieller Kunden. Auf diese Weise soll der für das Unternehmen größtmögliche Erfolgt erreicht werden.

3 Grundlegende Marketingstrategien

Das oberste Unternehmensziel privatwirtschaftlicher Unternehmen ist i. d. R. die Gewinnmaximierung. Dieses Ziel lässt sich auf dynamischen Märkten nur verwirklichen, wenn das Unternehmen auch dynamisch ist. Unter dynamischen Märkten versteht man eine sich ständig ändernde Marktsituation: Anbieter verlassen den Markt, neue Konkurrenten treten hinzu, Produkte werden weiterentwickelt oder völlig neue Produkte werden eingeführt. Möchte ein Unternehmen am Markt bestehen, ist eine permanente Anpassung erforderlich. Dabei ist es möglich, entweder die Märkte, auf denen man aktiv ist, zu verändern oder die Produkte. Dieser Zusammenhang wurde erstmalig von Igor Ansoff beschrieben.

	Bestehende Produkte	Neue Produkte
Bestehende Märkte	Marktdurchdringung	Produktentwicklung
Neue Märkte	Marktentwicklung	Diversifikation

Marktdurchdringung

Das Unternehmen versucht verstärkt auf vorhandenen Märkten Produkte abzusetzen, die es so bereits im Sortiment gibt. Dazu ist es notwendig, dass vorhandene Kunden mehr kaufen oder dass neue Kunden gewonnen werden. Diese Strategie ist risikoarm, da sie keine Entwicklungskosten verursacht und der Markt bekannt ist. Allerdings sind die Wachstumsmöglichkeiten gering. Ist der Markt bereits gesättigt, muss eine andere Strategie gewählt werden.

Beispiel
Die Duisdorfer BüroKonzept KG versucht durch neue Werbeaktionen und die Gewährung von Sonderkonditionen neue Kunden in dem bisherigen Absatzgebiet zu gewinnen.

Produktentwicklung

Hierbei steht die Entwicklung neuer Produkte oder die Weiterentwicklung bestehender Produkte für bisherige Märkte im Vordergrund. Das Risiko ist höher als bei der Marktdurchdringung, da zusätzliche Entwicklungskosten anfallen und u. U. die Produktionsbedingungen verändert werden müssen. Dafür sind die Wachstumsmöglichkeiten für das Unternehmen größer.

Beispiel
Zur Vermeidung von Rückenproblemen werden immer mehr Bürotätigkeiten im Stehen ausgeübt. Um diesem Trend gerecht zu werden, beschließt die Duisdorfer BüroKonzept KG die Entwicklung und Produktion von Stehpulten.

Marktentwicklung

Das Unternehmen versucht, den Absatz für bereits bestehende Produkte durch Erschließung neuer Marktsegmente oder neuer geografischer Regionen zu vergrößern. Unter der Erschließung neuer Marktsegmente versteht man das Zerlegen eines Marktes in Teilmärkte. Die Segmentierung kann anhand unterschiedlicher Kriterien erfolgen. So ist eine erste Einteilung nach Privat- und Firmenkunden möglich. Bei den Privatkunden kann eine weitere Einteilung nach Alter, Geschlecht, Familienstand, Einkommen, Lebensstil etc. vorgenommen werden. Firmenkunden können u. a. nach Branche oder Unternehmensgröße eingeteilt werden.

Die Marktentwicklung ist risikoreicher als die Marktdurchdringung, da sie mit höheren Kosten verbunden ist und die Absatzmöglichkeiten nur schwer abzuschätzen sind. Dafür bietet sie aber auch größere Chancen.

Beispiel
Die Duisdorfer BüroKonzept KG plant ihre Produkte zukünftig auch in Großbritannien abzusetzen.

Diversifikation

Die Diversifikation erfordert die Entwicklung eines neuen Produkts und die Erschließung neuer Märkte. Damit ist sie die risikoreichste der hier betrachteten Marketingstrategien. Sie bietet allerdings auch die größten Wachstumschancen und damit die beste Möglichkeit zur langfristigen Gewinnmaximierung. Bei Unternehmen mit einem schmalen Sortiment verringert die Diversifikation das Risiko, von der Konkurrenz vom Markt verdrängt zu werden oder nicht mehr am Markt bestehen zu können, falls die Nachfrage zurückgeht.

Beispiel
Die Geschäftsführung der Duisdorfer BüroKonzept KG entscheidet, zukünftig Schulmöbel zu produzieren. Da Schulen bisher nicht zu den Kunden zählen, kann von der Erschließung eines neuen Marktes gesprochen werden.

Die Ausgestaltung der Marketinginstrumente zu einem abgestimmten Marketingmix hat sich an der gewählten grundlegenden Marketingstrategie zu orientieren. Bevor die Entscheidung für eine grundlegende Strategie erfolgt und das weitere Vorgehen geplant wird, ist es erforderlich genauere Informationen zu gewinnen, aufzubereiten und zu analysieren. Hierin liegt die Aufgabe der Marktforschung.

4 Marktforschung

Die Marktforschung dient der Erfassung und Auswertung von Informationen aus der unternehmensrelevanten Umwelt. Auf Grundlage dieser aufbereiteten Informationen lassen sich realistische Ziele ableiten und Strategien entwickeln. Damit werden Geschäftsrisiken reduziert und der Fortbestand des Unternehmens gesichert.

Die Marktforschung gliedert sich in drei Gebiete:

- Marktanalyse (zeitpunktorientiert): Einmalige Ermittlung von Daten.
- Marktbeobachtung (zeitraumorientiert): Wiederholte Ermittlung von Daten. Dabei sollen Trends festgestellt werden.
- Marktprognose (zukunftsorientiert): Ausgehend von den Ergebnissen der Marktanalyse und -beobachtung sollen Aussagen über zukünftige Marktsituationen abgeleitet werden.

Beispiele

Die BüroKonzept KG ermittelt, welche Konkurrenten existieren und welchen Marktanteil sie bei den einzelnen Produktgruppen haben. (Marktanalyse)

Die BüroKonzept KG führt bei ihren Kunden jährliche Befragungen über deren Zufriedenheit und Wünsche durch. (Marktbeobachtung)

Die BüroKonzept KG vermutet, dass die Nachfrage nach Büromöbeln und Bürobedarf mit Ökosiegeln um 15 % ansteigen wird. (Marktprognose)

Unternehmensrelevante Umwelt aus Sicht des Absatzmarketings

Der Einstieg in die Marktforschung erscheint zunächst schwer. Ausgangspunkt der Überlegungen muss die Frage sein: Welche Informationen benötigt das Unternehmen? Unternehmen, die sich keine Informationen beschaffen, können auf Änderungen nur reagieren, wenn diese den Geschäftsbetrieb bereits beeinflussen. Damit berauben sie sich der Möglichkeit, Entwicklungen frühzeitig zu erkennen und angemessen darauf zu reagieren. Aus Sicht des Absatzmarketings sind folgende Informationen von Bedeutung:

- Informationen über die Wirtschaftslage
  - Entwicklung der Arbeitslosenquote
  - Entwicklung der Inflationsrate
  - Entwicklung der Ex- und Importe
  - ...
- Brancheninformationen
  - Wie ist der Markt strukturiert (z. B. Marktvolumen, Umsätze)?
  - Wie ist die Entwicklung des Marktes? Wächst, stagniert oder schrumpft er?
  - Wie entwickeln sich die Absatzpreise und die Rohstoffpreise?
  - Drängen weitere Anbieter auf den Markt?
  - Welche Trends gibt es?
  - Wie entwickeln sich Vertriebswege (z. B. E-Commerce)?
  - ...
- Kundeninformationen
  - Welche Kundengruppen sind von besonderem Interesse?
  - Wie ist die Zielgruppe beschaffen (z. B. Alter, Einkommen)?
  - Wie kann die Zielgruppe eingeteilt werden?
  - Welche Gewohnheiten haben die Gruppen?
  - Worin liegt der spezielle Nutzen der Produkte für die Kunden?
  - Wie erreicht man die Zielgruppe am besten?
  - Wie ist der aktuelle und zukünftige Bedarf?
  - ...
- Konkurrenzinformationen
  - Wer sind die Konkurrenten?
  - Wie werben und stellen sie sich dar?
  - Welche Vertriebswege nutzen sie?
  - Wie gestalten sie die Preise?
  - Welche Kundengruppen sprechen sie verstärkt an?
  - ...

5 Methoden der Informationsgewinnung

5.1 Sekundärforschung

Die Sekundärforschung greift auf Daten zurück, die bereits vorhanden sind. Dementsprechend müssen diese Daten gesammelt und für Marketingzwecke aufbereitet werden. Dabei können die Daten aus betriebsinternen oder -externen Quellen stammen. Bei internen Informationsquellen handelt es sich vorrangig um Daten aus dem Rechnungswesen. Ebenso können Berichte von Außendienstmitarbeitern oder Reklamationen wichtige Aufschlüsse bieten.

Beispiel
Dem Leiter des Rechnungswesens fällt bei einer Analyse der Umsatzzahlen auf, dass die Umsätze der Schreibtische rückläufig sind. Sie sind in den letzten drei Jahren um 7,5 % gesunken. Bei allen anderen Produktgruppen sind die Umsätze leicht gestiegen. Eine Nachfrage im Vertrieb ergibt, dass es keine vermehrten Reklamationen gibt. Die Außendienstmitarbeiter fertigen von jedem Kundenbesuch Protokolle an. Eine Durchsicht dieser Protokolle ergibt, dass viele Kunden eine schlechte Schubladeneinteilung beklagen.

Informationen aus externen Quellen können u.a. aus dem Internet, von Kammern (z.B. IHK, Handwerkskammer), Forschungsinstituten und statistischen Ämtern bezogen werden. Es gibt ein breites Spektrum an Unternehmen, Auskunfteien oder Firmenanalysten, die sich auf die Aufarbeitung und Auswertung von Firmendaten spezialisiert haben. Verbraucherauskunfteien wie die SCHUFA geben Auskunft über Zahlungsausfälle und laufende Kredite von Privatpersonen. Handels- und Wirtschaftsauskunfteien wie Creditreform oder Bürgel arbeiten vorrangig mit Informationen über die wirtschaftliche Betätigung, Kreditwürdigkeit und Zahlungsfähigkeit von Unternehmen und gewerblich tätigen Personen, aber zunehmend auch mit Daten von Privatpersonen.

Die Entwicklung allgemeiner wirtschaftlicher Daten wird oft in Indizes oder Quoten ausgedrückt.

LS 5.1

Externe Informationsquellen		
Institution	**Information**	**Aussagegehalt**
Ifo Institut	Geschäftsklimaindex	Wird seit 1972 vom verarbeitenden Gewerbe, Baugewerbe und Handel erhoben. Die Unternehmen beurteilen anhand eines Fragebogens ihre gegenwärtige Lage und schätzen ihre Zukunftserwartungen ab.
GfK	Konsumklimaindex	Soll die Konsumneigung der privaten Haushalte widerspiegeln. Dazu werden 2000 Personen nach ihren Konjunktur- und Einkommenserwartungen sowie Konsumneigungen befragt.
Statistisches Bundesamt	Auftragseingangsindex	Umfasst den Wert aller im Berichtsmonat fest angenommenen Aufträge der berücksichtigten Unternehmen.
Statistisches Bundesamt	Preisindex für die Lebenshaltung	Gibt die Geldwertstabilität an. Inflation bezeichnet die allgemeine Erhöhung der Güterpreise. Bei einer Deflation steigt der Wert des Geldes. Die Menschen werden verstärkt sparen und weniger Geld ausgeben. Angestrebt ist eine Inflationsrate von maximal zwei Prozent.

Externe Informationsquellen		
Institution	**Information**	**Aussagegehalt**
Statistisches Bundesamt	Bruttoinlandsprodukt (BIP)	Gibt den Marktwert aller für den Endverbraucher bestimmten Waren und Dienstleistungen an, die in einem Land in einem bestimmten Zeitabschnitt (i. d. R. ein Jahr) hergestellt werden.
Bundesagentur für Arbeit	Arbeitslosenquote	Verhältnis von registrierten Arbeitslosen zu den Erwerbspersonen (Erwerbstätige und Erwerbslose). Ein Anstieg deutet auf eine verschlechterte wirtschaftliche Lage hin, die auch das eigene Unternehmen betreffen kann.

Eine Verschlechterung dieser Indikatoren lässt eine Verschlechterung der allgemeinen wirtschaftlichen Lage erwarten und umgekehrt. Veränderungen der Wirtschaftslage wirken sich, oft zeitverzögert, auf die Auftragslage und Auslastung der Unternehmen aus.

Die Vorteile der Sekundärforschung liegen in schnell verfügbaren Informationen, deren Beschaffung in der Regel kostengünstig und unkompliziert abläuft. Nachteilig ist, dass die Informationen nicht immer genau für den Untersuchungsgegenstand geeignet oder ausreichend sind. Zudem sind die Informationen oft veraltet. Dadurch werden Rückschlüsse bzw. Prognosen erschwert oder verfälscht.

5.2 Primärforschung

Oft können die benötigten Informationen nicht aus bereits vorliegenden Quellen entnommen werden. Sie müssen erstmals erhoben werden. Diese Erhebung bezeichnet man als Primärforschung. Die Primärforschung ist zweitaufwendiger und damit kostenintensiver als die Sekundärforschung. Ihr wesentlicher Vorteil liegt in der Aktualität der Daten und darin, dass die Daten gezielt für einen bestimmten Informationsbedarf ermittelt werden können.

Die Methoden der Primärforschung sind:
- Experiment
- Beobachtung
- Befragung

5.2.1 Das Experiment

Unter einem Experiment bzw. einem Test versteht man die gezielte Anordnung einer Untersuchung mit dem Zweck, möglichst objektive Ergebnisse zu erzielen. Bei Experimenten steuert der Versuchsleiter eine unabhängige Variable, um zu prüfen wie deren Einfluss auf eine abhängige Variable ist. Vor dem Experiment wird eine Hypothese getroffen, die so überprüft werden soll. Ein Beispiel dafür sind die Auswirkungen von Preissenkungen (= Veränderung der unabhängigen Variable) auf das Kaufverhalten (= abhängige Variable).

Geschmackstest

Experimente können im Labor oder der realen Umwelt als Feldexperiment durchgeführt werden. Laborexperimente finden unter bestimmten Rahmenbedingungen und unter Heranziehung einer kleinen Versuchsgruppe statt. Oft handelt es sich um Produkt-, Verpackungs- oder Geschmackstests.

Beispiel
Die BüroKonzept KG entwickelt einen neuen ergonomischen Bürostuhl, der im Zusammenhang mit höhenverstellbaren Schreibtischen das dynamische Sitzen unterstützen soll. In einem Labortest sollen die Probanden eine Woche lang täglich acht Stunden an einem solchen Arbeitsplatz arbeiten. Dabei wurden Testpersonen mit und ohne Rückenleiden ausgesucht. Am Ende der Woche erfolgt eine Befragung, in der die Qualität des Produkts beurteilt werden soll.

Im Vergleich zu Feldexperimenten sind Laborexperimente i. d. R. kostengünstiger. Allerdings reichen die im Labor gewonnenen Erkenntnisse oft nicht aus, um zuverlässige Aussagen über den zu testenden Gegenstand zu treffen. Die Gründe dafür können darin liegen, dass die Anzahl der Probanden zu gering ist oder die Ergebnisse von den Laborbedingungen beeinflusst werden. Feldexperimente laufen unter natürlichen und alltäglichen Rahmenbedingungen ab. Sie sind somit besonders realitätsnah. Störende Einflüsse können aber nicht ausgeschaltet werden.

Beispiel
Die BüroKonzept KG entwickelt für ihren Produktbereich Büromöbel neu gestaltete Produktinformationen für Einzelhändler. Diese Informationen erhält nur ein Teil der Kunden. Nach Ablauf von sechs Monaten wird ermittelt, wie sich die Umsätze der Kunden entwickelt haben und ob die Umsatzentwicklung der Testkunden davon abweicht. Gleichzeitig wird bei den Probanden eine Umfrage durchgeführt, in der geprüft wird, ob Einstellungsveränderungen (bzgl. Image, Kaufbereitschaft etc.) festzustellen sind. Zeitgleich jedoch führt das Insolvenzverfahren eines Konkurrenten zu dessen Liquidation. Hierdurch kann kaum beurteilt werden, ob Umsatzzuwächse auf die neuen Produktinformationen oder die abgeschwächte Konkurrenzsituation zurückzuführen sind.

Experimente können niemals als eigenständige Methode der Primärforschung angewandt werden. Die Wirkung des Experiments muss durch Beobachtung oder Befragung ermittelt werden.

Tests können nach ihrer Zugehörigkeit zu den marketingpolitischen Instrumenten eingeteilt werden:

- Produkttest: Beurteilung eines marktreifen Produkts durch Testpersonen. Die Beurteilung kann anhand folgender Kriterien erfolgen: Funktionalität, Design, Name, Preis.
- Verpackungstest: Beurteilung einer geplanten Verpackung bezüglich der folgenden Kriterien: Aufmerksamkeit, Design, Material, Schutz.
- Preistest: Beurteilung der Auswirkungen von Preisänderungen auf die Nachfrage, Ermittlung der Zahlungsbereitschaft für ein Produkt.
- Anzeigentest: Hierbei geht es um die Beurteilung und das Erinnern von Anzeigen. Was wird nach dem Lesen behalten, wie werden die Anzeigen gelesen, welche Emotionen lösen sie aus?
- …

5.2.2 Die Beobachtung

Beobachtung ist die systematische Erfassung von objektiv wahrnehmbaren Sachverhalten zum Zeitpunkt ihres Geschehens. Häufig wird das Verhalten von Kunden beobachtet, woraus Rückschlüsse für die Produktgestaltung, Warenpräsentation oder Verkaufsgespräche möglich sind.

Bei der Beobachtung werden vielfach Hilfsmittel wie z. B. Mikrofon, Kamera oder Blickbewegungsregistrierungsapparate eingesetzt. Die Bewertung des beobachteten Sachverhaltes ist damit nicht mehr so stark von der subjektiven Einschätzung des Beobachters abhängig und eine mehrfache Betrachtung ist möglich.

Der Vorteil der Beobachtung besteht darin, dass tatsächliches Verhalten beobachtet und analysiert werden kann. Die Beobachteten dürfen die Beobachtung nicht bemerken, da sie ihr Verhalten u. U. ändern würden und abgelenkt wären. Nachteilig ist, dass Meinungen, Absichten und Emotionen nicht oder nur schlecht zu beobachten sind. Oft treten beim Beobachter Fragen auf, die der Klärung bedürfen. Darum werden Beobachtungen häufig durch anschließende Befragungen ergänzt.

Beispiel
Auf der Büromöbelmesse Orgatec in Köln ist die BüroKonzept KG mit einem neuen Messestand vertreten. Die Besucherströme vor dem Messestand werden mit Videokameras aufgezeichnet. So sollen Rückschlüsse darüber gewonnen werden, ob der Stand bei den Besuchern Interesse weckt und ihre Aufmerksamkeit erregt.

5.2.3 Die Befragung

Die wichtigste und am meisten verbreitete Erhebungsform ist die Befragung. Befragungen können schriftlich oder mündlich durchgeführt werden. Alle Befragungen erfolgen dabei nach einem vergleichbaren Ablauf:

1. Ermittlung des Erhebungsgegenstands: Welche Informationen sollen gewonnen werden?
2. Sichten und analysieren von vorhandenen Materialien (Sekundärforschung): Lassen sich die benötigten Informationen im Rahmen der Sekundärforschung ermitteln? Ist die Aktualität gewährleistet?
3. Informationsdefizite ermitteln: Welche Daten konnten durch die Sekundärforschung nicht ermittelt werden?
4. Entscheidung für die Form der Befragung
5. Hypothesenaufstellung: Mit welchem Ergebnis rechnen wir?
6. Entwicklung eines Interviewleitfadens mit Fragen (mündliche Befragung) oder eines Testfragebogens (schriftliche Befragung)
7. Testbefragung durchführen: Sind die Fragen verständlich? Lassen sich die benötigten Daten mit ihnen ermitteln?
8. Überarbeitung des Interviewleitfadens/Fragebogens: Ausgehend von den Erkenntnissen der Testbefragung wird der Fragebogen überarbeitet.
9. Durchführen der Befragung
10. Kontrolle des Rücklaufs

11. Aufbereitung und Auswertung: Die Fragebögen/Interviewprotokolle werden ausgewertet und zusammengefasst. Kennzahlen werden berechnet.
12. Interpretation der Ergebnisse: Decken sich der Ergebnisse mit unseren Hypothesen? Wo liegen Gründe für mögliche Abweichungen?
13. Präsentation der Ergebnisse

Mündliche Befragung

Die mündliche Befragung kann weiter unterschieden werden in persönliche oder telefonische Befragung.

	Persönliche Befragung	Telefonische Befragung
Einsatzgebiete	▪ umfangreiche Befragung ▪ Einbeziehen von Bildern, Proben ▪ erklärungsbedürftige Fragen ▪ flexibler Gesprächsverlauf ▪ Befragung richtet sich an eine konkrete Zielgruppe	▪ kurze Befragung ▪ klare Fragen ▪ flexibler Gesprächsverlauf
Vorteile	▪ hohe Rücklaufquote ▪ Beeinflussung durch Dritte gering ▪ Erläuterung von Fragen möglich	▪ geringe Kosten ▪ Beeinflussung durch Dritte gering ▪ Erläuterung von Fragen möglich ▪ Ergebnisse schnell zugänglich und auswertbar
Nachteile	▪ Ergebnisse sind nicht sofort zugänglich ▪ Beeinflussung durch den Interviewer möglich ▪ Aufwendig und kostenintensiv	▪ kurze Dauer der Befragung ▪ geringe Teilnahmebereitschaft ▪ Beeinflussung durch den Interviewer möglich

Schriftliche Befragung

Die schriftliche Befragung erfolgt mittels eines Fragebogens. Da die Befragten den Fragebogen ohne Hilfe eines Interviewers ausfüllen, ist besonderes Augenmerk auf die Erstellung des Fragebogens zu legen. Die Fragen müssen verständlich sein und eine objektive Auswertung ermöglichen.

Die Fragebögen können auf unterschiedliche Weise verteilt werden:
- als Beilage in einer Zeitung
- mit der Post versandt werden
- einem Produkt beim Verkauf beigefügt werden
- Verteilung in Fußgängerzonen oder Geschäften
- als E-Mail-Anhang
- durch Aufruf einer Internetseite

Der gewählte Verteilungsweg hat dabei Einfluss auf die erreichte Gruppe. So lassen sich Fragebögen Fachzeitschriften beifügen, die eine ganz bestimmte Leserschaft ansprechen. Schaltet man als Medium das Internet ein, wird der Rücklauf von Senioren noch relativ gering sein.

Vorteile der schriftlichen Befragung	Nachteile der schriftlichen Befragung
▪ Durch die Fülle an Verteilungsmöglichkeiten ist ein vielseitiger Einsatz möglich. ▪ Der Interviewer kann keinen Einfluss nehmen. ▪ Die Anonymität kann gewährleistet werden. ▪ Es können viele Personen über eine große räumliche Distanz befragt werden.	▪ Die Rücklaufquote ist oft gering. ▪ Eine Erläuterung durch den Interviewer ist nicht möglich, darum müssen die Fragen allgemein verständlich formuliert werden. ▪ Die Mitwirkung von Dritten, z. B. Familienangehörigen, kann das Ergebnis verfälschen. ▪ Fragebögen werden oft von Personen mit viel Zeit ausgefüllt, dabei handelt es sich häufig nicht um Mitglieder der Zielgruppe.

Unabhängig in welcher Form die schriftliche Befragung durchgeführt wird, muss sie durch ein Begleitschreiben ergänzt werden. Dabei sollten folgende Aspekte beachtet werden:

- möglichst persönliche Ansprache
- Zweck und Nutzen der Umfrage
- Ansprechpartner mit Kontaktdaten
- Ausfüllhinweise
- ggf. Hinweis auf die Anonymität
- Hinweis auf Freiwilligkeit der Teilnahme, Einsendeschluss und eventuelle Prämien
- Dank für die Teilnahme

Der Fragebogen und das Begleitschreiben sind klar von Werbeschreiben abzugrenzen, da sonst die Teilnahmebereitschaft sinkt.

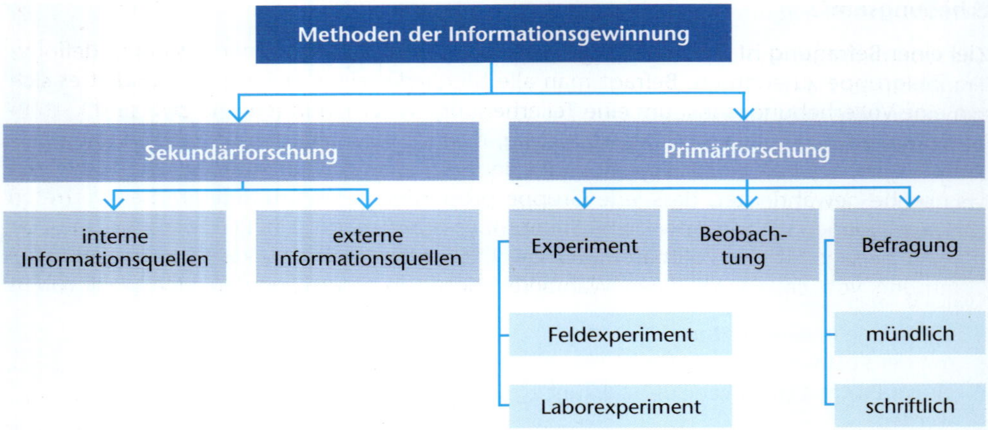

6 Erstellung und Auswertung eines Fragebogens

6.1 Ziele – Zielgruppen – Erhebungsumfang

Ziele

Bei der Planung eines Fragebogens kommt der Definition von Zielen wesentliche Bedeutung zu. Es ist zu klären, welchem Zweck die Befragung dient und welche Erwartungen an die Ergebnisse gestellt werden.

Beispiel
Die Leiterin der Stabsabteilung Öffentlichkeitsarbeit Frau Dmitrijew vermutet, dass die BüroKonzept KG bei den Endverbrauchern ein altmodisches Image hat, das nicht dem modernen Design der Produkte entspricht. Es soll nun eine Befragung durchgeführt werden, um das Image zu ermitteln. Dazu werden folgende Ziele festgelegt:

- *Ermittlung des Images auf einer Skala von sehr altmodisch bis sehr modern.*
- *Aufdecken von Gründen für das Image.*
- *Überprüfen, ob das Image bei Kunden und Nichtkunden identisch ist.*

Ggf. sollen aus den erhobenen Daten Maßnahmen abgeleitet werden, die das Image positiv beeinflussen. Um die Wirksamkeit dieser Maßnahmen zu ermitteln, soll nach zwei Jahren erneut eine Befragung durchgeführt werden.

Zielgruppen

Teilnehmer einer Umfrage sollten diejenigen sein, die zu einer bestimmten Fragestellung Auskunft geben können. Mit anderen Worten hängt der Teilnehmerkreis in erster Linie von der Zielsetzung ab.

Beispiel
Das Ziel, zu prüfen, ob das Image bei Kunden und Nichtkunden identisch ist, macht es notwendig diese beiden Gruppen zu befragen.

Erhebungsumfang

Ziel einer Befragung ist es Vorstellungen, Meinungen und Fakten einer gesamten definierten Zielgruppe zu erfahren. Befragt man alle Mitglieder einer Zielgruppe, handelt es sich um eine Vollerhebung, sonst um eine Teilerhebung. Vollerhebungen sind zeit- und kostenintensiver. Bei einer Teilerhebung ist wichtig, dass sie repräsentativ ist. Repräsentativ sind Erhebungen, wenn eine zufällige Auswahl der Befragten gewährleistet ist. Die Größe der Stichprobe gewährleistet, dass jede Gruppe proportional zur Grundgesamtheit vertreten ist. Dabei können schon relativ kleine Stichproben ausreichend sein. Die Forschungsgruppe Wahlen befragt für das Politbarometer ca. 1 250 Menschen und kann so die politische Stimmung von ca. 61 Millionen Wahlberechtigten in Deutschland relativ exakt wiedergeben.

Beispiel
Die Geschäftsführung entscheidet sich, für die Imageanalyse alle Kunden zu befragen (Vollerhebung). Bei den Nichtkunden soll eine Zufallsstichprobe von 1 500 Personen Auskunft über das Image geben (Teilerhebung).

6.2 Fragetypen

LS 5.2

Es gibt eine Vielzahl von Fragetypen und Darstellungsmöglichkeiten. Die Wahl hängt wesentlich vom gewünschten Aussagegehalt und Aufwand ab, den man betreiben möchte.

6.2.1 Offene Fragen

Offene Fragen sind Fragen, bei denen keine Antwortalternativen vorgegeben sind. Sie eignen sich immer dann, wenn unklar ist, welche Antwortmöglichkeiten existieren. Offene Fragen erlauben die Abfrage von Meinungen, Einstellungen und Vorschlägen etc., bei denen wahrscheinliche Antworten schwer einschätzbar sind oder eine Vorauswahl die Kreativität des Befragten einschränken würde.

Beispiel
„Welches Image verbinden Sie mit der BüroKonzept KG?"

Bei Satzergänzungsfragen wird ein Satzanfang vorgegeben und vom Befragten ergänzt. Dadurch wird gewährleistet, dass wichtige Aspekte berücksichtigt werden und die Auswertung erleichtert wird.

Beispiel
„Am Image der BüroKonzept KG stört mich, dass ..."

„Am Image der BüroKonzept KG gefällt mir, dass ..."

Offene Fragen eignen sich nicht bei Umfragen mit großen Teilnehmerzahlen. Die Datenmenge wäre zu umfassend und die Antworten kaum vergleichbar. Die Auswertung würde viel Zeit in Anspruch nehmen.

6.2.2 Geschlossene Fragen

Bei geschlossenen Fragen sind vorformulierte Antwortmöglichkeiten vorgegeben. Dadurch sind sie schneller zu beantworten und auszuwerten.

Einfach-Auswahlfragen

Hierbei handelt es sich um Fragen, die nur eine Auswahl aus mehreren Alternativen erlauben.

Beispiel

Wie sind Sie erstmalig auf uns aufmerksam geworden?	
❍ Suchmaschinen im Internet	❍ Werbung in Fachzeitschriften
❍ Empfehlung von Bekannten	❍ Sonstiges: ____________

Die Antwortmöglichkeiten geschlossener Fragen müssen vollständig, eindeutig und ausschließlich sein, das heißt, alle Antwortmöglichkeiten müssen abgedeckt sein. Zur Gewährleistung der Vollständigkeit müssen häufig Ausweichmöglichkeiten wie „sonstiges" oder „keine Meinung" aufgenommen werden. Wird eine geschlossene Frage um eine offene Antwortmöglichkeit ergänzt, handelt es sich um Hybridfragen. So kann der Befragte unter „Sonstiges" weitere Möglichkeiten angeben.

Mehrfach-Auswahlfragen

Es können mehrere Antworten ausgewählt werden. Die Möglichkeit, eine Rangfolge herzustellen, besteht nicht.

Beispiel

Wie beurteilen Sie die Atmosphäre in unseren Verkaufsräumen?	
☐ freundlich	☐ altmodisch
☐ frisch	☐ dunkel
☐ modern	☐ weiß nicht

6.2.3 Darstellungsmöglichkeiten von geschlossenen Fragen

Fragen können unterschiedlich dargestellt werden. Dadurch ist es möglich, beim Befragten immer wieder neu Aufmerksamkeit zu erzeugen und den Fragebogen zu verkürzen.

Tabellenform

Man kann Fragen in Tabellen anordnen. Dadurch lassen sich in übersichtlicher Form verschiedene Aspekte zu einer Frage darstellen.

Beispiel

Wie beurteilen Sie unseren telefonischen Kundenservice?					
	sehr gut	**gut**	**befriedigend**	**ausreichend**	**mangelhaft**
Freundlichkeit	○	○	○	○	○
Erreichbarkeit	○	○	○	○	○
Kompetenz	○	○	○	○	○

Polaritätsprofile

Beim Polaritätsprofil wird die Einstellung zu einem bestimmten Sachverhalt anhand von zwei gegensätzlichen Adjektiven abgefragt.

Beispiel

Die Büromöbel der BüroKonzept KG finde ich ...						
modern	○	○	○	○	○	altmodisch
qualitativ hochwertig	○	○	○	○	○	qualitativ minderwertig

Skalen

Die Befragten kennzeichnen ihre Ansicht zu einer Aussage oder Frage auf einem Zahlenstrahl. Da wir alle die Bedeutung von Schulnoten kennen, bietet sich deren Verwendung an. Ebenso sind andere Einteilungen denkbar.

Beispiel

Die Büromöbel der BüroKonzept KG sind funktionell.										
stimme gar nicht zu										**stimme voll zu**
0	1	2	3	4	5	6	7	8	9	10
○	○	○	○	○	○	○	○	○	○	○

6.2.4 Grundregeln bei der Erstellung eines Fragebogens[1]

Befragungen sind kostspielig und aufwendig. Damit keine Ressourcen und finanziellen Mittel verschwendet werden, sind bei der Erstellung des Fragebogens einige Grundregeln einzuhalten.

Fragen sind allgemein und leicht verständlich zu formulieren

Fragen müssen von allen Teilnehmern einheitlich verstanden werden, da die Auswertung sonst verfälscht wird. Darum sind Fremdwörter, Begriffe mit regional beschränkter Verwendung und komplizierte Satzkonstruktionen zu vermeiden.

[1] *vgl. Beiderwieden, A.: Marketing, Bildungsverlag EINS, 4. Auflage, Köln 2013, S. 42 f.*

Beispiele

schlecht: *Die Bürostühle der BüroKonzept KG wirken der Tendenz zur Erstarrung während hochkonzentrierter Arbeit durch Lockerung entgegen.*

gut: *Die Bürostühle der BüroKonzept KG erlauben eine lockeres und entspanntes Sitzen.*

Jede Frage bezieht sich auf nur einen Aspekt

Der Befragte kann zu verschiedenen Aspekten eines Bereiches unterschiedlicher Auffassung sein. Eine Zusammenfassung der Aspekte in einer Frage würde ihm keine sinnvolle Antwortmöglichkeit erlauben.

Beispiele

schlecht: *Die Büromöbel der BüroKonzept KG sind modern und ergonomisch*

gut: *Die Büromöbel der BüroKonzept KG sind modern.*
Die Büromöbel der BüroKonzept KG sind ergonomisch.

Fragen sind neutral zu formulieren

Bei positiven oder negativen Formulierungen besteht die Tendenz die Aussage zu unterstützen. Der Befragte ist damit nicht mehr frei in seiner Beantwortung.

Beispiele

schlecht: *Halten Sie die Preise im Verhältnis zur Leistung nicht auch für günstig?*

gut: *Wie beurteilen Sie das Preis-Leistungs-Verhältnis?*

Geschlossene Fragen dürfen keine Antwort ausschließen

Findet der Befragte bei geschlossenen Fragen nicht seine Antwortmöglichkeit, kann er die Frage nicht beantworten und der Aussagegehalt der Befragung wird eingeschränkt.

Suggestive Formulierungen sind zu vermeiden

Suggestive Formulierungen verhindern die freie Beantwortung von Fragen, indem sie Argumente oder Wertungen enthalten. Der Befragte wird zu einer bestimmten Antwort gedrängt.

Beispiele

schlecht: *Dürfen Möbel aus tropischen Harthölzern hergestellt werden?*

gut: *Aus welchen Materialien sollten Möbel bestehen?*

Demografische Fragen werden am Ende gestellt

Zu Beginn einer Befragung sind die Teilnehmer oft skeptisch. Sie wissen nicht was sie erwartet und vermuten oft ein verstecktes Verkaufsgespräch. In dieser Situation ist die Bereitschaft, persönliche Informationen preiszugeben, gering. Im Extremfall wird die Befragung abgebrochen.

Beim Stellen von demografischen Fragen ist stets darauf zu achten, dass die Anonymität des Befragten gewahrt bleibt. Demografische Fragen erlauben einen Rückschluss auf die Zusammensetzung der befragten Gruppe. Es handelt sich dabei z. B. um Fragen nach dem Geschlecht, Alter oder dem Beruf.

7 Darstellung von Marktforschungsdaten

7.1 Darstellung in Tabellen

Daten, die im Rahmen der Sekundärforschung erhoben werden, können direkt in tabellarischer Form erfasst werden.

Beispiele

Umsatzentwicklung im Bereich *Bürostühle*			
Produkt	**Jahr 01**	**Jahr 02**	**Jahr 03**
Bürostuhl Comfort	18.500,00 €	17.200,00 €	12.900,00 €
Bandscheiben-Drehstuhl extra	20.500,00 €	24.300,00 €	32.000,00 €
Chefsessel Bonn Maxx	19.800,00 €	17.600,00 €	19.400,00 €
Bürosessel Tenno	14.900,00 €	16.500,00 €	15.000,00 €
Summe	73.700,00 €	75.600,00 €	79.300,00 €

Stammen die Informationen aus einer Fragebogenaktion (Primärforschung), so müssen die Fragebögen erst ausgewertet werden. Das heißt, es wird erfasst, wie häufig eine bestimmte Antwort gegeben wurde. Die Aussagefähigkeit der Auswertung wird durch Bildung von Kategorien erhöht. Als mögliche Kategorien bieten sich dabei Geschlecht, Altersstufen, Regionen und Kundenart (Privat- bzw. Geschäftskunden) an.

Beispiel

Die Duisdorfer BüroKonzept KG hat eine Befragung zur Kundenzufriedenheit und zum Image durchgeführt. Dabei wurden insgesamt 1 200 Fragebögen ausgewertet. Die Frage, ob die Möbel modern oder altmodisch sind, wurde dabei von allen Befragten wie folgt beantwortet:

modern	○	○	○	○	○	*altmodisch*
Alle Befragten	*250*	*320*	*400*	*190*	*40*	

Bei der Aufteilung nach dem Geschlecht stellt sich das Ergebnis so dar:

modern	○	○	○	○	○	*altmodisch*
Frauen	*90*	*140*	*120*	*130*	*30*	
Männer	*160*	*180*	*280*	*60*	*10*	

Insgesamt haben 510 Frauen und 690 Männer an der Befragung teilgenommen. Im Vergleich beurteilen die weiblichen Teilnehmer die Möbel weitaus häufiger als altmodisch. Bei den männlichen Teilnehmern wird deutlich, dass sie häufig unentschieden sind.

7.2 Darstellung in Diagrammen

LS 5.1, 5.2 Diagramme unterstützen die tabellarische Darstellung. Sie ermöglichen es, Größenunterschiede und Entwicklungen schnell zu erfassen. Statistik- oder Tabellenkalkulationsprogramme bieten eine Vielzahl von unterschiedlichen Diagrammtypen. Es ist wichtig, aus der Fülle dieser Typen den richtigen für den darzustellenden Sachverhalt auszuwählen.

Säulendiagramme eigenen sich für den Vergleich absoluter Größen.

Beispiel

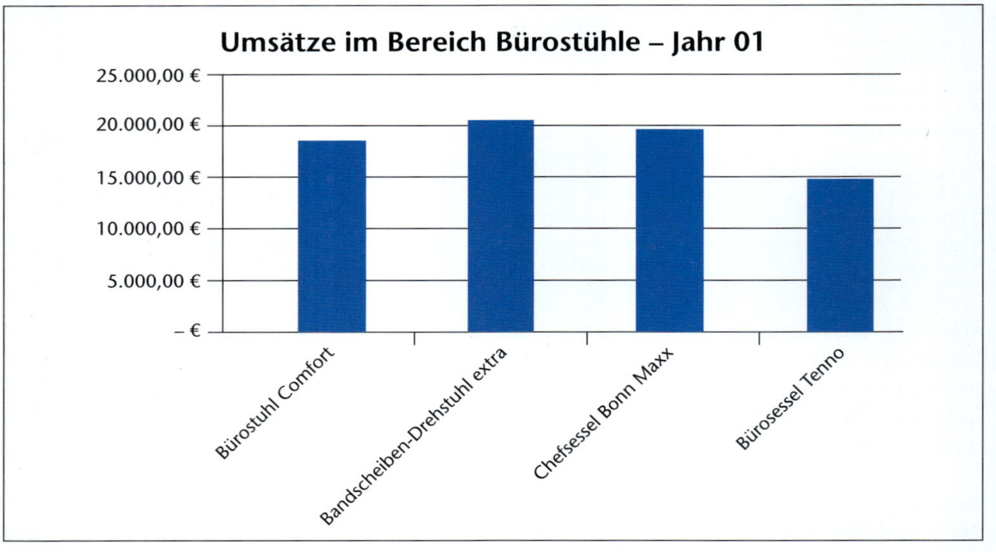

Kreisdiagramme sind besonders geeignet, um Anteile darzustellen, da der Betrachter den gesamten Kreis automatisch als das Ganze, also 100 %, deutet.

Beispiel

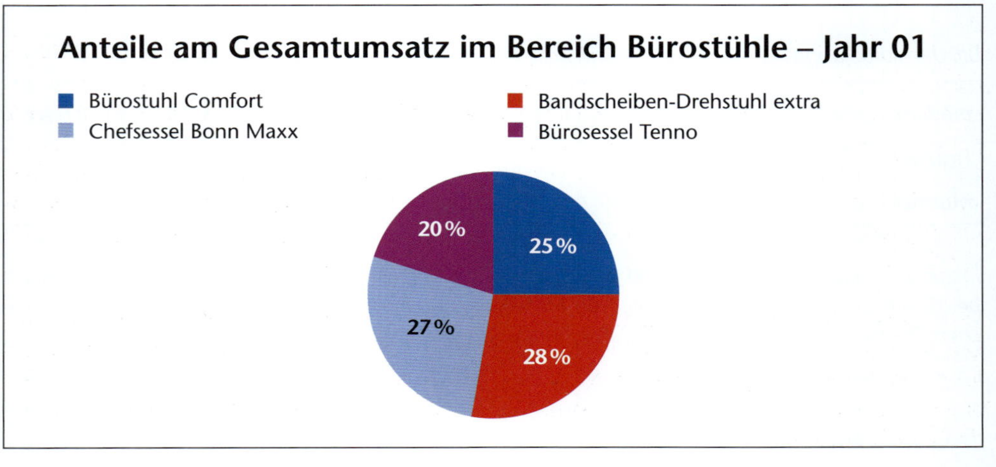

Liniendiagramme erlauben besonders gut die Darstellung von zeitlichen Entwicklungen. Ggf. kann daraus ein Trend abgelesen werden.

Beispiele

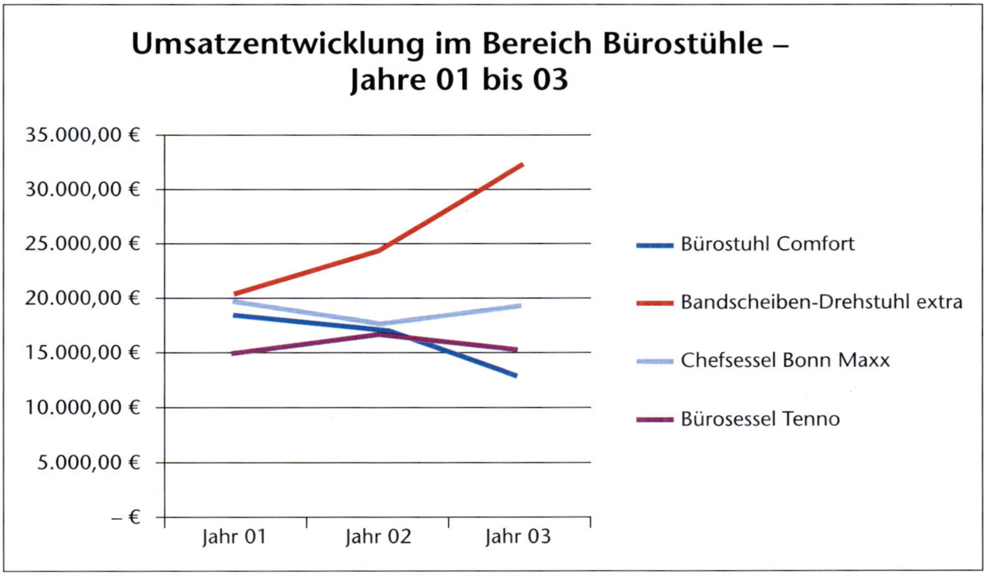

8 Marketingcontrolling

Die Aufgabe des Marketingcontrollings besteht darin, in regelmäßigen Zeitabständen den Erfolg von Marketingmaßnahmen zu überprüfen, Ursachen für die Abweichung von Zielvorgaben zu ermitteln und Empfehlungen für neue Ziele zu formulieren. Die dafür benötigten Informationen werden durch die Marktforschung erhoben.

Beispiel
Die Zielvorgabe, den Umsatz im zurückliegenden Halbjahr um 5 % zu steigern, wurde nicht erreicht. Es wurde lediglich eine Steigerung von 1,5 % verwirklicht. Das gesamtwirtschaftliche Wachstum betrug in diesem Zeitraum 0,50 %. Die allgemein schlechte wirtschaftliche Entwicklung führte bei vielen Konkurrenten der Duisdorfer BüroKonzept KG, deren Marktanteil um 4 % gestiegen ist, zu einem Umsatzrückgang. Im Vergleich zur Konkurrenz und zur allgemeinen Wirtschaftslage kann die Umsatzsteigerung als positiv bewertet werden. Frau Holländer empfiehlt der Geschäftsführung, bei der Formulierung neuer Ziele stärker die gesamtwirtschaftliche Entwicklung zu berücksichtigen.

Ein wichtiges Instrument des Marketingcontrollings ist der Aufbau eines Kennzahlensystems. Die Kennzahlen können in der zeitlichen Entwicklung dargestellt und Gründe für die Entwicklung abgeleitet werden. Häufig werden Soll-Vorgaben für Kennzahlen formuliert, die mit den eingetretenen Ist-Werten verglichen werden. Bei stärkeren Abweichungen sind die Ursachen dafür zu analysieren.

Absolute Kennzahlen

Absolute Kennzahlen können häufig dem Rechnungswesen entnommen werden. Dazu zählen u.a. der Umsatz, der Umsatz je Produkt oder Produktgruppe, die Kosten, der Gewinn, der Deckungsbeitrag, die Auftragseingänge und das Auftragsvolumen.

Absolute Kennziffern aus unternehmensexternen Quellen spiegeln i.d.R. die allgemeine wirtschaftliche Situation wider. Wichtige Kennziffern aus diesem Bereich sind u.a. die Arbeitslosenquote, der Geschäftsklimaindex, der Konsumklimaindex und der Auftragseingangsindex.

Eine isolierte Betrachtung dieser Größen ist oft wenig aussagefähig. Der Aussagegehalt steigt, wenn man die zeitliche Entwicklung betrachtet.

Beispiel
Der Konsumklimaindex betrug im Mai 6,2 Indikatorpunkte. Im Folgemonat betrug er 6,5 Punkte und im Juli 6,8 Punkte. Zu Beginn des Jahres lag er bei 5,7 Punkten. Der Anstieg des Indexes drückt eine stärkere Konsumbereitschaft aus. Aufgrund der positiven Entwicklung und der hohen Werte bei der privaten Konsumneigung erwartet die Geschäftsführerin Frau Niester einen Anstieg der Aufträge.

Relative Kennzahlen

Mithilfe von relativen Kennzahlen kann man Anteile oder prozentuale Veränderungen erfassen.

Beispiele
Im Jahr 03 belief sich der Umsatz aller verkauften Bürostühle auf 79.300,00 €. Der Bürostuhl Comfort brachte davon 12.900,00 € ein. Das entspricht einem Anteil von 16,3 %.

Im Jahr 01 betrug der Umsatz 18.500,00 €. Der Umsatz ist um 5.600,00 € gesunken. Das entspricht einem Rückgang von 30,3 %.

Weitere wichtige Kennzahlen sind:

$$\text{Marktanteil} = \frac{\text{eigener Umsatz} \cdot 100}{\text{Marktvolumen (€)}}$$

$$\text{Marktsättigung} = \frac{\text{Marktvolumen aller Unternehmen}}{\text{Marktpotenzial}}$$

$$\text{Bekanntheitsgrad} = \frac{\text{Menschen, die das Unternehmen kennen} \cdot 100}{\text{Anzahl möglicher Kunden}}$$

$$\text{Werberendite} = \frac{\text{werbebedingter Umsatzzuwachs} \cdot 100}{\text{Werbekosten}}$$

$$\text{Werbebudgetquote} = \frac{\text{Höhe des Werbebudgets} \cdot 100}{\text{Umsatz}}$$

$$\text{Angebotserfolgsquote} = \frac{\text{erhaltene Aufträge} \cdot 100}{\text{abgegebene Angebote}}$$

$$\text{Tausenderpreis} = \frac{\text{Kosten des Werbemediums} \cdot 1\,000}{\text{Anzahl der erreichten Kunden}}$$

$$\text{Reklamationsquote} = \frac{\text{Summe der reklamierten Bestellungen} \cdot 100}{\text{Summe der Bestellungen}}$$

9 Unternehmensziele und Funktionsziele

Wer sich bestimmte Ziele setzt, wird auch entsprechende Maßnahmen ergreifen, um diese Ziele erreichen zu können. Diese Alltagsweisheit gilt ebenso für alle Teilbereiche der Betriebswirtschaftslehre, also auch für das Marketing. Ziele stellen demnach angestrebte Endzustände dar, die durch unternehmerisches Handeln erreicht werden sollen. Als wichtigstes Formalziel eines erwerbswirtschaftlichen (privaten) Unternehmens wird die **langfristige Gewinnmaximierung** angesehen. Unternehmen verfolgen allerdings in der Regel nicht nur ein Ziel, sondern ein ganzes Zielsystem.

Beispiele
Die Duisdorfer BüroKonzept KG möchte ihren Gewinn im nächsten Geschäftsjahr um 5 % steigern (wirtschaftliches Ziel).

Die Duisdorfer BüroKonzept KG schafft neue Arbeitsplätze im Köln-Bonner Raum (soziales Ziel).

Die Duisdorfer BüroKonzept KG verwendet bei der Produktion umweltfreundliche Materialien (ökologisches Ziel).

Aus diesem Zielsystem lassen sich nun für die einzelnen Funktionsbereiche (Abteilungen) des Unternehmens Unterziele ableiten. Diese Funktionsziele müssen im Einklang mit dem übergeordneten Zielsystem stehen (**Zielharmonie**).

Beispiel
Die Duisdorfer BüroKonzept KG will ihren Jahresgewinn um 5 % steigern. Die Beschaffungsabteilung soll dieses Unternehmensziel durch die Auswahl kostengünstigerer Lieferanten unterstützen. In der Produktionsabteilung sollen die Produktionskosten je Stück durch die Anschaffung einer leistungsfähigeren Maschine gesenkt werden. Die Marketingabteilung setzt sich zum Ziel, ihren Marktanteil in den neuen Bundesländern zu verdoppeln.

10 Marketingmix: die optimale Kombination

Zur Erreichung der Marketingziele werden vom Unternehmen bestimmte absatzpolitische Instrumente, die sogenannten Marketinginstrumente, eingesetzt. Dabei handelt es sich um folgende Instrumente.

- **Produkt- und Sortimentspolitik**
- **Preis- und Konditionenpolitik**
- **Servicepolitik**
- **Kommunikationspolitik**
- **Distributionspolitik**

Die Instrumente sind so auszuwählen, dass sie aufeinander abgestimmt eine optimale Mischung geben. Diese optimale Kombination wird auch als **Marketingmix** bezeichnet. Dabei bildet die Produktpolitik in der Regel den Ausgangspunkt aller weiteren Überlegungen. Erst wenn eine Produktidee in ein konkretes Produkt umgesetzt wurde, lassen sich aus dieser Produktgestaltung konkrete Hinweise für die anderen absatzpolitischen Instrumente ableiten.

Beispiele

*Zur Erweiterung ihres Sortiments produziert die Duisdorfer BüroKonzept KG den neuen Bürosessel Tenno (**Produkt- und Sortimentspolitik**). Trotz der hochwertigen Materialien und einer aufwendigen Verarbeitung soll zur raschen Marktdurchdringung zunächst ein niedriger Einführungspreis gewählt werden, der schrittweise angehoben wird (**Preis- und Konditionenpolitik**). Im Rahmen einer Werbekampagne soll darauf hingewiesen werden, dass dieser Einführungspreis nur für einen kurzen Zeitraum gilt (**Kommunikationspolitik**). Die Duisdorfer BüroKonzept KG möchte den neuen Bürosessel ausschließlich über den Groß- und Einzelhandel vertreiben (**Distributionspolitik**). Über die Homepage der Duisdorfer BüroKonzept KG können sich interessierte Käufer über wesentliche Ausstattungsmerkmale des Bürosessels Tenno informieren (**Servicepolitik**).*

Das folgende Schaubild soll den Zusammenhang von Unternehmenszielen, Marketingzielen und Marketinginstrumenten noch einmal verdeutlichen.

Unternehmensziel (Formalziel)
= langfristige Gewinnmaximierung

↓

Marketingziele (Beispiele)
- neue Märkte erschließen
- vorhandene Märkte ausweiten
- Marktanteil vergrößern
- Umsatz steigern
- Rückzug vom Markt
- Ersatz umweltschädlicher Produkte

↓

Marketinginstrumente
1. Produkt- und Sortimentspolitik
2. Preis- und Konditionenpolitik
3. Servicepolitik
4. Kommunikationspolitik
5. Distributionspolitik

„Marketing-Mix" = optimale Kombination der Instrumente!

11 Marketinginstrumente

LS 5.3

11.1 Produkt- und Sortimentspolitik

11.1.1 Der Produktlebenszyklus

Produkte haben normalerweise eine begrenzte Lebensdauer. Es gibt Produkte, die sich über Jahrzehnte erfolgreich auf dem Markt halten, und es gibt Produkte, die schon nach wenigen Monaten wieder vom Markt genommen werden, weil sie sich als **Flop** (Misserfolg) erwiesen haben. Manchmal erleben Produkte sogar eine Wiederauferstehung. Nachdem sie vom Markt genommen wurden, tauchen sie nach Jahren wieder auf und werden dann gerne als **Retro** bezeichnet.

Beispiele
Während das Waschmittel Persil seit 1907 auf dem Markt ist und sich ein Ende nicht abzeichnet, nahm Renault sein Modell Avantime bereits nach wenigen Monaten wieder vom Markt. Tri Top, ein Getränkesirup der 1960er- und 1970er-Jahre, der mit Wasser gemixt wurde, verschwand in den Achtzigern von der Bildfläche. Mittlerweile ist Tri Top wieder erhältlich. Auch die schwarze Vinyl-Schallplatte, die durch CDs ersetzt werden sollte, erfährt eine Renaissance und erfreut sich mittlerweile wieder großer Beliebtheit.

Produkte mit verschiedenen Lebenszyklen

In der Theorie unterteilt der Produktlebenszyklus das Leben eines Produkts in verschiedene Phasen. Zumeist erfolgt diese Einteilung nach dem Umsatzverlauf des Produkts.

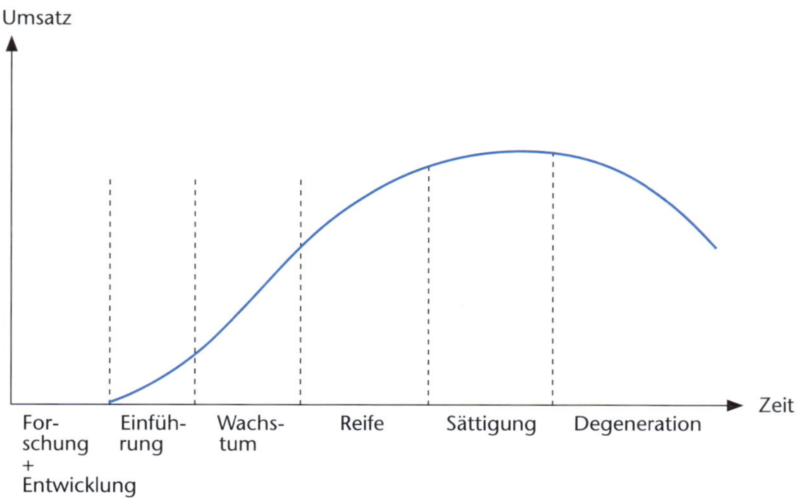

Produktlebenszyklus

- In der **Forschungs- und Entwicklungsphase**, der eigentlichen Entstehung des Produkts, verursacht das Produkt hohe Kosten und somit auch Verlust, da noch kein Umsatz über Verkäufe vorliegt. Forschung und Entwicklung kann viel Zeit in Anspruch nehmen. In der Realität ist seit den 1980er-Jahren festzustellen, dass die Entwicklungszeiten und die Produktlebensdauer auseinanderdriften. Während die Entwicklungszeiten länger werden, verkürzt sich die Lebensdauer eines Produkts aufgrund des Wettbewerbs immer mehr. Auch hieran ist zu erkennen, wie wichtig eine intensive Marktforschung für das Unternehmen ist, um nicht an den Bedürfnissen der Marktpartner vorbei zu produzieren. Außerdem stellt die beschriebene Entwicklung eine weitere Herausforderung für das Unternehmen dar, da die hohen Forschungs- und Entwicklungskosten innerhalb einer kürzeren Zeit der Marktpräsenz erwirtschaftet werden müssen.

- Auch in der **Einführungsphase** erwirtschaftet das Produkt noch Verluste. Das Produkt ist jetzt auf dem Markt erschienen, erste Umsätze werden durch den Verkauf an die sogenannten Konsumpioniere erzielt. Aufgrund der weiterhin hohen Kosten für begleitende Marketingaktivitäten erzielt das Unternehmen aber noch keinen Gewinn.
- Wenn es dem Unternehmen gelungen ist, die Widerstände am Markt zu überwinden und den Bekanntheitsgrad des zu Produkts steigern, beginnt die **Wachstumsphase (Expansionsphase)**. Der Umsatz steigt stark an und es wird erstmalig Gewinn erzielt. Vom Erfolg des Produkts angelockt, können bereits in dieser Phase Konkurrenten auf dem Markt auftauchen, die versuchen, durch in der Regel preiswertere Nachahmungen („Me-too-Produkte") Gewinne abzuschöpfen. Eine zentrale Aufgabe für das Unternehmen besteht also darin, den Bekanntheitsgrad des Produkts weiter auszudehnen und ein positives Markenimage auf dem Markt zu etablieren.
- Die **Reifephase** ist dadurch gekennzeichnet, dass die Umsätze zwar weiter steigen, allerdings nicht mehr im bisherigen Ausmaß. Weil die Zahl der Neukunden abnimmt, sinken auch wieder die Gewinnzuwächse. Da auch die Konkurrenten verbesserte Produkte auf den Markt bringen, muss sich das Unternehmen spätestens zu diesem Zeitpunkt Gedanken über eine Profilierung gegenüber der Konkurrenz machen. Denkbar wären im Rahmen der Produktpolitik z. B. technische Verbesserungen, Änderungen des Designs oder eine Ausweitung des Angebots durch mehrere Varianten des Produkts. So will das Unternehmen den differenzierten Ansprüchen der Verbraucher gerecht werden.
- In der anschließenden **Sättigungsphase (Stagnationsphase)** erreicht der Umsatz sein Maximum und beginnt im weiteren Verlauf zu sinken. Zunächst stagniert die Nachfrage, später wandern Kunden aufgrund überlegenerer Konkurrenzprodukte in starkem Umfang ab. Intensive Marketingaktivitäten zum Erhalt der Marktposition erhöhen den Kostendruck. Die Gewinne sinken stetig.
- Die **Degenerationsphase** beendet den Lebenszyklus des Produkts. Das Produkt kann mit denen der Konkurrenz nicht mehr mithalten. Eventuelle Sonderangebote können den rapiden Umsatzrückgang etwas abfedern. Das Produkt erwirtschaftet nun wieder Verluste. Marketingaktivitäten werden in zunehmendem Maße reduziert. Schließlich wird das Produkt aufgegeben und aus dem Produktions- und Absatzprogramm des Unternehmens herausgenommen.

Zur Kritik am Produktlebenszyklus lässt sich sagen, dass es sich hierbei um ein idealtypisches Modell handelt. Modelle versuchen, eine komplexe Realität vereinfacht abzubilden, um sie erklärbar zu machen. Insofern handelt es sich um einen idealtypischen Verlauf. In der Realität gibt es hingegen ganz verschiedene Lebenszyklen, wie z. B. beim bereits erwähnten Flop oder bei Modegütern mit einem sehr steilen Anstieg in der Wachstumsphase und einer kurzen Sättigungsphase. Auch sollte der durch den Umsatzverlauf beschriebene Zyklus nicht als gegeben hingenommen werden. Ein Umsatzrückgang muss nicht den Eintritt in die Degenerationsphase und damit das drohende Ende des Produkts bedeuten. Vielmehr sollte das Unternehmen versuchen, den Umsatz durch geeignete Marketingmaßnahmen wieder anzukurbeln. Gelingt dem Unternehmen diese Kehrtwende in Kombination mit einer Anpassung des Produkts an die veränderten Marktgegebenheiten, spricht man von einem **Relaunch** oder einer Verlängerungsstrategie.

11.1.2 Produktgestaltung

Am Anfang steht eine Idee. Diese Idee basiert in der Regel auf den Ergebnissen einer gründlichen Marktforschung. Bei der Umsetzung der Idee in ein konkretes Produkt arbeiten Techniker und Kaufleute Hand in Hand. Neben der rein technischen Konstruktion muss auch überlegt werden, ob das Produkt auf die Bedürfnisse der definierten Zielgruppe zugeschnitten und ab welchen Mengen mit einem wirtschaftlichen Erfolg des Produkts zu rechnen ist. Inwieweit das Produkt den Bedürfnissen oder Ansprüchen der Zielgruppe gerecht wird, ist eine Frage der Nutzenerfüllung. Kunden, die ein Produkt kaufen, erhoffen sich von diesem Produkt einen ganz bestimmten Nutzen. Es ist nun die Aufgabe der Konstrukteure, diesen Nutzen gestalterisch umzusetzen. Dabei kann in **Grundnutzen** und **Zusatznutzen** unterschieden werden. Während sich der Grundnutzen auf die Funktionalität des Produkts bezieht, geht der Zusatznutzen über die reine Funktionserfüllung des Produkts hinaus.

Beispiele

- *Der Grundnutzen eines Cabriolets ist die Fortbewegung. Der Zusatznutzen könnte im Gefühl nach Freiheit oder Unabhängigkeit bestehen.*
- *Der Bürosessel Tenno der Duisdorfer Büro-Konzept KG ist dafür gedacht, dass Büromitarbeiter ihre Arbeit im Sitzen verrichten können (Grundnutzen). Durch seine hochwertigen Materialien und das entsprechende Design vermittelt Tenno Exklusivität und zeitlose Eleganz (Zusatznutzen).*
- *Eine Lederjacke schützt vor Witterungseinflüssen. Das ist der Grundnutzen von Kleidung. Möglicherweise empfindet sich derjenige, der die Lederjacke trägt, als besonders modern oder lässig. Dies wäre der Zusatznutzen.*

Da Produkte heutzutage den Grundnutzen in ähnlichem Maße erfüllen – jedes Auto kann den Fahrer von A nach B befördern –, ist es die Aufgabe der Marketingexperten, die Einzigartigkeit des Zusatznutzens deutlich zu machen. Wie in den Beispielen gesehen, dominieren hier affektive Faktoren (Lässigkeit, Eleganz, Exklusivität). Diese Faktoren, die die menschliche Gefühlswelt ansprechen, prägen die eigentliche Produktpersönlichkeit und machen das Besondere aus.

Bei der **Produktgestaltung** sind insbesondere folgende Gestaltungsaspekte von Bedeutung, die einen wichtigen Beitrag zur Abgrenzung von den Konkurrenzprodukten leisten:
- Qualität
- Design
- Markierung
- Verpackung

Qualität

Qualität lässt sich aus dem lateinischen Wort „qualitas" ableiten und bedeutet „Beschaffenheit, Eigenschaft". Bei der Entwicklung eines Produkts geht es also darum, das Produkt mit denjenigen Eigenschaften auszustatten, die die vorgegebenen Anforderungen in hohem Maße erfüllen. Während sich die vorgegebenen Anforderungen aus den Ergebnissen der Marktforschung ableiten lassen, werden die Produkteigenschaften zur Bestimmung der Qualität durch eine Fülle von Merkmalen festgelegt.

Beispiele

- *Glühbirnen haben passende Sockel zur Fixierung in einer Lampenfassung. Die Sockel entsprechen einer vorgegebenen Norm.*
- *Hühnereier werden in verschiedene Güteklassen eingeteilt.*
- *Holz darf vor der Weiterverarbeitung nicht zu feucht sein. Hier ist der Feuchtigkeitsgehalt ein entscheidendes Qualitätsmerkmal.*
- *Eine Armbanduhr sollte möglichst genau gehen. Die Präzision des Uhrwerks stellt eine wesentliche Eigenschaft zur Bestimmung der Qualität dar.*

Die Tatsache, dass Produkte in Deutschland hergestellt werden, ist in vielen Ländern der Welt bereits ein Gütesiegel für qualitativ hochwertige Produkte: Made in Germany.

Design

Während früher die Auffassung galt, dass sich das Aussehen des Produkts der Funktion unterzuordnen habe („Form follows function"), spielt das äußere Erscheinungsbild heute eine immer bedeutendere Rolle. Gerade durch das richtige Produktdesign kann sich ein Unternehmen deutlich von den Produkten der Konkurrenz abgrenzen und beim Kunden einen Zusatznutzen erzeugen.

Beispiel

Der französische Autohersteller Citroën baute in der zweiten Hälfte des letzten Jahrhunderts Fahrzeuge, die sich hinsichtlich Technik und Design deutlich von denen der Konkurrenz unterschieden. Durch die zunächst eigenwillig und futuristisch anmutende Formgebung des Modells DS (la déesse = die „Göttin") gelang es Citroën, ein Image der Individualität aufzubauen. Wer einen Citroën fuhr, galt als Individualist, als jemand, der seinen eigenen Kopf hatte und sich von der breiten Masse abzugrenzen wusste.

Als Gestaltungselemente innerhalb des Produktdesigns kommen im Einzelnen das Material, die Farbe, die Größe und Form sowie die Oberfläche in Betracht.

Beispiel

Der Bezug des Bürosessels Tenno besteht aus hochwertigem Anilin-Leder in der Farbe Cognacbraun. Die Rückenlehne ist ergonomisch geformt mit einer Lendenwirbelverstärkung und Kopfstütze. Das Fußgestell ist 5-fächrig und aus glänzendem Chrom. Tenno verfügt über eine arretierbare Wipptechnik und eine stufenlose Sitzhöhenverstellung. Die Gesamthöhe beträgt 130 cm, die Sitzhöhe 43–52 cm und die Lehnenhöhe 59 cm.

Bürosessel Tenno

Markierung

Die Markierung eines Produkts ist der erste Schritt zu einer Marke. Durch Kennzeichnung des Produkts mit einem Symbol oder Zeichen, einem Namen oder Logo wird die Verbindung zum Unternehmen hergestellt. Das Produkt lässt sich durch die Markierung eindeutig identifizieren und grenzt sich von den Produkten der Konkurrenz ab. Wenn Produkte Marktgeltung erlangt haben, sind sie im Bewusstsein des Kunden verankert und weisen einen hohen Bekanntheitsgrad auf. Die Kunden bilden eine Präferenz (Vorliebe), da die Marke für permanent gleichbleibende Qualität steht. Aus diesem Grund haben Unternehmen einen gewissen Spielraum, innerhalb dessen sie eine eigenständige Preispolitik betreiben können, ohne dass die Kunden sofort abwandern (siehe Kapitel 11.2).

Grundsätzlich gibt es folgende Markierungsmöglichkeiten:

- Wortmarke (z. B. Sony)
- Zahlenmarke (z. B. 4711)
- Phantasiemarke (z. B. adidas)
- Bildmarke (z. B. der Mercedes-Stern)
- Kombinationsmarke (z. B. Puma als Kombination aus Wort- und Bildmarke)

Produktmarkierungen

Handelsunternehmen vertreiben oft zusätzliche Produkte unter eigenen Handelsmarken („A&P", „Ja!"). Auch diese Markierungen dienen letztlich dem Zweck, den Kunden an das Handelsunternehmen zu binden. Verzichtet ein Unternehmen bewusst auf die Markierung seiner Produkte, liegen „No-name-Produkte" vor. Durch eine einfach gehaltene Produktaufmachung wird versucht, im Niedrigpreissegment Marktanteile zu gewinnen.

Verpackung

Die Produktverpackung erfüllt im Wesentlichen zwei Funktionen: die **Schutzfunktion** sowie die **Werbefunktion**. Bereits auf der Verpackung kann sich der Kunde über wichtige Eigenschaften und Vorteile des Produkts informieren. Die Verpackung dient dem Unternehmen als zusätzliche Werbefläche. Außerdem soll die Verpackung das Produkt auf dem Weg vom

Hersteller über den Handel zum Kunden schützen. Aufgrund des gestiegenen Umweltbewusstseins und der daraus resultierenden Vermeidung von Verpackungsmüll hat sich in den letzten Jahren bei vielen Herstellern der Grundsatz „so viel wie nötig – so wenig wie möglich" durchgesetzt. Zudem werden vermehrt recylingfähige Verpackungsmaterialien verwendet.

Beispiel
Viele Hersteller von Zahnpasta verzichten bereits seit Jahren auf eine zusätzliche Pappschachtel als Umverpackung, in der sich die Tube Zahnpasta befindet („so wenig wie möglich"). Auf die Tube selbst als Aufbewahrungsmittel für die Zahncreme kann aber nur schwerlich verzichtet werden („so viel wie nötig").

11.1.3 Maßnahmen der Produkt- und Sortimentspolitik

Gemäß Gesellschaftsvertrag besteht der Unternehmensgegenstand der Duisdorfer BüroKonzept KG in der Herstellung und dem Vertrieb von Ausstattungsgegenständen im Bürobereich. Das Sortiment der Duisdorfer BüroKonzept KG setzt sich sowohl aus selbst gefertigten Produkten als auch aus Handelswaren zusammen.

Sortimentspolitik

Ein Sortiment stellt die Gesamtheit aller Produkte dar, die ein Unternehmen auf dem Absatzmarkt anbietet. Zu den selbst hergestellten Produkten kommen vielfach Waren, die von anderen Unternehmen bezogen und unverändert an die Kunden verkauft werden. Diese **Handelswaren** dienen der Abrundung des Sortiments.

Eine planvolle Sortimentspolitik umfasst alle Maßnahmen zur Gestaltung des Sortiments mit der Zielsetzung einer marktgerechten Versorgung. Das Sortiment eines Unternehmens lässt sich über **Sortimentsbreite** und **Sortimentstiefe** charakterisieren. Die Sortimentsbreite gibt Auskunft über die Anzahl der Produkt-/Warengruppen innerhalb des Sortiments.

Breites Sortiment	Enges Sortiment
Viele Produkt- und Warengruppen	Wenige Produkt- und Warengruppen

Die Sortimentstiefe legt die Anzahl der Varianten innerhalb einer Produkt- und Warengruppe fest.

Tiefes Sortiment	Flaches Sortiment
Viele Varianten	Wenige Varianten

Obwohl die Merkmale breit, eng, tief und flach auslegungsbedürftig sind und somit einer subjektiven Interpretation unterliegen, liefern sie doch Anhaltspunkte über die Größe und die Vielfältigkeit des Sortiments eines Unternehmens.

Beispiele

Ein großes Kaufhaus verfügt über ein breites und tiefes Sortiment. Es werden eine Vielzahl unterschiedlichster Warengruppen angeboten (z. B. Kleidung, Elektrogeräte, Haushaltswaren, Parfum, Spielzeug, Schmuck usw.). Innerhalb einer Warengruppe finden sich viele Varianten (z. B. kurz- und langärmelige Herrenhemden verschiedener Hersteller in unterschiedlichsten Farben und Mustern).

Das Gegenteil wäre ein Kieswerk. Hier wird z. B. nur Sand und Kies in wenigen Größen (Körnungen) angeboten. Das Sortiment ist eng und flach.

Produktpolitik

Während die Sortimentspolitik den Fokus auf das gesamte Absatzprogramm des Unternehmens setzt, befasst sich die Produktpolitik mit dem einzelnen Produkt. Es werden die folgenden produktpolitischen Tatbestände unterschieden:

- Produktinnovation
- Produktvariation
- Produktdifferenzierung
- Produktdiversifikation
- Produktelimination

Produktinnovation

Produktinnovation bedeutet die Einführung eines neuen Produkts. Dabei kann es sich für den Markt um ein völlig neues Produkt handeln, oder aber das neue Produkt wurde bisher von dem Unternehmen noch nicht produziert.

Beispiel

Nach erfolgter Produktgestaltung und einer kurzen Testphase wird der Bürosessel Tenno von der Duisdorfer BüroKonzept KG auf der Büromöbelmesse Orgatec in Köln auf dem Markt eingeführt.

Produktvariation

Produktvariationen sind Änderungen von Produkteigenschaften. Das alte Produkt wird durch ein verändertes Produkt ersetzt.

Beispiel

Der Automobilhersteller Volkswagen ersetzt sein seit 1974 produziertes Modell VW Golf in unregelmäßigen Abständen durch ein Nachfolgemodell.

Produktvariation des VW Golf

Produktdifferenzierung
Von Produktdifferenzierung wird gesprochen, wenn ein Grundprodukt in weiteren verschiedenen Varianten angeboten wird, die sich zum Beispiel in Form, Farbe oder Größe voneinander unterscheiden.

Beispiel
Wegen des großen Erfolgs plant die Duisdorfer BüroKonzept KG, den Bürosessel Tenno neben der Farbe Cognacbraun zukünftig auch in Lavaschwarz anzubieten.

Produktelimination
Produktelimination bedeutet, dass die Fertigung eines Produkts eingestellt bzw. die Handelsware aus dem Absatzprogramm entfernt wird. Das Produkt wird vom Markt genommen.

Beispiel
Die Duisdorfer BüroKonzept KG stellt die Fertigung des in die Jahre gekommenen Aktenschranks Rimmi wegen stark rückläufiger Absatzzahlen ein.

LF 10

Die Entscheidung, ein Produkt auf der Grundlage von Verlusten zu eliminieren, wäre eine betriebswirtschaftliche Fehlentscheidung. Denn wie sich zeigen lässt, kann auch ein Produkt mit Verlust zur Verbesserung des Gesamterfolges beitragen. Dazu müssen zunächst die Begriffe variable Kosten, fixe Kosten und Deckungsbeitrag erklärt werden (siehe hierzu auch Büro-Welt 2, Kapitel „Wertschöpfungsprozesse erfolgsorientiert steuern").

Definition:
Fixe Kosten sind von der Ausbringungsmenge unabhängig, das heißt, sie fallen immer an, auch wenn das Unternehmen nichts produziert.

Beispiele
- *Mietaufwendungen für eine Lagerhalle*
- *Abschreibungen für eine Maschine*

Definition:
Variable Kosten sind von der Ausbringungsmenge abhängig, das heißt, sie steigen bei zunehmender Produktion und sind gleich Null, wenn nichts produziert wird.

Beispiele
- *Rohstoffaufwendungen*
- *Fertigungslöhne*

Definition:
Der* Deckungsbeitrag *wird berechnet, indem von den Umsatzerlösen zunächst nur die variablen Kosten abgezogen werden. Der verbleibende Deckungsbeitrag gibt an, in welcher Höhe die fixen Kosten gedeckt werden. Solange der Deckungsbeitrag positiv ist, trägt das Produkt zur Deckung der Fixkosten bei und sollte demnach nicht eliminiert werden.

Beispiel

Angenommen, ein Unternehmen stellt zwei Produkte A und B her. Unter der Voraussetzung, dass sich die fixen Kosten auf die beiden Produkte aufteilen lassen, ergibt sich die folgende Situation:

	A	B
Erlöse	*1.000,00 €*	*600,00 €*
– variable Kosten	*200,00 €*	*300,00 €*
– fixe Kosten	*500,00 €*	*400,00 €*
= Erfolg (Gewinn oder Verlust)	*+300,00 €*	*–100,00 €*

Der Gesamtgewinn beträgt in der vorliegenden Situation 200,00 €. Das Unternehmen gibt nun die Produktion von B auf und nimmt an, dass der Verlust von 100,00 € entfällt, sodass der Gesamtgewinn auf 300,00 € steigen müsste.

	A	B
Erlöse	*1.000,00 €*	-
– variable Kosten	*200,00 €*	-
– fixe Kosten	*500,00 €*	*400,00 €*
= Erfolg (Gewinn oder Verlust)	*+300,00 €*	*–400,00 €*

Das Beispiel zeigt, dass die Annahme des Unternehmens nicht richtig war. Das Unternehmen erwirtschaftet durch die vollzogene Elimination von B nun einen Verlust von insgesamt 100,00 €. Dies liegt daran, dass bei einer Elimination lediglich die variablen Kosten von B entfallen, nicht aber die fixen Kosten in Höhe von 400,00 €. Hätte das Unternehmen eine Deckungsbeitragsrechnung durchgeführt, so hätte man festgestellt, dass der Deckungsbeitrag von B 300,00 € beträgt. Dieser Betrag stand vor der Elimination zur Deckung der Fixkosten zur Verfügung. Die Entscheidung des Unternehmens, Produkt B zu eliminieren, war falsch!

Letztendlich kommen für eine Elimination diejenigen Produkte in Frage, die einen **negativen Deckungsbeitrag** erwirtschaften. Denn bei diesen Produkten decken die Umsatzerlöse nicht einmal die variablen Kosten, die durch das Produkt primär verursacht werden. Allerdings sollte sich das Unternehmen vor Herausnahme des Produkts aus dem Absatzprogramm überlegen, ob der Deckungsbeitrag eventuell erhöht werden kann. Dies ist grundsätzlich dadurch möglich, dass entweder die Kosten gesenkt und/oder die Umsatzerlöse erhöht werden. Außerdem sollte das Unternehmen bedenken, ob es sich bei dem betrachteten Produkt möglicherweise um ein Komplementärprodukt handelt, welches sich mit anderen Produkten ergänzt. Eine Elimination könnte dann eine unfreiwillige Umsatzeinbuße bei dem anderen Produkt nach sich ziehen.

Beispiel

Ein Hersteller von Gartenmöbeln nimmt den Sonnenschirm aus seinem Sortiment. Die Nachfrage nach den dazugehörigen Sonnenliegen geht daraufhin drastisch zurück.

Produktdiversifikation

Bei der Produktdiversifikation werden Produkte in das Absatz- und Produktionsprogramm aufgenommen, die in keinem Zusammenhang mit dem bisherigen Betätigungsfeld des Unternehmens stehen.

Folgende Formen der Diversifikation werden unterschieden:

- **Horizontale Diversifikation:** Das Programm wird um ein Produkt der gleichen Produktionsstufe erweitert.

Beispiel
Eine Brauerei bietet neben Bier Apfelschorle an.

- **Vertikale Diversifikation:** Es werden vor- oder nachgelagerte Leistungen einer Produktionsstufe aufgenommen.

Beispiel
Eine Brauerei produziert neben dem Bier auch die Bierkästen.

- **Laterale Diversifikation:** Die neu aufgenommenen Produkte stehen in keinerlei Zusammenhang mit den bisherigen Produkten.

Beispiel
Eine Brauerei nimmt Babynahrung in das Absatzprogramm mit auf.

So strikt sich die produktpolitischen Maßnahmen in der Theorie trennen lassen, muss in der Realität jedoch bedacht werden, dass mit jeder Produktvariation eine Produktelimination einhergeht. Schließlich wird das Vorgängermodell vom Markt genommen und durch den Nachfolger ersetzt. Auch eine Produktinnovation kann gleichzeitig eine Produktdifferenzierung sein, wenn das Unternehmen das Produkt direkt in mehreren Varianten auf den Markt bringt.

11.2 Preis- und Konditionenpolitik

Ein Unternehmen möchte seine Produkte möglichst gewinnbringend auf dem Markt verkaufen. Liegt der Preis unter den Kosten, macht das Unternehmen Verlust. Ein Zustand, der dauerhaft nicht haltbar ist. Wenn der Preis lediglich die Kosten deckt, ist dies langfristig ebenfalls kein befriedigender Zustand für das Unternehmen, denn es fehlen die finanziellen Mittel für Forschung und Entwicklung sowie die notwendigen Zukunftsinvestitionen. Mit der Preis- und Konditionenpolitik verfügt das Unternehmen über ein Instrument, mit dem es Preise und Konditionen (Verkaufsbedingungen) festlegen kann, die zu einer Steigerung des Gewinns führen sollen. Ob ein Unternehmen tatsächlich eine aktive Preispolitik betreiben kann, hängt im Wesentlichen von der Marktsituation und der Fähigkeit des Unternehmens ab, dem Kunden die Einzigartigkeit der Produkte als Alleinstellungsmerkmal zu vermitteln.

11.2.1 Preisbildung im Modell der vollständigen Konkurrenz

Während in der Betriebswirtschaftslehre die wirtschaftlichen Aktivitäten eines Unternehmens betrachtet werden, untersucht die Volkswirtschaftslehre die wirtschaftlichen Aktivitäten aller Unternehmen und privaten Haushalte in einer Volkswirtschaft. Dabei wird im Modell das Gesamtangebot für ein Gut (in der VWL werden Produkte als Güter bezeichnet) durch Addition der Teilmengen aller Unternehmen und die Gesamtnachfrage durch Addition der Teilmengen aller Haushalte ermittelt. Dadurch ist die Volkswirtschaftslehre imstande, Erklärungsansätze für Preisbildungsprozesse auf den unterschiedlichen Märkten zu liefern.

Wenn der Preis als wichtigste Bestimmungsgröße für das Angebot und die Nachfrage betrachtet wird, ergibt sich folgende Darstellung:

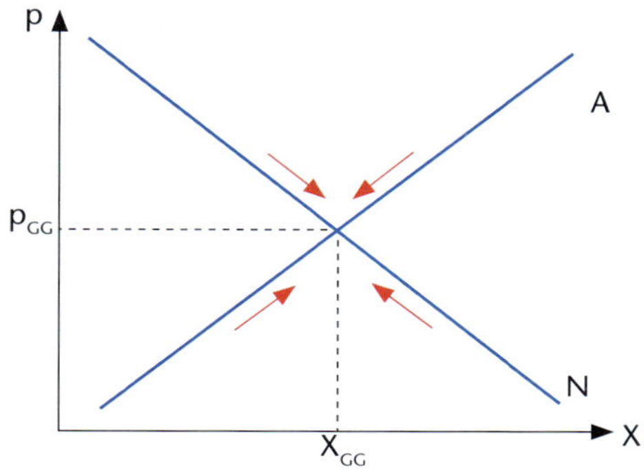

Ausgleich von Angebot und Nachfrage

Anhand der Grafik lässt sich erkennen, dass die Nachfrage mit sinkenden Preisen steigt und umgekehrt. Dieses Verhalten wird auch als rational (vernünftig) bezeichnet, da ein Produkt stärker nachgefragt wird bei niedrigen Preisen und weniger nachgefragt wird bei höheren Preisen. Andererseits werden bei niedrigen Preisen viele Anbieter nicht kostendeckend anbieten können. Erst wenn der Preis steigt, werden weitere Unternehmen konkurrenzfähig, wodurch sich die Angebotsmenge ausweitet.

Besonders entscheidend für die Preisbildung ist die Anzahl der Marktteilnehmer auf der Seite der Anbieter und der Nachfrager, denn die Preisbildung vollzieht sich anders, abhängig davon, ob auf der Angebots- und Nachfrageseite viele, wenige oder nur ein Marktteilnehmer auftreten.

Heinrich von Stackelberg (1905–1946) hat alle möglichen Konkurrenzsituationen, in denen sich ein Anbieter befinden kann, im sogenannten **Marktformenschema** zusammengestellt. Dabei kategorisierte er die **Anzahl der Markteilnehmer** auf jeder Marktseite in *viele-wenige-einer*. Die **relative Größe der Marktteilnehmer** charakterisierte er durch die Begriffe *klein-mittel-groß*. Die zentralen Marktformen sind das Polypol, das Oligopol und das Monopol.

Nachfrager / Anbieter	ein großer	wenige mittlere	viele kleine
ein großer	zweiseitiges Monopol	beschränktes Angebotsmonopol	**Monopol**
wenige mittlere	beschränktes Nachfragemonopol	zweiseitiges Oligopol	**Oligopol**
viele kleine	Nachfragemonopol (= Monopson)	Nachfrageoligopol (= Oligopson)	**Polypol**

Marktformenschema nach Stackelberg

Beim **Polypol** sind nach dem Marktformenschema eine große Anzahl von Anbietern und Nachfragern auf dem Markt. Der Anteil der einzelnen Anbieter ist sehr klein. Der Preis bildet sich zwar im Wettbewerb aller Marktteilnehmer, jedoch hat der Einzelne keinen direkten Einfluss auf den Preis. Der einzelne Anbieter zeigt ein konkurrenzgebundenes Verhalten, das heißt, er erwartet nicht, dass seine preispolitischen Entscheidungen die Konkurrenz zu einer

Preisänderung bewegen. Verlangt ein Anbieter einen höheren Preis, wechseln die Nachfrager unverzüglich zur Konkurrenz über. Die Mitbewerber werden die Absatzzunahme jedoch kaum merken, da sich die Nachfrager auf sehr viele kleine Unternehmen verteilen. Verlangt hingegen ein Anbieter einen niedrigeren Preis als die Konkurrenz, dann könnte dieser die gesamte Nachfrage, die auf ihn gelenkt wird, wegen seines geringen Marktanteils nicht befriedigen. Das gleiche gilt für den Nachfrager, der ebenfalls als einzelner aufgrund einer zu geringen Marktmacht den Marktpreis nicht verändern kann.

Aufgrund seines minimalen Marktanteils kann der Anbieter im Polypol keine Preispolitik betreiben. Für ihn ist der Preis eine festgesetzte Größe, ein **Datum**, das unabänderlich ist. Man bezeichnet einen solchen Anbieter auch als Preisnehmer. Er kann lediglich entscheiden, ob er zum gegebenen Preis viel oder wenig anbieten möchte, das heißt, er kann nur seine Angebotsmenge der Marktsituation anpassen. Solche Anbieter werden außerdem als Mengenanpasser bezeichnet, da sie keine Preispolitik betreiben können. Konkret bedeutet das, dass sie ihre Absatzmenge so an den Preis anpassen, dass sie einen möglichst hohen Gewinn bzw. einen möglichst geringen Verlust erzielen.

Beispiel
Ein Anbieter von Wertpapieren an der Wertpapierbörse muss den sich ergebenden Preis akzeptieren. Er bestimmt jedoch, welche Aktienmengen er zu dem vorgegebenen Preis verkaufen will.

Eine weitere Unterscheidung der Märkte bezieht sich auf deren qualitative Beschaffenheit. Unterschieden werden **vollkommene** und **unvollkommene Märkte**. Der vollkommene Markt ist ein Modell, mit dessen Hilfe Preisbildungsprozesse frei von störenden Einflüssen dargestellt werden können.

Ein vollkommener Markt muss bestimmte Voraussetzungen (Prämissen) erfüllen:

- Homogenität: Die Güter auf dem vollkommenen Markt sind homogen, das heißt, gleichartig in ihrer Art, Güte, Beschaffenheit, ihrem Aussehen und ihrer Verpackung.
- Markttransparenz: Die Marktteilnehmer, also Anbieter und Nachfrager, haben eine umfassende Marktübersicht. Danach sind sie jederzeit über alle wichtigen Informationen des Marktgeschehens, wie z. B. über die Preise, die Lieferungs- und Zahlungsbedingungen der Anbieter, über die Merkmale der Produkte, die Veränderungen im Nachfrageverhalten usw., informiert und reagieren sofort auf Veränderungen.
- Keine Präferenzen: Die Marktteilnehmer dürfen keine räumlichen, zeitlichen oder persönlichen Präferenzen haben, das heißt, sie dürfen niemanden aufgrund von Vorlieben bevorzugen und dürfen nicht bereit sein, aus einem dieser Gründe einen höheren Preis zu zahlen. Auf einem vollkommenen Markt müssen die Wettbewerbsbedingungen für Anbieter und Nachfrager gleich sein. Durch die Einräumung von Präferenzen ergeben sich Wettbewerbsvorteile, die dem vollkommenen Markt widersprechen.

Im vollkommenen Polypol, das auch als **vollständige Konkurrenz** bezeichnet wird, ist der Gleichgewichtspreis der Marktpreis, bei dem das Angebot gleich der Nachfrage ist. Er liegt somit im Schnittpunkt zwischen der Angebots- und der Nachfragefunktion. Bei vollständiger Konkurrenz muss er von allen Marktteilnehmern als Datum hingenommen werden.

Die im Marktgleichgewicht abgesetzte Menge eines Gutes wird als Gleichgewichtsmenge bezeichnet. Es ist die Menge, die zur Räumung eines Marktes führt, da die gesamten zum Kauf angebotenen Einheiten eines Gutes nachgefragt, das heißt, verkauft werden.

Wenn auf einem Markt Angebot und Nachfrage nicht übereinstimmen, liegt ein Marktungleichgewicht vor. Auf einem Markt mit vollständiger Konkurrenz ist das Marktungleichgewicht nur von kurzer Dauer, da die neue Marktsituation unendlich schnell zu einem neuen Gleichgewichtspreis führt, da Angebot und Nachfrage sich wieder aneinander anpassen.

Beispiele

- Wenn das Angebot größer als die Nachfrage ist, spricht man von einem **Angebotsüberhang**. Diese Situation liegt oberhalb des Gleichgewichtspreises vor. Man spricht hier auch vom **Käufermarkt**, da der Käufer dann eine größere Marktmacht besitzt und somit das Marktgeschehen weitgehend bestimmt. In diesem Fall werden bei vollständiger Konkurrenz die Anbieter den Preis so lange senken und dabei das Angebot ausschalten bzw. die Nachfrage steigern, bis ein neuer Gleichgewichtspreis entstanden ist.
- Ist das Angebot geringer als die Nachfrage, liegt ein **Nachfrageüberhang** vor. Diese Situation liegt unterhalb des Gleichgewichtspreises vor. Auf diesem sogenannten **Verkäufermarkt** bestimmt der Anbieter das Marktgeschehen. Bei vollständiger Konkurrenz finden solange Preiserhöhungen statt, bis durch Ausschalten der Nachfrage und Angebotszunahme ein neues Gleichgewicht entsteht.

Das Modell der vollständigen Konkurrenz dient dazu, die Vorgänge der Preisbildung durchschaubar zu machen. In der Realität liegt jedoch fast immer ein unvollkommener Markt vor. Auf diesem Markt werden keine homogenen, sondern differenzierte Produkte angeboten. Geringfügige qualitative Unterschiede oder Unterschiede in der Verpackung veranlassen den Anbieter, für das Produkt unterschiedliche Preise zu verlangen. Die fehlende Markttransparenz ist ein weiterer Grund für die Produktdifferenzierung. Vor allem private Haushalte sind meist unzureichend informiert über Qualität, Preise und andere Kaufbedingungen. Der Anbieter versucht zudem, seine Produkte durch Präferenzen zu differenzieren.

Durch die fehlende Markttransparenz, die Produktdifferenzierung und vorhandene Präferenzen ist das Unternehmen in der Lage, eine aktive Preispolitik zu betreiben. Diese Möglichkeit besteht nicht im Modell der vollständigen Konkurrenz.

Beispiele

- Sie lesen den Werbeprospekt eines Elektronikfachmarktes, der für zwei Smartphones unterschiedlicher Hersteller wirbt. Sie entscheiden sich auf der Grundlage der Informationen aus dem Prospekt für eines der beiden Smartphones. Da Sie keine weiteren Informationen über vergleichbare Produkte haben, fehlt es Ihnen an Markttransparenz.
- Ein Hersteller wirbt für sein Produkt mit einer ganz besonderen Eigenschaft, die angeblich kein anderes Produkt besitzt. Das Produkt wird damit zu einem heterogenen Gut.
- Am liebsten kaufen Sie Ihre Sonntagsbrötchen bei der netten Bäckersfrau von nebenan. Es bestehen Präferenzen.

11.2.2 Arten der Preisbildung

Wichtige **Einflussfaktoren für die Preisfindung** sind:

- das Produkt (Kosten, Qualität, Image)
- die Anzahl und das Verhalten der Konkurrenten
- das Verhalten der Nachfrager

Daraus lassen sich drei **Arten der Preisbildung** ableiten:
- kostenorientierte Preisbildung
- konkurrenzorientierte Preisbildung
- nachfrageorientierte Preisbildung

Diese Arten dürfen keinesfalls isoliert betrachtet werden, sondern ein Unternehmen muss bei der Preissetzung die Kosten, die Konkurrenz sowie die Nachfrager im Blick haben.

Kostenorientierte Preisbildung

Kalkulation von Angebotspreisen für selbst hergestellte Produkte

LF 10

Bei der kostenorientierten Preisbildung werden die Preise auf Grundlage der angefallenen Kosten kalkuliert. Es ist die Aufgabe der Kostenrechnung, alle angefallenen Kosten zu ermitteln und nach verschiedenen Gesichtspunkten zu unterteilen (siehe BüroWelt 2, Kapitel „Wertschöpfungsprozesse erfolgsorientiert steuern").

Ganz allgemein lassen sich Kosten betriebswirtschaftlich wie folgt definieren:

Definition:
Unter Kosten ist der Wert aller in einer Abrechnungsperiode für die Erstellung und Verwertung der betrieblichen Leistungen eingesetzten Sachgüter und Dienstleistungen zu verstehen.

Die kostenorientierte Preisbildung kann auf Basis aller Kosten (Vollkostenrechnung) oder auf Basis der variablen Kosten (Teilkostenrechnung) erfolgen. Für die Kalkulation auf Vollkostenbasis ist eine Trennung in **Einzel- und Gemeinkosten** zwingend erforderlich, für die Kalkulation auf Teilkostenbasis eine Unterscheidung in fixe und variable Kosten.

Definition:
Einzelkosten sind Kosten, die dem Produkt direkt zugeordnet werden können. Gemeinkosten dagegen lassen sich nur indirekt über einen prozentualen Zuschlagssatz dem Produkt zuordnen.

Beispiele

Bei der Herstellung des Bürosessels Tenno fallen 100,00 € Rohstoffaufwendungen und 60,00 € Fertigungslöhne an. Diese Kosten lassen sich u. a. über Stücklisten, Materialentnahmescheine und Lohnlisten exakt bemessen und dem Bürosessel Tenno zuordnen (Einzelkosten).

Die gefertigten Bürosessel werden vor dem Verkauf in einer angemieteten Halle gelagert. Da die Duisdorfer BüroKonzept KG weitere fertige Produkte in der Halle lagert, können die Mietaufwendungen für die Lagerhalle nicht direkt dem Bürosessel Tenno zugeordnet werden, sondern müssen über einen prozentualen Zuschlag auf alle gelagerten Produkte verteilt werden (Gemeinkosten).

Als Verfahren zur Preisbildung bietet sich bei Mehrproduktunternehmen die sogenannte **Zuschlagskalkulation** an. Sie greift auf die Unterteilung in Einzel- und Gemeinkosten zurück.

LS 3.3

Beispiel

Kalkulation des Bürosessels Tenno auf Vollkostenbasis

	€	€
Fertigungsmaterial	*100,00*	
+ Materialgemeinkosten (20 % vom Fertigungsmaterial)	*20,00*	
= Materialkosten (MK)		*120,00*
Fertigungslöhne	*60,00*	
+ Fertigungsgemeinkosten (80 % von den Fertigungslöhnen)	*48,00*	
= Fertigungskosten (FK)		*108,00*
Herstellkosten (MK + FK)		*228,00*
+ Verwaltungsgemeinkosten (8 % von den Herstellkosten)		*18,24*
+ Vertriebsgemeinkosten (5 % von den Herstellkosten)		*11,40*
= Selbstkosten (SK)		*257,64*
+ Gewinn (18,258 % von den Selbstkosten)		*47,04*
= Barverkaufspreis (BVP)		*304,68*
+ Kundenskonto (3 % vom Zielverkaufspreis)		*9,42*
= Zielverkaufspreis (ZVP)		*314,10*
+ Kundenrabatt (10 % vom Listenverkaufspreis)		*34,90*
= Listenverkaufspreis/Angebotspreis (LVP/AP)		*349,00*

Unter Berücksichtigung der aus der Kostenrechnung gelieferten Informationen kalkuliert die Duisdorfer BüroKonzept KG einen Angebotspreis in Höhe von 349,00 €. Darin enthalten sind die vom Bürosessel Tenno zu tragenden Stückkosten in Höhe von 257,64 €.

Langfristig müssen über den Preis alle Kosten erwirtschaftet werden. Deshalb bilden die Selbstkosten die **langfristige Preisuntergrenze**. Es gibt aber auch Situationen, in denen der Preis nicht alle Kosten abdecken kann, z. B. bei

- Markteinführung neuer Produkte,
- Verdrängung der Konkurrenz durch niedrigere Preise,
- Sonderangeboten wegen Räumung des Lagers,
- Preiszugeständnissen an Stammkunden.

In solchen Situationen wird ein Unternehmen auf den Ersatz der Gemeinkosten, die im Wesentlichen fixe Kosten sind, verzichten und nur die von den einzelnen Produkten primär verursachten variablen Kosten bei der Preisbildung in Ansatz bringen. Die variablen Kosten stellen somit die **kurzfristige (absolute) Preisuntergrenze** (PUG) dar.

Beispiel

Kalkulation des Bürosessels Tenno auf Teilkostenbasis

	€
Fertigungsmaterial	*100,00*
+ Fertigungslöhne	*60,00*
= variable Kosten (kurzfristige PUG)	*160,00*

Die Duisdorfer BüroKonzept KG könnte kurzfristig den Preis für den Bürosessel Tenno auf 160,00 € senken.

Da bei der kurzfristigen Preisuntergrenze lediglich die variablen Kosten berücksichtigt werden, kann ein Unternehmen in Liquiditätsschwierigkeiten geraten. Dies liegt daran, dass bestimmte fixe Kosten, die kurzfristig zu Ausgaben führen, unberücksichtigt bleiben.

Beispiele
- *Versicherungsbeiträge*
- *Mietzahlungen*
- *Gehälter*
- *betriebliche Steuern*
- *Sozialabgaben*

Die **liquiditätsorientierte Preisuntergrenze**, die sicherstellen soll, dass das Unternehmen seinen Zahlungsverpflichtungen jederzeit nachkommen kann, wird berechnet, indem zu den variablen Kosten die ausgabewirksamen fixen Kosten addiert werden.

Beispiel
Die Kostenrechnung der Duisdorfer BüroKonzept KG hat ermittelt, dass in den Gemeinkosten 80,00 € ausgabewirksame Fixkosten enthalten sind. Die liquiditätsorientierte Preisuntergrenze für den Bürosessel Tenno beträgt folglich 240,00 €.

LS 3.3

Kalkulation von Angebotspreisen für Handelswaren
Bezieht ein Unternehmen Handelswaren, die unverändert an die Kunden weiterverkauft werden, lässt sich das Kalkulationsschema reduzieren. Die Selbstkosten ergeben sich, indem zum Bezugspreis, der im Rahmen des Angebotsvergleichs ermittelt wurde, **Handlungskosten** addiert werden. Mit dem Handlungskostenzuschlagssatz werden die Kosten erfasst, die in der Zeit vom Kauf der Handelsware beim Lieferanten bis zum Verkauf an den Kunden im eigenen Unternehmen anfallen (Kosten der Betriebstätigkeit). Das sind z. B. Personal- und Lagerkosten, Verpackungs- und Transportkosten, oder auch Abschreibungen. Ab den Selbstkosten ist die Kalkulation mit dem bereits beschriebenen Verfahren identisch.

Beispiel
Kalkulation des Tischkopierers Sumsang

	€
Bezugspreis	*125,00*
+ Handlungskosten (60 % vom Bezugspreis)	*75,00*
*= **Selbstkosten***	*200,00*
+ Gewinn (21,275 % von den Selbstkosten)	*42,55*
*= **BVP***	*242,55*
+ Kundenskonto (2 % vom Zielverkaufspreis)	*4,95*
*= **ZVP***	*247,50*
+ Kundenrabatt (10 % vom Listenverkaufspreis)	*27,50*
*= **LVP/AP***	*275,00*

Die Duisdorfer BüroKonzept KG kalkuliert den Angebotspreis für den Tischkopierer Sumsang auf 275,00 €.

Die Kalkulation von Handelswaren kann vereinfacht werden, indem die einzelnen Zuschlagssätze zu einem einzigen **Kalkulationszuschlag** zusammengefasst werden. Der Kalkulationszuschlag enthält nur die innerbetrieblichen Zuschläge für Handlungskosten, Gewinn, Kundenskonto und Kundenrabatt. Er wird durch folgende Gleichung ermittelt:

$$\text{Kalkulationszuschlag} = \frac{(\text{Angebotspreis} - \text{Bezugspreis}) \cdot 100\,\%}{\text{Bezugspreis}}$$

Beispiel

Ermittlung des Kalkulationszuschlages für den Tischkopierer Sumsang

$$\textit{Kalkulationszuschlag} = \frac{(275{,}00\,€ - 125{,}00\,€) \cdot 100\,\%}{125{,}00\,€}$$

$$= 120\,\%$$

Ist der Kalkulationszuschlag ermittelt, ermöglicht er für alle Waren innerhalb einer Warengruppe die direkte Berechnung der einzelnen Angebotspreise.

Beispiel

Kalkulation des Tischkopierers Sumsang mithilfe des Kalkulationszuschlages

	€
Bezugspreis	*125,00*
+ 120 % Kalkulationszuschlag	*150,00*
= Angebotspreis	*275,00*

Noch einfacher ist die Kalkulation mit dem **Kalkulationsfaktor**:

$$\textit{Kalkulationsfaktor} = \frac{\textit{Angebotspreis}}{\textit{Bezugspreis}}$$

Beispiel

Ermittlung des Kalkulationsfaktors für den Tischkopierer Sumsang

$$\textit{Kalkulationsfaktor} = \frac{275{,}00\,€}{125{,}00\,€}$$

$$= 2{,}2$$

Der Angebotspreis wird jetzt durch eine einfache Multiplikation berechnet.

Beispiel

Kalkulation des Tischkopierers Sumsang mithilfe des Kalkulationsfaktors

Angebotspreis = Bezugspreis · Kalkulationsfaktor

Angebotspreis = 125,00 € · 2,2 = 275,00 €

Konkurrenzorientierte Preisbildung

Im Rahmen der konkurrenzorientierten Preisbildung bieten sich dem Unternehmen verschiedene Handlungsalternativen an:

Orientierung am gängigen Branchenpreis bzw. am Preisführer
Viele Unternehmen orientieren sich an dem in der Branche üblichen Preis und ermitteln, ob und in welcher Höhe dieser Preis die eigenen Kosten deckt. Oder sie richten ihr Verhalten nach einem Unternehmen mit einem besonders hohen Marktanteil aus. Dieses Unternehmen wird stillschweigend als Preisführer anerkannt. Die Konkurrenten verändern ihre Preise nur, wenn der Preisführer Preisänderungen vornimmt.

Konsequente Preisunterbietung der Konkurrenz
Eine relativ risikoreiche Alternative ist die konsequente Preisunterbietung der Mitbewerber. Ein Unternehmen könnte versuchen, durch Kampfpreise die Konkurrenten zu ruinieren. Allerdings muss das Unternehmen damit rechnen, dass die Konkurrenten Gegenmaßnahmen ergreifen und ihrerseits die Preise senken. Dies könnte letztendlich zum eigenen Ruin führen.

Konsequente Preisüberbietung der Konkurrenz
Diese Handlungsalternative wird nur dann erfolgreich sein, wenn es dem Unternehmen gelingt, den Kunden von der Qualität seines Produkts zu überzeugen. Gelingt ihm dies nicht und die Konkurrenten halten ihre Preise konstant, wird er einen Großteil seiner Nachfrage verlieren, da zahlreiche Kunden zur Konkurrenz abwandern.

Nachfrageorientierte Preisbildung

Neben Kosten- und Konkurrenzaspekten ist es für das Unternehmen wichtig, dass Verhalten der Kunden zu erforschen. Dabei reicht es nicht zu wissen, dass bei steigenden Preisen die Nachfrage sinkt und bei sinkenden Preisen die Nachfrage steigt. Diese Zusammenhänge sagen nämlich noch nichts über die Stärke der Nachfrageänderung aus. Die Kenntnis über die Stärke einer Nachfrageveränderung in Folge einer Preisänderung sowie die Vorstellungen der Kunden über Preisobergrenzen sind für preispolitische Maßnahmen eines Unternehmens sehr bedeutsam. Es ist die Aufgabe der Marktforschung, diese benötigten Informationen bereitzustellen.

Bei verschiedenen Produkten kann die Reaktion der Kunden auf eine Preisänderung unterschiedlich sein. Um die Veränderung der Nachfrage bei einer Preisänderung zu messen, wird die **Preiselastizität der Nachfrage** verwendet. Dabei wird die prozentuale Mengenänderung ins Verhältnis zur prozentualen Preisänderung gesetzt.

$$\text{Preiselastizität der Nachfrage} = \frac{\text{Prozentuale Mengenänderung}}{\text{Prozentuale Preisänderung}}$$

- Ist der **Elastizitätskoeffizient größer als 1**, dann ist die Nachfrage nach diesem Produkt **elastisch**. Das bedeutet, die prozentuale Preisänderung ist geringer als die prozentuale Mengenänderung. Die Kunden reagieren sowohl auf einen Preisanstieg als auch auf eine Preissenkung in einem stärkeren Maße.
- Ist der **Elastizitätskoeffizient kleiner als 1**, dann ist die Nachfrage nach diesem Produkt **unelastisch**. Der Nachfragerückgang fällt relativ geringer aus als der relative Preisanstieg und umgekehrt.

Beispiel

	Preis		Menge		Prozentuale Preis-änderung	Prozentuale Mengen-änderung	Preis-elastizität
	Alt	**Neu**	**Alt**	**Neu**			
Produkt A	10,00 €	11,00 €	200 St.	150 St.	10%	25%	2,5
Produkt B	10,00 €	11,00 €	200 St.	190 St.	10%	5%	0,5

Das Beispiel zeigt, dass es sich bei Produkt A um eine elastische Nachfrage und bei Produkt B um eine unelastische Nachfrage handelt.

Bei einer unelastischen Nachfrage wird ein Unternehmen die Preise erhöhen, um eine Umsatzsteigerung zu erzielen. Zwar wird die Nachfrage sinken, aber dieser Rückgang kann die Preiserhöhung nicht kompensieren, sodass zwangsläufig der Umsatz steigt.

Bei einer elastischen Nachfrage wird ein Unternehmen die Preise senken, um eine Umsatzsteigerung zu erzielen. Zwar werden die Preise gesenkt, aber aufgrund der relativ stärkeren Nachfrage steigen auch die Umsätze.

11.2.3 Preisstrategien

Je nach Marktverhältnissen bieten sich für Unternehmen verschiedene Preisstrategien an.

Hochpreisstrategie (Premiumpolitik)

Hochpreisstrategie bedeutet, dass ein Unternehmen für ein Produkt einen dauerhaft hohen Preis verlangt.

Wenn es dem Unternehmen gelingt, sich gegenüber den Konkurrenten beispielsweise durch besondere Merkmale wie Qualität, Exklusivität, Design, Image, Prestige oder eine ansprechende Ästhetik zu profilieren, dann ist der Kunde auch bereit, für das gewisse Extra einen hohen Preis zu bezahlen. In seiner subjektiven Bewertung wird der Kunde das Produkt im eigentlichen Wortsinn als preiswert empfinden. Das Produkt ist seinen „Preis wert“. Die Preiselastizität ist in diesem Premiumsegment relativ gering, da von Kunden mit hohem Einkommen auf weitere Preiserhöhungen kaum reagiert wird.

Beispiel
Mercedes oder Audi mit ihren Fahrzeugen in der Oberklasse (Premiumsegment)

Beispiele für Premiumsegmente in der deutschen Automobilindustrie

Skimming Policy

Hierbei handelt es sich um eine zeitlich befristete Hochpreisstrategie bei Produktinnovationen. Das Produkt wird mit einem hohen Einführungspreis auf den Markt gebracht, der im Laufe der Zeit gesenkt wird, wenn Konkurrenten mit vergleichbaren Produkten auf dem Markt auftauchen. Den hohen Preis sind vor allem die kaufkräftigen Konsumpioniere bereit zu zahlen, die als Erste das Produkt besitzen wollen. Das Unternehmensziel besteht darin, eine hohe Konsumentenrente bei den Kunden abzuschöpfen (to skim = abschöpfen), um nicht zuletzt dadurch möglichst schnell die Forschungs- und Entwicklungskosten wieder zu erwirtschaften.

Definition

Die Konsumentenrente ist der Geldbetrag, den die Kunden sparen, da sie bereit gewesen wären, einen höheren Preis zu zahlen. Sie ergibt sich aus der Differenz von individuell geplantem Preis und tatsächlich gezahltem Preis. Legt ein Unternehmen den Preis oberhalb des theoretischen Gleichgewichtspreises fest, wird zumindest ein Teil dieser Konsumentenrente abgeschöpft.

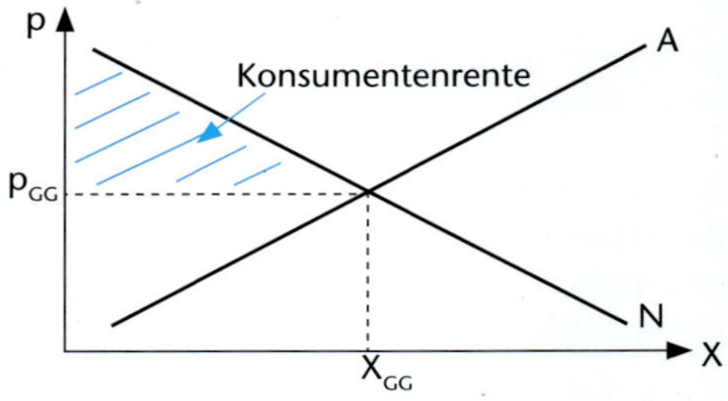

Konsumentenrente

Niedrigpreisstrategie (Promotionspolitik)

Niedrigpreisstrategie bedeutet, dass ein Unternehmen für ein Produkt einen dauerhaft niedrigen Preis verlangt. Diese Strategie zielt auf die preisbewusste Käuferschicht ab und eignet sich vor allem für Produkte mit durchschnittlicher Qualität und einer hohen Preiselastizität. Durch den niedrigen Preis wird ein Unternehmen hohe Stückzahlen auf dem Markt absetzen können und somit entsprechende Marktanteile sichern. Das Flop-Risiko wird durch den niedrigen Preis reduziert.

Beispiel

Die Lebensmitteldiscounter Aldi, Netto und Lidl betreiben diese Form der Preisstrategie.

Penetration Policy

Im Gegensatz zur Skimming Policy wird das Produkt mit einem niedrigen Einführungspreis auf den Markt gebracht, der im Laufe der Zeit angehoben wird. Das Unternehmensziel besteht wie bei der Niedrigpreisstrategie darin, durch eine rasche Marktdurchdringung möglichst große Käuferschichten zu gewinnen. Inwieweit eine spätere Preiserhöhung gegenüber den Kunden begründbar ist, hängt von der geschickten Kombination der Marketinginstrumente ab.

Beispiele

Die Duisdorfer BüroKonzept KG kalkuliert die liquiditätsorientierte Preisuntergrenze mit 240,00 € und plant deshalb, den Bürosessel Tenno zur Markteinführung zum „Schnupperpreis" von 300,00 € anzubieten. Nach erfolgter Begutachtung durch die Stiftung Warentest und einem entsprechenden positiven Qualitätsurteil soll der Preis von Tenno mit Unterstützung passender Werbemaßnahmen auf 349,00 € angehoben werden.

Psychologische Preisfestsetzung

Die Produktpreise werden so bemessen, dass sie eine knappe Preiskalkulation suggerieren. Ein Preis von 19,99 € scheint deutlich preiswerter als ein Preis von 20,00 €, obwohl die Differenz lediglich 1 Cent ausmacht. Produkte, deren Preise auf 9 Cent enden, werden von den Verbrauchern als preisgünstiger bewertet.

Beispiele
- *In Lebensmittelläden finden sich eine Vielzahl von Produkten mit Preisen von z. B. 0,29 €, 0,49 € oder 0,99 €.*
- *Die Duisdorfer BüroKonzept KG legt den Einführungspreis für den Bürosessel Tenno endgültig auf 299,00 € fest.*

Ähnliches gilt für Preise mit absteigenden Zahlen.

Beispiel
Ein Preis von 8 765,00 € wird als deutlich preiswerter empfunden als ein Preis von 8 789,00 €. In Wirklichkeit beträgt die Differenz lediglich 24,00 €.

Preisdifferenzierung

Preisdifferenzierung bedeutet, dass für ein und dasselbe Produkt unterschiedliche Preise genommen werden. Dazu teilt das Unternehmen den Gesamtmarkt in einzelne Teilmärkte auf. Auf diesen Teilmärkten lassen sich dann unterschiedliche Preise erzielen.

Preisdifferenzierung lässt sich am ehesten auf unvollkommenen Märkten realisieren, da dort die Kunden Präferenzen haben und es ihnen gleichzeitig an der nötigen Marktübersicht fehlt.

Es werden die folgenden Arten der Preisdifferenzierung unterschieden:

Räumliche Preisdifferenzierung
Ein Produkt wird an verschiedenen Orten zu unterschiedlichen Preisen angeboten.

Beispiele
- *Unterschiedliche Fahrzeugpreise im In- und Ausland*
- *Höhere Benzinpreise an Autobahntankstellen*

Zeitliche Preisdifferenzierung
Ein Produkt wird zu verschiedenen Zeitpunkten zu unterschiedlichen Preisen angeboten.

Beispiele
- *Frühbucherpreise bei Urlaubsreisen*
- *Sommer- und Winterschlussverkäufe*

Persönliche Preisdifferenzierung
Ein Produkt wird verschiedenen Personengruppen zu unterschiedlichen Preisen angeboten.

Beispiele
- *Unterschiedliche Kinoeintrittspreise für Erwachsene und Kinder*
- *Niedrigere Preise für Stammkunden*

Sachliche Preisdifferenzierung
Ein Produkt wird in unterschiedlicher Aufmachung zu unterschiedlichen Preisen angeboten.

Beispiel
Verkauf von Fruchtjoghurts als Markenartikel sowie als Handelsware oder No-name-Produkt

Mengenmäßige Preisdifferenzierung
Der Preis richtet sich nach der bestellten Menge. Je höher die Bestellmenge ist, desto geringer wird der Preis je Stück.

Beispiel

Abnahmemenge in Stück	Preis je Stück in Euro
Bis 10	100,00
11–20	95,00
21–30	90,00
31–40	85,00
Über 40	79,00

Im Prinzip handelt es sich bei der mengenmäßigen Preisdifferenzierung um eine Maßnahme der Konditionenpolitik (Rabatt).

Verwendungsabhängige Preisdifferenzierung
Ein Produkt wird aufgrund unterschiedlicher Verwendung zu verschiedenen Preisen angeboten.

Beispiel
Unterschiedliche Strompreise für private Haushalte und Unternehmen

Mischkalkulation

Hier werden zum Sortimentserhalt die Verluste bestimmter Produkte durch höhere Gewinne anderer Produkte ausgeglichen.

11.2.4 Konditionenpolitik

LF 3, 5.6

Häufig lassen sich über die Verkaufskonditionen für den Kunden zusätzliche Kaufanreize setzen. Die Konditionenpolitik spielt insbesondere dann eine Rolle, wenn das Unternehmen durch die vorhandene Marktsituation keine weiteren Gestaltungsspielräume bei der Preisfindung hat. Wichtige Mittel der Konditionenpolitik sind Preisnachlässe, Preiszuschläge, Lieferungs-, Zahlungs- und Garantiebedingungen.

Preisnachlässe

Hierzu zählen Rabatt, Skonto und Bonus.

Beispiele

- *Die WITHO AG erhält von der Duisdorfer BüroKonzept KG einen Sonderrabatt in Höhe von 25 %.*
- *In der Rechnung der Duisdorfer Bürokonzepte KG an die WITHO AG findet sich folgender Passus: „Zahlbar innerhalb von 30 Tagen nach Rechnungserhalt netto Kasse oder innerhalb von sieben Tagen abzüglich 3 % Skonto.*

- *Sollte die WITHO AG innerhalb eines Jahres einen Umsatz von 100.000,00 € erreichen, gewährt die Duisdorfer BüroKonzept KG einen nachträglichen Bonus in Höhe von 5 % auf den Gesamtumsatz.*

Preiszuschläge

Statt Preisnachlässe können Unternehmen auch Preiszuschläge verlangen, um dadurch die Abnahme kleinerer, für das Unternehmen nicht rentabler Mengen zu verhindern.

Mindestabnahmemenge/Mindestbestellwert
Liegt die Bestellmenge unter der Mindestabnahmemenge oder unter dem Mindestbestellwert, erfolgt keine Lieferung.

Beispiele
- *Mindestabnahme von 50 Stück*
- *Mindestbestellwert von 50,00 €*

Mindermengenzuschlag
Liegt die Bestellmenge unter der Mindestabnahmemenge oder einer vorgegebenen Verpackungseinheit, erfolgt die Lieferung mit einem entsprechenden Zuschlag.

Beispiel
Bei einer Abnahme von weniger als 50 Stück berechnet das Unternehmen einen Zuschlag von 15 % auf den Angebotspreis.

Eine weitere Form von Preiszuschlägen sind die sogenannten „Leistungspakete". Hier erhält der Kunde eine gewünschte Leistung mit weiteren, nicht zwingend benötigten Leistungen, in einem Paket. Dafür hat er einen höheren Preis zu zahlen.

Beispiel
Sebastian Falo, Geschäftsführer der Duisdorfer BüroKonzept KG, möchte sich ein neues Auto kaufen. Die von ihm gewünschten Nebelscheinwerfer gibt es nur als „Winterpaket" in Kombination mit einer Sitzheizung, einem Fernlichtassistent und einer Rückfahrkamera. Herr Falo muss den Paketpreis bezahlen, weil die Nebelscheinwerfer nicht einzeln zu bestellen sind.

Lieferungsbedingungen

Hier kann das Unternehmen dem Kunden entgegenkommen, indem es die **Kosten für Verpackung und Transport** ganz oder teilweise übernimmt.

Beispiel
Bei Bestellungen der WITHO AG übernimmt die Duisdorfer BüroKonzept KG sämtliche Verpackungskosten. Außerdem erfolgt die Lieferung „frei Haus".

Auch die **Lieferzeit** kann zu einem wichtigen Kaufkriterium werden, z. B. wenn ein Kunde ein Produkt dringend benötigt oder wenn ein Kunde die Ware in Teillieferungen abrufen möchte.

Beispiel
Die Stadt Bonn, ein wichtiger Kunde für die Duisdorfer BüroKonzept KG, plant die Neueinrichtung des Büros des Oberbürgermeisters. Die Duisdorfer BüroKonzept KG sichert der Stadt Bonn die Lieferung der Büromöbel innerhalb von sieben Tagen nach Auftragserteilung zu.

Zahlungsbedingungen

Ein Kaufvertrag ist nach den gesetzlichen Regelungen ein „Zug-um-Zug-Geschäft". Durch abweichende vertragliche Regelungen können aber auch hier zusätzliche Kaufanreize gesetzt werden.

Beispiele
- *Die Duisdorfer BüroKonzept KG gewährt ihren Kunden ein Zahlungsziel von 30 Tagen.*
- *Die Duisdorfer BüroKonzept KG vereinbart mit einem Kunden Ratenzahlungen.*
- *Die Duisdorfer BüroKonzept KG erhält einen Großauftrag und vermittelt den Kunden an ihre Hausbank zwecks Abschluss eines Kreditvertrages.*

Garantiebedingungen

Die Gewährleistungsfrist für die Lieferung mangelfreier Produkte beträgt nach den gesetzlichen Bestimmungen zwei Jahre. Im Rahmen der Konditionenpolitik kann ein Unternehmen diese Frist freiwillig verlängern (Garantie), um sich dadurch von der Konkurrenz abzugrenzen.

Beispiel
Auf ihre selbst hergestellten Büromöbel gewährt die Duisdorfer BüroKonzept KG eine Garantie von fünf Jahren.

Von der gesetzlichen Gewährleistung und der Garantie ist die **Kulanz** zu unterscheiden. Hier erbringt das Unternehmen eine Leistung, zu der es rechtlich nicht verpflichtet ist. Garantie und Kulanz werden oft auch als eine besondere Serviceleistung des Unternehmens empfunden.

Beispiel
Die Stadt Bonn möchte den bereits erhaltenen Bürosessel Tenno gegen den Chefsessel Bonn Maxx eintauschen. Aus Kulanzgründen gewährt die Duisdorfer BüroKonzept KG den Wunsch der Stadt Bonn.

11.3 Servicepolitik

Servicewüste Deutschland?

Während Deutschland früher noch als „Servicewüste" bezeichnet wurde, werden mittlerweile die Serviceleistungen zu einem immer wichtigeren Marketinginstrument. Aufgrund der zunehmenden Austauschbarkeit von Produkten stellt die Servicepolitik ein großes Profilierungspotential gegenüber den Mitbewerbern dar. Ein wichtiges Ziel der Servicepolitik besteht nicht nur darin, den Kunden vor seiner Kaufentscheidung durch entsprechende Serviceleistungen für das eigene Produkt zu gewinnen. Auch nach dem Kauf soll der Kunde sich nicht mit dem Produkt allein gelassen fühlen. Unternehmen versuchen, weiterhin Kontakt mit den Kunden zu halten, um eine langfristige Kundenbindung aufzubauen. Es hat sich zunehmend die Erkenntnis durchgesetzt, dass es für ein Unternehmen einfacher ist, einen bestehenden Kunden zu einem erneuten Kauf zu aktivieren, als einen neuen Kunden für sich zu gewinnen.

Die Servicepolitik legt die Serviceleistungen eines Unternehmens fest, die kostenlos oder kostenpflichtig sein können. Der Kreativität von Unternehmen, immer wieder neue Serviceleistungen zu entwickeln und anzubieten, sind nahezu keine Grenzen gesetzt.

Mögliche Serviceleistungen vor dem Kauf:
- Informationen über das Produkt
- Planungsleistungen
- Überlassen von Proben und Mustern
- Produktberatungen und -vorführungen
- Online-Shops mit der Möglichkeit der Konfiguration von Produkten
- Gebrauchsanleitungen, Montagehinweise
- Angebot zur Lieferung auf Probe

Mögliche Serviceleistungen nach dem Kauf:
- Installation
- Beschwerdeservice
- Hotline
- Umtausch aus Kulanz
- Ersatzteildienst
- langfristige Nachkaufgarantie
- Wartungs- und Reparaturdienste
- Kundenbesuche
- Entsorgung

Beispiel
Die Duisdorfer BüroKonzept KG bietet ihren Kunden u. a. folgende Serviceleistungen an:
- *Beratung und Aufmaß vor Ort*
- *3D-Planung neuer Büros*
- *Garantie von fünf Jahren auf die selbst hergestellten Produkte*
- *Datenblätter der selbst hergestellten Produkte auf der Homepage*
- *fachmännischer Aufbau und ergonomische Einstellung des Arbeitsplatzes*
- *physiotherapeutische Trainingskurse zur Prävention von Rückenbeschwerden in Absprache mit den örtlichen Krankenkassen*

11.4 Kommunikationspolitik

Die Kommunikationspolitik umfasst alle Maßnahmen des Unternehmens zur positiven Beeinflussung ausgewählter Adressaten im Hinblick auf das eigene Unternehmen und die eigenen Produkte. Durch die Übermittlung gezielter Informationen sollen Meinungen, Einstellungen, Erwartungen und Verhaltensweisen der tatsächlichen und möglichen Marktpartner in die gewünschte positive Richtung gelenkt werden.

Kommunikationspolitik

Public Relations = Öffentlichkeitsarbeit	Sponsoring = Förderung von Personen oder Organisationen	Absatzwerbung = Werbung für das Produkt	Sales Promotion = Verkaufsförderung (Außendienst, Händler, Verbraucher)	Direct-Marketing = gezielte Ansprache eines Kunden	Event-Marketing = Erlebnisorientierte Präsentation des Unternehmens
Beispiele: ▪ Werksbesichtigung ▪ Tag der offenen Tür ▪ Pressekonferenz ▪ Presseinformation ▪ Werkszeitschrift ▪ Spende	Beispiele: ▪ Trikotwerbung ▪ Förderung eines Sportturniers	Beispiele: ▪ Flyer ▪ Prospekt ▪ Fernsehspot ▪ Radiospot ▪ Werbeanzeige	Beispiele: ▪ Katalog ▪ Gratisprobe ▪ Verkäufertraining ▪ Geschenkaktion ▪ Handbuch ▪ Preisausschreiben	Beispiele: ▪ Telefonische Kundenbefragung	Beispiele: ▪ Kundenweihnachtsfeier mit einem Fernsehstar ▪ Produktpräsentation für Handelsvertreter in besonderem Ambiente

Bereiche der Kommunikationspolitik

11.4.1 Public Relations (Öffentlichkeitsarbeit)

Public Relations (PR) bedeutet, dass sich ein Unternehmen in der Öffentlichkeit möglichst positiv präsentiert. PR-Maßnahmen dienen demnach nicht primär der Steigerung des Umsatzes eines Produkts, sondern der Imagepflege bzw. -verbesserung für das Unternehmen. Inwieweit eine Umsatzsteigerung doch über Öffentlichkeitsarbeit erzielt wird, lässt sich nur schwer bemessen, da PR-Maßnahmen in eine Vielzahl weiterer Marketingaktivitäten eingebettet sind. Entscheidend ist jedoch, dass die eingeleiteten oder angekündigten PR-Maßnahmen über entsprechende Informationskanäle (z. B. Tageszeitung, Radio, Fernsehen, Kundenzeitschrift, Newsletter) an die Öffentlichkeit kommuniziert werden.

Beispiele

- Einmal im Jahr veranstaltet die Duisdorfer BüroKonzept KG am Standort Bonn ein Sommerfest mit der Möglichkeit der Werksbesichtigung.
- Die Duisdorfer BüroKonzept KG bietet Schülern der Höheren Handelsschule umliegender Berufskollegs Betriebspraktika zum Erwerb der vollen Fachhochschulreife an.
- In der Adventszeit ruft die Geschäftsführung der Duisdorfer BüroKonzept KG in der regionalen Presse zu Spenden für einen gemeinnützigen Zweck auf. Das Unternehmen selbst spendet einen fünfstelligen Betrag.
- Zur Einweihung einer neuen Produktionshalle hat die Duisdorfer BüroKonzept KG das Kamerateam eines lokalen Fernsehsenders eingeladen. Am Abend wird in den Nachrichten aus der Region ein Beitrag über die besonders umweltschonenden Produktionsverfahren bei der Duisdorfer BüroKonzept KG gesendet.

11.4.2 Sponsoring

Das Sponsoring ist der Öffentlichkeitsarbeit sehr ähnlich. Auch beim Sponsoring geht es um den guten Ruf des Unternehmens, denn das Unternehmen tritt als Förderer von Personen oder Organisationen in den Bereichen Sport, Kultur, Umwelt, Soziales oder Medien auf. Allerdings erwartet der Sponsor dafür, dass er von einer breiten Öffentlichkeit auch als Förderer wahrgenommen wird (z. B. durch Bandenwerbung bei einem gesponserten Sportturnier, Druck des Unternehmenslogos auf gesponserte Sportbekleidung).

Beispiele

- Die Duisdorfer BüroKonzept KG finanziert als Sponsor für ein Bonner Taxiunternehmen zehn Elektroautos. Alle Fahrzeuge werden zu Werbezwecken mit dem Firmenschriftzug und dem Logo des Unternehmens versehen. Die Geschäftsleitung erhofft sich von diesem Sponsoring, dass die Empfänger der Werbebotschaft das positive Image der Umweltfreundlichkeit auf die Produkte der Duisdorfer BüroKonzept KG übertragen.

Sponsoring der Duisdorfer BüroKonzept KG

- Die Duisdorfer BüroKonzept KG sponsert im Spätsommer einen Volks-Triathlon. Bei der Siegerehrung für die verschiedenen Altersklassen des Wettbewerbs wird ausdrücklich die Duisdorfer BüroKonzept KG als Sponsor der Veranstaltung erwähnt.

11.4.3 Sales Promotion (Verkaufsförderung)

Unter Sales Promotion werden alle zeitlich befristeten Maßnahmen verstanden, die den Verkauf von Produkten fördern sollen. Verkaufsförderungsmaßnahmen unterstützen und ergänzen zum einen die Absatzwerbung des Unternehmens und zum anderen die Marketingaktivitäten der am Verkaufsprozess beteiligten Personengruppen.

Die Maßnahmen der Verkaufsförderung können in **preisorientierte** (z. B. Preissenkungen, Sonderaktionen, Treuerabatte usw.) und **nicht preisorientierte Aktivitäten** (z. B. Gratisproben, Preisausschreiben, Displaymaterial für Verkaufsräume, Handzettel usw.) unterteilt werden.

Hinsichtlich des Adressatenkreises richtet sich Sales Promotion an

- die eigenen Verkaufsorgane (**Verkaufspromotion**),
- Handelsbetriebe (**Händlerpromotion**),
- Verbraucher (**Verbraucherpromotion**).

Verkaufspromotion

Diese Maßnahmen richten sich an die für den Verkauf zuständigen Mitarbeiter im Unternehmen. Die Mitarbeiter werden für ihre Verkaufsverhandlungen mit den notwendigen **Informationsunterlagen** über die Produkte versorgt (z. B. Prospekte, Kataloge, Abbildungen und Zeichnungen, Modelle, Muster und Proben, Handbücher, Testergebnisse). Wenn nötig, finden **Schulungen** zu den Produkten und zu Gesprächstechniken bei Verkaufsverhandlungen statt. **Prämien** für das Erreichen von Zielvorgaben und **Mitarbeiterwettbewerbe** sollen die Mitarbeiter zu einer höheren Leistungsbereitschaft motivieren und zu einer gründlichen Bearbeitung des Marktes bewegen.

Beispiele

- Die Vertriebsmitarbeiter Sabine Neuendorf (Vertrieb Süd) und Erwin Hummels (Vertrieb Nord) der Duisdorfer BüroKonzept KG haben im Rahmen einer Vertriebsschulung an einem mehrtägigen Seminar zu dem Thema „Argumentationstraining und Überzeugungstechnik" teilgenommen.
- Bei Kundenbesuchen haben Frau Neuendorf und Herr Hummels über Laptop direkten Zugriff auf den Server der Duisdorfer BüroKonzept KG und können u. a. aktuelle Lagerbestände der Produkte und Handelswaren abrufen.

Händlerpromotion

Händlerpromotion dient dazu, dem Handel Anreize zu setzen, um neue Produkte des Herstellers in sein Sortiment aufzunehmen bzw. um den Umsatz bestehender Produkte zu steigern. Diese Maßnahmen richten sich also an die mit dem Hersteller kooperierenden Handelsbetriebe. Es werden am Point of Sale (Verkaufsort) gemeinsame Aktivitäten von Hersteller und Händler durchgeführt, von denen im Idealfall beide Marktpartner profitieren.

Händlerpromotion kann sich auf **finanzielle Hilfen** (Einführungs-, Mengen-, Sonderrabatte, Boni für das Erreichen eines bestimmten Umsatzes etc.), **auf Hilfen bei der Produktwerbung und -präsentation** (Werbegeschenke für Kunden mit Werbeaufdruck des Herstellers, Displaymaterial in Form von Schildern, Plakaten, Verkaufstruhen und -ständern, lebensgroßen Figuren, Aufstellpackungen etc.) sowie **auf immaterielle Hilfen** in Form von Schulungen und Beratungen beziehen.

Beispiele

- Die Duisdorfer BüroKonzept KG lädt ihre Groß- und Einzelhändler regelmäßig zu Produktschulungen nach Bonn ein.
- Zur Produkteinführung des Bürosessels Tenno versorgt die Duisdorfer BüroKonzept KG den Handel großzügig mit Informationsbroschüren und Plakaten.

Verbraucherpromotion

Diese Maßnahmen richten sich an den Endverbraucher und können sowohl vom Hersteller als auch vom Handel eingesetzt werden. Ziel ist es, den Kunden auf das Produkt aufmerksam zu machen und ihn schlussendlich zum Kauf zu bewegen.

Mögliche Maßnahmen im Rahmen der Verbraucherpromotion:

- Warenproben
- Preisausschreiben
- Gutscheine
- Produktverkostungen
- Zugaben
- Sonderangebote
- Treueprämien

11.4.4 Direct Marketing

Direct Marketing ist die gezielte und vor allem konkurrenzfreie Einzelansprache von Kunden zur Übermittlung und Gewinnung unternehmensrelevanter Informationen. Unternehmen wollen ihre Zielgruppen über Direct Marketing unmittelbar und gezielt informieren. Über die Entwicklung eines kontinuierlichen Dialogs zwischen Unternehmen und Kunden soll eine langfristige Kundenbindung aufgebaut werden.

Durch die zielgruppengenaue Informationsübermittlung sollen weitgehend Streuverluste vermieden werden.

LF 11, 11.4.6

Beispiel
Ein Autohändler schickt eine E-Mail an alle Bestandskunden und informiert über die Einführung eines neuen Modells.

Gleichzeitig ist es für das Unternehmen auch wichtig, von den Zielgruppen Informationen zu erhalten, um deren Ansprüche und Bedürfnisse nach maßgeschneiderten Produkten noch besser erfüllen zu können.

Beispiel
Ein Marktforschungsinstitut ruft im Auftrag eines Automobilherstellers alle Neukunden an und führt eine ausführliche Befragung zur Abwicklung des Kaufvertrages und zur Beurteilung des Neuwagens durch.

Als mögliche Maßnahmen des Direct Marketings kommen u. a. in Betracht:

- E-Mails
- SMS
- Werbebriefe
- Postwurfsendungen
- Kataloge
- Prospekte
- Telefonmarketing

11.4.5 Event Marketing

Ein Event ist der moderne Ausdruck für eine Veranstaltung. Das Unternehmen möchte im Rahmen einer erlebnisorientierten Live-Veranstaltung ausgewählte Personengruppen über sich und seine Leistungen informieren. Ein wesentliches Merkmal von Event Marketing ist die Interaktivität, die es dem Unternehmen ermöglicht, in ungezwungener Atmosphäre den Dialog mit der jeweiligen Zielgruppe zu verbessern. Grundsätzlich kommen als Teilnehmer der Events die eigenen Mitarbeiter, Konsumenten (vor allem die Schlüsselkunden) sowie Vertriebspartner in Frage.

Beispiele
- Die Duisdorfer BüroKonzept KG lädt im Herbst ihre Führungskräfte zur Abendshow „Fantissima" in das Phantasialand nach Brühl ein.

- Im Winter werden die erfolgreichsten Mitarbeiter der Duisdorfer BüroKonzept KG zur Belohnung für ein Wochenende zu einer Incentive-Reise nach Finnland eingeladen. Auf dem Programm stehen u. a. eine Fahrt mit dem Snowmobil und eine eintägige Hundeschlittentour.

11.4.6 Absatzwerbung

LS 5.4

> „Wer aufhört zu werben, um Geld zu sparen, kann ebenso seine Uhr anhalten, um Zeit zu sparen." (Henry Ford)

Jeden Tag sind wir ihr ausgesetzt: der Werbung. Ob im Fernsehen, im Radio, im Internet, in den Printmedien, auf Straßenplakaten, sogar im Kino werben Unternehmen für ihre Produkte und Dienstleistungen. Während die einen in der Werbung einen Fluch sehen, da sie Verbraucher manipuliere und zudem noch aufgrund der immensen Werbekosten zu einer Verteuerung von Produkten führe, ist sie für die anderen ein Segen: Werbung informiere über die Existenz von Unternehmen und Produkten, fördere den Wettbewerb und erhöhe dadurch die Markttransparenz. Beide Ansichten stimmen allerdings darin überein, dass Werbung eine **beeinflussende Wirkung** hat.

Unternehmen möchten ihre Produkte auf dem Markt bekannt machen, über sie informieren, ein positives Image vermitteln und letztendlich den Verbraucher zum Kauf des Produkts bewegen. Diese Ziele kommen auch durch die sogenannte **AIDA-Formel** zum Ausdruck:

1. Aufmerksamkeit erzeugen = **A**ttention
2. Interesse wecken = **I**nterest
3. Besitzwunsch auslösen = **D**esire
4. Kaufhandlung herbeiführen = **A**ction

Arten von Werbung

Werbung lässt sich u. a. nach der Zielsetzung und nach der Zahl der Werbenden unterscheiden.

Absatzwerbung

- **nach der Zielsetzung**
  - Einführungswerbung
  - Expansionswerbung
  - Stabilisierungswerbung
  - Erinnerungswerbung
- **nach der Zahl der Werbenden**
  - Einzelwerbung
  - Sammelwerbung (Verbundwerbung)
  - Gemeinschaftswerbung

Hinsichtlich der Zielsetzung orientiert sich die Werbung am Lebenszyklus des Produkts. Während die **Einführungswerbung** neue Produkte bekannt machen und Märkte erschließen will, geht es bei der **Expansionswerbung** um die Steigerung des Marktanteils bei bereits eingeführten Produkten. Im Rahmen der **Stabilisierungswerbung** möchten Unternehmen ihre gewonnenen Marktanteile weiterhin halten, indem die Konkurrenz abgewehrt wird. Die **Erinnerungswerbung** wiederum hat zum Ziel, Kunden zu einem erneuten Kauf zu bewegen. Auch frühere Kunden sollen reaktiviert werden.

LF 11, 11.1.1

Die **Einzelwerbung** ist nach wie vor die dominierende Form, wenn nach der Zahl der Werbenden unterschieden wird. Hier wirbt ein Unternehmen allein für sein Produkt.

Beispiel
Die Duisdorfer BüroKonzept KG schaltet in einer Tageszeitung eine Anzeige für den Chefsessel Bonn Maxx.

Bei der **Sammelwerbung (Verbundwerbung)** werben mehrere Unternehmen für ihre Produkte unter Angabe ihrer Namen.

Beispiel
Die Firmen Bosch und Reckitt Benckiser werben in einem TV-Werbespot gemeinsam für Bosch-Geschirrspüler und den Geschirrspülreiniger „Finish Quantum".

Bei der **Gemeinschaftswerbung** werben mehrere Unternehmen ohne konkrete Namensnennung.

Beispiele
- Fleischerhandwerk – das Original
- Käse aus Holland
- Bestes vom Bauern – CMA
- Werbespot für das Reiseland Ägypten

Werbegrundsätze

Für die effiziente Planung und Durchführung von Werbemaßnahmen bieten die nachfolgenden Werbegrundsätze einen wichtigen Orientierungsrahmen:
- Wahrheit
- Klarheit
- Originalität
- Wirksamkeit
- Wirtschaftlichkeit

Der Grundsatz der **Wahrheit** besagt, dass die Werbebotschaft keine unwahren Aussagen enthalten darf. Werbung darf den Verbraucher nicht täuschen oder in die Irre führen. Unwahre Behauptungen werden schnell als solche entlarvt und beeinträchtigen das Vertrauensverhältnis zwischen Unternehmen und Kunden in erheblichem Maße.

Beispiel
Ein Möbelhersteller wirbt damit, dass bei der Produktion seiner Sitzmöbel ausnahmslos hochwertiges Naturleder verarbeitet wird. In Wirklichkeit wird zu 30 % Kunstleder eingesetzt.

Klarheit bedeutet, dass die Werbebotschaft unmissverständlich ist und keinen Spielraum für Fehlinterpretationen zulässt.

Beispiel
Die Parfümkette Douglas warb eine Zeit lang mit dem Slogan „come in and find out". In einer Studie der Kölner Agentur Endmark zum Verständnis englischer Werbeaussagen („Claims") kam heraus, dass viele Teilnehmer diesen Slogan mit „komm herein und finde wieder heraus" übersetzten.

Denglisch in der Werbung – Komm rein und finde wieder raus

Von Jochen Leffers

Bei „Nothing between us" oder „Come in and find out" versteht der Durchschnittsdeutsche nur Railway Station, also wenig bis nichts. Bei Messungen des Hautwiderstands fand eine Dortmunder Diplomandin heraus, dass Werbung auf Englisch einfach nicht ankommt. Ihr Professor weiß das schon lange.

Anglizismen in der Werbung sind deutschen Konsumenten nicht nur oft unverständlich, sondern lassen sie auch kalt. Das hat die Dortmunder Statistikerin Isabel Kick in ihrer Diplomarbeit herausgefunden. Ihren Ergebnissen zufolge sollten Marketingprofis häufiger auf ihre gute alte Muttersprache zurückgreifen, statt das Publikum mit englischen Slogans zu piesacken.

Bei der Untersuchung testete Isabel Kick zehn Werbesprüche, indem sie den Hautwiderstand von 24 Probanden beim Abspielen maß – ganz ähnlich wie beim Lügendetektor. Deutlich stärkere Gefühlsreaktionen beobachtete sie bei den fünf deutschen Slogans. Dazu zählten „Wir sind da", „Ganz schön clever", „Wenn's um Geld geht", „Geiz ist geil" sowie „Wohnst du noch oder lebst du schon?". Die beiden letzten Sprüche lösten die stärksten Reaktionen aus.

Ein paar englische Brocken reichen nicht

Dagegen perlten die englischen Werbetexte an den Teilnehmern meist ab. Getestet wurden „Fly high, pay low", „Nothing between us", „Designed to make a difference", „Come in and find out" und „Have a break, have a kitkat".

An erster Stelle vermutet Isabel Kick schlichte Verständnisprobleme: "Eine aktuelle Studie der Beratungsfirma Endmark zeigt, dass weniger als die Hälfte der Deutschen englische Werbesprüche richtig übersetzen können", so die Diplomandin. Wenn sie schon nicht korrekt verstanden wird, sollte englischsprachige Werbung wenigstens Aufmerksamkeit erregen, so ihre Arbeitshypothese. Doch die emotionale Bindung gelingt offenbar kaum.

Besonders groß waren die Unterschiede bei jungen Männern und älteren Frauen ohne Abitur – sie reagierten doppelt so heftig auf die deutschen Sprüche. Kick räumt allerdings ein, dass der Hauptwiderstand allein noch nicht die Richtung der Reaktion zeigt: "Ob die Leute sich ärgern oder freuen, darüber kann ein Messgerät nichts aussagen."

„Überleben Sie die Fahrt in unserem Auto"

Die Kölner Endmark AG hatte 2003 in einer repräsentativen Studie untersucht, ob englische „Claims" überhaupt verstanden werden. Das Ergebnis verblüffte selbst eingefleischte Sprachpuristen: So scheiterten 85 Prozent der Befragten am kurzen Slogan „Be inspired" (Siemens mobile), sogar 92 Prozent an „One

Group. Multi Utilities“ (RWE). Annähernd korrekt übersetzen konnte die Hälfte „Every time a good time“ (McDonald's) und „There's no better way to fly“ (Lufthansa).

Verheerend fiel der Test bei anderen Sprüchen aus. So übersetzten viele Teilnehmer den Slogan “Come in and find out” (Douglas) mit “Komm rein und finde wieder heraus” und “Drive alive” (Mitsubishi) mit “Fahre lebend” – das hatten die Unternehmen nun wirklich nicht gemeint. Auch kurios: Viele Zuschauer übersetzten das SAT.1-Motto “Powered by emotion” mit “Kraft durch Freude”.

Die Dortmunder Diplomarbeit ist jetzt Wasser auf die Mühlen der deutschen Sprachschützer – kein Wunder, sie entstand am Lehrstuhl von Walter Krämer, der sich in seinem Einsatz für das Reinheitsgebot der deutschen Sprache nur ungern übertrumpfen lässt. Krämer ist Professor für Wirtschafts- und Sozialstatistik an der Universität Dortmund und seit Jahren Vorsitzender des Vereins Deutsche Sprache.

Diplom bei Walter Krämer, König der Sprachwächter

Im Internet führt der Club eine schier endlose Anglizismen-Liste, nennt die Homepage konsequent „Leitseite“ und versteigerte die deutsche Sprache im letzten Jahr symbolisch bei Ebay; beim Höchstgebot von zehn Millionen Euro wurde das Angebot aus dem Netz genommen. Auch einen „Sprachpanscher“-Preis lobt der Verein regelmäßig aus – und hat für dieses Jahr Bundesbildungsministerin Edelgard Bulmahn ins Visier genommen, die ihren Wettbewerb für Elite-Universitäten „Brain up!“ nannte. Dass sich ganz schnell am Kopf stößt, wer sein Hirn zu schnell hebt, zeigte die Pressemitteilung einer Universität, die sich für Spitzenklasse hält: „Köln beteiligt sich am Brain ub“.

„Ein alberner Anglizismus und eine ärgerliche Flucht aus der deutschen Sprache“, zürnt der Vizevorsitzende Gerd Schrammen, „Engländer und Amerikaner lachen sich kaputt über den deutschen Drang zum Englischen.“ Wenn Bulmahn den Sprachpanscher-Preis gewinnt, hat sie allerdings keine Trophäe zu erwarten: „Früher haben wir mal eine Art Panschbesteck vergeben, diesmal gibt's nur Spott“, so der pensionierte Philologe in der „Jungen Karriere“.

Immerhin entdeckt der Verein in der Werbung inzwischen einen Trend weg vom hässlichen „Denglisch“, zum Beispiel bei McDonald's: Auf „Every time a good time“ ließen die Klopsbrater „Ich liebe es“ folgen. C & A wirbt statt mit „Fashion for Living“ jetzt mit dem Motto „Preise gut, alles gut“. Und Sat.1 wirbt für sein Programm künftig nicht mehr mit „Powered by emotion“, sondern mit „Sat.1 zeigt's allen“.

Quelle: Leffers, Jochen, Spiegel Online GmbH, unter: http://www.spiegel.de/unispiegel/wunderbar/denglisch-in-der-werbung-komm-rein-und-finde-wieder-raus-a-310548-druck.html, zuletzt abgerufen am 20.10.2013

Der Grundsatz der **Originalität** bedeutet, dass die Werbung möglichst kreativ und prägnant sein sollte. Je origineller eine Werbung ist, desto größer sind Wiedererkennungseffekt und Wahrscheinlichkeit, dass die beworbenen Produkte gekauft werden. Ob eine Werbekampagne, ein Werbespot oder ein Werbeslogan originell und ansprechend ist, lässt sich nur aus dem subjektiven Empfinden des Betrachters heraus beurteilen.

Beispiele

- „Geiz ist geil“ (Saturn)
- „Ich bin doch nicht blöd“ (Media Markt)

- „Ich liebe es“ (McDonald's)
- „Créateur d´Automobiles“ (Renault)
- „Wohnst du noch oder lebst du schon?“ (Ikea)
- „Freude am Fahren“ (BMW)
- „Sail away“ (Beck's)
- „Aus Liebe zum Automobil“ (VW)

Wirksamkeit meint, dass geplante Werbemaßnahmen auch tatsächlich dazu geeignet sein müssen, die formulierten Werbeziele zu erreichen.

Beispiel
Ein Autohändler schickt im Rahmen einer Erinnerungswerbung allen früheren Kunden, die mittlerweile die Automarke gewechselt haben, einen Prospekt über ein neues Modell. Diese Werbemaßnahme entfaltet ihre volle Wirksamkeit nur, wenn sie letztlich auch zu einem Erfolg führt.

Die **Wirtschaftlichkeit** steht in einem engen Zusammenhang mit dem Grundsatz der Wirksamkeit. Eine wirtschaftliche Werbeaktion setzt Wirksamkeit voraus, während eine als wirksam erachtete Werbung nicht automatisch wirtschaftlich ist.

Der Grundsatz der Wirtschaftlichkeit besagt, dass der Aufwand der Werbung in einem vernünftigen Verhältnis zum Ertrag der Werbung stehen soll.

Definition

$$\textit{Wirtschaftlichkeit} = \frac{\textit{Werbeertrag}}{\textit{Werbeaufwand}}$$

Eine Werbemaßnahme wird dann als wirtschaftlich angesehen, wenn die Kennzahl größer 1 ist, das heißt, wenn der Werbeertrag den Werbeaufwand übersteigt.

Beispiel
Die Duisdorfer BüroKonzept KG führt eine Werbekampagne durch, deren Aufwand 50.000,00 € beträgt. Daraufhin steigt der Umsatz um 80.000,00 €. Die Wirtschaftlichkeit der Werbekampagne beträgt 1,6.

Das Problem bei der Berechnung der Wirtschaftlichkeit besteht allerdings darin, dass die Umsatzzuwächse in der Regel nicht einer einzelnen Werbeaktion eindeutig zugeordnet werden können, da Werbung nur eine Stellgröße im Marketingmix des Unternehmens darstellt. Außerdem können Umsatzzuwächse auch durch sogenannte exogene Ursachen bedingt sein, die nicht im Einflussbereich des Unternehmens liegen.

Beispiel
Der Umsatz der BüroKonzept KG steigt um 80.000,00 €. Dieser Zuwachs ist nicht auf eine Werbekampagne zurückzuführen, sondern auf eine Einkommenssteigerung der Haushalte aufgrund von Steuersenkungen.

Vergleichende Werbung

Ein Blick in andere Länder der Welt zeigt, wie dort **vergleichende Werbung** eingesetzt wird.

Beispiel
In einem Werbespot von McDonald's sitzt ein kleiner Junge mit einer Tüte von McDonald's auf einem Spielplatz. Als er anfängt zu essen, kommen größere Jungs vorbei, nehmen ihm das Essen ab

und essen alles auf. Beim nächsten Mal ergeht es ihm nicht anders. Kaum sitzt er mit seiner McDonald's-Tüte auf dem Spielplatz, nehmen ihm die großen Jungs das Essen wieder ab. Das passiert so lange, bis der kleine Junge eines Tages mit einer Tüte von Burger King dort sitzt. Die älteren Jungs gehen achtlos vorbei und nehmen keine Notiz von ihm und seinem Essen. Nachdem die Jungs weg sind, legt der Junge die Tüte von Burger King weg, und dahinter erscheint eine Packung Pommes Frites von McDonald's.

Vergleichende Werbung bedeutet, dass ein Unternehmen sein Produkt in einer Werbung direkt mit einem Produkt der Konkurrenz vergleicht und die Vorteile des eigenen Produkts, aber auch die Nachteile des Konkurrenzprodukts ausdrücklich benennt oder zumindest andeutet (wie in dem Werbespot von McDonald's). Diese Form der Werbung galt bis 1997 in Deutschland als unlauter und war somit verboten, während in anderen Ländern diese Vergleiche sehr wohl zulässig waren und sind. Um diese Wettbewerbsverzerrung zu beseitigen, hat das Europäische Parlament 1997 die Richtlinie 97/55/EG zur Zulässigkeit vergleichender Werbung verabschiedet, die die Zulässigkeit insbesondere an folgende Bedingungen knüpft:

- Die vergleichende Werbung ist nicht irreführend.
- Es werden Waren für den gleichen Bedarf oder dieselbe Zweckbestimmung verglichen.
- Vergleichende Werbung vergleicht objektiv eine oder mehrere wesentliche, relevante, nachprüfbare und typische Eigenschaften der Waren, zu denen auch der Preis gehören kann.
- Vergleichende Werbung verursacht auf dem Markt keine Verwechslungen.
- Durch vergleichende Werbung werden der Name, die Marke, die Waren etc. eines Mitbewerbers nicht herabgesetzt oder verunglimpft.
- Vergleichende Werbung nutzt den Ruf einer Marke oder eines Handelsnamens etc. nicht in unlauterer Weise aus.

Vergleichende Werbung wird in Deutschland von Unternehmen noch sehr behutsam eingesetzt. Möglicherweise fürchten viele Unternehmen eine Unterlassungsklage, wenn sie diese Form der Werbung einsetzen. Die Bedingungen (z. B. wesentliche, relevante, typische Eigenschaften des Produkts) lassen sehr viel Spielraum, deren Einhaltung im Zweifelsfall nur von Gerichten festgestellt werden kann.

Elemente einer Werbeplanung

Im Rahmen einer abgestimmten Werbeplanung muss ein Unternehmen folgende Werbeelemente konkretisieren:

- Werbeziele
- Werbesubjekt
- Werbeobjekt
- Werbebudget (Werbeetat)
- Zielgruppe (Streukreis)
- Werbezeit (Streuzeit)
- Werbegebiet (Streugebiet)
- Werbeinhalt
- Werbemittel
- Werbeträger (Werbemedien)

Werbeziele
Die Werbeziele geben eine Antwort darauf, was mit der Werbung erreicht werden soll.

Beispiele
- *Steigerung des Umsatzes um 10 % durch Einführung eines neuen Produkts*
- *Erhöhung des Marktanteils um 5 %*
- *Gewinnung neuer Kunden*

Werbesubjekt
Das Werbesubjekt ist derjenige, der die Werbung veranlasst. Es kommen Einzelwerbung, Sammelwerbung (Verbundwerbung) oder Gemeinschaftswerbung in Frage.

Werbeobjekt
Werbeobjekte sind die Produkte, für die geworben werden sollen. Dabei kann es sich um ein einzelnes Produkt, eine Warengruppe oder das Gesamtsortiment eines Unternehmens handeln.

Beispiele
- *In einer Fachzeitschrift wirbt die Duisdorfer BüroKonzept KG für den Chefsessel Bonn Maxx.*
- *Die Duisdorfer BüroKonzept KG verschickt an ihre Kunden einen Prospekt mit ihren Handelswaren.*
- *Auf der Büromöbelmesse Orgatec ist die Duisdorfer BüroKonzept KG mit einem Stand vertreten und wirbt für das gesamte Unternehmenssortiment.*

Werbebudget (Werbeetat)
Das Werbebudget legt den finanziellen Rahmen fest, der für die Werbekampagne zur Verfügung steht. Wenn sich das Unternehmen mit seinen Werbeausgaben dem (schwankenden) Umsatzverlauf anpasst, handelt es sich um **prozyklische Werbung**. Das Gegenteil davon ist die **antizyklische Werbung**. Hier versucht das Unternehmen, Umsatzrückgänge durch verstärkte Werbebemühungen aufzufangen. Wenn der Umsatz gestiegen ist, werden die Werbeausgaben wieder gesenkt. Bei Imagekampagnen legen Unternehmen häufig einen fixen Werbeetat fest, der unabhängig vom Verlauf des Umsatzes ist (**Nivellierungsprinzip**).

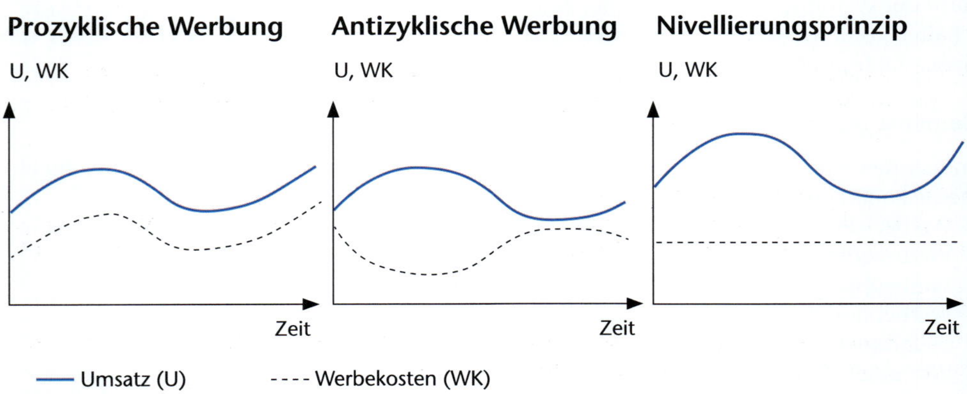

Werbebudget

Zielgruppe (Streukreis)
Die Zielgruppe sind die Empfänger der Werbebotschaft. Da es sich hier um potentielle Käufer handelt, sollte die Zielgruppe möglichst exakt definiert sein, z. B. differenziert nach Alter, Geschlecht, Einkommen, Bildung usw.

Die Zielgruppe kann beworben werden über **Direktwerbung** (z. B. mittels einer Werbe-E-Mail an bekannte Kunden) oder über **Massenwerbung** (z. B. mittels eines Radiospots).

Werbezeit (Streuzeit)
Innerhalb der Werbezeit werden die konkreten Werbetermine und die Dauer der Werbekampagne festgelegt. Soll die Kampagne mehrere Monate laufen, ein ganzes Jahr oder sogar mehrere Jahre, zu einer bestimmten Jahreszeit, an bestimmten Tagen oder zu bestimmten Uhrzeiten an einem Tag?

Werbegebiet (Streugebiet)
Hier wird festgelegt, wo geworben werden soll. Eine Werbung kann lokal, regional, bundesweit oder weltweit angelegt sein. Das Werbegebiet steht in einem engen Zusammenhang mit der Auswahl der Werbemittel und Werbeträger.

Beispiel
Ein Unternehmen, dessen Kunden sich nur im Köln-Bonner Raum befinden, wird z. B. für eine Werbemaßnahme auf regionale Tageszeitungen oder regionale Radiosender als Werbeträger zurückgreifen. Die Auswahl eines Radiosenders, der nur in Süddeutschland empfangen werden kann, würde zu beträchtlichen Streuverlusten führen, da die Adressaten höchstwahrscheinlich nicht erreicht werden.

Werbeinhalt
Der Werbeinhalt ist der Kern der Werbeplanung. Es wird unter Berücksichtigung der Werbegrundsätze eine Werbebotschaft formuliert, welche die Einzigartigkeit des Produkts herausstellt. Dabei kann der Werbeinhalt eher **informativ** oder eher **emotional** gehalten sein. Da der Zusatznutzen eines Produkts häufig über emotionale Faktoren definiert wird und die eigentliche Produktpersönlichkeit prägt, müssen in der Werbebotschaft eben diese Faktoren, die die menschliche Gefühlswelt ansprechen, in den Fokus gestellt werden. Dies ist der Grund, warum der überwiegende Teil der heutigen Werbung emotionale Werbung ist.

Werbemittel
Werbemittel transportieren die Werbebotschaft zu den Umworbenen.

Beispiele
Werbeanzeigen, TV-Spots, Radiospots, Werbespots im Kino, Plakate, Leuchtreklamen, Werbebanner, Werbefolien, E-Mail, SMS, Newsletter, Flyer, Kataloge, Prospekte, Display-Material, Werbegeschenke, Warenproben, Schaufensterwerbung u. v. m.

Werbeträger (Werbemedien)
Zum Einsatz der Werbemittel stehen bestimmte Werbeträger zur Verfügung. Wie bei den Werbemitteln sind auch der ständigen Weiterentwicklung von Werbemedien keine Grenzen gesetzt.

Beispiele
Zeitungen, Zeitschriften, Fernsehen, Radio, Kino, Plakatwände, Litfaßsäulen, Gebäude, Fahrzeuge, Internet, Smartphones, CDs und DVDs, Verpackungen, Personen u. v. m.

Wenn Kino- oder Fernsehfilme als Werbeträger benutzt werden, spricht man von **Product Placement**. Die Produkte werden geschickt in die Handlung des Films eingebunden.

Beispiel

In dem Kinofilm „Cast away“ mit Tom Hanks spielt ein Volleyball eine zentrale Rolle. Nach einem Flugzeugabsturz strandet Hanks auf einer einsamen Südseeinsel. Um aus lauter Verzweiflung nicht den Verstand zu verlieren, macht er einen Volleyball zu seinem Gesprächspartner und gibt ihm den Namen „Wilson“. Der Volleyball ist in der Realität ein Produkt der amerikanischen Sportartikelfirma Wilson.

Social Media Werbung

Viele Unternehmen möchten mit dem Zeitgeist gehen. Deshalb werden verstärkt soziale Netzwerke im Internet als Werbekanäle entdeckt. Unternehmen nutzen systematisch Facebook, Twitter, MySpace, YouTube und Co. sowohl für gezielte Werbemaßnahmen als auch für die eigene Öffentlichkeitsarbeit.

Die Bedeutung, die Unternehmen Werbung in sozialen Netzwerken beimessen, lässt sich auch an der Tatsache erkennen, dass es den Beruf des Social Media Managers gibt, dessen Hauptaufgabe darin besteht, die Unternehmensaktivitäten in sozialen Netzwerken zu koordinieren, zu steuern und zu überwachen (Siehe hierzu Zeit online http://www.zeit.de/campus/2012/02/beileger-ein-tag-mit). Während traditionelle Werbeaktivitäten eher auf eine einseitige Kommunikation gerichtet sind und das Unternehmen als Sender dem Kunden als Empfänger die Werbebotschaft übermittelt, besteht im Rahmen der Social Media Werbung der Vorteil in einer zweiseitig gerichteten Kommunikation. Sowohl das Unternehmen wie auch der Kunde sind Sender und Empfänger zugleich, es kommt über das soziale Netzwerk zu einem interaktiven Austausch. Außerdem tragen Nutzer zur Verbreitung einer Werbebotschaft dadurch bei, dass sie sie kommentieren, liken („Gefällt mir“) oder mit anderen Mitgliedern im Forum teilen. Davon erhoffen sich Unternehmen eine virusartige Verbreitung ihrer Werbebotschaft. Eine Entwicklung, die als virales Marketing bezeichnet wird.

Plakatwerbung des DRK mit Hinweis auf Facebook

Das US-Newsportal Business Insider stellt in einer Analyse eine zunehmende Relevanz von Werbung in Sozialen Netzwerken fest. Social Media eigne sich aufgrund der enormen Verbreitung und zahlreicher Nutzerdaten besonders gut als Werbeumfeld. Amerikanische Nutzer verbrachten demnach ab Juli 2012 durchschnittlich 12 Stunden pro Monat in Sozialen Netzwerken, die 18- bis 24-Jährigen sogar 20 Stunden. Bislang mache Social-Media-Werbung allerdings erst ein bis zehn Prozent der Werbebudgets bei den meisten Werbetreibenden aus, da gebe es noch viel Potential. Eine Studie der Marktforscher BIA/Kelsey geht davon aus, dass sich die Ausgaben für Social-Media-Werbung weltweit von 4,7 Milliarden Dollar im Jahr 2012 auf 11 Milliarden Dollar 2017 steigern werden.

Ein großer Wachstumstreiber sei die zunehmende Nutzung mobiler Endgeräte. Demnach haben sowohl Twitter als auch Facebook die 50-Prozent-Marke bei der mobilen Nutzung bereits überschritten. Angesichts der zunehmenden Verbreitung von Smartphone und Tablets müsse von einer weiteren Zunahme der mobilen Nutzung Sozialer Netzwerke ausgegangen werden, schreibt Business Insider. Der mobile Kanal habe 11 Prozent von Facebooks Werbeumsätzen im Jahr 2012 ausgemacht, obwohl Facebook erst Ende des zweiten Quartals mobile Anzeigen gestartet hat; im vierten Quartal stieg deren Umsatzanteil auf 23 Prozent. Bei Twitter überstiegen die Einnahmen mit mobilen Werbeanzeigen mittlerweile regelmäßig die Einnahmen mit Werbung auf Desktop-Computern.

Einer Untersuchung des Pew Internet and American Life Projects zufolge ist Facebook das bei weitem beliebteste soziale Netzwerk unter Teenagern. Mehr als 90 Prozent der Social-Media-nutzenden US-Teenager sind demzufolge dort aktiv.

Quelle: Dziallas, Till: Mobile als Wachstumstreiber, Neue Mediengesellschaft Ulm mbH, unter: www.internetworld.de/Nachrichten/Medien/Social-Media/Werbung-in-Sozialen-Netzwerken-Hohes-Wachstumspotential-76674.html, 28.05.2013

Die positive Bewertung der Social Media Werbung durch Unternehmen ist aber nicht allein dem Umstand zu verdanken, dass sich tagtäglich Millionen von Nutzern in sozialen Netzwerken tummeln. Die Nutzer geben eine Fülle von persönlichen Informationen über sich preis (z. B. Alter, Geschlecht, Wohnort, Interessen). Gelingt es den Unternehmen, diese Informationen anzuzapfen, sind sie in der Lage, ihre Werbemaßnahmen inhalts- und zielgruppengenau so zu platzieren, dass sie ihre Streuverluste minimieren.

Andererseits besteht aber gerade durch Social Media Werbung die Gefahr, dass sich potentielle Kunden von den Unternehmen abwenden, da sie sich durch die zunehmende Werbeflut gestört fühlen und über dieses Unternehmensgebaren verärgert sind.

Schaden durch Werbung in sozialen Netzwerken

Ein Viertel des Marketingbudgets für Social Media

Auf Social Media präsent zu sein, gilt vielen Marketingexperten heute als das A und O der Kundenkommunikation. Entsprechend fließen auch immer größere Teile des Marketingbudgets in diesen Bereich. 2013 soll bereits ein Viertel der Werbegelder für Aktivitäten in sozialen Netzwerken ausgegeben werden. Doch gut gemeint ist nicht immer gut gemacht. Denn die Kunden von heute sind ausgesprochen sensibel und reagieren auf störende Werbung mit bewusstem Boykott der Produkte. Das hat eine weltweite Studie über die Effektivität von Marketing in sozialen Netzwerken ergeben, die im Auftrag von Pitney Bowes Software durchgeführt wurde. Befragt wurden Konsumenten in Australien, Frankreich, Deutschland, dem Vereinigten Königreich und den USA.

Die Aussage war deutlich: sieben von zehn Befragten gaben an, dass sie Marken oder Produkte nicht länger verwenden bzw. bewusst meiden, falls sie sich durch das Werbeverhalten des dazugehörigen Unternehmens in sozialen Netzwerken gestört oder geärgert fühlen. Und dass es dazu kommt, ist gar nicht so unwahrscheinlich, denn die Zielgruppen teilen die Begeisterung der Marketingexperten für Werbung bei Facebook & Co. überhaupt nicht. Nur ein Viertel der Konsumenten nutzt soziale Netzwerke, um sich auch mal über bestimmte Unternehmen oder Marken zu informieren. Für 78 Prozent sind diese Plattformen hauptsächlich ein einfaches Mittel, um mit Freunden und Familie in Kontakt zu bleiben.

Deshalb sollten Unternehmen auch nur die Konsumenten ansprechen, die sich als „Follower" outen, also den Botschaften des Anbieters freiwillig folgen. Von denen erhält immerhin die Hälfte der Nutzer dann auch gerne Angebote und Werbung von dem so bevorzugten Unternehmen. Unerwünschte Angebote und Pop-up-Anzeigen sind hingegen rausgeschmissenes Geld: Davon fühlen sich die meisten der Befragten nicht angesprochen, sondern höchstens genervt.

Wer mit solchen Marketingmaßnahmen auf Kundenjagd in sozialen Netzwerken geht, verliert unter Umständen sogar noch Sympathien: 65 Prozent der befragten Konsumenten gaben an, eine Marke nicht länger zu verwenden, wenn sie sich durch das Verhalten des Unternehmens in sozialen Netzwerken gestört fühlen. Das Geld sollte man besser in guten Service investieren, denn Kundenzufriedenheit ist noch immer die beste Werbung. Positiven Empfehlungen ihrer Kontakte vertrauen nämlich die meisten Verbraucher. 68 Prozent holen Empfehlungen ein, 15 Prozent lassen sich davon überhaupt erst zu einem Kauf verleiten.

Wie die Studie zeigt, können sich Firmeninhaber nicht nur das Geld für lästige Werbung in sozialen Netzwerken sparen, sondern auch die Gehälter bzw. Honorare für die meisten Marketingexperten. Denn die raten größtenteils zum Versand von regelmäßigen Newslettern, Informationen über die soziale Verantwortung des Unternehmens und Befragungen zur Zufriedenheit der Kunden. Daran sind die Konsumenten aber überhaupt nicht interessiert. Sie wollen Rabatte und Gutscheine, Informationen über neue Produkte und Dienstleistungen sowie rechtzeitige Ankündigungen von Verkaufsaktionen und Veranstaltungen. Den Rest können sich die Firmen sparen, denn er wird eh nicht gelesen.

Das so eingesparte Geld könnte in Videos fließen, die dann auf Youtube gesendet werden. Denn das ist bei den Konsumenten nach Facebook die nächstbeliebteste Plattform. Auch hier liegen die meisten Marketingexperten daneben, denn sie investieren ihre verfügbaren Budgets neben Facebook bevorzugt auch in Twitter und Google+. Youtube liegt bei ihnen erst auf Platz 5. Zwischen den Bemühungen der Marketingexperten und den Prioritäten der Konsumenten gibt es also noch eine ziemlich große Kluft. Kein Wunder also, dass die meisten Unternehmen sagen, die Investitionen in Social-Media-Auftritte hätten noch nicht viel gebracht. Denn in den meisten Fällen kriegt die Zielgruppe von den Bemühungen gar nichts mit oder wendet sich genervt ab. Hier besteht also noch viel Nachholbedarf in der erfolgreichen Kommunikation mit den Kunden.

Das lohnt sich in Deutschland übrigens ganz besonders, denn im internationalen Vergleich nutzen die hiesigen Verbraucher soziale Netzwerke überdurchschnittlich oft für Kontakte zu Unternehmen (79 Prozent). Der internationale Durchschnitt liegt bei 60 Prozent.)

Quelle: Sickung, Marzena: Schaden durch Werbung in sozialen Netzwerken, heise resale, unter: www.heise.de/resale/artikel/Schaden-durch-Werbung-in-sozialen-Netzwerken-1762494.html, 13.12.2012

Social Media Werbung verschafft Unternehmen die Möglichkeit, sich mit einer Fülle von potentiellen Kunden in der digitalen Welt zu verlinken. Für viele Unternehmen ist dies aktuell eine sehr reizvolle Vorstellung. Gleichwohl sollten Unternehmen ihre Werbeavancen im Internet wohl dosieren, damit sie den Bogen nicht überspannen und sich die erhoffte positive Wirkung nicht in das Gegenteil verkehrt.

Ablauf einer Werbekampagne

1 Festlegung der Werbeziele

↓

2 Festlegung des Werbebudgets

abhängig von
- den Werbezielen
- der Finanzlage des Unternehmens
- den Werbemaßnahmen der Konkurrenz

↓

3 Briefing an die Werbeagentur

Information der Agentur über die Werbeziele und alle wichtigen Daten des Produktes, der Kunden und der Konkurrenz

↓

4 Entwicklung der Werbestrategie

Formulierung einer zentralen Werbeaussage, welche die Einzigartigkeit des Produktes herausstellt (Grundnutzen und Zusatznutzen)

↓

5 Media-Selektionsplanung

Auswahl der Werbemittel und -medien

↓

6 Gestaltung der Werbemittel

↓

7 Einschaltung in den Medien

↓

8 Werbeerfolgskontrolle

Ablauf einer Werbekampagne

Werbekampagnen gehören in die Hände von Fachleuten. Deshalb werden Unternehmen in der Regel professionelle Werbeagenturen mit der Planung und Durchführung beauftragen. Ihre Aufgabe besteht darin, ein umfassendes Werbekonzept mit einer zentralen Werbestrategie zu entwickeln. Außerdem übernehmen Werbeagenturen die Auswahl und Gestaltung der Werbemittel, die Auswahl von Werbemedien (Media-Selektionsplanung) sowie die Durchführung der Werbemaßnahmen. Dies geschieht im ständigen Dialog mit dem Auftraggeber und setzt natürlich dessen Einverständnis voraus.

Beispiel
Zur Planung und Durchführung einer Werbekampagne für den neuen Bürosessel Tenno beauftragt die Duisdorfer BüroKonzept KG die Bonner Werbeagentur TURBOBRAIN.

Grenzen der Werbung

Wer mit einer Werbekampagne langfristig Erfolg haben möchte, muss neben den beschriebenen Grundsätzen der Werbung auch deren *wirtschaftliche, rechtliche* und *ethische* Grenzen berücksichtigen. Während die wirtschaftlichen Grenzen durch den Werbeetat, der einem Unternehmen zur Verfügung steht, bestimmt werden, finden die rechtlichen Grenzen der Werbung ihren Niederschlag im Gesetz gegen den unlauteren Wettbewerb (UWG).

Das Gesetz gegen den unlauteren Wettbewerb (UWG)
Das zuletzt im Jahr 2013 geänderte Gesetz formuliert seine Zwecksetzung folgendermaßen:

> § 1 UWG: Dieses Gesetz dient dem Schutz der Mitbewerber, der Verbraucherinnen und Verbraucher sowie der sonstigen Marktteilnehmer vor unlauteren geschäftlichen Handlungen. Es schützt zugleich das Interesse der Allgemeinheit an einem unverfälschten Wettbewerb.

Das Gesetz regelt insbesondere die folgenden Tatbestände:

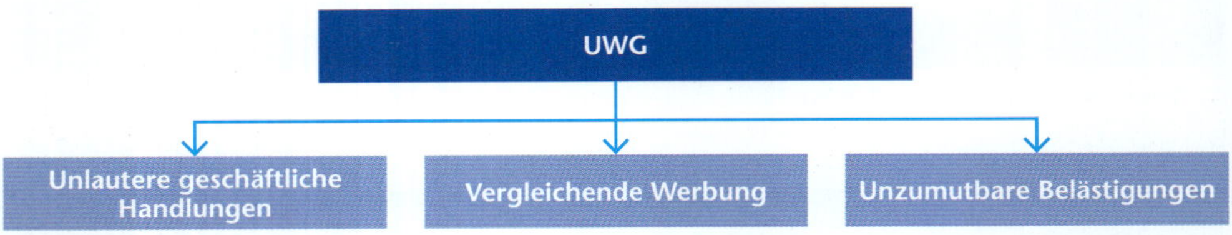

Unlauterer Wettbewerb

Geschäftliche Handlungen sind immer dann unlauter und somit verboten, wenn sie geeignet sind, „die Interessen von Mitbewerbern, Verbrauchern oder sonstigen Marktteilnehmern spürbar zu beeinträchtigen" (§ 3 UWG). Dies liegt auch dann vor, wenn durch geschäftliche Handlungen die Fähigkeit des Verbrauchers, sich auf Grund von Informationen zu entscheiden, spürbar beeinträchtigt wird und ihn damit zu einer geschäftlichen Entscheidung veranlasst, „die er andernfalls nicht getroffen hätte."

Was unter unlauteren geschäftlichen Handlungen konkret zu verstehen ist, wird beispielhaft im Gesetz präzisiert:

> § 4 UWG: Unlauter handelt insbesondere, wer
>
> 1. geschäftliche Handlungen vornimmt, die geeignet sind, die Entscheidungsfreiheit der Verbraucher oder sonstiger Marktteilnehmer durch Ausübung von Druck, in menschenverachtender Weise oder durch sonstigen unangemessenen unsachlichen Einfluss zu beeinträchtigen;
> 2. geschäftliche Handlungen vornimmt, die geeignet sind, geistige oder körperliche Gebrechen, das Alter, die geschäftliche Unerfahrenheit, die Leichtgläubigkeit, die Angst oder die Zwangslage von Verbrauchern auszunutzen;
> 3. den Werbecharakter von geschäftliche Handlungen verschleiert;
> 4. bei Verkaufsförderungsmaßnahmen wie Preisnachlässen, Zugaben oder Geschenken die Bedingungen für ihre Inanspruchnahme nicht klar und eindeutig angibt;

5. bei Preisausschreiben oder Gewinnspielen mit Werbecharakter die Teilnahmebedingungen nicht klar und eindeutig angibt;
6. die Teilnahme von Verbrauchern an einem Preisausschreiben oder Gewinnspiel von dem Erwerb einer Ware oder der Inanspruchnahme einer Dienstleistung abhängig macht, es sei denn, das Preisausschreiben oder Gewinnspiel ist naturgemäß mit der Ware oder der Dienstleistung verbunden;
7. die Kennzeichen, Waren, Dienstleistungen, Tätigkeiten oder persönlichen oder geschäftlichen Verhältnisse eines Mitbewerbers herabsetzt oder verunglimpft;
8. über die Waren, Dienstleistungen oder das Unternehmen eines Mitbewerbers oder über den Unternehmer oder ein Mitglied der Unternehmensleitung Tatsachen behauptet oder verbreitet, die geeignet sind, den Betrieb des Unternehmens oder den Kredit des Unternehmers zu schädigen, sofern die Tatsachen nicht erweislich wahr sind; handelt es sich um vertrauliche Mitteilungen und hat der Mitteilende oder der Empfänger der Mitteilung an ihr ein berechtigtes Interesse, so ist die Handlung nur dann unlauter, wenn die Tatsachen der Wahrheit zuwider behauptet oder verbreitet wurden;
9. Waren oder Dienstleistungen anbietet, die eine Nachahmung der Waren oder Dienstleistungen eines Mitbewerbers sind, wenn er
   a) eine vermeidbare Täuschung der Abnehmer über die betriebliche Herkunft herbeiführt,
   b) die Wertschätzung der nachgeahmten Ware oder Dienstleistung unangemessen ausnutzt oder beeinträchtigt oder
   c) die für die Nachahmung erforderlichen Kenntnisse oder Unterlagen unredlich erlangt hat;
10. Mitbewerber gezielt behindert;
11. einer gesetzlichen Vorschrift zuwiderhandelt, die auch dazu bestimmt ist, im Interesse der Marktteilnehmer das Marktverhalten zu regeln.

Auch irreführende geschäftliche Handlungen werden von dem Gesetz als unlauter eingestuft. Hierzu zählen vor allem unwahre, täuschende sowie bewusst verschwiegene Angaben (§ 5 UWG).

Beispiel

- Ein Händler bewirbt seine Ware, indem er seinen niedrigeren Verkaufspreis mit der höheren unverbindlichen Preisempfehlung des Herstellers vergleicht und die Differenz als Ersparnis ausweist. Tatsächlich existiert keine unverbindliche Preisempfehlung des Herstellers.
- Ein Unternehmen bewirbt sein Produkt mit der Aussage „Bei uns bekommen Sie zwei Jahre Gewährleistung". Auch hierbei handelt es sich um Irreführung, da der angegebene Zeitraum der gesetzlichen Frist entspricht und somit eine Selbstverständlichkeit darstellt.
- Ein Händler wirbt mit einer drastischen Preissenkung, wobei der ursprüngliche Preis nur für eine unangemessen kurze Zeit galt („Mondpreiswerbung").
- Ein Automobilhersteller wirbt mit einer lebenslangen Garantie. Allerdings werden Reparaturen nur bis zu einer Kilometerleistung von 160 000 km erstattet.
- Ein Discounter wirbt mit sogenannter Aktionsware, die bereits eine Stunde nach Geschäftsöffnung vergriffen ist. Es handelt sich um ein „Lockvogelangebot", weil das Angebot nicht in angemessener Menge zur Verfügung stand (in der Regel ein Vorrat für zwei Tage).

- Ein Unternehmen veranstaltet ein Preissauschreiben, dessen Teilnahme vom Kauf des Produktes abhängig ist.
- Ein Händler behauptet absichtlich, dass sein Konkurrent vor einer Woche Insolvenz beantragt hat.

Neben den Regelungen zur „Vergleichenden Werbung" in § 6 UWG, auf die bereits weiter vorne eingegangen wurde, trifft das UWG in § 7 Aussagen zu „Unzumutbaren Belästigungen":

> (1) Eine geschäftliche Handlung, durch die ein Marktteilnehmer in unzumutbarer Weise belästigt wird, ist unzulässig. Dies gilt insbesondere für Werbung, obwohl erkennbar ist, dass der angesprochene Marktteilnehmer diese Werbung nicht wünscht.

Untersagt sind vor allem Belästigungen in Form von Telefon-, Telefax-, E-Mail- („Junk Mail" oder „Spam") und SMS-Werbung. Diese Formen sind nur dann zulässig, wenn der Adressat im Voraus sein Einverständnis gegeben hat und die Identität des Absenders klar erkennbar ist. Außerdem muss der Adressat bei der Erhebung seiner personenbezogenen Daten und bei jeder Verwendung klar und deutlich darauf hingewiesen werden, dass er dieser Verwendung jederzeit widersprechen kann.

Briefwerbung (Werbebriefe, Flyer, Prospekt o. Ä.) dagegen ist grundsätzlich möglich. Es sei denn, der Adressat hat einen entgegenstehenden Willen geäußert.

Beispiel

- Ein Hauseigentümer bringt an seinen Briefkasten den Aufkleber „Bitte keine Werbung" an.
- Der Empfänger eines Werbebriefes fordert den Absender auf, von weiteren Werbesendungen abzusehen.

Zur Bekämpfung von Rufnummernmissbrauch, unerlaubter Telefonwerbung (Cold Calls) und sonstigen Spams empfiehlt es sich, die Bundesnetzagentur in Bonn zu informieren (siehe hierzu auch www.bundesnetzagentur.de sowie www.wettbewerbszentrale.de).

Juristische Folgen unlauteren Wettbewerbs

Grundsätzlich sieht das UWG bei Verstößen folgende Ansprüche vor:

- Anspruch auf Beseitigung
- Anspruch auf Unterlassung bei Wiederholungsgefahr

Können dem Schädiger Vorsatz oder Fahrlässigkeit nachgewiesen werden, hat der Geschädigte zusätzlich einen Anspruch auf Schadenersatz. Vorsätzlich handelt, wer willentlich einen Schaden herbeiführt, fahrlässig, wer die erforderliche Sorgfalt außer Acht lässt.

Wer absichtlich durch unwahre Angaben irreführend wirbt, kann mit einer Geldstrafe oder bis zu zwei Jahren Freiheitsstrafe bestraft werden. Unzumutbare Belästigungen werden als Ordnungswidrigkeit mit einer Geldbuße von bis zu 300.000,00 € geahndet.

Während die sachliche Zuständigkeit bei den jeweiligen Landgerichten liegt, gibt es auch die Möglichkeit, zunächst sogenannte „Einigungsstellen zur Beseitigung von bürgerlichen Rechtsstreitigkeiten" anzurufen. Diese Einigungsstellen sind bei den Industrie- und Handelskammern ansässig und bemühen sich, bevor es zu einer gerichtlichen Auseinandersetzung kommt, zunächst um eine Schlichtung zwischen den Beteiligten.

Der Deutsche Werberat

Inwieweit eine Werbemaßnahme gegen ethische Prinzipien verstößt, ist davon abhängig, welche Wertvorstellungen in einer Gesellschaft vorherrschen. Der Deutsche Werberat als 1972 selbst gegründetes Selbstkontrollorgan der Werbewirtschaft nimmt dazu folgendermaßen Stellung:

> Nicht alles, was rechtlich zulässig wäre, ist auch moralisch vertretbar. Wenn Texte, Bilder und Töne in der Werbung zum Beispiel Menschen herabwürdigen oder diskriminieren, Kinder oder Jugendliche unzulässig bedrängt werden, Gewalt verherrlicht oder verharmlost wird oder religiöse Empfindungen verletzt werden – dann ist die Grenze zwischen Erträglichem und Unsäglichen überschritten.

Quelle: o. A., Deutscher Werberat, unter: www.werberat.de/verhaltensregeln, 21.10.2013

Der Deutsche Werberat befasst sich mit Beschwerden über Werbungen, die zwar rechtlich nicht zu beanstanden sind, aber nach dem Werteverständnis der Umworbenen als anstößig empfunden werden. Dabei kann das Beschwerdeverfahren sowohl durch Organisationen als auch durch Einzelpersonen eingeleitet werden. Wenn der Deutsche Werberat die Beschwerde als beanstandungswürdig erachtet, erhält das werbende Unternehmen eine Aufforderung, die entsprechende Werbung aus der Öffentlichkeit zu nehmen oder aber entsprechend abzuändern. Leistet das Unternehmen dieser Aufforderung nicht Folge, erteilt der Deutsche Werberat eine Rüge und schaltet die Öffentlichkeit ein. Laut eigener Aussage des Deutschen Werberates genügt bereits die Androhung der Rüge zum Einlenken der werbenden Unternehmen. In den vierzig Jahren seines Bestehens war der Deutsche Werberat in 96 % der Beanstandungen erfolgreich. Lediglich in 4 % der Fälle musste Druck über eine öffentliche Rüge ausgeübt werden. Beispiele für Rügen des Deutschen Werberates findet man unter www.werberat.de/ruegen. In den meisten Fällen handelt es sich um Werbungen mit sexistischen Anspielungen, die vom Deutschen Werberat abgemahnt wurden.

11.5 Distributionspolitik

Im Rahmen der Distributionspolitik werden Entscheidungen darüber getroffen, wie das Produkt vom Hersteller zum Kunden gelangt (lat. distribuere = verteilen).

11.5.1 Innere und äußere Absatzorganisation

Die innere Organisation des Absatzes beschreibt, wie die Verkaufsabteilung (Vertriebs-, Absatz-, Marketingabteilung) innerhalb eines Unternehmens gegliedert ist. Folgende Möglichkeiten sind in der Praxis üblich:

- Funktionsorientierung
- Produktorientierung
- Kundenorientierung
- Gebietsorientierung

Beispiele

Funktionsorientierung

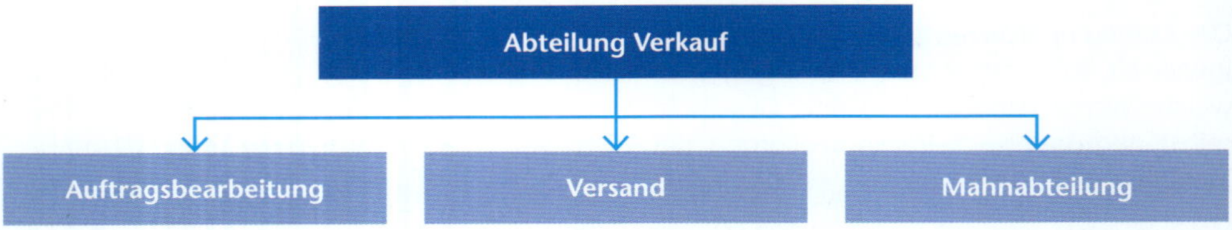

Produktorientierung

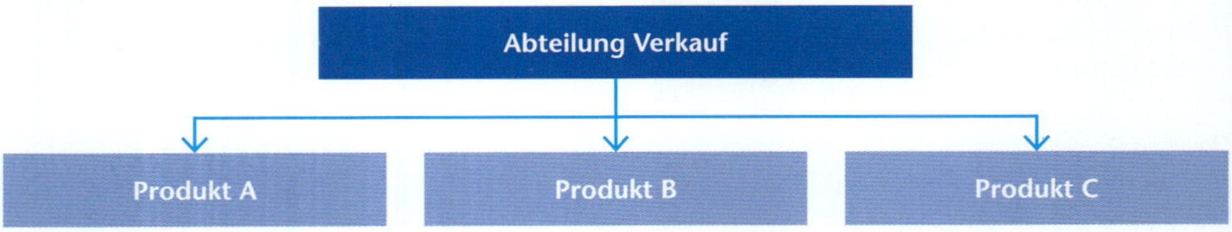

Kundenorientierung

Gebietsorientierung

Die äußere Organisation des Absatzes beschäftigt sich vor allem damit, welche Organe beim Vertrieb der Produkte eingeschaltet werden (**Distributionsorgane**) und auf welchen Wegen die Ware zum Kunden gelangt (**Distributionswege**). Das Absatzsystem eines Unternehmens beruht in der Regel auf der Kombination verschiedener Distributionsorgane und -wege.

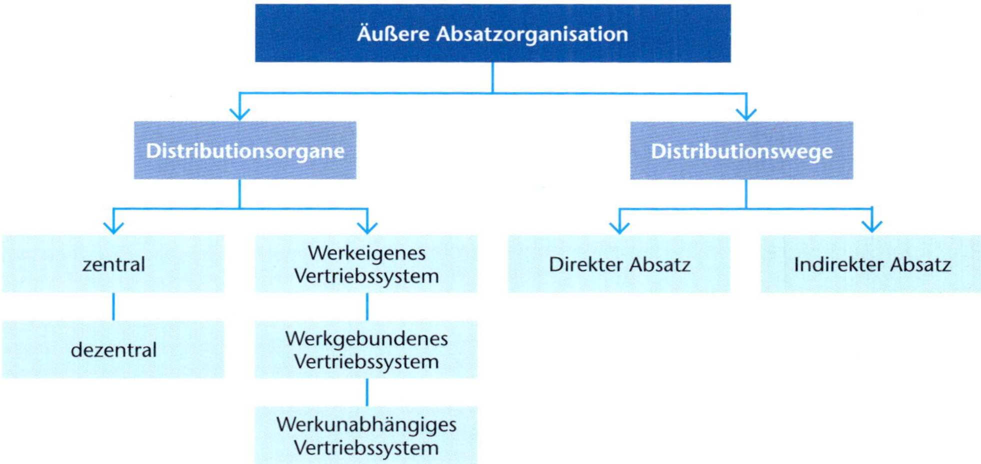

Übersicht „Äußere Absatzorganisation"

11.5.2 Distributionsorgane

Zentraler oder dezentraler Absatz

Die Entscheidung, den Absatz **zentral** (eine Verkaufsstelle) oder **dezentral** (mehrere Verkaufsstellen) zu organisieren, wird bestimmt durch

- die Breite des Absatzprogramms,
- die Größe des Absatzgebietes und
- die Absatzmenge.

Bei einem umfangreichen Sortiment und großem Absatzgebiet kommt das Unternehmen nicht umhin, den Vertrieb zu dezentralisieren. Nur so ist eine intensive Bearbeitung des Marktes möglich. Die zentrale Organisation des Absatzes verursacht zwar wesentlich geringere Kosten, das Unternehmen beraubt sich allerdings der Möglichkeit, den Markt flächenmäßig weitgehend abzudecken, um somit schnell und flexibel auf Kundenwünsche eingehen zu können. Zentralisierung bietet sich demnach für begrenzte Absatzgebiete und Sortimente an.

Vertriebssysteme

Je nach Abhängigkeit der Distributionsorgane vom Hersteller können das werkeigene, das werkgebundene und das werkunabhängige Vertriebssystem unterschieden werden.

Werkeigenes Vertriebssystem
Beim **werkeigenen Vertriebssystem** nimmt der Hersteller nicht die Hilfe anderer, selbstständiger Kaufleute in Anspruch, sondern der Verkauf erfolgt durch unternehmenseigene Organe.

Beispiele
Geschäftsleitung, Verkaufsabteilung, Onlineshop, Werkverkauf, Verkaufsfilialen, Reisende, Factory-Outlets, Hausmessen, Versandhandel

- **Onlineshop**
Ein Onlineshop bietet dem Kunden die Möglichkeit, sich auf der Internetseite eines Anbieters über dessen Sortiment zu informieren und Waren zu kaufen. Dazu legt der Kunde die Ware in einen virtuellen Warenkorb und „geht" dann zu einer virtuellen Kasse. Nach Eingabe der personenbezogenen Daten, Wahl der Zahlungsform und Kenntnisnahme der Widerrufsbelehrung und Allgemeinen Geschäftsbedingungen wird der Bestellvorgang durch Aktivieren einer Schaltfläche (z. B. „Bestellen") abgeschlossen. Die Ware wird dann durch einen Frachtführer (z. B. DHL) zugestellt.

Onlineshopping als Form des E-Commerce (elektronischer Handel im Internet) hat in den letzten Jahren in Deutschland immer mehr an Bedeutung gewonnen.

Entwicklung des E-Commerce

- **Handlungsreisender**
Der Handlungsreisende ist ein kaufmännischer Angestellter eines Unternehmens. Seine Aufgabe besteht darin, im Namen und auf Rechnung des Arbeitgebers Geschäfte zu vermitteln oder abzuschließen. Der Abschlussreisende ist zum Abschluss eines Kaufvertrages ermächtigt, während der Vermittlungsreisende zwischen Kunde und Unternehmen lediglich vermittelnd tätig wird. Als Vergütung erhält der Handlungsreisende in der Regel ein festes monatliches Gehalt (Fixum), eine Provision und den Ersatz seiner Aufwendungen (Spesen).

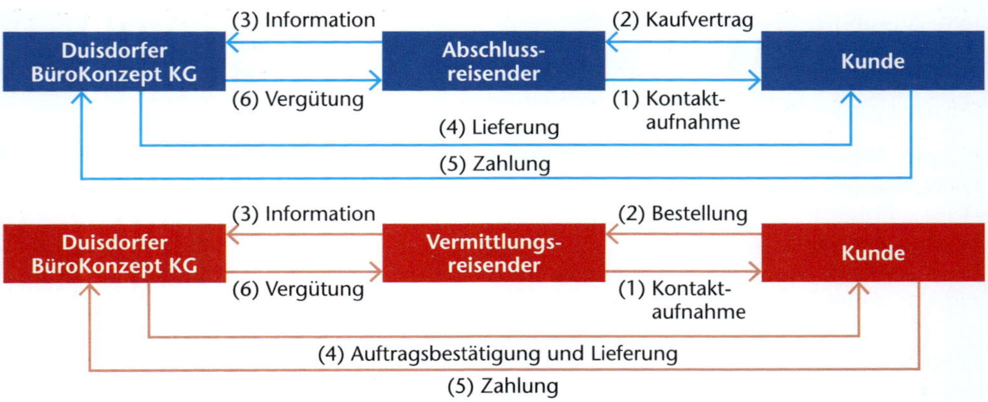

- **Factory-Outlet**

Der Begriff Factory-Outlet-Center (FOC) bezeichnet den Zusammenschluss mehrerer Hersteller an einem gemeinsamen Verkaufsort. Im Gegensatz zum klassischen Fabrikverkauf (Werkverkauf) liegt ein Factory-Outlet-Center nicht unmittelbar am Produktionsstandort. Wesentliche Bestimmungsgründe bei der Wahl des Standortes sind die Größe des Einzugsgebietes und die verkehrsgünstige Lage.

- **Hausmesse (Mikromesse)**

Hausmessen sind Veranstaltungen, die von einem einzelnen Unternehmen durchgeführt werden. Dazu werden potentielle Kunden in die Räumlichkeiten des Herstellers eingeladen und über das aktuelle Sortiment sowie über Produktneuheiten informiert.

Werkgebundenes Vertriebssystem

Beim **werkgebundenen Vertriebssystem** handelt es sich um selbstständige Kaufleute, die rechtlich unabhängig sind, aber in einem wirtschaftlichen Abhängigkeitsverhältnis zu dem Hersteller stehen.

Beispiele

Vertragshändler, Werksvertretung, Franchising

- **Vertragshändler**

Ein Vertragshändler ist ein selbstständiger Kaufmann, der Waren im eigenen Namen auf eigene Rechnung verkauft. Der Vertragshändler schließt mit dem Unternehmen einen langfristigen Vertrag ab und genießt durch das Recht zum alleinigen Vertrieb in einem bestimmten Bezirk Gebietsschutz. Allerdings unterliegt der Vertragshändler grundsätzlich auch einer weitreichenden Sortiments- und Vertriebsbindung. Der Hersteller kann dem Vertragshändler vorschreiben, welche Produkte in das Sortiment aufzunehmen sind und gleichzeitig den Vertrieb auf bestimmte Kunden beschränken. Eine Preisbindung durch den Hersteller ist allerdings verboten (Preisbindung der zweiten Hand, vertikale Preisbindung).

Beispiel

VW-Vertragshändler

- **Werksvertretung**

Bei einer Werksvertretung handelt es sich um einen selbstständigen Kaufmann, der Waren im fremden Namen auf fremde Rechnung verkauft. Die Werksvertretung unterscheidet sich vom Vertragshändler dadurch, dass Preisvorgaben durch den Hersteller erlaubt sind. Wenn im Vertrag festgelegt wird, dass der Vertreter für kein anderes Unternehmen tätig sein darf, handelt es sich um den sogenannten Einfirmenvertreter.

Beispiel

Werksvertretungen von Daimler-Benz

- **Franchising**

Die stärkste wirtschaftliche Abhängigkeit existiert beim Franchising. Hier schließen Franchisegeber und Franchisenehmer einen Vertrag, der dem rechtlich selbstständigen Franchisenehmer das Recht einräumt, Produkte des Franchisegebers im eigenen Namen und auf eigene Rechnung zu verkaufen. Der Franchisegeber stellt dem Franchisenehmer ein komplettes Geschäftskonzept zur Verfügung. Neben dem Vertrieb der Produkte gewährt der Franchisegeber bestimmte Nutzungsrechte (z. B. Firma, Marke, Unternehmenslogo) und bietet Serviceleistungen an (z. B. Unterstützung bei Unternehmensgründung, Personalschulung, Qualitätsüberwachung, Werbekonzepte, Public Relations). Dafür bezahlt der Franchisenehmer eine umsatzabhängige Gebühr, befolgt die Anweisungen des Franchisegebers und lässt Kontrollen zu. Der Vorteil für den Franchisenehmer besteht darin, dass er auf ein bereits erprobtes Marketingkonzept zurückgreifen kann, sodass sich das Vertriebsrisiko für ihn reduziert. Der Vorteil für den Franchisegeber liegt in der Absatzsicherung und dem geringen wirtschaftlichen Risiko, da er kein eigenes Filialsystem aufbauen muss.

Beispiele

Coca-Cola, Pepsi, McDonald's, Holiday-Inn, Nordsee, Tchibo, Benetton, Mr. Baker, Subway, Burger King

Werkunabhängiges Vertriebssystem

Zu dem **werkunabhängigen Vertriebssystem** zählen alle selbstständigen Kaufleute, die rechtlich und wirtschaftlich unabhängig sind.

Beispiele

Handelsvertreter, Kommissionär, Handelsmakler

- **Handelsvertreter**

Der Handelsvertreter ist ein selbstständiger Kaufmann, der für andere Unternehmen Geschäfte vermittelt oder abschließt (Vermittlungs- oder Abschlussvertreter). Hierzu schließt er mit dem Unternehmen einen Agenturvertrag (Vertretervertrag) ab. Wenn ein Handelsvertreter lediglich für ein Unternehmen tätig ist (Einfirmenvertreter), unterliegt er dem Wettbewerbsverbot. Ist er für mehrere Unternehmen tätig (Mehrfirmenvertreter), unterliegt er in dem Fall dem Wettbewerbsverbot, wenn es zu einer Interessenkollision käme.

Beispiele

- *Ein Handelsvertreter ist für zwei Hersteller von Staubsaugern tätig. Hier kommt es zu einer Interessenkollision, weil durch die Vertretung des einen Unternehmens das Interesse des jeweils anderen Unternehmens leiden würde (Wettbewerbsverbot).*
- *Ein Handelsvertreter ist für einen Hersteller von Staubsaugern und für eine Bierbrauerei tätig. Eine Interessenkollision ist nicht gegeben (kein Wettbewerbsverbot).*

Der Handelsvertreter übt grundsätzlich die gleiche Tätigkeit wie der Handlungsreisende aus:

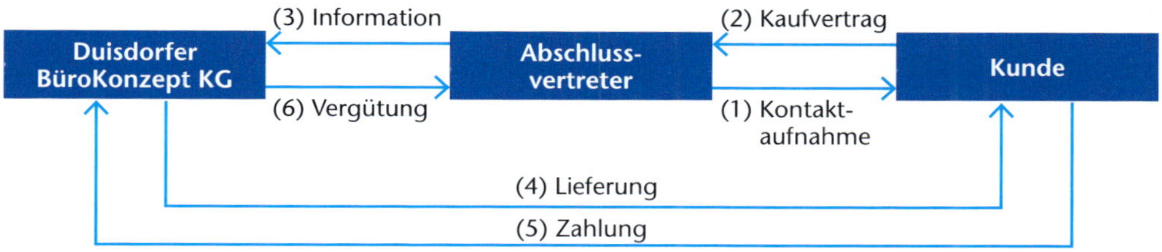

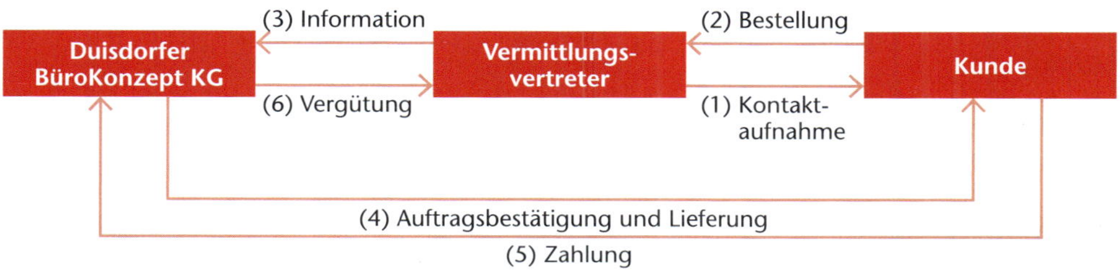

Da der Handelsvertreter im Gegensatz zum Handlungsreisenden kein Fixum erhält, ist seine Provision in der Regel höher. Die Entscheidung, ob ein Unternehmen zu Distributionszwecken einen Handlungsreisenden oder einen Handelsvertreter einsetzt, ist in der Regel eine Kostenfrage. Da der Reisende auch sein Fixum erhält, wenn nichts verkauft wird, ist der Handelsvertreter zunächst kostengünstiger. Ab einem bestimmten Umsatz („kritischer Umsatz") wird der Einsatz des Handlungsreisenden aufgrund seiner niedrigeren Provision vorteilhafter.

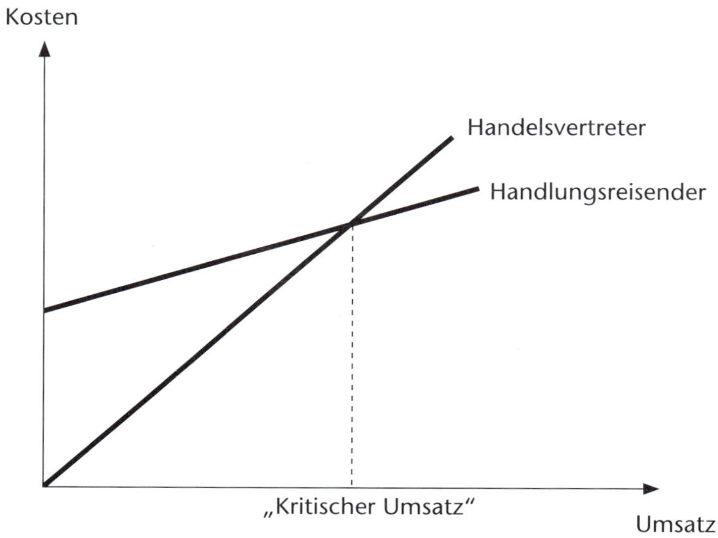

- **Kommissionär**

Der Kommissionär ist ein selbstständiger Kaufmann, der Waren im eigenen Namen auf fremde Rechnung verkauft. Beim Kommissionsgeschäft schließen Käufer (Kommissionär) und Verkäufer (Kommittent) einen Kommissionsvertrag, wobei der Kommissionär lediglich Besitzer der zu verkaufenden Produkte wird. Die verkauften Produkte werden im Rahmen einer Kommissionsabrechnung zwischen dem Kommissionär und dem Kommittenten abgerechnet. Bei ständiger Kommission erfolgt diese Abrechnung oft halbjährlich. Der Kommissionär erhält für die verkauften Produkte eine Provision. Die nicht verkauften Produkte können an den Kommittenten zurückgegeben werden. Da der Kommissionär sein Absatzgebiet und die Kaufgewohnheiten innerhalb dieses Gebietes kennt, wird auch bei diesem Vertriebssystem das Vertriebsrisiko für den Verkäufer reduziert. Der Vorteil für den Kommissionär besteht darin, dass er die Angebotspalette vergrößern und seine Sortimentsattraktivität erhöhen kann, ohne dass ein Zwang zum Verkauf besteht.

Beispiele

Die Duisdorfer BüroKonzept KG schließt mit dem Kommissionär Per Petersson e. Kfm. einen Kommissionsvertrag ab. Petersson erhält von der Duisdorfer BüroKonzept KG die Ware, erwirbt jedoch kein Eigentum an ihr, sondern er ist lediglich Besitzer. Die Bezahlung erfolgt erst nach dem Verkauf der Waren.

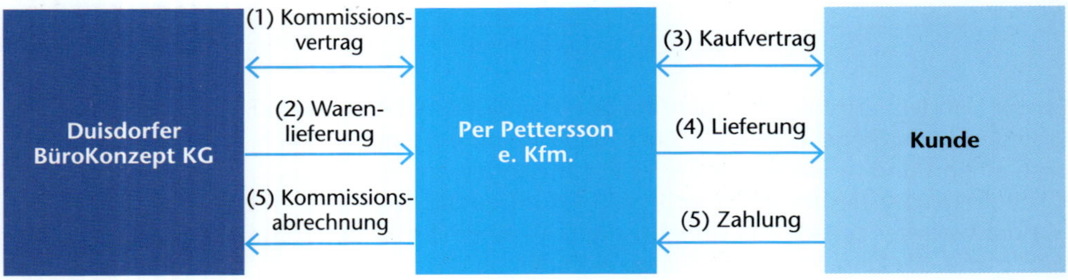

- **Handelsmakler**

Der Handelsmakler ist ein selbstständiger Kaufmann, der gewerbsmäßig die Vermittlung von Verträgen übernimmt, ohne in einem ständigen Vertragsverhältnis zu seinen Auftraggebern zu stehen. Er ist nur von Fall zu Fall tätig. Seine Aufgabe besteht in der Zusammenführung vertragswilliger Parteien. Er erhält für seine Dienstleistungen eine Maklergebühr (Courtage), die in der Regel je zur Hälfte von Käufer und Verkäufer zu tragen ist.

11.5.3 Distributionswege

Distributionswege beschreiben die Wege, auf denen das Produkt zum Kunden gelangt. Es werden zwei Formen unterschieden:

- direkter Absatz
- indirekter Absatz

Während beim **indirekten Absatz** das Produkt über Handelsbetriebe (Absatzmittler) vertrieben wird, erfolgt der **direkte Absatz** ohne Einschaltung von Handelsbetrieben, das heißt, der Kunde wird direkt vom Unternehmen beliefert. Handelsvertreter und Kommissionäre als Absatzhelfer lassen sich sowohl dem direkten als auch dem indirekten Absatz zuordnen.

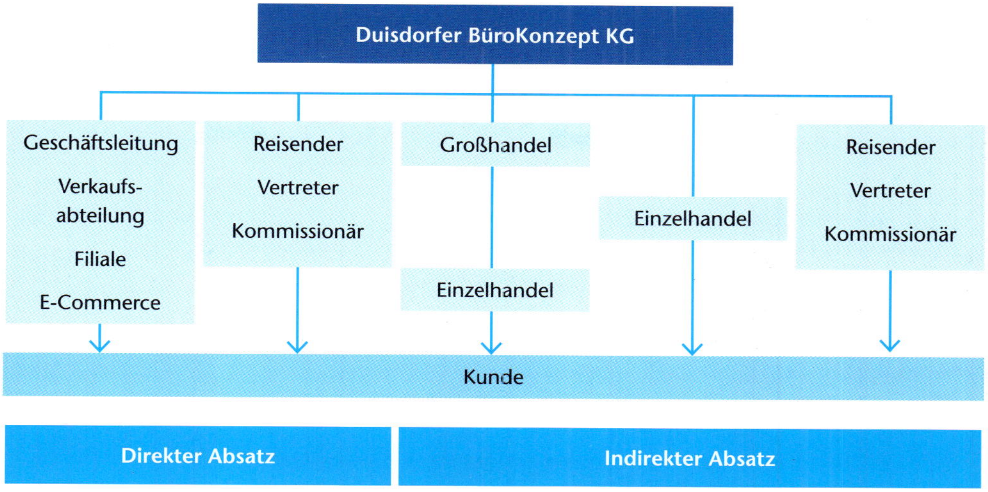

Das Unternehmen wird sich unter Abwägung der Kosten und der Vertriebschancen für den geeigneteren Distributionsweg entscheiden. Der direkte Absatz bietet u. a. folgende Vorteile:

- direkter Kundenkontakt durch Kundennähe (Beratung, Information, unmittelbare Reaktion auf Kundenwünsche)
- zügiger Kundendienst und schnelle Belieferung der Kunden
- individuelle Preisgestaltung
- Einsparung der Handlungskosten
- Unabhängigkeit vom Handel (kein Machtkampf zwischen Hersteller und Handel)

Diesen Vorteilen stehen aber auch Nachteile gegenüber:

- aufwändige Vertriebsorganisation mit hohen Investitionskosten
- hohe Personal-, Lagerhaltungs- und Transportkosten
- eventuell kleinerer Kundenkreis durch unvollständige Markterfassung

Generell lässt sich sagen, dass Produkte des täglichen Bedarfs eher über den indirekten Absatz vertrieben werden. Mit zunehmender Wertigkeit und Erklärungsbedürftigkeit ihrer Produkte entscheiden sich Unternehmen für den direkten Absatz. Hier ist der direkte Kontakt mit dem Kunden von besonderer Bedeutung.

12 Abstimmung der Marketinginstrumente

LS 5.3

Unternehmen stehen bei der Auswahl der Marketinginstrumente eine Vielzahl von Kombinationsmöglichkeiten zur Verfügung. Das Unternehmen wird denjenigen Marketingmix auswählen, der möglichst effizient die formulierten Marketingziele erreicht. Dabei muss in regelmäßigen Abständen überprüft werden, ob aufgrund veränderter Marktbedingungen Anpassungsmaßnahmen erforderlich sind.

Bei der Auswahl des Marketingmixes ist darauf zu achten, dass sich bestimmte Maßnahmen gegenseitig unterstützen und somit den Wirkungsgrad erhöhen. Andere Maßnahmen wiederum schließen sich gegenseitig aus.

Beispiele

- *Ein No-name-Produkt soll mit einem hohen Preis verkauft werden. Die produkt- und die preispolitische Maßnahme stehen im Widerspruch zueinander. Das No-name-Produkt sollte über eine Niedrigpreisstrategie vermarktet werden.*
- *Ein Exklusivprodukt soll über einen Billigladen vertrieben werden. Auch hier schließen sich produkt- und distributionspolitische Maßnahme gegenseitig aus. Das Exklusivprodukt sollte über ausgewählte Fachhändler oder über den direkten Absatz verkauft werden.*

Marketingmix

LernFeld 6

Wertströme erfassen und beurteilen

Überblick Lernfeld

1 Grundlagen des Rechnungswesens

Unternehmen kaufen **Handelswaren** und **Werkstoffe** (z.B. Roh-, Hilfs- und Betriebsstoffe), sowie **Betriebsmittel** (z.B. Produktionsanlagen, Büroeinrichtung) ein. Während die Handelswaren ohne eine weitere Be- oder Verarbeitung den Kunden zum Verkauf angeboten werden, werden aus den Werkstoffen neue Produkte hergestellt. Hierzu werden sowohl Betriebsmittel als auch Arbeitskräfte benötigt. Die aus dem Herstellungsprozess hervorgehenden Produkte werden als **fertige Erzeugnisse** bezeichnet. Die fertigen Erzeugnisse werden ebenfalls den Kunden eines Unternehmens zum Kauf angeboten.

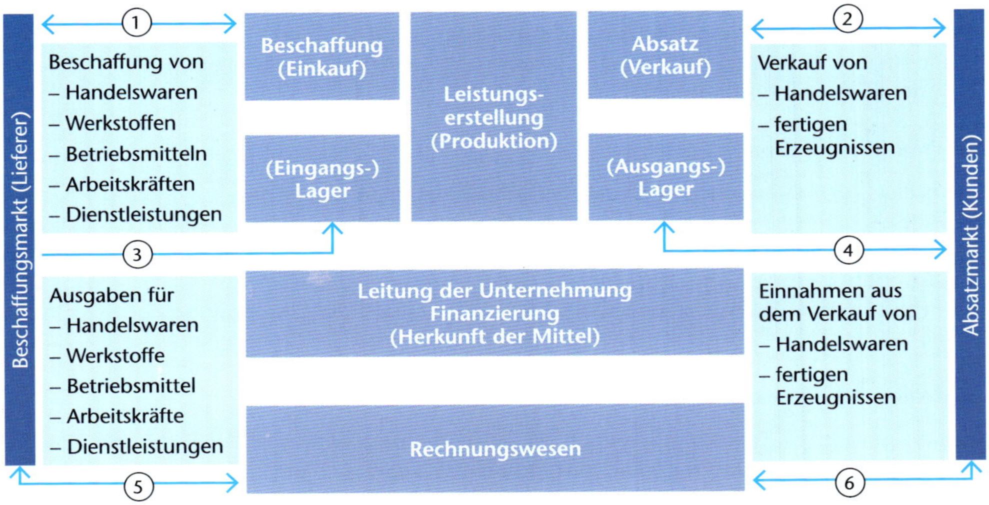

(1) *Vertragsgestaltung (Beschaffungsseite)*

(2) *Vertragsverhandlungen (Absatzseite)*

(3) *Güteranlieferung*

(4) *Güterauslieferung*

(5) *Belegeingang (z. B. Angebot, Bestellung, Rechnung)*

(6) *Belegausgang (z. B. Angebot, Bestellung, Rechnung)*

Sowohl die Beschaffungs- als auch die Absatzvorgänge lösen fortwährend Veränderungen in der Höhe des Vermögens und der Schulden aus. Diese Veränderungsvorgänge werden auch als **Geschäftsfälle** bezeichnet. Die Höhe von Vermögen und Schulden hat Einfluss auf die Entscheidungen, die in einem Unternehmen getroffen werden. Damit ein Unternehmer sinnvolle Entscheidungen treffen kann, muss er über Art und Umfang der Veränderungen bei Vermögen und Schulden sowie über den jeweiligen aktuellen Stand zuverlässige Informationen erhalten. Die Bereitstellung dieser Informationen gehört zu den Aufgabe des Rechnungswesens.

1.1 Aufgaben des Rechnungswesens

Die systematische Erfassung des betrieblichen Geschehens ist sowohl aus rechtlichen als auch aus unternehmenspolitischen Gründen erforderlich bzw. zweckmäßig. Das heißt, dass alle Vorgänge dokumentiert und die gewonnen Informationen je nach Bedarfszweck systematisch ausgewertet werden. Hieraus lassen sich folgende Hauptaufgaben des betrieblichen Rechnungswesens ableiten:

Dokumentationsaufgabe

Im Rechnungswesen werden alle Geschäftsfälle sowohl zeitlich als auch sachlich aufgezeichnet. Die Aufzeichnung geschieht anhand von Belegen (z. B. Eingangsrechnungen, Ausgangsrechnungen, Quittungen, Kassenbons). Durch diese Art der Dokumentation entsteht einer Form der „Geschichtsschreibung".

Informationsaufgabe

Durch die Dokumentation werden sehr viele Informationen gewonnen, die sowohl innerbetrieblich also auch außerbetrieblich von Interesse sind. Innerbetrieblich werden die Informationen als Grundlage für Entscheidungen, die in einem Unternehmen täglich getroffen werden müssen, herangezogen. Außerbetriebliche Interessenten sind beispielsweise das Finanzamt (zur Ermittlung der Höhe der Steuerabgaben) oder Banken (zur Überprüfung der Kreditwürdigkeit).

Kontroll- und Planungsaufgaben

Mit den gewonnen Informationen kann die Unternehmensleitung kontrollieren, ob bzw. in welchem Umfang die Unternehmensziele erreicht wurden. Anhand der Informationen kann z. B. jederzeit die Wirtschaftlichkeit der betrieblichen Prozesse oder die Zahlungsfähigkeit (Liquidität) des Unternehmens festgestellt werden. Darüber hinaus werden die gewonnenen Informationen zur Planung von betriebswirtschaftlichen Entscheidungen für die Zukunft (z. B. Investitionsentscheidungen) herangezogen und dienen damit der rechnerischen Fundierung unternehmenspolitischer Entscheidungen.

Zusammenfassend lässt sich festhalten, dass das Rechnungswesen ein Informationssystem ist, das die Aufgabe hat, die mengen- und wertmäßig in einem Unternehmen anfallenden Daten zu erfassen, zu speichern und zu verarbeiten (Überwachung und Auswertung).

Aufgrund der Vielzahl der Aufgaben wird das Rechnungswesen in verschiedene Bereiche eingeteilt, die jeweils unterschiedliche Aufgabenschwerpunkte haben.

Merke:
- ***Zu den Hauptaufgaben des betrieblichen Rechnungswesens gehört die Dokumentationsaufgabe, die Informationsaufgabe und die Kontroll- und Planungsaufgabe.***
- ***Das Rechnungswesen ist ein wichtiges Informationssystem für Unternehmen.***

1.2 Bereiche des Rechnungswesens und deren Zusammengehörigkeit

Nicht nur die Anzahl der Aufgaben macht eine Aufteilung des Rechnungswesens in verschiedene Bereiche notwendig. Vor allem ist die Aufteilung aufgrund der Unterschiedlichkeit der anfallenden Aufgaben sinnvoll und notwendig. In der unternehmerischen Praxis kommen die Funktionsbereiche des Rechnungswesens je nach der Größe des entsprechenden Unternehmens unterschiedlich ausgeprägt vor. In der Regel lassen sich diese Ausprägungen aber auf folgende vier Teilbereiche zurückführen:

- Finanzbuchhaltung (Buchführung)
- Kosten- und Leistungsrechnung (KLR)
- Statistik
- Planung und Controlling

Finanzbuchhaltung (Buchführung)

Die Einzelarbeiten und die Ergebnisse der Finanzbuchhaltung stellen die Grundlage für die übrigen Bereiche des Rechnungswesens dar. In der Finanzbuchhaltung werden auf der Basis von Belegen (z. B. Rechnungen, Kontoauszüge) alle Geschäftsfälle wertmäßig erfasst. Diese Erfassung erfolgt für eine bestimmte Rechnungsperiode (z. B. Monat, Quartal, Geschäftsjahr). Sie ist daher eine **Zeitrechnung.** Die Aufzeichnung (Dokumentation) der Geschäftsfälle findet sowohl zeitlich als auch sachlich geordnet statt.

Am Ende eines Geschäftsjahres muss in der Finanzbuchhaltung ein **Jahresabschluss** aufgestellt werden. Der Jahresabschluss besteht unter anderem aus einer Gegenüberstellung des Vermögens und des Eigen- bzw. Fremdkapitals (Bilanz) und weist den Erfolg des Unternehmens aus (Gewinn- und Verlustrechnung).

Kosten- und Leistungsrechnung

Die Finanzbuchhaltung ist **unternehmensbezogen,** das heißt, es werden **alle** Geschäftsfälle aufgezeichnet. Der durch die Finanzbuchhaltung ermittelte und ausgewiesene Erfolg berücksichtigt also auch Vorgänge, die mit dem Sachziel eines Unternehmens nichts zu tun haben (z. B. Spekulationsgewinne aus Wertpapiergeschäften in einem Industrieunternehmen). Die Kosten- und Leistungsrechnung ist hingegen **betriebsbezogen,** das heißt, sie betrachtet nur den Teil des Wertzuwachses (= Leistungen) und des Wertverbrauchs (= Kosten), der in unmittelbarem Zusammenhang mit dem Sachziel des Unternehmens steht. Alle nicht durch die eigentliche betriebliche Tätigkeit verursachten Vorgänge werden herausgefiltert.

Darüber hinaus wird in der Kosten- und Leistungsrechnung ermittelt, wie groß der Anteil eines Produkts bzw. einer Ware am Gesamtergebnis des Unternehmens ist. Hierzu gehören auch die Ermittlung der Selbstkosten eines Produktes bzw. einer Ware sowie die Kalkulation der jeweiligen Verkaufspreise. Der Unternehmer kann daraus ableiten, bei welchen Positionen sich weitere Verkaufsanstrengungen (z. B. Werbung) lohnen oder welche Positionen nicht mehr angeboten werden sollten.

Statistik

Das in der Finanzbuchhaltung und in der Kosten- und Leistungsrechnung gewonnene Zahlenmaterial wird in der Statistik aufbereitet und ausgewertet. Aus tabellarischen und grafischen Darstellungen, beispielsweise von Personalkosten, Veränderungen des Lagerbestands oder von Umsatzzahlen, werden positive und negative Entwicklungen deutlich. Sie sollen helfen, das betriebliche Geschehen zu überwachen und zukünftige Entscheidungen sinnvoll zu treffen. Die gewonnen Ergebnisse können zudem mit den in der Vergangenheit ermittelten Ergebnissen (innerbetrieblicher Zeitvergleich) oder mit den Ergebnissen von Unternehmen der gleichen Branche (zwischenbetrieblicher Vergleich) verglichen werden.

Planung und Controlling

Aus dem Zahlenmaterial und den Ergebnissen der zuvor genannten Bereiche des Rechnungswesens werden Sollwerte für die Zukunft ermittelt und unternehmerische Ziele festgelegt (z. B. Steigerung des Gewinns um 3 % oder Erhöhung des Absatzes um 10 %). Diese Ziele spiegeln sich unter anderem in einer Reihe von Teilplänen wider (z. B. Absatz-, Personal- oder Investitionsplan). Die Überwachung der Zielerreichung ist eine Aufgabe des Controllings. Wird eine Abweichung zwischen den Soll- und den Istwerten festgestellten, dann fällt die Ursachenanalyse für die festgestellte Abweichung genauso in diesen Bereich wie die Planung und Umsetzung von Gegenmaßnahmen oder die Neudefinierung der zuvor festgelegten Ziele.

Obwohl die Aufgaben des Rechnungswesens sehr unterschiedlich sind und eine Aufteilung in verschiedene Bereiche notwendig machen, gibt es zahlreiche Schnittstellen. Unternehmen, die diese Schnittstellen erkennen und nutzen, erlangen unter Umständen einen entscheidenden Wettbewerbsvorteil gegenüber ihren Konkurrenten. Der Zusammenhang zwischen den einzelnen Funktionsbereichen wird durch die folgende Abbildung noch einmal verdeutlicht:

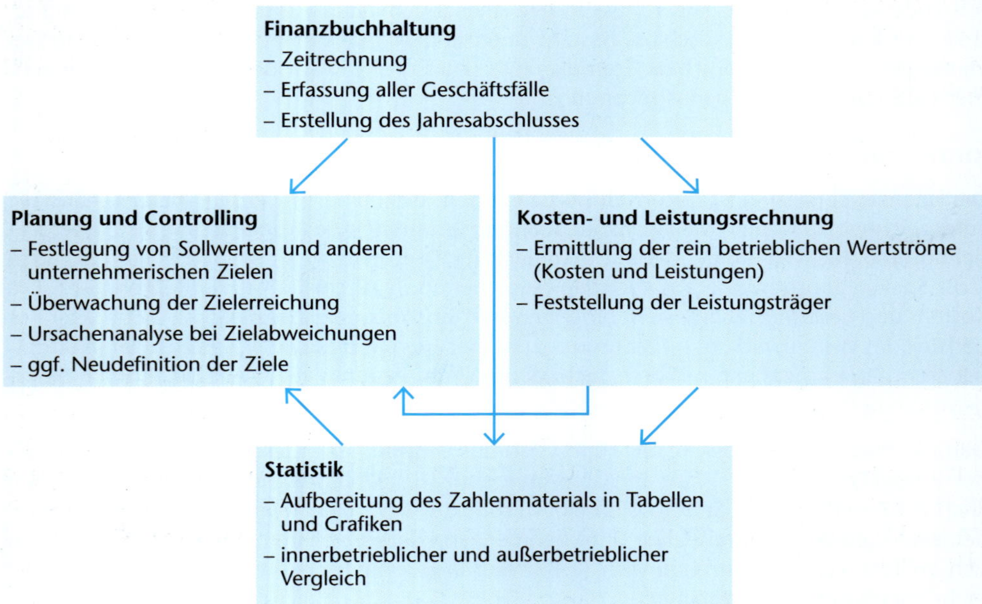

Von den vier Teilbereichen wird im Folgenden nur der Bereich der Finanzbuchhaltung weiter betrachtet, da dieser Bereich die ausbildungsrelevanten Inhalte aus dem Komplex des Rechnungswesens abdeckt.

Merke:

- ***Die Aufgaben des betrieblichen Rechnungswesens werden in den vier Teilbereichen Finanzbuchhaltung, Kosten- und Leistungsrechnung, Statistik und Planung und Controlling wahrgenommen.***
- ***Der Bereich Finanzbuchhaltung ist eine Zeitrechnung.***
- ***Der Bereich Kosten- und Leistungsrechnung ist eine Stück- und Zeitrechnung.***
- ***Der Bereich Statistik ist eine Vergleichsrechnung.***
- ***Der Bereich Planung und Controlling ist eine Vorschaurechnung mit Überwachungsfunktion und Ursachenanalyse.***

1.3 Gesetzliche Vorgaben für die Buchführung

Aus dem vorangegangenen Kapitel ist bereits hervorgegangen, dass der Unternehmer ein Eigeninteresse an der Aufzeichnung der das Unternehmen betreffenden Geschäftsfälle und somit an der Buchführung hat. Die Buchführung liefert ihm eine Grundlage für alle Entscheidungen, die für das Unternehmen zu treffen sind.

Neben der Unternehmensleitung oder dem Unternehmensinhaber hat aber auch der Staat ein Interesse daran, dass Unternehmen eine Finanzbuchhaltung betreiben. Dem Staat geht es dabei um den Schutz des Kaufmanns selbst sowie um den Schutz seiner Gläubiger und Gesellschafter. Darüber hinaus benötigt der Staat die Aufzeichnungen der Finanzbuchhaltung für die Besteuerung des Unternehmens. Aus diesem Grund verpflichtet das Gesetz den Kaufmann im **Handelsgesetzbuch (HGB)** und in der **Abgabenordnung (AO)**, seine Handelsgeschäfte sowie die Höhe seines Vermögens nach den Grundsätzen ordnungsgemäßer Buchführung ersichtlich zu machen.

Die maßgebliche Rechtsvorschrift für die Buchführung befindet sich in § 238 Abs. 1 HGB.

§ 238 Abs. 1 HGB

(1) Jeder Kaufmann ist verpflichtet, Bücher zu führen und in diesen seine Handelsgeschäfte und die Lage seines Vermögens nach den **Grundsätzen ordnungsmäßiger Buchführung** ersichtlich zu machen. [...]

Dieser Paragraf verpflichtet somit jeden Kaufmann zur Buchführung. Da aber nicht alle gewerblichen Unternehmen gleichzeitig Kaufleute sind, verpflichtet die Abgabenordnung in den §§ 140, 141 AO auch alle anderen gewerblichen Unternehmer sowie Land- und Forstwirte zur Buchführung, wenn deren Umsätze 500.000,00 € im Kalenderjahr übersteigen (§ 141 Abs. 1 I AO) oder wenn deren Gewinn 50.000,00 € im Wirtschaftsjahr (Gewerbetriebe, § 141 Abs. 1 IV AO) oder im Kalenderjahr (Land- und Forstwirtschaft, § 141 Abs. 1 V AO) übersteigt.

Die im § 238 Abs. 1 HGB genannten „Grundsätze ordnungsgemäßer Buchführung" beinhalten Regeln für eine sachgerechte, ordnungsgemäße und allgemein anerkannte Durchführung der Buchführung. Sie wurden in der unternehmerischen Praxis ermittelt. Viele dieser Grundsätze wurden inzwischen im Handelsgesetzbuch und in der Abgabenordnung gesetzlich verankert.

Zu den wichtigsten Grundsätzen der ordnungsgemäßen Buchführung gehören:

Rechtsquelle		Vorschrift
HGB	**AO**	
§ 238 Abs. 1	§ 145 Abs. 1	**Allgemeiner Grundsatz** Die Buchführung muss so beschaffen sein, dass sie einem sachverständigen Dritten [z. B. Steuerberater] innerhalb angemessener Zeit [bezogen auf Art und Größe des Unternehmens] einen Überblick über die Geschäftsvorfälle und über die Lage des Unternehmens vermitteln kann.
§ 238 Abs. 1 III § 243 Abs. 2	§ 145 Abs. 1 II	**Grundsatz der Klarheit und Übersichtlichkeit** Die Geschäftsvorfälle müssen sich in ihrer Entstehung und Abwicklung verfolgen lassen. Dieser Grundsatz beinhaltet zwei Forderungen an die Buchführung: 1. keine Buchung ohne Beleg 2. ordnungsgemäße Aufbewahrung der Belege [Der Jahresabschluss] muss klar und übersichtlich sein.
§ 239 Abs. 2, § 246 Abs. 2		**Grundsatz der Vollständigkeit und Richtigkeit** Die Eintragungen in Büchern und die sonst erforderlichen Aufzeichnungen müssen vollständig, richtig, zeitgerecht und geordnet vorgenommen werden. Aus diesem Grundsatz lässt sich ableiten, dass 1. **alle** Geschäftsfälle erfasst werden müssen (Verrechnungsverbot für einzelne Geschäftsfälle). 2. die Belege auf den **richtigen** Konten erfasst werden. 3. die Geschäftsfälle in **zeitlicher** Reihenfolge erfasst werden. 4. die Geschäftsfälle nach **Sachzugehörigkeit** erfasst werden.
	§ 146 Abs. 1 II	**Grundsatz der zeitgerechten Buchung** Kasseneinnahmen und Kassenausgaben sollen täglich festgehalten werden.
§ 239 Abs. 1 I § 239 Abs. 3 I	§ 146 Abs. 3 § 146 Abs. 4	**Grundsatz der geordneten Buchung** Die Buchungen und die sonst erforderlichen Aufzeichnungen sind in einer lebenden Sprache vorzunehmen. Eine Eintragung oder eine Aufzeichnung darf nicht in einer Weise verändert werden, dass der ursprüngliche Inhalt nicht mehr feststellbar ist. Aus diesem Grundsatz lässt sich ableiten, dass das Radieren geschriebener und das Löschen gespeicherter Daten nicht erlaubt ist.

Rechtsquelle		Vorschrift
HGB	AO	
		Aufbewahrungspflichten
§ 257 Abs. 1	§ 147 Abs. 1	Jeder Kaufmann ist verpflichtet, die folgenden Unterlagen geordnet aufzubewahren: 1. Handelsbücher, Inventare, Eröffnungsbilanzen, Jahresabschlüsse, [...] sowie die zu ihrem Verständnis erforderlichen Arbeitsanweisungen und sonstigen Organisationsunterlagen, 2. die empfangenen Handelsbriefe, 3. Wiedergaben der abgesandten Handelsbriefe, 4. Belege für Buchungen in den von ihm nach § 238 Abs. 1 zu führenden Büchern (Buchungsbelege).
§ 257 Abs. 3		Mit Ausnahme der Eröffnungsbilanzen und Abschlüsse können die in Absatz 1 aufgeführten Unterlagen auch als Wiedergabe auf einem Bildträger oder auf anderen Datenträgern aufbewahrt werden, wenn dies den Grundsätzen ordnungsmäßiger Buchführung entspricht und sichergestellt ist, dass die Wiedergabe oder die Daten 1. mit den empfangenen Handelsbriefen und den Buchungsbelegen bildlich und mit den anderen Unterlagen inhaltlich übereinstimmen, wenn sie lesbar gemacht werden, 2. während der Dauer der Aufbewahrungsfrist verfügbar sind und jederzeit innerhalb angemessener Frist lesbar gemacht werden können.
§ 257 Abs. 4	§ 147 Abs. 4	Sind Unterlagen auf Grund des § 239 Abs. 4 Satz 1 auf Datenträgern hergestellt worden, können statt des Datenträgers die Daten auch ausgedruckt aufbewahrt werden; die ausgedruckten Unterlagen können auch nach Satz 1 aufbewahrt werden. Die in Absatz 1 Nr. 1 und 4 aufgeführten Unterlagen sind zehn Jahre, die sonstigen in Absatz 1 aufgeführten Unterlagen sechs Jahre aufzubewahren.
§ 257 Abs. 5		Die Aufbewahrungsfrist beginnt mit dem Schluss des Kalenderjahrs, in dem die letzte Eintragung in das Handelsbuch gemacht, das Inventar aufgestellt, die Eröffnungsbilanz oder der Jahresabschluss festgestellt, [...], der Handelsbrief empfangen oder abgesandt worden oder der Buchungsbeleg entstanden ist.

Verstöße gegen die Grundsätze ordnungsgemäßer Buchführung und/oder gegen die gesetzlichen Vorgaben in diesem Zusammenhang haben in Abhängigkeit vom Umfang des Verstoßes unterschiedliche Auswirkungen. Ist der Umfang des Verstoßes gering, dann gilt der Grundsatz der ordnungsgemäßen Buchführung in der Regel als erfüllt. Haben die Verstöße einen größeren Umfang, dann ist der Grundsatz der ordnungsgemäßen Buchführung nicht mehr erfüllt. In diesem Fall wird die Finanzbehörde eine Schätzung der Besteuerungsgrundlage durchführen (§ 162 AO). Werden über steuerlich erhebliche Tatsachen unrichtige oder unvollständige Angaben gemacht, können Geldstrafen oder Freiheitsstrafen verhängt werden (§ 370 f. AO, § 331 HGB).

Merke:
- ***Die Buchführung ist in ihrer Durchführung an die Grundsätze der ordnungsgemäßen Buchführung gebunden.***
- ***Die Grundsätze ordnungsgemäßer Buchführung sind zum großen Teil im HGB und in der AO verankert.***
- ***Wenn die Buchführung nicht den Grundsätzen einer ordnungsgemäßen Buchführung entspricht, dann hat die Buchführung keine Beweiskraft.***

1.4 Grundlagen der Buchführung

In den nachfolgenden Kapiteln werden die Begriffe Vermögen und Kapital immer wieder verwendet. Es ist daher wichtig, dass ein gemeinsames Verständnis über die Bedeutung der Begriffe besteht. Aus diesem Grund werden die beiden Begriffe zunächst näher betrachtet und voneinander abgegrenzt.

1.4.1 Zusammenhang zwischen Kapital und Vermögen

Durch die unternehmerische Tätigkeit kommt es ständig zu Zahlungsströmen. Für die eingekauften Werkstoffe und Handelswaren müssen Rechnungen beglichen werden. Der Verkauf der fertigen Erzeugnisse bewirkt einen Zahlungseingang. Insbesondere vor größeren Anschaffungen (z. B. Investition in eine neue Produktionsanlage) muss der Unternehmer überlegen, woher die finanziellen Mittel für die Anschaffung stammen sollen. Die getätigten Anschaffungen stellen für ein Unternehmen Sachwerte dar.

Allgemein werden die Sachwerte eines Unternehmens als **Vermögen** bezeichnet. Das Vermögen gibt also an, **wofür** Zahlungen stattgefunden haben bzw. wofür die zur Verfügung stehenden Mittel verwendet wurden. Das **Kapital** gibt hingegen an, **woher** die Mittel stammen, mit denen das Vermögen angeschafft wurde, gibt also Auskunft über die Mittelherkunft. Aus diesem Zusammenhang ergibt sich der Grundsatz, dass Vermögen und Kapital stets identisch sind.

Die Begriffe Vermögen und Kapital werden jeweils in zwei Unterkategorien gegliedert. Beim **Vermögen** werden das **Anlagevermögen** und das **Umlaufvermögen** unterschieden. Zum Anlagevermögen gehören alle **langfristig im Unternehmen gebundenen Vermögensteile.** Beispiele sind Produktionsanlagen, Geschäftswagen, Grundstücke und Gebäude. Das **Umlaufvermögen** setzt sich aus Positionen zusammen, die nicht lange im Unternehmen bleiben. Dies sind beispielsweise Werkstoffe, Waren, fertige Erzeugnisse, Bankguthaben oder Forderungen an Kunden aus dem Verkauf von Erzeugnissen oder Handelswaren. Das **Kapital** wird unterschieden in **Eigenkapital** und **Fremdkapital**. Das Eigenkapital wurde vom Unternehmer selbst aufgebracht und steht ihm uneingeschränkt und langfristig zur Verfügung. Das Fremdkapital stellt die Schulden eines Unternehmens dar (z. B. langfristige Bankverbindlichkeiten, Verbindlichkeiten für noch nicht bezahlte Rechnungen).

Der Zusammenhang der Begriffe ergibt sich aus folgendem Schaubild:

Vermögen			=	Kapital		
Anlagevermögen	+	Umlaufvermögen	=	Eigenkapital	+	Fremdkapital
Mittelverwendung (wofür?)			=	Mittelherkunft (woher?)		

Merke:

- *Das Vermögen unterteilt sich in Anlagevermögen und Umlaufvermögen.*
- *Das Kapital unterteilt sich in Eigenkapital und Fremdkapital.*
- *Das Vermögen gibt an, wofür das Kapital verwendet wurde.*
- *Das Kapital gibt an, woher die Mittel stammen, mit denen das Vermögen angeschafft wurde.*
- *Die Summe des Vermögens und die Summe des Kapitals müssen immer gleich hoch sein.*

1.4.2 Überblick und Zusammenhang von Inventur, Inventar und Bilanz

Zu bestimmten Zeitpunkten (z. B. am Geschäftsjahresende) müssen in einem Unternehmen das Vermögen und die Schulden festgestellt werden. Der Vorgang wird als **Inventur** bezeichnet. Das Ergebnis der Inventur ist in Abhängigkeit von der Größe des Unternehmens eine sehr lange Liste. Zur Verbesserung der Übersicht wird aus dem Ergebnis der Inventur ein **Inventar** erstellt. Das Inventar bildet wiederum die Grundlage für die Aufstellung der **Bilanz**.

Inventur (Bestandsaufnahme) → Inventar (Bestandsverzeichnis) → **Bilanz**

Die Begriffe Inventur, Inventar und Bilanz werden in den folgenden Kapiteln ausführlich dargestellt.

a) Die Inventur

Unternehmer sind dazu verpflichtet, zu bestimmten Anlässen die Höhe des Vermögens und der Schulden ihres Unternehmens festzustellen. Die Vorschriften finden sich in § 240 HGB und in § 140 AO. Zwar verfügen alle Unternehmen über Bestandsverzeichnisse, denen beispielsweise aktuelle Lagerbestände für Waren entnommen werden können, aber in jedes Verzeichnis können sich im Laufe des Geschäftsjahres Fehler eingeschlichen haben. So ist es beispielsweise vorstellbar, dass ein Lagerzugang oder beschädigte und aussortierte Ware nicht vermerkt wurde. Denkbar ist auch, dass der tatsächliche Lagerbestand von dem auf einer Lagerkartei ermittelten Lagerbestand durch einen nicht entdeckten Diebstahl abweicht. Darüber hinaus werden in vielen Verzeichnissen zwar die Bestände, nicht aber die notwendigen Werte in Euro ausgewiesen.

Aus diesen Gründen muss
- bei Gründung oder Übernahme,
- am Ende des Geschäftsjahres,
- bei Aufgabe der Geschäftstätigkeit

eine Inventur durchgeführt werden.

Im Rahmen einer Inventur werden alle Vermögensteile und die gesamten Schulden eines Unternehmens nach Art, Menge und Wert ermittelt und in einer Inventurliste schriftlich festgehalten.

Merke:
Eine Inventur ist die mengen- und wertmäßige Bestandsaufnahme aller Vermögensteile und Schulden eines Unternehmens zu einem bestimmten Zeitpunkt.

Planung und Durchführung der Inventur

In großen Unternehmen ist die Inventur ein sehr arbeitsintensiver Vorgang und bedarf daher einer guten Organisation. Ein durchdachter Ablaufplan muss daher folgende Planungsschritte berücksichtigen:

1. Personalplanung: Welche Personen sollen die Bestände an den verschiedenen Orten durchführen?
2. Raumplanung: Wo im Unternehmen befinden sich die zu erfassenden Bestände?
3. Zeitplanung: Wann soll die Bestandsaufnahme an den verschiedenen Orten erfolgen?
4. Hilfsmittelplanung: Welche Hilfsmittel werden von den mit der Bestandsaufnahme beauftragten Mitarbeitern benötigt?

Nach der Planungsphase kann mit der Durchführung der Inventur begonnen werden. Grundsätzlich kommen für die Durchführung der Inventur zwei Arten in Betracht:

Körperliche Inventur
Bei der **körperlichen Inventur** werden die **körperlichen Vermögensgegenstände** (z. B. Fuhrpark, Werkzeuge, fertige Erzeugnisse, Rohstoffe) durch Zählen, Messen oder Wiegen mengenmäßig erfasst. Wenn der Arbeitsaufwand für das Zählen unangemessen hoch ist und der Wert des betreffenden Vermögensgegenstands sehr gering ist, darf auch eine Schätzung erfolgen (z. B. bei Nägeln oder Schrauben denkbar). Nach diesem Vorgang müssen die ermittelten Mengen in Euro bewertet werden, indem sie mit dem Einstandspreis (abzüglich Wertminderungen aufgrund von Mängeln) multipliziert werden.

Duisdorfer
BüroKonzept
KG

Ausstattung und Beratung
für das Büro

Inventurliste

Aufnahme durchgeführt von	
Aufnahme durchgeführt am	

lfd. Nr.	**Menge**	**Bezeichnung des Vermögensgegenstands**	**Wert gesamt**
1	8 Stück	Schreibtisch Ökostar	1.960,00 €
2	18 Stück	Schreibtisch Ahorn	5.310,00 €
3	10 Liter	Schmieröl, WJZ 23.7	25,00 €

Buchinventur

Bei der **Buchinventur** werden alle **nicht körperlichen Vermögensgegenstände** und die Schulden erfasst. Nicht körperliche Vermögensteile sind z. B. das Bankguthaben sowie die Forderungen aus dem Verkauf der eigenen Erzeugnisse und Waren. Die Aufnahme erfolgt durch Überprüfung der buchhalterischen Aufzeichnungen und Belege (z. B. Kontoauszüge, unbezahlte Ausgangsrechnungen). Die Buchinventur wird auch als **buchmäßige Bestandsaufnahme** bezeichnet.

Die Durchführung der Inventur stellt für Unternehmen eine hohe Arbeitsbelastung dar. Der Gesetzgeber erlaubt daher folgende Inventurvereinfachungsverfahren (§ 241 HGB):

- **Stichtagsinventur**

Unternehmen sind per Gesetz dazu verpflichtet, am Ende des Geschäftsjahres (meist der 31. Dezember) die Inventur durchzuführen. Der **Stichtag** für die Durchführung ist also der letzte Tag des laufenden Geschäftsjahres. Die meisten Unternehmen sind aber nicht in der Lage, alle notwendigen Inventurarbeiten an einem Tag durchzuführen. Aus diesem Grund erlaubt das Gesetz, dass die Inventurarbeiten **zeitnah** um den Abschlussstichtag herum durchgeführt werden können. Nach den Vorgaben für die **zeitnahe Inventur** darf die Inventur in einem **Zeitraum von zehn Tagen vor bis zu zehn Tagen nach dem Stichtag** erfolgen. Bei der zeitnahen Inventur muss aber sichergestellt sein, dass die Veränderungen der Bestände der Vermögensgegenstände, die vor oder nach dem Abschlussstichtag aufgenommen wurden, anhand von Belegen oder Aufzeichnungen ordnungsgemäß berücksichtigt werden.

- **Verlegte Inventur**

Die verlegte Inventur erlaubt die Durchführung der körperlichen Bestandsaufnahme in einem Zeitraum von **drei Monaten vor oder zwei Monaten nach dem Abschlussstichtag.** Für das Unternehmen ergibt sich dadurch der Vorteil, dass Betriebsschließungen vermieden werden können, weil die Inventurarbeiten in eine Zeit verlegt werden können, in der der alltägliche Arbeitsaufwand geringer ist. Darüber hinaus können unter Umständen Kosten für zusätzlich notwendiges Personal vermieden werden.

Auch bei diesem Vereinfachungsverfahren muss der Wert des Bestandes der Vermögensgegenstände am Bilanzstichtag vorliegen. Daher muss auch bei der verlegten Inventur der Wert des Bestandes durch eine ordnungsgemäße Fortschreibung oder Rückrechnung ermittelt werden.

Wertfortschreibung für den Artikel		Wertrückrechnung für den Artikel	
körperliche Inventur am 20.10.	3.800,00 €	körperliche Inventur am 12.02.	1.320,00 €
+ Zugänge im Zeitraum 21.10. bis 31.12.	2.090,00 €	– Zugänge im Zeitraum 01.01. bis 12.02.	990,00 €
– Abgänge im Zeitraum 21.10. bis 31.12.	3.325,00 €	+ Abgänge im Zeitraum 01.01. bis 12.02.	1.870,00 €
= Wert des Bestandes am 31.12. (Stichtag)	2.565,00 €	= Wert des Bestandes am 31.12. (Stichtag)	2.200,00 €

- **Permanente Inventur**

Bei der permanenten Inventur wird der Zeitraum der körperlichen **Bestandsaufnahme** auf das **gesamte Geschäftsjahr** ausgedehnt, das heißt, dass die körperliche Bestandsaufnahme zwar erfolgen muss, der Zeitpunkt vom Unternehmer aber frei gewählt werden kann. Er muss innerhalb des Geschäftsjahres liegen. Für das Unternehmen entsteht der Vorteil, dass die Inventurarbeiten für einen Vermögensgegenstand in einen Zeitraum verlegt werden können, in denen die Bestände erfahrungsgemäß sehr niedrig sind. Der Arbeitsaufwand kann dadurch erheblich reduziert werden.

Die permanente Inventur ist an einige Voraussetzungen gebunden. So ist dieses Inventurverfahren nur erlaubt, wenn für den betreffenden Vermögensgegenstand eine **permanente Aufzeichnung aller Zu- und Abgänge** erfolgt. Dies geschieht bei Lagerpositionen beispielsweise mit der Hilfe einer Lagerkartei. Wenn das Ergebnis der Bestandsaufnahme vom ausgewiesenen Bestand auf der Lagerkartei abweicht, dann muss die Lagerkartei korrigiert werden.

- **Stichprobeninventur**

Mithilfe von anerkannten **mathematisch-statistischen Methoden** wird der Lagerbestand anhand von Stichproben ermittelt. Aus den Stichproben ergibt sich zwar zunächst nur ein Durchschnittswert, allerdings lässt sich durch Multiplikation dieses Durchschnittswerts mit der Gesamtmenge der Gesamtwert der jeweiligen Lagervorräte ermitteln. Im Grunde ist die Stichprobeninventur kein eigenständiges Inventurverfahren. Sie ist eher eine Technik der Bestandsaufnahme. In der Praxis ist die Stichprobeninventur als zuverlässiges und kostensparendes Verfahren zur Ermittlung des Lagerbestands anerkannt.

Merke:

- ***In größeren Unternehmen sollte für die Inventur immer ein Ablaufplan erstellt werden.***
- ***Die körperliche Inventur ist eine mengen- und wertmäßige Bestandsaufnahme.***
- ***Die Buchinventur ist eine wertmäßige Bestandsaufnahme aufgrund von Aufzeichnungen und Belegen.***
- ***Bei der Bewertung der ermittelten Bestände müssen Wertminderungen (z. B. durch Beschädigungen) berücksichtigt werden.***
- ***Zu den Inventurvereinfachungsverfahren zählen die Stichtagsinventur (= zeitnahe körperliche Bestandsaufnahme), die verlegte Inventur (= vor- oder nachverlegte körperliche Bestandsaufnahme), die permanente Inventur (= laufende Bestandsfortschreibung anhand von Bestandsverzeichnissen) und die Stichprobeninventur mithilfe mathematisch-statistischer Methoden.***

Das Ergebnis der Inventur ist eine Inventurliste, die alle Vermögensgegenstände und Schulden des Unternehmens ausweist. Allein aufgrund des Umfangs der Liste ist die Aufstellung unübersichtlich und für den Unternehmer zu Auswertungszwecken nicht zu gebrauchen. Aus den Ergebnissen der Inventurliste wird daher ein Inventar erstellt.

b) Das Inventar

Das Inventar ist ein Bestandsverzeichnis, das auf den Ergebnissen der Inventur basiert. Um eine bessere Übersicht zu erhalten, ist es üblich, das Inventar in drei Teile zu gliedern:

A. Vermögen

B. Schulden

C. Eigenkapital

Wie bereits dargestellt, setzt sich das **Vermögen** aus dem Anlagevermögen und dem Umlaufvermögen zusammen. Beide Positionen finden sich auch im Inventar wieder und werden daher in der folgenden Übersicht von einander abgegrenzt.

Vermögensart	Beispiele
Anlagevermögen Zum Anlagevermögen gehören alle Gegenstände, die dem Geschäftsbetrieb dauerhaft dienen, also langfristig im Unternehmen gebunden sind. Sie sind die Grundlage für die Betriebsbereitschaft.	▪ Immaterielle Vermögensgegenstände (z. B. Patente, Konzessionen und Lizenzen) ▪ Sachanlagen (z. B. Grundstücke, Bauten, Technische Anlagen und Maschinen, Betriebs- und Geschäftsausstattung) ▪ Finanzanlagen (z. B. Beteiligungen, Wertpapiere des Anlagevermögens)
Umlaufvermögen Alle Vermögensposten, die sich in ihrer Höhe ständig verändern und nicht für längere Zeit im Unternehmen bleiben, gehören zum Umlaufvermögen.	▪ Vorräte (z. B. Roh-, Hilfs- und Betriebsstoffe, eigene Erzeugnisse) ▪ Forderungen aus Lieferungen und Leistungen ▪ Wertpapiere des Umlaufvermögens ▪ Flüssige Mittel (z. B. Bankguthaben, Kassenbestände)

Im Inventar werden sowohl die Posten des Anlagevermögens als auch die Posten des Umlaufvermögens nach zunehmender Flüssigkeit bzw. Liquidität (also dem Grad, wie schnell sie in Geld umgewandelt werden können) geordnet. Die Posten des Vermögens, die nicht leicht in Geld umgewandelt werden können, stehen im Inventar weiter oben, während die Posten, die eine große Nähe zum Geld haben, weiter unten aufgeführt werden. Kassenbestände und Bankguthaben werden demnach zuletzt aufgeführt.

Auch die **Schulden** werden nach einer bestimmten Vorgabe im Inventar aufgeführt. Zunächst erfolgt eine Einteilung in langfristige Schulden und kurzfristige Schulden. Innerhalb dieser beiden Gliederungspunkte werden die einzelnen Positionen nach ihrer zunehmenden Fälligkeit, das heißt, nach steigender Dringlichkeit der Rückzahlung aufgelistet. Folgende Übersicht verdeutlicht das Gliederungsschema.

Art der Schulden	Beispiele
langfristige Schulden	▪ Hypothekenschulden ▪ Darlehensschulden
kurzfristige Schulden	▪ Verbindlichkeiten aus Lieferungen und Leistungen

Die **Ermittlung des Eigenkapitals** erfolgt durch die Gegenüberstellung von Vermögen und Schulden. Die Differenz zwischen diesen beiden Positionen stellt das Eigenkapital oder Reinvermögen des Unternehmens dar.

  Summe des Vermögens
– Summe der Schulden
= Eigenkapital bzw. Reinvermögen

Aus der geschilderten Gliederung ergibt sich für ein vollständiges Inventar folgende übliche Darstellung:

Duisdorfer BüroKonzept KG

Ausstattung und Beratung für das Büro

Duisdorfer BüroKonzept KG, Rochusstraße 30, 53123 Bonn
Inventar zum 31.12.20..

	Euro	Euro
A. Vermögen		
I. Anlagevermögen		
1. Grundstücke und Bauten, Rochusstraße 30		
Grundstück	120.000,00	
Betriebsgebäude	450.000,00	
Lagerhalle	110.000,00	
Verwaltungsgebäude	390.000,00	1.070.000,00
2. Technische Anlagen und Maschinen lt. AV 1		850.000,00
3. Betriebs- und Geschäftsausstattung lt. AV 2		
Werkzeuge	54.000,00	
Lager- und Transporteinrichtungen	85.000,00	
Fuhrpark	135.000,00	
Büromaschinen, Kommunikationsanlagen	37.000,00	
Büromöbel	22.000,00	333.000,00
II. Umlaufvermögen		
1. Rohstoffe lt. IV 1		26.000,00
2. Hilfsstoffe lt. IV 2		8.500,00
3. Betriebsstoffe lt. IV 3		2.200,00
4. Unfertige Erzeugnisse lt. IV 4		67.000,00
5. Fertige Erzeugnisse lt. IV 5		102.000,00
6. Handelswaren lt. IV 6		137.000,00
7. Forderungen a. LL. lt. FV		66.600,00
8. Kassenbestand		1.900,00
9. Bankguthaben lt. Kontoauszügen		
Volksbank Bonn/Rhein-Sieg	47.000,00	
Postbank Köln	98.800,00	145.800,00
Summe des Vermögens		**2.810.000,00**
B. Schulden		
I. Langfristige Schulden		
1. Hypothek bei der Volksbank Bonn/Rhein-Sieg	920.000,00	
2. Darlehen bei der Postbank Köln	1.100.000,00	2.020.000,00
II. Kurzfristige Schulden		
Verbindlichkeiten a. LL. lt. VV		450.000,00
Summe der Schulden		**2.470.000,00**
C. Ermittlung des Eigenkapitals		
Summe des Vermögens		2.810.000,00
– Summe der Schulden		2.470.000,00
= Eigenkapital (Reinvermögen)		**340.000,00**

AV = Anlagenverzeichnis, IV = Inventurverzeichnis, FV = Forderungsverzeichnis, VV = Verbindlichkeitenverzeichnis

Der Unternehmer ist per Gesetz dazu verpflichtet, das Inventar zehn Jahre aufzubewahren. Nach § 257 HGB kann die Aufbewahrung auch auf einem Bildträger (z. B. Mikrofilm) oder auf anderen Datenträgern erfolgen. Die Wiedergabe der Daten muss aber zu jedem Zeitpunkt möglich sein. Die **Frist** beginnt mit dem **Ende des Kalenderjahres,** in dem das Inventar aufgestellt wurde.

Merke:
- ***Im Inventar …***
  … wird das Vermögen in Anlagevermögen und Umlaufvermögen untergliedert.
  … werden die Schulden in langfristige und kurzfristige Schulden eingeteilt.
- ***Das Eigenkapital oder Reinvermögen ergibt sich aus der Gegenüberstellung von Vermögen und Schulden.***
- ***Die im Inventar ausgewiesenen Bestände sind stichtagsbezogen.***

c) Erfolgsermittlung durch Eigenkapitalvergleich

Für einen Unternehmer ist es von elementarer Bedeutung, die Höhe des Erfolgs seines Unternehmens zu kennen. Der Erfolg eines Unternehmens kann sich als Gewinn oder Verlust äußern. Nur wenn der Unternehmer einen positiven Erfolg, also einen Gewinn erzielt, kann er sich langfristig am Markt behaupten.

Aus einem Inventar ist der Erfolg eines Unternehmens nicht direkt erkennbar. Jedoch kann der Erfolg ermittelt werden, wenn das Inventar des Vorjahres hinzugezogen wird. Hierfür sind die ermittelten Eigenkapitale der jeweiligen Inventare miteinander zu vergleichen. Wenn sich das Eigenkapital des aktuellen Inventars im Vergleich zum Inventar des Vorjahres erhöht hat, deutet dies auf einen Gewinn hin. Ist eine Verminderung des Eigenkapitals zu erkennen, muss von einem Verlust ausgegangen werden.

Beispiel
Eigenkapitalvergleich

Das aktuelle Inventar der Duisdorfer BüroKonzept KG weist ein Eigenkapital in Höhe von 340.000,00 €. Im Vorjahr betrug das Eigenkapital 315.000,00 €.

	Eigenkapital des aktuellen Inventars	*340.000,00 €*
–	*Eigenkapital des Vorjahres*	*315.000,00 €*
=	*Erfolg (Gewinn)*	*25.000,00 €*

Die Mehrung des Eigenkapitals lässt hier grundsätzlich auf einen Gewinn in Höhe von 25.000,00 € schließen.

Die bisherige Betrachtung lässt noch keine endgültige Aussage über den Erfolg des Unternehmens zu. Eine endgültige Aussage über den Erfolg des Unternehmens ist erst dann möglich, wenn **Privatentnahmen** und **Privateinlagen** in der Berechnung berücksichtigt wurden.

Beispiel
Eigenkapitalvergleich und Privatentnahmen

Im laufenden Geschäftsjahr haben Herr Falo und Frau Niester der Duisdorfer BüroKonzept KG insgesamt 55.000,00 € für private Zwecke entnommen.

	Eigenkapital des aktuellen Inventars	*340.000,00 €*
–	*Eigenkapital des Vorjahres*	*315.000,00 €*
=	*Zwischenergebnis*	*25.000,00 €*
+	*Privatentnahmen*	*55.000,00 €*
=	*Erfolg (Gewinn)*	*80.000,00 €*

Aus der Beispielrechnung ist zu ersehen, dass sich der Gewinn durch Berücksichtigung der Privatentnahmen um 55.000,00 € erhöht hat. Er beträgt nun 80.000,00 €. Dies ist darauf zurückzuführen, dass Herr Falo und Frau Niester der Duisdorfer BüroKonzept KG im laufenden Geschäftsjahr Geld für private Zwecke entzogen haben. Hätten sie das nicht getan, dann würde das aktuelle Inventar ein um 55.000,00 € höheres Vermögen ausweisen und damit auch ein höheres Eigenkapital. Aus diesem Grund müssen Privatentnahmen dem Ergebnis nach erfolgtem Eigenkapitalvergleich wieder hinzugerechnet werden.

Beispiel

Eigenkapitalvergleich, Privatentnahmen und Privateinlagen

Von einer unerwarteten Erbschaft konnte Herr Falo 15.000,00 € von seinem Privatkonto auf das Geschäftskonto der Duisdorfer BüroKonzept KG einbezahlen.

	Eigenkapital des aktuellen Inventars	*340.000,00 €*
–	*Eigenkapital des Vorjahres*	*315.000,00 €*
=	*Zwischenergebnis*	*25.000,00 €*
+	*Privatentnahmen*	*55.000,00 €*
=	*Zwischenergebnis*	*80.000,00 €*
–	*Privateinlagen*	*15.000,00 €*
=	*Erfolg (Gewinn)*	*65.000,00 €*

Wie in der Beispielrechnung dargestellt wird, bewirkt eine Privateinlage das Gegenteil von einer Privatentnahme. Durch die Berücksichtigung von Privateinlagen in Höhe von 15.000,00 € schrumpft der Erfolg der Duisdorfer BüroKonzept KG auf 65.000,00 €. Die Vorgehensweise ist sowohl richtig als auch sinnvoll, da die 15.000,00 €, die Herr Falo aus privaten Mitteln dem Unternehmen zur Verfügung gestellt hat, nicht vom Unternehmen erwirtschaftet wurden. Aus diesem Grund wird der bisherige Erfolg der Duisdorfer BüroKonzept KG um diesen Betrag reduziert.

Privateinlagen und Privatentnahmen können nicht nur in Form von Geldvermögen getätigt werden. Unternehmer haben auch die Möglichkeit, dem Unternehmen Sachwerte zukommen zu lassen (z. B. Grundstücke, Computer, Geschäftswagen). Ebenso ist es denkbar, dass der Unternehmer dem Unternehmen kein Geld entnimmt, sondern hergestellte Erzeugnisse oder Waren. Darüber hinaus kann es vorkommen, dass der Unternehmensinhaber einen Mitarbeiter privat für sich arbeiten lässt (z. B. Durchführung von Reparaturarbeiten am privaten Wohnhaus durch den Hausmeister des Unternehmens). Diese Vorgänge müssen dann bewertet und im vorgestellten Rechenkonzept berücksichtigt werden.

Merke:

- ***Durch den Vergleich der Eigenkapitale von zwei aufeinanderfolgenden Geschäftsjahren kann auf den Erfolg eines Unternehmens geschlossen werden.***
- ***Für eine endgültige Aussage über den Erfolg müssen die Privatentnahmen und die Privateinlagen berücksichtigt werden.***
- ***Die Berücksichtigung der Privatentnahmen erhöht den Gewinn, die Berücksichtigung der Privateinlagen mindert den Gewinn.***

d) Die Bilanz

Im Vergleich zur Inventurliste ist das Inventar sehr viel übersichtlicher und damit auch aussagekräftiger. Insbesondere bei größeren Unternehmen ist aber auch das Inventar sehr umfangreich und verliert daher deutlich an Übersichtlichkeit.

Eine bessere Übersicht vermittelt die **Bilanz**. Aus diesem Grund verpflichtet der Gesetzgeber den Unternehmer in § 242 HGB, basierend auf den Werten des Inventars eine Bilanz zu erstellen. Nach § 247 HGB müssen in der Bilanz das Anlagevermögen und das Umlaufvermögen sowie das Eigenkapital und die Schulden gesondert ausgewiesen und hinreichend gegliedert werden. Auf eine mengenmäßige Darstellung des Vermögens und der Schulden, wie es im Inventar der Fall ist, wird bei der Bilanz verzichtet. Auch weicht die Form der Darstellung der Bilanz grundlegend von der Darstellungsform des Inventars ab. In der Bilanz werden **Vermögen und Kapital in einem Konto gegenübergestellt** (gemäß § 266 HGB).

Ein Konto ist eine **zweiseitige Darstellung in T-Form.** Die **linke Seite** der Bilanz trägt die Überschrift **Aktiva** und wird als **Aktivseite** bezeichnet. Sie enthält das gesamte Anlage- und Umlaufvermögen eines Unternehmens. Die Ordnung der einzelnen Posten erfolgt, wie im Inventar, nach steigender Flüssigkeit. Die **rechte Seite** der Bilanz trägt die Überschrift **Passiva** und wird als **Passivseite** bezeichnet. Sie enthält alle Kapitalposten (Eigenkapital und Fremdkapital) des Unternehmens. Die Ordnung der Posten des Fremdkapitals erfolgt, wie im Inventar, nach ihre Fälligkeit.

Immer dann, wenn eine Kontenseite (Aktiva oder Passiva) mehr Positionen ausweist, entsteht auf der gegenüberliegenden Seite ein freier Raum. Dieser freie Raum muss durch die „Buchhalternase" entwertet werden. Die Bilanz muss vom Inhaber des Unternehmens persönlich unterschrieben werden. Sie ist zehn Jahre aufzubewahren. Die Frist beginnt mit dem Schluss des Kalenderjahres, in dem die Bilanz aufgestellt wurde.

Die ordnungsgemäß aufgestellte Bilanz der Duisdorfer BüroKonzept KG sieht wie folgt aus:

Aktiva	**Bilanz der Duisdorfer BüroKonzept KG zum 31. Dezember 20..**		**Passiva**
I. Anlagevermögen		I. Eigenkapital	340.000,00 €
1. Grundstücke und Bauten	1.070.000,00 €		
2. Technische Anlagen und Maschinen	850.000,00 €	II. Fremdkapital	
3. Betriebs- u. Geschäftsausstattung	333.000,00 €	1. Hypothekenschulden	920.000,00 €
		2. Darlehensschulden	1.100.000,00 €
II. Umlaufvermögen		3. Verbindlichkeiten a. LL.	450.000,00 €
1. Rohstoffe	26.000,00 €		
2. Hilfsstoffe	8.500,00 €		
3. Betriebsstoffe	2.200,00 €		
4. Unfertige Erzeugnisse	67.000,00 €		
5. Fertige Erzeugnisse	102.000,00 €		
6. Handelswaren	137.000,00 €		
7. Forderungen a. LL.	66.600,00 €		
8. Kassenbestand	1.900,00 €		
9. Bank	145.800,00 €		
	2.810.000,00 €		2.810.000,00 €

Bonn, 5. Januar 20.. S. Falo K. Niester

Aus der Darstellung kann verallgemeinert werden, dass eine ordnungsgemäß aufgestellte Bilanz immer betragsmäßig gleich hohe Kontenseiten ausweisen muss. Daraus ergeben sich folgende Bilanzgleichungen:

Gesamtvermögen = Gesamtkapital

Gesamtvermögen = Eigenkapital + Fremdkapital

Anlagevermögen + Umlaufvermögen = Gesamtkapital

Anlagevermögen + Umlaufvermögen = Eigenkapital + Fremdkapital

Merke:

- ***Die Bilanz ist eine Kurzfassung des Inventars in Kontenform. Beide Darstellungen unterscheiden sich aber grundlegend:***

	Inventar	Bilanz
Umfang	sehr ausführlich, dafür aber unübersichtlich	kurz, dafür aber übersichtlich
Inhalte und Informationsgehalt	Angabe von Mengen und Werten	nur Gesamtwertangaben der einzelnen Bilanzposten
äußere Form	▪ Staffelform, das heißt, Vermögen, Schulden und Reinvermögen werden untereinander aufgeführt ▪ muss nicht vom Unternehmensinhaber unterschrieben werden	▪ Kontenform, das heißt, Vermögen und Kapital werden nebeneinander aufgeführt ▪ Unternehmensinhaber muss unterschreiben

- ***Alle Vermögensposten stehen nach steigender Flüssigkeit geordnet auf der Aktivseite der Bilanz.***
- ***Die Kapitalposten stehen nach Fälligkeit geordnet auf der Passivseite der Bilanz.***
- ***Der Unternehmer muss die Bilanz persönlich unterschreiben.***

2 Das System der doppelten Buchführung

In einem Unternehmen kommt es jeden Tag zu vielen Geschäftsfällen. Diese Geschäftsfälle müssen buchhalterisch erfasst werden. Die Erfassung der Geschäftsfälle erfordert einige Regeln und ein pragmatisches und logisches System: das **System der doppelten Buchführung**. In den nachfolgenden Kapiteln wird das System der doppelten Buchführung schrittweise erläutert und angewendet.

2.1 Werteveränderungen in der Bilanz

Alle im Unternehmen auftretenden Geschäftsfälle wirken sich auf die Bilanz aus. Ein Geschäftsfall bewirkt die Veränderung von mindestens zwei in der Bilanz aufgeführten Posten. Je nachdem, auf welcher Bilanzseite (Aktiv- oder Passivseite) sich die durch den Geschäftsfall betroffenen Bilanzposten befinden, werden folgende vier Wertebewegungen in der Bilanz unterschieden:

- Aktivtausch
- Passivtausch
- Aktiv-Passivmehrung
- Aktiv-Passivminderung

Die Klärung der vier Begriffe erfolgt anhand der bereits bekannten Bilanz der Duisdorfer BüroKonzept KG.

Aktiva	Eröffnungsbilanz der Duisdorfer BüroKonzept KG zum 1. Januar 20..		Passiva
I. Anlagevermögen		I. Eigenkapital	340.000,00 €
1. Grundstücke und Bauten	1.070.000,00 €		
2. Technische Anlagen und Maschinen	850.000,00 €	II. Fremdkapital	
3. Betriebs- u. Geschäftsausstattung	333.000,00 €	1. Hypothekenschulden	920.000,00 €
		2. Darlehensschulden	1.100.000,00 €
II. Umlaufvermögen		3. Verbindlichkeiten a. LL.	450.000,00 €
1. Rohstoffe	26.000,00 €		
2. Hilfsstoffe	8.500,00 €		
3. Betriebsstoffe	2.200,00 €		
4. Unfertige Erzeugnisse	67.000,00 €		
5. Fertige Erzeugnisse	102.000,00 €		
6. Handelswaren	137.000,00 €		
7. Forderungen a. LL.	66.600,00 €		
8. Kassenbestand	1.900,00 €		
9. Bank	145.800,00 €		
	2.810.000,00 €		2.810.000,00 €

Gemäß der Überschrift handelt es sich bei der Bilanz um eine Eröffnungsbilanz. In der Praxis muss die Eröffnungsbilanz inhaltlich immer identisch (gleich) mit der Schlussbilanz des vorangegangenen Geschäftsjahres sein. Diese Vorgabe wird als **Grundsatz der Bilanzidentität** bezeichnet.

Beispiel

Aktivtausch

Herr Anderson hat Holzplatten im Wert von 2.500,00 € für die Herstellung der Schreibtische eingekauft und den Kaufpreis mit einem Bankscheck beglichen.

Für die Bearbeitung des Geschäftsfalls müssen folgende Fragen beantwortet werden:

Welche Bilanzposten sind von dem Geschäftsfall betroffen?	Befindet sich der jeweilige Bilanzposten auf der Aktiv- oder der Passivseite der Bilanz?	Hat der Geschäftsfall eine Mehrung oder Minderung des jeweiligen Bilanzpostens zur Folge?	Art der Bilanzveränderung
Rohstoffe Bank	Aktivseite Aktivseite	Mehrung Minderung	**Aktivtausch**

Die Beantwortung der Fragen ergibt somit eine Mehrung des Rohstoffbestands um 2.500,00 € und eine Minderung des Bankguthabens um 2.500,00 €. Die Bilanz der Duisdorfer BüroKonzept KG verändert sich nach der Erfassung des Geschäftsfalls wie folgt:

Aktiva	**Eröffnungsbilanz der Duisdorfer BüroKonzept KG zum 1. Januar 20..**		**Passiva**
I. Anlagevermögen		I. Eigenkapital	340.000,00 €
1. Grundstücke und Bauten	1.070.000,00 €		
2. Technische Anlagen und Maschinen	850.000,00 €	II. Fremdkapital	
3. Betriebs- u. Geschäftsausstattung	333.000,00 €	1. Hypothekenschulden	920.000,00 €
		2. Darlehensschulden	1.100.000,00 €
II. Umlaufvermögen		3. Verbindlichkeiten a. LL.	450.000,00 €
1. Rohstoffe	28.500,00 €		
2. Hilfsstoffe	8.500,00 €		
3. Betriebsstoffe	2.200,00 €		
4. Unfertige Erzeugnisse	67.000,00 €		
5. Fertige Erzeugnisse	102.000,00 €		
6. Handelswaren	137.000,00 €		
7. Forderungen a. LL.	66.600,00 €		
8. Kassenbestand	1.900,00 €		
9. Bank	143.300,00 €		
	2.810.000,00 €		2.810.000,00 €

Beim Aktivtausch werden lediglich die Bestände von zwei Positionen auf der Aktivseite getauscht. Die Bilanzsumme ändert sich dadurch also nicht.

Beispiel

Passivtausch

Aufgrund von vorübergehenden Liquiditätsengpässen hat Herr Fernandez mit unserem Lieferanten Rösgen e. K. eine Verbindlichkeit a. LL. über 60.000,00 € in eine langfristige Darlehensschuld umgewandelt.

Welche Bilanzposten sind von dem Geschäftsfall betroffen?	Befindet sich der jeweilige Bilanzposten auf der Aktiv- oder der Passivseite der Bilanz?	Hat der Geschäftsfall eine Mehrung oder Minderung des jeweiligen Bilanzpostens zur Folge?	Art der Bilanzveränderung
Verbindlichkeiten a. LL. Darlehen	Passivseite Passivseite	Minderung Mehrung	**Passivtausch**

Der Geschäftsfall bewirkt eine Minderung der Verbindlichkeiten a. LL. um 60.000,00 € und eine Mehrung der Darlehensschulden ebenfalls um 60.000,00. Die Bilanz der Duisdorfer BüroKonzept KG verändert sich nach der Erfassung des Geschäftsfalls wie folgt:

Aktiva	**Zwischenbilanz der Duisdorfer BüroKonzept KG**		**Passiva**
I. Anlagevermögen		I. Eigenkapital	340.000,00 €
1. Grundstücke und Bauten	1.070.000,00 €		
2. Technische Anlagen und Maschinen	850.000,00 €	II. Fremdkapital	
3. Betriebs- u. Geschäftsausstattung	333.000,00 €	1. Hypothekenschulden	920.000,00 €
		2. Darlehensschulden	1.160.000,00 €
II. Umlaufvermögen		3. Verbindlichkeiten a. LL.	390.000,00 €
1. Rohstoffe	28.500,00 €		
2. Hilfsstoffe	8.500,00 €		
3. Betriebsstoffe	2.200,00 €		
4. Unfertige Erzeugnisse	67.000,00 €		
5. Fertige Erzeugnisse	102.000,00 €		
6. Handelswaren	137.000,00 €		
7. Forderungen a. LL.	66.600,00 €		
8. Kassenbestand	1.900,00 €		
9. Bank	143.300,00 €		
	2.810.000,00 €		2.810.000,00 €

Beim Passivtausch werden lediglich die Bestände von zwei Positionen auf der Passivseite getauscht. Die Bilanzsumme ändert sich dadurch also nicht.

Beispiel

Aktiv-Passivmehrung

Herr Lembke hat für die Verwaltung die dringend benötigten Computer gekauft. Der Rechnungsbetrag beläuft sich auf 7.500,00 €. Die Rechnung muss erst in zwei Monaten bezahlt werden.

Welche Bilanzposten sind von dem Geschäftsfall betroffen?	Befindet sich der jeweilige Bilanzposten auf der Aktiv- oder der Passivseite der Bilanz?	Hat der Geschäftsfall eine Mehrung oder Minderung des jeweiligen Bilanzpostens zur Folge?	Art der Bilanzveränderung
Betriebs- und Geschäftsausstattung Verbindlichkeiten a. LL.	Aktivseite Passivseite	Mehrung Mehrung	**Aktiv-Passivmehrung**

Der Geschäftsfall bewirkt eine Mehrung der Betriebs- und Geschäftsausstattung um 7.500,00 € und eine Mehrung der Verbindlichkeiten a. LL. ebenfalls um 7.500,00 €. Die Bilanz der Duisdorfer BüroKonzept KG verändert sich nach der Erfassung des Geschäftsfalls wie folgt:

Aktiva	**Zwischenbilanz der Duisdorfer BüroKonzept KG**		**Passiva**
I. Anlagevermögen		I. Eigenkapital	340.000,00 €
1. Grundstücke und Bauten	1.070.000,00 €		
2. Technische Anlagen und Maschinen	850.000,00 €	II. Fremdkapital	
3. Betriebs- u. Geschäftsausstattung	340.500,00 €	1. Hypothekenschulden	920.000,00 €
		2. Darlehensschulden	1.160.000,00 €
II. Umlaufvermögen		3. Verbindlichkeiten a. LL.	397.500,00 €
1. Rohstoffe	28.500,00 €		
2. Hilfsstoffe	8.500,00 €		
3. Betriebsstoffe	2.200,00 €		
4. Unfertige Erzeugnisse	67.000,00 €		
5. Fertige Erzeugnisse	102.000,00 €		
6. Handelswaren	137.000,00 €		
7. Forderungen a. LL.	66.600,00 €		
8. Kassenbestand	1.900,00 €		
9. Bank	143.300,00 €		
	2.817.500,00 €		2.817.500,00 €

Bei einer Aktiv-Passivmehrung erhöht sich der Bestand einer Bilanzposition auf der Aktivseite sowie der Bestand einer Bilanzposition auf der Passivseite. Da auf beiden Bilanzseiten eine Mehrung stattfindet, erhöht sich die Bilanzsumme ebenfalls.

Beispiel
Aktiv-Passivminderung

Herr Fernandez hat eine fällige Rechnung über 35.000,00 € per Banküberweisung bezahlt.

Welche Bilanzposten sind von dem Geschäftsfall betroffen?	Befindet sich der jeweilige Bilanzposten auf der Aktiv- oder der Passivseite der Bilanz?	Hat der Geschäftsfall eine Mehrung oder Minderung des jeweiligen Bilanzpostens zur Folge?	Art der Bilanzveränderung
Verbindlichkeiten a. LL. Bank	Passivseite Aktivseite	Minderung Minderung	**Aktiv-Passiv-minderung**

Der Geschäftsfall bewirkt eine Minderung der Verbindlichkeiten a. LL. um 35.000,00 € und eine Minderung des Bankguthabens um 35.000,00 €. Die Bilanz der Duisdorfer BüroKonzept KG verändert sich nach der Erfassung des Geschäftsfalls wie folgt:

Aktiva — Schlussbilanz der Duisdorfer BüroKonzept KG — Passiva

Aktiva		Passiva	
I. Anlagevermögen		I. Eigenkapital	340.000,00 €
1. Grundstücke und Bauten	1.070.000,00 €		
2. Technische Anlagen und Maschinen	850.000,00 €	II. Fremdkapital	
3. Betriebs- u. Geschäftsausstattung	340.500,00 €	1. Hypothekenschulden	920.000,00 €
		2. Darlehensschulden	1.160.000,00 €
II. Umlaufvermögen		3. Verbindlichkeiten a. LL.	362.500,00 €
1. Rohstoffe	28.500,00 €		
2. Hilfsstoffe	8.500,00 €		
3. Betriebsstoffe	2.200,00 €		
4. Unfertige Erzeugnisse	67.000,00 €		
5. Fertige Erzeugnisse	102.000,00 €		
6. Handelswaren	137.000,00 €		
7. Forderungen a. LL.	66.600,00 €		
8. Kassenbestand	1.900,00 €		
9. Bank	108.300,00 €		
	2.782.500,00 €		2.782.500,00 €

Bei einer Aktiv-Passivminderung verringert sich der Bestand einer Bilanzposition auf der Aktivseite sowie der Bestand einer Bilanzposition auf der Passivseite. Da auf beiden Bilanzseiten eine Minderung stattfindet, mindert sich die Bilanzsumme ebenfalls.

Merke:

- ***Jeder Geschäftsfall verändert immer mindestens zwei Bilanzposten. So wird das Gleichgewicht von Aktiva und Passiva (oder: Vermögen = Kapital) nicht beeinträchtigt.***
- ***Die in der Bilanz durch die Geschäftsfälle ausgelösten Veränderungen lassen sich in vier Grundtypen einordnen:***

Aktivtausch:	*Es sind zwei Aktivposten betroffen. Ein Aktivposten erhöht sich, der andere Aktivposten mindert sich. Die Bilanzsumme verändert sich nicht.*
Passivtausch:	*Es sind zwei Passivposten betroffen. Ein Passivposten mindert sich, der andere Passivposten mehr sich. Die Bilanzsumme verändert sich nicht.*
Aktiv-Passivmehrung:	*Es sind ein Aktivposten und ein Passivposten betroffen. Beide Bilanzposten weisen einen höheren Bestand aus. Die Bilanzsumme verändert sich.*
Aktiv-Passivminderung:	*Es sind ein Aktivposten und ein Passivposten betroffen. Beide Bilanzposten weisen einen niedrigeren Bestand aus. Die Bilanzsumme verändert sich.*

2.2 Die Auflösung der Bilanz in Bestandskonten

In einem Unternehmen kommt es in Abhängigkeit von seiner Größe jeden Tag zu sehr vielen Geschäftsfällen. Aus diesem Grund ist es leicht einzusehen, dass die Aufstellung einer neuen Bilanz nach jedem Geschäftsfall ein zu aufwendiges Verfahren ist. Daher wird die **Bilanz in Konten aufgelöst**, das heißt, für jeden Bilanzposten wird ein eigenes Konto eingerichtet, welches in seiner Darstellungsform der Bilanz sehr ähnelt.

Die Konten, die aus den Bilanzpositionen auf der **Aktiva-Seite** entstehen, werden als **Aktivkonten** oder **Aktive Bestandskonten** bezeichnet. Die Konten, die aus den Bilanzpositionen auf der **Passiva-Seite** entstehen, werden als **Passivkonten** oder **Passive Bestandskonten** bezeichnet.

Die Vorgehensweise der Auflösung der Bilanz in einzelne Konten wird anhand der folgenden Darstellung verdeutlicht. Als Ausgangsbilanz wird die Eröffnungsbilanz der Duisdorfer Büro-Konzept KG aus dem vorausgegangen Kapitel herangezogen.

Aktiva	Eröffnungsbilanz der Duisdorfer BüroKonzept KG zum 1. Januar 20..		Passiva
I. Anlagevermögen		I. Eigenkapital	340.000,00 €
1. Grundstücke und Bauten	1.070.000,00 €		
2. Technische Anlagen und Maschinen	850.000,00 €	II. Fremdkapital	
3. Betriebs- u. Geschäftsausstattung	333.000,00 €	1. Hypothekenschulden	920.000,00 €
		2. Darlehensschulden	1.100.000,00 €
II. Umlaufvermögen		3. Verbindlichkeiten a. LL.	450.000,00 €
1. Rohstoffe	26.000,00 €		
2. Hilfsstoffe	8.500,00 €		
3. Betriebsstoffe	2.200,00 €		
4. Unfertige Erzeugnisse	67.000,00 €		
5. Fertige Erzeugnisse	102.000,00 €		
6. Handelswaren	137.000,00 €		
7. Forderungen a. LL.	66.600,00 €		
8. Kassenbestand	1.900,00 €		
9. Bank	145.800,00 €		
	2.810.000,00 €		2.810.000,00 €

Soll	Grundstücke u. Bauten	Haben
AB	1.070.000,00 €	

Soll	TA und Maschinen	Haben
AB	850.000,00 €	

Soll	Betr.- u. Gesch.Ausst.	Haben
AB	333.000,00 €	

Soll	Rohstoffe	Haben
AB	26.000,00 €	

Soll	Hilfsstoffe	Haben
AB	8.500,00 €	

Soll	Betriebsstoffe	Haben
AB	2.200,00 €	

Soll	unfertige Erzeugnisse	Haben
AB	67.000,00 €	

Soll	fertige Erzeugnisse	Haben
AB	102.000,00 €	

Soll	Handelswaren	Haben
AB	137.000,00 €	

Soll	Forderungen a. LL.	Haben
AB	66.600,00 €	

Soll	Kasse	Haben
AB	1.900,00 €	

Soll	Bank	Haben
AB	145.800,00 €	

Soll	Eigenkapital	Haben
	AB	340.000,00 €

Soll	Hypothekenschulden	Haben
	AB	920.000,00 €

Soll	Darlehensschulden	Haben
	AB	1.100.000,00 €

Soll	Verbindlichkeiten a. LL.	Haben
	AB	450.000,00 €

Im Unterschied zur Bilanz heißen die **Kontenseitenseiten** nicht Aktiva und Passiva, sondern **Soll** (linke Kontenseite) und **Haben** (rechte Kontenseite). Die Abkürzung dieser Bezeichnungen mit **S für Soll** und **H für Haben** ist üblich. Die Eintragungen auf den Bestandskonten werden nach bestimmten Regeln vorgenommen. Alle Eintragungen sind auf insgesamt drei Anlässe zurückzuführen:

1. Übernahme des Anfangsbestands:
   Die **Anfangsbestände** stehen auf den **Aktivkonten** immer auf der **Soll-Seite**. Auf den **Passivkonten** werden die **Anfangsbestände** immer auf die **Haben-Seite** übernommen.
2. Erfassung der Mehrungen und Minderungen:
   Geschäftsfälle verändern die Anfangsbestände auf den Konten und müssen daher auf den entsprechenden Konten erfasst werden. Ein Geschäftsfall kann zu einer Mehrung oder zu einer Minderung des aktuellen Kontenstands führen. Auf den **Aktivkonten** werden **Mehrungen** immer im **Soll** erfasst. Auf den **Passivkonten** finden sich die **Mehrungen** im **Haben** wieder. Die Eintragung der Werteveränderung muss neben dem Wert auch die **laufende Nummer** des Geschäftsfalls und das **Gegenkonto** ausweisen.
3. Ermittlung des Schlussbestands und Abschluss des Kontos:
   Der Schlussbestand gibt an, welchen Wert in Euro das Konto zum Rechnungsabschluss hat. Er ergibt sich, indem Anfangsbestand und Mehrungen addiert und Minderungen von diesem Betrag abgezogen werden (Schlussbestand = Anfangsbestand + Mehrungen – Minderungen).

In der Praxis hat sich zum Abschluss der Konten ein Vorgehen nach folgenden Schritten bewährt:

1. Schritt: Die **wertmäßige größere Kontenseite** wird **addiert** und in das Konto eingetragen.
2. Schritt: Die ermittelte Summe wird auf die **gegenüberliegende Kontenseite übertragen**.
3. Schritt: Auf der wertmäßig kleineren Seite wird der **Schlussbestand als Differenz (= Saldo)** zwischen der übertragenen Kontensumme und den übrigen Eintragungen dieser Kontenseite ermittelt. Der Vorgang wird als **saldieren** bezeichnet.
4. Schritt: Herstellung des formgerechten Abschlusses durch Anbringen der **notwendigen Unterstreichungen** und **Entwerten des freien Bereichs** mittels „Buchhalternase". Das Aussehen der Konten entspricht in diesem Punkt dem Aussehen einer Bilanz.

Auf den **Aktivkonten** steht der **Schlussbestand** im **Haben**, auf den **Passivkonten** steht der **Schlussbestand** immer im **Soll**. Aus den **Schlussbeständen** ergibt sich die **Schlussbilanz**.

Merke:

- ***Zur besseren Übersicht und aus Gründern der Arbeitserleichterung wird die Bilanz in Konten aufgelöst.***
- ***Aus den Bilanzposten der Aktiva-Seite entstehen die Aktiven Bestandskonten; aus den Bilanzposten der Passiva-Seite entstehen die Passiven Bestandskonten.***
- ***Auf den Bestandskonten werden Anfangsbestand, Mehrungen, Minderungen und Schlussbestand nach festen Regeln erfasst. Aus den Schlussbeständen wird die Schlussbilanz erstellt.***

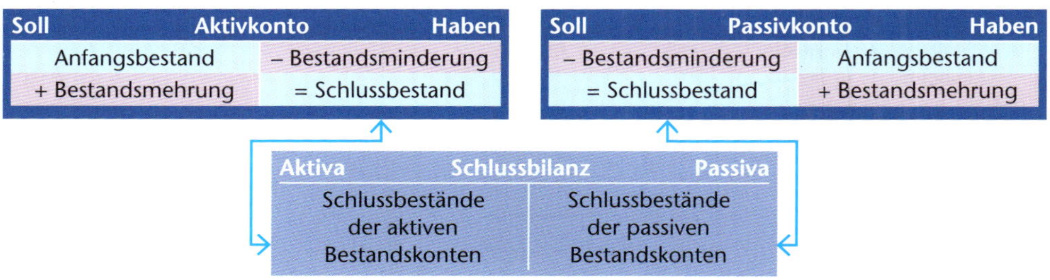

Bezogen auf die bekannten Ausgangswerte stellt sich der Weg von der Eröffnungsbilanz bis zur Schlussbilanz in der Buchhaltung bislang wie folgt dar:

Geschäftsfall	Welche Bilanzposten sind von dem Geschäftsfall betroffen?	Befindet sich der jeweilige Bilanzposten auf der Aktiv- oder Passivseite der Bilanz?	Hat der Geschäftsfall eine Mehrung oder Minderung des jeweiligen Bilanzpostens zur Folge?	Auf welcher Kontenseite wird der Geschäftsfall erfasst?
1. Einkauf von Rohstoffen per Bankscheck 2.500,00 €	Rohstoffe Bank	Aktivseite Aktivseite	Mehrung Minderung	Soll Haben
2. Umwandlung einer kurzfristigen Verbindlichkeit in eine Darlehensschuld 60.000,00 €	Verbindlichkeiten a. LL. Darlehen	Passivseite Passivseite	Minderung Mehrung	Soll Haben
3. Einkauf von Computern für den eigenen Gebrauch auf Ziel 7.500,00 €	Betriebs- u. Geschäftsausstattung Verbindlichkeiten a. LL.	Aktivseite Passivseite	Mehrung Mehrung	Soll Haben
4. Ausgleich einer Lieferantenrechnung per Banküberweisung 35.000,00 €	Verbindlichkeiten a. LL. Bank	Passivseite Aktivseite	Minderung Minderung	Soll Haben

Aktiva — Eröffnungsbilanz der Duisdorfer BüroKonzept KG zum 1. Januar 20.. — Passiva

Aktiva		Passiva	
I. Anlagevermögen		I. Eigenkapital	340.000,00 €
1. Grundstücke und Bauten	1.070.000,00 €		
2. Technische Anlagen und Maschinen	850.000,00 €	II. Fremdkapital	
3. Betriebs- u. Geschäftsausstattung	333.000,00 €	1. Hypothekenschulden	920.000,00 €
		2. Darlehensschulden	1.100.000,00 €
II. Umlaufvermögen		3. Verbindlichkeiten a. LL.	450.000,00 €
1. Rohstoffe	26.000,00 €		
2. Hilfsstoffe	8.500,00 €		
3. Betriebsstoffe	2.200,00 €		
4. Unfertige Erzeugnisse	67.000,00 €		
5. Fertige Erzeugnisse	102.000,00 €		
6. Handelswaren	137.000,00 €		
7. Forderungen a. LL.	66.600,00 €		
8. Kassenbestand	1.900,00 €		
9. Bank	145.800,00 €		
	2.810.000,00 €		2.810.000,00 €

Soll	Grundstücke u. Bauten		Haben
AB	1.070.000,00 €	SB	1.070.000,00 €

Soll	Eigenkapital		Haben
SB	340.000,00 €	AB	340.000,00 €

Soll	TA und Maschinen		Haben
AB	850.000,00 €	SB	850.000,00 €

Soll	Hypothekenschulden		Haben
SB	920.000,00 €	AB	920.000,00 €

Soll	Betr.-u. Gesch.Ausst.		Haben
AB	333.000,00 €	SB	340.500,00 €
3) Vbk.	7.500,00 €		
	340.500,00 €		340.500,00 €

Soll	Darlehensschulden		Haben
SB	1.160.000,00 €	AB	1.100.000,00 €
		2) Vbk.a.LL.	60.000,00 €
	1.160.000,00 €		1.160.000,00 €

Soll	Rohstoffe		Haben
AB	26.000,00 €	SB	28.500,00 €
1) Bank	2.500,00 €		
	28.500,00 €		28.500,00 €

Soll	Verbindlichkeiten a. LL.		Haben
2) Darlehen	60.000,00 €	AB	450.000,00 €
4) Bank	35.000,00 €	3) BGA	7.500,00 €
SB	362.500,00 €		
	457.500,00 €		457.500,00 €

Soll	Hilfsstoffe		Haben
AB	8.500,00 €	SB	8.500,00 €

Soll	Betriebsstoffe		Haben
AB	2.200,00 €	SB	2.200,00 €

Soll	unfertige Erzeugnisse		Haben
AB	67.000,00 €	SB	67.000,00 €

Soll	fertige Erzeugnisse		Haben
AB	102.000,00 €	SB	102.000,00 €

Soll	Handelswaren		Haben
AB	137.000,00 €	SB	137.000,00 €

Soll	Forderungen a. LL.		Haben
AB	66.600,00 €	SB	66.0600,00 €

Soll	Kasse		Haben
AB	1.900,00 €	SB	1.900,00 €

Soll	Bank		Haben
AB	145.800,00 €	1) Rohstoffe	2.500,00 €
		4) Vbk. a. LL.	35.000,00 €
		SB	108.300,00 €
	145.800,00 €		145.800,00 €

Aktiva	Schlussbilanz der Duisdorfer BüroKonzept KG		Passiva
I. Anlagevermögen		I. Eigenkapital	340.000,00 €
1. Grundstücke und Bauten	1.070.000,00 €		
2. Technische Anlagen und Maschinen	850.000,00 €	II. Fremdkapital	
3. Betriebs- u. Geschäftsausstattung	340.500,00 €	1. Hypothekenschulden	920.000,00 €
		2. Darlehensschulden	1.160.000,00 €
II. Umlaufvermögen		3. Verbindlichkeiten a. LL.	362.500,00 €
1. Rohstoffe	28.500,00 €		
2. Hilfsstoffe	8.500,00 €		
3. Betriebsstoffe	2.200,00 €		
4. Unfertige Erzeugnisse	67.000,00 €		
5. Fertige Erzeugnisse	102.000,00 €		
6. Handelswaren	137.000,00 €		
7. Forderungen a. LL.	66.600,00 €		
8. Kassenbestand	1.900,00 €		
9. Bank	108.300,00 €		
	2.782.500,00 €		2.782.500,00 €

2.3 Der Buchungssatz

Mit der Beantwortung der Fragen aus dem „Überlegungsschema" wird jeder Geschäftsfall in kleinen Schritten analysiert und zur Erfassung auf den Konten vorbereitet.

Geschäftsfall	Welche Bilanzposten sind von dem Geschäftsfall betroffen?	Befindet sich der jeweilige Bilanzposten auf der Aktiv- oder Passivseite der Bilanz?	Hat der Geschäftsfall eine Mehrung oder Minderung des jeweiligen Bilanzpostens zur Folge?	Auf welcher Kontenseite wird der Geschäftsfall erfasst?

Wie bereits mehrfach dargestellt, müssen Unternehmen jeden Tag in Abhängigkeit von ihrer Größe sehr viele Geschäftsfälle bearbeiten. Weil die schriftliche Beantwortung der Fragen aus dem „Überlegungsschema" sehr aufwändig ist, erweist sich dessen Anwendung im Alltag als unvorteilhaft. Eine deutlich kürzere Darstellung eines Geschäftsfalls ist der **Buchungssatz**. Im Buchungssatz werden lediglich die Konten mit den dazugehörigen Beträgen angegeben, die sich durch den jeweiligen Geschäftsfall verändern.

Für die Aufstellung aller Buchungssätze gilt die folgende Regel:

Als erstes wird das Konto genannt, auf dem die Buchung im Soll erfolgt. Anschließend folgt das Wörtchen „an". Danach wird das Konto genannt, auf dem die Buchung im Haben erfolgt. Schließlich werden noch die zu verbuchenden Beträge hinzugefügt.

In seiner allgemeinen Schreibweise sieht ein Buchungssatz wie folgt aus:

Soll-Konto		Betrag auf dem Soll-Konto	
	an Haben-Konto		Betrag auf dem Haben-Konto

Der Buchungssatz bildet die **Grundlage für die Erfassung der Geschäftsfälle** auf den Konten. Daraus ergibt sich, dass der Buchungssatz gebildet werden muss, **bevor** die Eintragungen auf den Konten erfolgen.

Merke:
- ***Der Buchungssatz ist die Kurzdarstellung eines Geschäftsfalls und dient als Vorlage für die Übertragung des Geschäftsfalls in die Bestandskonten.***
- ***Im Buchungssatz wird als erstes das Soll-Konto genannt und danach das Haben-Konto.***
- ***Jedem Buchungssatz muss ein Beleg zugrunde liegen. (Grundsatz: Keine Buchung ohne Beleg!)***

2.3.1 Der einfache Buchungssatz

Der einfache Buchungssatz wird für Geschäftsfälle gebildet, die lediglich zwei Bestandskonten betreffen.

Beispiel

WITTMANN AG

Wittmann AG · Untere Dorfstr. 130 · 57074 Siegen

Anschrift: Untere Dorfstr. 130
57074 Siegen
Telefon: 027180053-0
Telefax: 027180053-10
www: www.wittmann-ag.de
E-Mail: kontakt@wittmann-ag.de

Bank: Postbank Köln
IBAN: DE70 3701 0050 5135 1547 81
BIC: PBNKDEFF370

Duisdorfer BüroKonzept KG
Rochusstraße 30
53123 Bonn

Ihr Zeichen	Ihre Bestellung vom	Unser Zeichen	Telefon	Name	Datum
		BK		Bianca Kuhn	27.06.20..

Rechnung

Lieferanten-Nummer: 4410

Kunden-Nr.: 2495420
Rechnungs-Nr.: 50215
Lieferschein-Nr.:
Versanddatum:

Artikel-Nr.	Artikel-Bezeichnung	Menge	Einzelpreis €	Gesamtpreis €
300213	Scann-Chef 100	10	100,00	1.000,00
		Rechnungsbetrag		1.000,00

zahlbar 30 Tage ab Rechnungsdatum ohne Abzug
2 % Skonto bei Zahlung innerhalb von 10 Tagen ab Rechnungsdatum

Anstatt des Überlegungsschemas muss nun nur noch der Buchungssatz formuliert werden:

Nr.	Konto Soll	Konto Haben	Betrag Soll	Betrag Haben
1	Waren		1.000,00 €	
	an	Verbindlichkeiten aus Lieferungen und Leistungen		1.000,00 €

Merke:

- ***Der einfache Buchungssatz besteht lediglich aus zwei Konten.***

2.3.2 Der zusammengesetzte Buchungssatz

Beim einfachen Buchungssatz werden durch einen Geschäftsfall lediglich zwei Konten angesprochen. Wenn durch einen Geschäftsfall mehr als zwei Konten betroffen sind, dann muss ein zusammengesetzter Buchungssatz erstellt werden.

Beispiel

Duisdorfer BüroKonzept KG

Ausstattung und Beratung für das Büro

Duisdorfer BüroKonzept KG · Rochusstraße 30 · 53123 Bonn

Anschrift: Rochusstraße 30, 53123 Bonn
Telefon: 0228 98765-35
Telefax: 0228 98765-835

Banken: Volksbank Bonn/Rhein Sieg
IBAN DE85 3806 0186 2401 2345 67
BIC GENODED1BRS
Postbank Köln
IBAN DE23 3701 0050 8884 4412 34
BIC PBNKDEFF370

Gilles & Partner
Möbelgroßhandlung
Königstraße 28
06618 Naumburg

Ihr Zeichen	Ihre Bestellung vom	Unser Zeichen	Telefon	Name	Datum
		VK Br	0228 98765-	Frank Bremer	27.06.20..

Rechnung

Kunden-Nr.: 2406
Rechnungs-Nr.: 50215
Lieferschein-Nr.:
Versanddatum:

425,00 € bar bereits erhalten.
Rest wird überwiesen.
J. Neuendorf

Pos.	Artikel-Nr.	Artikel-Bezeichnung	Menge	Einzelpreis €	Rabatt in %	Rabattbetrag €	Gesamtpreis €
1	300213	Scann-Chef 100	10	150,00		7,50	1.425,00
					Nettobetrag €		1.425,00

Aus dem Beleg ergibt sich der folgende Buchungssatz:

Nr.	Konto Soll	Konto Haben	Betrag Soll	Betrag Haben
1	Kasse		425,00 €	
	Forderungen aus Lieferungen und Leistungen		1.000,00 €	
	an	Waren		1.425,00 €

Beim zusammengesetzten Buchungssatz muss die Summe der Soll-Buchungen immer mit der Summe der Haben-Buchungen übereinstimmen.

Merke:

- ***Beim zusammengesetzten Buchungssatz sind mehr als zwei Konten betroffen.***
- ***Die Summe der Soll-Buchungen muss der Summe der Haben-Buchungen entsprechen.***

2.4 Erfassung der Buchungssätze im Grundbuch und im Hauptbuch

Nach den Grundsätzen ordnungsgemäßer Buchführung müssen alle Geschäftsfälle sowohl in zeitlicher (chronologischer) als auch in sachlicher Ordnung gebucht werden.

Eine Buchung in **zeitlicher Ordnung** bedeutet, dass alle Buchungssätze **fortlaufend dokumentiert** werden, das heißt, die zuletzt eingegangenen Belege werden auch als letztes gebucht.

Die Aufzeichnung der Buchungssätze erfolgt im **Grundbuch.** Das **Grundbuch** wird auch als **Journal** (franz.: le jour = der Tag) bezeichnet. Es bildet die Grundlage für die Buchungen auf den Konten im Hauptbuch.

Die Buchung in **sachlicher Ordnung** vollzieht sich durch die Erfassung der Buchungssätze auf den Bestandskonten im **Hauptbuch**. Die Geschäftsfälle werden hier nach ihrer sachlichen Zusammengehörigkeit gegliedert, das heißt, dass z. B. alle Geschäftsfälle, die das Bankguthaben verändern, auf dem Bankkonto gebucht werden, alle Bargeschäfte werden auf dem Kassenkonto gebucht. Durch die Angabe des jeweiligen Gegenkontos wird die Ursache einer Buchung zum Ausdruck gebracht.

S	Forderungen a. LL.		H
AB	26.000,00€	1) Bank	10.000,00€

S	Bank		H
AB	38.000,00€		
1) Ford. a. LL.	10.000,00€		

In dem Konto Forderungen a. LL. steht im Haben der Eintrag „1) Bank 10.000,00 €". Durch die Aufnahme des Gegenkontos „Bank" wird klar, dass der Kunde eine Rechnung beglichen hat, indem er eine Überweisung auf das Bankkonto vorgenommen hat. In dem Konto Bank steht im Soll der Eintrag „1) Ford. a. LL. 10.000,00 €". Durch die Angabe des Gegenkontos „Ford. a. LL." wird die Ursache für die Mehrung auf dem Bankkonto deutlich: Ein Kunde hat eine Rechnung ausgeglichen.

Merke:
- *Im Grundbuch werden die Buchungssätze in zeitlicher Ordnung (also fortlaufend) erfasst.*
- *Das Grundbuch bildet die Grundlage für die Erstellung des Hauptbuchs.*
- *Im Hauptbuch werden die Buchungen nach ihrer sachlichen Ordnung vorgenommen.*

2.5 Eröffnungs- und Schlussbilanzkonto

Auf allen Konten einer ordnungsgemäß durchgeführten Buchführung dürfen nur Eintragungen vorgenommen, wenn dafür zuvor ein Buchungssatz gebildet wurde. Bei der bisherigen Vorgehensweise wurde bei der Übertragung der Anfangsbestände von der Eröffnungsbilanz in die Bestandskonten gegen diesen Grundsatz verstoßen. Die Anfangsbestände wurden aus der Eröffnungsbilanz übernommen und in die Bestandskonten eingetragen, ohne dass dafür ein Buchungssatz gebildet wurde.

Nach dem System der doppelten Buchführung war dies bislang auch nicht anders möglich, da jeder Buchung im Soll eine Buchung im Haben gegenüberstehen muss. Um die Buchung der Anfangsbestände zu ermöglichen wird ein **Hilfskonto** im Hauptbuch eingerichtet, welches bei der **Buchung der Anfangsbestände** die Gegenbuchung ermöglicht. Dieses Hilfskonto trägt die Bezeichnung **Eröffnungsbilanzkonto** (abgekürzt: EBK).

Die Kontenseiten des Eröffnungsbilanzkontos tragen wie die Bestandskonten die Bezeichnung Soll und Haben. Auf der Soll-Seite des Eröffnungsbilanzkontos stehen alle Passivposten der Bilanz und auf der Haben-Seite des Eröffnungsbilanzkontos stehen alle Aktivposten der Bilanz. Das **Eröffnungsbilanzkonto** ist damit das **Spiegelbild** der **Eröffnungsbilanz**.

In allgemeiner Schreibweise lauten die Buchungssätze für die Buchung der Anfangsbestände auf die Bestandskonten wie folgt:

Aktivkonto	**an**	**Eröffnungsbilanzkonto**
Eröffnungsbilanzkonto	**an**	**Passivkonto**

Der **Abschluss der Bestandskonten** erfolgt über das Schlussbilanzkonto (abgekürzt: SBK). Auf den Aktivkonten steht der Schlussbestand im Haben. Die Gegenbuchung beim Abschluss eines Aktivkontos erfolgt daher im Soll des Schlussbilanzkontos. Bei den Passivkonten verhält es sich umgekehrt. Der Schlussbestand steht auf Passivkonten im Soll. Die Gegenbuchung beim Abschluss des Passivkontos erfolgt daher im Haben des SBK.

In allgemeiner Schreibweise lauten die Buchungssätze für die Buchung der Schlussbestände auf die Bestandskonten wie folgt:

Schlussbilanzkonto	**an**	**Aktivkonto**
Passivkonto	**an**	**Schlussbilanzkonto**

Aus dem **Schlussbilanzkonto** ergibt sich aber nicht zwangsläufig die **Schlussbilanz**. Die auf das Schlussbilanzkonto gebuchten Bestände ergeben sich allein auf der Grundlage der Buchungen im Grund- und Hauptbuch und können somit von den tatsächlichen Beständen abweichen. Es handelt sich um **Soll-Werte**. Die Werte in der **Schlussbilanz** stellen dagegen die tatsächlich vorhandenen Bestände dar. Sie werden dem Inventar entnommen. Es handelt sich somit um **Ist-Werte**. Weichen die Bestände einzelner Posten der Schlussbilanz von den Beständen des Schlussbilanzkontos ab, dann müssen Korrekturbuchungen vorgenommen werden.

Im **Grundbuch** werden die Buchungssätze in drei Kategorien eingeteilt:

A. Eröffnungsbuchungen
Aktivkonto an EBK
EBK an Passivkonto

B. Laufende Buchungen
Erfassung der Buchungssätze für die Geschäftsfälle in chronologischer Reihenfolge.

C. Abschlussbuchungen
SBK an Aktivkonto
Passivkonto an SBK

Die nachfolgende Übersicht stellt den schematischen Weg von der Eröffnungsbilanz zur Schlussbilanz dar und verdeutlicht noch einmal die Zusammenhänge:

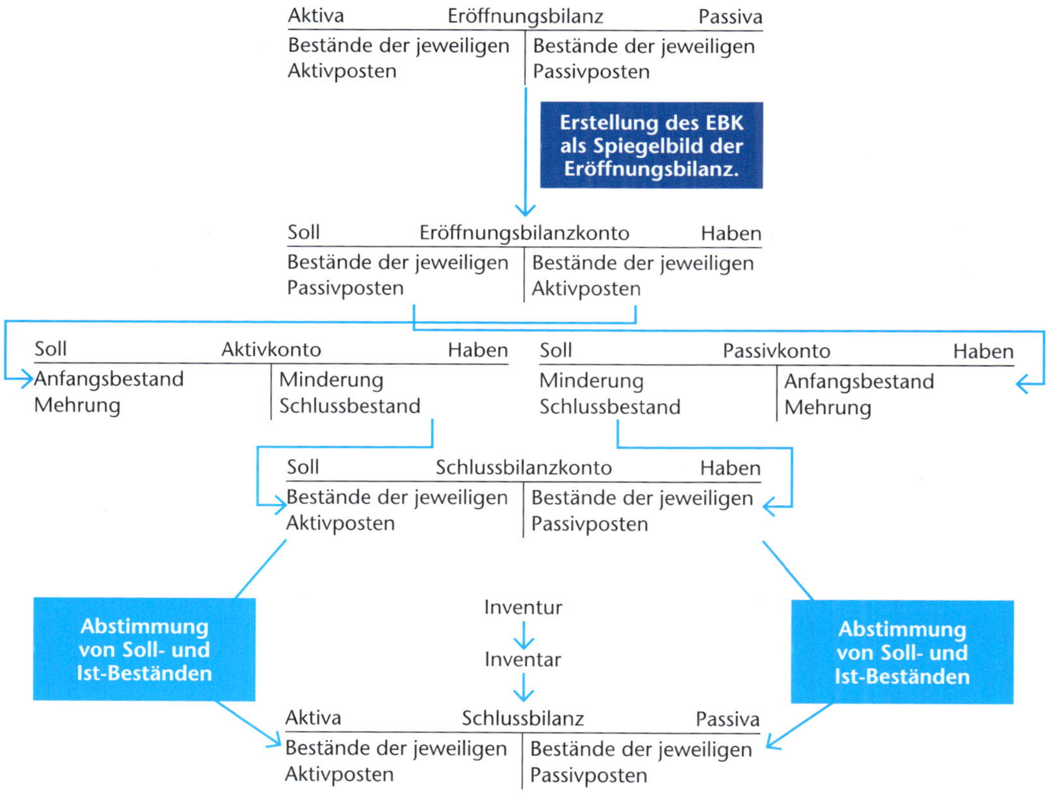

Merke:

- ***Das Eröffnungsbilanzkonto ist ein Hilfskonto zur Buchung der Anfangsbestände in die jeweiligen Bestandskonten. Sie ist das Spiegelbild der Eröffnungsbilanz.***
- ***Die Schlussbestände der Bestandskonten werden auf das Schlussbilanzkonto gebucht.***
- ***Im Schlussbilanzkonto werden Buchbestände ausgewiesen (Soll-Werte). In der Schlussbilanz werden die tatsächlich vorhandenen Bestände ausgewiesen (Ist-Werte). Bei Abweichungen müssen Korrekturbuchungen vorgenommen werden.***
- ***Das Grundbuch gliedert sich in die drei Bereiche: A. Eröffnungsbuchungen, B. Laufende Buchungen, C. Abschlussbuchungen.***

2.6 Die Buchung von Aufwendungen und Erträgen auf Erfolgskonten

Die bisherigen Geschäftsfälle haben das Eigenkapital nicht verändert. Sie werden daher auch als **erfolgsneutrale Geschäftsfälle** bezeichnet. Erfolgsneutrale Geschäftsfälle erwirtschaften weder einen Gewinn noch einen Verlust.

Unternehmer sind aber auf die Erwirtschaftung eines Gewinns angewiesen. Ohne einen angemessenen Gewinn können beispielsweise alte Maschinen nicht ersetzt bzw. keine weiteren Maschinen angeschafft werden. Für die Erwirtschaftung eines Gewinns sind **erfolgswirksame Geschäftsfälle** (also Geschäftsfälle, die das Eigenkapital verändern) notwendig. Eine **Mehrung** des **Eigenkapitals** wird durch **Erträge** erzielt. Für **Minderungen** des **Eigenkapitals** sind die **Aufwendungen** verantwortlich.

Beispiele für	
Aufwendungen	**Erträge**
▪ Aufwendungen für Rohstoffe ▪ Aufwendungen für Hilfsstoffe ▪ Aufwendungen für Betriebsstoffe ▪ Fremdinstandsetzung ▪ Löhne ▪ Gehälter ▪ Soziale Aufwendungen ▪ Abschreibungen ▪ Mieten, Pachten ▪ Büromaterial ▪ Telefonkosten ▪ Reisekosten ▪ Werbung ▪ Versicherungsbeiträge	▪ Umsatzerlöse für eigene Erzeugnisse ▪ Umsatzerlöse für Waren ▪ Mieterträge ▪ Provisionserträge ▪ Zinserträge

Merke:
- ***In der Buchhaltung wird zwischen erfolgsneutralen und erfolgswirksamen Geschäftsfällen unterschieden.***
- ***Nur die erfolgswirksamen Geschäftsfälle verändern das Eigenkapital einer Unternehmens.***
- ***Durch Erträge wird eine Erhöhung des Eigenkapitals erzielt; durch Aufwendungen wird eine Minderung des Eigenkapitals erzielt.***

2.6.1 Die Erfassung der Aufwendungen und Erträge

Theoretisch können alle Aufwendungen und alle Erträge direkt auf dem Eigenkapitalkonto erfasst werden. Die Aufwendungen ständen dann auf der Soll-Seite des Eigenkapitalskontos, da sie sich mindernd auf das Eigenkapital auswirken, die Erträge ständen folgerichtig auf der Haben-Seite des Eigenkapitalkontos.

Diese Vorgehensweise führt jedoch zu folgenden Problemen:

1. Das Konto Eigenkapital wird allein durch die Anzahl der Eintragungen sehr unübersichtlich.
2. Der Grund für die Mehrung oder Minderung des Eigenkapitals ist nicht erkennbar, da aus den Eintragungen auf dem Eigenkapitalkonto die Aufwands- und Ertragsarten nicht unmittelbar hervorgehen.

3. Diese Vorgehensweise verstößt gegen die Grundsätze ordnungsgemäßer Buchführung (z. B. Grundsatz der Übersichtlichkeit und Klarheit).

Zur besseren Nachvollziehbarkeit der dargestellten Probleme dient der folgende Ausschnitt aus Grund- und Hauptbuch:

	Geschäftsvorfall		Buchungssatz		
1.	Gehaltszahlung durch Banküberweisung	198.000,00 €	1. Eigenkapital an Bank	198.000,00 €	198.000,00 €
2.	Mietzahlung durch Banküberweisung	16.000,00 €	2. Eigenkapital an Bank	16.000,00 €	16.000,00 €
3.	Warenverkauf bar	385.400,00 €	3. Kasse an Eigenkapital	385.400,00 €	385.400,00 €
4.	Zinsgutschrift auf dem Bankkonto	8.600,00 €	4. Bank an Eigenkapital	8.600,00 €	8.600,00 €

S Eigenkapital H

1. Bank	198.000,00 €	EBK	3.000.000,00 €
2. Bank	16.000,00 €	3. Kasse	385.400,00 €
SBK	3.180.000,00 €	4. Bank	8.600,00 €
	3.394.000,00 €		3.394.000,00 €

Die Art des Ertrags bzw. Aufwands ist dem Konto nicht zu entnehmen.

Um die dargestellten Probleme zu vermeiden, werden alle Aufwendungen und alle Erträge nicht unmittelbar auf dem Eigenkapitalkonto, sondern auf den sogenannten **Erfolgskonten** erfasst. Ein Erfolgskonto, auf dem ein Aufwand erfasst wird, wird als **Aufwandskonto** bezeichnet, ein Erfolgskonto, auf dem ein Ertrag erfasst wird, wird als **Ertragskonto** bezeichnet. Erfolgskonten sind **Unterkonten** des Eigenkapitalkontos. Hieraus ergeben sich die Regeln für die Eintragungen auf den Konten.

1. Erfolgskonten haben keinen Anfangsbestand.
2. Aufwendungen werden im Soll des jeweiligen Aufwandskontos gebucht.
3. Erträge werden im Haben des jeweiligen Ertragskontos gebucht.
4. Nachfolgende Übersicht hilft die Zusammenhänge zu verstehen:

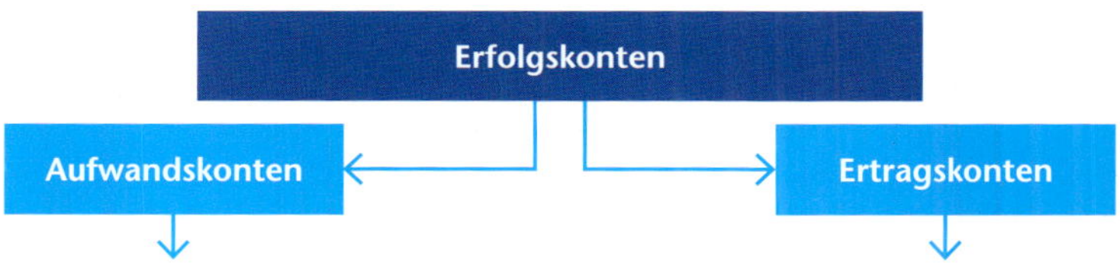

S Gehälter H

Aufwand	

S Umsatzerlöse für Ware H

	Ertrag

S Mietaufwendungen H

Aufwand	

S Mieterträge H

	Ertrag

Beispiel

Geschäftsfälle

1. *Zahlung der Miete für eine angemietete Garage per Banküberweisung, 250,00 €.*
2. *Die Bank schreibt Zinserträge gut, 1.200,00 €.*
3. *Einkauf von Büromaterial, bar 350,00 €.*
4. *Gutschrift der Miete für eine Werkswohnung auf dem Bankkonto, 600,00 €.*

Grundbuch

Nr.	Konto Soll	Konto Haben	Betrag Soll	Betrag Haben
1	Mietaufwendungen		250,00 €	
	an	Bank		250,00 €
2	Bank		1.200,00 €	
	an	Zinserträge		1.200,00 €
3	Büromaterial		350,00 €	
	an	Kasse		350,00 €
4	Bank		600,00 €	
	an	Mieterträge		600,00 €

Hauptbuch

S	Mietaufwendungen		H
1. Bank	250,00 €		

S	Büromaterial		H
3. Kasse	350,00 €		

S	Zinserträge		H
		2. Bank	1.200,00 €

S	Mieterträge		H
		4. Bank	600,00 €

S	Kasse		H
EBK	850,00 €	3. Bürom.	350,00 €

S	Bank		H
EBK	5.500,00 €	1. Miete	250,00 €
2. Zinsen	1.200,00 €		
4. Miete	600,00 €		

Merke:

- ***Die Erfassung der Aufwendungen und Erträge direkt auf dem Eigenkapitalkonto verstößt gegen die Grundsätze ordnungsgemäßer Buchführung und ist daher nicht erlaubt.***
- ***Erträge werden auf Ertragskonten erfasst; Aufwendungen werden auf Aufwandskonten erfasst.***
- ***Aufwendungen werden auf dem Aufwandskonto im Soll gebucht; Erträge werden auf dem Ertragskonto im Haben gebucht.***

2.6.2 Der Abschluss der Erfolgskonten und die Ermittlung des Erfolgs

Der Abschluss der Erfolgskonten erfolgt über ein **Sammelkonto** – das **Gewinn- und Verlustkonto (GuV-Konto).** Die Abschlussbuchungssätze lauten:

GuV-Konto	**an**	(das jeweilige) **Aufwandskonto**
(das jeweilige) **Ertragskonto**	**an**	**GuV-Konto**

Der **Abschluss** des **GuV-Kontos** erfolgt über das Konto **Eigenkapital.** Es können **zwei Fälle** auftreten:

Fall 1: Erträge > Aufwendungen (Gewinn)

Soll	GuV-Konto	Haben
Aufwendungen		Erträge
Gewinn		

Buchungssatz: GuV-Konto an Eigenkapital

Soll	Eigenkapital	Haben
SBK		EBK
		Gewinn

Fall 2: Erträge < Aufwendungen (Verlust)

Soll	GuV-Konto	Haben
Aufwendungen		Erträge
		Verlust

Buchungssatz: Eigenkapital an GuV-Konto

Soll	Eigenkapital	Haben
Verlust		EBK
SBK		

Beispiel

Ausgehend von dem Beispiel aus dem vorherigen Kapitel stellt sich das GuV-Konto dar wie folgt:

S	Mietaufwendungen		H
1. Bank	250,00 €	GuV	250,00 €

S	Büromaterial		H
3. Kasse	350,00 €	GuV	350,00 €

S	Zinserträge		H
GuV	1.200,00 €	4. Bank	1.200,00 €

S	Mieterträge		H
GuV	600,00 €	4. Bank	600,00 €

S	Kasse		H
EBK	850,00 €	3. Büro m.	350,00 €
		SBK	500,00 €
	850,00 €		850,00 €

S	Bank		H
EBK	5.500,00 €	3. Bürom.	250,00 €
2. Zinsen	1.200,00 €	SBK	7.050,00 €
4. Miete	600,00 €		
	7.300,00 €		7.300,00 €

Nr.	Konto Soll	Konto Haben	Betrag Soll	Betrag Haben
	GuV		250,00 €	
	an	Mietaufwendungen		250,00 €
	Zinserträge		1.200,00 €	
	an	GuV		1.200,00 €
	GuV		350,00 €	
	an	Büromaterial		350,00 €
	Mieterträge		600,00 €	
	an	GuV		600,00 €
	GuV		1.200,00 €	
	an	EK		1.200,00 €

S	GuV-Konto		H
Miete	250,00 €	Zinsen	1.200,00 €
Bürom.	350,00 €	Miete	600,00 €
Eigenk.	1.200,00 €		
	1.800,00 €		1.800,00 €

Merke:
- ***Alle Erfolgskonten werden über das GuV-Konto abgeschlossen.***
- ***Wenn die Summe der Erträge die Summe der Aufwendungen übersteigt, ist ein Gewinn entstanden. Übersteigt die Summe der Aufwendungen die Summe der Erträge, wird ein Verlust ausgewiesen.***

Ein kompletter Geschäftsgang mit Grund- und Hauptbuch sieht nun folgendermaßen aus:

Bestände gemäß der Eröffnungsbilanz vom 1. Januar 20..:

BGA 95.000,00 €, Bank 35.000,00 €, Kasse 1.350,00 €, Eigenkapital 72.350,00 €, Darlehen 44.000,00 €, Verbindlichkeiten a. LL. 15.000,00 €

Geschäftsfälle:

1. Kauf eines Computers gegen Bankscheck, 2.500,00 €.
2. Wir erhalten eine Zinsgutschrift auf das Bankkonto, 1.350,00 €.
3. Wir erhalten die Miete für eine vermietete Garage bar, 400,00 €.
4. Die Zinsen für ein aufgenommenes Darlehen werden vom Bankkonto abgebucht, 700,00 €.
5. Einkauf von Büromaterial bar, 500,00 €.
6. Begleichung einer Liefererrechnung durch Banküberweisung, 7.500,00 €.

Grundbuch

Nr.	Konto Soll	Konto Haben	Betrag Soll	Betrag Haben
A. Eröffnungsbuchungen				
	BGA		95.000,00 €	
	an	EBK		95.000,00 €
	Kasse		1.350,00 €	
	an	EBK		1.350,00 €
	Bank		35.000,00 €	
	an	EBK		35.000,00 €
	EBK		72.350,00 €	
	an	Eigenkapital		72.350,00 €
	EBK		44.000,00 €	
	an	Darlehen		44.000,00 €
	EBK		15.000,00 €	
	an	Verbindlichkeiten a. LL.		15.000,00 €
B. Laufende Buchungen				
1.	BGA		2.500,00 €	
	an	Bank		2.500,00 €
2.	Bank		1.350,00 €	
	an	Zinserträge		1.350,00 €
3.	Kasse		400,00 €	
	an	Mieterträge		400,00 €

Nr.	Konto Soll	Konto Haben	Betrag Soll	Betrag Haben
4.	Zinsaufwendungen		700,00 €	
	an	Bank		700,00 €
5.	Büromaterial		500,00 €	
	an	Kasse		500,00 €
6.	Verbindlichkeiten a. LL.		7.500,00 €	
	an	Bank		7.500,00 €
C. Abschlussbuchungen				
	Mieterträge		400,00 €	
	an	GuV		400,00 €
	Zinserträge		1.350,00 €	
	an	GuV		1.350,00 €
	GuV		500,00 €	
	an	Büromaterial		500,00 €
	GuV		700,00 €	
	an	Zinsaufwendungen		700,00 €
	GuV		550,00 €	
	an	EK		550,00 €
	SBK		97.500,00 €	
	an	BGA		97.500,00 €
	SBK		1.250,00 €	
	an	Bank		1.250,00 €
	SBK		26.650,00 €	
	an	Kasse		26.650,00 €
	Eigenkapital		72.900,00 €	
	an	SBK		72.900,00 €
	Darlehen		44.000,00 €	
	an	SBK		44.000,00 €
	Verbindlichkeiten a. LL.		7.500,00 €	
		SBK		7.500,00 €

Hauptbuch

S	Eröffnungsbilanzkonto		H
Eigenk.	72.350,00 €	BGA	95.000,00 €
Darlehen	44.000,00 €	Kasse	1.350,00 €
Vbk. a. LL.	15.000,00 €	Bank	35.000,00 €
	131.350,00 €		131.350,00 €

S	BGA		H
EBK	95.000,00 €	SBK	97.500,00 €
1) Bank	2.500,00 €		
	97.500,00 €		97.500,00 €

S	Eigenkapital		H
SBK	72.900,00 €	EBK	97.500,00 €
		GuV	550,00 €
	72.900,00 €		72.900,00 €

S	Kasse		H
EBK	1.350,00 €	5) Bürom.	500,00 €
1) Miete	400,00 €	SBK	1.250,00 €
	1.750,00 €		1.750,00 €

S	Darlehen		H
SBK	44.000,00 €	EBK	44.000,00 €

S	Verbindlichkeiten a. LL		H
6) Bank	7.500,00 €	EBK	15.000,00 €
SBK	7.500,00 €		
	15.000,00 €		15.000,00 €

S	Bank		H
EBK	35.000,00 €	1) BGA	2.500,00 €
2) Zinsen	1.350,00 €	4) Zinsen	700,00 €
		6) Vbk a. LL.	7.500,00 €
		SBK	25.650,00 €
	36.350,00 €		36.350,00 €

S	Mieterträge		H
GuV	400,00 €	3) Kasse	400,00 €

S	Büromaterial		H
5) Kasse	500,00 €	GuV	500,00 €

S	Zinserträge		H
GuV	1.350,00 €	2) Kasse	1.350,00 €

S	Zinsaufwendungen		H
4) Bank	700,00 €	GuV	700,00 €

S	Gewinn- und Verlustkonto		Haben
Bürom.	500,00 €	Mieterträge	400,00 €
Zinsaufw.	700,00 €	Zinserträge	1.350,00 €
EK	550,00 €		
	1.750,00 €		1.750,00 €

S	Schlussbilanzkonto		Haben
BGA	97.500,00 €	Eigenkapital	72.900,00 €
Kasse	1.250,00 €	Darlehen	44.000,00 €
Bank	25.650,00 €	Vbk. a. LL.	7.500,00 €
	124.400,00 €		7.500,00 €

Aktiva	Schlussbilanz		Passiva
I. Anlagevermögen		I. Eigenkap.	72.900,00 €
BGA	97.500,00 €		
		II. Fremdkap.	
II. Umlaufvermögen		1. Darlehen	44.000,00 €
1. Kasse	1.250,00 €	2. Vbk. a. LL.	7.500,00 €
2. Bank	25.650,00 €		
	124.400,00 €	124.400,00 €	

Ort, Datum Unterschrift

Erläuterung zur Vorgehensweise:

1. Grundbuch: Erstellung der Buchungssätze zur Eröffnung der Bestandskonten.
   Hauptbuch: Erstellung des Eröffnungsbilanzkontos und Einrichten der Bestandskonten.
2. Grundbuch: Erstellung der Buchungssätze für die laufenden Geschäftsfälle.
   Hauptbuch: Buchung der laufenden Geschäftsfälle auf den Konten.
3. Grund- und Hauptbuch: Ermittlung der Salden auf den Erfolgskonten und Erstellung der Buchungssätze zum Abschluss der Erfolgskonten mit anschließender Buchung.
4. Grund- und Hauptbuch: Ermittlung des Saldos auf dem Gewinn- und Verlustkonto und Erstellung des Buchungssatzes zum Abschluss des Gewinn- und Verlustkontos mit anschließender Buchung.
5. Grund- und Hauptbuch: Ermittlung des Saldos auf den Bestandskonten und Erstellung der Buchungssätze zum Abschluss der Bestandskonten mit anschließender Buchung.
6. Aufstellung der Schlussbilanz (nach Abstimmung mit den Inventurwerten) mit Ort, Datum und Unterschrift des Inhabers.

2.7 Buchhalterische Erfassung von Differenzen zwischen den Werten der Buchführung und dem Inventurergebnis

Im Idealfall stimmen die Ergebnisse der Buchführung mit den Ergebnissen der Inventur überein. In der Praxis kommt es aber bei einzelnen Positionen immer wieder zu Abweichungen. Die Gründe für die Abweichungen müssen immer ermittelt werden. Abweichungsgründe können beispielsweise Schwund oder Diebstahl sein. Differenzen können aber auch durch fehlerhafte Buchungen (z. B. Buchung auf einem falschen Konto oder Buchung eines falschen Betrags), vergessene Buchungen (z. B. Beleg wurde übersehen) oder doppelt oder mehrfach vorgenommene Buchungen (z. B. Beleg wurde zweimal gebucht) entstehen. Unabhängig von der Art des Abweichungsgrunds muss eine Korrekturbuchung durchgeführt werden. Da es sich bei den Daten der Buchführung um Soll-Bestände und bei den Daten der Inventur um Ist-Bestände handelt, gelten für die Bilanz grundsätzlich die Inventurergebnisse. Sie sind daher die Grundlage für die Korrekturbuchung.

Beispiel

Abweichungsgrund liegt nicht in der Buchführung

Die Buchführung der Duisdorfer BüroKonzept KG weist auf dem Konto Kasse einen Schlussbestand in Höhe von 3.610,00 € aus. Nach den Ergebnissen der Inventur befinden sich tatsächlich nur noch 3.550,00 € in der Kasse. Nach intensiver Prüfung kann ein buchhalterischer Fehler ausgeschlossen werden. Vermutlich wurden die 60,00 € gestohlen.

Korrekturbuchung:

Nr.	Konto Soll	Konto Haben	Betrag Soll	Betrag Haben
	Verluste aus Kassenbeständen		60,00 €	
	an	Kasse		60,00 €

Beispiel
Abweichungsgrund liegt in der Buchhaltung

Gemäß Inventurliste befinden sich im Lager der Duisdorfer BüroKonzept KG Massivholzdielen für die Herstellung diverser Büromöbel im Wert von 18.000,00 €. Der Schlussbestand des Kontos Rohstoffe in der Buchhaltung weist einen Bestand von 20.000,00 € aus. In diesem Zusammenhang fiel auf, dass der Schlussbestand der Verbindlichkeiten a. LL. (Buchbestand: 30.000,00 €) ebenfalls um 2.000,00 € von den Verbindlichkeiten a. LL. laut Inventurliste (28.000,00 €) abweicht. Die Ursachenanalyse hat ergeben, dass eine Rechnung (Zieleinkauf von Rohstoffen) aus Versehen mit dem falschen Betrag gebucht wurde.

Korrekturbuchung:

Nr.	Konto Soll	Konto Haben	Betrag Soll	Betrag Haben
	Verbindlichkeiten a. LL.		2.000,00 €	
	an	Rohstoffe		2.000,00 €

2.8 Kontenrahmen und Kontenplan

Unternehmen arbeiten mit einer großen Anzahl unterschiedlicher Bestands- und Erfolgskonten. Eine Systematisierung dieser Konten ist notwendig, um die Übersichtlichkeit der Buchführung zu gewährleisten. Ein einheitliches System ist außerdem bei Vergleichen mit branchengleichen Unternehmen, bei der Erfassung der Buchungssätze mittels EDV sowie bei der Überprüfung des Unternehmens durch die Finanzbehörden hilfreich. Die Systematisierung der Konten erfolgt im Kontenrahmen.

2.8.1 Der Kontenrahmen

Der **Kontenrahmen** ist in **zehn Kontenklassen** aufgeteilt (Kontenklasse null bis Kontenklasse neun). Die Kontenklassen sind nach einem bestimmten System aufgebaut und enthalten zu jeder Kontenbezeichnung eine **vierstellige und eindeutige Kontennummer**. In Abhängigkeit vom Wirtschaftsbereich, dem ein Unternehmen angehört, gelten hinsichtlich der verwendeten Konten Besonderheiten. Daher gibt es für die Wirtschaftsbereiche Industrie, Großhandel und Einzelhandel eigene Kontenrahmen.

Das diesem Buch zugrunde liegende Modellunternehmen (Duisdorfer BüroKonzept KG) gehört zu den Industrieunternehmen, weil nicht nur ein Warengeschäft betrieben wird, sondern auch Erzeugnisse hergestellt werden. Der zugrunde liegende Kontenrahmen ist daher der **Industriekontenrahmen.**

So wie die anderen Kontenrahmen besteht der Industriekontenrahmen aus zehn Kontenklassen. Von den zehn Kontenklassen haben aber nur die Kontenklassen null bis acht eine praktische Bedeutung für die Buchhaltung. Kontenklasse neun ist für den Bereich der Kosten- und Leistungsrechnung vorbehalten. In der Praxis hat er diese Kontenklasse jedoch eine geringe Bedeutung, da die Kosten- und Leistungsrechnung tabellarisch durchgeführt wird.

Der Aufbau des Industriekontenrahmens ist nach handelsrechtlichen Vorschriften gegliedert. Die folgenden Übersichten beschreiben das System der Zuordnung der Konten in die Kontenklassen und vereinfacht die Suche nach einer Kontennummer:

Soll	8 Schlussbilanzkonto		Haben
Kontenklasse	**aktive Bestandskonten**	**passive Bestandskonten**	**Kontenklasse**
0	Immaterielle Vermögensgegenstände und Sachanlagen	Eigenkapital, Wertberichtigungen und Rückstellungen	3
1	Finanzanlagen	Verbindlichkeiten und passive Rechnungsabgrenzung	4
2	Umlaufvermögen und aktive Rechnungsabgrenzung		

Alle aktiven Bestandskonten sind in der Kontenklasse 0, 1, oder 2 zu finden. Die passiven Bestandskonten befinden sich in den Kontenklassen 3 und 4.

Soll	8 Gewinn- und Verlustkonto		Haben
Kontenklasse	**Aufwandskonten**	**Ertragskonten**	**Kontenklasse**
6	betriebliche Aufwendungen	Erträge	5
7	weitere Aufwendungen		

Alle Aufwandskonten gehören in die Kontenklasse 6 oder 7. Die Ertragskonten stehen in Kontenklasse 5.

Alle Kontennummern zur Eröffnung oder zum Abschluss eines Kontos befinden sich in Kontenklasse 8.

2.8.2 Der Kontenplan

Der Kontenrahmen ist eine allgemeine Vorgabe an die Unternehmen des jeweiligen Wirtschaftszweigs. Das einzelne Unternehmen muss in der Regel aber Anpassungen an die individuellen Bedürfnisse vornehmen. Einige Konten dieser allgemeinen Vorgabe werden möglicherweise nicht gebraucht, andere Konten fehlen vielleicht. Konten, die nicht gebraucht werden, können aus dem Kontenrahmen gelöscht und neue Konten können hinzugefügt werden. Das auf das eigene Unternehmen zugeschnittene Ergebnis wird als **Kontenplan** bezeichnet.

Hinweis:
Alle Zielverkäufe wurden bislang auf dem Konto „Forderungen aus Lieferungen und Leistungen", alle Zieleinkäufe auf dem Konto „Verbindlichkeiten aus Lieferungen Leistungen" gebucht. In der Praxis werden aber aus Gründen der Übersichtlichkeit für Kunden (Debitoren) bzw. Lieferanten (Kreditoren), zu denen eine intensive Geschäftsbeziehung besteht, separate Konten geführt. Im Kontenplan der Duisdorfer BüroKonzept KG wird dies durch die Durchnummerierung der letzten beiden Kontenziffern deutlich (z. B. 2401, 2402, usw.; 4401, 4402, usw.).

Neben den Geschäftsbeziehungen zu den Hauptkunden bzw. Hauptlieferanten tätigen Unternehmen auch eine Vielzahl von Geschäften mit Kunden bzw. Lieferanten, die im Einzelnen sowohl in Häufigkeit als auch in Umsatzhöhe eine untergeordnete Rolle spielen. Für diese Geschäftspartner werden in der Regel keine eigenen Kunden- bzw. Liefererkonten eingerichtet. Die Umsätze werden stattdessen auf einem gemeinsamen Konto festgehalten. In der BüroKonzept KG hat dieses Konto für die Kunden die Kontennummer 2499. Das gemeinsame Konto für die Lieferanten hat die Kontennummer 4499.

3 Beschaffung und Absatz von Handelswaren und eigenen Erzeugnissen

Die Duisdorfer BüroKonzept KG ist ein Unternehmen, das einerseits den Verkauf (Handel) andererseits die Herstellung (Produktion) von Ausstattungsgegenständen im Bürobereich betreibt. Damit ist es sowohl ein Handelsunternehmen als auch ein Industrieunternehmen. Entsprechend werden für beide Bereiche verschiedene neue Konten benötigt:

Handelsunternehmen	Industrieunternehmen
Warenkonten	Werkstoffkonten, diese unterteilen sich in: ▪ Rohstoffkonten ▪ Hilfsstoffkonten ▪ Betriebsstoffkonten ▪ Fremdbauteile

3.1 Buchung auf Warenkonten (nach dem aufwandsrechnerischen Verfahren)[1]

Bislang haben wir nur ein Warenkonto (Waren) beim Einkauf und beim Verkauf von Waren genutzt.

Einkauf von Waren	Verkauf von Waren
2280 Handelswaren an 4499 Verbindlichkeiten sonstige Lieferanten	2499 Forderungen sonstige Kunden an 2280 Handelswaren

Dabei haben wir aber nicht berücksichtigt, dass die Waren zu einem geringeren Preis eingekauft und zu einem höheren Preis verkauft werden. Durch diesen Umstand entsteht ein Erfolg für das Unternehmen. Dieser Erfolg darf nach den Grundsätzen der ordnungsgemäßen Buchführung aber nicht auf dem Konto 2280 Handelswaren verbucht werden.

Stattdessen ist es notwendig, zwei neue Konten einzuführen. Auch das Konto 2280 Handelswaren wird weiterhin für den Inventurbestand am Jahresende benötigt. Dadurch gibt es drei Konten, mit denen die Bestände und Erfolge klar voneinander getrennt werden können:

Warenkonten	Wofür verwendet?
6080 Aufwendungen für Handelswaren	für Einkäufe von Waren
5100 Umsatzerlöse für Handelswaren	für Verkäufe von Waren
2280 Handelswaren	für den Anfangs-, Schlussbestand und die Bestandsveränderungen

[1] *Neben dem aufwandsrechnerischen Verfahren existieren noch bestandsrechnerische Verfahren, nach denen der Wareneinkauf und -verkauf gebucht werden kann. Diese werden aber hier nicht näher betrachtet.*

Der Einsatz der neuen Konten soll an einem vereinfachten Beispiel erläutert werden. Wir betrachten im Folgenden nur die Warenart Tischkopierer Sumsang im Laufe des **Jahres 01.** Der Kopierer wird in diesem ersten Jahr neu ins Sortiment aufgenommen:

Beispiel

1. *Der Anfangsbestand an Tischkopierern beträgt zu Beginn des Jahres 0,00 € (0 Stück).*
2. *Wir kaufen laut ER im laufenden Jahr vier Tischkopierer Sumsang zum Preis von 150,00 € (= 600,00 €) ein.*
3. *Wir verkaufen laut AR vier Tischkopierer Sumsang zum Preis von 200,00 € (= 800,00 €).*

Nr.	Konto Soll	Konto Haben	Betrag Soll	Betrag Haben
2	6080 Aufwendungen für Handelswaren		600,00 €	
	an	4499 Verbindlichkeiten sonstige Lieferanten		600,00 €
3	2499 Forderungen sonstige Kunden		800,00 €	
	an	5100 Umsatzerlöse für Handelswaren		800,00 €

Dadurch ergeben sich die folgenden Darstellungen auf den Konten

S	2280 Handelswaren		H
1) EBK	0,00 €		

S	6080 Aufwendungen für Handelswaren		H
2) 4499 Verb.	600,00 €		

S	5100 Umsatzerlöse für Handelswaren		H
		3) 2499 Ford.	800,00 €

3.1.1 Abschluss der Warenkonten

Die drei Konten aus dem vorhergehenden Abschnitt müssen noch ordnungsgemäß abgeschlossen werden. **Wesentlich für den Abschluss der drei Konten ist, dass die Handelswaren (hier: Tischkopierer Sumsang) am Jahresende durch die Inventur gezählt werden, der Schlussbestand laut Inventur wird in das Konto 2280 Handelswaren eingetragen**. In unserem Beispiel ergibt die Inventur, dass der Schlussbestand an Handelswaren 0,00 € betrug, das heißt, es ist am Jahresende kein Tischkopierer im Bestand vorhanden.

Soll	2280 Handelswaren		Haben
EBK	0,00 €	1) SBK	0,00 €

Soll	6080 Aufwendungen für Handelswaren		Haben
4499 Verb.	600,00 €	2) 8020 GuV	600,00 €

Soll	5100 Umsatzerlöse für Handelswaren		Haben
3) 8020 GuV	800,00 €	2499 Ford.	800,00 €

Buchungssatz Schlussbestand Handelswaren:

Nr.	Konto Soll	Konto Haben	Betrag Soll	Betrag Haben
1	8010 SBK		0,00 €	
	an	2280 Handelswaren		0,00 €

Die folgenden Teilschritte ergeben sich nun folgerichtig:

Die Konten 6080 Aufwendungen für Handelswaren und 5100 Umsatzerlöse für Handelswaren werden über das Gewinn- und Verlustkonto abgeschlossen. Die beiden Buchungssätze lauten:

Nr.	Konto Soll	Konto Haben	Betrag Soll	Betrag Haben
2	8020 GuV		600,00 €	
	an	6080 Aufwendungen für Handelswaren		600,00 €
3	5100 Umsatzerlöse für Handelswaren		800,00 €	
	an	8020 GuV		800,00 €

Den Saldo des Kontos Aufwendungen für Handelswaren bezeichnet man auch als **Wareneinsatz** (hier: 600,00 €).

Der Erfolg des Unternehmens aus dem Handel mit dem Produkt Tischkopierer Sumsang kann nun am Jahresende berechnet werden. Er ergibt sich aus der Differenz zwischen den Umsatzerlösen und den Aufwendungen für Handelswaren (Wareneinsatz). Man bezeichnet ihn auch als **Roherfolg**. Der Roherfolg kann ein Rohgewinn oder ein Rohverlust sein. Im Beispiel ergibt sich ein **Rohgewinn** in Höhe von **200,00 €** (Umsatzerlöse 800,00 € minus Aufwendungen für Handelswaren 600,00 €).

3.1.2 Abschluss der Warenkonten (bei einer Bestandsmehrung)

Das vereinfachte Beispiel wird fortgeführt. Wir betrachten im Folgenden die Warenart Tischkopierer Sumsang im Laufe des **Jahres 02.**

Beispiel

1. *Der Anfangsbestand an Tischkopierern beträgt zu Beginn des Jahres 0,00 € (0 Stück).*
2. *Wir kaufen im laufenden Jahr acht Tischkopierer Sumsang zum Preis von 150,00 € ein (laut ER).*
3. *Wir verkaufen fünf Tischkopierer Sumsang zum Preis von 200,00 € (laut AR).*

Buchungssätze:

Nr.	Konto Soll	Konto Haben	Betrag Soll	Betrag Haben
2	6080 Aufwendungen für Handelswaren		1.200,00 €	
	an	4499 Verbindlichkeiten sonstige Lieferanten		1.200,00 €
3	2499 Forderungen sonstige Kunden		1.000,00 €	
	an	5100 Umsatzerlöse für Handelswaren		1.000,00 €

Dadurch ergeben sich die folgenden Darstellungen auf den Konten

S	2280 Handelswaren		H
1) EBK	0,00 €		

S	6080 Aufwendungen für Handelswaren		H
2) 4499 Verb.	1.200,00 €		

S	5100 Umsatzerlöse für Handelswaren		H
		3) 2499 Ford.	1.000,00 €

Die drei Konten werden nun ordnungsgemäß abgeschlossen. Auch hier sind zunächst die Inventurergebnisse von besonderer Bedeutung. Die Inventur am Jahresende für die Tischkopierer ergab, dass noch drei Kopierer vorhanden sind. Sie werden zum **Einkaufspreis** bewertet. Dadurch ergibt sich ein Jahresschlussbestand in Höhe von 450,00 € (3 · 150,00 €).

S	2280 Handelswaren		H
EBK	0,00 €	1) SBK	450,00 €
2) 6080 A.f.HW	450,00 €		

S	6080 Aufwendungen für Handelswaren		H
4499 Verb.	1.200,00 €	2) 2280 HW	450,00 €
		3) 8020 GuV	750,00 €
	1.200,00 €		1.200,00 €

S	5100 Umsatzerlöse für Handelswaren		H
4) 8020 GuV	1.000,00 €	2499 Ford.	1.000,00 €

Das Konto 2280 Handelswaren wird über SBK abgeschlossen.

Nr.	Konto Soll	Konto Haben	Betrag Soll	Betrag Haben
1	8010 SBK		450,00 €	
	an	2280 Handelswaren		450,00 €

Zwischen der Soll- und der Haben-Seite ergibt sich ein Differenzbetrag, diesen nennt man **Bestandsveränderung.** Im aktuellen Fall handelt es sich im eine Bestandsmehrung, da der Schlussbestand größer ist als der Anfangsbestand. Die Bestandsveränderung wird auf dem Konto **Aufwendungen für Handelswaren** gegengebucht.

Nr.	Konto Soll	Konto Haben	Betrag Soll	Betrag Haben
2	2280 Handelswaren		450,00 €	
	an	6080 Aufwendungen für Handelswaren		450,00 €

Die Konten 6080 Aufwendungen für Handelswaren und 5100 Umsatzerlöse für Handelswaren werden nun über das Gewinn- und Verlustkonto abgeschlossen.

Nr.	Konto Soll	Konto Haben	Betrag Soll	Betrag Haben
3	8020 GuV		750,00 €	
		6080 Aufw. f. HW		750,00 €
4	5100 Umsatzerlöse für HW		1.000,00 €	
		8020 GuV		1.000,00 €

Der **Wareneinsatz** beträgt **750,00 €** (Saldo des Kontos Aufwendungen für Handelswaren). Der **Rohgewinn** des Unternehmens aus dem Handel mit dem Produkt Tischkopierer Sumsang beträgt nun am Jahresende **250,00 €** (Umsatzerlöse 1.000,00 € minus Aufwendungen für Handelswaren 750,00 €).

3.1.3 Abschluss der Warenkonten (bei einer Bestandsminderung)

Der Einsatz der neuen Konten soll an einem dritten einfachen Beispiel erläutert werden. Wir betrachten erneut nur die Warenart Tischkopierer Sumsang im Laufe des **Jahres 03**:

Beispiel

1. *Der Anfangsbestand an Tischkopierern beträgt zu Beginn des Jahres 450,00 € (3 Stück).*
2. *Wir kaufen im laufenden Jahr fünf Tischkopierer Sumsang zum Preis von 150,00 € ein (laut ER).*
3. *Wir verkaufen sieben Tischkopierer Sumsang zum Preis von 200,00 € (laut AR).*

Buchungssätze:

Nr.	Konto Soll	Konto Haben	Betrag Soll	Betrag Haben
2	6080 Aufwendungen für Handelswaren		750,00 €	
	an	4499 Verbindlichkeiten sonstige Lieferanten		750,00 €
3	2499 Forderungen sonstige Kunden		1.400,00 €	
	an	5100 Umsatzerlöse für Handelswaren		1.400,00 €

Zum Abschluss der Konten fehlt die folgende Information:

Die Inventur der Warenart Tischkopierer Sumsang ergab am Jahresende, dass **nur noch ein Tischkopierer** vorhanden ist, bewertet zum Einkaufspreis von 150,00 € (= Schlussbestand).

S	2280 Handelswaren		H
EBK	450,00 €	1) SBK	150,00 €
		2) 6080 A.f.HW	300,00 €
			450,00 €

S	6080 Aufwendungen für Handelswaren		H
4499 Verb.	750,00 €	3) 8020 GuV	1.050,00 €
2) 2280 HW	300,00 €		
	1.050,00 €		1.050,00 €

S	5100 Umsatzerlöse für Handelswaren		H
4) 8020 GuV	1.400,00 €	2499 Ford.	1.400,00 €

Nr.	Konto Soll	Konto Haben	Betrag Soll	Betrag Haben
1	8010 SBK		150,00 €	
	an	2280 Handelswaren		150,00 €

Zwischen der Soll- und der Haben-Seite ergibt sich ein Differenzbetrag, diesen nennt man **Bestandsveränderung**. Man spricht im aktuellen Fall von einer **Bestandsminderung**, da der Schlussbestand kleiner ist als der Anfangsbestand. Die Bestandsveränderung wird ebenfalls auf dem Konto **Aufwendungen für Handelswaren** gegengebucht.

Nr.	Konto Soll	Konto Haben	Betrag Soll	Betrag Haben
2	6080 Aufwendungen für Handelswaren		300,00 €	
	an	2280 Handelswaren		300,00 €

Die Konten 6080 Aufwendungen für Handelswaren und 5100 Umsatzerlöse für Handelswaren werden nun über das Gewinn- und Verlustkonto abgeschlossen.

Nr.	Konto Soll	Konto Haben	Betrag Soll	Betrag Haben
3	8020 GuV		1.050,00 €	
	an	6080 Aufwendungen für HW		1.050,00 €
4	5100 Umsatzerlöse für HW		1.400,00 €	
	an	8020 GuV		1.400,00 €

Der **Wareneinsatz** in diesem Beispiel beträgt **1.050,00 €** (Saldo des Kontos Aufwendungen für Handelswaren).

Der **Rohgewinn** des Unternehmens aus dem Handel mit dem Produkt Tischkopierer Sumsang beträgt am Jahresende **350,00 €** (Umsatzerlöse 1.400,00 € minus Aufwendungen für Handelswaren 1.050,00 €).

Merke:

- ***Beim Wareneinkauf und Warenverkauf werden zwei neue Konten verwendet, das Konto 6080 Aufwendungen für Handelswaren für den Wareneinkauf, das Konto 5100 Umsatzerlöse für Handelswaren für den Verkauf.***
- ***Den Saldo des Kontos 6080 Aufwendungen für Handelswaren nennt man Wareneinsatz.***
- ***Die Differenz zwischen den Umsatzerlösen für Handelswaren und dem Wareneinsatz (Aufwendungen für Handelswaren) nennt man Roherfolg (Rohgewinn oder Rohverlust).***
- ***Das Konto 2280 Handelswaren wird weiterhin verwendet für die Bilanzierung des Warenbestandes am Jahresende (festgestellt durch die Inventur am Jahresende).***
- ***Auf dem Konto 2280 Handelswaren kann es zu Bestandsveränderungen kommen. Diese können Bestandsmehrungen (SBK größer als EBK) oder Bestandsminderungen (SBK kleiner als EBK) sein.***
- ***Bestandsveränderungen (Mehrungen oder Minderungen) werden immer über das Konto 6080 Aufwendungen für Handelswaren gebucht.***

3.2 Beschaffung von Werkstoffen

Bei der Herstellung von eigenen Produkten verwendet das Unternehmen Werkstoffe. In der betriebswirtschaftlichen Systematik werden Werkstoffe i. d. R. wie folgt untergliedert:

Rohstoffe	... sind Hauptbestandteil eines Produkts, z. B. Holz oder Holzplatten bei Büroschreibtischen.
Hilfsstoffe	... sind Nebenbestandteil des Erzeugnisses, z. B. Nägel, Schrauben, Leim, Lack.
Betriebsstoffe	... gehen **nicht** direkt in das Produkt ein, sondern werden bei der Produktion genutzt, z. B. Strom, Gas, Benzin.
Vorprodukte/Fremdbauteile	... werden von anderen Lieferanten bezogen und in das Produkt verbaut, z. B. fertige Rollen für Bürostühle oder fertige Schienensysteme für Schreibtischschubladen.

Auch der Kauf von Werkstoffen beeinflusst den Erfolg für das Unternehmen. Daher ist es auch in diesem Fall notwendig, neue Konten einzuführen. Die Einkäufe von Werkstoffen erfolgen auf den entsprechenden Aufwandskonten (für die BüroKonzept KG unterstellen wir eine „Just-in-Time-Fertigung"). Auch die zugehörigen Bestandskonten werden weiterhin für den Inventurbestand am Jahresende benötigt. Dadurch gibt es wie bei den Handelswaren verschiedene Konten, mit denen die Bestände und Erfolge klar voneinander getrennt werden können.

Im Folgenden werden die neuen Konten an einem einfachen Beispiel vorgestellt. Dabei werden exemplarisch nur die Rohstoffe und die Vorprodukte betrachtet. Die Vorgehensweise bei den Hilfsstoffen und den Betriebsstoffen erfolgt sachlogisch nach dem gleichen Prinzip.

Beispiel

1. *Wir kaufen für die Fertigung unseres Bürostuhles „Lepa" Aluminiumrohre im Wert von 12.000,00 € auf Ziel ein.*
2. *Wir kaufen für den Bürostuhl „Lepa" fertige Rollen vom Typ „Lirol" bei unserem Lieferanten im Wert von 4.000,00 € auf Ziel ein.*
3. *Der Jahresanfangsbestand an Aluminiumrohren betrug 5.000,00 €.*
4. *Der Jahresanfangsbestand an Rollen Typ „Lirol" betrug 1.000,00 €.*

Buchungssätze:

Nr.	Konto Soll	Konto Haben	Betrag Soll	Betrag Haben
1	6000 Aufwendungen für Rohstoffe		12.000,00 €	
	an	4499 Verbindlichkeiten sonstige Lieferanten		12.000,00 €
2	6010 Aufwendungen für Vorprodukte/Fremdbauteile		4.000,00 €	
	an	4499 Verbindlichkeiten sonstige Lieferanten		4.000,00 €

Fortführung des Beispiels

1. Der Schlussbestand an Aluminiumrohren (Rohstoffe) betrug am Jahresende laut Inventur 2.000,00 €.

Es ergeben sich die folgenden Darstellungen auf den Konten

S	2000 Rohstoffe		H
EBK	5.000,00 €	1) SBK	2.000,00 €
		2) 6080 A.f.HW	3.000,00 €
	5.000,00 €		5.000,00 €

S	6000 Aufwendungen für Rohstoffe		H
4499 Verb.	12.000,00 €	3) 8020 GuV	15.000,00 €
2) 2280 HW	3.000,00 €		
	15.000,00 €		15.000,00 €

Nr.	Konto Soll	Konto Haben	Betrag Soll	Betrag Haben
1	8010 SBK		2.000,00 €	
	an	2000 Rohstoffe		2.000,00 €

Zwischen der Soll- und der Haben-Seite ergibt sich ein Differenzbetrag, diesen nennt man (wie bei den Handelswaren) **Bestandsveränderung**. In diesem Beispiel handelt es sich um eine **Bestandsminderung**, da der Schlussbestand kleiner ist als der Anfangsbestand. Die Bestandsveränderung wird auf dem Konto **Aufwendungen für Rohstoffe** gegengebucht, der Buchungssatz lautet:

Nr.	Konto Soll	Konto Haben	Betrag Soll	Betrag Haben
2	6000 Aufwendungen für Rohstoffe		3.000,00 €	
	an	2000 Rohstoffe		3.000,00 €

Das Konto 6000 Aufwendungen für Rohstoffe wird über das GuV-Konto abgeschlossen (Nr. 3).

Fortführung des Beispiels

2. Der Schlussbestand an Rollen vom Typ „Lirol" (Vorprodukte/Fremdbauteile) betrug am Jahresende laut Inventur 3.000,00 €.

S	2010 Vorprodukte/Fremdbauteile		H
EBK	1.000,00 €	1) SBK	3.000,00 €
2) 6000 A.f.VP	2.000,00 €		
	3.000,00 €		3.000,00 €

S	6010 Aufwendungen für Vorprodukte/Fremdbauteile		H
4499 Verb.	4.000,00 €	2) 2010 VP/FB	2.000,00 €
		3) 8020 GuV	2.000,00 €
	4.000,00 €		4.000,00 €

Nr.	Konto Soll	Konto Haben	Betrag Soll	Betrag Haben
1	8010 SBK		3.000,00 €	
	an	2010 Vorprodukte/Fremdbauteile		3.000,00 €

Zwischen der Soll- und der Haben-Seite ergibt sich ein Differenzbetrag, diesen nennt man **Bestandsveränderung**. Im Beispiel handelt es sich um eine **Bestandsmehrung**, da der Schlussbestand größer ist als der Anfangsbestand. Die Bestandsveränderung wird auf dem Konto **Aufwendungen für Vorprodukte/Fremdbauteile** gegengebucht.

Nr.	Konto Soll	Konto Haben	Betrag Soll	Betrag Haben
2	2010 Vorprodukte / Fremdbauteile		2.000,00 €	
	an	6010 Aufwendungen für Vorprodukte/Fremdbauteile		2.000,00 €

Das Konto 6010 Aufwendungen für Vorprodukte/Fremdbauteile wird über das GuV-Konto abgeschlossen (Nr. 3).

Merke:

- ***Beim Einkauf von Werkstoffen werden (nach dem aufwandsrechnerischen Verfahren) neue (Aufwands-)Konten verwendet, beispielsweise das Konto 6000 Aufwendungen für Rohstoffe für den Einkauf von Rohstoffen.***
- ***Bei Fremdbauteilen, Hilfsstoffen, Betriebsstoffen geht man grundsätzlich nach dem gleichen Prinzip vor.***
- ***Die Bestandskonten (z. B. 2000 Rohstoffe) werden weiterhin verwendet für die Bilanzierung des (Rohstoff-)Bestandes am Jahresende (festgestellt durch die Inventur).***

- ***Auf diesen Bestandskonten kann es zu Bestandsveränderungen kommen. Diese können Bestandsmehrungen (SBK größer als EBK) oder Bestandsminderungen (SBK kleiner als EBK) sein.***
- ***Bestandsveränderungen (Mehrungen oder Minderungen) werden immer über die jeweiligen Aufwandskonten (z. B. 6000 Aufwendungen für Rohstoffe) gebucht.***

3.3 Absatz von Gütern und Dienstleistungen

Die Duisdorfer BüroKonzept KG ist ein Unternehmen, das einerseits den Verkauf (Handel) andererseits die Herstellung (Produktion) von Ausstattungsgegenständen im Bürobereich betreibt. Damit ist es sowohl ein Handelsunternehmen, als auch ein Industrieunternehmen. Entsprechend werden beim Verkauf für beide Bereiche verschiedene neue Konten benötigt[1]:

Absatz beim Handelsunternehmen	Absatz bei Industrieunternehmen
5100 Umsatzerlöse für Handelswaren	5000 Umsatzerlöse für eigene Erzeugnisse

Ein Beispiel verdeutlicht die Verwendung dieser beiden Konten:

Beispiel

1. *Wir verkaufen Schreibtische vom Typ Ahorn aus der Warengruppe 10 (eigene Erzeugnisse) im Wert von 8.000,00 € (laut AR).*
2. *Wir verkaufen Tischkopierer „Sumsang“ aus der Warengruppe 30 (Handelswaren) im Wert von 4.000,00 € (laut AR).*

Buchungssätze:

Nr.	Konto Soll	Konto Haben	Betrag Soll	Betrag Haben
1	2499 Forderungen sonstige Kunden		8.000,00 €	
	an	5000 Umsatzerlöse für eigene Erzeugnisse		8.000,00 €
2	2499 Forderungen sonstige Kunden		4.000,00 €	
	an	5100 Umsatzerlöse für Handelswaren		4.000,00 €

Es ergeben sich die folgenden Darstellungen auf den Konten:

S	5000 Umsatzerlöse für eigene Erzeugnisse		H
3) 8020 GuV	8.000,00 €	1) 2499 Ford.	8.000,00 €

[1] *Die Umsatzerlöse für sonstige Leistungen (z. B. erbrachte Dienstleistungen) bleiben unberücksichtigt.*

S	5100 Umsatzerlöse für Handelswaren		H
4) 8020 GuV	4.000,00 €	2) 2499 Ford.	4.000,00 €

Die beiden Konten sind Ertragskonten und werden über GuV abgeschlossen:

Nr.	Konto Soll	Konto Haben	Betrag Soll	Betrag Haben
3	5000 Umsatzerlöse für eigene Erzeugnisse		8.000,00 €	
	an	8020 GuV		8.000,00 €
4	5100 Umsatzerlöse für Handelswaren		4.000,00 €	
	an	8020 GuV		4.000,00 €

Merke:

- ***Beim Verkauf von Produkten wird zwischen dem Verkauf eigener Erzeugnisse und dem Verkauf von Handelswaren unterschieden. Entsprechend werden (nach dem aufwandsrechnerischen Verfahren) neue Konten verwendet: die Konten 5000 Umsatzerlöse für eigene Erzeugnisse und 5100 Umsatzerlöse für Handelswaren.***
- ***Beide Konten sind Ertragskonten, die über das GuV-Konto abgeschlossen werden.***

4 Umsatzsteuer

4.1 Steuerbare Umsätze

LS 6.4

Grundlage der Umsatzbesteuerung sind sog. steuerbare Umsätze, die steuerpflichtig oder steuerfrei sein können. Das Umsatzsteuergesetz (UStG) sieht u. a. die Steuerbarkeit für folgende Umsätze vor:

1. Lieferungen und sonstige Leistungen, die ein Unternehmer im Inland gegen Entgelt im Rahmen seines Unternehmens ausführt.

Beispiel

Kauf/Verkauf von Handelswaren, Verkauf von eigenen Erzeugnissen

2. Einfuhr von Gegenständen im Inland (Einfuhrumsatzsteuer).

Beispiel

Kauf/Einfuhr von Holz (Rohstoffe) aus Norwegen

3. Entnahme von betrieblichen Gegenständen für private Zwecke (Voraussetzung: vorheriger voller oder teilweiser Vorsteuerabzug).

Beispiel
Unternehmer entnimmt Kopierpapier oder einen betrieblich produzierten Schreibtisch für private Zwecke

4. Verwendung eines dem Unternehmen zugeordneten Gegenstands durch einen Unternehmer für Zwecke, die außerhalb des Unternehmens liegen (Voraussetzung: vorheriger voller oder teilweiser Vorsteuerabzug)

Beispiel
Unternehmer verwendet das betriebliche Telefon auch für private Gespräche.

5. Entnahme von Dienstleistungen für private Zwecke.

Beispiel
Hausmeister des Betriebsgeländes mäht den Rasen des Privatgrundstücks

Folgende beispielhaft genannten, steuerbaren Umsätze sind laut UStG steuerfrei:
- Ausfuhrlieferungen
- Entgelte für die Kreditgewährung
- Entgelte für Versicherungen
- Entgelte für Vermietung und Verpachtung von Grundstücken, Gebäuden und Wohnungen
- Entgelte aus der Tätigkeit von Ärzten, Zahnärzten usw.

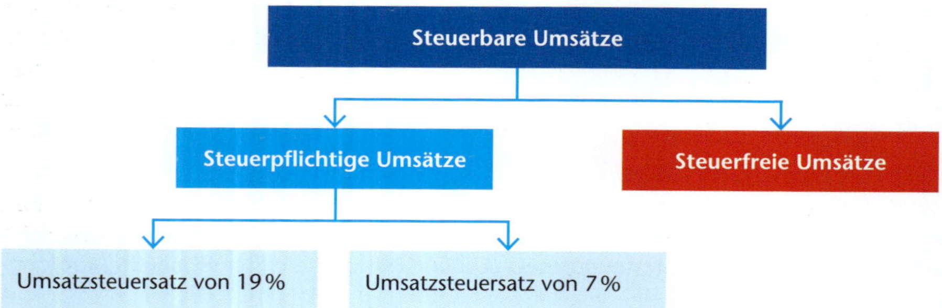

Merke:
- ***Im Rahmen von steuerbaren Umsätzen werden steuerpflichtige und steuerfreie Umsätze unterschieden.***
- ***Steuerpflichtige Umsätze können mit 19 % oder 7 % Umsatzsteuer belegt sein.***

4.2 Systematik der Vorsteuer und Umsatzsteuer

Kauft die Duisdorfer BüroKonzept KG von der Wittmann AG zehn Scanner (Artikelbezeichnung: Scann-Chef 100) im Wert von 100,00 € pro Scanner, so fällt, wie auf der Eingangsrechnung (siehe Kapitel 4.2.1 Vorsteuer beim Einkauf) angegeben ist, Umsatzsteuer an. Diesen Betrag in Höhe von 190,00 € muss die Duisdorfer BüroKonzept KG neben dem Kaufpreis (netto) von 1.000,00 € an die Wittmann AG bezahlen bzw. überweisen.

Beim Kauf wird in der Finanzbuchhaltung der Duisdorfer BüroKonzept KG die laut Eingangsrechnung zu zahlende Umsatzsteuer buchhalterisch als **Vorsteuer** bezeichnet. Die Duisdorfer

BüroKonzept KG muss diese sog. Vorsteuer zwar zunächst an die Wittmann AG bezahlen, kann sich diesen Betrag aber vom Finanzamt „zurückholen". Da die Duisdorfer BüroKonzept KG auf den Betrag in Höhe von 190,00 € einen Anspruch hat, stellt die Vorsteuer eine Forderung gegenüber dem Finanzamt dar.

Verkauft die Duisdorfer BüroKonzept KG diese zehn Scanner zum Preis von 150,00 € pro Scanner an die Stadt Bonn, so fällt, wie auf der Ausgangsrechnung (siehe 4.2.2 Umsatzsteuer beim Verkauf) angegeben, Umsatzsteuer an. Diesen Betrag in Höhe von 285,00 € erhält die Duisdorfer BüroKonzept KG neben dem Kaufpreis (netto) von 1.500,00 € von der Stadt Bonn überwiesen.

Beim Verkauf wird in der Finanzbuchhaltung der Duisdorfer BüroKonzept KG diese laut Ausgangsrechnung zu erhaltene Umsatzsteuer buchhalterisch auch **Umsatzsteuer** genannt. Die Duisdorfer BüroKonzept KG erhält diese Umsatzsteuer zwar zunächst von der Stadt Bonn, muss diesen Betrag aber an das Finanzamt anschließend „abführen". Da die Duisdorfer BüroKonzept KG auf den Betrag in Höhe von 285,00 € keinen Anspruch hat, stellt diese Umsatzsteuer eine Verbindlichkeit gegenüber dem Finanzamt dar.

Nun könnte die Duisdorfer BüroKonzept KG die Umsatzsteuer aus dem Verkauf der Scanner in Höhe von 285,00 € (Verbindlichkeit gegenüber dem Finanzamt) an das Finanzamt überweisen. Im Gegenzug müsste das Finanzamt dann die Vorsteuer aus dem Kauf der Scanner in Höhe von 190,00 € (Forderung gegenüber dem Finanzamt) an die Duisdorfer BüroKonzept KG überweisen. In der Praxis wird die **Vor**steuer aus den Käufen mit der **Umsatz**steuer aus den Verkäufen des jeweiligen Vormonats verrechnet und anschließend mit dem Finanzamt ausgeglichen. Für das dargestellte Beispiel bedeutet das eine sog. **Umsatzsteuerzahllast** in Höhe von 95,00 €. Diese muss die Duisdorfer BüroKonzept KG bis zum 10. des Folgemonats (für Januar beispielsweise bis zum 10. Februar) an das Finanzamt überweisen. Die 95,00 € stellen 19 % von 500,00 € dar. Diese 500,00 € sind der Differenzbetrag aus Nettoeinkaufs- und Nettoverkaufspreis. Dieser „Mehrwert", den die Duisdorfer BüroKonzept KG durch den Ein- und Verkauf der zehn Scanner „erwirtschaftet", wird somit versteuert und muss an das Finanzamt bezahlt werden. Das ist der Grund dafür, dass die Umsatzsteuer auch als „Mehrwertsteuer" bezeichnet wird.

Überwiegt die Vorsteuer aus den Käufen über die Umsatzsteuer aus den Verkäufen eines Monats so spricht man von einem **Vorsteuerüberhang.** Diese wird dann vom Finanzamt bis zum 10. des Folgemonats an die Duisdorfer BüroKonzept KG überweisen.

Merke:

- ***Beim Kauf von umsatzsteuerpflichtigen Werkstoffen, Handelswaren, sonstigen Güter oder sonstigen Leistungen muss die Duisdorfer BüroKonzept KG den gesamten Bruttobetrag inkl. Vorsteuer laut Eingangsrechnung an den Zahlungsempfänger (i. d. R. Lieferer) begleichen.***
- ***Die Vorsteuer stellt eine Forderung gegenüber dem Finanzamt dar.***
- ***Beim Verkauf von umsatzsteuerpflichtigen Werkstoffen, Handelswaren, sonstigen Gütern oder sonstigen Leistungen erhält die Duisdorfer BüroKonzept KG den gesamten Bruttobetrag inkl. Umsatzsteuer laut Ausgangsrechnung von seinen Kunden.***
- ***Die Umsatzsteuer stellt eine Verbindlichkeit gegenüber dem Finanzamt dar.***
- ***Bis zum 10. eines Kalendermonats gleicht die Duisdorfer BüroKonzept KG die Beträge mit dem Finanzamt aus.***
- ***Übersteigt die Vorsteuer (Forderung) die Umsatzsteuer (Verbindlichkeit), so überweist das Finanzamt diesen Vorsteuerüberhang an die Duisdorfer BüroKonzept KG.***
- ***Ist die Vorsteuer (Forderung) kleiner als die Umsatzsteuer (Verbindlichkeit), so überweist die Duisdorfer BüroKonzept KG diese Umsatzsteuerzahllast an das Finanzamt.***

Nachfolgend ist die Systematik der Vor- und Umsatzsteuer abgebildet.

4.2.1 Vorsteuer beim Einkauf

(aus der Sicht der Duisdorfer BüroKonzept KG)

WITTMANN AG

Bürotechnik

Wittmann AG · Untere Dorfstr. 130 · 57074 Siegen

Anschrift: Untere Dorfstr. 130
57074 Siegen
Telefon: 027180053-0
Telefax: 027180053-10
www: www.wittmann-ag.de
E-Mail: kontakt@wittmann-ag.de

Bank: Postbank Köln
IBAN: DE 7037 0100 5051 3515 4781
BIC: PBNKDEFF370

Duisdorfer BüroKonzept KG
Rochusstraße 30
53123 Bonn

Ihr Zeichen	Ihre Bestellung vom	Unser Zeichen	Telefon	Name	Datum
		BK		Bianca Kuhn	27.06.20..

Rechnung

Lieferanten-Nummer: 4410

Kunden-Nr.: 2495420
Rechnungs-Nr.: 50215
Lieferschein-Nr.:
Versanddatum:

Artikel-Nr.	Artikel-Bezeichnung	Menge	Einzelpreis €	Gesamtpreis €
300213	Scann-Chef 100	10	100,00	1.000,00
		Nettobetrag		1.000,00
		Umsatzsteuer 19,0%		190,00
		Rechnungsbetrag		1.190,00

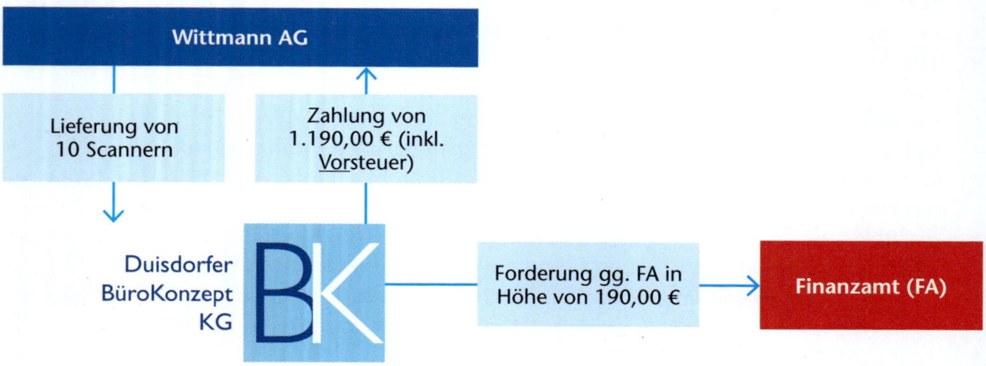

4.2.2 Umsatzsteuer beim Verkauf

(aus der Sicht der Duisdorfer BüroKonzept KG)

Duisdorfer
BüroKonzept
KG

Duisdorfer BüroKonzept KG · Rochusstraße 30 · 53123 Bonn

Ausstattung und Beratung
für das Büro

Anschrift: Rochusstraße 30
53123 Bonn
Telefon: 0228 98765-35
Telefax: 0228 98765-835

Banken: Volksbank Bonn/Rhein Sieg
IBAN DE85 3806 0186 2401 2345 67
BIC GENODED1BRS
Postbank Köln
IBAN DE23 3701 0050 8884 4412 34
BIC PBNKDEFF370

Stadt Bonn
Gebäudemanagement
Berliner Platz 2
53103 Bonn

Ihr Zeichen	Ihre Bestellung vom	Unser Zeichen	Telefon	Name	Datum
		VK Br	0228 98765-	Frank Bremer	27.06.20..

Rechnung

Kunden-Nr.: 2403
Rechnungs-Nr.: 50215
Lieferschein-Nr.:
Versanddatum:

Pos.	Artikel-Nr.	Artikel-Bezeichnung	Menge	Einzelpreis €	Rabatt in %	Rabattbetrag €	Gesamtpreis €
1	300213	Scann-Chef 100	10	150,00			1.500,00
					Nettobetrag €		1.500,00
					Umsatzsteuer 19,0% in €		285,00
					Rechnungsbetrag €		**1.785,00**

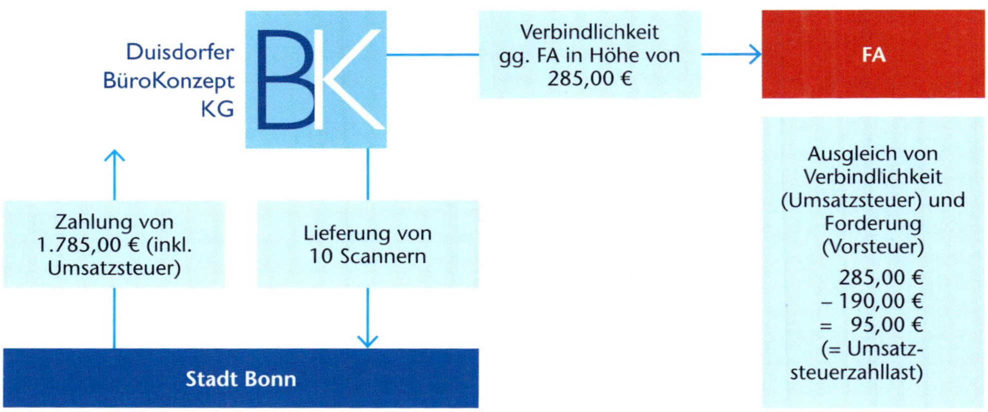

4.3 Vor- und Umsatzsteuer buchhalterisch erfassen

Die Eingangsrechnung der Wittmann AG (siehe Kapitel 4.2.1) wird in der Finanzbuchhaltung der Duisdorfer BüroKonzept KG entsprechend erfasst. Die Verbindlichkeit in Höhe von 1.190,00 € muss auf dem Konto **4410 Verbindlichkeiten Wittmann AG** auf der Haben-Seite als Mehrung dieses passiven Bestandskontos gebucht werden. Auf dem Konto **6080 Aufwendungen für Handelswaren** wird der Nettobetrag der Eingangsrechnung in Höhe von 1.000,00 € auf der Soll-Seite des Aufwandskontos gebucht. Die Vorsteuer wird als Forderung gegenüber dem Finanzamt auf dem aktiven Bestandskonto **2600 Vorsteuer** auf der Soll-Seite erfasst. Dementsprechend ergibt sich der folgende Buchungssatz:

Nr.	Konto Soll	Konto Haben	Betrag Soll	Betrag Haben
1	6080 Aufw. für HW		1.000,00 €	
	2600 Vorsteuer		190,00 €	
	an	4410 Vbk. Wittmann		1.190,00 €

Die Ausgangsrechnung an die Stadt Bonn (siehe Kapitel 4.2.2) wird in der Finanzbuchhaltung der Duisdorfer BüroKonzept KG entsprechend erfasst. Die Forderung in Höhe von 1.785,00 € muss auf dem Konto **2403 Forderungen Stadt Bonn** auf der Sollseite als Mehrung dieses aktiven Bestandskontos gebucht werden. Auf dem Konto **5100 Umsatzerlöse (UE) für Handelswaren** wird der Nettobetrag der Ausgangsrechnung in Höhe von 1.500,00 € auf der Haben-Seite des Ertragsskontos gebucht. Die Umsatzsteuer wird als Verbindlichkeit gegenüber dem Finanzamt auf dem passiven Bestandskonto **4800 Umsatzsteuer** auf der Haben-Seite erfasst. Dementsprechend ergibt sich der folgende Buchungssatz:

Nr.	Konto Soll	Konto Haben	Betrag Soll	Betrag Haben
2	2403 Ford. Stadt Bonn		1.785,00 €	
	an	5100 UE für Handelswaren		1.500,00 €
	an	4800 Umsatzsteuer		285,00 €

Aus den Buchungen der Eingangsrechnung der Wittmann AG und der Ausgangsrechnung an die Stadt Bonn ergibt sich das folgende Hauptbuch (Ausschnitt):

S 6080 Auf. f. Handelswaren H

S		H	
1) 4410	**1.000,00 €**		

S 5100 UE für Handelswaren H

S		H	
		2) 5100	**1.500,00 €**

S 2403 Ford. Stadt Bonn H

S		H	
2) 5100	**1.785,00 €**		

S 4410 Vbk. Wittmann AG H

S		H	
		1) 2403	**1.190,00 €**

S 2600 Vorsteuer H

S		H	
1) 4410	**190,00 €**		

S 4800 Umsatzsteuer H

S		H	
		2) 2403	**285,00 €**

a) Ausgleich der Konten 2600 Vorsteuer und 4800 Umsatzsteuer im Laufe des Jahres jeweils zum 10. des Folgemonats.

Im oben abgebildeten Ausschnitt des Hauptbuchs (2600 Vorsteuer und 4800 Umsatzsteuer) der Duisdorfer BüroKonzept KG muss zunächst das Konto mit dem kleineren Saldo über das Konto mit dem größeren Saldo ausgeglichen werden. In diesem Fall hat das Konto **2600 Vorsteuer** mit dem Saldo in Höhe von 190,00 € (< 285,00 €) einen kleineren Saldo und muss somit über das Konto **4800 Umsatzsteuer** ausgeglichen werden. Das Konto **2600 Vorsteuer** muss auf der Haben-Seite mit dem Betrag in Höhe von 190,00 € gebucht werden. Auf der Soll-Seite des Kontos **4800 Umsatzsteuer** findet die Gegenbuchung statt. Im Folgenden ist der Buchungssatz und die Fortführung des Hauptbuches abgebildet:

Nr.	Konto Soll	Konto Haben	Betrag Soll	Betrag Haben
3	4800 Umsatzsteuer		190,00 €	
	an	2600 Vorsteuer		190,00 €

S	2600 Vorsteuer		H
1) 4410	190,00 €	**3) 4800**	**190,00 €**

S	4800 Umsatzsteuer		H
3) 2600	**190,00 €**	2) 2403	285,00 €

Anschließend muss das Konto mit dem ursprünglich größeren Saldo ausgeglichen werden. Das ist hier das Konto **4800 Umsatzsteuer**, welches nach Ausgleich des Kontos **2600 Vorsteuer** nun noch einen Saldo in Höhe von 95,00 € (Umsatzsteuerzahllast) aufweist. Diese Umsatzsteuerzahllast muss an das Finanzamt überwiesen werden und wird somit über das Konto **2800 Bank** ausgeglichen. Im Folgenden ist der Buchungssatz und das fortgeführte Hauptbuch abgebildet:

Nr.	Konto Soll	Konto Haben	Betrag Soll	Betrag Haben
4	4800 Umsatzsteuer		95,00 €	
	an	2800 Bank		95,00 €

S	2600 Vorsteuer		H
1) 4410	190,00 €	3) 4800	190,00 €

S	4800 Umsatzsteuer		H
3) 2800	190,00 €	2) 2403	285,00 €
4) 2600	**95,00 €**		

S	2800 Bank		H
...		**4) 4800**	**95,00 €**
...			

b) Abschluss der Konten 2600 Vorsteuer und 4800 Umsatzsteuer am 31.12.20.. (Jahresabschluss)

Im zuvor abgebildeten Ausschnitt des Hauptbuchs der Duisdorfer BüroKonzept KG (siehe Ausgangssituation) muss zunächst das Konto mit dem kleineren Saldo über das Konto mit dem größeren Saldo abgeschlossen werden. In diesem Fall hat das Konto **2600 Vorsteuer** mit dem Saldo in Höhe von 190,00 € (< 285,00 €) einen kleineren Saldo und muss somit über das Konto **4800 Umsatzsteuer** abgeschlossen werden. Das Konto **2600 Vorsteuer** muss auf der Haben-Seite mit dem Betrag in Höhe von 190,00 € gebucht werden. Auf der Soll-Seite des Kontos **4800 Umsatzsteuer** findet die Gegenbuchung statt. Der Buchungssatz lautet:

Nr.	Konto Soll	Konto Haben	Betrag Soll	Betrag Haben
3	4800 Umsatzsteuer		190,00 €	
	an	2600 Vorsteuer		190,00 €

S	2600 Vorsteuer		H
1) 4410	190,00 €	**3) 4800**	**190,00 €**

S	4800 Umsatzsteuer		H
3) 2600	**190,00 €**	2) 2403	285,00 €

Anschließend muss das Konto mit dem ursprünglich größeren Saldo abgeschlossen werden. Das ist hier das Konto **4800 Umsatzsteuer**, welches nach Abschluss des Kontos **2600 Vorsteuer** nun noch einen Saldo in Höhe von 95,00 € (Umsatzsteuerzahllast) aufweist. Diese Umsatzsteuerzahllast muss am Ende des Jahres „passiviert" werden und wird somit über das Konto **8010 Schlussbilanzkonto** abgeschlossen. Man spricht hier von **Passivierung der Umsatzsteuerzahllast**, da die Verbindlichkeit gegenüber dem Finanzamt in der Schlussbilanz auf der Passivseite erscheint. Im Folgenden ist der Buchungssatz und das fortgeführte Hauptbuch dargestellt:

Nr.	Konto Soll	Konto Haben	Betrag Soll	Betrag Haben
4	4800 Umsatzsteuer		95,00 €	
	an	8010 Schlussbilanzkonto		95,00 €

S	2600 Vorsteuer		H
1) 4410	190,00 €	3) 4800	190,00 €

S	4800 Umsatzsteuer		H
3) 2600	190,00 €	2) 2403	285,00 €
4) 8010	**95,00 €**		
	285,00 €		285,00 €

S	8010 Schlussbilanzkonto		H
...		**4) 4800**	**95,00 €**
...		...	

Merke:

- ***Bei der buchhalterischen Erfassung einer Eingangsrechnung wird die Umsatzsteuer auf dem aktiven Bestandskonto 2600 Vorsteuer (Forderungen gegenüber dem Finanzamt) auf der Soll-Seite als Mehrung des Kontos gebucht.***
- ***Bei der buchhalterischen Erfassung einer Ausgangsrechnung wird die Umsatzsteuer auf dem passiven Bestandskonto 4800 Umsatzsteuer (Verbindlichkeit gegenüber dem Finanzamt) auf der Haben-Seite als Mehrung des Kontos gebucht.***
- ***Der Ausgleich der Konten Vor- u. Umsatzsteuer findet zum 10. eines Kalendermonats statt.***
- ***Das Konto mit dem kleineren Saldo wird über das Konto mit dem größeren Saldo ausgeglichen.***
- ***Der Abschluss der Konten zum 31.12. eines Jahres findet analog statt.***

4.4 Exkurs: Die Konten Vorsteuer und Umsatzsteuer mit Vorsteuerüberhang ausgleichen oder abschließen

Annahme: Es wurden im abgelaufenen Monat Handelswaren im Wert von 2.000,00 € zzgl. 380,00 € Umsatzsteuer gekauft und Handelswaren im Wert von 1.500,00 € verkauft. Daraus ergibt sich ein zum Ausgangsbeispiel veränderter Saldo im Konto **2600 Vorsteuer** in Höhe von 380,00 €. Nachfolgend ist der veränderte Ausschnitt aus dem Hauptbuch abgebildet:

S	2600 Vorsteuer		H
1) 4410	380,00 €		

S	4800 Umsatzsteuer		H
		2) 2403	285,00 €

a) Ausgleich der Konten 2600 Vorsteuer und 4800 Umsatzsteuer im Laufe des Jahres jeweils am 10. des Folgemonats.

Im zuvor abgebildeten Ausschnitt des Hauptbuchs der Duisdorfer BüroKonzept KG muss zunächst das Konto mit dem kleineren Saldo über das Konto mit dem größeren Saldo ausgeglichen werden. Das Prinzip für den Ausgleich ist somit immer dasselbe. In diesem Fall hat das Konto **4800 Umsatzsteuer** mit dem Saldo in Höhe von 285,00 € (< 380,00 €) einen kleineren Saldo und muss somit über das Konto **2600 Vorsteuer** ausgeglichen werden. Das Konto **4800 Umsatzsteuer** muss auf der Soll-Seite mit dem Betrag in Höhe von 285,00 € gebucht werden. Auf der Haben-Seite des Kontos **2600 Vorsteuer** findet die Gegenbuchung statt. Im Folgenden ist der Buchungssatz und das fortgeführte Hauptbuch abgebildet:

Nr.	Konto Soll	Konto Haben	Betrag Soll	Betrag Haben
3	4800 Umsatzsteuer		285,00 €	
	an	2600 Vorsteuer		285,00 €

S	2600 Vorsteuer		H
1) 4410	380,00 €	**3) 4800**	**285,00 €**

S	4800 Umsatzsteuer		H
3) 2600	**285,00 €**	2) 2403	285,00 €

Anschließend muss das Konto mit dem ursprünglich größeren Saldo ausgeglichen werden. Das ist hier das Konto **2600 Vorsteuer**, welches nach Ausgleich des Kontos **4800 Umsatzsteuer** noch einen Saldo in Höhe von 95,00 € (Vorsteuerüberhang) aufweist. Dieser Vorsteuerüberhang wird vom Finanzamt an die Duisdorfer BüroKonzept KG überwiesen und wird somit über das Konto **2800 Bank** ausgeglichen. Im Folgenden ist der Buchungssatz und das fortgeführte Hauptbuch abgebildet:

Nr.	Konto Soll	Konto Haben	Betrag Soll	Betrag Haben
4	2800 Bank		95,00 €	
	an	2600 Vorsteuer		95,00 €

2600 Vorsteuer

S			H
1) 4410	380,00 €	3) 4800	285,00 €
		4)	**95,00 €**

4800 Umsatzsteuer

S			H
3) 2600	285,00 €	2) 2403	285,00 €

2800 Bank

S			H
...			
4) 2600	95,00 €		

b) Abschluss der Konten 2600 Vorsteuer und 4800 Umsatzsteuer am 31.12.20..

Im zuvor abgebildeten Ausschnitt des Hauptbuchs der Duisdorfer BüroKonzept KG (siehe Ausgangsituation des Exkurses) muss zunächst das Konto mit dem kleineren Saldo über das Konto mit dem größeren Saldo abgeschlossen werden. Das Prinzip für den Abschluss ist auch immer gleich. In diesem Fall hat das Konto **4800 Umsatzsteuer** mit dem Saldo in Höhe von 285,00 € (< 380,00 €) einen kleineren Saldo und muss somit über das Konto **2600 Vorsteuer** abgeschlossen werden. Das Konto **4800 Umsatzsteuer** muss auf der Soll-Seite mit dem Betrag in Höhe von 285,00 € gebucht werden. Auf der Haben-Seite des Kontos **2600 Vorsteuer** findet die Gegenbuchung statt. Der Buchungssatz lautet:

Nr.	Konto Soll	Konto Haben	Betrag Soll	Betrag Haben
3	4800 Umsatzsteuer		285,00 €	
	an	2600 Vorsteuer		285,00 €

2600 Vorsteuer

S			H
1) 4410	380,00 €	**3) 4800**	**285,00 €**

4800 Umsatzsteuer

S			H
3) 2600	**285,00 €**	2) 2403	285,00 €

Anschließend muss das Konto mit dem ursprünglich größeren Saldo abgeschlossen werden. Das ist hier das Konto **2600 Vorsteuer**, welches nach Ausgleich des Kontos **4800 Umsatzsteuer** nun noch einen Saldo in Höhe von 95,00 € (Vorsteuerüberhang) aufweist. Dieser Vorsteuerüberhang muss am Ende des Jahres „aktiviert" und somit über das Konto **8010 Schlussbilanzkonto** abgeschlossen werden. Man spricht hier von **Aktivierung des Vorsteuerüberhangs**, da die Forderung gegenüber dem Finanzamt in der Schlussbilanz auf der Aktivseite erscheint. Der Buchungssatz lautet:

Nr.	Konto Soll	Konto Haben	Betrag Soll	Betrag Haben
4	8010 Schlussbilanzkonto		95,00 €	
	an	2600 Vorsteuer		95,00 €

2600 Vorsteuer

S			H
1) 4410	380,00 €	3) 4800	285,00 €
		4) 8010	**95,00 €**
	380,00 €		380,00 €

4800 Umsatzsteuer

S			H
3) 2600	285,00 €	2) 2403	285,00 €

8010 Schlussbilanzkonto

S			H
4) 2600	**95,00 €**	...	...
...	...	...	...

4.5 Umsatzsteuer-Voranmeldung

Die Duisdorfer BüroKonzept KG muss laut § 18 UStG monatlich eine Umsatzsteuer-Voranmeldung abgegeben. Mit dieser Umsatzsteuer-Voranmeldung meldet das Unternehmen die im vergangenen Monat angefallene Umsatzsteuer an das Finanzamt. Bei einer Vorjahres-Umsatzsteuerzahllast bis 7.500,00 € muss die Umsatzsteuervoranmeldung nur vierteljährlich abgegeben werden. Nachfolgend ist das Formular für die Umsatzsteuer-Voranmeldung des Jahres 2015 abgebildet.

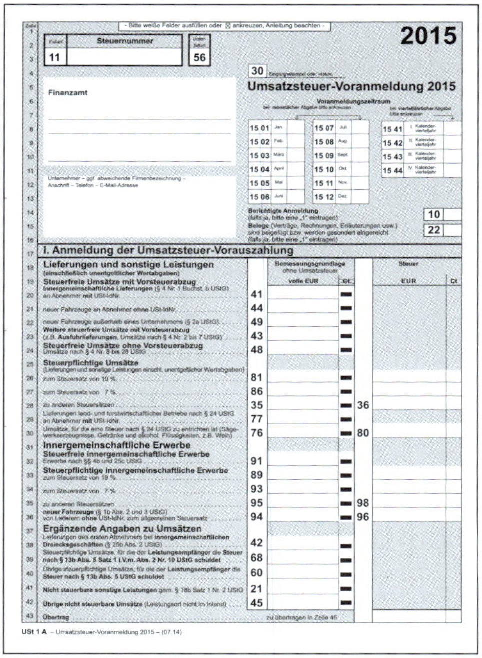
- Bitte weiße Felder ausfüllen oder ☒ ankreuzen, Anleitung beachten -
2015
Fallart 11 | Steuernummer | Unterfallart 56
30 Eingangsstempel oder -datum
Finanzamt
Unternehmer – ggf. abweichende Firmenbezeichnung – Anschrift – Telefon – E-Mail-Adresse
Umsatzsteuer-Voranmeldung 2015
Voranmeldungszeitraum
bei monatlicher Abgabe bitte ankreuzen: 15 01 Jan. | 15 02 Feb. | 15 03 März | 15 04 April | 15 05 Mai | 15 06 Juni | 15 07 Juli | 15 08 Aug. | 15 09 Sept. | 15 10 Okt. | 15 11 Nov. | 15 12 Dez.
bei vierteljährlicher Abgabe bitte ankreuzen: 15 41 I. Kalendervierteljahr | 15 42 II. Kalendervierteljahr | 15 43 III. Kalendervierteljahr | 15 44 IV. Kalendervierteljahr
Berichtigte Anmeldung (falls ja, bitte eine „1" eintragen) 10
Belege (Verträge, Rechnungen, Erläuterungen usw.) sind beigefügt bzw. werden gesondert eingereicht (falls ja, bitte eine „1" eintragen) 22
I. Anmeldung der Umsatzsteuer-Vorauszahlung
Bemessungsgrundlage ohne Umsatzsteuer volle EUR | Ct — Steuer EUR | Ct
Lieferungen und sonstige Leistungen (einschließlich unentgeltlicher Wertabgaben)
Steuerfreie Umsätze mit Vorsteuerabzug
Innergemeinschaftliche Lieferungen (§ 4 Nr. 1 Buchst. b UStG) an Abnehmer mit USt-IdNr. 41
neuer Fahrzeuge an Abnehmer ohne USt-IdNr. 44
neuer Fahrzeuge außerhalb eines Unternehmens (§ 2a UStG) 49
Weitere steuerfreie Umsätze mit Vorsteuerabzug (z.B. Ausfuhrlieferungen, Umsätze nach § 4 Nr. 2 bis 7 UStG) 43
Steuerfreie Umsätze ohne Vorsteuerabzug Umsätze nach § 4 Nr. 8 bis 28 UStG 48
Steuerpflichtige Umsätze (Lieferungen und sonstige Leistungen einschl. unentgeltlicher Wertabgaben)
zum Steuersatz von 19 % 81
zum Steuersatz von 7 % 86
zu anderen Steuersätzen 35 | 36
Lieferungen land- und forstwirtschaftlicher Betriebe nach § 24 UStG an Abnehmer mit USt-IdNr. 77
Umsätze, für die eine Steuer nach § 24 UStG zu entrichten ist (Sägewerkserzeugnisse, Getränke und alkohol. Flüssigkeiten, z.B. Wein) 76 | 80
Innergemeinschaftliche Erwerbe
Steuerfreie innergemeinschaftliche Erwerbe Erwerbe nach §§ 4b und 25c UStG 91
Steuerpflichtige innergemeinschaftliche Erwerbe zum Steuersatz von 19 % 89
zum Steuersatz von 7 % 93
zu anderen Steuersätzen 95 | 98
neuer Fahrzeuge (§ 1b Abs. 2 und 3 UStG) von Lieferern ohne USt-IdNr. zum allgemeinen Steuersatz 94 | 96
Ergänzende Angaben zu Umsätzen
Lieferungen des ersten Abnehmers bei innergemeinschaftlichen Dreiecksgeschäften (§ 25b Abs. 2 UStG) 42
Steuerpflichtige Umsätze, für die der Leistungsempfänger die Steuer nach § 13b Abs. 5 Satz 1 i.V.m. Abs. 2 Nr. 10 UStG schuldet 68
Übrige steuerpflichtige Umsätze, für die der Leistungsempfänger die Steuer nach § 13b Abs. 5 UStG schuldet 60
Nicht steuerbare sonstige Leistungen gem. § 18b Satz 1 Nr. 2 UStG 21
Übrige nicht steuerbare Umsätze (Leistungsort nicht im Inland) 45
Übertrag zu übertragen in Zeile 45
USt 1 A – Umsatzsteuer-Voranmeldung 2015 – (07.14)

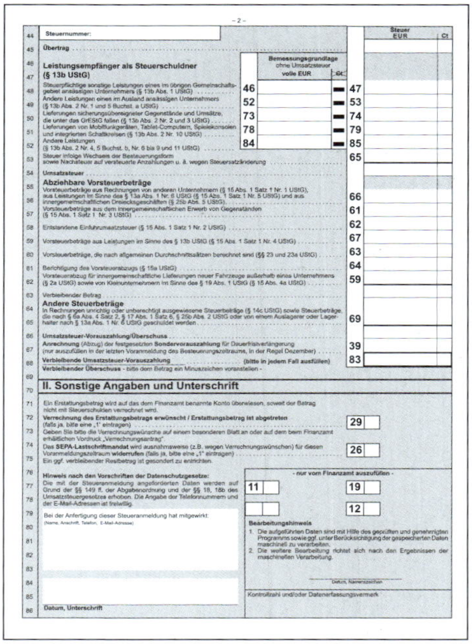
- 2 -
Steuernummer:
Steuer EUR | Ct
Übertrag
Leistungsempfänger als Steuerschuldner (§ 13b UStG) — Bemessungsgrundlage ohne Umsatzsteuer volle EUR | Ct
Steuerpflichtige sonstige Leistungen eines im übrigen Gemeinschaftsgebiet ansässigen Unternehmers (§ 13b Abs. 1 UStG) 46 | 47
Andere Leistungen eines im Ausland ansässigen Unternehmers (§ 13b Abs. 2 Nr. 1 und 5 Buchst. a UStG) 52 | 53
Lieferungen sicherungsübereigneter Gegenstände und Umsätze, die unter das GrEStG fallen (§ 13b Abs. 2 Nr. 2 und 3 UStG) 73 | 74
Lieferungen von Mobilfunkgeräten, Tablet-Computern, Spielekonsolen und integrierten Schaltkreisen (§ 13b Abs. 2 Nr. 10 UStG) 78 | 79
Andere Leistungen (§ 13b Abs. 2 Nr. 4, 5 Buchst. b, Nr. 6 bis 9 und 11 UStG) 84 | 85
Steuer infolge Wechsels der Besteuerungsform sowie Nachsteuer auf versteuerte Anzahlungen u. ä. wegen Steuersatzänderung 65
Umsatzsteuer
Abziehbare Vorsteuerbeträge
Vorsteuerbeträge aus Rechnungen von anderen Unternehmern (§ 15 Abs. 1 Satz 1 Nr. 1 UStG), aus Leistungen im Sinne des § 13a Abs. 1 Nr. 6 UStG (§ 15 Abs. 1 Satz 1 Nr. 5 UStG) und aus innergemeinschaftlichen Dreiecksgeschäften (§ 25b Abs. 5 UStG) 66
Vorsteuerbeträge aus dem innergemeinschaftlichen Erwerb von Gegenständen (§ 15 Abs. 1 Satz 1 Nr. 3 UStG) 61
Entstandene Einfuhrumsatzsteuer (§ 15 Abs. 1 Satz 1 Nr. 2 UStG) 62
Vorsteuerbeträge aus Leistungen im Sinne des § 13b UStG (§ 15 Abs. 1 Satz 1 Nr. 4 UStG) 67
Vorsteuerbeträge, die nach allgemeinen Durchschnittssätzen berechnet sind (§§ 23 und 23a UStG) 63
Berichtigung des Vorsteuerabzugs (§ 15a UStG) 64
Vorsteuerabzug für innergemeinschaftliche Lieferungen neuer Fahrzeuge außerhalb eines Unternehmens (§ 2a UStG) sowie von Kleinunternehmern im Sinne des § 19 Abs. 1 UStG (§ 15 Abs. 4a UStG) 59
Verbleibender Betrag
Andere Steuerbeträge
In Rechnungen unrichtig oder unberechtigt ausgewiesene Steuerbeträge (§ 14c UStG) sowie Steuerbeträge, die nach § 6a Abs. 4 Satz 2, § 17 Abs. 1 Satz 6, § 25b Abs. 2 UStG oder von einem Auslagerer oder Lagerhalter nach § 13a Abs. 1 Nr. 6 UStG geschuldet werden 69
Umsatzsteuer-Vorauszahlung/Überschuss
Anrechnung (Abzug) der festgesetzten Sondervorauszahlung für Dauerfristverlängerung (nur auszufüllen in der letzten Voranmeldung des Besteuerungszeitraums, in der Regel Dezember) 39
Verbleibende Umsatzsteuer-Vorauszahlung (bitte in jedem Fall ausfüllen) 83
Verbleibender Überschuss - bitte dem Betrag ein Minuszeichen voranstellen -
II. Sonstige Angaben und Unterschrift
Ein Erstattungsbetrag wird auf das dem Finanzamt benannte Konto überwiesen, soweit der Betrag nicht mit Steuerschulden verrechnet wird.
Verrechnung des Erstattungsbetrags erwünscht / Erstattungsbetrag ist abgetreten (falls ja, bitte eine „1" eintragen) 29
Geben Sie bitte die Verrechnungswünsche auf einem besonderen Blatt an oder auf dem beim Finanzamt erhältlichen Vordruck „Verrechnungsantrag".
Das SEPA-Lastschriftmandat wird ausnahmsweise (z.B. wegen Verrechnungswünschen) für diesen Voranmeldungszeitraum widerrufen (falls ja, bitte eine „1" eintragen) 26
Ein ggf. verbleibender Restbetrag ist gesondert zu entrichten.
Hinweis nach den Vorschriften der Datenschutzgesetze:
Die mit der Steueranmeldung angeforderten Daten werden auf Grund der §§ 149 ff. der Abgabenordnung und der §§ 18, 18b des Umsatzsteuergesetzes erhoben. Die Angabe der Telefonnummern und der E-Mail-Adressen ist freiwillig.
Bei der Anfertigung dieser Steueranmeldung hat mitgewirkt: (Name, Anschrift, Telefon, E-Mail-Adresse)
Datum, Unterschrift
- nur vom Finanzamt auszufüllen -
11 | 19 | 12
Bearbeitungshinweis
1. Die aufgeführten Daten sind mit Hilfe des geprüften und genehmigten Programms sowie ggf. unter Berücksichtigung der gespeicherten Daten maschinell zu verarbeiten.
2. Die weitere Bearbeitung richtet sich nach den Ergebnissen der maschinellen Verarbeitung.
Datum, Namenszeichen
Kontrollzahl und/oder Datenerfassungsvermerk

5 Bezahlung von Rechnungen unter Abzug von Skonto (nach dem Nettoverfahren)[1]

Skonto stellt einen sofortigen oder nachträglichen Preisnachlass auf den Kaufpreis dar. Er wird gewährt, um die Bezahlung innerhalb einer kurzen vereinbarten Frist zu erreichen.

Die Duisdorfer BüroKonzept KG ist ein Unternehmen, das einerseits den Verkauf (Handel) und andererseits die Herstellung (Produktion) von Ausstattungsgegenständen im Bürobereich betreibt. Damit ist es sowohl ein Handelsunternehmen als auch ein Industrieunternehmen. Entsprechend werden für beide Bereiche verschiedene neue Konten benötigt.

[1] *Neben dem Nettoverfahren (oder Nettoskontobuchungsverfahren) existiert auch ein Bruttoskontobuchungsverfahren. Dieses Verfahren wird aber hier nicht näher betrachtet.*

Handelsunternehmen	Industrieunternehmen
Warenkonten	Werkstoffkonten, diese unterteilen sich in: ▪ Rohstoffkonten ▪ Hilfsstoffkonten ▪ Betriebsstoffkonten ▪ Fremdbauteile

5.1 Liefererskonto am Beispiel von Handelswaren

Die Duisdorfer BüroKonzept KG hat die folgende Rechnung für Handelswaren erhalten:

WITTMANN AG

Wittmann AG · Untere Dorfstr. 130 · 57074 Siegen

Anschrift: Untere Dorfstr. 130
57074 Siegen
Telefon: 027180053-0
Telefax: 027180053-10
www: www.wittmann-ag.de
E-Mail: kontakt@wittmann-ag.de

Bank: Postbank Köln
IBAN: DE70 3701 0050 5135 1547 81
BIC: PBNKDEFF370

Duisdorfer BüroKonzept KG
Rochusstraße 30
53123 Bonn

Ihr Zeichen	Ihre Bestellung vom	Unser Zeichen	Telefon	Name	Datum
		BK		Bianca Kuhn	27.09.20..

Rechnung

Lieferanten-Nummer: 4410

Kunden-Nr.: 2495420
Rechnungs-Nr.: 50215
Lieferschein-Nr.:
Versanddatum:

Artikel-Nr.	Artikel-Bezeichnung	Menge	Einzelpreis €	Gesamtpreis €
300213	Scann-Chef 100	10	100,00	1.000,00
		Nettobetrag		1.000,00
		Umsatzsteuer 19,0%		190,00
		Rechnungsbetrag		1.190,00

zahlbar 30 Tage ab Rechnungsdatum ohne Abzug
2% Skonto bei Zahlung innerhalb von 10 Tagen ab Rechnungsdatum

Es ergibt sich der folgende Buchungssatz für den Wareneinkauf:

Nr.	Konto Soll	Konto Haben	Betrag Soll	Betrag Haben
1	6080 Aufwendungen für Handelswaren		1.000,00 €	
	2600 Vorsteuer		190,00 €	
	an	4410 Verbindlichkeiten Wittmann AG		1.190,00 €

Gemäß der Zahlungsbedingung wird die Rechnung innerhalb der 10 Tage unter Abzug von 2 % Skonto bezahlt:

		erstellt am	Auszug	Blatt
Volksbank Bonn/Rhein-Sieg eG	IBAN DE85 3860 0186 2401 2345 67	07.10.20.. 9.55	152	1

BU-TAG	VORGANG	
06.10.20..	Überweisung Wittmann AG IBAN DE70 3701 0050 5135 1547 81 Postbank Köln (BIC PBNKDEFF370) Rechnung 50215 vom 27.09.20.. **abzgl. 2 % Skonto**	1.166,20(–)

SALDO NEU	EUR	32.584,21 (+)
Kreditlimit	EUR	100.000,00

Bitte Rückseite beachten.

Für den Buchungssatz sind zunächst verschiedene Überlegungen und Rechenschritte notwendig: Die Ausnutzung von Skonto führt zu einer nachträglichen Reduzierung des Rechnungsbetrages um 2 %. Auch der Anschaffungspreis der Handelswaren (Warenwert) und die Umsatzsteuer reduzieren sich um 2 %.

Berechnung der Beträge:

Ursprüngliche Beträge	Berechnungen durch die Ausnutzung von 2 % Skonto	Neue Beträge
Rechnungsbetrag 1.190,00 €	2 % von 1.190,00 € = 23,80 €	1.190,00 € – 23,80 € = 1.166,20 €
Warenwert 1.000,00 €	2 % von 1.000,00 € = 20,00 €	1.000,00 € – 20,00 € = 980,00 €
Vorsteuer 190,00 €	2 % von 190,00 € = 3,80 €	190,00 € – 3,80 € = 186,20 €

Aufgrund der neuen Berechnung ergeben sich auch verschiedene, z. T. neue Begriffe:

Betrag	Begriff
1.190,00 €	Rechnungsbetrag
1.166,20 €	Überweisungsbetrag
23,80 €	Bruttoskontobetrag
20,00 €	Nettoskontobetrag
3,80 €	Vorsteuerkorrekturbetrag (Vorsteuerberichtigung)

Der Nettoskontobetrag in Höhe von 20,00 € wird direkt auf einem neuen Konto gebucht. Daher spricht man auch vom **Nettoverfahren** oder **Nettoskontobuchungsverfahren**. Das neue Konto lautet: **6082 Nachlässe für Handelswaren.**

Es ergibt sich der folgende Buchungssatz für die Bezahlung der Liefererrechnung unter Abzug von 2 % Skonto:

Nr.	Konto Soll	Konto Haben	Betrag Soll	Betrag Haben
2	4410 Verbindlichkeiten Wittmann AG		1.190,00 €	
	an	2800 Bank		1.166,20 €
	an	2600 Vorsteuer		3,80 €
	an	6062 Nachlässe für Handelswaren		20,00 €

Exkurs: Abschluss des neuen Kontos

Das Konto 6082 Nachlässe für Handelswaren ist ein **Unterkonto** vom Konto 6080 Aufwendungen für Handelswaren. Es wird aus Gründen der Übersichtlichkeit geführt und über das entsprechende Warenkonto abgeschlossen:

S	6080 Aufwendungen für Handelswaren		H
4410 Verb.	1.000,00 €	1) 6082 Nachl.	20,00 €
		2) 8020 GuV	980,00 €

S	6082 Nachlässe für Handelswaren		H
1) 6080 Aufw. HW	20,00 €	4410 Verb.	20,00 €

Die entsprechenden Buchungssätze lauten:

Nr.	Konto Soll	Konto Haben	Betrag Soll	Betrag Haben
1 Umbuchung der Nachlässe	6082 Nachlässe für Handelswaren		20,00 €	
	an	6080 Aufwendungen für HW		20,00 €
2 Abschluss des Kontos 6080	8020 GuV		980,00 €	
	an	6080 Aufwendungen für HW		980,00 €

5.2 Liefererskonto am Beispiel der Werkstoffkonten

Der am Anfang des Kapitels dargestellte Ablauf bei der Verbuchung von Liefererskonto am Beispiel von Handelswaren funktioniert bei den verschiedenen Werkstoffkonten **nach dem gleichen Prinzip**. Daher werden die verschiedenen Unterkonten (6002 Nachlässe für Rohstoffe, 6012 Nachlässe für Vorprodukte/Fremdbauteile, 6022 Nachlässe für Hilfsstoffe und 6032 Nachlässe für Betriebsstoffe) für die Verbuchung von Skonto verwendet. Die Vorgehensweise wird exemplarisch an dem Werkstoffkonto Vorprodukte/Fremdbauteile dargestellt.

Beispiel

Die Duisdorfer BüroKonzept KG hat für den Kauf von Vorprodukten (Rollen für Bürostühle) beim Lieferanten Metallteile Rösgen e. K. (Lieferanten-Nr. 4405) eine Rechnung erhalten.

Metallteile

RÖSGEN e. K.

Metallteile, Beethovenstraße 30, 38700 Hannover

Anschrift: Beethovenstraße 30, 38700 Hannover
Telefon: 0511 23796-0
Telefax: 0511 23796-55
www: www.schrauben-roesgen.de
E-Mail: info@schrauben-roesgen.de

Bank: Hannoversche Volksbank
IBAN: DE68 2519 0001 1185 7566 57
BIC: VOHADE2HXXX

Duisdorfer BüroKonzept KG
Rochusstraße 30
53123 Bonn

Ihr Zeichen	Ihre Bestellung vom	Unser Zeichen	Telefon	Name	Datum
		bf	0511 23796-487	Bertram Franke	08.10.20..

Rechnung

Lieferanten-Nummer: 4405

Kunden-Nr.: 5568436
Rechnungs-Nr.: 6584
Lieferschein-Nr.:
Versanddatum:

Artikel-Nr.	Artikel-Bezeichnung	Menge	Einzelpreis €	Gesamtpreis €
56p94	Rollen für Bürostühle	500	4,00	2.000,00
		Nettobetrag		2.000,00
		Umsatzsteuer 19,0 %		380,00
		Rechnungsbetrag		2.380,00

zahlbar 30 Tage ab Rechnungsdatum ohne Abzug
3 % Skonto bei Zahlung innerhalb von 15 Tagen ab Rechnungsdatum

Geschäftsführer: Ludger Rösgen

Amtsgericht: Hannover: HRA 1748
USt-Id.: DE231154468
St.-Nr.: 2321/4487/877

Die Rechnung wird wie folgt verbucht:

Nr.	Konto Soll	Konto Haben	Betrag Soll	Betrag Haben
1	6010 Aufwendungen für Vorprodukte		2000,00 €	
	2600 Vorsteuer		380,00 €	
	an	4405 Verbindlichkeiten Rösgen e. K.		2.380,00 €

Gemäß der Zahlungsbedingung wird die Rechnung innerhalb der 15 Tage unter Abzug von 3 % Skonto bezahlt:

		erstellt am	Auszug	Blatt
Volksbank Bonn/Rhein-Sieg eG	IBAN DE85 3860 0186 2401 2345 67	23.10.20.. 8.54	158	1

BU-TAG	VORGANG	
22.10.	Überweisung Metallteile Rösgen e. K. Rechnung 6584 vom 08.10.20.. **abzgl. 3 % Skonto**	2.308,60 (–)
	SALDO NEU EUR	29.843,20 (+)
	Kreditlimit EUR	100.000,00

Bitte Rückseite beachten.

Auch in diesem Beispiel führt die Ausnutzung von Skonto zu einer nachträglichen Reduzierung des Rechnungsbetrages um 3 %. Daraus ergibt sich, dass sich auch der Anschaffungspreis der Vorprodukte (Nettowert) und die Umsatzsteuer um 3 % reduzieren.

Berechnung der Beträge:

Ursprüngliche Beträge	Berechnungen durch die Ausnutzung von 3 % Skonto	Neue Beträge
Rechnungsbetrag 2.380,00 €	3 % von 2.380,00 € = 71,40 €	2.380,00 € – 71,40 € = 2.308,60 €
Nettowert 2.000,00 €	3 % von 2.000,00 € = 60,00 €	2.000,00 € – 60,00 € = 1.940,00 €
Vorsteuer 380,00 €	3 % von 380,00 € = 11,40 €	380,00 € – 11,40 € = 368,60 €

Es ergeben sich die folgenden Beträge und Begriffe:

Betrag	Begriff
2.380,00 €	Rechnungsbetrag
2.308,60 €	Überweisungsbetrag
71,40 €	Bruttoskontobetrag
60,00 €	Nettoskontobetrag
11,40 €	Vorsteuerkorrekturbetrag (Vorsteuerberichtigung)

Der Nettoskontobetrag in Höhe von 60,00 € wird auf einem neuen Konto gebucht. Dieses lautet: 6012 Nachlässe für Vorprodukte. Es ergibt sich der folgende Buchungssatz für die Bezahlung der Liefererrechnung unter Abzug von 3 % Skonto:

Nr.	Konto Soll	Konto Haben	Betrag Soll	Betrag Haben
2	4405 Verbindlichkeiten Rösgen e. K.		2.380,00 €	
	an	2800 Bank		2.308,60 €
	an	2600 Vorsteuer		11,40 €
	an	6012 Nachlässe für Vorprodukte		60,00 €

Exkurs: Abschluss des neuen Kontos

Das Konto 6012 Nachlässe für Vorprodukte ist ein Unterkonto des Kontos 6010 Aufwendungen für Vorprodukte. Es wird aus Gründen der Übersichtlichkeit geführt und über das entsprechende Warenkonto abgeschlossen:

S	6010 Aufwendungen für Vorprodukte		H
4405 Verb.	2.000,00 €	1) 6012 Nachl.	60,00 €
		2) 8020 GuV	1980,00 €

S	6012 Nachlässe für Vorprodukte		H
1) 6010 Aufw.	60,00 €	4405 Verb.	60,00 €

Die entsprechenden Buchungssätze lauten:

Nr.	Konto Soll	Konto Haben	Betrag Soll	Betrag Haben
1 Umbuchung der Nachlässe	6012 Nachlässe für Vorprodukte		60,00 €	
	an	6010 Aufwendungen für VP		60,00 €
2 Abschluss des Kontos 6010	8020 GuV		1.940,00 €	
	an	6010 Aufwendungen für VP		1.940,00 €

Merke:

- ***Skonto wird für frühzeitige Zahlung gewährt und als Abzug vom Rechnungsbetrag berechnet.***
- ***Die Differenz zwischen Rechnungsbetrag und Überweisungsbetrag nennt man Bruttoskonto.***
- ***Man berechnet den Nettoskontobetrag, in dem man vom Warenwert den Skontosatz abzieht. Der Nettoskontobetrag wird direkt auf das Konto 6082 Nachlässe für Handelswaren gebucht. Man spricht hier vom Nettoverfahren oder Nettoskontobuchungsverfahren.***
- ***Die Vorsteuerkorrektur (Berichtigung) erhält man, in dem man von der Vorsteuer den Skontosatz abzieht.***
- ***Das Konto 6082 Nachlässe auf Handelswaren ist ein Unterkonto des zugehörigen Warenkontos (hier: 6080 Aufwendungen für Handelswaren). Es wird über das Konto 6080 Aufwendungen für Handelswaren abgeschlossen.***
- ***Die Verbuchung von Skonto bei den vier Werkstoffkonten (Rohstoffe, Vorprodukte, Hilfsstoffe und Betriebsstoffe) erfolgt nach dem gleichen Prinzip.***

5.3 Kundenskonto am Beispiel von Handelswaren

Da die Duisdorfer BüroKonzept KG bekanntermaßen sowohl im Verkauf (Handel) als auch in der Herstellung (Produktion) von Ausstattungsgegenständen im Bürobereich tätig ist, werden die Umsatzerlöse für beide Bereiche getrennt dargestellt:

Handelsunternehmen	Industrieunternehmen
5100 Umsatzerlöse für Handelswaren	5000 Umsatzerlöse für eigene Erzeugnisse

Die Duisdorfer BüroKonzept KG hat die folgende Rechnung für Handelswaren erstellt und an den Kunden versandt:

Duisdorfer BüroKonzept KG

Duisdorfer BüroKonzept KG · Rochusstraße 30 · 53123 Bonn

Ausstattung und Beratung für das Büro

Anschrift: Rochusstraße 30
53123 Bonn
Telefon: 0228 98765-35
Telefax: 0228 98765-835

Banken: Volksbank Bonn/Rhein Sieg
IBAN DE85 3806 0186 2401 2345 67
BIC GENODED1BRS
Postbank Köln
IBAN DE23 3701 0050 8884 4412 34
BIC PBNKDEFF370

Stadt Bonn
Gebäudemanagement
Berliner Platz 2
53103 Bonn

Ihr Zeichen	Ihre Bestellung vom	Unser Zeichen	Telefon	Name	Datum
		VK Br	0228 98765-17	Frank Bremer	27.10.20..

Rechnung

Kunden-Nr.: 2403
Rechnungs-Nr.: 50215
Lieferschein-Nr.:
Versanddatum:

Pos.	Artikel-Nr.	Artikel-Bezeichnung	Menge	Einzelpreis €	Gesamtpreis €
1	300213	Scann-Chef 100	10	150,00	1.500,00
			Nettobetrag €		1.500,00
			Umsatzsteuer 19,0%		285,00
			Rechnungsbetrag €		**1.785,00**

zahlbar 40 Tage ab Rechnungsdatum ohne Abzug
3% Skonto bei Zahlung innerhalb von 15 Tagen ab Rechnungsdatum

Duisdorfer BüroKonzept KG
Rochusstraße 30
53123 Bonn
USt.-IdNr.: DE 244 111 855

Geschäftsführer:
Sebastian Falo
Katharina Niester
Amtsgericht Bonn
HRA 1221

Telefon: 0228 98765-0
Fax: 0228 98765-80
Internet: www.duisdorfer-bueko.de
E-Mail: info@duisdorfer-bueko.de

Bankverbindungen:
Volksbank Bonn Rhein-Sieg
IBAN DE85 3860 0186 2401 2345 67
BIC GENODED1BRS
Postbank Köln
IBAN DE23 3701 0050 8884 4412 34
BIC PBNKDEFF370

Es ergibt sich der folgende Buchungssatz für den Warenverkauf:

Nr.	Konto Soll	Konto Haben	Betrag Soll	Betrag Haben
1	2403 Forderungen Stadt Bonn		1.785,00€	
	an	4800 Umsatzsteuer		285,00€
	an	5100 Umsatzerlöse für Handelswaren		1.500,00€

Aufgrund der Zahlungsbedingung wird die Rechnung innerhalb der 15 Tage unter Abzug von 3% Skonto bezahlt:

		erstellt am	Auszug	Blatt
Volksbank Bonn/Rhein-Sieg eG	IBAN DE85 3860 0186 2401 2345 67	11.11.20.. 11.11	155	1

BU-TAG	VORGANG	
10.11.20..	Überweisung Stadt Bonn IBAN DE75 3806 0186 0456 7891 23 Postbank Köln (BIC PBNKDEFF370) Rechnung 50215 vom 27.10.20.. **abzgl. 3 % Skonto**	1.731,45(+)

SALDO NEU EUR 22.884,21 (–)
Kreditlimit EUR 100.000,00

Bitte Rückseite beachten.

Es sind die gleichen Berechnungen wie in den beiden vorhergehenden Beispielen nötig:

Ursprüngliche Beträge	Berechnungen durch die Ausnutzung von 3% Skonto	Neue Beträge
Rechnungsbetrag 1.785,00€	3% von 1.785,00€ = 53,55€	1.785,00€ – 53,55€ = 1.731,45€
Warenwert 1.500,00€	3% von 1.500,00€ = 45,00€	1.500,00€ – 45,00€ = 1.405,00€
Umsatzsteuer 285,00€	3% von 285,00€ = 8,55€	285,00€ – 8,55€ = 276,45€

Es ergeben sich die folgenden Beträge und Begriffe:

Betrag	Begriff
1.785,00€	Rechnungsbetrag
1.731,45€	Überweisungsbetrag
53,55€	Bruttoskontobetrag
45,00€	Nettoskontobetrag
8,55€	Umsatzsteuerkorrekturbetrag (Umsatzsteuerberichtigung)

Der Nettoskontobetrag in Höhe von 45,00 € wird auf einem neuen Konto gebucht. Dieses lautet: 5101 Erlösberichtigungen für Handelswaren. Es ergibt sich der folgende Buchungssatz für die Bezahlung der Kundenrechnung unter Abzug von 3 % Skonto:

Nr.	Konto Soll	Konto Haben	Betrag Soll	Betrag Haben
2	2800 Bank		1.731,45 €	
	5101 Erlösberichtigungen für Handelswaren		45,00 €	
	4800 Umsatzsteuer		8,55 €	
	an	2403 Forderungen Stadt Bonn		1.785,00 €

Exkurs: Abschluss des neuen Kontos

Das Konto 5101 Erlösberichtigungen für Handelswaren ist ein Unterkonto zu Konto 5100 Umsatzerlöse für Handelswaren. Es wird aus Gründen der Übersichtlichkeit geführt und über das zugehörige Ertragskonto abgeschlossen:

S	5100 Umsatzerlöse für Handeswaren		H
1) 5101 EB	45,00 €	2403 Ford.	1.500,00 €
2) 8020 GuV	1.405,00 €		

S	5101 Erlösberichtigungen für HW		H
2403 Ford.	45,00 €	1) 5101 UfHW	45,00 €

Die Buchungssätze lauten:

Nr.	Konto Soll	Konto Haben	Betrag Soll	Betrag Haben
1 Umbuchung der Erlösberichtigungen	5100 Umsatzerlöse für HW		45,00 €	
	an	5101 Erlösberichtigungen für HW		45,00 €
2 Abschluss des Kontos 5100 über GuV	5100 Umsatzerlöse für HW		1.405,00 €	
	an	8020 GuV		1.405,00 €

5.4 Alternative Berechnungsmethode am Beispiel Kundenskonto

Die Berechnungen zum Thema Kundenskonto können auch ohne die Ausgangsrechnung, **nur mithilfe des Kontoauszuges**, durchgeführt werden. Dies soll im Folgenden am Beispiel Kundenskonto beim Verkauf eigener Erzeugnisse dargestellt werden:

Beispiel

Die Duisdorfer BüroKonzept KG hat Schreibtische vom Typ Ökostar (Art. Nr. 101111) an den Kunden Rhenag GmbH, Mannheim (Kd.Nr. 2408) auf Rechnung verkauft. Die Rhenag GmbH nimmt den vereinbarten Skonto in Anspruch und überweist den Rechnungsbetrag gemäß folgendem Kontoauszug:

		erstellt am	Auszug	Blatt
Volksbank Bonn/Rhein-Sieg eG	IBAN DE85 3860 0186 2401 2345 67	07.10.20.. 9.55	154	1

BU-TAG	VORGANG	
08.10.	Überweisung Rhenag GmbH Rechnung 60215 vom 01.10.20.. **abzgl. 2,5 % Skonto**	4.641,00(+)

SALDO NEU	EUR	35.845,20(–)
Kreditlimit	EUR	100.000,00

Bitte Rückseite beachten.

Ausgangspunkt für die folgenden Überlegungen und Rechenschritte sind der **Überweisungsbetrag und der Skontosatz**, die im Kontoauszug vorgegeben sind. Der Überweisungsbetrag entspricht (nach Abzug von 2,5 % Skonto) **97,5 % des Rechnungsbetrages:**

Was wird berechnet?	Berechnungen durch die Ausnutzung von 2,5 % Skonto	Betrag
Rechnungsbetrag	Überweisungsbetrag ≙ 4.641,00 € 97,5 % ≙ 4.641,00 € 100 % ≙ x x ≙ 100 · 4.641,00 € : 97,5 =	4.760,00 €
Bruttoskontobetrag	4.760,00 € – 4.641,00 € =	119,00 €
Nettoskontobetrag	Bruttoskontobetrag = 119,00 € 119 % = 119,00 € 100 % = x € x = 100 · 119 € : 119 =	100,00 €
Umsatzsteuerkorrektur	119,00 € – 100,00 € =	19,00 €

Es ergeben sich die folgenden Beträge und Begriffe:

Betrag	Begriff
4.760,00 €	Rechnungsbetrag
4.641,00 €	Überweisungsbetrag
119,00 €	Bruttoskontobetrag
100,00 €	Nettoskontobetrag
19,00 €	Umsatzsteuerkorrekturbetrag (Umsatzsteuerberichtigung)

Der Nettoskontobetrag in Höhe von 100,00 € wird auf einem neuen Konto gebucht. Dieses lautet: 5001 Erlösberichtigungen für eigene Erzeugnisse. Dadurch ergibt sich der folgende Buchungssatz für die Bezahlung der Kundenrechnung unter Abzug von 2,5 % Skonto:

Nr.	Konto Soll	Konto Haben	Betrag Soll	Betrag Haben
2	2800 Bank		4.641,00 €	
	5001 Erlösberichtigungen für e. E.		100,00 €	
	4800 Umsatzsteuer		19,00 €	
	an	2408 Forderungen Rhenag GmbH		4.760,00 €

Exkurs: Abschluss des neuen Kontos

Das Konto 5001 Erlösberichtigungen für eigene Erzeugnisse ist ein Unterkonto von 5000 Umsatzerlöse für eigene Erzeugnisse. Es wird aus Gründen der Übersichtlichkeit geführt und über das entsprechende Ertragskonto abgeschlossen:

S	5000 Umsatzerlöse für eigene Erzeugnisse		H
1) 5001 EB	100,00 €	2408 Ford.	4.000,00 €
2) 8020 GuV	3.900,00 €		

S	5101 Erlösberichtigungen für HW		H
2408 Ford.	100,00 €	1) 5000 UfHW	100,00 €

Die Buchungssätze lauten:

Nr.	Konto Soll	Konto Haben	Betrag Soll	Betrag Haben
1 Umbuchung der Erlösberichtigungen	5100 Umsatzerlöse für e. E.		100,00 €	
	an	5001 Erlösberichtigungen für e. E.		100,00 €
2 Abschluss des Kontos 5000 über GuV	5000 Umsatzerlöse für e. E.		3.900,00 €	
	an	8020 GuV		3.900,00 €

Merke:
- ***Dem Kunden wird Skonto für frühzeitige Zahlung gewährt. Man spricht in diesem Zusammenhang vom sogenannten Kundenskonto.***
- ***Der Nettoskontobetrag wird auf das Konto 5101 Erlösberichtigungen für Handelswaren oder 5001 Erlösberichtigungen für eigene Erzeugnisse gebucht. Sie sind jeweils Unterkonten des zugehörigen Ertragskontos (hier: 5100 Umsatzerlöse für Handelswaren und 5000 Umsatzerlöse für eigene Erzeugnisse).***
- ***Der Buchungssatz für die Bezahlung einer Ausgangsrechnung unter Abzug von Skonto kann auch nur mithilfe des Kontoauszuges berechnet werden (aber: der Überweisungsbetrag und der Skontosatz müssen bekannt sein).***

6 Besondere Buchungen bei Beschaffung und Absatz

Bisher haben Sie im Kapitel 3 dieses Lernfeldes 6 die wesentlichen Buchungssätze bei der Beschaffung von Waren und Werkstoffen sowie beim Absatz von Waren und eigenen Erzeugnissen nach dem aufwandsrechnerischen Verfahren kennengelernt. Im Kapitel 5 dieses Lernfeldes wurden mit dem Thema Skonto besondere Buchungssätze vorgestellt. In diesem Kapitel werden weitere Besonderheiten zum Thema Beschaffung und Absatz behandelt. Zunächst wird es um die Nebenkosten beim Wareneinkauf und Warenverkauf gehen. Anschließend werden verschiedene Korrekturbuchungen zu beiden Themen vorgestellt.

6.1 Nebenkosten bei Beschaffung und Absatz

Nach § 255 HGB bezeichnet man die Aufwendungen bei der Beschaffung von Handelswaren oder Werkstoffen als „Anschaffungskosten, die geleistet werden, um einen Vermögensgegenstand zu erwerben […]. Zu den Anschaffungskosten gehören auch die **Nebenkosten** […]“.

Unter Nebenkosten versteht man Kosten, die neben dem Warenwert zusätzlich bei der Anschaffung anfallen.

Nebenkosten können u. a. sein:
- Frachtkosten für Lkw, Bahn- Schiffs- oder Lufttransport
- Versicherungskosten für die verschiedenen Transportwege
- Be- und Entladegebühren bei den verschiedenen Transportmitteln
- Verpackungskosten, die für den Versand der Ware anfallen
- Vertriebsprovisionen, die an selbstständige Vermittler gezahlt werden

Um zwischen Beschaffung und Absatz besser differenzieren zu können, werden die Nebenkosten sprachlich wie folgt unterschieden:

Beschaffung	Absatz
Man bezeichnet die Nebenkosten als Bezugskosten.	Man bezeichnet die Nebenkosten als Vertriebskosten.

6.1.1 Bezugskosten bei der Beschaffung

Im Folgenden wird die buchhalterische Erfassung der Nebenkosten nur am Beispiel der Handelswaren verdeutlicht. Die Werkstoffkonten werden nach dem gleichen Prinzip verbucht.

Die Duisdorfer BüroKonzept KG hat bei der Beschaffung von Handelswaren die folgende Rechnung mit Bezugskosten erhalten:

Beleg 1

WITTMANN AG

Wittmann AG · Untere Dorfstr. 130 · 57074 Siegen

Anschrift: Untere Dorfstr. 130
57074 Siegen
Telefon: 027180053-0
Telefax: 027180053-10
www: www.wittmann-ag.de
E-Mail: kontakt@wittmann-ag.de

Bank: Postbank Köln
IBAN: DE70 3701 0050 5135 1547 81
BIC: PBNKDEFF370

Duisdorfer BüroKonzept KG
Rochusstraße 30
53123 Bonn

Ihr Zeichen	Ihre Bestellung vom	Unser Zeichen	Telefon	Name	Datum
		BK		Bianca Kuhn	17.11.20

Rechnung

Lieferanten-Nummer: 4410

Kunden-Nr.: 2495420
Rechnungs-Nr.: 50235
Lieferschein-Nr.:
Versanddatum:

Artikel-Nr.	Artikel-Bezeichnung	Menge	Einzelpreis €	Gesamtpreis €
300213	Scann-Chef 100	10	100,00	1.000,00
	zuzügl. Lkw-Frachtkosten			100,00
	zuzügl. Transportversicherung			20,00
		Nettobetrag		1.120,00
		Umsatzsteuer 19,0 %		212,80
		Rechnungsbetrag		1.332,80

zahlbar 30 Tage ab Rechnungsdatum ohne Abzug
2 % Skonto bei Zahlung innerhalb von 10 Tagen ab Rechnungsdatum

Die Bezugskosten bei der Beschaffung werden aus Gründen der Übersichtlichkeit auf einem gesonderten Konto Bezugskosten (hier: 6081 Bezugskosten für Handelswaren) erfasst. Es ergibt sich der folgende Buchungssatz für den Wareneinkauf:

Nr.	Konto Soll	Konto Haben	Betrag Soll	Betrag Haben
1	6080 Aufwendungen für HW		1.000,00€	
	6081 Bezugskosten für Handelswaren		120,00€	
	2600 Vorsteuer		212,80€	
	an	4410 Verbindlichkeiten Wittmann AG		1.332,80€

Exkurs: Abschluss des neuen Kontos

Das Konto 6081 Bezugskosten für Handelswaren ist ein Unterkonto von 6080 Aufwendungen für Handelswaren. Es wird über das entsprechende Warenkonto abgeschlossen:

S	6080 Aufwendungen für Handelswaren		H
4410 Verb.	1.000,00€	2) 8020 GuV	1.120,00€
1) 6081	120,00€		

S	6081 Bezugskosten für Handelswaren		H
4410 Verb.	120,00€	1. 6080	120,00€

Die entsprechenden Buchungssätze lauten:

Nr.	Konto Soll	Konto Haben	Betrag Soll	Betrag Haben
1 Umbuchung der Bezugskosten	6080 Aufwendungen für HW		120,00€	
	an	6081 Bezugskosten für HW		120,00€
2 Abschluss des Kontos 6080	8020 GuV		1.120,00€	
	an	6080 Aufwendungen für HW		1.120,00€

Nach § 255 HGB betragen die Anschaffungskosten für die Handelswaren in diesem Beispiel 1.120,00 €.

6.1.2 Vertriebskosten beim Absatz

Die Duisdorfer BüroKonzept KG hat beim Absatz von Handelswaren die folgende Rechnung mit Vertriebskosten erstellt:

Beleg 2

Duisdorfer BüroKonzept KG

Ausstattung und Beratung für das Büro

Duisdorfer BüroKonzept KG · Rochusstraße 30 · 53123 Bonn

Stadt Bonn
Gebäudemanagement
Berliner Platz 2
53103 Bonn

Anschrift: Rochusstraße 30
53123 Bonn
Telefon: 0228 98765-35
Telefax: 0228 98765-835

Banken: Volksbank Bonn/Rhein Sieg
IBAN DE85 3806 0186 2401 2345 67
BIC GENODED1BRS
Postbank Köln
IBAN DE23 3701 0050 8884 4412 34
BIC PBNKDEFF370

Ihr Zeichen	Ihre Bestellung vom	Unser Zeichen	Telefon	Name	Datum
		VK Br	0228 98765-	Frank Bremer	22.11.20..

Rechnung

Kunden-Nr.: 2403
Rechnungs-Nr.: 50238
Lieferschein-Nr.:
Versanddatum:

Pos.	Artikel-Nr.	Artikel-Bezeichnung	Menge	Einzelpreis €	Rabatt in %	Rabatt-betrag €	Gesamtpreis €
1	300213	Scann-Chef 100	10	150,00			1.500,00
		zuzügl. Transport-kosten		40,00			40,00
					Nettobetrag €		1.540,00
					Umsatzsteuer 19,0%		292,60
					Rechnungsbetrag		**1.832,60**

Die Vertriebskosten beim Absatz werden buchhalterisch **nicht auf einem Extrakonto** erfasst. Diese Kosten werden mit auf das entsprechende Ertragskonto gebucht, sie erhöhen in diesem Beispiel die Umsatzerlöse. Der obige Beleg wird wie folgt kontiert:

Nr.	Konto Soll	Konto Haben	Betrag Soll	Betrag Haben
2	2403 Forderungen Stadt Bonn		1.832,60 €	
	an	5100 Umsatzerlöse für HW		1.540,00 €
	an	4800 Umsatzerlöse		292,60 €

Nach § 255 HGB betragen (aus Sicht des Kunden) die Anschaffungskosten für die Handelswaren in diesem Beispiel 1.540,00 €.

6.1.3 Bezugskosten bei der Beschaffung mit gesonderter Rechnung

Die Duisdorfer BüroKonzept KG hat bei der Beschaffung von Handelswaren die folgende Rechnung ohne Bezugskosten erhalten.

Beleg 3

WITTMANN AG

Wittmann AG · Untere Dorfstr. 130 · 57074 Siegen

Duisdorfer BüroKonzept KG
Rochusstraße 30
53123 Bonn

Anschrift: Untere Dorfstr. 130
57074 Siegen
Telefon: 027180053-0
Telefax: 027180053-10
www: www.wittmann-ag.de
E-Mail: kontakt@wittmann-ag.de

Bank: Postbank Köln
IBAN: DE70 3701 0050 5135 1547 81
BIC: PBNKDEFF370

Ihr Zeichen	Ihre Bestellung vom	Unser Zeichen	Telefon	Name	Datum
		BK		Bianca Kuhn	25.11.20..

Rechnung

Lieferanten-Nummer: 4410

Kunden-Nr.: 2495420
Rechnungs-Nr.: 50248
Lieferschein-Nr.:
Versanddatum:

Artikel-Nr.	**Artikel-Bezeichnung**	**Menge**	**Einzelpreis €**	**Gesamtpreis €**
300213	Scann-Chef 100	10	100,00	1.000,00
		Nettobetrag		1.000,00
		Umsatzsteuer 19,0%		190,00
		Rechnungsbetrag		1.190,00

zahlbar 30 Tage ab Rechnungsdatum ohne Abzug
2% Skonto bei Zahlung innerhalb von 10 Tagen ab Rechnungsdatum

Buchungssatz:

Nr.	Konto Soll	Konto Haben	Betrag Soll	Betrag Haben
3	6080 Aufw. f. HW		1.000,00 €	
	2600 Vorsteuer		190,00 €	
	an	4410 Verbindlichkeiten Wittmann AG		1.190,00 €

Zusätzlich erhält die Duisdorfer BüroKonzept KG für die Lieferung der Handelswaren eine Rechnung von ihrer Stammspedition Balthasar GmbH.

Beleg 4

Balthasar GmbH

SPEDITION

Balthasar GmbH, Kierbach 27, 52324 Düren

Anschrift: Kierbach 27
52324 Düren
Telefon: 02421 888999-0
Telefax: 02421 888999-11
www: www.balthasar-spedition.de
E-Mail: info@balthasar-spedition.de

Bank: Sparkasse Düren
IBAN: DE44 3955 0110 2114 7598 64
BIC: SDUEDE33XXX

Duisdorfer BüroKonzept KG
Rochusstraße 30
53123 Bonn

Ihr Zeichen	Ihre Bestellung vom	Unser Zeichen	Telefon	Name	Datum
		PH	02421 888999-554	Peter Holzmann	26.11.20..

Rechnung

Lieferanten-Nummer: 4404

Kunden-Nr.: 487762-8
Rechnungs-Nr.: 1111

Leistung	Gesamtpreis €
Für den Transport von 10 Scannern vom Typ Scann-Chef 100 am 25.11.20.. von 57074 Siegen, Untere Dorfstr. 130 nach 53123 Bonn, Rochusstr. 30 dürfen wir Ihnen folgenden Betrag in Rechnung stellen.	120,00
Nettobetrag	120,00
Umsatzsteuer 19,0 %	22,80
Rechnungsbetrag	142,80

zahlbar 10 Tage ab Rechnungsdatum ohne Abzug

Geschäftsführerin: Martina Olsen

Amtsgericht: Düren: HRB 8889
USt-Id.: DE527771132
St.-Nr.: 5208/3221/147

Der Buchungssatz zu Beleg 4 lautet:

Nr.	Konto Soll	Konto Haben	Betrag Soll	Betrag Haben
4	6081 Bezugskosten für Handelswaren		120,00 €	
	2600 Vorsteuer		22,80 €	
	an	4404 Verbindlichkeiten Balthasar GmbH		142,80 €

Nach § 255 HGB betragen die Anschaffungskosten für die Handelswaren aus beiden Belegen in diesem Beispiel 1.120,00 €.

6.1.4 Vertriebskosten beim Absatz mit gesonderter Rechnung

Die Duisdorfer BüroKonzept KG hat beim Absatz von Handelswaren die folgende Rechnung mit Vertriebskosten erstellt:

Beleg 5

Duisdorfer BüroKonzept KG

Ausstattung und Beratung für das Büro

Duisdorfer BüroKonzept KG · Rochusstraße 30 · 53123 Bonn

Stadt Bonn
Gebäudemanagement
Berliner Platz 2
53103 Bonn

Anschrift: Rochusstraße 30, 53123 Bonn
Telefon: 0228 98765-35
Telefax: 0228 98765-835

Banken: Volksbank Bonn/Rhein Sieg
IBAN DE85 3806 0186 2401 2345 67
BIC GENODED1BRS
Postbank Köln
IBAN DE23 3701 0050 8884 4412 34
BIC PBNKDEFF370

Ihr Zeichen	Ihre Bestellung vom	Unser Zeichen	Telefon	Name	Datum
		VK Br	0228 98765-	Frank Bremer	01.12.20..

Rechnung

Kunden-Nr.: 2403
Rechnungs-Nr.: 50254
Lieferschein-Nr.:
Versanddatum:

Pos.	Artikel-Nr.	Artikel-Bezeichnung	Menge	Einzelpreis €	Rabatt in %	Rabattbetrag €	Gesamtpreis €
1	300213	Scann-Chef 100	10	150,00			1.500,00
2		zuzügl. Transportkosten durch die Spedition Balthasar GmbH		40,00			40,00
					Nettobetrag €		1.540,00
					Umsatzsteuer 19,0 %		292,60
					Rechnungsbetrag		**1.832,60**

Buchungssatz:

Nr.	Konto Soll	Konto Haben	Betrag Soll	Betrag Haben
5	2403 Forderungen Stadt Bonn		1.832,60 €	
	an	5100 Umsatzerlöse f. HW		1.540,00 €
	an	4800 Umsatzerlöse		292,60 €

Wie im Beleg 5 dargestellt, lässt die Duisdorfer BüroKonzept KG die Handelswaren von ihrer Stammspedition Balthasar GmbH an den Kunden liefern und erhält die folgende Eingangsrechnung für den Transport:

Beleg 6

Balthasar GmbH

SPEDITION

Balthasar GmbH, Kierbach 27, 52324 Düren

Duisdorfer BüroKonzept KG
Rochusstraße 30
53123 Bonn

Anschrift: Kierbach 27
52324 Düren
Telefon: 02421 888999-0
Telefax: 02421 888999-11
www: www.balthasar-spedition.de
E-Mail: info@balthasar-spedition.de

Bank: Sparkasse Düren
IBAN: DE44 3955 0110 2114 7598 64
BIC: SDUEDE33XXX

Ihr Zeichen	Ihre Bestellung vom	Unser Zeichen	Telefon	Name	Datum
		PH	02421 888999-554	Peter Holzmann	02.12.20..

Rechnung

Lieferanten-Nummer: 4404

Kunden-Nr.: 487762-8
Rechnungs-Nr.: 1111

Leistung	Gesamtpreis €
Für den Transport von 10 Scannern vom Typ Scarn-Chef 100 am 01.12.20.. von 53123 Bonn, Rochusstr. 30 nach 53103 Bonn, Berliner Platz 2 dürfen wir Ihnen folgenden Betrag in Rechnung stellen.	40,00
Nettobetrag	40,00
Umsatzsteuer 19,0 %	7,60
Rechnungsbetrag	47,60

zahlbar 10 Tage ab Rechnungsdatum ohne Abzug

Geschäftsführerin: Martina Olsen

Amtsgericht: Düren: HRB 8889
Ust-Id: DE527771132
St-Nr. 5208/3221/147

Die vorstehende Rechnung ist eine Eingangsrechnung für die Duisdorfer BüroKonzept KG und die Transportkosten stellen betriebliche Aufwendungen für das Unternehmen dar. Sie werden auch als Ausgangsfrachten bezeichnet und auf dem Konto 6140 Frachten und Fremdlager (Ausgangsfrachten) gebucht:

Nr.	Konto Soll	Konto Haben	Betrag Soll	Betrag Haben
6	6140 Frachten und Fremdlager		40,00 €	
	2600 Vorsteuer		7,60 €	
	an	4404 Verbindlichkeiten Balthasar GmbH		47,60 €

Exkurs: Abschluss des neuen Kontos

Das Konto 6140 Frachten und Fremdlager ist ein **„normales" Aufwandskonto**, es wird über das GuV-Konto abgeschlossen:

S	6140 Frachten und Fremdlager		H
4404 Verb.	40,00 €	1) 8020 GuV	40,00 €

Nr.	Konto Soll	Konto Haben	Betrag Soll	Betrag Haben
1	8020 GuV		40,00 €	
Abschluss des Kontos 6140	an	6140 Frachten und Fremdlager		40,00 €

Merke:

- ***Zu den Anschaffungskosten von Produkten zählen nach § 255 HGB auch die Nebenkosten.***
- ***Nebenkosten sind Frachtkosten, Versicherung u. dgl.***
- ***Die Nebenkosten bei der Beschaffung bezeichnet man als Bezugskosten, beim Absatz nennt man sie Vertriebskosten.***
- ***Bezugskosten werden auf dem Konto Bezugskosten gebucht, es handelt sich um ein Unterkonto des entsprechenden Warenkontos (Werkstoffkontos).***
- ***Vertriebskosten werden nicht auf einem gesonderten Konto, sondern mit auf das Konto Umsatzerlöse gebucht.***
- ***Gesonderte Rechnungen für Nebenkosten z. B. von Speditionen werden bei der Beschaffung auf dem Konto Bezugskosten, beim Absatz von Produkten auf dem Konto 6140 Frachten und Fremdlager gebucht.***
- ***Das Konto ist ein „normales" Aufwandskonto, das über GuV abgeschlossen wird.***

6.2 Korrekturbuchungen bei der Beschaffung

Bei Beschaffung und Absatz kann es vorkommen, dass die Produkte nicht einwandfrei von Mängeln sind. Es gibt grundsätzlich **zwei Möglichkeiten** Korrektur- bzw. Stornobuchungen vorzunehmen:

Warenrücksendungen	Nachträgliche Preisnachlässe aufgrund von Mängelrügen
Die Handelswaren bzw. Werkstoffe, die eingekauft worden sind, sind nicht einwandfrei und werden zurückgeschickt.	Die Handelswaren bzw. Werkstoffe, die eingekauft worden sind, sind nicht einwandfrei, können aber noch genutzt oder weiterverkauft werden. Entsprechend wird eine Mängelrüge erstellt. Der Lieferant gewährt dem Kunden einen nachträglichen Preisnachlass auf den Kaufpreis.

In beiden Fällen werden i. d. R. von den Lieferanten **Rechnungskorrekturen** erstellt, die an die Kunden gesandt werden. Auch die **Umsatzsteuer** muss in der entsprechenden Höhe korrigiert werden. Aufgrund dieser Korrekturen erfolgen die anschließenden Buchungen.

Im Folgenden wird die buchhalterische Erfassung der Korrekturbuchungen nur am Beispiel des Werkstoffkontos „Vorprodukte/Fremdbauteile" verdeutlicht. Die anderen Werkstoffkonten und auch die Handelswaren werden nach dem gleichen Prinzip verbucht.

Die Duisdorfer BüroKonzept KG hat bei der Beschaffung von Vorprodukten die folgende Rechnung erhalten:

Beleg 1

Metallteile

RÖSGEN e. K.

Metallteile, Beethovenstraße 30, 38700 Hannover

Duisdorfer BüroKonzept KG
Rochusstraße 30
53123 Bonn

Anschrift: Beethovenstraße 30
38700 Hannover
Telefon: 0511 23796-0
Telefax: 0511 23796-55
www: www.schrauben-roesgen.de
E-Mail: info@schrauben-roesgen.de

Bank: Hannoversche Volksbank
IBAN: DE68 2519 0001 1185 7566 57
BIC: VOHADE2HXXX

Ihr Zeichen	Ihre Bestellung vom	Ulnser Zeichen	Telefon	Name	Datum
		bf	0511 23796-487	Bertram Franke	08.12.20..

Rechnung

Lieferanten-Nummer: 4405

Kunden-Nr.: 556843
Rechnungs-Nr.: 6555
Lieferschein-Nr.:
Versanddatum:

Artikel-Nr.	Artikel-Bezeichnung	Menge	Einzelpreis €	Gesamtpreis €
56p94	Rollen für Bürostühle abzüglich 20 % Mengenrabatt	500	5,00	2.500,00 –500,00
		Nettobetrag		2.000,00
		Umsatzsteuer 19,0 %		380,00
		Rechnungsbetrag		2.380,00

zahlbar 30 Tage ab Rechnungsdatum ohne Abzug
3 % Skonto bei Zahlung innerhalb von 15 Tagen ab Rechnungsdatum

Geschäftsführer: Ludger Rösgen

Amtsgericht: Hannover: HRA 1748
USt-Id.: DE231154468
St.-Nr.: 2321/4487/877

Aufgrund der gekauften Menge erhält das Unternehmen von der Metallteile Rösgen e. K. einen Mengenrabatt in Höhe von 20 %. Hierbei handelt es sich um einen Sofortrabatt, der buchhalterisch nicht gesondert erfasst wird. Es ergibt sich der folgende Buchungssatz für den Wareneinkauf.

Nr.	Konto Soll	Konto Haben	Betrag Soll	Betrag Haben
1	6010 Aufwendungen für Vorprodukte		2.000,00€	
	2600 Vorsteuer		380,00€	
	an	4405 Verbindlichkeiten Metallteile Rösgen e. K.		2.380,00€

6.2.1 Warenrücksendungen an Lieferanten

Beispiel:
Die Duisdorfer BüroKonzept KG hat von der Metallteile Rösgen e. K. 500 Rollen für Bürostühle gekauft. 100 Rollen sind defekt und werden an den Lieferanten zurückgeschickt. Von der Metallteile Rösgen e. K. erhält das Unternehmen darauf die folgende Rechnungskorrektur:

Beleg 2

Metallteile

RÖSGEN .K.

Metallteile, Beethovenstraße 30, 38700 Hannover

Duisdorfer BüroKonzept KG
Rochusstraße 30
53123 Bonn

Anschrift: Beethovenstraße 30
38700 Hannover
Telefon: 0511 23796-0
Telefax: 0511 23796-55
www: www.schrauben-roesgen.de
E-Mail: info@schrauben-roesgen.de

Bank: Hannoversche Volksbank
IBAN: DE68 2519 0001 1185 7566 57
BIC: VOHADE2HXXX

Ihr Zeichen	Ihre Bestellung vom	Unser Zeichen	Telefon	Name	Datum
		bf	0511 23796-487	Bertram Franke	12.12.20..

Rechnungskorrektur
zu Rechnungs-Nr.: 6555

Lieferanten-Nummer: 4405

Kunden-Nr.: 5568436

Sehr geehrte Damen und Herren,
aufgrund Ihrer Beanstandung haben wir 100 Rollen für Bürostühle zurückgenommen und schreiben Ihnen den folgenden Wert gut:

Artikel-Nr.	Artikel-Bezeichnung	Menge	Einzelpreis €	Gesamtpreis €
56p94	Rückgaben von Rollen für Bürostühle abzüglich 20 % Mengenrabatt	100	5,00	500,00 −100,00
		Nettobetrag		400,00
		Umsatzsteuer 19,0%		76,00
		Rechnungsbetrag		476,00

Geschäftsführer: Ludger Rösgen

Amtsgericht: Hannover: HRA 1748
USt-Id.: DE231154468
St.-Nr.: 2321/4487/877

Die Rücksendung von Werkstoffen erfolgt nicht auf einem gesonderten Konto, stattdessen wird der ursprüngliche Buchungssatz „umgedreht“ bzw. storniert. Auch der Mengenrabatt wird korrigiert. Der vorstehende Beleg wird wie folgt kontiert.

Nr.	Konto Soll	Konto Haben	Betrag Soll	Betrag Haben
2	4405 Verbindlichkeiten Metallteile Rösgen		476,00€	
	an	6010 Aufwendungen für Vo.		400,00€
	an	2600 Vorsteuer		76,00€

6.2.2 Nachträgliche Preisnachlässe von Lieferern aufgrund von Mängelrügen

Die Duisdorfer BüroKonzept KG hat von der Metallteile Rösgen e. K. 500 Rollen für Bürostühle gekauft. 50 Rollen sind etwas verkratzt, können aber noch verwendet werden. Aufgrund eines Telefonates gewährt die Metallteile Rösgen e. K. einen nachträglichen Preisnachlass. Von der Metallteile Rösgen e. K. geht daraufhin die folgende Rechnungskorrektur ein:

Beleg 3

Metallteile

RÖSGEN e. K.

Metallteile, Beethovenstraße 30, 38700 Hannover

Duisdorfer BüroKonzept KG
Rochusstraße 30
53123 Bonn

Anschrift: Beethovenstraße 30
38700 Hannover
Telefon: 0511 23796-0
Telefax: 0511 23796-55
www: www.schrauben-roesgen.de
E-Mail: info@schrauben-roesgen.de

Bank: Hannoversche Volksbank
IBAN: DE68 2519 0001 1185 7566 57
BIC: VOHADE2HXXX

Ihr Zeichen	Ihre Bestellung vom	Unser Zeichen	Telefon	Name	Datum
		bf	0511 23796-487	Bertram Franke	15.12.20..

Rechnungskorrektur
zu Rechnungs-Nr.: 6555

Lieferanten-Nummer: 4405

Kunden-Nr.: 556843

Sehr geehrte Damen und Herren,
aufgrund Ihrer Beanstandung und des anschließenden Telefonates gewähren wir Ihnen den folgenden Nachlass:

Artikel-Nr.	Artikel-Bezeichnung	Menge	Einzelpreis €	Gesamtpreis €
56p94	50 verkratzte Rollen für Bürostühle Preisnachlass			125,00
		Nettobetrag		125,00
		Umsatzsteuer 19,0%		23,75
		Rechnungsbetrag		148,75

Geschäftsführer: Ludger Rösgen

Amtsgericht: Hannover: HRA 1748
USt-Id.: DE231154468
St.-Nr.: 2321/4487/877

Der nachträgliche Preisnachlass reduziert die Anschaffungskosten für die Rollen. Aus Gründen der Übersichtlichkeit erfolgt der Nachlass auf dem Konto 6012 Nachlässe für Vorprodukte. Der vorstehende Beleg wird wie folgt kontiert:

Nr.	Konto Soll	Konto Haben	Betrag Soll	Betrag Haben
3	4405 Verbindlichkeiten Metallteile Rösgen		148,75 €	
	an	6012 Nachlässe für Vo.		125,00 €
	an	2600 Vorsteuer		23,75 €

Exkurs: Abschluss des Kontos 6012 Nachlässe für Vorprodukte

Das Konto 6012 Nachlässe für Vorprodukte ist ein Unterkonto des Kontos 6010 Aufwendungen für Vorprodukte. Es wird aus Gründen der Übersichtlichkeit geführt und über das zugehörige Aufwandskonto abgeschlossen:

S 6010 Aufwendungen für Vorprodukte H

S		H	
		1) 6012 Nachl.	125,00 €

S 6012 Nachlässe für Vorprodukte H

S		H	
1) 6010 Aufw. Vo.	125,00 €	4405 Verb.	125,00 €

Buchungssatz:

Nr.	Konto Soll	Konto Haben	Betrag Soll	Betrag Haben
1 Umbuchung der Nachlässe	6012 Nachlässe für VP		125,00 €	
	an	6000 Aufwendungen für VP		125,00 €

6.3 Korrekturbuchungen beim Absatz

Im Folgenden wird die buchhalterische Erfassung der Korrekturbuchungen nur am Beispiel der Umsatzerlöse für eigene Erzeugnisse dargestellt. Die Buchungen zu den Handelswaren werden nach dem gleichen Prinzip verbucht.

Die Duisdorfer BüroKonzept KG hat Schreibtische aus der eigenen Produktion verkauft und die folgende Rechnung erstellt.

Beleg 4

Duisdorfer BüroKonzept KG

Ausstattung und Beratung für das Büro

Duisdorfer BüroKonzept KG · Rochusstraße 30 · 53123 Bonn

Intermöbel GmbH
Großhandel für Büromöbel
Kaiserstraße 10
57074 Siegen

Anschrift: Rochusstraße 30
53123 Bonn
Telefon: 0228 98765-35
Telefax: 0228 98765-835

Banken: Volksbank Bonn/Rhein Sieg
IBAN DE85 3806 0186 2401 2345 67
BIC GENODED1BRS
Postbank Köln
IBAN DE23 3701 0050 8884 4412 34
BIC PBNKDEFF370

Ihr Zeichen	Ihre Bestellung vom	Unser Zeichen	Telefon	Name	Datum
		VK Br	0228 98765-17	Frank Bremer	25.08.20..

Rechnung

Kunden-Nr.: 2402
Rechnungs-Nr.: 458
Lieferschein-Nr.:
Versanddatum:

Pos.	Artikel-Nr.	Artikel-Bezeichnung	Menge	Einzelpreis €	Gesamtpreis €
1	101111	Schreibtisch Ökostar	20	489,00	9.780,00
		abzüglich 10 % Rabatt			–978,00
			Nettobetrag €		8.802,00
			Umsatzsteuer 19,0 %		1.672,38
			Rechnungsbetrag		**10.474,38**

Aufgrund der Preisverhandlungen gewähren wir der Intermöbel GmbH einen Rabatt in Höhe von 10 %. Hierbei handelt es sich um einen Sofortrabatt, der buchhalterisch nicht gesondert erfasst wird. Es ergibt sich der folgende Buchungssatz:

Nr.	Konto Soll	Konto Haben	Betrag Soll	Betrag Haben
4	2402 Forderungen Intermöbel GmbH		10.474,38 €	
	an	5000 Umsatzerlöse für e. E.		8.802,00 €
	an	4800 Umsatzsteuer		1.672,38 €

6.3.1 Warenrücksendungen von Kunden

Die Duisdorfer BüroKonzept KG hat der Intermöbel GmbH 20 Schreibtische vom Typ Ökostar verkauft. Die Tischplatten von vier Schreibtischen waren derart defekt, dass die Tische zurückgeschickt wurden. Die Duisdorfer BüroKonzept KG sendet der Intermöbel GmbH daraufhin die folgende Rechnungskorrektur:

Beleg 5

Duisdorfer BüroKonzept KG

Duisdorfer BüroKonzept KG · Rochusstraße 30 · 53123 Bonn

Ausstattung und Beratung für das Büro

Anschrift: Rochusstraße 30
53123 Bonn
Telefon: 0228 98765-35
Telefax: 0228 98765-835

Banken: Volksbank Bonn/Rhein Sieg
IBAN DE85 3806 0186 2401 2345 67
BIC GENODED1BRS
Postbank Köln
IBAN DE23 3701 0050 8884 4412 34
BIC PBNKDEFF370

Intermöbel GmbH
Großhandel für Büromöbel
Kaiserstraße 10
57074 Siegen

Ihr Zeichen	Ihre Bestellung vom	Unser Zeichen	Telefon	Name	Datum
		VK Br	0228 98765-17	Frank Bremer	29.08.20..

Rechnungskorrektur
zu Rechnungs-Nr.: 458
Kunden-Nr.: 2402

Sehr geehrte Damen und Herren,
aufgrund Ihrer Beanstandung haben wir 4 Schreibtische vom Typ Ökostar zurückgenommen und schreiben Ihnen den folgenden Betrag gut:

Pos.	Artikel-Nr.	Artikel-Bezeichnung	Menge	Einzelpreis €	Gesamtpreis €
1	101111	Schreibtisch Ökostar	4	489,00	1.956,00
		abzüglich 10 % Rabatt			–195,60
			Nettobetrag €		1.760,40
			Umsatzsteuer 19,0%		334,48
			Rechnungsbetrag		**2.094,88**

Die Rücksendung von eigenen Erzeugnissen erfolgt nicht auf einem gesonderten Konto, stattdessen wird der ursprüngliche Buchungssatz „umgedreht" bzw. storniert. Auch der Mengenrabatt wird korrigiert. Der vorstehende Beleg wird wie folgt kontiert:

Nr.	Konto Soll	Konto Haben	Betrag Soll	Betrag Haben
5	5000 Umsatzerlöse für e. E.		1.760,40 €	
	4800 Umsatzsteuer		334,48 €	
	an	2402 Forderungen Intermöbel GmbH		2.094,88 €

6.3.2 Nachträgliche Preisnachlässe an Kunden aufgrund von Mängelrügen

Die Duisdorfer BüroKonzept KG hat der Intermöbel GmbH 20 Schreibtische vom Typ Ökostar verkauft. Die Füße von fünf Schreibtischen waren leicht beschädigt, aber so, dass die Tische noch verkauft werden können. Aufgrund eines Telefonates gewährt die Duisdorfer BüroKonzept KG der Intermöbel GmbH einen nachträglichen Preisnachlass und sendet dem Unternehmen die folgende Rechnungskorrektur:

Beleg 6

Duisdorfer BüroKonzept KG

Ausstattung und Beratung für das Büro

Duisdorfer BüroKonzept KG · Rochusstraße 30 · 53123 Bonn

Intermöbel GmbH
Großhandel für Büromöbel
Kaiserstraße 10
57074 Siegen

Anschrift: Rochusstraße 30
53123 Bonn
Telefon: 0228 98765-35
Telefax: 0228 98765-835

Banken: Volksbank Bonn/Rhein Sieg
IBAN DE85 3806 0186 2401 2345 67
BIC GENODED1BRS
Postbank Köln
IBAN DE23 3701 0050 8884 4412 34
BIC PBNKDEFF370

Ihr Zeichen	Ihre Bestellung vom	Unser Zeichen	Telefon	Name	Datum
		VK Br	0228 98765-17	Frank Bremer	29.08.20..

Rechnungskorrektur

zu Rechnungs-Nr.: 458
Kunden-Nr.: 2402

Sehr geehrte Damen und Herren,
aufgrund Ihrer Beanstandung und des anschließenden Telefonates gewähren wir Ihnen den folgenden Nachlass:

Pos.	Artikel-Nr.	Artikel-Bezeichnung	Menge	Einzelpreis €	Gesamtpreis €
1	101111	Schreibtisch Ökostar			
		Preisnachlass gemäß Telefonat			300,00

Nettobetrag €	300,00
Umsatzsteuer 19,0 %	57,00
Rechnungsbetrag	**357,00**

Der nachträgliche Preisnachlass reduziert die Anschaffungskosten der Schreibtische. Aus Gründen der Übersichtlichkeit erfolgt der Nachlass auf dem Konto 5001 Erlösberichtigungen auf eigene Erzeugnisse. Der vorstehende Beleg wird wie folgt kontiert:

Nr.	Konto Soll	Konto Haben	Betrag Soll	Betrag Haben
5	5001 Erlösberichtigungen für e. E.		300,00 €	
	4800 Umsatzsteuer		57,00 €	
	an	2402 Forderungen Intermöbel GmbH		357,00 €

Exkurs: Abschluss des Kontos 5001 Erlösberichtigungen für eigene Erzeugnisse

Das Konto 5001 Erlösberichtigungen für Vorprodukte ist ein Unterkonto des Kontos 5000 Umsatzerlöse für eigene Erzeugnisse. Es wird aus Gründen der Übersichtlichkeit geführt und über das entsprechende Ertragskonto abgeschlossen:

S	5000 Umsatzerlöse für eigene Erzeugnisse		H
1) 5001 EB	300,00 €		

S	5001 Erlösberichtigungen für eigene Erzeugnisse		H
2402 Ford	300,00 €	1) 5000 Ufe.E.	300,00 €

Buchungssatz:

Nr.	Konto Soll	Konto Haben	Betrag Soll	Betrag Haben
1 Umbuchung der Erlösberichtigungen	5000 Umsatzerlöse f. e. E.		300,00 €	
	an	5001 Erlösberichtigungen f. e. E.		300,00 €

Merke:

- ***Korrekturbuchungen bzw. Stornobuchungen bei der Beschaffung und beim Absatz unterteilen sich in zwei unterschiedliche Vorgänge: a) die Rücksendung von Produkten und b) die nachträglichen Preisnachlässe.***
- ***Rücksendungen an Lieferer und Rücksendungen von Kunden werden als Stornobuchungen erfasst. Dabei wird der ursprüngliche Buchungssatz einfach „umgedreht". Es wird kein besonderes Konto genutzt.***
- ***Nachträgliche Preisnachlässe dagegen werden auf besonderen Konten gebucht.***
- ***Preisnachlässe von Lieferern werden auf dem Konto Nachlässe gebucht. Es handelt sich um ein Unterkonto des zugehörigen Aufwandskontos und wird auch darüber abgeschlossen.***
- ***Preisnachlässe an Kunden werden ebenfalls auf besonderen Konten (Erlösberichtigungen) gebucht. Auch hier handelt es sich um ein Unterkonto des zugehörigen Ertragskontos, das auch darüber abgeschlossen wird.***

7. Sachanlagenbuchhaltung[1]

7.1 Sachanlagen beschaffen

7.1.1 Anschaffungskosten ermitteln

Gegenstände des Anlagevermögens sind zum Zeitpunkt des Erwerbs (Kaufs) mit ihren Anschaffungskosten auf dem entsprechenden Anlagekonto (z. B. Fuhrpark) zu aktivieren bzw. buchhalterisch zu erfassen. Nach § 255 Abs. 1 HGB setzen sich die Anschaffungskosten wie folgt zusammen:

LF 6, 6.7

Anschaffungspreis
+ Anschaffungsnebenkosten
– Anschaffungspreisminderungen

= Anschaffungskosten

Der **Anschaffungspreis** ist der Nettowert bzw. Nettorechnungsbetrag des Anlagegutes. Die **Anschaffungsnebenkosten** sind alle Ausgaben und Aufwendungen, die neben dem Kaufpreis des Anlagegegenstandes sofort und nachträglich anfallen (Beispiel Lkw: Zulassungskosten, Überführungskosten etc.), um den Anlagegegenstand „zu erwerben und in einen betriebsbereiten Zustand zu versetzen" (§ 255 Abs. 1 HGB). Sonstige wiederkehrende Aufwendungen (Benzin, Versicherungsbeiträge oder Kraftfahrzeugsteuer) zählen nicht zu den Anschaffungskosten, sondern werden buchhalterisch als Aufwendungen erfasst. Die **Anschaffungspreisminderungen** sind alle Preisnachlässe, die beim Erwerb des Anlagegegenstandes sofort (z. B. Rabatt) und nachträglich (z. B. Bonus) gewährt werden. Die Umsatzsteuer zählt nicht zu den Anschaffungskosten.

VOLVO GROUP TRUCK CENTER

Volvo Group Truck Center Nord-West GmbH, Emil-Hoffmann-Str. 40, 50996 Köln

Duisdorfer BüroKonzept KG
Rochusstraße 30
53123 Bonn

Ihre Bestellung vom	Unsere Zeichen	Zeit der Leistung/Liefertag	Datum
03.01.20..	SU 555	15.01.20..	19.01.20..

Rechnung 47 111

Eingang: 20.01.20..

Wir lieferten Ihnen folgenden Lkw

Nr.	Gegenstand	Betrag €
1	Volvo FM, D13C: 500 PS	91.000,00
2	Navigationssystem	5.000,00
3	Sonderlackierung	1.500,00
4	Ledersitze	2.500,00
	Aktionsrabatt 10 %	– 10.000,00
	Warenwert (netto)	90.000,00
	Umsatzsteuer 19 %	17.100,00
	Rechnungsbetrag	107.100,00

Zahlungsbedingungen: Zahlung innerhalb von 10 Tagen ohne Abzug

Telefon (0221) 43699-1 — Telefax (0221) 43693-111 — Geschäftszeiten 08:30–17:00 Uhr — Kölner Bank IBAN DE27 3716 0087 0098 7654 32 BIC GENODED1CGN

Beispiel

Eingangsrechnung der Volvo Group Truck Center Nord-West GmbH

Berechnung der Anschaffungskosten:

Anschaffungspreis	*91.000,00 €*
+ Anschaffungsnebenkosten	*9.000,00 €*
– Anschaffungspreisminderungen	*10.000,00 €*
= Anschaffungskosten	*90.000,00 €*

Merke:

- ***Die Ermittlung der Anschaffungskosten findet nach dem abgebildeten Schema statt.***
- ***Die Umsatzsteuer zählt nicht zu den Anschaffungskosten.***
- ***Wiederkehrende Aufwendungen zählen nicht zu den Anschaffungs(neben)kosten.***

[1] *Im Sinne eines vollständigen Prozesses werden in diesem Kapitel die Anschaffung, die Abschreibung und der Verkauf von Sachanlagen thematisiert.*

7.1.2 Sachanlagen aktivieren

Bei der buchhalterischen Erfassung des Anlagegegenstandes (hier Lkw) muss auf dem entsprechenden Aktivkonto (hier 0840 Fuhrpark) gebucht werden. Die Mehrung auf dem Aktivkonto 0840 Fuhrpark wird auf der Sollseite des Kontos erfasst.

Bei jedem Kauf eines Anlagegegenstandes im Inland fällt, wie auf der Eingangsrechnung zu sehen ist, Umsatzsteuer an. Diese Umsatzsteuer muss zunächst an das Autohaus bezahlt werden. Die Duisdorfer BüroKonzept KG hat Anspruch auf Rückerstattung dieses Umsatzsteuerbetrags vom Finanzamt. Diese Forderung gegenüber dem Finanzamt wird auf dem Konto 2600 Vorsteuer gebucht. Wie auf anderen „Forderungskonten" (z. B. Forderungen aus Lieferungen und Leistungen) wird auch auf dem Aktivkonto 2600 Vorsteuer diese Mehrung der Forderung auf der Sollseite des Kontos erfasst.

Durch das Zahlungsziel von zehn Tagen (siehe Rechnung) entsteht für den Zeitraum des Zahlungsziels eine Schuld gegenüber der Volvo Truck Center Nord-West GmbH. Diese Schuld wird auf dem Konto 4499 Verbindlichkeiten sonstige Lieferanten gebucht. Die Mehrung der Verbindlichkeit wird auf der Haben-Seite des Passivkontos 4499 Verbindlichkeiten sonstige Lieferanten gebucht. Der Buchungssatz lautet:

Nr.	Konto Soll	Konto Haben	Betrag Soll	Betrag Haben
1	0840 Fuhrpark		90.000,00 €	
	2600 Vorsteuer		17.100,00 €	
	an	4499 Verbindlichkeiten sonstige Lieferanten		107.100,00 €

Nach Ablauf des Zahlungsziels muss die Verbindlichkeit beglichen, das heißt, die Rechnung bezahlt werden. Um die Verbindlichkeit auf dem Konto 4499 Verbindlichkeiten sonstige Lieferanten auszugleichen, muss diese Minderung auf der Sollseite des Passivkontos gebucht werden. Weiterhin wird das Konto 2800 Bank um den Rechnungsbetrag auf der Haben-Seite des Kontos gemindert. Nachfolgend ist der Bankauszug zum Ausgleich der Rechnung abgebildet:

		erstellt am	Auszug	Blatt
Volksbank Bonn/Rhein-Sieg eG	IBAN DE 85 3806 0186 2401 2345 67	30.01.20.. 12.16	21	1

BU-TAG	VORGANG			
30.01.20..	Überweisung Volvo Trucks IBAN DE27 3716 0087 0098 7654 32 BIC GENODED1CGN Rechnung 47111 vom 19.01.20..			107.100,00-
		SALDO NEU	EUR	25.875,12
		Kreditlimit	EUR	100.000,00

Bitte Rückseite beachten.

Nachfolgend ist der Buchungssatz der Auszug aus dem Hauptbuch abgebildet:

Nr.	Konto Soll	Konto Haben	Betrag Soll	Betrag Haben
2	4499 Vbk. s. Lief.		107.100,00€	
	an	2800 Bank		107.100,00€

S	0840 Fuhrpark		H
1) 4499	90.000,00€		

S	2600 Vorsteuer		H
1) 4499	17.100,00€		

S	4499 Vbk. sonst. Lief.		H
2) 4499	107.100,00€	1) 0840	107.100,00€

S	2800 Bank		H
...	132.975,12€	2) 4499	107.100,00€

Aus dem Auszug des Hauptbuches der Duisdorfer BüroKonzept KG wird deutlich, dass das Konto Fuhrpark nun einen Saldo von 90.000,00 € entsprechend den Anschaffungskosten des Lkw aufweist. Das Konto 4499 Verbindlichkeiten sonstige Lieferanten ist ausgeglichen. Das Konto 2600 Vorsteuer wird bis zum 10. Februar (Folgemonat) mit dem Umsatzsteuerkonto verrechnet bzw. ausgeglichen. Das Konto 2800 Bank weist einen Saldo von 25.875,12 € (entspricht Saldo auf dem Kontoauszug) auf.

Merke:

- ***Bei der buchhalterischen Erfassung der Anschaffung einer Sachanlage (z. B. Lkw) laut Eingangsrechnung auf Ziel wird***
  - ***der Nettorechnungsbetrag, der von den endgültigen Anschaffungskosten abweichen kann, auf dem jeweiligen Aktivkonto (z. B. 0840 Fuhrpark) auf der Soll-Seite als Mehrung gebucht.***
  - ***die auf der Eingangsrechnung ausgewiesene Umsatzsteuer auf dem Aktivkonto 2600 Vorsteuer als Forderung gegenüber dem Finanzamt auf der Soll-Seite als Mehrung gebucht.***
  - ***der Bruttorechnungsbetrag auf dem Passivkonto 4499 Verbindlichkeiten sonstige Lieferanten auf der Haben-Seite als Mehrung gebucht.***
- ***Bei der buchhalterischen Erfassung des Zahlungsausgleichs laut Konto- bzw. Bankauszug (ohne Skontoabzug) wird***
  - ***das Passivkonto 4499 Verbindlichkeiten sonstige Lieferanten auf der Soll-Seite als Minderung ausgeglichen. Der Buchungsbetrag entspricht dem auf dem Konto- bzw. Bankauszug ausgewiesenen Zahlungsbetrag.***
  - ***der auf dem Konto- bzw. Bankauszug ausgewiesene Zahlungsbetrag auf dem Aktivkonto 2800 Bank auf der Haben-Seite als Minderung gebucht.***

7.1.3 Sachanlagen unter Berücksichtigung von Skonto anschaffen

Beachten Sie, dass es bei der Buchung einer Eingangsrechnung zunächst keine Rolle spielt, ob später Skonto gewährt bzw. in Anspruch genommen wird oder nicht. Die Buchung der Rechnung ändert sich demnach nicht (siehe ursprüngliche Ausgangssituation Buchung Nr. 1).

Hingegen muss bei der Buchung der Bezahlung der Rechnung mit Skontoabzug laut Bankauszug das Anlagekonto um den Nettoskontobetrag korrigiert (vermindert) werden. Auch eine Korrektur der Vorsteuer muss stattfinden.

Bankauszug (mit Skonto):

		erstellt am	Auszug	Blatt
Volksbank Bonn/Rhein-Sieg eG	IBAN DE 85 3806 0186 2401 2345 67	30.01.20.. 12:16	21	1

BU-TAG	VORGANG			
30.01.20..	Überweisung Volvo Trucks DE27 3716 0087 0098 7654 32 BIC GENODED1CGN Rechnung 47 111 vom 19.10.20.. **unter Abzug von 2 % Skonto**			104.958,00-
		SALDO NEU	EUR	28.017,12
		Kreditlimit	EUR	100.000,00

Bitte Rückseite beachten.

Auf dem Kontoauszug ist der um den Skontobetrag (inkl. Umsatzsteuer) reduzierte Überweisungsbetrag abgedruckt. Um die Richtigkeit der Überweisung zu prüfen und die Buchung des Bankauszuges vorzubereiten, müssen der Brutto-Skontobetrag, der Vorsteuerkorrekturbetrag und der Nettoskontobetrag berechnet werden.

Brutto-Skontobetrag = Rechnungsbetrag · Skontosatz/100

$= 107.100{,}00\ € \cdot \frac{2}{100}$

$= \underline{2.142{,}00\ €}$

Überweisungsbetrag = Rechnungsbetrag – Brutto-Skontobetrag

$= 107.100{,}00\ € - 2.142{,}00\ €$

$= \underline{104.958{,}00\ €}$ (siehe Kontoauszug)

Im berechneten Brutto-Skontobetrag ist die zu korrigierende Vorsteuer (Vorsteuer-Korrekturbetrag) enthalten. Für die Buchung des Kontoauszugs müssen zunächst dieser Vorsteuer-Korrekturbetrag und der Nettoskontobetrag berechnet werden. Zur Berechnung dieser Beträge muss der vermehrte Grundwert (119 %) des Brutto-Skontobetrages berücksichtigt werden.

Eingangsrechnung (mit Skonto):

Volvo Group Truck Center

Volvo Group Truck Center Nord-West GmbH, Emil-Hoffmann-Str. 40, 50996 Köln

Duisdorfer BüroKonzept KG
Rochusstraße 30
53123 Bonn

Ihre Bestellung vom	Unsere Zeichen	Zeit der Leistung/Liefertag	Datum
03.01.20..	SU 555	15.01.20..	19.01.20..

Rechnung 47 111

Eingang: 20.01.20..

Wir lieferten Ihnen folgenden Lkw:

Nr.	Gegenstand	Betrag €
1	Volvo FM, D13C: 500 PS	91.000,00
2	Navigationssystem	5.000,00
3	Sonderlackierung	1.500,00
4	Ledersitze	2.500,00
	Aktionsrabatt 10 %	– 10.000,00
	Warenwert (netto)	90.000,00
	Umsatzsteuer 19 %	17.100,00
	Rechnungsbetrag	107.100,00

Zahlungsbedingungen: Zahlung innerhalb von 10 Tagen unter Abzug von 2 % Skonto, sonst innerhalb von 30 Tagen ohne Abzug

Telefon (0221) 43699-1 | Telefax (0221) 43693-111 | Geschäftszeiten 08:30 – 17:00 Uhr | Kölner Bank DE27371600870098765432 BIC GENODED1CGN

$$\text{Nettoskontobetrag} = \frac{\text{Brutto-Skontobetrag}}{119} \cdot 100$$

$$= \frac{2.142{,}00\ €}{119} \cdot 100$$

$$= \underline{1.800{,}00\ €}$$

$$\text{Vorsteuer-Korrekturbetrag} = \text{Brutto-Skontobetrag} - \text{Nettoskontobetrag}$$

$$= 2.142{,}00\ € - 1.800{,}00\ €$$

$$= \underline{342{,}00\ €}$$

Auszug aus der Rechnung zur alternativen Berechnung der Beträge:

Warenwert (netto)	90.000,00	$\cdot \frac{2\,\%}{100\,\%}$ = 1.800,00 € = Nettoskontobetrag
Umsatzsteuer 19 %	17.100,00	$\cdot \frac{2\,\%}{100\,\%}$ = 342,00 € = Vorsteuer-Korrekturbetrag
Rechnungsbetrag	107.100,00	$\cdot \frac{2\,\%}{100\,\%}$ = 2.142,00 € = Brutto-Skontobetrag

Bei Buchung des Kontoauszugs der „veränderten Ausgangssituation" muss das Passivkonto 4499 Verbindlichkeiten sonstige Lieferanten auf der Soll-Seite des Kontos vermindert bzw. ausgeglichen werden. Das Aktivkonto 2800 Bank wird in Höhe des Überweisungsbetrags (laut Bankauszug) auf der Haben-Seite gemindert. Der Nettoskontobetrag muss als Minderung des Aktivkontos 0840 Fuhrpark in Höhe von 1.800,00 € auf der Haben-Seite gebucht werden. Das Aktivkonto 2600 Vorsteuer muss ebenfalls auf der Haben-Seite des Kontos gemindert werden. Nachfolgend ist der Buchungssatz und der fortgeführte Auszug des Hauptbuches abgebildet:

Nr.	Konto Soll	Konto Haben	Betrag Soll	Betrag Haben
2	4499 Vbk. sonst. Lief.		107.100,00 €	
	an	2600 Vorsteuer		342,00 €
	an	0840 Fuhrpark		1.800,00 €
	an	2800 Bank		104.958,00 €

S	0840 Fuhrpark		H
1) 4499	90.000,00 €	2) 4499	1.800,00 €

S	2600 Vorsteuer		H
1) 4499	17.100,00 €	2) 4499	342,00 €

S	4499 Vbk. sonst. Lief.		H
2) 2800	107.100,00 €	1) 0840	107.100,00 €

S	2800 Bank		H
…	132.975,12 €	2) 4499	104.958,00 €

Auf dem Konto Fuhrpark verbleibt ein Saldo in Höhe der Anschaffungskosten von 88.200,00 €. Für diese Anschaffungskosten fällt die Vorsteuer (19 %) in Höhe von 16.758,00 € (Saldo des Kontos 2600 Vorsteuer) an. Das Konto 4499 Verbindlichkeiten sonstige Lieferanten ist ausgeglichen. Das Bankkonto wurde um den Überweisungsbetrag reduziert und weist nun einen Saldo (siehe auch Kontoauszug) von 28.017,12 € auf.

Die Anschaffungskosten des Lkw würden sich um den entsprechenden Nettoskontobetrag in Höhe von 1.800,00 € reduzieren. Die neuen Anschaffungskosten würden 88.200,00 € betragen.

Anschaffungspreis	91.000,00 €
+ Anschaffungsnebenkosten	9.000,00 €
– Anschaffungspreisminderungen	11.800,00 €
= Anschaffungskosten	88.200,00 €

Im Folgenden wird von der ursprünglichen Eingangsrechnung und Anschaffungskosten in Höhe von 90.000,00 € ausgegangen.

Merke:

- *Gewährt uns ein Lieferer im Rahmen der Anschaffung einer Sachanlage Skonto, so werden die Anschaffungskosten um den Nettoskontobetrag (Anschaffungspreisminderung) reduziert.*
- *Bei der buchhalterischen Erfassung der Anschaffung einer Sachanlage (z. B. Lkw) laut Eingangsrechnung spielt es keine Rolle, ob der Lieferer uns Skonto gewährt oder nicht.*
- *Bei der buchhalterischen Erfassung des Zahlungsausgleichs laut Konto- bzw. Bankauszug (mit Skontoabzug) wird*
  - *das Passivkonto 4499 Verbindlichkeiten sonstige Lieferanten auf der Soll-Seite als Minderung ausgeglichen.*
  - *der auf dem Konto- bzw. Bankauszug ausgewiesene Zahlungsbetrag auf dem Aktivkonto 2800 Bank auf der Haben-Seite als Minderung gebucht.*
  - *das Aktivkonto (z. B. 0840 Fuhrpark) um den Nettoskontobetrag auf der Haben-Seite gemindert.*
  - *das Aktivkonto 2600 Vorsteuer um den Vorsteuerkorrekturbetrag auf der Haben-Seite gemindert.*

7.2 Wertminderungen von Sachanlagen

Die sich im Laufe der Nutzung des Lkw ergebenden Wertminderungen (Werteverzehr durch Nutzung, Verschleiß und technischen Fortschritt) werden durch jährliche „planmäßige Abschreibungen" im Rechnungswesen berücksichtigt. Nun stellt sich die Frage, mit welchem Betrag die jährliche Wertminderung eines Lkw und damit die zu berücksichtigende Abschreibung anzusetzen ist.

7.2.1 Wertminderung von Sachanlagen in der Finanzbuchhaltung erfassen

Abschreibungen stellen für Unternehmen buchhalterisch einen Aufwand dar und fließen daher in die Gewinn- und Verlustrechnung ein. Da der Gewinn die wesentliche Grundlage für die Unternehmensbesteuerung darstellt, hat der Gesetzgeber die Abschreibungen reguliert, indem er die „betriebsgewöhnliche Nutzungsdauer" der verschiedenen Arten von Betriebsmitteln in sog. AfA-Tabellen (AfA = Absetzung für Abnutzung) festgelegt hat. Für Lkw gilt beispielsweise eine betriebsgewöhnliche Nutzungsdauer von neun Jahren.

Auszug aus der AfA-Tabelle:

Sachanlage	Nutzungsdauer in Jahren
PC, Notebooks, Drucker	3
Pkw	6
Fotokopierer	7
Aktenvernichter	8

Sachanlage	Nutzungsdauer in Jahren
Lkw	9
Büromöbel	13
Verpackungsmaschine	13
Aktenschränke	14

Das Handelsgesetzbuch (HGB) sieht eine jährliche Berücksichtigung der Wertminderungen vor, da nur so eine periodengerechte Erfolgsermittlung stattfinden kann.

Auszug aus § 253 HGB

(3) Bei Vermögensgegenständen des Anlagevermögens, deren Nutzung zeitlich begrenzt ist, sind die Anschaffungskosten [...] um planmäßige Abschreibungen zu vermindern. Der Plan muss die Anschaffungskosten [...] auf die Geschäftsjahre verteilen, in denen der Vermögensgegenstand voraussichtlich genutzt werden kann. [...]

Die in § 7 Abs. 1 EStG geregelte „lineare Abschreibung" bzw. „Absetzung für Abnutzung in gleichen Jahresbeträgen" (lineare AfA) sieht vor, dass die Anschaffungskosten der Sachanlage gleichmäßig auf die betriebsgewöhnliche Nutzungsdauer verteilt werden. Die jährlich abzusetzenden Abschreibungsbeträge erhält man, indem die Anschaffungskosten durch die betriebsgewöhnliche Nutzungsdauer dividiert werden.

Beispiel für den Lkw mit 9-jähriger Nutzungsdauer:

$$\text{Abschreibungsbetrag} = \frac{\text{Anschaffungskosten}}{\text{Nutzungsdauer}} = \frac{90.000{,}00\ €}{9\ \text{Jahre}} = 10.000{,}00\ €/\text{Jahr}$$

$$\text{Abschreibungssatz} = \frac{100\,\%}{9\ \text{Jahre}} = 11{,}11\,\%/\text{Jahr}$$

Die Berechnung des Abschreibungssatzes erfolgt, indem 100 % durch die Nutzungsdauer geteilt wird.

Nachfolgend ist der Abschreibungsplan bei linearer Abschreibung für den Lkw abgebildet:

Abschreibungsplan	
Anschaffungskosten: – AfA am Ende des (1.) Jahres 01	90.000,00 € 10.000,00 €
= Restwert am Ende des (1.) Jahres 01 – AfA am Ende des (2.) Jahres 02	80.000,00 € 10.000,00 €
= Restwert am Ende des (2.) Jahres 02 – AfA am Ende des (3.) Jahres 02	70.000,00 € 10.000,00 €
= Restwert am Ende des (3.) Jahres 03 – AfA am Ende des (4.) Jahres 04	60.000,00 € 10.000,00 €
= Restwert am Ende des (4.) Jahres 04 – AfA am Ende des (5.) Jahres 05	50.000,00 € 10.000,00 €
= Restwert am Ende des (5.) Jahres 04 – AfA am Ende des (6.) Jahres 04	40.000,00 € 10.000,00 €
= Restwert am Ende des (6.) Jahres 06	30.000,00 €
– AfA am Ende des (7.) Jahres 07	10.000,00 €
= Restwert am Ende des (7.) Jahres 07 – AfA am Ende des (8.) Jahres 08	20.000,00 € 10.000,00 €
= Restwert am Ende des (8.) Jahres 08 – AfA am Ende des (9.) Jahres 09	10.000,00 € 10.000,00 €
= Buchwert am Ende des (9.) Jahres 09	0,00 €

Die Abschreibungen sind für die Duisdorfer BüroKonzept KG Aufwendungen, da durch Verschleiß und technischen Fortschritt ein Werteverzehr stattfindet. Die Sachanlagen (z. B. Lkw) können also, wie bereits berechnet, planmäßig (linear) abgeschrieben werden. Der planmäßige Werteverzehr von Sachanlagen wird über das Aufwandskonto **6520 Abschreibungen auf Sachanlagen** gebucht.

Bei der Buchung der Abschreibung wird auf dem Aufwandskonto 6520 Abschreibungen auf Sachanlagen, wie bei jedem Aufwandskonto, im Soll gebucht. Auf dem Aktivkonto 0840 Fuhrpark wird die entsprechende Minderung des Kontos auf der Habenseite gebucht. Im Folgenden ist der Buchungssatz und das fortgeführte Hauptbuch abgebildet:

Nr.	Konto Soll	Konto Haben	Betrag Soll	Betrag Haben
3	6520 Abschr. auf SA		10.000,00 €	
	an	0840 Fuhrpark		10.000,00 €

S	0840 Fuhrpark		H
1) 4499	90.000,00€	3) 6520	10.000,00€
		4) 8010	80.000,00€
	90.000,00€		90.000,00€

S	6520 Abschr. a. Sachanl.		H
3) 0840	10.000,00€	5) 8020	10.000,00€
	10.000,00€		10.000,00€

S	8010 SBK		H
...		...	
4) 0840	80.000,00€	...	

S	8020 GuV		H
...		...	
5) 6520	10.000,00€	...	

Im Folgenden sind die Abschlussbuchungen zum oben abgebildeten Hauptbuch dargestellt.

Nr.	Konto Soll	Konto Haben	Betrag Soll	Betrag Haben
4	8010 SBK		80.000,00€	
	an	0840 Fuhrpark		80.000,00€
5	8020 GuV		10.000,00€	
	an	6520 Abschr. auf SA		10.000,00€

Der Schlussbestand des Kontos 0840 Fuhrpark beträgt 80.000,00 €. Der Abschluss des aktiven Bestandskontos 0840 Fuhrpark erfolgt über das Konto 8010 Schlussbilanzkonto. Der Bestand von 80.000,00 € ist gleichzeitig der Anfangsbestand des Kontos im folgenden Jahr. Im Abschreibungsplan ist der Restwert am Ende des 1. Jahres von 80.000,00 € dargestellt. Der Schlussbestand des Kontos 6520 Abschreibungen auf Sachanlagen beträgt 10.000,00 €. Das Aufwandskonto 6520 Abschreibungen auf Sachanlagen wird über das Konto 8020 Gewinn- und Verlustkonto abgeschlossen und mindert so den Gewinn (bzw. erhöht den Verlust) der Duisdorfer BüroKonzept KG.

Merke:

- ***Die planmäßige Wertminderung von Sachanlagen wird linear, das heißt, gleichmäßig, über die Nutzungsdauer verteilt.***
- ***Die buchhalterische Erfassung der planmäßigen Wertminderung von Sachanlagen wird***
  - ***als Aufwand auf der Soll-Seite des Kontos 6520 Abschreibungen auf Sachanlagen gebucht.***
  - ***als Minderung des aktiven Sachanlagekontos (z. B. 0840 Fuhrpark) auf der Haben-Seite gebucht.***
- ***Die buchhalterische Erfassung der Abschreibung auf Sachanlagen mindert als Aufwand den ausgewiesenen Gewinn bzw. erhöht den ausgewiesenen Verlust.***

7.2.2 Exkurs: Zeitanteilige Abschreibung

Bisher wurde davon ausgegangen, dass der Lkw im Januar 20.. gekauft wurde und somit für das gesamte erste Jahr abgeschrieben werden durfte. Die beschriebene Anschaffung des Lkw hat laut Rechnung am 19.01.20.. stattgefunden.

VOLVO GROUP TRUCK CENTER

Volvo Group Truck Center Nord-West GmbH, Emil-Hoffmann-Str. 40, 50996 Köln

Duisdorfer BüroKonzept KG
Rochusstraße 30
53123 Bonn

Ihre Bestellung vom	Unsere Zeichen	Zeit der Leistung/Liefertag	Datum
15.07.20..	SU 555	15.08.20..	15.08.20..

Rechnung 47 111

Eingang: 16.08.20..

Wir lieferten Ihnen folgenden Pkw:

Nr.	Gegenstand	Betrag €
1	Volvo FM, D13C: 500 PS	91.000,00
2	Navigationssystem	5.000,00
3	Sonderlackierung	1.500,00
4	Ledersitze	2.500,00
	Aktionsrabatt 10 %	– 10.000,00
	Warenwert (netto)	90.000,00
	Umsatzsteuer 19 %	17.100,00
	Rechnungsbetrag	107.100,00

Zahlungsbedingungen: Zahlung innerhalb von 10 Tagen ohne Abzug

Telefon (0221) 43699-1 | Telefax (0221) 43693-111 | Geschäftszeiten 08:30–17:00 Uhr | Kölner Bank IBAN DE27 3716 0087 0098 7654 32 BIC GENODED1CGN

In den weiteren Nutzungsjahren (2. bis 9. Jahr) wird dann der volle Abschreibungsbetrag in Höhe von 9.000,00 € berücksichtigt. Im 10. (Kalender-)Jahr wird dann der verbleibende Betrag in Höhe von 5.833,33 € (10.000,00 € – 4.166,67 €) gebucht. Die Nutzungsdauer beträgt dennoch neun Jahre (August 01 bis Juli 10). Nebenstehend ist der veränderte Abschreibungsplan dargestellt.

Wird hingegen eine Sachanlage, wie beispielsweise der Lkw, innerhalb des Jahres gekauft, z.B. am 15.08.20.. (siehe veränderte Eingangsrechnung), so darf im Jahr der Anschaffung nur für die verbleibenden Monate (inklusive Monat des Kaufs) abgeschrieben werden. Der berechnete lineare Abschreibungsbetrag (10.000,00 €) darf dann nur anteilig berücksichtigt werden.

Berechnung der anteiligen Abschreibung für das erste Jahr:

Abschreibungsbetrag bei linearer Abschreibung/12 Monate · 5 Monate (August, September, Oktober, November, Dezember)

$$\frac{10.000{,}00\ € \cdot 5\ \text{Monate}}{12\ \text{Monate}} = 4.166{,}67\ €$$

Abschreibungsplan	
Anschaffungskosten:	90.000,00€
– AfA am Ende des (1.) Jahres 01	4.166,67€
= Restwert am Ende des (1.) Jahres 01	85.833,33€
– AfA am Ende des (2.) Jahres 02	10.000,00€
= Restwert am Ende des (2.) Jahres 02	75.833,33€
– AfA am Ende des (3.) Jahres 02	10.000,00€
= Restwert am Ende des (3.) Jahres 03	65.833,33€
– AfA am Ende des (4.) Jahres 04	10.000,00€
= Restwert am Ende des (4.) Jahres 04	55.833,33€
– AfA am Ende des (5.) Jahres 05	10.000,00€
= Restwert am Ende des (5.) Jahres 04	45.833,33€
– AfA am Ende des (6.) Jahres 04	10.000,00€
= Restwert am Ende des (6.) Jahres 06	35.833,33€
– AfA am Ende des (7.) Jahres 07	10.000,00€
= Restwert am Ende des (7.) Jahres 07	25.833,33€
– AfA am Ende des (8.) Jahres 08	10.000,00€
= Restwert am Ende des (8.) Jahres 08	15.833,33€
– AfA am Ende des (9.) Jahres 09	10.000,00€
= Restwert am Ende des (8.) Jahres 08	5.833,33€
– AfA am Ende des (9.) Jahres 09	5.833,33€
= Buchwert am Ende des (10.) Jahres 10	0,00€

Buchung der anteiligen Abschreibung im Jahr der Anschaffung:

Nr.	Konto Soll	Konto Haben	Betrag Soll	Betrag Haben
3	6520 Abschr. a. SA		4.166,67€	
	an	0840 Fuhrpark		4.166,67€

Merke:

- ***Wird eine Sachanlage unterjährig, das heißt, in den Monaten Februar bis Dezember, angeschafft, so muss im Jahr der Anschaffung eine zeitanteilige Abschreibung auf die Sachanlage durchgeführt werden. Bei der Berechnung des zeitanteiligen Abschreibungsbetrags zählt der Monat der Anschaffung mit.***
- ***Bei der buchhalterischen Erfassung der Abschreibung wird im Jahr der Anschaffung der zeitanteilige Abschreibungsbetrag gebucht.***
- ***Während der weiteren Nutzungsdauer wird der reguläre Abschreibungsbetrag gebucht.***
- ***Der verbleibende Restbuchwert wird in einem weiteren Nutzungs(kalender)jahr als Abschreibungsbetrag gebucht.***

7.2.3 Außerplanmäßige Abschreibung

Verlieren Sachanlagen außerplanmäßig, z. B. durch einen Unfall oder Brand an Wert, so muss die Sachanlage zusätzlich zur planmäßigen linearen AfA bzw. Leistungs-AfA (siehe Kapitel 7.2.4) auch außerplanmäßig abgeschrieben werden. Außerplanmäßige Abschreibungen werden über das Aufwandskonto **6550 außerplanmäßige Abschreibungen auf Sachanlagen** gebucht.

Beispiel

Der Lkw (siehe Ausgangssituation) verliert durch einen Unfall zusätzlich 5.000,00 € an Wert.

Buchung der planmäßigen (linearen) und außerplanmäßigen Abschreibung im Jahr der Anschaffung (Voraussetzung: Kauf des Lkws im Januar):

Nr.	Konto Soll	Konto Haben	Betrag Soll	Betrag Haben
3	6520 Abschr. a. SA		10.000,00€	
	6550 Außerpl. Abschr. SA		5.000,00€	
	an	0840 Fuhrpark		15.000,00€

Merke:

- ***Eine außerplanmäßige Wertminderung von Sachanlagen wird zusätzlich zur planmäßigen Abschreibung erfasst.***
- ***Die buchhalterische Erfassung der außerplanmäßigen Wertminderung von Sachanlagen wird***
  - ***als Aufwand auf der Soll-Seite des Kontos 6550 außerplanmäßige Abschreibungen auf Sachanlagen gebucht.***
  - ***als Minderung des aktiven Sachanlagekontos (z. B. 0840 Fuhrpark) auf der Haben-Seite gebucht.***
- ***Die buchhalterische Erfassung der außerplanmäßigen Abschreibung auf Sachanlagen mindert als Aufwand den ausgewiesenen Gewinn.***

7.2.4 Abschreibung nach Leistungseinheiten (Leistungs-AfA)

Bei Sachanlagen, z. B. dem Lkw, kann ein Unternehmen, wie die Duisdorfer BüroKonzept KG, diese Sachanlage wie bereits beschrieben über die Nutzungsdauer gleichmäßig verteilt planmäßig abschreiben. Alternativ zur linearen Abschreibung (lineare AfA) kann ein Unternehmen eine Sachanlage auch nach deren Leistung (z. B. km pro Jahr) abschreiben. Dies ist bei Anlagegegenständen sinnvoll und steuerrechtlich gestattet, deren Leistung von Jahr zu Jahr erheblich schwankt und deren jährlicher Verschleiß dementsprechend unterschiedlich ist. Diese sog. Leistungs-AfA berücksichtigt die tatsächliche Wertminderung aufgrund von Verschleiß am besten. Für die steuerliche Anerkennung der Leistungs-AfA muss die jährliche Leistung nachgewiesen werden. Dies erfolgt bei Lkw durch ein Fahrtenbuch.

Angenommen die voraussichtliche Gesamtleistung des Lkw beträgt 360.000 km, ergibt sich daraus ein Abschreibungsbetrag je Leistungseinheit (km) von: 90.000,00 €/360.000 km = **0,25 €/km**.

Den jeweiligen Abschreibungsbetrag erhält man, indem die jährliche Fahrleistung in km mit dem AfA-Betrag von **0,25 €/km** multipliziert wird. Nachfolgend ist eine (nachträgliche) Aufstellung der tatsächlichen Leistungseinheiten (Laufleistung in km) abgebildet:

1. Jahr: 80.000 km · 0,25 €/km = 20.000,00 € (= Abschreibungsbetrag 1. Jahr)
2. Jahr: 60.000 km · 0,25 €/km = 15.000,00 € (= Abschreibungsbetrag 2. Jahr)
3. Jahr: 120.000 km · 0,25 €/km = 30.000,00 € (= Abschreibungsbetrag 3. Jahr)
4. Jahr: 50.000 km · 0,25 €/km = 12.500,00 € (= Abschreibungsbetrag 4. Jahr)
5. Jahr: 50.000 km · 0,25 €/km = 12.500,00 € (= Abschreibungsbetrag 5. Jahr)
360.000 km 90.000,00 € (= Anschaffungskosten)

Unter den gegebenen Annahmen wäre der Lkw bereits nach fünf Jahren abgeschrieben. Die Buchung der jährlichen Abschreibung erfolgt analog zur linearen Abschreibung. Anschließend ist die Buchung der Abschreibung im 1. Nutzungsjahr dargestellt.

Nr.	Konto Soll	Konto Haben	Betrag Soll	Betrag Haben
3	6520 Abschr. a. SA		20.000,00€	
	an	0840 Fuhrpark		20.000,00€

Merke:

- ***Alternativ zur linearen Abschreibung ist die Abschreibung nach Leistungseinheiten zulässig.***
- ***Voraussetzung für die Abschreibung nach Leistungseinheiten ist die Führung eines Leistungsnachweises (z. B. Fahrtenbuch bei einem Lkw) und jährlich schwankende Leistungen.***
- ***Zur Berechnung des jährlichen Abschreibungsbetrages wird die voraussichtliche Gesamtleistung durch die Anschaffungskosten dividiert und mit der jeweiligen jährlichen Leistung multipliziert.***
- ***Die buchhalterische Erfassung findet analog zur linearen Abschreibungsmethode statt.***

7.3 Gebrauchte Sachanlage verkaufen[1]

Der Lkw soll im zum 1. Januar des Jahres 04 verkauft werden. Er hat zum Anfang des 4. Jahres noch einen Buchwert von 60.000,00 € (siehe Abschreibungstabelle „Buchwert am Ende des 3. Jahres). Der Lkw wurde jährlich mit 10.000,00 € linear abgeschrieben. Nun soll er am 7. Juli des 4. Nutzungsjahres verkauft werden.

[1] *Dieses Kapitel kann für leistungsstarke Schüler im Sinne der Differenzierung genutzt werden.*

7.3.1 Buchwert zum Zeitpunkt des Verkaufs ermitteln

Die Abschreibung im Jahr des Verkaufs ist zeitanteilig vorzunehmen. Es zählen alle vollen Monate. Bei einem Verkauf im Juli zählen die Monate Januar bis Juni (= 6 Monate).

Buchwert Fahrzeugs zum 1. Januar	60.000,00 €
– Abschreibungen für 6 Monate (6/12 von 10.000,00 €)	5.000,00 €
Buchwert zum 7. Juli	55.000,00 €

Buchhalterische Erfassung der zeitanteiligen Abschreibung:

Nr.	Konto Soll	Konto Haben	Betrag Soll	Betrag Haben
1	6520 Abschr. a. SA		5.000,00€	
	an	0840 Fuhrpark		5.000,00€

S	0840 Fuhrpark		H
EBK	60.000,00€	1) 6520	5.000,00€
		(Buchwert 55.000,00€)	

S	6520 Abschr. a. SA		H
1) 0840	5.000,00€		

Merke:

- ***Bei der Ermittlung des Buchwertes zum Zeitpunkt des Verkaufs muss der zeitanteilige Abschreibungsbetrag berechnet und vom Buchwert am Anfang des Jahres subtrahiert werden.***
- ***Bei der Berechnung des zeitanteiligen Abschreibungsbetrags werden nur die vollen Monate berücksichtigt.***

7.3.2 Verkaufserlös buchen, den Erfolg berechnen und den Restbuchwert ausgleichen

a) Annahme: Der Lkw wird zum Buchwert von 55.000,00€ + 10.450,00€ Umsatzsteuer gegen Bankscheck verkauft!

Die Buchung des Verkaufserlöses erfolgt über das Konto **5410 Sonstige Erlöse**, da so in Finanzbuchhaltungsprogrammen eine automatische Berechnung und Verbuchung der Umsatzsteuer stattfindet. Das Aktivkonto 2800 Bank wird auf der Soll-Seite in Höhe des Bruttobetrages gemehrt. Das Ertragskonto 5410 Sonstige Erlöse wird (wie alle Ertragskonten) auf der Haben-Seite gebucht. Weiterhin muss das Passivkonto 4800 Umsatzsteuer auf der Haben-Seite gemehrt werden.

Nr.	Konto Soll	Konto Haben	Betrag Soll	Betrag Haben
2	2800 Bank		65.450,00€	
	an	5410 Sonstige Erlöse		55.000,00€
	an	4800 Umsatzsteuer		10.450,00€

Berechnung des Ertrags bzw. Verlustes aus dem Verkauf:

Nettoverkaufspreis	55.000,00 €
– Buchwert	55.000,00 €
Ertrag/Verlust aus Vermögensabgang (Verkauf)	0,00 €

In einer weiteren Buchung muss der Restbuchwert des Lkw (55.000,00 €) „ausgebucht" bzw. das Konto 0840 Fuhrpark im Haben ausgeglichen werden. Durch den Verkauf des Lkw ist weder ein Ertrag noch ein Verlust entstanden. Das Erlöskonto 5410 Sonstige Erlöse muss entsprechend im Soll ausgeglichen werden. Das Erlöskonto 5410 Sonstige Erlöse wird abschließend immer (erfolgsneutral) ausgeglichen sein, da es lediglich der bereits beschriebenen automatischen Umsatzsteuerberechnung und -buchung in Finanzbuchhaltungsprogrammen dient.

Nr.	Konto Soll	Konto Haben	Betrag Soll	Betrag Haben
3	5410 Sonst. Erlöse		55.000,00€	
	an	0840 Fuhrpark		55.000,00€

S	0840 Fuhrpark		H
EBK	60.000,00€	1) 6520	5.000,00€
		3) 5410	55.000,00€

S	2800 Bank		H
...		...	
2) 5410	65.450,00€	...	

S	4800 Umsatzst.		H
		3) 2800	10.450,00€

S	5410 Sonst. Erlöse		H
3) 0840	55.000,00€	2) 2800	55.000,00€

Anhand des Auszuges aus dem Hauptbuch der Duisdorfer BüroKonzept KG lässt sich erkennen, dass die Konten **0840 Fuhrpark** und **5410 Sonstige Erlöse** ausgeglichen sind. Das Konto **4800 Umsatzsteuer** weist die Mehrung in Höhe des Umsatzsteuerbetrages auf der Haben-Seite und das Konto **2800 Bank** die Mehrung in Höhe des Bruttorechnungspreises auf der Soll-Seite auf.

b) Annahme: Der Lkw wird über Buchwert für 62.000,00 € + 11.780,00 € Umsatzsteuer gegen Bankscheck verkauft!

Buchung des Verkaufserlöses über das Konto 5410 Sonstige Erlöse:

Nr.	Konto Soll	Konto Haben	Betrag Soll	Betrag Haben
2	2800 Bank		73.780,00€	
	an	5410 Sonstige Erlöse		62.000,00€
	an	4800 Umsatzsteuer		11.780,00€

Unabhängig davon, ob die Sachanlage zum Buchwert, über oder unter Buchwert verkauft wird, ist der Buchungssatz immer entsprechend der Ausgangsrechnung zu buchen.

Berechnung des Ertrags bzw. Verlustes aus dem Verkauf

Nettoverkaufspreis	62.000,00 €
– Buchwert (unter Berücksichtigung der zeitanteiligen Abschreibung)	55.000,00 €
Ertrag aus Vermögensabgang (Verkauf)	7.000,00 €

In einer weiteren Buchung muss der Restbuchwert des Lkw (55.000,00 €) „ausgebucht" bzw. das Konto 0840 Fuhrpark im Haben ausgeglichen werden. Das Erlöskonto 5410 Sonstige Erlöse muss in Höhe von 62.000,00 € im Soll ausgeglichen werden. Durch den Verkauf des Lkw ist ein „Ertrag aus Vermögensabgang" entstanden. Die Buchung des Ertrages in Höhe von 7.000,00 € wird auf der Haben-Seite des Kontos **5460 Erträge aus Vermögensabgang** gebucht.

Nr.	Konto Soll	Konto Haben	Soll	Haben
3	5410 Sonstige Erlöse		62.000,00€	
	an	5480 Ertr. a. Vermögensabg.		7.000,00€
	an	0840 Fuhrpark		55.000,00€

S	0840 Fuhrpark		H
EBK	60.000,00€	1) 6520	5.000,00€
		2) 5410	55.000,00€

S	2800 Bank		H
…	…	…	
2) 0840	73.780,00€		

S	4800 Umsatzsteuer		H
		2) 2800	11.780,00€

S	5410 Sonst. Erlöse		H
3) 0840	55.000,00€	2) 2800	55.000,00€

S	5460 Ertr. a. Vermögensabg.		H
		3) 2800	7.000,00€

Anhand des Auszuges aus dem Hauptbuch der Duisdorfer BüroKonzept KG lässt sich erkennen, dass die Konten 0840 Fuhrpark und 5410 Sonstige Erlöse ausgeglichen sind. Das Konto 4800 Umsatzsteuer weist die Mehrung in Höhe des Umsatzsteuerbetrages auf der Haben-Seite und das Konto 2800 Bank die Mehrung in Höhe des Bruttorechnungspreises auf der Soll-Seite auf. Weiterhin ist der Ertrag aus dem Verkauf auf der Haben-Seite des Kontos 5460 Erträge aus Vermögensabgang gebucht. Dieser mehrt den Gewinn bzw. vermindert den Verlust der Duisdorfer BüroKonzept KG.

c) Annahme: Der Lkw wird unter Buchwert für 50.000,00 € + 9.500,00 € Umsatzsteuer gegen Bankscheck verkauft!

Buchung des Verkaufserlöses über das Konto 5410 Sonstige Erlöse:

Nr.	Konto Soll	Konto Haben	Betrag Soll	Betrag Haben
2	2800 Bank		59.500,00€	
	an	5410 Sonst. Erlöse		50.000,00€
	an	4800 Umsatzsteuer		9.500,00€

Berechnung des Ertrags bzw. Verlustes aus dem Verkauf

Nettoverkaufspreis	50.000,00 €
– Buchwert	55.000,00 €
Verlust aus Vermögensabgang (Verkauf)	5.000,00 €

In einer weiteren Buchung muss der Restbuchwert des Lkw (55.000,00 €) „ausgebucht" bzw. das Konto 0840 Fuhrpark im Haben ausgeglichen werden. Das Erlöskonto 5410 Sonstige Erlöse muss in Höhe von 50.000,00 € im Soll ausgeglichen werden. Durch den Verkauf des Lkw ist ein Aufwand (Verlust aus Vermögensabgang) entstanden. Die Buchung des Aufwands in Höhe von 5.000,00 € wird auf der Soll-Seite des Kontos **6960 Verluste aus Vermögensabgang** gebucht.

Nr.	Konto Soll	Konto Haben	Soll	Haben
3	5410 Sonst. Erlöse		50.000,00€	
	6960 Verlust a. Vermögensabg.		5.000,00€	
	an	0840 Fuhrpark		55.000,00€

S 0840 Fuhrpark H

S		H	
EBK	60.000,00€	1)	5.000,00€
		2)	55.000,00€

S 2800 Bank H

S		H	
...	...	...	
2)	59.500,00€	...	

S 4800 Umsatzsteuer H

S		H	
		2)	5.950,00€

S 5410 Sonst. Erlöse H

S		H	
3)	50.000,00€	2)	50.000,00€

S 6960 Verl. a. Vermögensabg. H

S		H	
3)	5.000,00€		

Anhand des Auszuges aus dem Hauptbuch der Duisdorfer BüroKonzept KG lässt sich erkennen, dass das Konto 0840 Fuhrpark und das Konto 5410 Sonstige Erlöse ausgeglichen sind. Das Konto 4800 Umsatzsteuer weist die Mehrung in Höhe des Umsatzsteuerbetrages auf der Haben-Seite und das Konto 2800 Bank die Mehrung in Höhe des Bruttorechnungspreises auf der Soll-Seite auf. Weiterhin ist der Aufwand aus dem Verkauf auf der Soll-Seite des Kontos 6960 Verluste aus Vermögensabgang gebucht. Dieser mindert den Gewinn bzw. erhöht den Verlust der Duisdorfer BüroKonzept KG.

Merke:

- *Bei der buchhalterischen Erfassung des Verkaufs einer Sachanlage (z. B. Lkw) laut Ausgangsrechnung per Bankscheck wird*
  - *der Bruttorechnungsbetrag auf dem Aktivkonto 2800 Bank als Mehrung gebucht.*
  - *die auf der Ausgangsrechnung ausgewiesene Umsatzsteuer auf dem Passivkonto 4800 Umsatzsteuer als Verbindlichkeit gegenüber dem Finanzamt auf der Haben-Seite als Mehrung gebucht.*
  - *der Nettorechnungsbetrag auf dem Ertragskonto 5410 Sonstige Erlöse auf der Haben-Seite gebucht.*

- ***Beim buchhalterischen Ausgleich des jeweiligen Anlagekontos (z. B. 0840 Fuhrpark) wird***
  - ***das Konto 0540 Sonstige Erlöse auf der Soll-Seite ausgeglichen.***
  - ***das Anlagekonto (z. B. 0840 Fuhrpark) auf der Haben-Seite als Minderung ausgeglichen.***
  - ***bei einem Veräußerungsgewinn zusätzlich auf der Haben-Seite des Ertragskontos 5460 Erträge aus Vermögensabgang der entsprechende Differenzbetrag gebucht.***
  - ***bei einem Veräußerungsverlust zusätzlich auf der Soll-Seite des Aufwandskontos 6960 Verluste aus Vermögensabgang der entsprechende Differenzbetrag gebucht.***

7.4 Geringwertige Wirtschaftsgüter (GWG) abschreiben[1]

Beträgt die vorgeschriebene Nutzungsdauer eines Wirtschaftsgutes mehr als ein Jahr und übersteigen die Anschaffungskosten einen Betrag von 1.000,00 € (ohne Umsatzsteuer) so ist das Wirtschaftsgut planmäßig abzuschreiben (siehe Lkw-Beispiel: 6520 Abschreibung auf Sachanlagen).

Bei beweglichen Anlagegegenständen mit Anschaffungskosten bis 1.000,00 € (netto) spricht man von **Geringwertigen Wirtschaftsgütern** (GWG). Diese Sachanlagen müssen allerdings **selbstständig nutzbar, bewertbar** und **abnutzbar** sein (gilt beispielsweise nicht für eine Tastatur eines Computers). Diese GWG können neben der planmäßigen linearen AfA oder Leistungs-AfA auch nach weiteren zulässigen Methoden abgeschrieben werden.

7.4.1 GWG mit Anschaffungskosten von 410,01 € bis 1.000,00 €

GWG mit Anschaffungskosten von 410,01 € bis 1.000,00 € können zum Zeitpunkt des Erwerbs auf dem aktiven Bestandskonto **0890 Sammelposten GWG** gebucht werden. Diese **Geringwertigen Wirtschaftsgüter** können dann über fünf Jahre planmäßig abgeschrieben werden, unabhängig davon, ob sie sich im Zeitraum der Abschreibung tatsächlich noch im Unternehmen befinden. Im Jahr der Anschaffung findet keine zeitanteilige Abschreibung statt. Das Konto für die Buchung der Abschreibung lautet: **6540 Abschreibung Sammelposten**.

Beispiel
Die Duisdorfer BüroKonzept KG kauft einen Schreibtisch für 950,00 € + 19% Umsatzsteuer per Bankscheck.

Konto Soll	Konto Haben	Betrag Soll	Betrag Haben
0890 Sammelp. BGA		950,00€	
2600 Vorsteuer		180,50€	
an	2800 Bank		1.130,50€

[1] *Dieses Kapitel kann für leistungsstarke Schüler im Sinne der Differenzierung genutzt werden.*

Am Jahresende schreibt die Duisdorfer BüroKonzept KG den Schreibtisch zu 1/5 ab (5 Jahre). Jährlicher Abschreibungsbetrag für den Schreibtisch: 950,00 € : 5 Jahre = 190,00 €/Jahr. Buchung der Abschreibung als Sammelposten:

Konto Soll	Konto Haben	Betrag Soll	Betrag Haben
6540 Abschr. a. Sammelp.		190,00€	
an	0890 Sammelp. BGA		190,00€

Da die Duisdorfer BüroKonzept KG den Gewinn möglichst gering ausweisen möchte, um ihre gewinnabhängige Steuer zu minimieren, wird sie die Abschreibung von Sammelposten nur bei Sachanlagen mit einer betriebsgewöhnlichen Nutzungsdauer von mindestens fünf Jahren wählen. Hat eine Sachanlage eine betriebsgewöhnliche Nutzungsdauer von beispielsweise vier Jahren und hat die Sachanlage Anschaffungskosten von beispielsweise 950,00 € so wird sich die Duisdorfer BüroKonzept KG gegen die Abschreibung auf Sammelposten entscheiden. Durch die lineare Abschreibung könnten jährlich anstatt 190,00 € (siehe oben) nun 237,50 € (950,00 €/4 Jahre) abgeschrieben werden, was den ausgewiesenen Gewinn stärker mindert als bei der Abschreibung auf Sammelposten.

7.4.2 GWG mit Anschaffungskosten von 150,01 € bis 410,00 €

Bei GWG mit Anschaffungskosten von 150,01 € und 410,00 € besteht neben der Abschreibung als Sammelposten über 5 Jahre (siehe oben) die Möglichkeit der vollen Abschreibung der Sachanlage im Jahr der Anschaffung. Das GWG wird bei der Anschaffung zunächst auf dem Konto **0880 Geringwertige Vermögensgegenstände der Betriebs- und Geschäftsausstattung** aktiviert.

Beispiel

Barkauf einer Hängeregistratur mit Anschaffungskosten von 350,00 € + 19 % Umsatzsteuer

Konto Soll	Konto Haben	Betrag Soll	Betrag Haben
0880 GWG d. BGA		350,00€	
2600 Vorsteuer		66,50€	
an	2880 Kasse		416,50€

Buchung der Abschreibung im Jahr der Anschaffung:

Konto Soll	Konto Haben	Betrag Soll	Betrag Haben
6530 Abschr. a. GWG		350,00€	
an	0880 GVG d. BGA		350,00€

Die Duisdorfer BüroKonzept KG wird bei GWG mit Anschaffungskosten von 150,01 € bis 410,00 € diese im Jahr der Anschaffung voll abschreiben, da so ihr ausgewiesener Gewinn in voller Höhe der Anschaffungskosten reduziert wird.

7.4.3 GWG mit Anschaffungskosten bis 150,00 €

Sachanlagen mit Anschaffungskosten bis 150,00 € können zum Zeitpunkt der Anschaffung sofort als Aufwand gebucht werden.

Beispiel
Die Duisdorfer BüroKonzept KG kauft einen Aktenvernichter für 145,00 € + 19 % Umsatzsteuer in bar.

Konto Soll	Konto Haben	Betrag Soll	Betrag Haben
6800 Büromaterial		145,00 €	
2600 Vorsteuer		27,55 €	
an	2880 Kasse		172,55 €

Die Duisdorfer BüroKonzept KG wird bei GWG mit Anschaffungskosten bis 150,00 € diese zum Zeitpunkt der Anschaffung als Aufwand buchen, da so ihr ausgewiesener Gewinn in voller Höhe der Anschaffungskosten reduziert wird.

Merke:

- ***Neben der planmäßigen linearen Abschreibung besteht bei selbstständig nutzbaren, bewertbaren und abnutzbaren Sachanlagen mit Anschaffungskosten bis 1.000,00 € die Möglichkeit der Abschreibung der Sachanlage als Geringwertiges Wirtschaftsgut. Die Entscheidung der Abschreibungsmethode richtet sich in der Regel nach der Höhe des Abschreibungsbetrags und damit nach der jeweiligen Auswirkung auf den ausgewiesenen Gewinn.***
- ***Bei Anschaffungskosten bis einschließlich 150,00 € besteht die Möglichkeit der sofortigen Erfassung der Anschaffungskosten als Aufwand (z. B. 6800 Büromaterial).***
- ***Bei Anschaffungskosten von über 150,00 € bis 410,00 € besteht ein Wahlrecht zur***
  - ***Buchung der Anschaffungskosten auf dem Konto 0880 Geringwertige Wirtschaftsgüter der Betriebs- und Geschäftsausstattung und vollständige Abschreibung über das Konto 6530 Abschreibung auf Geringwertige Wirtschaftsgüter im Jahr der Anschaffung.***
  - ***Buchung der Anschaffungskosten auf dem Konto 0890 Sammelposten Betriebs- und Geschäftsausstattung und Abschreibung über fünf Jahre über das Konto 6540 Abschreibung auf Sammelposten.***
- ***Bei Anschaffungskosten von über 410,00 € bis 1.000,00 € besteht neben der planmäßigen linearen Abschreibung bzw. Leistungsabschreibung die Möglichkeit zur Buchung der Anschaffungskosten auf dem Konto 0890 Sammelposten Betriebs- und Geschäftsausstattung und Abschreibung über fünf Jahre über das Konto 6540 Abschreibung auf Sammelposten.***
- ***Bei Anschaffungskosten von über 1.000,00 € besteht nur die Möglichkeit der planmäßigen linearen Abschreibung bzw. Leistungsabschreibung, der Buchung der Anschaffungskosten auf dem jeweiligen Sachanlagekonto (z. B. 0840 Fuhrpark) und Abschreibung über die betriebsgewöhnliche Nutzungsdauer über das Konto 6520 Abschreibung auf Sachanlagen.***

7.5 Methoden der Abschreibung auf Sachanlagen im Überblick

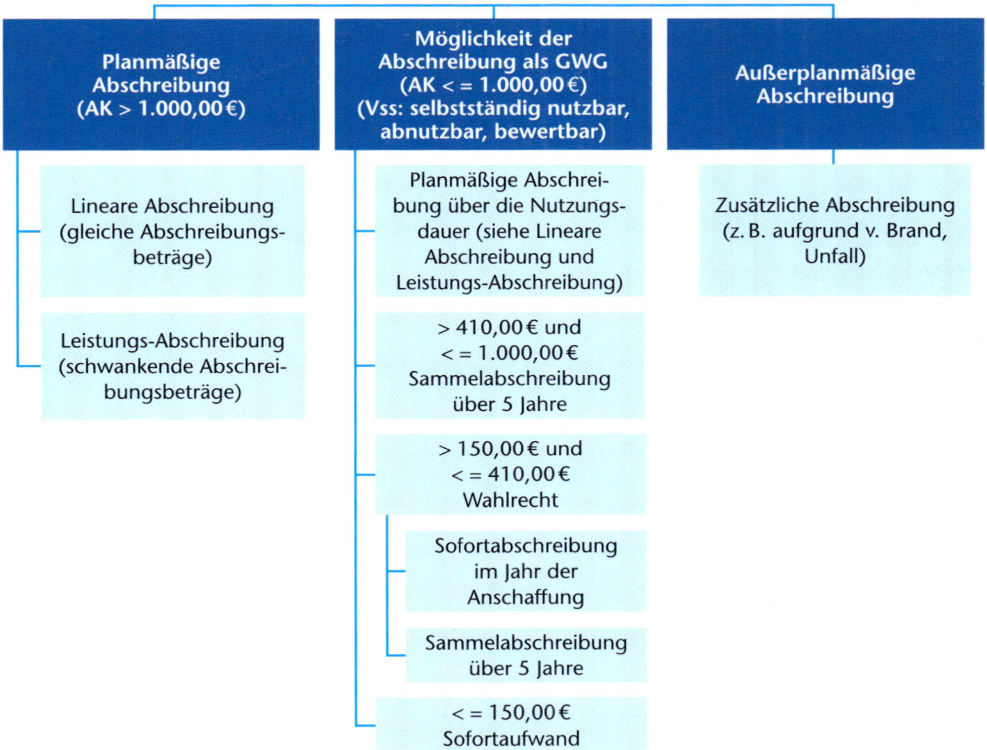

8 Notwendigkeit der Auswertung der Buchführungsergebnisse

Die Buchführung stellt im Grund- und Hauptbuch die Vermögens- und Kapitalverhältnisse sowie deren Entwicklung in einer nachvollziehbaren und übersichtlichen Form dar. Aus der Bilanz sowie der Gewinn- und Verlustrechnung kann darüber hinaus ein Rückschluss auf den Erfolg eines Unternehmens am Ende einer Abrechnungsperiode (z. B. Geschäftsjahr) gezogen werden. Diese Informationen sind für die Beurteilung der wirtschaftlichen Situation eines Unternehmens notwendig. Die Kenntnis über die wirtschaftliche Situation ist nicht nur für die Unternehmensleitung von großer Bedeutung. Interessiert an den Informationen sind darüber hinaus auch Lieferanten des Unternehmens oder Kreditinstitute sowie andere Geldgeber. Während Lieferanten vor der Annahme eines (großen) Auftrags das Risiko eines Zahlungsausfalls minimieren wollen, wollen Kreditinstitute und andere Geldgeber vor der Vergabe von Krediten oder Beteiligungen einen Einblick in die wirtschaftliche Situation des Unternehmens haben.

Für die Beurteilung der einzelnen Ergebnisse bzw. der wirtschaftlichen Situation eines Unternehmens sind weitere Angaben und Berechnungen notwendig.

8.1 Maßstäbe für die Beurteilung der wirtschaftlichen Situation eines Unternehmens

Zur Beurteilung der wirtschaftlichen Situation eines Unternehmens stehen viele Möglichkeiten zur Verfügung, von der Analyse der Bilanz anhand zahlreicher Kennzahlen mit anschließender Kritik bis hin zur einer ertragswirtschaftlichen Analyse auf der Grundlage der Gewinn- und Verlustrechnung ebenfalls anhand zahlreicher Kennzahlen. Die nachfolgenden Kapitel gehen exemplarisch auf drei Möglichkeiten zur Beurteilung der wirtschaftlichen Situation eines Unternehmens ein.

8.2 Beurteilung anhand von Vergleichswerten als Vergleichsmaßstab

Die absoluten Werte des eigenen Unternehmens sind zur Beurteilung der wirtschaftlichen Gesamtsituation häufig von geringer Aussagekraft. Erst durch einen **innerbetrieblichen** und **zwischenbetrieblichen** Vergleich werden die Entwicklungen und Ergebnisse des eigenen Unternehmens aussagekräftiger.

Beim **innerbetrieblichen Vergleich** werden als Vergleichsmaßstäbe die Werte des eigenen Unternehmens aus vergangenen Geschäftsjahren herangezogen. Ein niedriger Gewinn kann beispielsweise auch dann als relativ positiv eingeschätzt werden, wenn in den Jahren zuvor stets Verluste erwirtschaftet wurden.

Beim **zwischenbetrieblichen Vergleich** dienen als Vergleichsmaßstäbe die Werte anderer Unternehmen der gleichen Branche. Ist der eigene Gewinn zwar niedrig, liegt aber im Vergleich über dem Durchschnittsgewinn der gesamten Branche, kann die wirtschaftliche Situation des eigenen Unternehmens unter Umständen trotzdem als positiv eingeschätzt werden. Da es sich bei Unternehmen der gleichen Branche in der Regel um Konkurrenzunternehmen handelt, ist es jedoch häufig nicht möglich, verlässliche Vergleichsinformationen zu bekommen.

8.3 Beurteilung anhand der Wirtschaftlichkeit

Der in der Gewinn- und Verlustrechnung ermittelte Erfolg (Gewinn oder Verlust) ergibt sich aus der Gegenüberstellung der gesamten Aufwendungen des Unternehmens mit den gesamten Erträgen des Unternehmens. Ob diese Aufwendungen oder Erträge im Rahmen des **eigentlichen Betriebszwecks** (z. B. Herstellung und Verkauf von Büroprodukten) zustande gekommen sind, wird nicht berücksichtigt.

Fast jede Gewinn- und Verlustrechnung enthält Positionen, die nicht in einem direkten Zusammenhang mit der unmittelbaren betrieblichen Aufgabe stehen (z. B. Mieteinnahmen oder Verluste aus Wertpapiergeschäften im Industrieunternehmen). Diese Positionen werden als **neutrale Aufwendungen** bzw. **neutrale Erträge** bezeichnet. Für die Ermittlung der **Wirtschaftlichkeit** ist es notwendig, aus den Gesamtaufwendungen die neutralen Aufwendungen (= Kosten) bzw. aus den Gesamterträgen die neutralen Erträge (= Leistungen) herauszurechnen.

Folgende Darstellung gibt einen Überblick über typische neutrale Aufwendungen und Erträge.

	Neutrale Aufwendungen	Neutrale Erträge
außerordentlich (sind zwar betrieblich, aber sehr ungewöhnlich)	▪ Katastrophenschäden ▪ Verkäufe gebrauchter Anlagegüter unter Buchwert	▪ Steuererlass ▪ Einträge aus Gläubigerverzicht ▪ Verkäufe gebrauchter Anlagegüter über Buchwert
periodenfremd (sind zwar betrieblich, gehören aber nicht in das Geschäftsjahr)	▪ Gewerbesteuernachzahlung für eine frühere Periode ▪ Lohnnachzahlungen	▪ Steuerrückerstattung aus einer früheren Periode
betriebsfremd (stehen nicht in Zusammenhang mit dem unmittelbaren Betriebszweck)	▪ Spenden für karitative Zwecke ▪ Kursverluste von Wertpapieranlagen ▪ Reparaturen an betrieblich nicht notwendigen Gebäuden	▪ Mieterträge ▪ Zinserträge ▪ Erträge aus Wertpapierverkäufen

Beispiel

Die GuV-Rechnung der Duisdorfer Bürokonzept KG weist Gesamtaufwendungen in Höhe von 673.200,00 € aus. Die Gesamterträge betragen 726.800,00 €. Der Gewinn beträgt demnach 53.600,00 €. In den Gesamtaufwendungen sind Lohnnachzahlungen in Höhe von 8.000,00 € und Verluste aus Wertpapiergeschäften in Höhe von 2.500,00 € enthalten. Die Gesamterträge enthalten Erträge aus dem Verkauf von Anlagegütern über Buchwert in Höhe von 4.000,00 € und Mieterträge in Höhe von 13.800,00 €.

Ermittlung der Kosten und der Leistungen aus den Daten der Gewinn- und Verlustrechnung:

Gesamtaufwendungen laut GuV-Konto	*673.200,00 €*
– neutrale Aufwendungen:	
Lohnnachzahlungen	*8.000,00 €*
Verluste aus Wertpapiergeschäften	*2.500,00 €*
= Kosten	*662.700,00 €*
Gesamterträge laut GuV-Konto	*673.200,00 €*
– neutrale Erträge:	
Erträge aus dem Verkauf von Anlagegütern	*4.000,00 €*
Mieterträge	*13.800,00 €*
= Leistungen	*709.000,00 €*

Die Wirtschaftlichkeit berechnet sich mit folgender Formel:

$$\text{Wirtschaftlichkeit} = \frac{\text{Leistungen}}{\text{Kosten}}$$

Somit ergibt sich auf der Grundlage der Werte des obigen Beispiels die Berechnung:

$$\text{Wirtschaftlichkeit} = \frac{709.000{,}00\ €}{662.700{,}00\ €}$$

Das Ergebnis der Wirtschaftlichkeitsberechnung ist eine Kennzahl, die wiedergibt, wie hoch die in Euro ausgedrückte Leistung pro 1,00 € Kosten ist. Eine Wirtschaftlichkeit von 1,07 besagt somit, dass mit jedem Euro Kosten insgesamt 1,07 € Leistungen erzielt wurden. Das Ergebnis sollte immer größer als eins sein, da sonst die Kosten größer als die Leistungen sind. Für die endgültige Beurteilung der Wirtschaftlichkeit sind wiederum innerbetriebliche und zwischenbetriebliche Vergleichswerte erforderlich.

Die Differenz zwischen den Leistungen und Kosten wird als **Betriebsergebnis** bezeichnet. Auf der Grundlage des obigen Beispiels kann das Betriebsergebnis wie folgt ermittelt werden:

Leistungen	709.000,00 €
– Kosten	662.700,00 €
= Betriebsergebnis	46.300,00 €

Das Betriebsergebnis drückt den Erfolg der eigentlichen betrieblichen Tätigkeit (Herstellung und Verkauf sowie Handel mit Büroutensilien) aus. Es ist um 7.300,00 € geringer als das Ergebnis aus der Finanzbuchhaltung.

8.4 Beurteilung anhand der Rentabilität

Eine weitere Möglichkeit, die wirtschaftliche Situation eines Unternehmens zu beurteilen, stellt die Rentabilität dar. Die Rentabilität ist eine Verhältniszahl, die den Erfolg eines Unternehmens in Beziehung zu Größen bringt, die ihn ermöglicht haben. Die Größen, die den Gewinn ermöglicht haben, sind das Eigenkapital, das Gesamtkapital und der Umsatz.

Den Berechnungen in den Unterkapiteln 20.4.1 bis 20.4.3 liegen die folgende (zusammengefasste) Bilanz und GuV-Rechnung der Duisdorfer Bürokonzept KG zugrunde.

A	**Bilanz der Duisdorfer BüroKonzept KG zum 31. Dezember 20..**		P
Anlagevermögen	253.000,00	Eigenkapital	340.000,00
Umlaufvermögen	557.000,00	Fremdkapital	470.000,00
	810.000,00		810.000,00

S	**8020 GuV-Konto**		H
6000 Aufwendungen f. Rohstoffe	233.490,00	5000 Umsatzerlöse f. e. E.	402.000,00
6020 Aufwendungen f. Hilfsstoffe	57.360,00	5100 Umsatzerlöse f. Handelswaren	343.170,00
6030 Aufwendungen f. Betr.-St.	22.150,00	5710 Zinserträge	1.600,00
6080 Aufwendungen f. Handelswaren	157.300,00		
6200 Löhne	62.700,00		
6300 Gehälter	73.900,00		
6520 Abschreibung auf SA	24.550,00		
6700 Mieten	21.600,00		
6770 Rechts- u. Betratungskosten	18.900,00		
6800 Büromaterial	2.390,00		
6820 Post und Telefon	1.550,00		
7510 Zinsaufwendungen	14.170,00		
3000 Eigenkapital	56.710,00		
	746.770,00		746.770,00

8.4.1 Die Eigenkapitalrentabilität (auch Unternehmerrentabilität)

Die Eigenkapitalrentabilität ist das prozentuale Verhältnis des Gewinns zum Eigenkapital. Sie bringt demnach die Verzinsung des Eigenkapitals zum Ausdruck. Die Berechnung erfolgt nach folgender Formel:

$$\text{Eigenkapitalrentabilität} = \frac{\text{Gewinn} \cdot 100}{\text{Eigenkapital}}$$

Die Eigenkapitalrentabilität sollte über dem landesüblichen Zinsfuß für eine langfristige Geldanlage liegen, da es ansonsten unter Rentabilitätsgesichtspunkten sinnvoller ist, das Unternehmen aufzulösen und das eingesetzte Eigenkapital am Kapitalmarkt zu investieren. Für eine fundierte Einschätzung der ermittelten Eigenkapitalrentabilität ist aber zusätzlich ein Vergleich mit den ermittelten Eigenkapitalrentabilitäten der Vorjahre und der gesamten Branche sinnvoll.

Beispiel
Eigenkapitalrentabilität auf der Grundlage der angegebenen Bilanz und GuV-Rechnung:

$$\text{Eigenkapitalrentabilität} = \frac{56.710{,}00\ € \cdot 100}{340.000{,}00\ €} = 16{,}68\,\%$$

Das Ergebnis bedeutet, dass das Unternehmen mit 1,00 € eingesetztem Eigenkapital einen Gewinn von 0,17 € erzielt.

8.4.2 Die Gesamtkapitalrentabilität (auch Unternehmensrentabilität)

Die Gesamtkapitalrentabilität ist das prozentuale Verhältnis des Gewinns zuzüglich der Fremdkapitalzinsen zum Gesamtkapital. Sie bringt demnach die Verzinsung des Gesamtkapitals zum Ausdruck. Die Berechnung erfolgt nach folgender Formel:

$$\text{Gesamtkapitalrentabilität} = \frac{(\text{Gewinn} + \text{Zinsen}) \cdot 100}{\text{Gesamtkapital}}$$

Die Berücksichtigung der Fremdkapitalzinsen ist notwendig, da diese zuvor bei der Ermittlung des Gewinns im Gewinn- und Verlustkonto als Aufwand abgezogen wurden. Durch die unternehmerische Tätigkeit wurden aber auch die Kosten, die für die Aufnahme des Fremdkapitals angefallen sind (Zinsaufwendungen) erwirtschaftet. Die Vergleichbarkeit zwischen dem Gewinn und Gesamtkapital ist also erst wieder durch die Addition der Fremdkapitalzinsen gegeben.

Die Gesamtkapitalrentabilität gibt an, ob sich die Aufnahme des Fremdkapitals im Unternehmen gelohnt hat. Lohnenswert war die Aufnahme grundsätzlich, wenn die Gesamtkapitalrentabilität über dem Fremdkapitalzinssatz liegt, da der Unternehmer in diesem Fall durch den Einsatz des Gesamtkapitals eine höhere Rendite erzielt als ihn das Fremdkapital kostet.

Beispiel
Gesamtkapitalrentabilität auf der Grundlage der angegebenen Bilanz und GuV-Rechnung:

$$\text{Gesamtkapitalrentabilität} = \frac{(56.710{,}00\ € + 14.170{,}00\ €) \cdot 100}{746.770{,}00\ €} = 9{,}49\ \%$$

Das Ergebnis bedeutet, dass das Unternehmen mit 1,00 € eingesetztem Gesamtkapital einen Gewinn von 0,10 € (gerundet) erzielt. Wird ein Fremdkapitalzinssatz von 5,0 % unterstellt, kann grundsätzlich davon ausgegangen werden, dass sich die Aufnahme des Fremdkapitals gelohnt hat, da die Rendite durch den Einsatz des Gesamtkapitals um 4,49 % über diesem Fremdkapitalzinssatz liegt.

8.4.3 Die Umsatzrentabilität

Die Umsatzrentabilität ist das prozentuale Verhältnis des Gewinns zum Umsatz. Die Berechnung erfolgt nach folgender Formel:

$$\text{Umsatzrentabilität} = \frac{\text{Gewinn} \cdot 100}{\text{Umsatz}}$$

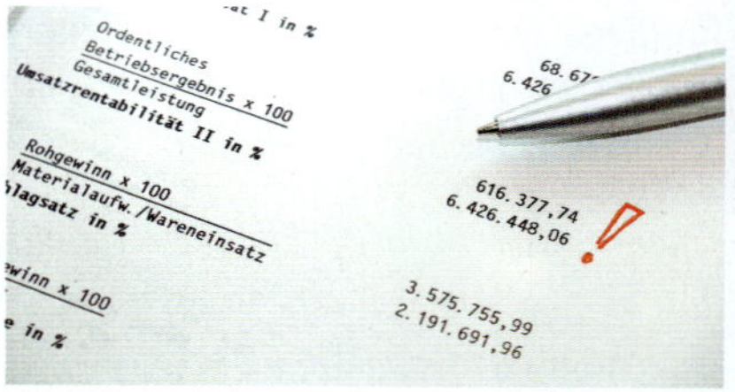

Durch den Vergleich mit der Umsatzrentabilität des eigenen Unternehmens aus früheren Geschäftsjahren oder mit branchengleichen Unternehmen kann die wirtschaftliche Situation des eigenen Unternehmens über mehrere Jahre beurteilt werden.

Beispiel
Umsatzrentabilität auf der Grundlage der angegebenen Bilanz und GuV-Rechnung:

$$\text{Umsatzrentabilität} = \frac{56.710{,}00\ € \cdot 100}{745.170{,}00\ €} = 7{,}61\ \%$$

Das Ergebnis bedeutet, dass das Unternehmen mit 1,00 € Umsatz einen Gewinn von 0,08 € (gerundet) erzielt.

Merke:
- ***Die wirtschaftliche Situation eines Unternehmens kann anhand von innerbetrieblichen und zwischenbetrieblichen Vergleichswerten erfolgen.***
- ***Für die Ermittlung der Wirtschaftlichkeit müssen von den Gesamtaufwendungen die neutralen Aufwendungen und von den Gesamterträgen die neutralen Erträge abgezogen werden.***
- ***Die Wirtschaftlichkeit gibt an, welcher Wert pro 1,00 € Kosten als Leistungen in das Unternehmen zurückgeflossen sind.***
- ***Die Rentabilität ist das prozentuale Verhältnis des Erfolgs zum eingesetzten Kapital oder zum erzielten Umsatz.***

LernFeld 7

Gesprächssituationen bewältigen

Überblick Lernfeld

1.	Informations- und Beratungsgespräche mit Geschäftspartnern	Lernsituation 7.1
2.	Gespräche in einer fremden Sprache führen	Lernsituation 7.2
3.	Einwände von Kunden	Lernsituation 7.3
4.	Beschwerden und Reklamationen	Lernsituation 7.4

1 Informations- und Beratungsgespräche mit Geschäftspartnern führen

LS 7.1

1.1 Grundlagen der Kommunikation

Der Begriff **Kommunikation** wird laut Fremdwörter-DUDEN mit den Begriffen Verständigung untereinander, Umgang, Verkehr, Verbindung, Zusammenhang übersetzt. Bei der Kommunikation unter Menschen werden mithilfe von **verbalen** und **nonverbalen Botschaften** Informationen übermittelt und ausgetauscht, sodass eine gegenseitige Verständigung stattfindet. Die Kunst, miteinander erfolgreich zu kommunizieren, setzt nicht nur die Beherrschung einer bestimmten Sprache, ihrer Aussprache und Grammatik voraus, sondern auch das Bewusstsein über die Ziele und Absichten, die Menschen verfolgen, wenn sie kommunizieren.

In Anlehnung an die Nachrichtentechnik findet die Verständigung durch einen **Sender**, der **Nachrichten** aussendet und einen **Empfänger**, der die Nachrichten empfängt, statt. Der Sender wird auch als **Sprecher**, die Nachricht auch als **Botschaft** und der Empfänger auch als **Hörer** bezeichnet.

Kommunikation = Verständigung

Bei dieser Darstellung handelt es sich um die **monologische** (einseitige) Kommunikation, bei der eine Person zu einer oder mehreren anderen mit dem Ziel spricht, sachlich zu informieren oder das Gefühl, Gemüt und den Handlungswillen des Zuhörers zu beeinflussen.

Beispiel
Vortrag, Referat oder eine Rede halten, Radiobeiträge hören, Nachrichten im Fernsehen wahrnehmen.

Bei Gesprächen können alle Teilnehmer sowohl die Rolle des Sprechers als auch des Hörers einnehmen. Das Sprecher-Hörer-Modell kann jederzeit umgekehrt werden. Diesen Vorgang nennt man **Rückkopplung** oder **Feedback**. Die Umkehrbarkeit ermöglicht dem Sprecher, sich auf den Hörer einzustellen, denn er kann den Antworten entnehmen, ob sie richtig verstanden wurden, und seine eigenen Äußerungen ggf. so verändern, dass seine Gesprächsabsicht dem Hörer deutlich wird.

Beispiel
Der Sprecher möchte mit der Frage „Wie lange arbeitest du heute?" vom Hörer (einem Kollegen) wissen, wie lange er heute noch im Büro arbeitet, da er selbst gerne früher nach Hause gehen will. Der Hörer antwortet ihm, dass es ihn nichts angehe. Der Sprecher merkt, dass der Hörer leicht verärgert ist und die Frage als Kontrolle verstanden hat, hier liegt also ein Missverständnis vor. Man unterscheidet das, was gesagt wird, von dem, was oder wie es gemeint ist.

Rückkoppelung in der Kommunikation

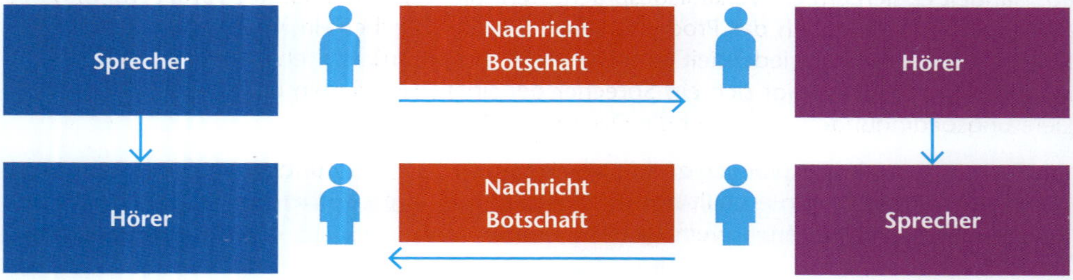

Gespräche mit Geschäftspartnern sind **dialogische** (wechselseitige) Ausdrucksformen der mündlichen Kommunikation, bei denen die Beteiligten wechselseitig die Rolle des Sprechers und Hörers einnehmen. Diese Form der Kommunikation erfordert von den Beteiligten die Fähigkeit, in einer konkreten Situation Sprache sinnvoll anzuwenden, ihre Bedeutung zu erkennen und angemessen auf die Äußerungen des anderen zu reagieren.

1.2 Verbale Äußerungen

Organon-Modell

Welche Grundfunktionen die Sprache im Kommunikationsprozess erfüllt, hat Karl Bühler im sogenannten **Organon-Modell** dargestellt. Bühler sieht Sprache als Werkzeug (Organum), mit dem ein Sender einem Empfänger etwas über Gegenstände oder Sachverhalte mitteilen kann. Er unterscheidet **drei Grundfunktionen** der Sprache: Bezieht sich die Sprache hauptsächlich auf Gegenstände und Sachverhalte, nennt er die Funktion **Darstellung**. Symbolisiert die Sprache die Verfassung des Senders, fungiert sie als **Ausdruck**. Zielt die Sprache auf den Empfänger, handelt es sich um die Funktion **Appell**.[1]

Organon-Modell von Bühler

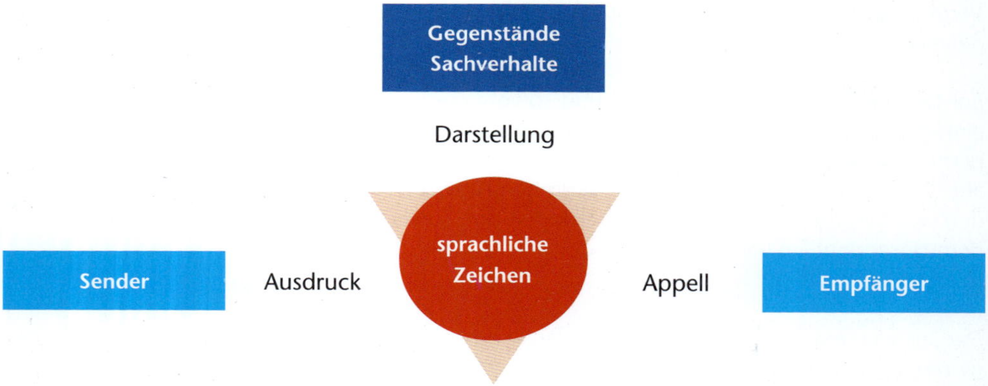

[1] *Vgl. Bühler, Karl: Sprachtheorie. Die Darstellungsfunktion der Sprache, Fischer UTB, 1999, S. 24–33*

Welche Funktion in der Gesprächssituation überwiegt, hängt von der Absicht des Sprechers ab. Handelt es sich um ein Verkaufsgespräch, steht die Appellfunktion im Vordergrund, denn der Kunde soll schließlich das Produkt kaufen. Ist der Sprecher ein Kunde, der z. B. in einer Beschwerde seine Unzufriedenheit mit einer Lieferung ausdrückt, steht die Ausdrucksfunktion im Vordergrund. Erkundigt sich ein Sprecher bei einem Lieferanten über die Zahlungs- und Lieferungsbedingungen, betont er die Darstellungsfunktion.

Häufig kommt es in Gesprächen zu Missverständnissen und Störungen, weil jede Nachricht verschiedene Botschaften enthält und eventuell nicht klar erkennbar ist, welche Absicht der Sprecher mit seiner Äußerung verfolgt.

Das Vier-Seiten-Modell

Friedemann Schulz von Thun bezeichnet dieses Problem als „Grundtatsache des Lebens, um die wir als Sender und Empfänger nicht herumkommen."[1] In seinem **Vier-Seiten-Modell** unterscheidet Schulz von Thun folgende Funktionen der Nachricht:

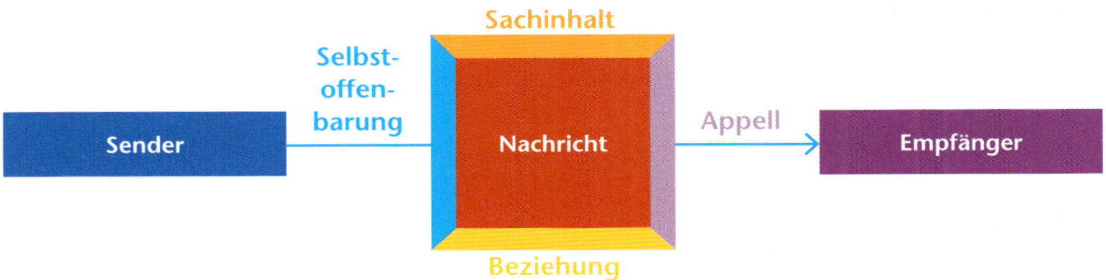

Sachinhalt (Worüber informiert der Sprecher?)
Eine Nachricht enthält Sachinformationen, die dem Hörer mitgeteilt werden sollen.

Beispiel
Ein Sprecher teilt einem Kunden die Zahlungsbedingungen für eine Lieferung mit.

Selbstoffenbarung (Was gibt der Sprecher von sich kund?)
Jede Nachricht beinhaltet neben der Sachinformation auch Informationen über die Person des Sprechers, z. B. wie er sich fühlt, was er wünscht, ob er deutschsprachig oder eine Fremdsprache seine Muttersprache ist, welche Meinung er vertritt und welche Eigenschaften er hat.

Beispiel
Ein Kunde beschwert sich über eine Falschlieferung und drückt dabei seine Unzufriedenheit mit dem Lieferanten aus. Er wirkt ungeduldig, genervt und hat mittlerweile eine schlechte Meinung über die Zuverlässigkeit des Lieferanten.

Beziehung (Wie sieht der Sprecher den Hörer? Wie steht er zu ihm?)
Einer Nachricht ist auch zu entnehmen, wie der Sprecher zum Hörer steht, was er von ihm hält. Das nimmt der Hörer in der Regel durch die gewählten Worte und den Tonfall sowie durch nonverbale Signale wahr. Auf diese Seite der Nachricht reagiert der Hörer besonders sensibel, weil er sich hier als Person in bestimmter Weise behandelt fühlt, z. B. geschätzt oder missachtet, gelobt oder kritisiert, in seiner Entscheidungsfreiheit gestärkt oder bevormundet.

[1] *Quelle: Schulz von Thun, Friedemann: Miteinander reden 1 – Störungen und Klärungen. Allgemeine Psychologie der Kommunikation, Rowohlt TB Verlag, 1995, S. 26*

Beispiel

Ein verärgerter Kunde greift die Mitarbeiterin eines Lieferanten wegen eines Fehlers in der Rechnung mit den Worten an: „Typisch Frau, kann noch nicht einmal richtig rechnen."

Damit gibt er zu erkennen, dass er die Mitarbeiterin für unfähig hält und ein schlechtes Frauenbild hat.

Appell (Wozu möchte der Sprecher den Hörer veranlassen?)

Nachrichten haben auch die Absicht, auf den Hörer Einfluss zu nehmen und ihn zu veranlassen, bestimmte Dinge zu tun oder zu unterlassen, zu denken oder zu fühlen. Nachrichten haben damit eine manipulierende Funktion.

Beispiel

In einem Verkaufsgespräch bietet ein Lieferant einen Preisnachlass in Höhe von 10 % an, wenn der Kunde innerhalb der nächsten drei Tage die Ware bestellt. Zwar hat der Sprecher den Kunden nicht direkt zum Kauf aufgefordert, aber er beeinflusst die Kaufentscheidung indirekt, indem er mit einem Preisnachlass die Kaufbereitschaft des Kunden verstärkt.

Das folgende Beispiel zeigt, dass ein und dieselbe Nachricht viele Botschaften enthält:

Das dargestellte Nachrichten-Quadrat betrifft überwiegend die Sicht des Sprechers. Wie die Nachricht vom Hörer aufgenommen wird, hängt davon ab, mit welchem Ohr dieser vorrangig empfängt. Denn bildlich gesprochen hat der Hörer vier Ohren, ein Ohr für jede Seite *(vgl. Schulz von Thun, Friedemann, Miteinander reden 1 – Störungen und Klärungen. Allgemeine Psychologie der Kommunikation, Rowohlt TB Verlag, 1995, S. 44–60).*

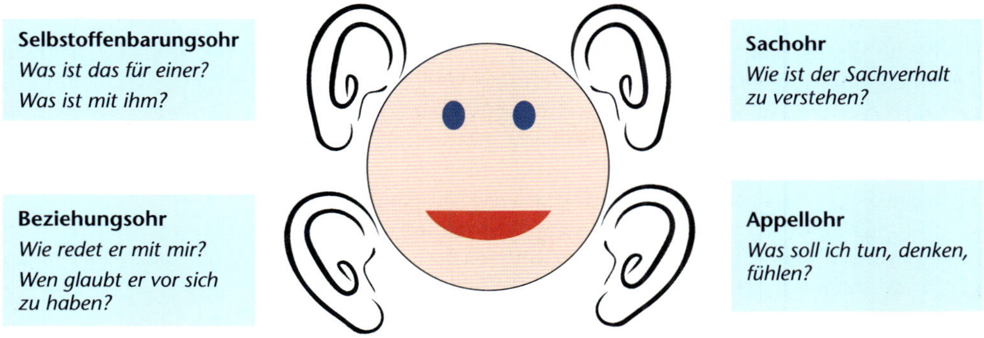

Benutzt der Hörer das **Sachohr,** so ist er bemüht, den Sachinhalt zu verstehen. In Gesprächen konzentriert er sich dann beispielsweise auf das Anliegen des Geschäftspartners, findet heraus, welche Informationen dieser wünscht und klärt die Sachlage. Hier ist Fachwissen gefragt. Im beruflichen Alltag findet Kommunikation zu einem großen Teil auf dieser Ebene statt. Allerdings ist eine Reaktion auf der Sachebene ungeeignet, wenn es gar nicht um eine sachliche Auseinandersetzung, sondern um ein Problem im zwischenmenschlichen Bereich geht.

Mit dem **Selbstoffenbarungsohr** nimmt der Hörer die Befindlichkeit des Sprechers wahr, seinen Zustand, seine Gefühle, Meinung und Wünsche. Im beruflichen Alltag ist das Selbstoffenbarungsohr insbesondere in Verkaufsgesprächen, Konfliktsituationen und bei Beschwerden von Geschäftspartnern von Bedeutung, da der Hörer hiermit seinem Gesprächspartner zeigt, dass er ihn versteht. Voraussetzung für die Wahrnehmung der Gefühls- und Gedankenwelt des Gesprächspartners auf dem Selbstoffenbarungsohr ist das **aktive Zuhören**, mit dem der Hörer sich in die Welt des Sprechers einfühlt, seine Bedürfnisse erkennt und sie dem Sprecher wertfrei zurückmeldet.

Hört ein Gesprächspartner mit dem **Beziehungsohr**, so interpretiert er, wie der Sprecher zu ihm steht und was er über ihn denkt, z. B. ob er ihn mag oder ablehnt, ihn als gleichwertig oder minderwertig sieht, ihn schätzt oder für unfähig hält. Insbesondere für den Verkaufserfolg ist die Beziehungsebene entscheidend: Stimmt die Chemie zwischen Käufer und Verkäufer? Kann der Verkäufer beim Käufer ein positives Gefühl erzeugen? Denn häufig werden Kaufentscheidungen emotional getroffen.

Nachteilig ist es, wenn ein Gesprächspartner ständig mit dem Beziehungsohr hört. Er läuft so Gefahr, alles persönlich zu nehmen, sich leicht angegriffen und beleidigt zu fühlen, auch in Situationen, in denen der Sprecher eine beziehungsneutrale Nachricht gesendet hat.

Nimmt der Hörer eine Nachricht auf dem **Appellohr** wahr, so versteht er sie als Aufforderung, etwas zu tun oder zu unterlassen. Gegenüber Geschäftspartnern ist er bemüht, die Erwartungen, die an seine Person gerichtet sind, zu erfüllen, indem er im Interesse des Geschäftspartners handelt, z. B. ihm ein lukratives Angebot unterbreitet, Sonderkonditionen oder Zahlungsaufschub gewährt und eine Mängelrüge schnell und unkompliziert bearbeitet.

1.3 Nonverbales Verhalten

Der Verlauf und der Erfolg von Gesprächen mit Geschäftspartnern hängen nicht nur davon ab, was **verbal** gesagt wird, sondern auch von **nonverbalen** Elementen wie Körpersprache, Mimik, Gestik und Tonfall, die bewusst oder unbewusst, absichtlich oder unabsichtlich Informationen übermitteln.

Nach Paul Watzlawick gehört „Verhalten jeder Art" zur Kommunikation. „Verhalten hat vor allem eine Eigenschaft, die so grundlegend ist, dass sie oft übersehen wird: Verhalten hat kein Gegenteil, oder um dieselbe Tatsache noch simpler auszudrücken: Man kann sich nicht *nicht* verhalten. Wenn man also akzeptiert, dass alles Verhalten in einer zwischenpersönlichen Situation [...] Mitteilungscharakter hat, das heißt, Kommunikation ist, so folgt daraus, dass man, wie immer man es auch versuchen mag, nicht *nicht* kommunizieren kann. Handeln oder Nichthandeln, Worte oder Schweigen haben alle Mitteilungscharakter: Sie beeinflussen andere, und diese anderen können ihrerseits nicht *nicht* auf diese Kommunikation reagieren und kommunizieren damit selbst. Es muss betont werden, dass Nichtbeachtung oder Schweigen seitens des anderen dem eben Gesagten nicht widerspricht."

Quelle: Watzlawick, Paul: Menschliche Kommunikation. Formen, Störungen, Paradoxien, Verlag Hans Huber, 2011, S. 58-59

Aus dem oben Gesagten formuliert Watzlawick den Grundsatz ***„Man kann nicht* nicht *kommunizieren."*** *(Quelle: Watzlawick: Menschliche Kommunikation, 2011, S. 60)*

Beispiel

Wenn sich jemand der Kommunikation verweigert, z. B. weil er verärgert, enttäuscht oder verletzt ist, so wird er die Information über seine Befindlichkeit nonverbal mitteilen, indem er z. B. die Arme vor seinem Körper verschränkt, die Augenbrauen senkt und die Gesichtsmuskeln anspannt. Insofern kommuniziert dieser Mensch, auch wenn er gar nicht kommunizieren möchte, da andere erfahren, wie es ihm geht. Auch wenn jemand ohne besonderen Grund nicht kommunizieren möchte, kommt zumindest beim Hörer die Botschaft an, dass diese Person nun nicht kommunizieren möchte, auch das ist Kommunikation.

Ein großer – Wissenschaftler schätzen sogar der überwiegende – Teil der menschlichen Kommunikation findet auf der nonverbalen Ebene statt. Körperhaltung, Mimik, Gestik und Tonfall vermitteln dem Empfänger einen Gesamteindruck und beeinflussen sein Urteil über die Person.

Häufig sind das nonverbale Verhalten und die Reaktion darauf unbewusst und nicht beabsichtigt. Im Zweifelsfall glauben wir mehr den nonverbalen Signalen als den verbalen Äußerungen, die sich eher steuern lassen. Die nonverbalen Elemente in der Kommunikation bewusst wahrzunehmen und zu verstehen, ist daher sehr wichtig.

Körperhaltung

Mit der Körperhaltung sind die bewegungslosen Momente im Stehen oder Sitzen gemeint, aber auch Bewegungen, welche die Körperhaltung verändern, z. B. das Überschlagen der Beine, Sich-Vor- oder Zurücklehnen. Die Körperhaltung kann z. B. geschlossen oder offen, stocksteif oder lässig, arrogant oder verunsichert wirken. Jede Haltung des Körpers beeinflusst die innere Haltung und umgekehrt.

Als angenehm und positiv wird es empfunden, wenn der Sprecher eine offene Körperhaltung einnimmt. Die offene Körperhaltung wirkt flexibel, man kann in alle Richtungen agieren, man ist bereit, die Umwelt auf sich zukommen zu lassen, man ist aufmerksam.

Die offene Körperhaltung zeigt folgende Elemente:

- Kopf ist aufrecht und entspannt,
- Schultern sind aufrecht, nicht eingefallen oder hochgezogen,

- Person steht oder sitzt gerade, ohne verkrampft zu wirken,
- Arme sind etwas vom Körper entfernt, nicht an den Körper gepresst und nicht verschränkt,
- im Stand stehen beide Füße fest auf dem Boden, diese physikalische Bodenhaftung gibt emotionale Sicherheit,
- im Sitzen wird die ganze Sitzfläche eingenommen, nicht nur die Stuhlkante, Beine etwa hüftbreit, Füße fest auf dem Boden und nicht um das Stuhlbein schlingen, Beine nicht überschlagen, eventuell anlehnen.

Mimik

Unter Mimik versteht man den Gesichtsausdruck und alle sichtbaren Bewegungen und Regungen im Gesicht. Durch die Mimik zeigen wir unsere Gefühle wie Ärger, Überraschung, Freude oder Missfallen, dies alles lässt sich an einem Gesicht schnell und deutlich ablesen. Die Mimik kann auch eine Reaktion auf das sein, was ein Gesprächspartner sagt.

Als angenehm und positiv wird die Mimik empfunden, wenn der Sprecher

- Blickkontakt zum Gesprächspartner hält, ohne ihn anzustarren,
- die Mundwinkel freundlich erscheinen lässt und nicht nach unten zieht,
- Mund und Lippen entspannt und nicht zusammenpresst,
- **kongruentes Verhalten** zeigt, das heißt, Mimik und sprachliche Signale passen zusammen. Beispiel: Jemand sagt mit wütendem Gesichtsausdruck und lauter Stimme „Hau ab, du Schuft!" Der Gegensatz ist **inkongruentes Verhalten**, was zu Irritationen führt. Beispiel: Jemand sagt mit lächelndem Gesichtsausdruck „Mein Leben ist eine einzige Katastrophe."

Gestik

Unter Gestik versteht man alle sichtbaren Bewegungen der Hände und Arme. Im Allgemeinen spricht man auch vom „Gestikulieren" und der „Sprache der Hände". Die Gestik unterstützt die Sprache und verdeutlicht den Inhalt. Sie ist eine Art Ausdruckshilfe.

Als angenehm und positiv wird die Gestik empfunden, wenn der Sprecher

- die Hände passend zum Inhalt bewegt und damit den Inhalt unterstreicht,
- spontane Gesten einsetzt. Das wirkt natürlich, während einstudierte Gesten häufig aufgesetzt und unnatürlich erscheinen.
- offene, einladende Gesten verwendet und nicht geschlossene, defensive, aggressive Bewegungen mit den Armen und Händen ausführt wie das Verschränken der Arme vor der Brust, das Ballen der Faust und das Drohen mit dem Zeigefinger.

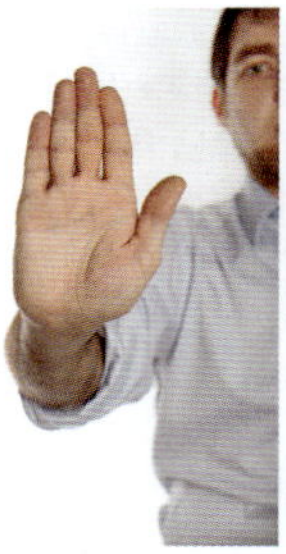
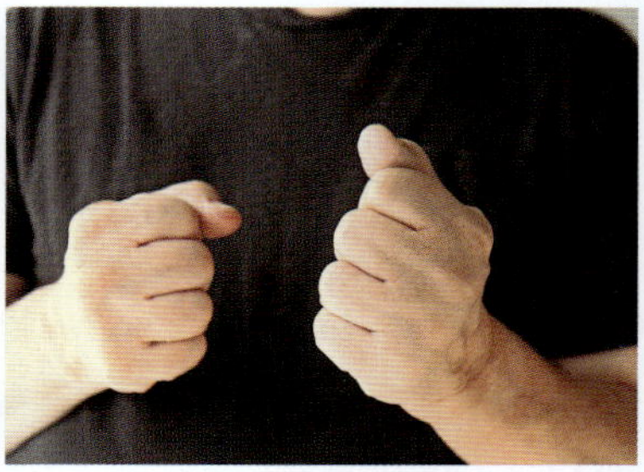

Tonfall

Hierzu zählen die hörbaren Elemente der Kommunikation wie Lautstärke, Stimmlage, Aussprache, Sprechgeschwindigkeit und Betonung des Gesagten. „Der Ton macht die Musik", bedeutet, dass der Tonfall auch für die Stimmung verantwortlich ist, die eine Person verbreitet. In Verkaufsgesprächen ist sie daher besonders wichtig, denn hier spielen Emotionen eine große Rolle. Klingt die Stimme z. B. fest und zuversichtlich, so zeugt sie von Sicherheit und guter Laune. Eine leise und zaghafte Stimme wirkt unsicher. Frauen neigen dazu, zu leise und mit zu hoher Stimme zu sprechen, das wirkt schwach und unterlegen. Männer sprechen häufig zu laut, das wirkt aggressiv und dominant.

Als angenehm und positiv wird der Tonfall empfunden, wenn der Sprecher
- in einer mittleren Lautstärke spricht,
- die Lippen richtig einsetzt und dadurch deutlich artikuliert,
- genügend Pausen beim Sprechen macht, nicht zu schnell spricht,
- die Wörter angemessen betont und damit monotones Sprechen vermeidet,
- eine mittlere Tonlage wählt und nicht zu hoch spricht,
- die Stimme am Ende des Satzes senkt (ausgenommen sind Fragen),
- auf einen ironischen Tonfall verzichtet.

Zwar haben einzelne nonverbale Signale eine gewisse Wirkung, das einzelne Signal darf man aber nicht überbewerten, weil es allein nicht die Aussagekraft hat. Es zählt der Gesamteindruck, der durch die verschiedenen verbalen und nonverbalen Anteile der Kommunikation entsteht. Auch die richtige Übersetzung von Informationen wie der Körpersignale ist nicht absolut zuverlässig, da man nicht objektiv von einer bestimmten Körperhaltung auf die innere Befindlichkeit schließen kann. Die Folge sind Fehlinterpretationen, zumal die Wahrnehmung durch den Empfänger auch immer subjektiv ist.

1.4 Rollenverhalten und situativer Kontext

Wie jemand die verbale und nonverbale Kommunikation erlebt und deutet, hängt nicht nur von seiner subjektiven Wahrnehmung, seinen persönlichen Erfahrungen und den interkulturellen Besonderheiten ab, sondern auch vom **Rollenverhalten** und dem **situativen Kontext**.

Ein und dieselbe Äußerung kann ganz unterschiedlich aufgenommen werden, je nachdem wer sie sagt und welche Rolle diese Person einnimmt, z. B. welche berufliche Position sie ausfüllt.

Beispiel
Eine Auszubildende kommt morgens 15 Minuten zu spät in den Betrieb. Die Verspätung wird wahrgenommen und thematisiert: „Kommen Sie schon wieder zu spät?", fragt die Ausbilderin. Die Auszubildende akzeptiert diese Kritik, weil sie von der Ausbilderin kommt und diese wegen ihrer Position und Funktion dazu berechtigt ist. Stellt der Postbote, der zufällig der Auszubildenden begegnet, die gleiche Frage, dann würde die Auszubildende diese Bemerkung als unangemessen empfinden und zurückweisen, weil der Postbote ihr nichts zu sagen hat.

Auszubildende und Ausbilderin sind in ihrer Rolle nicht gleichberechtigt, denn die Auszubildende ist ihr untergeordnet. Unterschiedliche Rollen nehmen z. B. auch Lieferanten und Kunden, Vorgesetzte und Mitarbeiter sowie Bewerber und Arbeitgeber ein. Die Unterschiedlichkeit äußert sich meist in Überlegenheit und Unterlegenheit, Abhängigkeit und Unabhängigkeit – der eine hat etwas zu sagen, der andere muss sich fügen.

Befinden sich die Personen in ihrer Rolle auf einer Ebene, so können beide Partner gegenüber dem anderen das gleiche Verhalten zeigen, z. B. sich gegenseitig Ratschläge geben oder kritisieren.

Äußere Faktoren wie die Größe und Ausstattung des Raumes, Lärm, Anzahl der Gesprächsteilnehmer und die Uhrzeit bezeichnet man als **situativen Kontext**. Sie beeinflussen den Gesprächsverlauf und die Gesprächsatmosphäre.

Beispiel

Kurz vor Feierabend ruft ein Kunde an und bittet um ausführliche Informationen zu einem neuen Artikel. Die Mitarbeiterin möchte das Gespräch schnell beenden, weil sie in zwei Minuten ihre Arbeit einstellen möchte. Statt den Kunden ausführlich zu beraten, bietet sie dem Kunden an, ihm Prospekte zuzusenden und beendet das Gespräch schnell.

Großraumbüro

1.5 Telefongespräche und persönliche Gespräche

Im Büro der Abteilung Vertrieb in der Duisdorfer BüroKonzept KG klingelt das Telefon. Der Vertriebsleiter Simon Klein nimmt den Hörer ab.

S. K.: „Duisdorfer BüroKonzept KG, mein Name ist Simon Klein. Was kann ich für Sie tun?"

K. B.: „Guten Tag, mein Name ist Karin Breuer von der Wako Gartengeräte GmbH."

S. K.: „Guten Tag, Frau Breuer, Sie haben in der vergangenen Woche von uns zwei Schreibtische geliefert bekommen. Sind Sie mit der Lieferung zufrieden?"

K. B.: „Ja, sehr, es ist genauso, wie wir es uns vorgestellt haben. Die Schreibtische sind sehr geräumig und ideal für unser Büro. Nur unsere alten Schreibtischstühle haben zu hohe Armlehnen und passen daher nicht unter die Schreibtischplatte. Außerdem sind sie ganz schön abgenutzt, sodass wir nun überlegen, ob wir neue Stühle kaufen sollen. Was können Sie mir denn anbieten?"

S. K.: „Wir haben zwei unterschiedliche Modelle an Schreibtischstühlen im Programm. Beide Modelle können Sie in unterschiedlichen Ausstattungsvarianten erhalten. Was hätten Sie denn gerne?"

K. B.: „Auf jeden Fall sollen die Stühle bequem sein. Man sitzt ja viele Stunden drauf. Und Rückenschmerzen möchte auch keiner von uns haben."

S. K.: „Sie legen großen Wert auf den Sitzkomfort. Das kann ich gut nachvollziehen. Beide Modelle haben hervorragende Sitzeigenschaften. Wie viele Stunden sitzen Sie denn ungefähr täglich auf dem Stuhl?"

K. B.: „Von den acht Arbeitsstunden, die ich täglich im Büro bin, sitze ich ungefähr sechs Stunden am Schreibtisch. Das gleiche gilt für meine Kollegin."

S. K.: „Dann kommen beide Modelle für Sie in Frage. Wenn Sie jedoch einen etwas empfindlichen Rücken haben und eher zu Rückenschmerzen neigen, dann empfehle ich Ihnen unser Modell Bandscheiben-Drehstuhl extra, damit sind Sie auf der sicheren Seite."

K. B.: „Ich nehme an, dass dieser Stuhl auch teurer ist. Wie groß ist denn der Preisunterschied?"

S. K.: *„Den Bandscheiben-Drehstuhl kann ich Ihnen in der Standardausführung zum Nettopreis von 299,00 € anbieten. Der Bürostuhl Comfort liegt bei 228,00 €, ist also 71,00 € günstiger. Dafür hat der Bandscheiben-Drehstuhl höhenverstellbare Armlehnen."*
K. B.: *„Dann nehme ich doch lieber den Bandscheiben-Drehstuhl."*
S. K. *„Bei den Rollen können Sie auswählen. Haben Sie im Büro Teppichboden oder einen glatten Bodenbelag?"*
K. B.: *„Wir haben einen glatten Bodenbelag!"*
S. K.: *„Dann liefere ich Ihnen die Bürostühle mit den entsprechenden Rollen für glatte Böden ohne Mehrpreis. Möchten Sie einen Lederbezug oder einen Stoffbezug?"*
K. B.: *„Ich hätte gerne einen Stoffbezug. Welche Farben haben Sie denn?"*
S. K.: *„Sie können wählen zwischen Anthrazit, Rot und Dunkelblau. Welche Farbe möchten Sie?"*
K. B.: *„Ich nehme Dunkelblau, das passt gut in unser Büro."*
S. K.: *„Wie viel Stühle möchten Sie bestellen?"*
K. B.: *„Wir benötigen zwei Stühle."*
S. K.: *„Ich habe mir Ihre Angaben notiert: zwei Bürostuhle, Modell Bandscheiben-Drehstuhl extra, höhenverstellbare Armlehnen, Stoffbezug dunkelblau, Rollen für glatte Böden".*
K. B.: *„Was ist, wenn ich nach ein paar Tagen feststelle, dass wir gar nicht mit den Stühlen zurechtkommen? Kann ich die Stühle dann zurückgeben?"*
S. K.: *„Ich kann Ihnen einen Kauf auf Probe anbieten, das heißt, Sie haben sieben Tage Zeit, den Artikel auszuprobieren. Gefallen Ihnen unsere Bürostuhle nicht, so können Sie innerhalb von sieben Tagen die Ware auf unsere Kosten an uns zurücksenden. Behalten Sie die Ware, so kommt der Kaufvertrag erst nach Ablauf der sieben Tage zustande. Sind Sie damit einverstanden?"*
K. B.: *„Ja sicher, das kommt mir sehr entgegen."*
S. K.: *„Ich würde Ihnen gerne dieses Angebot mit allen wichtigen Informationen per Post zusenden. Ist das in Ordnung für Sie?"*
K. B.: *„Ja. In Ordnung."*
S. K.: *„Ich bedanke mich recht herzlich für das Gespräch und wünsche Ihnen noch einen schönen Tag. Auf Wiederhören!"*
K. B.: *„Auf Wiederhören!"*

Kaufleute für Büromanagement führen zu unterschiedlichen Anlässen **Telefongespräche** oder **persönliche Gespräche** im Betrieb, wobei die Telefongespräche zu den häufigsten Kontakten im Büroalltag zählen. Daher ist das Telefonieren auch keine Nebensache, sondern verlangt eine professionelle Vorgehensweise. Schließlich erwarten anrufende Kunden oder andere Geschäftspartner mit ihren Anfragen, Wünschen, Beschwerden und Reklamationen eine zufriedenstellende Lösung und möchten nachher nicht verärgert und enttäuscht sein. Wer sich am Telefon intensiv um die Anliegen der Geschäftspartner kümmert, schafft Vertrauen, fördert die Kundenzufriedenheit und die Kundenbindung an das Unternehmen. Auch die eigene Arbeitszufriedenheit und der Erfolg für das Unternehmen werden gesteigert.

Was für das Telefongespräch gilt, gilt gleichermaßen für das persönliche Gespräch mit dem Geschäftspartner, bei dem die Gesprächspartner sich „face to face" gegenüberstehen oder -sitzen. Und darin besteht auch der Unterschied: Während beim Telefongespräch ausschließlich über die Sprache und die **auditiv** (= hörbaren) begleitenden Elemente kommuniziert wird, verständigen sich die Gesprächspartner beim persönlichen Gespräch auch mit **visuellen** nonverbalen Signalen.

Mündliche Kommunikation mit Geschäftspartnern

Verbale Elemente

- Sprache
- Wortschatz
- Grammatikalischer Ausdruck
- Wortwahl

Nonverbale Elemente

auditiv

- Lautstärke
- Stimmlage
- Aussprache
- Sprechgeschwindigkeit
- Betonung

visuell

- Körperhaltung
- Gestik
- Mimik
- Blickkontakt
- äußeres Erscheinungsbild

← Telefongespräche →

← **Persönliche Gespräche (Verhandlungen, Verkaufsgespräche, Besprechungen)** →

Mit dem **äußeren** Erscheinungsbild wird der erste Eindruck bestimmt, den der Gesprächspartner von seinem Gegenüber gewinnt, und dieser Eindruck bestimmt den weiteren Gesprächsverlauf, auch wenn es sich dabei um ein Vorurteil handelt. Kommt beispielsweise ein Lieferant in einem sehr edlen, teuren Anzug zum Gespräch, so befürchtet der Kunde als Ergebnis ein teures Angebot. Erscheint die gleiche Person im Sommer in kurzer Hose und Sandalen, dann hat der Kunde Zweifel an der Arbeitsqualität und dem Arbeitserfolg dieser Person.

Da das äußere Erscheinungsbild eine Signalwirkung nach außen erzeugt, erwarten viele Unternehmen im Rahmen der **Corporate Identity** von ihrem Personal ein Outfit, welches zur Unternehmensphilosophie passt. Auch wenn es keine Vorschriften hierzu gibt und die Mitarbeiter ihr Outfit individuell gestalten können, ist bei der Auswahl der Aspekt zu berücksichtigen, welche Botschaft mit dem äußeren Erscheinungsbild nach außen kommuniziert wird.

1.5.1 Argumentieren in der Beratung

Beratungsgespräche mit Geschäftspartnern erfordern ein solides Fachwissen, ein gutes Gespür für die Bedürfnisse des Gegenübers und eine begründete Auswahl aus den angebotenen Produkten bzw. Dienstleistungen. Ziel ist es, dem Geschäftspartner die Entscheidung zu erleichtern oder ihn vom Kauf eines Produktes oder von der Inanspruchnahme einer Dienstleistung zu überzeugen. Eine zentrale Rolle nehmen hier die **Argumente** des Beraters auf der Sach- und Beziehungsebene ein.

Sachbezogene Argumente beziehen sich auf

- den Preis des Produktes oder der Dienstleistung,
- die Ausgestaltung der angebotenen Dienstleistung,
- die Marke und das Image des Unternehmens,
- die Merkmale/Funktionalität/Vorteile des Produktes,
- den technologischen Stand des Produktes,
- das Aussehen/Design des Produktes,
- die bewährte Qualität und Zuverlässigkeit,
- die Angebote des Kundendienstes.

Die **überzeugende Wirkung** sachbezogener Argumente wird durch die Glaubwürdigkeit des Beraters und sein Gespür für die Bedürfnisse des Gegenübers unterstützt. Die Überzeugung findet demnach vor allem auf der **Beziehungsebene** statt.

Argumente, die auf der **Beziehungsebene** überzeugen, beziehen sich auf

- das Einfühlungsvermögen (Fähigkeit, aktiv zuzuhören und die Bedürfnisse des Kunden zu erkennen),
- die Kompetenz (persönliche Fähigkeiten und Fertigkeiten des Beraters),
- das Vertrauen (erzeugt durch die Fähigkeit des Beraters, aus der Vielfalt des Gesamtsortiments eine geeignete Vorauswahl zu treffen),
- Authentizität (Echtheit, Übereinstimmung des Beraters mit sich selbst),
- Plausibilität (Nachvollziehbarkeit und Stimmigkeit der sachbezogenen Argumente),
- Zuverlässigkeit (Wie zuverlässig hat sich bisher der Berater gezeigt?).

Die Argumentation ist gelungen, wenn der Geschäftspartner am Ende signalisiert, dass die Beratung ihm die Orientierung in der Angelegenheit ermöglicht hat, eine Grundlage für eine Entscheidung geschaffen wurde oder der Geschäftspartner unmittelbar eine Entscheidung trifft. Besondere **Argumentationstechniken** bieten die Möglichkeit, Einwänden von Kunden wirksam zu begegnen.

LF 7, 3.2

1.5.2 Grundlagen für erfolgreiches Telefonieren

Zu den Grundlagen gehören:

- Verständlichkeit
- Gesprächsplanung und Phasen eines Gespräches
- Gesprächstechniken
- Gesprächsregeln
- Gesprächsnotizen

Verständlichkeit

Für eine erfolgreiche Kommunikation am Telefon ist verständliches Sprechen bedeutsam, da unterstützende nonverbale Elemente wie Mimik und Gestik entfallen. Monologe, sehr lange Sätze sowie Schachtelsätze überfordern den Zuhörer. Besser ist es, kurze und klare Sätze zu formulieren, sodass der Gesprächspartner folgen kann.

Beispiel

nicht so ...	besser so ...
„Die Stofflieferung, die wir für unsere Produktion der Bürostühle als Bezüge dringend benötigen, und die Sie uns in Ihrem Schreiben, das wir in der vergangenen Woche erhalten haben, eigentlich für den 25., also vorgestern, zusagten, ist immer noch nicht eingetroffen, obwohl wir in der Bestellung darauf hingewiesen haben, wie dringend wir die Stoffe benötigen, weil ein Kunde von uns die Bürostühle für seine neuen Büroräume braucht und wir mit ihm einen Fixkauf vereinbart haben, den wir unbedingt einhalten müssen, weil wir sonst an den Kunden Schadenersatz leisten müssen.	*Die Stofflieferung ist immer noch nicht bei uns eingetroffen. Wir benötigen die Ware dringend für einen Kunden. Ich bitte Sie daher, uns die Ware umgehend zuzusenden.*

Fremd- und Fachwörter sollten maßvoll verwendet und nur dann eingesetzt werden, wenn man sicher ist, dass der Gesprächspartner sie auch versteht. Neben den verbalen Äußerungen ist der Tonfall, insbesondere die Stimme beim Telefonieren von Bedeutung. Ein angenehmer

Sprechton, den man erreicht, wenn man in entspannter Form redet, sorgt für eine angenehme Gesprächsatmosphäre und unterstreicht die Kompetenz des Sprechers.

Sind schwer verständliche Wörter, z. B. Fachausdrücke, Adressen oder Eigennamen am Telefon zu übermitteln, können mithilfe der Buchstabiertafel Missverständnisse auch bei schlechterer Übertragungsqualität verhindert werden. Anders als beim gewöhnlichen Buchstabieren eines Wortes wird bei der Verwendung einer Buchstabiertafel jeder einzelne Buchstabe als Wort mit dem entsprechenden Anfangsbuchstaben gesprochen und die Verständlichkeit erheblich verbessert. In der kaufmännischen Praxis wird neben der deutschen auch die englische und internationale Buchstabiertafel verwendet.

	Deutsch	Englisch	International
A	Anton	Alpha	Amsterdam
B	Berta	Bravo	Baltimore
C	Cäsar	Charlie	Casablanca
D	Dora	Delta	Danemark
E	Emil	Echo	Edison
F	Friedrich	Foxtrott	Florida
G	Gustav	Golf	Galipoli
H	Heinrich	Hotel	Havanna
I	Ida	India	Italia
J	Julius	Juliet	Jerusalem
K	Kaufmann	Kilo	Kilogram
L	Ludwig	Lima	Liverpool
M	Martha	Mike	Madagaskar
N	Nordpol	November	New York
O	Otto	Oscar	Oslo
P	Paula	Papa	Paris
Q	Quelle	Quebec	Québec
R	Richard	Romeo	Roma
S	Samuel	Sierra	Santiago
T	Theodor	Tango	Tripoli
U	Ulrich	Uniform	Uppsala
V	Viktor	Victor	Valencia
W	Wilhelm	Whisky	Washington
X	Xanthippe	X-Ray	Xanthippe
Y	Ypsilon	Yankee	Yokohama
Z	Zacharias	Zulu	Zürich
Ä	Ärger	–	–
Ö	Ökonom	–	–
Ü	Übermut	–	–
Ch	Charlotte	–	–
Sch	Schule	–	–
ß	Eszett	–	–
@	at		
–	Minus, Bindestrich		
.	dot, Punkt		
/	slash, Schrägstrich		

Gesprächsplanung und Phasen eines Gespräches

Es ist sinnvoll und hilfreich, Telefongespräche vorzubereiten. Je wichtiger das Gespräch ist, desto gründlicher sollte die Vorbereitung sein, damit das Telefongespräch erfolgreich endet.

Gesprächsteilnehmer, die nicht so richtig wissen, warum sie eigentlich anrufen oder das Telefonat unterbrechen müssen, um nötige Informationen und Unterlagen beizuschaffen, hinterlassen einen unorganisierten und schlechten Eindruck. Zu einer gezielten Vorbereitung gehört die Beantwortung der W-Fragen:

Checkliste Gesprächsplanung

1. **Wer** ist mein Gesprächspartner? ☑
2. **Was** ist das Ziel des Gesprächs, was will ich erreichen? ☐
3. **Welche** Informationen habe ich über den Gesprächspartner? ☐
4. **Welche** zusätzlichen Informationen/Unterlagen brauche ich?
   Woher bekomme ich diese? ☐
5. **Wie** erläutere ich mein Anliegen? ☐
6. **Welche** Themen will ich ansprechen? ☐
7. **Welche** Argumente kann ich anführen? ☐

Telefongespräche haben einen typischen Ablauf und gliedern sich in die Eröffnung mit Begrüßung, einen Hauptteil mit dem Kern des Gespräches und einen Abschluss zur Verabschiedung. Je nachdem, wie ausführlich das Gespräch und wie umfangreich die Informationen sind, um die es geht, können Telefongespräche in vier bis sechs Phasen unterteilt werden.

Gliederung	Phasen	Inhalte
I. Einleitung	**Phase 1** Melden und Begrüßen	▪ Gruß: *Guten Tag* ▪ Unternehmen: *Duisdorfer BüroKonzept KG* ▪ Name: *Mein Name ist …* ▪ Dienstbereitschaft zeigen: *Was kann ich für Sie tun?*
II. Hauptteil	**Phase 2** Thema nennen Problem beschreiben	▪ Thema nennen, Anliegen vortragen ▪ Problem beschreiben ▪ klären, was für den Gesprächspartner von Bedeutung ist
	Phase 3 Absicherung der Informationen	▪ Genaue Informationen liefern ▪ Erwartungen deutlich machen
	Phase 4 Lösung	▪ Entscheidung herbeiführen ▪ Vereinbarungen treffen ▪ Maßnahmen verabreden
III. Abschluss	**Phase 5** Gesprächsabschluss	▪ Ergebnisse zusammenfassen ▪ erläutern, wie es weitergeht
	Phase 6 Verabschiedung	▪ sich freundlich verabschieden

Gesprächstechniken

Ob ein Telefongespräch erfolgreich verläuft, hängt nicht nur von der Vorbereitung und einer verständlichen Ausdrucksweise ab, sondern auch von einem einfühlsamen, psychologisch geschickten Verhalten, einer positiven Grundhaltung und einer gezielten Fragetechnik, allgemein gesprochen von der Gesprächstechnik.

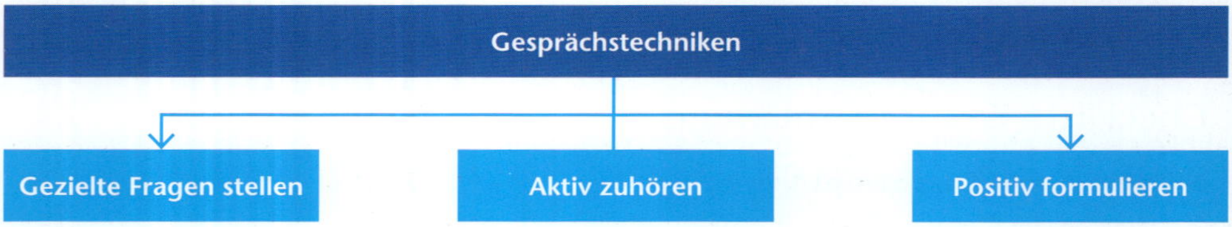

Fragen unterscheiden sich in fünf Kategorien. **Offene Fragen** lassen dem Gesprächspartner in der Beantwortung einen größeren Spielraum. Sie regen den Gesprächspartner zum Sprechen an und helfen, das eigene Anliegen und seine Wünsche zu formulieren. Sie sollten zu Beginn des Gesprächs eingesetzt werden, damit das Gespräch in Gang kommt und der Fragende die nötigen Informationen erhält.

Beispiele (aus dem obigen Telefonat)
„Was hätten Sie denn gerne?"
„Wie viele Stunden sitzen Sie denn ungefähr täglich auf dem Stuhl?"

Alternativfragen geben den Befragten zwei oder mehr Möglichkeiten vor, zwischen denen er sich entscheiden muss. Sie sollten den offenen Fragen folgen, weil diese Technik den Spielraum des Gesprächspartners einschränkt. Hier muss der Gesprächspartner eine Entscheidung treffen, hat aber noch eine gewisse Wahlmöglichkeit. Gleichzeitig lenkt man den Gesprächspartner in eine bestimmte Richtung.

Beispiele (aus dem obigen Telefonat)
„Haben Sie im Büro Teppichboden oder einen glatten Bodenbelag?"
„Sie können wählen zwischen Anthrazit, Rot und Dunkelblau. Welche Farbe möchten Sie?"

Geschlossene Fragen können nur mit *Ja* oder *Nein* beantwortet werden. Sie verlangen vom Gesprächspartner eine Entscheidung. Entweder stimmt er zu oder er lehnt ab. Der Spielraum ist sehr eng begrenzt. Diese Fragetechnik sollte erst gegen Ende des Gesprächs angewandt werden, um zum Abschluss zu kommen, und auch nur dann, wenn man die gewünschte Antwort mit hoher Wahrscheinlichkeit erhalten wird.

Beispiele (aus dem obigen Telefonat)
„Sind Sie damit einverstanden?"
„Ist das in Ordnung für Sie?"

Eine Ausnahme bilden **indirekte Fragen**, deren Inhalt nicht wörtlich (direkt) genommen wird, denn sie sind anders gemeint. Die Frage *„Können Sie mir bitte Ihre Bankverbindung geben?"* wird sicher nicht vom Hörer mit *Ja* oder *Nein* beantwortet, sondern er wird dem Gesprächspartner die Informationen bezüglich der Bankverbindung geben.

Mit **Suggestivfragen** wird der Gesprächspartner in seiner Reaktion stark beeinflusst, weil sie nur eine Antwortmöglichkeit zulassen. In Verkaufsgesprächen werden Suggestivfragen eingesetzt, um vom Gesprächspartner eine bestimmte, gewünschte Antwort zu hören und ihn damit in eine vorgegebene Richtung zu lenken.

Beispiel
„Ist Ihnen ein guter Service nicht auch wichtig?"
„Wollen Sie beste Qualität zu einem erschwinglichen Preis?"
„Legen Sie Wert auf Kompetenz und Freundlichkeit in der Beratung?"

Ähnlich wie rhetorische Fragen, bei denen die Antwort ebenfalls vorgegeben ist, wird der Gefragte bei Suggestivfragen in eine passive Rolle gedrängt. Unter Umständen kann die Person die Frage auch als Provokation oder unangenehme Manipulation empfinden, weil sie in der Antwortmöglichkeit eingeengt und in eine bestimmte Richtung gedrängt wird. Suggestivfragen können die Beziehungsebene zum Gesprächspartner stören und damit mehr Schaden als Nutzen hervorrufen.

Kontrollfragen dienen der Überprüfung, ob das Anliegen, die Wünsche oder Bedürfnisse des Gesprächspartners richtig erfasst wurden. Damit werden Missverständnisse verhindert, Sachverhalte geklärt und der Gesprächspartner fühlt sich verstanden.

Beispiel
„Habe ich Sie richtig verstanden, dass Sie den ovalen lichtgrauen Mehrzwecktisch mit den Konferenztischelementen in lichtgrau kombinieren möchten?"
„Ist es richtig, dass Sie für den defekten Aktenvernichter Safeway keine Reparatur, sondern eine Ersatzlieferung wünschen?"

Aktives Zuhören bedeutet, dass hier mit dem Selbstoffenbarungsohr wahrgenommen wird, was den Gesprächspartner bewegt, wie er sich fühlt, welche Bedürfnisse er hat und wie er denkt. Diese positive Zuwendung trägt zu einer guten Gesprächsatmosphäre bei, der Gesprächspartner wird gelöster und hört ebenfalls interessierter zu.

LF 7, 1.2

Der Zuhörer zeigt dem Gesprächspartner sein Interesse, er signalisiert, dass er ihn versteht, indem er beispielsweise
- Verständnis zeigt: *„Das kann ich gut nachvollziehen."*
- Gesagtes mit eigenen Worten zusammenfasst: *„Sie denken also ..." „Sie meinen ..." „Sie haben gerade gesagt ..." „Sie legen großen Wert auf den Sitzkomfort."*
- Übereinstimmung signalisiert: *„Richtig.", „Das sehe ich genauso.", „Das finde ich auch."*
- Anerkennendes Lob ausspricht: *„Dazu kann ich nur gratulieren." „Das finde ich gut."*

Spürt der Gesprächspartner, dass der andere ihm zuhört und ehrlich bemüht ist, seine Position zu verstehen und seine Bedürfnisse wahrzunehmen, so wirkt sich das positiv auf den Gesprächsverlauf aus und es wird leichter, die Gesprächsziele zu erreichen.

Für eine angenehme Gesprächsatmosphäre sorgen auch **positive Formulierungen**. Zwar lassen sich negative Aussagen nicht ganz vermeiden, sie sollten jedoch auf ein Minimum begrenzt werden, weil sie auf das Gesprächsklima drücken. Auch Negatives kann man positiv ausdrücken.

Beispiele

Negative Aussage	Positive Aussage
Frau Beyer ist nicht da.	*Frau Beyer ist morgen wieder im Hause. Kann ich Ihnen weiterhelfen?*
Ihre Lieferung kann heute nicht mehr an Sie herausgehen.	*Ihre Lieferung geht gleich morgen früh raus.*
Den Artikel gibt es nicht mehr.	*Den Artikel haben wir nicht mehr im Sortiment. Dafür kann ich Ihnen einen ähnlichen anbieten, und zwar …*
Davon weiß ich nichts, das hat mein Kollege bearbeitet.	*Ich informiere mich gerne über den aktuellen Stand und rufe Sie gleich zurück.*
Nein, ich kann Ihnen vorerst gar keinen Termin geben.	*Der nächste freie Termin ist am …* *Ist das für Sie noch rechtzeitig?*

Gesprächsregeln

1. Drei Sekunden Ruhe und Konzentration, bevor der Hörer abgehoben wird.
2. Lächeln, auch wenn der Gesprächspartner es nicht sehen kann.
3. Mit offenen Fragen beginnen.
4. Aktiv zuhören.
5. Auf positive Sprache achten.
6. Fehler nicht auf andere schieben, selbst Verantwortung übernehmen.
7. Ergebnisse notieren.
8. Mit einem „Blumenstrauß“ (netten Worten) sich verabschieden.

Gesprächsnotizen

Die **Gesprächsnotiz** ist eine schriftliche Zusammenfassung von Telefongesprächen und persönlichen Gesprächen mit Geschäftspartnern. Mit ihr werden in kurzer, knapper Form mündliche Absprachen, Vereinbarungen sowie Ergebnisse festgehalten. Sie wird als Beweis abgelegt, zur weiteren Bearbeitung verwendet oder als Informationsmaterial genutzt. Bei Telefongesprächen ist auch die Bezeichnung **Telefonnotiz** gebräuchlich, geht es um die Zusammenfassung eines Ereignisses, spricht man auch von **Aktennotiz**.

Festgehalten werden folgende Angaben:
- Zeitpunkt des Gesprächs (Datum, eventuell Uhrzeit)
- Namen der Gesprächsteilnehmer (gegebenenfalls Firma, Anschrift, Abteilung, Telefonnummer, E-Mail des Gesprächspartners)
- Inhalt/Anlass des Gesprächs (eventuell als „Betreff“ zusammengefasst)
- Ergebnis des Gesprächs
- Hinweise auf Weiterbearbeitung (Weiterleitung, Kenntnisnahme, Rückruf, Erledigung)

Geeignete Vordrucke erleichtern die innerbetriebliche Kommunikation.

Gesprächsnotiz	**Telefongespräch ☐**	**Datum:**
notiert von:	**Persönliches Gespräch ☐**	**Uhrzeit:**

Gesprächspartner	**Anschrift**
Firma	
Telefon	**E-Mail**

Betreff

Inhalt

Weiterleitung an:	**Unterschrift**

☐ **erbittet Rückruf**

☐ **zur Bearbeitung**

☐ **zur Kenntnisnahme**

☐ ____________

2 Gespräche in einer fremden Sprache führen

2.1 Kommunikation zwischen den Kulturen

LS 7.2

Der Fremdwörter-DUDEN definiert Kultur als „Gesamtheit der geistigen und künstlerischen Lebensäußerungen einer Gemeinschaft, eines Volkes". Jeder von uns wächst in einer bestimmten Kultur auf und wird von dieser geprägt. Dabei lassen sich zwischen verschiedenen Kulturen erhebliche Unterschiede beobachten, auch in der Art wie miteinander kommuniziert wird. Aufgrund der Tatsache, dass wir heute in einer globalisierten Welt leben, in der Menschen unterschiedlicher Kulturen immer häufiger aufeinandertreffen, führen die kulturellen Unterschiede immer wieder zu Missverständnissen in der Kommunikation. Im Geschäftsleben können solche Missverständnisse sehr ärgerlich sein, wenn z. B. die Beziehung zu einem wichtigen Geschäftspartner darunter leidet oder sogar beendet wird.

Beispiel
Eine britische Firma kontaktiert eine Software-Firma in Bonn, um von dieser einen Internetshop einrichten zu lassen. Bei einem Meeting in Deutschland präsentiert die Bonner Firma ihr Konzept in sachlicher und faktenorientierter Weise. Die britische Firma ist mit dem Konzept im Großen und Ganzen einverstanden. Dennoch bekommt die Bonner Firma nicht den Auftrag für das Projekt und die Geschäftsbeziehung wird nach kurzer Zeit beendet.

Worin liegt das Problem? Das britische Unternehmen ist über die Art und Weise der Präsentation verstört, da es lediglich um harte Fakten geht und nicht der Eindruck entsteht, dass es den Deutschen um ein persönliches Verhältnis geht. Die Deutschen machen auf dem Meeting nur wenig Small Talk, um die Atmosphäre aufzulockern, was von den Briten als unhöflich empfunden wird.

Will man erreichen, dass die interkulturelle Kommunikation, also die Kommunikation zwischen Menschen unterschiedlicher Kulturen, gelingt, ist es notwendig, sich mit den kulturellen Besonderheiten des jeweiligen Volkes bzw. Landes vertraut zu machen. Man muss also ein kulturelles Bewusstsein (englisch: cultural awareness) entwickeln. Dabei sind Aufgeschlossenheit und Flexibilität gefragt. Vor allem sollte man nicht von der irrigen Annahme ausgehen, dass die eigene Kultur die einzig wahre ist.

Der folgende Überblick soll Sie mit einigen Gepflogenheiten **englischsprachiger Länder** vertraut machen.

2.2 Gesprächsatmosphäre

Sowohl Briten als auch Amerikaner legen sehr viel Wert auf eine positive Gesprächsatmosphäre. Während den Deutschen ein eher fakten- und zielorientierter Gesprächsstil nachgesagt wird, bei dem man ohne große Umschweife zur Sache kommt, sind Briten und Amerikaner darum bemüht, durch Humor, Freundlichkeit und Small Talk eine entspannte und lockere Atmosphäre zu schaffen. Deutschen Gesprächspartnern erscheint dies teilweise als formlos und etwas oberflächlich (ganz besonders, wenn sie es mit Amerikanern zu tun haben), während englischsprachige Gesprächspartner ihr deutsches Gegenüber manchmal als reserviert, zurückhaltend oder auch unhöflich wahrnehmen.

2.3 Begrüßen und sich vorstellen

2.3.1 Händeschütteln, Umarmungen und andere Begrüßungsrituale

Welche gravierenden Unterschiede es im Kommunikationsstil verschiedener Kulturen geben kann, zeigt sich schon bei der ersten Kontaktaufnahme. In deutschsprachigen Ländern ist es üblich, Geschäftspartnern bei einem Treffen zur Begrüßung (und auch zur Verabschiedung) die Hand zu geben, oft begleitet von einer kleinen Verbeugung. Auch in Großbritannien gibt man sich die Hand, allerdings nur, wenn man sich das erste Mal sieht. Trifft man dieselbe Person am nächsten Tag noch einmal, unterlässt man das Händeschütteln und nickt sich nur noch zu. Auch Amerikaner pflegen den „Handshake“ nur beim ersten Kennenlernen und nur bei ganz besonders formellen Anlässen. Dabei bleiben sie gerade stehen und halten den Kopf hoch, was von einigen Deutschen instinktiv als arrogant empfunden wird, obwohl dies nicht so gemeint ist.

In einigen europäischen Ländern ist es Sitte, sich bei der Begrüßung zu küssen. So ist es z. B. in Frankreich auch in nicht privaten Situationen üblich, dass Frauen und Männer sich zur Begrüßung links und rechts auf die Wange küssen. Diese Form der Begrüßung wird auch zunehmend in anderen europäischen Ländern, zu deren Tradition sie eigentlich nicht gehört, vor allem von jüngeren Menschen übernommen. Sie ist aber bei Weitem nicht so verbreitet wie in Frankreich oder einigen anderen südeuropäischen Ländern. In rein geschäftlichen Situationen würde man sie als unpassend empfinden.

2.3.2 Die richtige Anredeform verwenden

Männer werden im Englischen mit „Mister" angesprochen. Wendet man sich an mehrere Männer, verwendet man die Form „Gentlemen". Sind Damen und Herren anwesend, sagt man „Ladies and Gentlemen".

LF 3

Frauen werden im Geschäftsleben heute meist mit dem neutralen „Ms" (Aussprache mit weichem s) angesprochen.

Die Verwendung von akademischen Titeln ist im englischsprachigen Raum unüblich. Während Dr. Martin Pelz im Deutschen mit „Herr Dr. Pelz" angeredet wird, würde man im Englischen einfach „Mr Pelz" oder sogar „Martin" sagen. Wie wenig Bedeutung akademischen Titeln beigemessen wird, soll folgendes Beispiel zeigen.

Beispiel
Ein deutscher Geschäftsmann wird einem englischen Geschäftspartner mit den Worten „This is Doktor Doktor Häberlein" vorgestellt. Worauf der englische Geschäftspartner, der ebenfalls über zwei Doktortitel verfügt, antwortet: „Just call me Brian."

2.3.3 Vor- und Nachnamen

Obwohl es im Englischen kein „du" oder „Sie" gibt und auch im Geschäftsleben die Anrede mit dem Vornamen sehr verbreitet ist, gibt es doch einige wichtige Konventionen. Ob man den Vor- oder Nachnamen verwendet, hängt ganz entscheidend von der Hierarchie ab, also davon, welche Position jemand innerhalb einer Rangfolge einnimmt.

- Reden Sie nur Gleich- und Niedrigrangigere mit dem Vornamen an.
- Höherrangige (Vorgesetzte) werden meistens mit Nachnamen angeredet.

Beispiel
Boss: „Good morning, John". John: "Good morning, Mr Dickson."

- Überlassen Sie es dem hierarchisch Höherstehenden, Ihnen die Anrede mit dem Vornamen anzubieten.
- Wenn man sich mit vollem Namen vorstellt, wird einen der Gesprächspartner oft mit dem Vornamen anreden.

Beispiel
„Hello, my name is Hündgen, Werner Hündgen." „Good to see you, Werner."

2.3.4 Sich und andere vorstellen

Wie man sich und andere vorstellt, hängt wesentlich davon ab, wie formell die Situation ist, in der man sich gerade befindet. Sehen Sie sich dazu die folgenden Beispiele an:

Beispiele:
Auf einer Messe (formelle Situation):

Englischer Geschäftsmann: „Allow me to introduce myself. My name is Scott, Frank Scott from Techspeed Ltd."
Deutsche Geschäftsfrau: „How do you do. My name is Lisa Müller from Bürowelten in Cologne."
Englischer Geschäftsmann: „Nice to meet you, Ms Müller. Let me introduce you to my colleague. This is Angela Iliffe from our Sales department."
Deutsche Geschäftsfrau: „Pleased to meet you."
Angela Iliffe: „Pleased to meet you, too, Ms Müller."

Auf einem Sektempfang (weniger formelle Situation):

Englischer Geschäftsmann: „I don't think we've met yet. My name's Frank Scott from Techspeed Ltd."
Deutsche Geschäftsfrau: „Nice to meet you. My name is Müller, Lisa Müller from Bürowelten in Cologne. Please call me Lisa."
Englischer Geschäftsmann: „Nice to meet you, too, Lisa. Please call me John."

Nützliche Phrasen

Sich vorstellen in einer formellen Situation	Mögliche Antworten
▪ How do you do, my name is ... ▪ May I introduce myself, I am ... from ... ▪ Excuse me, are you...? My name is ...	▪ How do you do, I'm ... ▪ Pleased/Nice to meet you, I am...from ... ▪ Yes, I am. How do you do. ▪ It's a pleasure to meet you.
Sich vorstellen in einer informellen Situation	**Mögliche Antworten**
▪ I don't think we've met yet, I'm ... ▪ Hello/Hi, my name is ... ▪ Welcome to... My name is ... Please call me ...	▪ Nice to meet you. ▪ Hi, I'm... How are you? (Antwort: Fine, thanks. And you?)
Andere Personen miteinander bekannt machen in einer formellen Situation	**Mögliche Antworten**
▪ Ms Wallace, may I introduce you to ... He/She is ... ▪ Ms Wallace, I'd like you to meet ...	▪ Pleased/Nice to meet you ▪ Pleased/Nice to meet you.
Andere Personen miteinander bekannt machen in einer informellen Situation	**Mögliche Antworten**
▪ Sarah, have you met Peter? ▪ Sally, this is Achim Schmidt ... from ... ▪ Peter, do you know Sarah?	▪ Good to see you. ▪ How are things? ▪ Nice to meet you, (too).

**Bei der Aussage „How do you do." handelt es sich um keine wirklich Frage, sondernum eine sehr formelle Form der Begrüßung, die sich am ehesten mit „Guten Tag!" übersetzen lässt. Der Angesprochene kann ebenfalls antworten mit „How do you do." („Angenehm!"). Aber auch „Pleased/Nice to meet you." sind als Antwort üblich.*

2.4 Sich um einen Besucher kümmern

Wenn man einen Geschäftspartner in der eigenen Firma empfängt, ist es Aufgabe des Gastgebers, dafür Sorge zu tragen, dass der Besucher sich wertgeschätzt und wohl fühlt. Das heißt, dass die Initiative immer beim Gastgeber liegt.

Im englischsprachigen Raum folgt auf die erste Begrüßung fast immer **Small Talk**.

Der Small Talk ist eine Form der leichten Konversation, die nicht wirklich darauf abzielt, wichtige Informationen auszutauschen. Es handelt sich vielmehr um eine Art „ice-breaker", der der ersten Kontaktaufnahme dient und eine entspannte Gesprächsatmosphäre schaffen soll.

Deutsche tun sich oft schwer, wenn sie mit Engländern oder Amerikanern Small Talk machen sollen, da diese Art der Konversation hierzulande nicht so ausgiebig praktiziert wird und sie daher entsprechend ungeübt darin sind. Häufig wird nicht verstanden, dass es sich bei dem Gespräch gerade um Small Talk handelt. Fragt ein Amerikaner etwa „How are you?", so erwartet er hier keinen umfassenden und aufrichtigen Bericht zu unserer Befindlichkeit. Die Frage muss vielmehr als Einladung zu einem zwanglosen Plausch verstanden werden. Die beste Antwort lautet: „Fine, thanks. And you?" Dies könnte nun der Beginn einer leichten Konversation über alle möglichen Themen sein. Allerdings sollte man nur solche Themen wählen, die unverfänglich sind und bei denen man nicht befürchten muss, in Fettnäpfchen zu treten. Sich nicht auf Small Talk einzulassen, wird in jedem Fall als äußerst unhöflich empfunden. Hier ein Beispiel für eine typische Begrüßung eines Besuchers.

Beispiel

A: „Good morning, what can I do for you?"
B: „Good morning, my name is Scott, Walter Scott form Global Publishing. I was supposed to meet Ms Weinroth at 10 o'clock."
A: „Yes, she told me. Pleased to meet you Mr Scott. My name is Ralph Buscher."
B: „Pleased to meet you, too."
A: „I'm Ms Weinroth's assistant. She's still in a meeting and will be with you in a few minutes. Can I take your coat?"
B: „Thank you very much."
A: „Have a seat. Did you have any trouble finding us?"
B: „No, not at all. Ms Weinroth gave me excellent directions."
A: „How long did it take you to get here?"
B: „About three hours from London."
A: „How about some coffee?"
B: „I'd love some."
A: „Would you like cream with your coffee?"
B: „Yes, please."
A: „Here you go."
B: „Thank you."

Nützliche Phrasen

Besucher begrüßen	Mögliche Antworten
▪ Good morning/afternoon. What can I do for you? (formell)	▪ Good morning/afternoon, my name is ...
▪ John, good to see you again. Come on in. (informell)	▪ Hi, Reiner. How nice to see you again.
▪ May I take your coat?	▪ Thanks. That's very kind of you.
▪ Please take a seat.	
▪ Can I offer you something to drink?	▪ Thank you. A mineral water would be fine.
▪ How about some coffee/tea? (informell)	▪ Sure. I'd love some.
▪ Coffee with cream/sugar?	▪ Sugar, please.
▪ Ms Jonas is still in a meeting. She'll be with you in a few minutes.	▪ No problem. I'll wait.
▪ May I show you round the company till Ms Jonas is back from her meeting?	▪ Yes, I'd love to.
▪ Would you like to have a look at some of our latest products?	▪ That would be great.

Small Talk machen	Mögliche Antworten
The journey/flight:	
▪ Did you have any problems finding us?	▪ No, not at all./Yes, I did. I took the wrong train to Bonn.
▪ Did you have a pleasant flight/trip?	▪ Yes, thank you./It was a bit rough (unruhig)./ There was a slight delay (Verspätung) in London.
▪ How was the journey?	▪ The journey was very pleasant (angenehm), thank you.
The weather	
▪ What was the weather like in London?	▪ Very sunny./Rather cold./Cloudy with a lot of rain.
First visit to ...?	
▪ Have you ever been to Germany/Bonn before?	▪ No, I haven't./Yes, I've been here several times.
▪ Would you like to see something of Bonn?	▪ I'd like to visit the ... (z. B. Haus der Geschichte).
Hobbies and sports	
▪ I saw the Berlin Philharmonic Orchestra last night. Do you like classical music?	▪ Well, I prefer jazz.
▪ Do you have any hobbies?	▪ Yes, I'm interested in ... (music/going to the theatre/reading).
▪ Do you enjoy going to the cinema/theatre/to concerts ...?	▪ I'm crazy about films. So I go to the cinema at least four times a month.
▪ Do you find much time for your hobbies?	▪ Unfortunately (Leider) not. There is too much work.
▪ Do you like doing sports?	▪ Yes, I do. I'm really into ... (football).
	▪ No, not really. What about you?

▪ Did you see the football match last night?	▪ Yes, I did. Fantastic match, wasn't it?
The visitor and his company	
▪ Where do you come from in Britain/the US?	▪ I come from ...
▪ Do you have to travel a long way to and from work?	▪ No, it only takes ... minutes./Yes, it's quite a long way, it takes about ... minutes.
▪ Where is your company located?	▪ We're located in ... (Lewisham near London.)
▪ What does it specialise in?	▪ It specialises in ... (producing high-quality office chairs)
Sich verabschieden	**Mögliche Antworten**
▪ Ms Jonas is expecting you now. It was a pleasure talking to you.	▪ It was a pleasure to meet you, too.
▪ It has been nice meeting you. I hope we meet again sometime.	▪ So do I. (Ich auch)
▪ Good talking to you. Take care. (informell)	▪ Hope to see you again soon.

2.5 Einen englischsprachigen Kunden informieren und beraten

Einen Kunden hinsichtlich der eigenen Produkte und/oder Dienstleistungen angemessen zu beraten, erfordert einiges Geschick. Schließlich möchte man dem Kunden etwas verkaufen. Das klassische Verkaufsgespräch, auch mit englischsprachigen Kunden, gliedert sich in fünf Phasen, wovon hier zwei näher erläutert werden.

a) **Kontaktphase**: Hier wird der Grundstein für das Gespräch gelegt. Wie man mit englischsprachigen Kunden den Kontakt herstellt, konnten Sie weiter oben lesen.

b) **Bedarfsermittlung**: In dieser Phase geht es darum, herauszufinden, was genau der Kunde benötigt. Hier kommt es darauf an, die richtigen Fragen zu stellen und selbst möglichst wenig zu reden, damit nicht der Eindruck entsteht, dass man dem Kunden etwas aufzwingen will. Nicht umsonst heißt es „Wer fragt, der führt." Offene Fragen (siehe auch Lernfeld 7, Kapitel 1.5.2 zu den verschiedenen Fragetypen) sind ganz besonders dazu geeignet, möglichst viele Informationen bezüglich der Kundenwünsche zu sammeln. Lesen Sie dazu den folgenden Dialog.

Beispiel

A: „Good morning, what can I do for you?"
B: „Good morning, I'm looking for a new car."
A: „May I have your name, please?"
B: „My name is Cave, Rupert Cave."
A: „Pleasure to meet you, Mr Cave. May I introduce myself? My name is Hannah Glöckner."
B: „Nice to meet you."
A: „What are your requirements to your car?"
B: „I need a family car. It has to be big enough for our holiday trips."
A: „How many people are there in your family?"
B: „Well, there's my wife, my two daughters and me. Ah ... and we have a dog."
A: „What kind of dog is it?"
B: „It's only a small dog, a Yorkshire terrier."

A: „How much luggage do you usually take with you when you go on holiday?"
B: „One suitcase for each of us. So five suitcases altogether. But I also need space for our camping equipment. A tent, sleeping bags and so on […]."

Auch wenn der Kunde bereits ein bestimmtes Produkt ins Auge gefasst hat, müssen trotzdem zunächst offene Fragen gestellt werden, um herauszufinden, ob dieses Produkt tatsächlich das passende ist. Erst wenn der Kundenberater auf diese Weise möglichst viele Informationen gesammelt hat, kann er geschlossene Fragen stellen, um das richtige Produkt für den Kunden auszuwählen. Hier einige Beispiele für geschlossene Fragen.

Beispiele

Do you need a child seat for this car?
Is it important to have a navigation system in your car?
Should the office chair have armrests?

c) Angebotsphase: Ist der Bedarf ermittelt, geht es darum, ein passendes Produkt anzubieten und dieses möglichst positiv und exakt vorzustellen. Der Kunde soll ein genaues Bild von dem angebotenen Produkt erhalten und der Nutzen muss deutlich werden. Sehen Sie sich dazu folgendes Beispiel an (wichtige Übersetzungen in Klammern):

Beispiel

This is our computer desk 'Colorado'. It has a wonderful smooth glass surface (Oberfläche). As you can see, it is L-shaped and therefore ideal for corner placement. We used a sturdy (stabil) metal frame (Rahmen) for it, which makes it very durable (langlebig). The 'Colorado' has a slide-out keyboard tray (ausziehbare Tastaturlade) which is very convenient (angenehm, praktisch) to use. It is 75 cm high and 160 cm wide (breit). It weighs (wiegt) about 42 kg.

d) **Einwandbehandlung**: In dieser Phase wird versucht, Einwände des Kunden auszuräumen (siehe auch Lernfeld 7, Kapitel 3).

e) **Abschlussphase**: In dieser Phase wird gezielt auf den Abschluss, also den Verkauf eines Produkts, hingewirkt.

3 Einwände von Kunden

LF 7

LS 7.3

Im Beispieltelefonat von Kapitel 1.5 stellt die Kundin Karin Breuer kurz vor dem Abschluss des Gesprächs die Frage *„Was ist, wenn ich nach ein paar Tagen feststelle, dass wir gar nicht mit den Stühlen zurechtkommen?"* Vertriebsleiter Simon Klein hatte zuvor bereits die Ergebnisse des Gesprächs zusammengefasst und wiederholt, als Karin Breuer diesen **Einwand** äußert.

Ein Einwand ist in der Regel keine wirkliche Schwierigkeit. Im Gegenteil – er ist ein Kaufsignal und zeugt von Interesse. Wer einen Einwand bringt, zeigt, dass er sich mit dem Thema oder dem Angebot inhaltlich auseinandersetzt. Dennoch muss der Gesprächspartner des Kunden angemessen auf den Einwand reagieren und ihn auflösen, sonst droht das Gespräch vorzeitig abzubrechen und die Verhandlungen bleiben ergebnislos.

3.1 Arten von Einwänden

Bei einem **Einwand** stellt der Kunde Fragen, gibt kritische Anmerkungen, äußert Bedenken oder Gegenargumente. Dahinter verbirgt sich die Botschaft, dass der Kunde grundsätzlich bereit ist, eine Zusage zu geben, bisher aber noch unsicher und nicht richtig überzeugt ist. Der Einwand gibt dem Kunden Zeit und ist ein hilfreiches Mittel, noch mehr Informationen und Argumente zu erhalten, um die eigene Entscheidung abzusichern. Zudem schaffen Einwände die Möglichkeit, einen Preisnachlass oder günstigere Vertragsbedingungen auszuhandeln.

Beispiele
„Ich bin mir nicht sicher, ob sich der Schreibtisch Ökostar oder der Schreibtisch Ahorn besser verkaufen lässt."
„Ich kann mich nicht entscheiden."
„2.500,00 € sagen Sie? Mein Budget für die Anschaffung einer neuen Büroeinrichtung beträgt maximal 2.300,00 €."

Von einem Einwand zu unterscheiden sind **Vorwände**. Vorwände sind Schutzbehauptungen, also der Versuch, „Nein" zu sagen, ohne das Wort „Nein" gebrauchen zu müssen. Bei einem Vorwand möchte der Kunde sich nicht auf das Gespräch einlassen, er möchte keine Entscheidung treffen, das Gespräch soll möglichst schnell beendet werden.

Beispiele
„Ich habe keine Zeit."
„Ich habe schon bei einem anderen Lieferanten bestellt."
„Die Lieferfrist ist viel zu lang."
„Ihre Schreibtische sind viel zu teuer."

Ob es sich um einen Einwand oder einen Vorwand handelt, ist nicht immer an der Aussage selbst zu erkennen. Hier muss unterschieden werden zwischen dem, was der Kunde sagt und dem, wie er es gemeint hat. Zu klären ist, wie die Nachricht als Selbstoffenbarung und als Appell zu verstehen ist (siehe hierzu das Vier-Seiten-Modell in Kapitel 1.2). *LF 7*

Beispiel
Aussage eines Kunden: „Ich habe keine Zeit."

Seite der Nachricht	Botschaft	Einwand oder Vorwand?
Selbstoffenbarung	*„Ich habe es eilig, bin im Stress."*	Einwand
	„Ich will gar nichts kaufen."	Vorwand
Appell	*„Rufen Sie mich später noch einmal an."*	Einwand
	„Lassen Sie mich in Ruhe. Geben Sie auf."	Vorwand

Einwände verlangen vom Gesprächspartner eine andere Reaktion als Vorwände. Daher ist die Unterscheidung bedeutsam. Durch Nachfragen wird beispielsweise erkennbar, ob es sich bei der Aussage um einen Einwand oder einen Vorwand handelt. Reagiert der Kunde auf die Frage *„Soll ich Sie lieber ein anders Mal anrufen?"* abweisend und wird er mit der Aussage *„Für so etwas habe ich grundsätzlich keine Zeit!"* sehr deutlich, ist die Botschaft klar: Der Kunde möchte in Ruhe gelassen werden und die Aussage war hierfür ein Vorwand. Das Gespräch und mögliche Verhandlungen sind damit beendet. Unterbreitet der Kunde hingegen einen Terminvorschlag, dann handelt es sich um einen Einwand, der sich durch das Nachfragen ausräumen lässt. Das Gespräch und die Verhandlungen werden lediglich auf einen späteren Zeitpunkt verschoben.

3.2 Umgang mit Einwänden von Kunden

Mit Einwänden zeigen Kunden ihre Zurückhaltung, mit Vorwänden ihre Ablehnung gegenüber dem Gesprächsversuch oder dem Angebot. Der Umgang mit diesen Reaktionen ist von den Gründen abhängig, die den Kunden zu diesem Verhalten veranlassen.

Gründe für Einwände und Vorwände	
Ebene	**Beispiele**
Situation	▪ Der Kunde hat im Augenblick keine Zeit. ▪ Der Kunde ist mit anderen, für ihn wichtigeren Dingen beschäftigt. ▪ Der Kunde ist völlig überrascht und nicht auf das Thema vorbereitet.
Inhalt/Sache	▪ Das Angebot entspricht nicht den Vorstellungen des Kunden. ▪ Dem Kunden sind die Vorteile des Angebotes nicht klar. ▪ Dem Kunden fehlen weitere Informationen. ▪ Der Kunde sieht keinen Nutzen im Angebot. ▪ Der Kunde hat keinen Bedarf.
Beziehung	Der Kunde ▪ kennt das Unternehmen nicht oder nur unzureichend, ▪ kennt den Gesprächspartner nicht, ▪ hat kein Vertrauen zum Gesprächspartner, ▪ fühlt sich unter Druck gesetzt, ▪ braucht für seine Entscheidung die Unterstützung des Gesprächspartners.

Um den Grund für die zurückhaltende oder ablehnende Haltung zu erfahren, helfen höfliche Formulierungen wie *„Darf ich fragen, ...?“ – „Sie klingen sehr entschieden. Hat das einen besonderen Grund?“* Diese Fragen eröffnen nicht nur die Möglichkeit, die Gründe zu benennen, sondern verbessern gleichzeitig die Gesprächsatmosphäre, denn der Kunde spürt, dass seine anfängliche Reserviertheit akzeptiert wird und der Gesprächspartner Verständnis zeigt.

Die Reaktion auf den Einwand sollte stets auf der Ebene erfolgen, auf der die Ursache beruht.

Beispiel
Ein Verkaufsberater für Soft- und Hardware bietet telefonisch einem Kunden, der zuvor einige Computer bei ihm gekauft hat, zu den PCs passende Grafik-Tabletts an. Reaktion des Kunden: „So etwas brauche ich nicht.“ Verkaufsberater: „Soll ich Sie später noch einmal anrufen?“ Kunde: „Nein, nicht nötig.“

In diesem Fall hat der Kunde deutlich geäußert, dass er keinen Bedarf hat (Sachebene). Der Verkaufsberater versucht hingegen mit seinem Vorschlag, neue Rahmenbedingungen für die Situation zu schaffen. Es ist aber kein zeitliches, sondern ein inhaltliches Problem.

Beispiel

Im Rahmen einer Telefonakquise (Kundengewinnung) ruft ein Mitarbeiter eines Versandhauses eine Kundin an, die einige Wochen zuvor im Online-Shop des Versandhauses Büromaterial für ihren Betrieb gekauft hat. Der Mitarbeiter bietet ihr eine größere Menge Kopierpapier mit einem Preisnachlass von 5 % an. Reaktion der Kundin: „Ich kaufe nichts am Telefon." Mitarbeiter: „Wir haben nur eine begrenzte Menge auf Lager und das Angebot gilt nur für unser Gespräch. Sie müssen sich jetzt entscheiden." Kundin: „Das kann ich nicht."

Die Aussage der Kundin *„Ich kaufe nichts am Telefon"* weist darauf hin, dass sie sich bei dem Gedanken, etwas telefonisch zu bestellen, nicht wohlfühlt und dem Anbieter misstraut. Der Einwand wird auf der Beziehungsebene geäußert. Statt darauf einzugehen, Verständnis zu zeigen und Vertrauen aufzubauen, reagiert der Mitarbeiter auf der Sachebene, indem er mit der Gültigkeit des Angebotes argumentiert. Darüber hinaus übt er Druck auf die Kundin aus, sodass sich ihr Misstrauen verstärkt. Ein Kaufvertrag kommt nicht zustande.

Strategien im Umgang mit Einwänden und Vorwänden

Situation | **Sache/Inhalt** | **Beziehung**

Bedenken akzeptieren

„Dann will ich Sie nicht länger stören." – „Das ist schade, dass Sie kein Interesse haben, aber ich verstehe, wenn das Angebot und das Bedürfnis Ihrerseits nicht zusammenpassen."

Verständnis äußern

„Zu teuer? Sie haben natürlich Recht. Man muss es auch bezahlen können." – „Ich kann es nachvollziehen, wenn Sie so eine lange Vertragsbindung nicht möchten."

höflich und sachlich bleiben

„Das ist kein Problem. Wir können unser Gespräch auch verschieben. Ich melde mich gerne nach Ihrem Urlaub wieder."

alternative Rahmenbedingungen anbieten

„Soll ich Sie später noch einmal anrufen?" – „Möchten Sie, dass ich Ihnen die Unterlagen zusende, damit Sie sich damit in Ruhe befassen können?"

Informationen geben – Argumente nennen

„Bei vorzeitiger Zahlung gewähren wir Ihnen 5 % Skonto."

„Ja, im Internet ist der Artikel preiswerter, aber wir bieten mehr Serviceleistungen und sind damit mittelfristig günstiger."

Vertrauen schaffen – persönliches Gespräch anbieten

„Gerne nenne ich Ihnen einige Adressen von Kunden, für die wir größere Aufträge ausgeführt haben."

„Ich berate Sie auch gerne in einem persönlichen Gespräch."

Zur Entkräftung von Einwänden tragen auch die folgenden **Argumentationstechniken** bei.

a) Einwandvorwegnahme

Bevor der Kunde einen möglichen Einwand formuliert, äußert der Verkaufsberater selbst einen Einwand, den er anschließend gleich wieder entkräftet. Auf diese Weise nimmt er sozusagen dem Kunden den Wind aus den Segeln. Gleichzeitig signalisiert der Verkäufer auf der Beziehungsebene Verständnis für mögliche Bedenken des Kunden, denn er zeigt dem Kunden, dass ihm die Nachteile durchaus bewusst sind.

Beispiel
„Sicher werden Sie nun denken, dass für die Ausstattung aller Büroarbeitsplätze in Ihrem Unternehmen mit dem Bandscheiben-Drehstuhl deutlich höhere Kosten auf Sie zukommen als bei einer Ausstattung mit normalen Bürostühlen. Da stimme ich Ihnen zu. Allerdings haben Sie mit dieser Investition ein deutlich geringeres Risiko, dass Ihre Mitarbeiter wegen Rückenleiden erkranken und längere Ausfallzeiten haben. Die dadurch entstehenden Zusatzkosten und Nachteile lassen sich somit senken."

b) Einwandumkehr

Dem Einwand des Kunden wird ein positiver Aspekt gegenübergestellt, der für den Kauf des Produktes oder der Dienstleistung spricht. Der Kunde sieht so einen Vorteil, den er vorher nicht wahrgenommen hat. Der Einwand hat sich zu einem wirkungsvollen Argument umgekehrt.

Beispiel
Kunde: „Ihr angebotener Schreibtisch steht nicht auf vier stabilen Füßen, sondern hat nur zwei L-förmige Stützen. Ich weiß nicht, ob das so gut ist."

Verkäufer: „Gerade durch die L-förmigen Füße steht der Schreibtisch äußerst stabil und lässt sich zudem in der Höhe verstellen. So bietet er genügend Beinfreiheit, auf die Sie – wie Sie eben sagten – großen Wert legen."

c) Relativierung

Man begegnet dem Einwand des Kunden, indem man einen Aspekt wie z. B. die Kosten verkleinert darstellt und somit relativiert.

Beispiel
„Der Kopierer kostet in der Anschaffung zwar 599,00 €, zusammen mit dem Verbrauchsmaterial kostet Sie eine Kopie jedoch weniger als 1 Cent."

Diese Argumentationstechnik eignet sich insbesondere dann, wenn es um Preise bzw. Kosten geht. Die Höhe der Kosten ist ein häufiger Kritikpunkt der Kunden, da sie insbesondere als Einkäufer für ein Unternehmen Kosten sparen müssen. Schwierig wird es auch für den Verkäufer, wenn er den Kunden über eine Preiserhöhung informieren muss. Mit der Relativierung der Kosten erscheint dem Kunden die Preiserhöhung weniger drastisch.

Beispiel
„Durch gestiegene Rohstoffpreise bewegt sich die Preiserhöhung – je nach Warengruppe – zwischen drei und neun Prozent. Bei einigen Produkten konnten wir sogar die Preise senken. Sicher möchten Sie wissen, wie sich die Preisanpassung auf Ihre Kosten auswirkt. Wenn ich Ihre letzte Bestellung zugrunde lege, dann würden Sie insgesamt nur ein Prozent mehr zahlen."

d) Plus-Minus-Technik

Bei dieser Technik zeigt der Verkäufer Verständnis für die Nachteile, die der Kunde mit seinem Einwand äußert, und gibt ihm Recht. Dem Nachteil (Minus) werden einige Vorteile gegenübergestellt, sodass die Vorteile (Plus) überwiegen und der Kunde überzeugt werden kann.

Beispiel
Kunde: „Den Tischkopierer Sumsang haben Sie ja schon seit vielen Jahren im Sortiment, das heißt, es ist schon ein älteres Modell."

Verkäufer: „Das ist richtig! Wir haben ihn absichtlich im Sortiment behalten und nicht durch ein neueres Modell ersetzt, weil er sehr zuverlässig und sparsam kopiert, unsere Kunden damit äußerst zufrieden sind und er auch preislich deutlich unter den neueren Modellen liegt."

Nicht immer gelingt es, den Einwänden und Vorwänden des Kunden erfolgreich zu begegnen. Das liegt vor allem daran, dass
- der Kunde von der Sache nicht überzeugt werden kann,
- der Gesprächspartner dem Kunden auf der Beziehungsebene nicht angemessen begegnet,
- der Gesprächspartner auf den Einwand sofort mit Gegenargumenten reagiert,
- der Kunde grundsätzlich kein Interesse an dem Angebot hat.

In diesen Fällen ist kein Ergebnis möglich und das Gespräch sollte höflich beendet werden. Auch wenn es aus der Sicht des Anbieters erfolglos ausgegangen ist, so kann er durch eine respektvolle und verständnisvolle Verabschiedung ein positives Bild beim Kunden hinterlassen. Eventuell gibt das den Ausschlag, dass dieser später in einer anderen geschäftlichen Angelegenheit an das Unternehmen denkt und Kontakt aufnimmt.

4 Beschwerden und Reklamationen

4.1 Bedeutung eines professionellen Beschwerdemanagements

Beschwerden und Reklamationen sind negative Begriffe und erfordern, wenn sie Gegenstand des Gesprächs sind, von den Mitarbeitern ein professionelles Verhalten, weil die Gefahr besteht, dass die Beschwerdesituation zu einem unlösbaren Konflikt oder sogar zum Abbruch der Geschäftsbeziehung führt. Zudem berichten unzufriedene Kunden in ihrem Umfeld anderen Personen von ihrem Negativerlebnis. Das schreckt potentielle Kunden ab und führt zu einem Imageverlust des Unternehmens. *LS 7.3*

Beschwerden und Reklamationen haben auch einen positiven Aspekt: Sie sind eine Chance für das Unternehmen, unzufriedene Kunden von der Leistungsfähigkeit sowie Zuverlässigkeit des Unternehmens zu überzeugen und die Geschäftsbeziehung zum Kunden zu festigen. Diese Möglichkeit besteht, denn der Kunde, der eine Beschwerde formuliert, ist grundsätzlich an einer Lösung des Problems und dem Fortbestehen der Geschäftsbeziehung interessiert, sonst würde er nicht Nachteile wie den erhöhten Zeitaufwand und die unangenehme Situation auf sich nehmen. Kunden, die das Unternehmen und seine Produkte nicht schätzen, verzichten auf ihr Reklamationsrecht und wechseln direkt zu einem Produkt eines anderen Anbieters.

Ein effizientes Beschwerdemanagement ist daher ein wichtiges Instrument der Kundenbindung. Neben dem Aspekt der Kundenbindung stiftet das Beschwerdemanagement weiteren Nutzen für das Unternehmen:

Beschwerdemanagement

Kundenbindung
Wird der Anlass der Beschwerde zur Zufriedenheit des Kunden beseitigt, wird der Kunde „neu gewonnen" und die Geschäftsbeziehung wird gefestigt.

Kundenbedürfnisse
Kundenbeschwerden enthalten Informationen über Kunden und deren Bedürfnisse, die für das Marketing des Unternehmens bedeutsam sind.

Verbesserung der Qualität
Kundenrückmeldungen geben Anhaltspunkte zur Verbesserung des Produktes, der Auftragsabwicklung und der Serviceleistungen.

Gewinnung von Neukunden
Durch Mundpropaganda zufriedener Kunden in ihrem Umfeld entsteht ein Werbeeffekt. Das Ansehen des Unternehmens in der Öffentlichkeit verbessert sich, das Unternehmen gewinnt neue Kunden.

Die Bedeutung eines professionellen Beschwerdemanagements ist nicht darauf beschränkt, den Kunden zufriedenzustellen und an das Unternehmen zu binden, sondern hat weiter reichende Auswirkungen: Aus dem Wissen um individuelle Kundenbedürfnisse lassen sich unter Umständen neue Trends erkennen und Wettbewerbsvorteile schaffen. Beschwerden über fehlerhafte Ware können für das Unternehmen ein Ansporn sein, die Produktqualität zu steigern, so z. B. sich von sogenannten Wegwerfprodukten zu verabschieden, indem die Lebensdauer des Produktes verlängert und nachhaltig produziert wird. Die Rückmeldungen von Kunden in Form von Beschwerden und Reklamationen tragen so zu Entwicklungsprozessen bei.

Geplanter Verschleiß: Heute gekauft, morgen aussortiert

von Dietmar H. Lamparter und Fritz Vorholz

Der neuste Fernseher, die neueste Kaffeemaschine und das neuste Smartphone soll es sein. Viele Konsumenten werfen deswegen ihre alten Elektrogeräte voreilig weg – sehr zur Freude der Industrie und des Handels.

Noch nie waren die Bundesbürger elektronisch besser versorgt: Flachbildfernseher, Laptop, Digitalkamera und CD-Player sind in der Mehrzahl der Haushalte genauso Standard wie Waschmaschine und Kühlschrank. Oft sind zwei oder mehr Geräte eines Typs vorhanden. Auf 100 Haushalte kamen 2011 mehr als 160 Mobiltelefone.

Genug? Noch lange nicht. Vergangenes Jahr verkauften Hersteller und Händler den hiesigen Konsumenten allein mehr als 10 Millionen Fernsehgeräte, 13 Millionen PCs und 22 Millionen Mobiltelefone.

Da liegt die Frage nahe: Verführt die Industrie die Verbraucher systematisch dazu, das Neue zu wollen, obwohl das Alte noch funktioniert? Konstruiert sie womöglich die Geräte so, dass sie schnell kaputtgehen, um den Absatz zu steigern?

Vor einem halben Jahrhundert brandmarkte der amerikanische Zukunftsforscher Alvin Toffler die um sich greifende Ex-und-hopp-Mentalität als Zeichen einer „Wegwerfgesellschaft". Das Wegwerfen ist mittlerweile zum Volkssport geworden. Schneller denn je lässt das neueste Gerät den Besitzer des Vorgängermodells alt aussehen – und manchmal erweist sich, was gestern noch der Hit war, heute schlicht als Murks.

Der Verdacht, die Industrie verkaufe den Verbraucher für dumm, indem sie arglistig Schwachstellen in ihre Produkte einbaue, ist weit verbreitet.[...] Tatsächlich hat es jeder schon erlebt: Ob Kamera, Toaster, Föhn, Laptop oder Handy – kaum ist die Garantie abgelaufen, gibt das Gerät seinen Geist auf. Ein gebrochener Schalter, ein schlapper Akku, ein gesplittertes Display – Reparatur lohnt nicht. Weg damit.[...]

Bei einigen Produkten schlägt das Pendel wieder zurück. Anfang des Jahrtausends hatten billige No-Name-Elektrowerkzeuge in kurzer Zeit mehr als 50 Prozent des Marktes erobert, doch ihr Anteil schrumpft laut dem Elektroriesen Bosch seit fünf Jahren wieder. Allzu oft hätten die Billigwerkzeuge anfangs enttäuscht, sagen Prüfer bei TÜV und Dekra zur Erklärung.[...]

Was lange hält, ist besser? Kommt auf die Warte an, von der man es betrachtet. Ist eine Waschmaschine, die 30 Jahre hält, das Nonplusultra? Oder ist sie, weil alle Innovationen an ihr vorbeigehen, die Inkarnation einer „großen Dummheit", wie Michael Braungart behauptet, der Chef der Hamburger Beratungsfirma EPEA Internationale Umweltforschung. Braungarts Vision: Der Waschmaschinenhersteller soll nicht die Maschine verkaufen, sondern die Dienste, die sie leistet – 2.000-mal waschen etwa. Danach nimmt er das Gerät zurück, baut die Rohstoffe aus und nutzt sie zum Bau neuer Maschinen.

Das Prinzip lasse sich für fast alle Produkte umsetzen, glaubt der Verfahrenstechniker, seien es Elektrogeräte, Fenster oder Bodenbeläge: „Cradle to Cradle" nennt er das Prinzip – von der Wiege bis zur Wiege. Schon bald, so prophezeit Braungart, würden die ersten Konsumenten das neue Dienstleistungsprinzip der Industriegesellschaft kennenlernen: „In weniger als einem Jahr werden wir Kaffeemaschinen auf dem Markt sehen, bei denen man den Kunden nur noch eine bestimmte Anzahl von Tassen verkauft", verspricht er. Danach nehme der Hersteller oder der Händler die Automaten zu einem attraktiven Preis zurück, der mit einem neuen Kaffeeautomaten oder einem anderen Gerät verrechnet werden könne.

Den Vorteil davon hätten am Ende beide Seiten: Der Kunde erhalte regelmäßig die neueste Technik und das modernste Design, der Hersteller spare sich den Aufwand, den er sonst leisten müsse, um die Kundenbindung zu erhalten. „Im Moment bekommt man den Kunden doch nur zurück, wenn das Gerät kaputtgeht", lästert Braungart. „Das kränkt den Kunden und ist schon deshalb krank."

Quelle: Dietmar H. Lamparter, Fritz Vorholz, Handelsblatt GmbH, unter: http://www.handelsblatt.com/unternehmen/handel-dienstleister/geplanter-verschleiss-heute-gekauft-morgen-aussortiert/8220926.html, 19.05.2013

4.2 Gründe für Beschwerden und Reklamationen und mögliche Regelungen

Kunden beschweren sich oder reklamieren eine vom Unternehmen erbrachte Leistung, wenn ihre Erwartungen in Bezug auf die Ware selbst oder eine Dienstleistung nicht erfüllt werden. Dabei spielt es zunächst keine Rolle, ob die Beschwerden berechtigt oder unberechtigt sind, denn nicht in jedem Fall lässt sich das eindeutig feststellen. Während Gewährleistungsansprüche gesetzlich geregelt sind und sich daraus Rechte für den Kunden ergeben, unterliegen Beratungsgespräche nicht diesen strengen Vorschriften und es bleibt daher häufig umstritten, ob der Kunde einen Grund zur Beschwerde hat oder nicht.

Die **Gründe** für Beschwerden und Reklamationen können vielfältig sein. Häufig beziehen sie sich auf folgende Bereiche:

Gründe	*Beispiele*
Mangelhafte Lieferung	
▪ Ware ist defekt.	▪ *Bei dem gelieferten Bürosessel Tenno fehlt eine Rolle.*
▪ Falsche Ware wurde geliefert.	▪ *Statt Schreibtisch „Ahorn" wurde Modell „Ökostar" geliefert.*
▪ Ware hat nicht die zugesagte Eigenschaft.	▪ *Tischkopierer Sumsang kopiert nicht farbig, sondern nur schwarz-weiß.*
▪ Es wurde zu viel oder zu wenig geliefert.	▪ *Statt fünf Konferenztischelementen wurden nur vier Elemente geliefert.*
▪ Ware wurde falsch montiert.	▪ *Aufgrund fehlerhafter Montage durch Monteure der Büro-Konzept KG sind die Bürotische instabil.*
▪ Die Bedienungs- oder Montageanleitung ist fehlerhaft.	▪ *Die Bedienungsanleitung des Gerätes Multifax 0912 weist Fehler auf.*
▪ Ware entspricht nicht den Werbeaussagen.	▪ *Laut Werbeaussagen entspricht der Energieverbrauch des Tischkopierers Sumsang der Energieeffizienzklasse A. Tatsächlich entpuppt er sich als Stromfresser und entspricht der Klasse D.*
Lieferung	
▪ Ware wird nicht geliefert.	▪ *Eine für die 35. Kalenderwoche zugesagte Lieferung trifft auch in der 36. Woche nicht ein.*
▪ Ware wird verspätet geliefert.	▪ *Die Ware soll für eine Aktionswoche geliefert werden und trifft erst nach der Aktionswoche ein.*
▪ Ware wird an einen falschen Ort geliefert.	▪ *Ein Unternehmen mit mehreren Standorten bestellt Ware für die Niederlassung in Dortmund. Die Ware wird aber an die Zentrale nach Köln geliefert.*
▪ Ware wird geliefert, obwohl kein Kaufvertrag zustande gekommen ist.	▪ *Die BüroKonzept KG bestellt im Online-Shop eines Versandhandels 1 000 Briefumschläge. Da weder eine Auftragsbestätigung noch sofortige Lieferung erfolgt, kauft die BüroKonzept KG die Briefumschläge im nahe gelegenen Schreibwarengroßhandel. Drei Wochen später liefert der Versandhandel die Briefumschläge.*

Gründe	Beispiele
Auftragsabwicklung	
▪ Eine Rechnung ist rechnerisch oder inhaltlich falsch.	▪ *Statt fünf Bürostühlen wurden sechs Bürostühle berechnet.*
▪ Der Kunde wurde angemahnt, obwohl er die Rechnung bereits beglichen hat.	▪ *Die BüroKonzept KG überweist den Rechnungsbetrag für die Lieferung von Büromaterial. Zwei Wochen später erhält sie von dem Lieferanten eine Mahnung.*
Service- und Kundendienstleistungen	
▪ Ersatzteile sind nicht mehr lieferbar.	▪ *Trotz einer Ersatzteilgarantie von zehn Jahren erhält ein Kunde für sein Kopiergerät keine Ersatzteile mehr.*
▪ Reparatur wurde unzureichend ausgeführt.	▪ *Nach erfolgter Reparatur eines Kopierers, der ständig Papierstau produziert, tritt weiterhin vereinzelt Papierstau auf.*
▪ Rücknahme und Entsorgung von Altgeräten erfolgte nicht.	▪ *Trotz angekündigter Serviceleistung wurde beim Neukauf eines Faxgerätes das Altgerät zwecks Entsorgung nicht zurückgenommen.*
Beratung	
▪ Kundenbedürfnisse werden nicht berücksichtigt oder falsch eingeschätzt.	▪ *Nach erfolgter Beratung liefert ein Gas- und Wasserinstallateur eine neue Heizungsanlage für ein Einfamilienhaus. Später stellt sich heraus, dass der 200-Liter-Wasserkessel viel zu groß für die Kleinfamilie ist und zu viel Energie verbraucht.*
▪ Wichtige Informationen werden dem Kunden vorenthalten.	▪ *Ein Kunde wird beim Ratenkauf nicht über sein Widerrufsrecht informiert.*
▪ Das Verhalten des Beraters missfällt.	▪ *Der Berater ist unmotiviert und unfreundlich.*

Neben psychologischem Geschick ist im Beschwerdegespräch Sachkompetenz – vor allem Kenntnis im Vertragsrecht – gefragt.

Rechtliche Regelungen gibt es insbesondere zu Beschwerden und Reklamationen, die auf Vertragsstörungen beruhen. So regelt beispielsweise das BGB die Rechte des Käufers bei mangelhafter Lieferung (§ 437 ff.) und Nicht-Rechtzeitig-Lieferung (§ 281 ff.).

LF 4, 19

§ 437 BGB Rechte des Käufers bei Mängeln.

Ist die Sache mangelhaft, kann der Käufer, wenn die Voraussetzungen der folgenden Vorschriften vorliegen und soweit nicht ein anderes bestimmt ist,

1. nach § 439 Nacherfüllung verlangen,
2. nach den §§ 440, 323 und 326 Abs. 5 von dem Vertrag zurücktreten oder nach § 441 den Kaufpreis mindern und
3. nach den §§ 440, 280, 281, 283 und 311a Schadensersatz oder nach § 284 Ersatz vergeblicher Aufwendungen verlangen.

§ 281 BGB Schadensersatz statt der Leistung wegen nicht oder nicht wie geschuldet erbrachter Leistung.

(1) Soweit der Schuldner die fällige Leistung nicht oder nicht wie geschuldet erbringt, kann der Gläubiger unter den Voraussetzungen des § 280 Abs. 1 Schadensersatz statt der Leistung verlangen, wenn er dem Schuldner erfolglos eine angemessene Frist zur Leistung oder Nacherfüllung bestimmt hat. […]

Neben rechtlichen Regelungen, die für alle Unternehmen gelten, gibt es ergänzende betriebliche Regelungen in den **Allgemeinen Geschäftsbedingungen (AGB)** der Unternehmen. Bei den AGB handelt sich um vorformulierte Vertragsbedingungen, die für eine Vielzahl von Verträgen gelten. In ihnen werden neben Lieferungs- und Zahlungsbedingungen auch die Handhabung der gesetzlichen Gewährleistungspflicht und mögliche Garantien beschrieben. Zwar können die AGB vom Unternehmen individuell gestaltet werden, die gesetzlichen Rechte des Vertragspartners dürfen jedoch nicht eingeschränkt werden.

Beispiel
Laut BGB kann ein Kunde bei mangelhafter Ware zwischen Neulieferung und Beseitigung des Mangels wählen, z. B. durch eine Reparatur. Der Verkäufer kann das Wahlrecht des Kunden einschränken, wenn ihm durch das gewählte Recht unverhältnismäßig hohe Kosten entstehen. So kann der Verkäufer in die AGB aufnehmen, dass der Kunde bei fehlerhafter Ware zunächst nur das Recht auf Nachbesserung, z. B. eine Reparatur hat und nicht eine Ersatzlieferung verlangen kann.

LF 4, 18.1.7

Auch mögliche **Garantien** können Gegenstand der AGB sein. Eine Garantie ist eine freiwillige Leistung eines Unternehmens, die über die Gewährleistungsansprüche hinaus geht. Ist mit dem Vertragsabschluss eine Garantie verbunden, so ist das Unternehmen verpflichtet, im Garntiefall die in der Garantie erklärten Rechte dem Vertragspartner zu gewähren (§ 443 BGB).

Beispiel
Die gesetzliche Gewährleistungsfrist für Gebrauchsgegenstände wie Haushaltsgeräte beträgt zwei Jahre. Der Elektrogerätehersteller ProKitchen GmbH gibt auf seine Haushaltsgeräte eine Garantie von drei Jahren.

LF 4, 19.1.7

Sind die Gewährleistungsansprüche des Kunden unberechtigt oder verjährt, so ist es dem Unternehmen überlassen, ob es die Ansprüche ablehnt oder dem Kunden entgegenkommt und den Mangel behebt. Dieses Verhalten nennt man **Kulanz.** Die Kulanz ist eine freiwillige Leistung des Unternehmens. Sie zu gewähren, entscheidet das Unternehmen im Einzelfall, denn es muss zwischen Vor- und Nachteilen abwägen: Die Kulanz verursacht für das Unternehmen zusätzliche Kosten, die es rechtlich gesehen nicht übernehmen muss und die den Gewinn verringern. Andererseits fördert kulantes Verhalten die Kundenbindung und stärkt das positive Image in der Öffentlichkeit.

Beispiel
Die Registrierkasse eines Einzelhändlers funktioniert nicht mehr. Gekauft wurde sie vor zwei Jahren und zehn Tagen. Der Gewährleistungsanspruch ist gerade abgelaufen, der Einzelhändler ärgert sich sehr darüber. Er wendet sich an den Lieferer und erklärt ihm seine Lage. Der Lieferer zeigt sich kulant und ist bereit, die Registrierkasse auf seine Kosten zu reparieren.

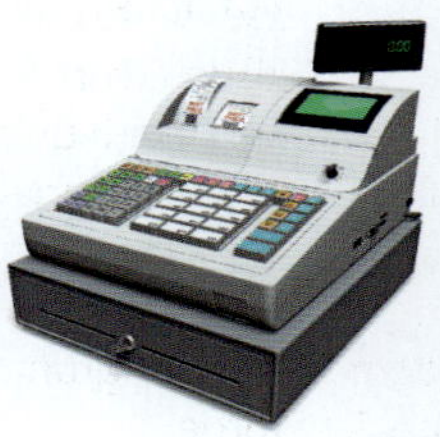

Je nach Lage der Dinge kann es sinnvoll sein, dem unzufriedenen Kunden **Zusatzleistungen** in Form von Sachen oder Diensten anzubieten. Auch hierzu ist das Unternehmen gesetzlich nicht verpflichtet und es wird im Einzelfall den Nutzen abwägen.

Beispiel
Ein aufgebrachter Kunde beschwert sich bei seiner Autowerkstatt, dass die durchgeführte Reparatur am Kofferraum, in den Regenwasser hineinlief, erfolglos war: Es dringt weiterhin von außen Feuchtigkeit ein. Die Autowerkstatt behebt den Schaden und schenkt dem Kunden einen Liter hochwertiges Motoröl.

Zusatzleistungen eignen sich vor allem in Situationen, in denen der Beschwerdeanlass nicht behoben und das Problem nicht gelöst werden kann. Das sind beispielweise Situationen, in denen sich der Kunde falsch beraten fühlt oder ihm mündlich Bedingungen zugesagt wurden, die der Lieferer später nicht einhalten kann.

Beispiel
Das SB-Möbelhaus Wohnkontor KG teilt im Gespräch einer Kundin mit, dass die von ihr ausgewählte Kommode voraussichtlich in sechs Wochen lieferbar sei und reserviert auf Wunsch der Kundin eine Kommode für sie. Nach sechs Wochen wird der Kundin schriftlich mitgeteilt, dass die Kommode nicht mehr lieferbar sei und aus dem Sortiment genommen wurde. Dem Schreiben liegt ein Verzehrgutschein für die hauseigene Cafeteria des Möbelhauses bei.

4.3 Analyse der Beschwerdesituation

Beschwerdesituationen sind konfliktträchtige Situationen und oft für beide Seiten unangenehm. Sie erfordern einen professionellen Umgang, damit sie nicht eskalieren und in einem unlösbaren Streit enden. Bevor nach einer Lösung gesucht wird, ist es notwendig, die Beschwerdesituation genauer zu betrachten und zu analysieren.

Beschwerden sind Vorwürfe und beinhalten eine Kritik an der Sache oder der Person (dem Gegenüber). Damit spielen sie sich in der Regel auf der Sach- oder Beziehungsebene ab. Wer eine Beschwerde entgegennimmt, muss zunächst die Beweggründe und Absichten des reklamierenden Kunden herausfinden, um angemessen reagieren zu können. Die eigentlichen Absichten und Beweggründe werden häufig nicht direkt geäußert, sondern liegen sozusagen im Verborgenen. Auch der weitere Verlauf des Gespräches wird vom Unterbewusstsein der Gesprächspartner beeinflusst. Das Unterbewusstsein hat Auswirkungen auf die Gesprächsatmosphäre und die Entstehung von Konflikten.

So möchte ein Unternehmen dem Kunden beispielsweise Gutes tun und unterbreitet ihm einen Lösungsvorschlag, der Kunde reagiert jedoch verärgert und droht mit Abbruch der Geschäftsbeziehungen. Zu solchen Reaktionen kommt es, wenn die eigentlichen Bedürfnisse des Gegenübers nicht erkannt werden und das dem Konflikt zugrunde liegende Problem nicht gelöst wurde.

Zur Verdeutlichung der Zusammenhänge von sichtbaren und unsichtbaren Botschaften hat die Psychologin Ruth Cohen das **Eisbergmodell** entwickelt.

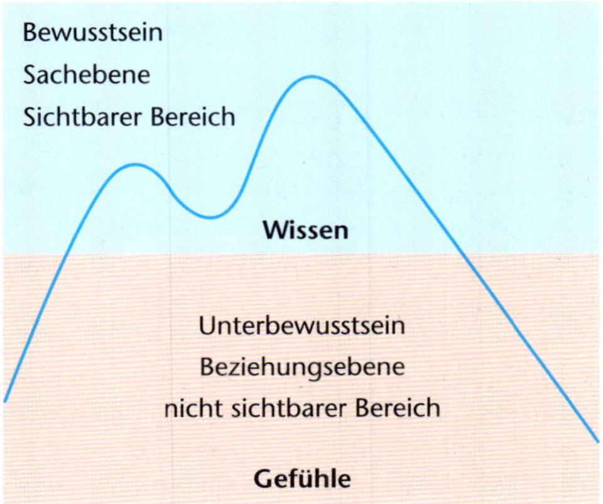

In diesem Modell wird der Bewusstseinsgrad der menschlichen Wahrnehmung mit der Masseverteilung eines Eisbergs im Wasser verglichen.[1] Der größere Teil eines Eisbergs befindet sich unterhalb der Wasseroberfläche und ist nicht sichtbar. Nur die Spitze des Eisberges ragt heraus und ist zu erkennen. Dieses Modell lässt sich auf die menschliche Kommunikation übertragen. Verbale und nonverbale Botschaften werden sowohl auf der Sach- als auch auf der Beziehungsebene wahrgenommen und weiterverarbeitet, wobei der nicht sichtbare Bereich einen erheblichen Einfluss auf die Wahrnehmung und das Handeln ausübt.

Unterhalb der Wasseroberfläche entscheidet sich, ob ein Konflikt entsteht.

Auf eine Beschwerdesituation übertragen, bedeutet dies, selbst wenn dem Kunden bewusst ist, dass er keinen Anspruch auf Ersatzlieferung oder kostenlose Reparatur seines defekten Fernsehers hat, weil die Gewährleistungsfrist vor kurzer Zeit abgelaufen ist, so ärgert es ihn doch maßlos, mit dieser Information auf der Sachebene vom Unternehmen abgewiesen zu werden, und er wird voraussichtlich zukünftig nicht mehr bei dem Unternehmen einkaufen.

LF 7, 1.2

Auch das Vier-Ohren-Modell von Friedemann Schulz von Thun unterscheidet die bewussten von den unbewussten Anteilen in der Kommunikation und eignet sich daher für die Analyse einer Beschwerdesituation. Die Gefühle auf der Beziehungsebene entscheiden das Handeln. Der unbewusste Teil unter der Wasseroberfläche beträgt 6/7, nur 1/7 der Wahrnehmung spielt sich auf der Sachebene ab und wird bewusst verarbeitet.

Die meisten reklamierenden Kunden erwarten daher zunächst, dass ihre Beschwerde ernst genommen wird, ihr Gegenüber Verständnis zeigt und sich entschuldigt. Ungeeignet sind Reaktionen, bei denen der Gesprächspartner z. B. die Verantwortung von sich weist, einen anderen als Schuldigen sucht, sich selbst rechtfertigt, seine Unsicherheit mit arrogantem Verhalten überspielt, die Zuständigkeit verschiebt oder auch den Kunden abweist bzw. dessen Kompetenz infrage stellt.

Beispiele

- *„Das war nicht mein Fehler."*
- *„Das hat meine Kollegin bearbeitet."*
- *„Dafür kann ich nichts, da kann ich Ihnen auch nicht weiterhelfen."*
- *„Tja, da kann man nichts machen, Pech gehabt."*
- *„Da müssen Sie sich an die Abteilung xy wenden, damit habe ich nichts zu tun."*
- *„Vielleicht haben Sie das Gerät ja nur falsch bedient."*

Gelingt es demjenigen, der die Beschwerde entgegennimmt, nicht dem unzufriedenen Kunden auf der Beziehungsebene angemessen zu begegnen, entwickelt sich das Beschwerdegespräch durch eine Abfolge von Vorwürfen und Gegenangriffen zu einem Konflikt, für den beide Gesprächspartner die Verantwortung tragen. Um das zu verhindern, muss auch derjenige, an den sich die Beschwerde richtet, sein eigenes Verhalten reflektieren und die **persönlichen Anteile am Konflikt** erkennen. Um die Wirkung der eigenen Persönlichkeit einzuschätzen, helfen folgende Methoden.

[1] *Ausführungen zum Eisbergmodell: vgl. Klein, Hans-Michael: Konflikte am Arbeitsplatz, Cornelsen Verlag, 2002, S. 22 f*

Methode	Gegenstand/Inhalt
Reflexion der verbalen Äußerungen	▪ Was wurde gesagt und welche Botschaften wurden damit gesendet? ▪ Welche Botschaft kam beim Hörer an? Gibt es Missverständnisse? (Vier-Ohren-Modell).
Reflexion der nonverbalen Signale	▪ Welche Signale wurden mit der Körpersprache und dem Tonfall gesendet?
Feedback durch Kollegen	▪ Kollegen um Rückmeldung zu dem beobachteten Verhalten bitten. Kritik besprechen und annehmen.
Persönlichkeitstest durchführen	▪ Selbstbeobachtung mithilfe von Fragebögen, z. B. zum Konfliktpotential oder Konflikttyp durchführen. ▪ Eigenes Persönlichkeitsprofil durch Gegenüberstellung von Selbst- und Fremdeinschätzung erstellen.

LF 7, 1.2, 1.3

Beispiel

Liste Persönlichkeitsprofil

	sehr	*etwas*	*weder noch*	*etwas*	*sehr*	
aggressiv						*friedlich*
autoritär						*kooperativ*
dynamisch						*träge*
entspannt						*verkrampft*
erfolgreich						*erfolglos*
sachkompetent						*inkompetent*
fröhlich						*traurig*
emotional						*rational*
gesprächig						*schweigsam*
kontaktfreudig						*zurückhaltend*
oberflächlich						*sorgfältig*
offen						*verschlossen*
realistisch						*unrealistisch*
egoistisch						*hilfsbereit*
sicher						*unsicher*

	sehr	*etwas*	*weder noch*	*etwas*	*sehr*
stark					*schwach*
überlegen					*unterlegen*
unberechenbar					*berechenbar*
nachgiebig					*unnachgiebig*
zuverlässig					*unzuverlässig*

Zur Selbsteinschätzung werden an die zutreffenden Stellen Punkte gesetzt und anschließend miteinander verbunden (siehe unten). Aufschlussreich ist es, wenn durch Freunde, Verwandte oder vertraute Kollegen eine Fremdeinschätzung auf einer separaten Liste vorgenommen wird. Der Vergleich von Selbst- und Fremdeinschätzung zeigt Übereinstimmungen sowie mögliche Abweichungen, die dann Gegenstand des Gesprächs über das Persönlichkeitsprofil sind.

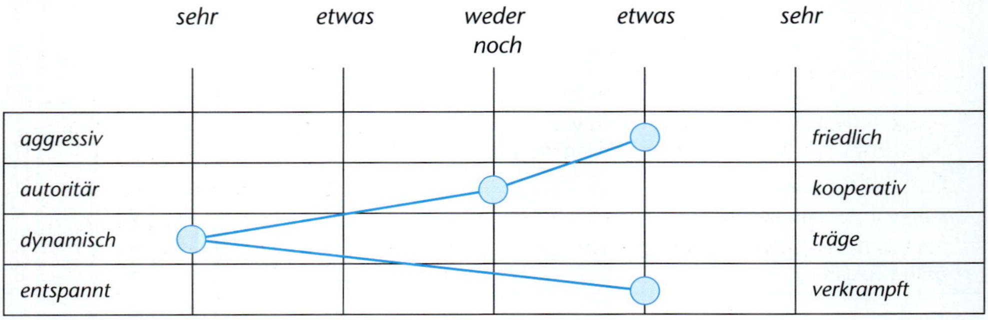

4.4 Strategien im Umgang mit Beschwerden und Reklamationen

Struktur des Beschwerdegesprächs
Das Beschwerdegespräch ist in verschiedene Phasen unterteilt, deren Anzahl je nach zugrunde liegendem Modell variieren. Die wesentlichen Punkte des Beschwerdegesprächs lassen sich in **drei Handlungsphasen** zusammenfassen (ohne Begrüßungs- und Verabschiedungsphase):

Handlungsphasen	Beispiele
1. Das Anliegen des reklamierenden Kunden wahrnehmen und verstehen ▪ Ausreden lassen und aktiv zuhören. ▪ Verständnis äußern. ▪ Auf der Beziehungsebene kommunizieren.	*„Ich verstehe…"* *„Da kam ja alles auf einmal …"* *„Ich kann verstehen, dass Sie das ärgert."* *„Das ist sehr ärgerlich, jetzt mussten Sie noch einmal herkommen."*
↓	
2. Den Konflikt bereinigen ▪ Den Kunden beruhigen, das Gespräch von der Beziehungs- auf die Sachebene bringen. ▪ Entschuldigung aussprechen. ▪ Reklamation/Beschwerde ernst nehmen. ▪ Analyse der Beschwerdeursache, Hintergrund abklären.	*„Ich würde mich an Ihrer Stelle auch aufregen."* *„Es tut mir leid, dass Sie diesen Ärger hatten."* *„Ich entschuldige mich für diesen Fehler."* *„Ich helfe Ihnen gerne, den Fehler zu beheben. Dazu möchte ich zunächst von Ihnen noch Folgendes wissen …"*
↓	
3. Eine akzeptable Lösung anbieten ▪ Kunden zufriedenstellen. ▪ Die nächsten Schritte ankündigen. ▪ Nötige Schritte sofort einleiten.	*„Ich biete Ihnen an… Sind Sie damit einverstanden?"* *„Dann halten wir fest: Unser Kurier holt das Gerät morgen früh um 08:00 Uhr bei Ihnen ab …"* *„Ich informiere umgehend unseren Kundendienst …"*

Ich-Botschaften
Eine **Ich-Botschaft** ist eine Nachricht auf der Selbstoffenbarungsseite. Sie empfiehlt sich, wenn ein Anliegen vermittelt werden soll, das emotional besetzt ist. Das betrifft sowohl die eigenen als auch die Gefühle der angesprochenen Person. Die Ich-Botschaft erleichtert den Zugang zum anderen. In dem Beschwerdegespräch vermittelt sie dem verärgerten Kunden Verständnis für seine Situation. Vor allem eignet sich die Ich-Botschaft für Situationen, in denen Kritik geübt wird. Wer eine Beschwerde vorträgt und dabei Ich-Botschaften verwendet, vermeidet Vorwürfe und Schuldzuweisungen und trägt damit zu einem positiven Gesprächsklima bei.

Im Gegensatz dazu sind die sogenannten **Du-Botschaften** (bzw. **Sie** in der Höflichkeitsform) für eine Beschwerdesituation ungeeignet, da sie das Gegenüber direkt angreifen und in eine Verteidigungsposition drängen und somit die Gesprächsatmosphäre belasten.

Beispiele

Du-/Sie-Botschaften	Ich-Botschaften
„Sie haben die falschen Bürostühle geliefert."	*„Ich habe die falschen Bürostühle bekommen."*
„Bei der letzten Rechnung haben Sie einen Fehler gemacht."	*„Bei der letzten Rechnung ist mir ein Fehler aufgefallen."*
„Sie liefern immer zu spät."	*„Ich habe die Lieferung zu spät erhalten."*
„Sie regen sich ja gleich so auf."	*„Ich kann verstehen, dass Sie das aufregt."*
„Das ist Ihr Problem."	*„Ich kann Ihr Problem verstehen."*

Umgang mit Beleidigungen

Kunden, die ihre Beschwerde in Form von beleidigenden Du-Botschaften formulieren und ihr Gegenüber beschimpfen, lassen sich in der Regel mit Ich-Botschaften beruhigen. Formulierungen wie *„Ich kann Sie wirklich gut verstehen, dass Sie sich maßlos über unseren Fehler ärgern ..." – „Da gebe ich Ihnen vollkommen Recht ..."* signalisieren Verständnis und entspannen die Situation. Mit einer Bitte um detaillierte Informationen, z. B. genau nachfragen, worum es geht, Kundennummer, Rechnungsnummer usw., zwingt man den aufgeregten Kunden, sachlicher zu werden. Gelingt das nicht und der Kunde begibt sich nicht auf die Sachebene, ist eine Lösung unwahrscheinlich und die Fortsetzung des Gesprächs nicht erfolgversprechend. In diesen Fällen ist es sinnvoll, das Gespräch zu unterbrechen, dem Kunden Grenzen zu setzen und eine Verschiebung des Gesprächs anzukündigen.

Leitfaden zu Konfliktlösungsgesprächen

Maßnahmen sind:
- den Kunden aussprechen lassen, aktiv zuhören, Verständnis zeigen
- ruhig, freundlich und sachlich bleiben
- Informationen einholen, Sachlage durch Fragen klären
- Beschwerde ernst nehmen, entschuldigen, falls nötig
- Ich-Botschaften statt Sie-Botschaften formulieren
- akzeptable Problemlösung anbieten
- schnelle Erledigung zusichern
- gegebenenfalls Zusatzleistungen anbieten

Lässt sich der wütende Kunde nicht beruhigen:
- sachlich bleiben
- Gespräch unterbrechen
- erklären, warum das Gespräch unterbrochen wird
- neuen Gesprächstermin ankündigen

Ist die Beschwerde unberechtigt:
- Ablehnung sachlich begründen
- Verständnis zeigen
- Belehrungen vermeiden
- Gegebenenfalls Kulanzregelung anbieten

Sachwortverzeichnis

Bildquellenverzeichnis

Fotos

© Copyright MasterCard
adidas AG, Herzogenaurach: S. 351.4 (adidas is a registered trademark of the adidas Group, used with permission)
Audi AG, Ingolstadt: S. 365.2
Bergmoser + Höller Verlag AG, Aachen: S. 51, 53, 55
BITKOM, Berlin: S. 65.1
Bundesanstalt für Arbeitsschutz und Arbeitsmedizin, Dortmund: S. 66
Daimler AG, Stuttgart: S. 351.5, 365.1
Deutsche Energie-Agentur GmbH, Berlin: S. 102.2
Deutscher Sparkassenverlag GmbH, Stuttgart: S. 288, 290, 293.1, 295
Deutsches Rotes Kreuz e.V., Berlin: S. 384
DGUV, Berlin: S. 77
dpa Infografik GmbH, Hamburg: S. 54, 73, 89 (2x), 240.1, 394
dpa picture alliance, Frankfurt: S. 350.2 (FREDERIC LE FLOCH)
DrinkStar GmbH, Rosenheim: S. 347.2
EMVCo, Foster City (USA): S. 293.2
Esselte Leitz GmbH & Co KG, Stuttgart: S. 117.2, 118

EURO Kartensysteme GmbH, Frankfurt am Main: S. 299.2
eEvolution, Hildesheim: S. 197, 200
Forest Stewardship Council®, Freiburg: S. 103
Fotolia Deutschland GmbH, Berlin: S. 23 (Unspecified), 25 (nerthuz), 32 (imageteam), 34 (reeel), 40 (Blue-Fox), 42 (Gunnar Assmy), 48 (goodluz), 57 (shock), 64 (karam miri), 71 (Innovated Captures), 72 (JiSIGN), 75.1 (markus_marb), 75.4 (markus_marb), 75.6 (WavebreakmediaMicro), 76 (Klaus Eppele), 80 (markus_marb), 81 (markus_marb/3x), 92 (fotomek), 93 (Kitty), 100.1 (PhotoSG), 100.2 (roxcon), 105 (Jonathan Werner), 115.1 (Ilka Burckhardt), 115.3 (GIBLEHO), 116.1 (pixel robot), 117.1 (miket), 117.3 (Joachim B. Albers), 120 (Josef Becker), 128.1 (JiSIGN), 128.2 (Kaarsten), 128.3 (style-photography.de), 128.4 (Kaarsten), 130 (fotomek), 135 (photocrew), 139 (Nlshop), 143 (shock), 147 (Marco2811), 151 (Syda Productions), 153.1 (Chris Potter), 153.2 (Markus Guhl Germany), 153.3 (andreas ilgmeier), 153.4 (DeVIce), 153.5 (Albo), 153.6 (Roman Milert), 153.7 (Vtls), 153.8 (Klaus Eppele), 153.9 (vetkit), 153.10 (PRILL Mediendesign), 153.11 (Fotolia), 153.12 (Falk), 155.1 (burnel11), 155.2 (Reload Studio), 155.3 (jannoon028), 155.4 (Konstantin Shevtsov), 156.1 (singkham), 156.2 (Ruslan Kudrin), 169 (terex), 174 (Mike-Fotografie), 178 (fotofuerst), 181 (Stefan Rajewsk), 221 (Kurhan), 225 (by-studio), 240.2 (cirquedesprit), 253 (Lusoimages), 258 (eccolo), 262 (djama), 266 (fotomek), 273.1 (Stefan Rajewsk), 273.2 (Comugnero Silvana), 273.3 (Fotolyse), 273.4 (Stefan Körber), 279 (Ingo Bartussek), 280.1 (industrieblick), 280.2 (Alexey Fursov), 301.1 (SG-design), 301.2 (bofotolux), 304 (Robert Kneschke), 306 (DOC RABE Media), 309 (arsdigital), 312 (Stefan Merkle), 318.1 (ivaleksa/4x), 318.2 (Mariia Pazhyna/3x), 318.3 (T. Michel), 321 (Creatix), 323 (Edyta Pawlowska), 325.1 (Klaus Eppele), 325.2 (Eisenhans), 331 (auremar), 334 (apops), 335 (cirquedesprit), 347.3 (nasared), 349 (Martin Hahn), 351.1 (degaraj photograpy), 361 (vizafoto), 368 (beermedia), 370 (Mammut Vision), 373 (Oleh Tokarev), 375 (Unspecified), 377 (astragal), 390 (focus finder), 401 (Wisky), 439 (vektorisiert), 449 (vvoe), 450 (fotomek), 460 (stokkete), 469 (mekcar), 482 (thomaslerchphoto), 493 (Thomas Hecker), 497 (electriceye), 505 (Lana Smit), 520 (Eisenhans), 524 (Jean Kobben), 525 (Minerva Studion), 527 (Ruslan Olinchuk/2x), 528 (Ruslan Olinchuk/4x), 530 (Thomas Metzler), 532 (Rudie), 533.1 (lightwavemedia), 533.2 (WavebreakmediaMicro), 533.3 (contrastwerkstatt), 534.1 (lightwavemedia), 534.2 (WavebreakMediaMicro), 534.3 (goodluz), 534.4 (Constantinos), 534.5 (BirgitKorber), 534.6 (nebari), 536.1 (scusi), 536.2 (Picture-Factory), 546 (Monkey Business), 548 (nyul), 552.1 (Kzenon), 552.2 (WavebreakmediaMicro), 562 (Stefan Rajewski), 568 (auremar)
HEFTER Systemform GmbH, Prien am Chiemsee: S. 110
Henkel AG & Co. KGaA, Düsseldorf: S. 347.1
Hettich Management Service GmbH, Kirchlengern: S. 242
KIA MOTORS Deutschland GmbH, Frankfurt am Main: S. 317
Leuwico GmbH, Wiesenfeld: S. 68
MÄURER & WIRTZ GmbH & Co. KG , Stolberg: S. 351.3
MEV Verlag GmbH, Augsburg: S. 85, 171, 350.1
Neopost GmbH, München: S. 106
Postbank AG, Bonn: S. 297, 298, 299.1
Puma Deutschland AG, Herzogenaurach: S. 351.6
RAL gemeinnützige GmbH, Sankt Augustin: S. 102.1, 102.3
Samsung Electronics GmbH, Schwalbch/Ts.: S.315
Sony Europe, Berlin: S. 326, 351
styro GmbH, Schillingsfürst: 115.2
TCO, Stockholm: S. 102.4
Visa Europe, Frankfurt am Main: S. 300.2
Volkswagen AG, Wolfsburg: S. 353 (2x)
Wikipedia commons: S. 67 (MatthiasDD), 75.2, 75.3, 75.5 (Maxxl2/3x), 82.1 (Epop), 82.2 (Maxxl2)

Zeichnungen

Angelika Brauner, Berlin/Bildungsverlag EINS GmbH, Köln: 60 (2x), 61, 62 (2x), 63, 65.2, 65.3, 65.4
Elisabeth Galas, Bad Breisig/Bildungsverlag EINS GmbH, Köln: S. 154

Umschlagfoto: MEV Verlag GmbH, Augsburg